Norbert Finzsch

Obrigkeit und Unterschichten

Norbert Finzsch

OBRIGKEIT UND UNTERSCHICHTEN

Zur Geschichte
der rheinischen Unterschichten
gegen Ende des
18. und zu Beginn des 19. Jahrhunderts

Franz Steiner Verlag Stuttgart
1990

CIP-Titelaufnahme der Deutschen Bibliothek
Finzsch, Norbert:
Obrigkeit und Unterschichten : zur Geschichte der rheinischen
Unterschichten gegen Ende des 18. und zu Beginn des 19.
Jahrhunderts / Norbert Finzsch. – Stuttgart : Steiner, 1990
Zugl.: Köln, Univ., Habil.-Schr., 1988/89
ISBN 3-515-05459-6

 Gedruckt mit Unterstützung des Landschaftsverbandes Rheinland. Druck: Druckerei Peter Proff, Starnberg.
Printed in the Fed. Rep. of Germany

Für Martina Sprengel

aus vielen Gründen

VORWORT

"They were good-hearted girls, unclean, clothes in rags, and profoundly ignorant. Their mother was like them. But the father and grandmother were a couple of fiends. They got drunk whenever they could; then they fought each other or anybody else who came in their way; they cursed and swore always, drunk or sober; John Canty was a thief, and his mother a beggar. They made beggars of the children, but failed to make thieves of them."
(Mark Twain, The Prince and the Pauper: A Tale for Young People of All Ages, New York 1923, S. 4).

Es ist nicht meine Aufgabe, zu entscheiden, woher Mark Twain sein Bild vom Leben der Unterschichten im vorindustriellen England bezog. Ich kann auch nicht beurteilen, ob seine Fiktion typisch war für das, was andere Amerikaner gegen Ende des 19. Jahrhunderts über europäische Unterschichten dachten. Interessant an dieser Textstelle scheint mir zu sein, daß Twain weit stärker als die historische Situation einer Familie im London des 17. Jahrhundert die amerikanische Realität des 19. Jahrhunderts vor Augen hatte, als er diese Zeilen schrieb. Wenn Historiker ehrlich sind, dann sehen sie, daß sie ein wenig wie dieser Schriftsteller arbeiten. Die meisten Historiker haben Fiktionen von der Vergangenheit und Bilder von der Gegenwart im Kopf, wenn sie Geschichte schreiben, und wir bemessen unseren Erfolg auch darin, wie sehr es uns gelingt, uns von diesen Fiktionen zu befreien. Ganz gelingt dies jedoch nie. Es war meine Absicht, "Tatsachen" und "Wahrheiten" über das Leben der Unterschichten im Rheinland herauszufinden. Im Laufe der Arbeiten entdeckte ich mitunter, daß meine Arbeit sehr viel mit Mark Twains Problemen zu tun hatte, indem ich - über das späte 18. Jahrhundert schreibend - das späte 20. Jahrhundert meinte. Doch ist die "neue Armut" nicht mit der "alten Armut" vergleichbar. Dennoch hat beim Schreiben dieses Buches die politische Diskussion um die "Grenzen des Sozialstaates", die "Zweidrittelgesellschaft" und die Entstehung neuer Randgruppen im Hintergrund meiner Forschung fortwährend eine Rolle gespielt. Ich bin nicht so vermessen, zu glauben, daß irgendein deutscher Politiker aus der Arbeit eines Historikers Anregungen für eine neue Sozialpolitik schöpfen könnte, es sei denn der Historiker selber wird zum Politiker. Daß es dennoch aus der Geschichte der Unterschichten etwas zu lernen gibt für die Zukunft, ist meine feste Überzeugung.
Das vorliegende Buch wurde von der Philosophischen Fakultät der Universität zu Köln im Wintersemester 1988/89 als Habilitationsschrift angenommen. Mein Dank gilt in allererster Linie meinem Lehrer Erich Angermann, der mir mit seinem Vertrauen, seinen vielfältigen Anregungen und seiner Kritik erst ermöglicht hat, die-

sen Schritt zu vollenden. Er hat darüberhinaus mit seinen frühen Arbeiten zur rheinischen Geschichte mein Interesse am behandelten Thema geweckt. Er hat mich, trotz aller Schwierigkeiten, immer wieder ermutigt, weiterzumachen. Er hat als Direktor der Anglo-Amerikanischen Abteilung des Historischen Seminars, an der ich von 1981 bis 1988 als wissenschaftlicher Angestellter gearbeitet habe, auch die materiellen Voraussetzungen geschaffen, die diese Arbeit erst ermöglicht haben. Dank schulde ich darüberhinaus dem französischen Außenministerium, das durch ein großzügiges Stipendium die Archivarbeiten in Paris und Rouen 1985 ermöglicht hat. Mindestens ebenso wichtig ist die tatkräftige Hilfe der Archivare des Historischen Archivs der Stadt Köln gewesen, die nie verzweifelten, immer höflich blieben, alle meine Sonderwünsche geduldig ertrugen und überaus kompetent weiterhalfen. Der Landschaftsverband Rheinland hat den Druck dieser Arbeit großzügig unterstützt. Frau Sigrid Schneider und Frau Elisabeth Lohnert gaben sich viel Mühe mit der Korrektur des Manuskripts. Frau Nicole Darmon war über fünf Monate hinweg meine Gastgeberin in Paris. Ihnen allen sei an dieser Stelle gedankt. Meinen Kölner Studenten gebührt, wenn nicht Dank, so doch mindestens Hochachtung für die Ausdauer, mit der sie sich über Semester hinweg und in arbeitsintensiven Archivübungen mit der Geschichte rheinischer Unterschichten auseinandergesetzt haben. Meinen Freunden Hermann Wellenreuther, Klaus Wegmann und Herbert Uerlings ist es zu verdanken, daß sich meine wirren Gedanken zum 18. und 19. Jahrhundert und zum Verhältnis von Historiographie und Literatur etwas geklärt haben. Ich habe sie über Gebühr mit Diskussionen und Fragen beansprucht. Was meine Frau in den vergangenen Jahren ertragen haben muß, kann ich nur ahnen. Ihr ist diese Arbeit deshalb gewidmet.

Köln, im August 1989

GLIEDERUNG

0 EINLEITUNG

0.1 Gegenstand und Fragestellung

Wenn moderne Gesellschaftsgeschichte ihren Gegenstand als Gesamtgesellschaft im Sinne von *society* und *société* versteht, dann kann eine Geschichte der Unterschichten als Teil dieser Gesellschaftsgeschichte nicht umhin, die Nahtstellen ihres engeren zum übergeordneten Gegenstandsbereich zu definieren.[1] Es hat sich in der Gesellschaftsgeschichte eingebürgert, in Anlehnung an Max Weber den Gegenstandsbereich der Gesellschaftsgesohichte in drei analytischen Kategorien zu fassen, nämlich Herrschaft, Wirtschaft und Kultur. Dabei ist von einer grundsätzlichen Gleichberechtigung und Gleichrangigkeit dieser drei Kategorien auszugehen. Die Anerkennung dieser Gleichrangigkeit birgt in sich aber auch das mögliche Scheitern eines solchen Ansatzes, denn eine derartig totale Erfassung der Geschichte ist wissenschaftstheoretisch nicht nur illegitim, sondern auch praktisch nicht durchführbar. Der Anspruch der Totalität muß für den Sozialhistoriker, wie für jeden anderen Historiker, demnach notwendig utopisch bleiben, wenn er auch als Leitlinie und ideale Meßlatte beibehalten wird.[2]

In Übereinstimmung mit diesen grundsätzlichen Bemerkungen wird in dieser Abhandlung ein dreifacher Ansatz verfolgt. Zum einen werden die untersuchten Unterschichten als wirtschaftliche Gruppe zur Sprache kommen, d.h. ihre Stellung innerhalb der Konsumtions- und Produktionsprozesse wird erörtert werden. Zum anderen werden die Mitglieder der Unterschichten als handelnde Subjekte und als Gegenstand staatlicher Politik im weitesten Sinne behandelt werden. Zum dritten wird man nicht daran vorbeikommen, den Bereich der "Kultur" der Unterschichten zumindest anzureißen, wobei "Kultur" hier nicht als auf die kulturellen Produkte einer Gesellschaftsschicht reduziert verstanden werden soll. Stattdessen wird hier unter Bezug auf die Ergebnisse der modernen Kulturanthropologie ein erweiterter Kulturbegriff zugrunde gelegt, in dem Selbstbewußtsein und Lebensstil der Unterschichten als Teil der Kultur begriffen werden.[3]

1 Hans-Ulrich Wehler, Deutsche Gesellschaftsgeschichte, 4 Bände, München 1987 ff., hier Band 1: Vom Feudalismus des Alten Reiches bis zur defensiven Modernisierung der Reformära: 1700 - 1815, München 1987, S. 6.

2 Ebda., S. 7.

3 Marvin Harris, der Mentor der amerikanischen Kulturanthropologen, definiert "Kultur" allgemein folgendermaßen:"A culture is the total socially acquired life-way or life-style of a group. It consists of the patterned, repetetive ways of thinking, feeling, and acting that are characteristic of the members of a particular society or segment of a society." Unter Bezugnahme auf eine "Kultur der Armut" oder Kultur der Unterschichten fährt er in einem anderen Kontext fort:"Some anthropologists believe that the contrasts between the ideologies of the poor and the middle class are sharp enough and systematic enough to warrant thinking about the way of life of the poor as a subculture - as a 'lower-class culture' or a 'culture of poverty'." Marvin Harris, Culture, People,

Ob es gegen Ende des 18. Jahrhunderts eine völlig eigenständige Kultur der Unterschichten gegeben hat und ob diese identisch war mit einer "Kultur der Armut", kann und soll in diesem Rahmen nicht gefragt werden. Wichtig für den hier gesteckten Rahmen ist die Feststellung, daß den Unterschichten die Fähigkeit zur Kultur logisch nicht abgesprochen werden kann, wenn man einen erweiterten Kulturbegriff zugrunde legt.

Aus der dreifachen Annäherung an den Forschungsgegenstand Unterschichten über Wirtschaft, Herrschaft und Kultur soll so ein Bild entstehen, in dem die materiellen Lebensverhältnisse der Unterschichten, ihre Arbeitsformen genauso wie ihr Lebensstandard, in Verbindung gesetzt werden mit ihrem Status innerhalb der Gesellschaft und ihren Beziehungen zur Obrigkeit.

Eine rein wirtschaftshistorische Untersuchung der zunächst definitorisch nicht weiter geschiedenen Unterschichten müßte notwendig ins Leere laufen, da Probleme gesellschaftlicher Schichtung zum einen nicht nur ökonomisch greifbar sind, zum anderen gerade in Zeiten gesellschaftlichen und wirtschaftlichen Umbruchs die ökonomischen Charakteristika von sozialen Gruppen stumpf zu werden drohen.

Damit in engem Zusammenhang steht die Schwierigkeit, zu benennen, was mit dem Begriff Unterschichten gemeint ist. Jeder Versuch, die Schwierigkeit der Definition dadurch zu umgehen, daß man als Historiker begriffliche Anleihen bei verwandten Fachgebieten vornimmt, scheitert daran, daß die Soziologie als Nachbardisziplin bisher auch nicht in der Lage war, ein Schichtungsmodell zu entwickeln, das von einer Mehrheit der Soziologen anerkannt wird. Dabei herrscht vor allem Uneinigkeit darüber, welches die sozial relevanten Merkmale einer Gesellschaft sind, die das Verhalten der Menschen untereinander grundlegend bestimmen. Dabei kristallisiert sich jedoch in jüngerer Zeit immer stärker heraus, daß mit dem Begriff Schicht oder Schichtung nur diejenigen Gruppen von sozialen Merkmalen belegt werden, welche sich mit gesellschaftlichen Wertungen verbinden, d. h. wenn mit den objektiv feststellbaren Unterschieden in einer Gesellschaft auch eine unterschiedliche Wertschätzung verbunden ist. Auch aus dieser Warte also ergibt sich das Problem, daß die gesellschaftlichen Werturteile über die Unterschichten mit in unsere Überlegungen einbezogen werden müssen. Aus der Bezeichnung des Untersuchungsgegenstandes als Schichten wird schon deutlich, daß es sich hier um keine homogene und zusammenhängende gesellschaftliche Gruppe handeln kann, denn sonst wäre der

Nature: An Introduction to General Anthropology, New York 1975, 2. Auflage (1. Auflage New York 1971), Zitate S. 144 f. und S 474 f. Vergl. auch ders., Cultural Materialism: The Struggle for a Science of Culture, New York 1979, S. 47. Ansätze, Kultur nicht in erster Linie als Hochkultur zu begreifen, gibt es spätestens seit Herder und Novalis. Vergl. Antonio Gramsci, Marxismus und Literatur: Ideologie, Alltag, Literatur, Hamburg 1983 (hg. von Sabine Kebir), S. 26. Gramsci zitiert hier ohne Stellennachweis Novalis. Der erweiterte Kulturbegriff findet sich bei David Levinson; Martin J. Malone, Toward Explaining Human Culture: A Critical Review of the Findings of Worldwide Cross-Cultural Research, New Haven, Conn., 1980, S. 3. Die Autoren definieren ihren Gegenstand dort folgendermaßen: "We use the term human culture, in its broadest sense, not only to include the rules, practices, actions, and characteristics of entire cultures or societies, but also of thoughts, feelings, actions, and characteristics of individual human beings."

Plural zur Bezeichnung dieser Gruppe überflüssig. Allgemeingesprochen sind in der historischen Forschung bisher vor allem zwei Wege beschritten worden, um die Unterschichten zu definieren. Ein Teil der Forschung faßt die Unterschichten in Anlehnung an Werner Conze von vorneherein als Ausgegrenzte, die sich nur dadurch bestimmen lassen, daß sie nicht zur Gesellschaft gehören. Die so gefaßten Unterschichten stellen ein "(...) Konglomerat aus rechtlicher, sozialer und politischer Minderberechtigung (...)" dar. Zu ihnen müssen "(...) all jene hinzugerechnet werden, die von der Hand in den Mund lebten, oder deren Subsistenz bei einem zeitweiligen Ausfall ihrer Arbeitskraft bedroht war (...)". Hier gehen also rechtliche, soziale, politische und ökonomische Kategorien eine weiter nicht geklärte Verbindung ein, die dazu dient, die Unterschichten vom "Rest der Gesellschaft" abzugrenzen.[4] Ein anderer Ansatz besteht darin, den Terminus Unterschichten gleichsam als eine offene Liste zu begreifen, in die nach Bedarf alle Vagierenden, Bettler und Kriminellen zusammen mit den Hausarmen und Freizeitschmugglern aufgenommen werden können. Damit macht sich der Historiker einen Blickwinkel zu eigen, der möglicherweise einem Teil der mit Ansehen, Reichtum und politischer Macht ausgestattenen "Oberschichtsangehörigen" eigen war, wohl aber kaum den Notwendigkeiten der historischen Forschung entspricht und auch nicht mit dem übereinstimmt, wie sich die Angehörigen der verschiedenen Unterschichten selbst wahrgenommen haben. Eine derartig summarische Behandlung der Unterschichten verwischt die grundlegenden Unterschiede zwischen einem dozilen Kölner Hausarmen und einem Angehörigen einer Räuberbande, um zwei extreme Beispiele zu wählen. [5]

4 Zitate aus Dietrich Ebeling, Lebenshaltungskosten und soziale Lage in Köln im 18. Jahrhundert. Diss. Bielefeld, 1982, S. 12-14. Diese Definition geht wohl weitgehend zurück auf Werner Conzes Arbeiten aus den fünfziger Jahren, die er in seinen Artikeln "Arbeiter" und "Proletariat" in den "Geschichtlichen Grundbegriffen" zusammengefaßt hat. Demnach bezeichnet der Begriff "Pöbel" die " (...) armen oder mindestens nicht wohlhabenden Menschen unterer sozialer Lage, die Menge dürftig Lebender, die in Notzeiten und Hungerkrisen stets in erster Linie gefährdet und daher auch gefährlich waren." Otto Brunner; Werner Conze; Reinhart Koselleck (Hg.), Geschichtliche Grundbegriffe: Historisches Lexikon zur politisch-sozialen Sprache in Deutschland, bisher fünf Bände, Stuttgart 1972 - 1984, hier Bd. 5, Artikel "Proletariat" von Werner Conze, S. 27 - 68, Zitat S. 29.

5 Vergl. Carsten Küther, Menschen auf der Straße: Vagierende Unterschichten in Bayern, Franken und Schwaben in der zweiten Hälfte des 18. Jahrhunderts, Göttingen 1983 (Kritische Studien zur Geschichtswissenschaft 56), S. 100; ders.: Räuber und Gauner in Deutschland. Das organisierte Bandenwesen im 18. und frühen 19. Jahrhundert, Göttingen 1976 (Kritische Studien zur Geschichtswissenschaft 20), S. 18, 23 f., 28 f. Ähnlich im Ansatz auch Ernst Schubert, Arme Leute, Bettler und Gauner im Franken des 18. Jahrhunderts, Neustadt a.d. Aisch 1983 (Veröffentlichungen der Gesellschaft für fränkische Geschichte, Reihe 9, 26). Diese Ansätze gehen wohl zurück auf Bronislaw Geremek, Criminalité, vagabondage, pauperisme: La marginalité à l'aube des temps modernes, in: Revue d'histoire moderne et contemporaine 21, 1974, S. 337 - 375. Vergl. dazu die eher vorsichtige Einschätzung von Thomas Riis und Jean Pierre Gutton. Thomas Riis, Poverty and Urban Development in Early Modern Europe, in : ders. (Hg.): Aspects of Poverty in Early Modern Europe, Alphen 1981 (Publications of the European University Institute 10), S. 1-28, hier S. 12. Gutton stellt mit Recht fest: "(...) ce qui importe (...) c'est de dire les differences fondamentales qui séparent le pauvre, le mendiant et le vagabond." Jean-Pierre

Es ergibt sich aus dem bisher Gesagten, daß eine Untersuchung, die vorgibt, sich mit den Unterschichten zu beschäftigen, die sozial relevanten Merkmale der untersuchten Gruppen nicht von vornherein durch ihre Fragestellung und ihre Materialauswahl verstellen darf. In einem sehr allgemeinen Sinne besteht das Erkenntnisinteresse der vorliegenden Arbeit also darin, den Begriff der Unterschichten an einem konkreten Beispiel zu beleuchten und auszuloten. Dabei soll aber nicht nur ein wissenschaftlicher Begriff modifiziert oder gebildet werden, sondern die Analyse der wesentlichen Merkmale der untersuchten Unterschichten wirft ja zugleich ein Licht auf den Zustand der Gesellschaft, der sie angehörten bzw. aus der sie ausgegrenzt wurden. Berücksichtigt man dabei die Forschungslage zu den historischen Unterschichten in Deutschland, so wird schnell klar, daß bei allem Anspruch an eine möglichst umfassende Darstellung sich die Notwendigkeit ergab, das Thema sowohl zeitlich wie räumlich stark einzugrenzen. Die Wahl fiel dabei auf einen Zeitraum, der wie kein zweiter für sich beanspruchen kann, eine Nahtstelle zwischen zwei Gesellschaftsformationen darzustellen. Die auf den Ergebnissen und Folgerungen der Französischen Revolution beruhenden politischen, wirtschaftlichen und gesellschaftlichen Verschiebungen führten zu einer neuen Gesellschaftsordnung, die auf "(...) den Grundsätzen der persönlichen Freiheit und der rechtlichen Gleichheit (...)" beruhte.[6] Dies mag für den überwiegenden Teil der Gesellschaft auch zugetroffen haben, doch wird im Zusammenhang mit den Unterschichten zu fragen sein, ob diese grundsätzlichen Veränderungen der Gesellschaft sich auch auf das Leben der bisher von der Teilhabe an Vermögen, Politik und gesellschaftlicher Anerkennung Ausgeschlossenen auswirkten. Die linksrheinischen Gebiete des Alten Reiches stellten die ersten deutschen Territorien dar, in denen die (noch)revolutionäre Politik des neuen Frankreich Anwendung finden konnte. Zugleich waren es diese Territorien, die der Ideologie der "natürlichen Grenzen" folgend, als legitimes französisches Staatsgebiet betrachtet wurden und die mit dem Frieden von Lunéville dann auch französisches Territorium wurden. Wichtig ist in diesem Zusammenhang auch, daß die später rheinpreußischen Gebiete links desStroms dem französischen Einfluß am längsten ausgesetzt gewesen sind, was tiefgreifende Auswirkungen auf das soziale und rechtliche System in diesem Teil Deutschlands gehabt hat. Wegen des Fehlens der 1794 noch nicht ausgeprägt "imperialen" Politik Frankreichs gegenüber den eroberten Gebieten wurden die Prinzipien von 1789 links des Rheins prononciert angewendet. Wegen der territorialen Zugehörigkeit der vier rhenanischen Départements zum

Gutton, La société et les pauvres: L'exemple de la généralité de Lyon 1534-1789, Paris 1971, hier S. 7. Den Zusammenhang von Räuberbanden und Bettelwesen stellt auch Stefan Rohrbacher in den Mittelpunkt seiner Überlegungen, allerdings ohne von einer prinzipiellen Überschneidung beider Gruppen auszugehen. Er erklärt die Situation der jüdischen Minderheit im kurkölnischen Gebiet und stellt fest, daß sich unter diesen besonderen Bedingungen erst "(...) die Grenzen zwischen Vaganten- und Gaunertum (verwischten)". Stefan Rohrbacher, Räuberbanden, Gaunertum und Bettelwesen in: Jutta Bohnke-Kollwitz et al.: Köln und das rheinische Judentum, Festschrift Germania Judaica 1959-1984, Köln 1984, S. 117-124, hier S. 117.

6 Franz Schnabel, Deutsche Geschichte im neunzehnten Jahrhundert, 4 Bände, erste Auflage Freiburg i. Br. 1927 -1937, Neudruck München 1987, hier Band 1: Die Grundlagen, S. 120 f.

Französischen Empire kann alles, was hier an sozialpolitischen Neuerungen eingeführt wurde, nur als Ausfluß der allgemeinen französischen Innenpolitik angesehen werden und nicht etwa als Ergebnis einer auf Ausbeutung und politischer Abhängigkeit basierenden Außenpolitik. In allen anderen deutschen Gebieten, sofern sie nicht zu den von Frankreich abhängigen Klein- und Mittelstaaten gehörten, wird man die gesellschaftliche Erneuerung nach 1794 als Ergebnis einer "defensiven Modernisierung" interpretieren dürfen, die sich mehr aus dem Zwang zur Anpassung als aus der Einsicht in die Richtigkeit von Reformen ergaben.[7]

Insofern konzentriert sich die vorliegende Arbeit auf die kritische Periode in der Geschichte des Rheinlandes, als hier nicht nur zwei verschiedene Staatssysteme zusammenkamen, sondern auch zwei gesellschaftliche Systeme aufeinandertrafen. Die beiden Gesellschaftsformationen mögen sich, was den Grad der persönlichen Freiheit des Einzelnen anging, 1812 nicht viel von dem unterschieden haben, was man im Jahre 1792 links des Rheins gewohnt gewesen war. Eine solche Sicht verstellt jedoch den Blick auf die Neuerungen, die mit der Ideologie der nachrevolutionären Besatzer des Jahres 1794 und den auf Effizienz und Funktionstüchtigkeit abgestellten Vorstellungen des napoleonischen Reiches nach Deutschland kamen und sich zuerst links des Rheins langsam durchsetzten. Dazu gehört u.a. auch die politische Erziehung der wirtschaftlichen Eliten des Rheinlands, die erst lernen mußten, ihre wirtschaftlichen Interessen innerhalb des neuen politischen Bezugsrahmens zu definieren und wahrzunehmen.[8] Dies waren neue Freiheiten und auch Herausforderungen, die nur indirekt etwas mit den Losungen von 1789 zu tun hatten und denen sich die Rheinländer erst langsam stellen mußten. Ihre politische Realität hatte vorher teilweise doch ganz anders ausgesehen. In katholischen Städten wie Köln und Aachen hatte eine kleine Oligarchie von alteingesessenen Familien politisch und wirtschaftlich den Ton angegeben. Auswärtigen und Protestanten war der Zugang zu den Schaltstellen der Macht und zu bestimmten Formen des Eigentums verwehrt. Wirtschaftlich gelähmt wurde das Leben durch die Herrschaft der Zünfte, die alle Eingriffe in ihre Befugnisse abwehrten und sich dabei als politischer Instrumente des Rates und der städtischen Gerichte bedienten. Während z.B. das Kölner Umland, das zum Kurfürstentum Köln gehörte, unter dem letzten Kurfürsten von Köln, Max Franz, dem jüngsten Sohn Maria Theresias, eine vorsichtige Öffnung in Richtung einer wirtschaftlichen und rechtlichen Reform durchmachte, verknöcherten die Verhältnisse in Köln, dem einst die Krone der deutschen Städte zugekommen war, immer mehr.[9] Muß man also den frischen Wind, den die Revolutionstruppen im Jahre

7 Wehler, Deutsche Gesellschaftsgeschichte, Band 1: Vom Feudalismus des Alten Reiches bis zur Defensiven Modernisierung der Reformära, 1700 - 1815.

8 Jeffry M. Diefendorf, Businessmen and Politics in the Rhineland, 1789 - 1834, Princeton, N.J. 1980, S. 4 f.

9 Bruno Fischer; Birgit Scherer, "Der Genius der Freiheit ruft". Demokratische Bewegungen in Köln zur Zeit der Französischen Revolution, in: Reinhold Billstein (Hg.), Das andere Köln: Demokratische Traditionen seit der Französischen Revolution, Köln 1979 (Kleine Bibliothek 169), S. 29 - 58, hier S.30. Max Braubach, Maria Theresias jüngster Sohn Max Franz: Letzter Kurfürst von Köln und Fürstbischof von Münster, Wien, München 1961, S. 95 - 147. Der wirtschaftliche Niedergang der Stadt wird in exemplarischer Weise von Dietrich Ebeling aufgezeigt, der das 18.

1794 ins Rheinland brachten, deshalb nicht uneingeschränkt begrüßen, auch wenn die in den folgenden Jahren initiierten Reformen durch die napoleonische Politik nach 1806 teilweise wieder rückgängig gemacht wurden? In der Beurteilung der wirtschaftlichen Auswirkungen der französischen Politik im Rheinland war sich die Forschung lange Zeit uneinig. Der überwiegende Teil der älteren Literatur war geprägt von den politischen Gegensätzen des ausgehenden 19. und des 20. Jahrhunderts zwischen Deutschland und Frankreich. Inzwischen haben sich die Beziehungen zwischen Frankreich und Deutschland verändert, und die Betrachtung der napoleonischen Zeit ist nicht mehr eine Frage der jeweiligen nationalen Brille, die dabei aufgesetzt wird.[10] Demzufolge und weil die wirtschaftlichen und politischen Auswirkungen der Revolution und der napoleonischen Politik auf Deutschland auch methodisch anders angefaßt wurden als früher, hat sich ein nun eher positives Bild jener Jahre ergeben, das Pierre Ayçoberry mit den Worten zusammenfaßte, daß "(...) les polémiques sur le bilan économique de l'occupation française sont passés de mode (...)".[11] Auch wenn die Bewohner der eroberten Gebiete links des Rheins vor 1801 selten wie vollwertige französische citoyens behandelt wurden und unter den wirtschaftlichen Lasten der Kriege zu leiden hatten, auch wenn die Rheinländer, wie Timothy C.W. Blanning kürzlich gezeigt hat, anfangs durch alle möglichen Formen der passiven Resistenz gegen die französische Politik gearbeitet haben, die grundsätzlich positive Bilanz der Periode zwischen 1794 und 1814 wird wohl kaum bestritten werden. Es wäre anders nur schwer zu verstehen, warum die Rheinländer unter ihren neuen preußischen Herren nach 1815 darum gekämpft hätten, die französischen Gesetze und Institutionen zu behalten, wenn sie unter ihnen nicht generell friedvoll und prosperierend gelebt hätten. Wenn man die Verwendung idealtypischer Begriffe in diesem Zusammenhang akzeptiert, so hat in dieser Zeit etwas von dem auch anderswo zu beobachtenden Wechsel vom Polizeistaat zum Rechtsstaat stattgefunden, auch wenn gegen Ende der napoleonischen Zeit Elemente des Polizeistaates wieder stärker hervorgetreten sind.[12] Die Frage, die sich hier stellt, ist, ob alle

Jahrhundert für Köln als eine "Verfallsperiode" charakterisiert. "Auf nahezu allen Gebieten hatte Köln spätestens seit dem 17. Jahrhundert seine ehemals beherrschende Stellung eingebüßt." Dietrich Ebeling, Bürgertum und Pöbel: Wirtschaft und Gesellschaft Kölns im 18. Jahrhundert, Köln, Wien 1987 (Städteforschung: Veröffentlichungen des Instituts für vergleichende Städteforschung in Münster, hrsg. von Heinz Stoob, Reihe A, Bd. 26), S. 179.

10 Roger Dufraisse, Das napoleonische Deutschland. Stand und Probleme der Forschung unter besonderer Berücksichtigung der linksrheinischen Gebiete, in: Geschichte und Gesellschaft 6, 1980, S. 467 - 483, S. 467 - 470. Zum Forschungsstand zur napoleonischen Wirtschaftspolitik siehe auch ders., Blocus et système continental: La politique économique de Napoléon. Etat des travaux, in: Revue de l'Institut Napoléon 98, 1966, S. 65 - 78.

11 Pierre Ayçoberry, Cologne entre Napoléon et Bismarck: La croissance d'une ville rhénane, Paris 1981, S. 39.

12 Timothy C.W. Blanning, The French Revolution in Germany: Occupation and Resistance in the Rhineland, 1792-1802. New York 1983, repr. New York, 1986. Wichtig auch die Rezension Blannings durch Jeffry M. Diefendorf in American Historical Review 90, 1985, S. 158, in der Diefendorf zu Recht auf die Einseitigkeit Blannings hinweist. Zum Unterschied von Polizeistaat und Rechtsstaat vergl. die grundsätzlichen Bemerkungen von Erich Angermann, Robert von

Rheinländer mit der französischen Herrschaft zufrieden sein konnten. Wie hatte sich die gesellschaftliche, wirtschaftliche und kulturelle Position der Unterschichten in jenen Jahren verändert? Gibt es eine Korrelation zwischen der grundsätzlich positiven Einschätzung der französischen Periode des Rheinlandes mit der Situation der Armen, Recht-und Heimatlosen? Hat die Revolution auch ihnen Freiheit und Brüderlichkeit gebracht, wenn sie schon die Gleichheit zwangsläufig nicht herstellen konnte? Anders formuliert könnte die Frage lauten, wie sich das Verhältnis zwischen "Obrigkeit" beziehungsweise "Staat" und Unterschichten in dieser Zeit entwickelte. Mit Staat wird hier gemeint eine Form der gesellschaftlichen Organisation, die von der Person und Dynastie des Monarchen abgelöst existierte und die einerseits ein Herrschaftsinstrument im Interesse bestimmter Klassen darstellte, andererseits aber dem Charakter nach ein ideelles Universalregelsystem repräsentierte, das die Sonderinteressen einzelner Gruppen der Herrschenden durchaus durchkreuzen konnte, wenn dies die langfristigen Interessen des Systems und der Herrschenden erforderte. Es folgt aus dem Gesagten, daß dieser Staat kein Nationalstaat sein mußte, daß seine Prinzipien aber am reinsten in den Nationalstaaten des 19. Jahrhunderts verwirklicht worden sind.[13] In dieser Hinsicht soll auch der Begriff des Staatsbildungsprozesses auf den neuzeitlichen Staat beschränkt werden, obwohl dieser sich schon im Absolutismus zu entwickeln begann und erst mit dem aufkommenden Kapitalismus zum Abschluß gekommen ist.[14]Diese machtvolle und zentrale öffentliche Gewalt, die sich auf einen disziplinierten militärischen und administrativen Apparat stützte, hatte sich die Aufgabe gestellt, die heterogenen gesellschaftlichen Kräfte zu einem geordneten Gemeinwesen zu vereinheitlichen. Damit wurde aus der feudalen Absicherung des eigenen Herrschaftsbereiches eine umfassende innere Sicherungspolitik durch die Herrschaftsmittel des Staates. Hier etablierte sich also eine Zentralmacht auf Kosten der verschiedenen lokalen Machtkonglomerationen. Nur so konnte die "Fundamentaldisziplinierung" der Gesellschaft in Angriff genommen werden, die über den eigentlich staatlichen Bereich hinausging und alle Bereiche der Gesellschaft zu

Mohl, 1799 - 1875: Leben und Werk eines altliberalen Staatsgelehrten, Neuwied 1962 (Politica, Abhandlungen und Texte zur politischen Wissenschaft, Bd. 8), S. 95 - 119.

13 Zur Diskussion um den Staatsbegriff Alf Lüdtke, "Gemeinwohl", Polizei und "Festungspraxis": Staatliche Gewaltsamkeit und innere Verwaltung in Preußen, 1815-1850, Göttingen 1982 (Veröffentlichungen des Max-Planck-Instituts für Geschichte 73), S. 21-50, der seinerseits auf Max Webers grundlegender Definition des "modernen" Staates aufbaut. Vergl. auch Schnabel, Deutsche Geschichte, Bd. 1, S. 110 - 112.

14 Wehler, Deutsche Gesellschaftsgeschichte, Bd. 1, S. 61 f. Vergl. auch die Ausführungen Helmut Seifferts zum zeitgerechten Wortgebrauch des Wortes Staat in Helmut Seiffert, Einführung in die Wissenschaftstheorie, 3 Bde., hier Bd. 2: Geisteswissenschaftliche Methoden: Phänomenologie - Hermeneutik und historische Methode -Dialektik, erste Auflage München 1970, achte erweiterte und überarbeitete Auflage München 1983 (Beck'sche Schwarze Reihe 61), S. 154 - 156. Seiffert stützt sich stark auf die Bemerkungen Wittrams zum Staatsbegriff. Vergl. Reinhard Wittram, Das Interesse an der Geschichte: Zwölf Vorlesungen über Fragen des zeitgenössischen Geschichtsverständnisses, erste Auflage Göttingen 1958, zweite Auflage Göttingen 1963 (Kleine Vandenhoeck-Reihe 59/60/61), S. 36 - 39. Zu den Unterschieden der Begriffe "Regierung" und "Obrigkeit" vergl. Volker Sellin, "Regierung" in: Brunner; Conze; Koselleck (Hg.), Geschichtliche Grundbegriffe, 5. Bd., S. 361 - 421.

erfassen suchte. Die Obrigkeit alter Prägung war demgegenüber gekennzeichnet durch ihre Anbindung an den Souverän, d. h. sie war gottgewollt und patriarchalisch. Als solche bestand sie im territorial aufgegliederten Deutschland in einigen Bereichen länger als anderswo, je nach wirtschaftlichem und gesellschaftlichem Entwicklungsstand der betreffenden Einheiten. Für die Armenfürsorge z.B. brachte die im Absolutismus einsetzende "innere Staatsbildung" recht wenig Neuerungen, da die Armenfürsorge bei den Gemeinden verblieben war und diese sich von ihrer spätmittelalterlichen Politik nur in Nuancen entfernten.[15] Die für die Herausbildung des neuzeitlichen Staatswesens notwendige Disziplinierung der gesamten Gesellschaft wurde von Michel Foucault in das 17. und 18. Jahrhundert verlegt, und bei ihm finden sich auch Erklärungsansätze für die Frage, warum diese Disziplinierung nicht zu lösen ist von der Epoche der Aufklärung. Mit der Entdeckung der "Freiheiten" des Individuums wurde die gleichzeitige Kontrolle des Individuums durch die Disziplin als Zwang zum Selbstzwang notwendig. Eine Gesellschaft, die aus grundsätzlich freien Individuen bestand, bedurfte eines sozialen Kitts, der verhinderte, daß dieses Gemeinwesen auseinanderbrach. Wichtig wurden in diesem Zusammenhang diskursive Praktiken, aber ohne die nichtdiskursiven Institutionen wie Schule, Gefängnis, Spital und Manufaktur wäre die erwünschte soziale Kontrolle nicht zu gewährleisten gewesen.[16] Dies gilt in besonderem Maße für die Peripherie dieser Gesellschaft, in der Diskurse wenig bewirken, weil diese auf der Akzeptanz des Diskurses durch seine Teilnehmer beruhen. Das Verhältnis von Staat und Unterschichten realisiert sich also in erster Linie durch den Versuch der Disziplinierung durch Herrschaftsinstrumente, während die Unterschichten im Verlaufe der Disziplinierung neben dem Mittel der Verweigerung oder passiven Resistenz nur den Weg der Regelverletzung beschreiten können, einer Regelübertretung, der nicht die Regeln der Unterschichten zugrunde liegen und deren Konsequenzen die Unterschichten nicht bestimmen können. Folg-

15 Christoph Sachße; Florian Tennstedt, Sicherheit und Disziplin: Eine Skizze zur Einführung, in: Christoph Sachße; Florian Tennstedt (Hg.), Soziale Sicherheit und soziale Disziplinierung: Beiträge zu einer historischen Theorie der Sozialpolitik, Frankfurt 1986, S. 11 - 44, hier S. 18 f. Zur Loslösung des Bürokraten als Repräsentanten des Staates vom Souverän vergl. Erich Angermann, Germany's "Peculiar Institution": The *Beamtentum*, in: Erich Angermann; Marie-Luise Frings (Hg.), Oceans Apart: Comparing Germany and the United States. Studies in Commemoration of the 150th Anniversary of the Birth of Carl Schurz, Stuttgart 1981, S. 77 - 101, hier S. 79. Der Begriff "Obrigkeit" kann durchaus Strukturen bezeichnen, in denen eine gewisse Selbstverwaltung der Untertanen zugelassen wurde. Diese Elemente von Selbstverwaltung bestanden im Rheinland bis zum Ende des 18. Jahrhunderts fort, z. B. dort, wo Dorfgerichte Recht sprachen. Entscheidend ist hierbei, daß der Landesherr Urteile, die vor solchen Gerichten entstanden waren, bestätigen mußte. Er hatte also das letzte Wort. Demnach ist hier die Trennung von Souverän und seiner politischen Funktion noch nicht vollzogen. Vergl. Richard van Dülmen, Theater des Schreckens: Gerichtspraxis und Strafrituale in der frühen Neuzeit, München 1985, S. 176 und 184 und die Kritik van Dülmens durch Arie Nabrings in Zeitschrift für Historische Forschung 14, 1987, 366 f. (Rezensionsartikel). Vergl. auch Richard van Dülmen, Das Schauspiel des Todes: Hinrichtungsrituale in der frühen Neuzeit in: ders.; Schindler (Hg.), Volkskultur, S. 203 - 245.

16 Diese grundlegenden Bemerkungen gehen zurück auf Elias, Über den Prozeß der Zivilisation, Bd. 1, S. XI.

lich ist der Ausgang dieser Disziplinierung grundsätzlich voraussagbar und der Charakter der Abwehr dieser Versuche aus der Perspektive der Disziplinierten immer defensiv. Anders als bei den politischen Revolutionen oder den Streikkämpfen des 19. Jahrhunderts ist diese Auseinandersetzung zwischen Staat und Unterschichten ein langanhaltender Prozeß, der keine berühmten Akteure und Aktionen kennt, der sich gleichsam hinter dem Rücken der Betroffenen in den Amtsstuben der Ministerialbürokratien oder Stadträte durchsetzte. Es ist dies eine "Verwaltungsgeschichte von oben nach unten".[17] Demnach wird bei allen behandelten Gruppen das Verhältnis der Unterschichtsangehörigen zur Obrigkeit (vor 1794) bzw. zum Staat (nach 1794) im Mittelpunkt des Interesses stehen. Da die Unterschichten als weitgehend "stumme" Protagonisten sich kaum schriftlich geäußert haben, muß versucht werden, ihre Haltungen aus den Reaktionen der politischen Funktionsträger vor Ort abzuleiten. Neben der Fragestellung nach der Tragfähigkeit der verschiedenen Definitionsversuche historischer Unterschichten und der Art ihrer Disziplinierung sollen die Unterschichten selbst zu Wort kommen, wo immer dies möglich ist. Dies ist nicht nur eines der Prinzipien einer modernen Sozialgeschichtsschreibung, sondern hat auch etwas mit dem eingangs befürworteten Konzept der "Kultur" oder Sprache der Unterschichten zu tun. Sprechakte, auch als historisch vermittelte Akte des sprachlichen Handelns, offenbaren die geistige Haltung des Sprechers und tragen neben ihrem scheinbar wichtigeren "sachlichen" Gehalt eine pragmatische Bedeutung, die es zu berücksichtigen gilt. Diese Bedeutung ist aber nicht nachvollziehbar, wo ungeklärt bleibt, wie der "ganze Mensch lebt", d. h. eine Analyse dieser Äußerungen muß sich auf den Versuch der Rekonstruktion des Alltagslebens der Unterschichtsangehörigen stützen.

0.2 Methodik

Es gehört zu den historiographischen Allgemeinplätzen, darauf hinzuweisen, wie wichtig es für den Historiker der sozialen Ungleichheit ist, die drei Aspekte Macht beziehungsweise Herrschaft, ökonomische Lage und kulturelle Deutungsmuster zu unterscheiden, da keine dieser drei Kategorien für sich in der Lage ist, soziale Ungleichheit hinreichend zu beschreiben.[18] Auf die Bedeutung der Herrschaft für die Unterschichten ist im Rahmen des hier Gesagten schon eingegangen worden und wird noch weiter eingegangen werden müssen. Dies gilt ebenso für den Bereich der Kultur. Die wirtschaftliche Situation der Unterschichtsangehörigen ist die Kategorie, die am wenigsten strittig ist in der Forschung und die deshalb hier aus der Diskussion ausgeklammert werden kann, sofern sie nicht mit den beiden anderen Kategorien direkt in Zusammenhang steht. Ich werde deshalb im folgenden über die wirtschaft-

17 Stefan Breuer, Sozialdisziplinierung: Probleme und Problemverlagerungen eines Konzepts bei Max Weber, Gerhard Oestreich und Michel Foucault, in: Sachße; Tennstedt, Soziale Sicherheit, S. 45-69, hier S. 56 - 61.

18 Wehler, Deutsche Gesellschaftsgeschichte, Bd. 1, S. 125 f.

lichen Aspekte der historischen Unterschichten im Rheinland nur dann sprechen, wenn sich diese mittel- oder unmittelbar auf die beiden Sphären Herrschaft oder Kultur auswirken. Gleichwohl kommt eine derartige Untersuchung ohne die Darstellung der Grundtatsachen der wirtschaftlichen Existenz der Unterschichten nicht aus. Aus diesem Grunde wurde dem eigentlichen Hauptteil dieser Arbeit ein Exkurs über die politischen und wirtschaftlichen Verhältnisse im Rheinland vorangestellt, der u.a. auch diesen Teil des Problems darstellen soll. Dabei wurde in erster Linie auf die Forschung zurückgegriffen. Danach erst folgt die eigentliche Untersuchung, die sich auf die Auswertung vor allem der Quellen in den Archives Nationales in Paris und im Historischen Archiv der Stadt Köln stützt. Damit wurde nicht alles Material genutzt, welches theoretisch zur Verfügung steht. Im Hauptstaatsarchiv in Düsseldorf befinden sich in größerem Umfang Archivalien zur Verwaltungsgeschichte der französischen Rheinlande, unter ihnen eine ganze Menge, die sich auch in Köln oder Paris erhalten haben. Aus Gründen der Arbeitsökonomie konnte daher auf eine systematische Auswertung dieser Quellen verzichtet werden. Die Auswahl des Kölner und Pariser Archivs hatte zudem den methodischen Vorteil, die beiden Ebenen des politischen Entscheidungsvollzugs abzudecken. Das historische Objekt konnte auf diese Art und Weise von zwei Seiten eingekreist werden. In Paris fielen auf höchster Ebene Entscheidungen, die dann in Köln vor Ort durchgesetzt wurden. Andererseits erhielten die Pariser Beamten ihre politische Rückmeldung von lokalen Behörden, so daß durch die Konzentration auf diese zwei Ebenen der gesamte Prozeß der Auseinandersetzung von Staat und Politikern widergespiegelt wurde.[19]

Ein Wort muß verloren werden zur regionalen Eingrenzung des Themas. Hier ergeben sich bestimmte Schwierigkeiten durch die Tatsache der territorialen Verschiebungen im Rheinland nach 1794 bzw. nach dem Frieden von Lunéville. Das von Frankreich annektierte Gebiet links des Rheins war vor 1794 sehr uneinheitlich gewesen und die überkommenen Unterschiede nivellierten sich nach 1794 erst ganz allmählich. Auf der Basis einer solchen Entwicklung ist es gefährlich, verallgemeinerndeSchlußfolgerungen aus der Untersuchung einer einzigen Stadt zu ziehen. Dennoch ist die Auswahl der Stadt Köln als der größten Stadt dieses Gebiets grundsätzlich richtig, da hier eine überschaubare geographische Einheit gewählt wurde, so daß man wirkliche Längsschnitte anstellen konnte und nicht gezwungen ist, ein aus grobenRasterpunkten zusammengesetztes Mosaik als ein der historischen Wirklichkeit nachempfundenes Bild auszugeben. Dieser Blickwinkel mußte aufgegeben werden,

1) wo die staatliche Politik den engen Spielraum der Gemeinde verließ und Maßnahmen auf der Ebene des Départements verfügt wurden, und

2) wo Gruppen untersucht wurden, die vagierten, also nicht an einen festen Wohnsitz gebunden waren und demzufolge auf lokaler Ebene kaum an Konturen

19 Für das hier behandelte Thema kommen aus dem Düsseldorfer Hauptstaatsarchiv vor allem die Akten der Reihe "Lande zwischen Maas und Rhein" in Frage. Diese umfassen die Serien D2/I Roërdepartement, D2/II Präfektur des Roërdepartements und D2/III Unterpräfekturen Aachen, Köln, Krefeld. Der Bestand für das Kölner Armenwesen ist sehr klein, ebenso die Akten zum Hospiz- und Gefängniswesen der Stadt.

gewinnen konnten, weil sie zu kurz an einem Ort blieben bzw. weil sie als vorwiegend im ländlichen Bereich umherziehende Gruppen nicht in das Weichbild der größeren Städte kamen.

So ist der Untertitel dieser Studie zu verstehen als Hinweis darauf, daß nach 1794 die kommunale Politik zunehmend durch eine Politik des Gesamtstaates abgelöst wurde, auch die Sozialpolitik. Im Zentrum der Studie steht demnach die Stadt Köln, während bei der Untersuchung bestimmter Gruppen die lokalgeschichtliche Perspektive zugunsten einer regionalgeschichtlichen aufgegeben wurde. Nur so waren methodische Unschärfen zu vermeiden, die sich aus einer zu kleinen geographischen Beobachtungseinheit ergeben hätten.

Damit kommen wir zu den Gruppen, die hier erscheinen werden. Wenn schon für den Prozeß der Klassenbildung galt, daß zu seiner Beschreibung ökonomische, soziale, politische und kulturelle Dimensionen erforderlich sind, wenn zur Erfassung der Klassenlage einer historischen Gruppe auch die Klassenattribute und -symbole gehören, wenn es Konflikte nicht nur zwischen Klassen, sondern auch innerhalb von ihnen gab, wieviel mehr verlangt ein Schichtmodell eine derartige Differenzierung ?[20] Kommt es nicht dem Schichtmodell zu, von vornherein sehr viel breiter angelegt zu sein, als der Klassenbegriff, der viel stärker von der Stellung der Individuen im Produktionsprozeß ausgeht ?[21] Ist eine Bestimmung der Unterschichten als der Gruppe von Menschen, deren wirtschaftliche Lage "prekär" war oder die "von der Hand in den Mund lebten", denn ausreichend ? Inwieweit sind denn Unterschichten und "Unterständische" und "Unterbürgerliche" identisch ? Begriffe wie die beiden letztgenannten stellen ja weniger auf die wirtschaftliche Lage der Genannten als auf deren Stellung in der ständischen Rechtsordnung ab, und diese Klassifizierungen ist dann auch konsequenterweise als "Verlegenheitsbezeichnung" charakterisiert worden. [22] Die soziale Lebenswelt läßt sich nicht nur mit Ständebegriffen nicht erfassen, sondern auch Schichtungs- und Klassenbegriffe versagen den Dienst angesichts der Tatsache, daß Unterschichten oft nicht in den Produktionsprozeß eingegliedert waren und ihre sonstigen Merkmale derartig breit gestreut waren, daß von einer Schichtung hier auch nicht gesprochen werden kann. Die Forschung behilft sich in dieser Lage, indem sie eine positive Definition der Unterschichten nicht liefert, sondern sagt, was diese Unterschichten nicht sind, nämlich "bürgerlich" oder "bäuerlich", wodurch wir zu den nicht wesentlich leistungsfähigeren Begriffen der "unterbürgerlichen" und "unterbäuerlichen" Schichten gelangen. Bei der Kritik der verwendeten Begrifflichkeit darf allerdings für unseren Kontext nicht übersehen werden, daß gerade gegen Ende des 18. Jahrhunderts jener folgenschwere Veränderungsprozeß eingesetzt

20 Wehler, Deutsche Gesellschaftsgeschichte, Bd. 1, S. 138 f.

21 Zur Polemik um den marxistischen Klassenbegriff vergl. Jürgen Kocka, Lohnarbeit und Klassenbildung: Arbeiter und Arbeiterbewegung in Deutschland, 1800 - 1875, Berlin, Bonn 1983, S. 15 - 18.

22 Wehler, Deutsche Gesellschaftsgeschichte, Bd. 1, S. 135. François Furet hatte schon 1963 darauf hingewiesen, daß die ökonomische Definition der *classes inférieures* durch sozialtypologische Kriterien ergänzt werden müsse. François Furet, Pour une définition des classes inférieures à l'époque moderne, in: Annales 18, 1963, S. 459 - 474, hier S. 464.

hatte, der die ständische Rechtsordnung im Zuge mit dem Aufkommen neuzeitlich-kapitalistischer Marktbeziehungen in eine Ordnung zu verwandeln begonnen hatte, in der der Markt zum beherrschenden Kriterium der gesellschaftlichen Gliederung wurde. Begriffe, die ja in gewissem Rahmen immer idealtypische Setzungen sind, versagen besonders leicht, wenn sie auf eine Phase sozialer Umschichtungen angewendet werden sollen, und so ist das definitorische Dilemma in diesem Punkt gut verständlich.

Untersucht man die Forschung zu den Unterschichten in Hinsicht auf ihre Klassifikation, so ergeben sich im wesentlichen drei Dimensionen, die quer zueinander liegen, sich aber möglicherweise nicht ausschließen müssen. Die erste Dimension liegt auf der Achse der wirtschaftlichen Position der Unterschichten. Dem entspräche in etwa die Feststellung, die Unterschichten hätten eine prekäre wirtschaftliche Position innegehabt. Unter diese Klassifikation fallen alle, die im weitläufigen Sinne "arm" waren, ohne daß hier eine Definition von Armut versucht werden soll.[23] Die zweite Dimension bezieht sich auf den Grad der horizontalen und damit vertikalen Mobilität der Unterschichten. Es ist offensichtlich ein großer Unterschied gewesen, ob ein Armer gegen Ende des 18. Jahrhunderts städtischer Bürger war und einen festen Wohnsitz hatte oder ob er - beinahe vogelfrei den Nachstellungen der Behörden ausgesetzt - bettelnd über Land zog. H.-U. Wehler weist zu Recht darauf

23 Vergl. die Manuskriptfassung der 1987 veröffentlichten Dissertation von Dietrich Ebeling. Ebeling, der als Kliometriker stark von der Erforschung der Lebenshaltungskosten geprägt ist, sieht in der wirtschaftlichen Lage der Unterschichten das wichtigste Kriterium ihrer Existenz. Ebeling, Lebenshaltungskosten und soziale Lage, S. 13 f. In der gedruckten und stark überarbeiteten Fassung von 1987 fehlt eine ähnliche Einschätzung. Ders., Bürgertum und Pöbel. Ähnlich wie Ebelings früheren wird man wohl auch Wolfram Fischers Ansatz einzuschätzen haben, wenn er auch nicht explizit Unterschichten und Armut gleichsetzt. Ortsfremde Bettler, also Vaganten, zählt er implizit zu den Armen. Wolfram Fischer, Armut in der Geschichte: Erscheinungsformen und Lösungsversuche der "Sozialen Frage" in Europa seit dem Mittelalter, Göttingen 1982 (Kleine Vandenhoeck-Reihe 1476), S. 33. Etienne François differenziert ausdrücklich zwischen Armut und Unterschichten. Etienne François, Unterschichten und Armut in rheinischen Residenzstädten des 18. Jahrhunderts, in: VSWG 62, 1975, S. 433 - 464, bes. S. 434. Letztlich gibt François die ökonomische Definition der Unterschichten jedoch nicht auf. Er umgeht das Problem, indem er eine vorläufige Definition versucht, die als Unterschichten all jene faßt, die weder eine mittelständische Existenz noch die Aussicht darauf ihr eigen nennen konnten. "Gemäß dieser Definition gehören zu den Unterschichten die Schiffer, Fuhrleute und Schürger (Karrenschieber), die Masse der Tagelöhner, die Mehrzahl der Witwen und 'Jungfern', die Weingärtner und Gärtner ebenso wie die zahlreichen Hausdienstboten, d. h. ein sehr hoher Prozentsatz der Stadtbevölkerung." Ebda., S. 434. Abgesehen davon, daß die Bettler in dieser Liste fehlen, beschränkt sie sich auf städtische Unterschichten. François hebt die Mängel seiner vorläufigen Definition im weiteren Verlauf des Diskurses jedoch dadurch auf, daß er andere, außerökonomische Merkmale benennt, die die Unterschichten weiter gliedern. In seiner abschließenden Definition, der es an Klarheit nicht mehr mangelt, betont François jedoch die Unterschiede, die zwischen Armut und Unterschichten bestehen. Ebda. S. 455. Zu den Definitionsproblemen von Armut vergl. Stuart Woolf, The Poor in Western Europe in the Eighteenth and Nineteenth Centuries, London, New York 1986, S. 4 f. und Billy G. Smith, Poverty and Economic Marginality in Eighteenth-Century America, in: Proceedings of the American Philosophical Society 132, 1988, S. 85 - 118, S. 86 f.

hin, daß es eine scharfe Trennungslinie gegeben habe zwischen der ortsansässigen Bevölkerung und der "Unterwelt", die von den heimatlosen und ausgestoßenen Vagabunden bevölkert wurde.[24] Die dritte Untersuchungsdimension bezieht sich auf das Verhältnis von Staat und Unterschichten zueinander, insofern als hier die Tatsache oder der Grad des Abweichens von gesellschaftlichen Normen und ihre Sanktionierung durch den Staat gemeint ist. Hierbei kann man sich nicht mit der bloßen Feststellung der "Kriminalität" der Unterschichten begnügen, denn erstens waren nicht alle bisher als Unterschichtsangehörige genannten Gruppen Rechtsbrecher, und zweitens konnte ja auch der Staat den bisher gültigen gesellschaftlichen Konsens verlassen, indem er neue Gesetze und Verordnungen erließ, die den Tatbestand des Rechtsbruches neu konstituierten und eine Handhabe gegen die Unterschichten erst schufen. Der Umstand, daß die classes maudites vom Gesetzgeber wie Kriminelle behandelt worden sind, kann nicht genügen, um sie diesen gleichzustellen. Waren Unterschichten automatisch auch außerhalb der Gesellschaft ? Oder muß man nicht noch einmal unterscheiden zwischen Unterschichten und Randgruppen der Gesellschaft?[25]

Es ist hier natürlich zu früh, um diese Fragen zu beantworten. Ob sie am Ende der Studie werden beantwortet werden können, hängt davon ab, wie im folgenden vorgegangen werden wird. Grundsätzlich ist dem Vorschlag Etienne François' zu folgen, der eine offene Arbeitsdefinition vorgenommen hatte, die er im Abschluß seiner Arbeit dann konkretisierte. Wenig fruchtbar scheint mir ein Ansatz zu sein, der von einer offenen Liste ausgeht, in der alle Gruppen aufgenommen werden, die irgendwie aus der Gesellschaft der frühen Neuzeit herauszufallen schienen.[26]Diese kumulative Behandlung der Randgruppen verwischt die -auch subjektiv - wahrgenommenen Unterschiede zwischen ihnen und trägt der Tatsache keine Rechnung, daß es für einen

24 Wehler, Deutsche Gesellschaftsgeschichte, Bd. 1, S.-174 f. In der Mitte des 17. Jahrhunderts wurde in Frankreich auch in der Gesetzgebung ein großer Unterschied zwischen Bettlern und Vagabunden gemacht. Vagabunden waren für die Verfolgung durch die Polizei freigegeben und wurden auf eine Stufe gestellt mit Dieben und Wüstlingen. Damit waren die Vagabunden schon ins Lager der Kriminellen abgedrängt worden. Die Armen (*pauvres mendiants*) wurden nach einem königlichen Edikt von 1656 angesehen "(...)comme membres vivans de Jésus-Christ (...)." Bis zur Mitte des 18. Jahrhunderts wurde diese Unterscheidung immer mehr aufgehoben und es setzte sich die Tendenz durch, *vagabondage* und *mendicité* als Synonyme zu benutzen. Jacques Depauw, Pauvres, pauvres mendiants, valides ou vagabonds ? Les hésitations de la législation royale, in: Revue d'histoire moderne et contemporaine 21, 1974, S. 401 - 418, Zitat S. 403.

25 Vergl. die Meinung Geremeks, der hinsichtlich der marginalen Schichten feststellte: "La misère et le crime semblaient ainsi créer un monde totalement étranger à la société;" Geremek, Criminalité, vagabondage, pauperisme, S. 337 - 375.

26 Vergl. Schubert, Arme Leute, Bettler und Gauner. Franz Irsigler, Bettler, Dirnen und Henker im spätmittelalterlichen und frühneuzeitlichen Köln. Zur Analyse sozialer Randgruppen, in: Geschichte in Köln, Heft 7, 1980, S. 32-64. Franz Irsigler; Arnold Lassotta, Bettler und Gaukler. Dirnen und Henker. Randgruppen und Außenseiter in Köln 1300 - 1600 (Aus der Kölner Stadtgeschichte), Köln 1984. Wesentlich präziser als oben genannte Autoren hat demgegenüber C. Küther festgestellt, daß die "(...) vagierenden Unterschichten (...) nicht eindeutig als geschlossene soziale Gruppe zu definieren und ebensowenig nach außen hin exakt zu begrenzen (...)" sind. Küther, Menschen auf der Straße, S. 100.

seßhaften Tagelöhner, der hart an der Armutsgrenze lebte, ein großer gesellschaftlicher Abstieg war, wenn er durch den Verlust des Arbeitsplatzes gezwungen wurde, seine Heimatstadt zu verlassen und wandernd über Land zu ziehen. Definitionen dieser Art müssen das Selbstbewußtsein der Unterschichten berücksichtigen. Ohne dieses Selbstbewußtsein verschwindet der Unterschied von classe pour soi und classe en soi, wodurch die schon geforderte Analyse der Kultur des Unterschichten als Inbesitznahme der eigenen Persönlichkeit verbaut würde.

Diese definitorischen Schwierigkeiten ergeben sich m. E. aus der doppelten Quellenproblematik der Forschung zu Unterschichten. Zum einen haben die Unterschichten ein Randdasein geführt und waren deshalb schwer zu erfassen, zumal ihre Schriftlichkeit nicht sehr hoch anzusetzen war. Aus dieser Vernachlässigung ergibt sich das zweite Problem. Die über die Unterschichten vorliegenden Quellen sind meist amtlicher Natur und wurden fast ausschließlich dann geschrieben, wenn die Unterschichten als Störfaktor auftraten. Etienne François hat dieses Problem mit den Worten beschrieben: "Weil die Unterschichten 'ausgeschlossen' sind, sind sie wenig bekannt, aber umgekehrt trägt die geringe Aufmerksamkeit, die man ihnen schenkt, in weitem Maße dazu bei, sie in dieser marginalen Lage zu belassen."[27] Mit anderen Worten heißt das, daß ein Teil der Randexistenz der Unterschichten durch die historische Forschung mitproduziert worden sein kann, und ein Teil der vermeintlichen Unterschichten gar nicht am Rande der Gesellschaft gelebt hat, sondern in viel stärkerem Maße integriert war, als wir uns das vorstellen können.

Aus diesem und den vorgenannten Gründen wurde hier von einer offenen Definition des Begriffes Unterschichten ausgegangen, der im Verlaufe der Untersuchung enger gefaßt werden soll. Als mögliche Beobachtungsdimensionen waren schon die wirtschaftliche Lage, der Grad der Vaganz und der Devianz der verschiedenen Gruppen genannt worden. Demzufolge wurden hier vier Gruppen untersucht, die sich hinsichtlich der Seßhaftigkeit und in ihrem Devianzpotential unterschieden. Die ökonomische Randständigkeit aller dieser Gruppen wurde als konstitutive Konstante der sozialen Randexistenz vorausgesetzt, so daß mit der Untersuchung der vier Gruppen eine zweidimensionale Untersuchungsmatrix angenommen werden konnte: Diese vier Gruppen waren solche Unterschichtengruppen, die je die Kriterien "Vaganz" und "Devianz" jeweils dichotom erfüllten oder nicht erfüllten. Die ausgewählten Gruppen haben bei diesem Ansatz den Charakter von Paradigmen, die als Stellvertreter für eine ganze Kategorie von Unterschichten stehen. Ausgewählt wurden die Hausarmen (seßhaft, nicht deviant), die Bettler (nicht seßhaft, nicht deviant), die Schmuggler (seßhaft, deviant) und die Räuber (nicht seßhaft, deviant). Es wird zu fragen sein, wie sehr der Grad der staatlichen Akzeptanz dieser Unterschichtsangehörigen mit ihrer jeweiligen Position in dieser zweidimensionalen Matrix zusammenhängt. Mit anderen Worten: Es wäre plausibel, daß der Grad der

27 François, Unterschichten und Armut, S. 433. Zur Schriftlichkeit der rheinischen Bevölkerung vergl. ders., Die Volksbbildung am Mittelrhein im ausgehenden 18. Jahrhundert. Eine Untersuchung über den vermeintlichen "Bildungsrückstand" der katholischen Bevölkerung Deutschlands im Ancien Régime, in: Jahrbuch für westdeutsche Landesgeschichte 3, 1977, S. 277-304.

Unterdrückung und der Versuch der Sanktionierung der Unterschichten durch den Staat mit steigender Bereitschaft zur Vaganz und zur Devianz korreliert. Wenn man allerdings berücksichtigt, daß der Staat selber sich in einem Prozeß der inneren Ausformung befand, so wird auch klar, daß das Verhältnis der hier untersuchten Gruppen zum Staat keine statische Angelegenheit gewesen sein kann, sondern sich die Position der einzelnen Gruppen im Verlauf der untersuchten Periode dynamisch verschoben haben muß.

Noch ein Wort zur Auswahl der Gruppen. Es wäre ein Leichtes gewesen, anstelle der Schmuggler eine andere seßhafte, kriminelle Gruppe auszuwählen, etwa die der Diebe oder die der Holzfrevler. Gegen die Auswahl der Diebe als Gruppe sprachen die Menge des kaum überschaubaren Materials und die Forschungsergebnisse der jüngsten Zeit. Zuletzt hatte Wolfgang Weber sich gegen die These Howard Zehrs ausgesprochen, es habe im frühen 19. Jahrhundert eine "Modernisierung" des Verbrechens gegeben, dergestalt, daß die in der frühen Neuzeit typische Form des Gewaltverbrechens durch die modernere Form des Eigentumsdeliktes abgelöst worden sei. Richtig sei vielmehr, daß die Verbrechensraten parallel zum Grad der Industrialisierung abgenommen hätten, und zwar Eigentumsverbrechen und Vergehen gegen den Staat gleichermaßen.[28] Douglas Hay, der die Zusammenhänge von Kriegsauswirkungen, Hungersnöten und Diebstahlskriminalität für das England des 18. Jahrhunderts untersucht hat, hat ausführlich auf die methodischen Probleme hingewiesen, die mit der Analyse der Diebstahlskriminalität verbunden sind.[29] George Rudé hat in einer neueren Arbeit betont, daß Diebstahl nicht gleich Diebstahl war, sondern stark differenziert auftrat, je nachdem, wie der untersuchte Raum wirtschaftlich gegliedert war.[30] Schließlich hat Olwen H. Hufton in seiner grundlegenden Arbeit herausgestellt, daß Diebstahl das Standardverbrechen der Armen war. Mit anderen Worten, eine Untersuchung der Diebe hätte nur wenig erklärende Kraft, da man davon ausgehen kann, daß die Gruppe der Diebe mit der der Armen virtuell zusammenfallen müßte. Da zudem die Kategorie "Armut" als konstitutive Dimension von Unterschichtszugehörigkeit vorausgesetzt worden war und obendrein die Hausarmen als explizit verarmte Gruppe besonders hervorgehoben werden sollen,

28 Wolfgang Weber, Kriminalität, öffentliche Sicherheit und Industrialisierung in der ersten Hälfte des 19. Jahrhunderts: Bemerkungen zur Entwicklung in Augsburg, in: Die Alte Stadt 12, 1985, S. 251 - 275, hier S. 271. Vergl. Howard Zehr, Crime and the Development of Modern Society: Patterns of Criminality in Nineteenth Century Germany and France, Totowa, N. J. 1976. Die neuen, statistisch wohlbegründeten Ergebnisse Webers widersprechen in gewisser Hinsicht denen Martin Bennholds, der davon ausging, daß der Diebstahl das "(...) typische Unterschicht- und Ausgebeuteten-Delikt (...)" gewesen sei. Diese Herleitung ist jedoch stark das Ergebnis einer theoretischen Setzung und weniger Resultat einer empiriegeleiteten Untersuchung. Martin Bennhold, Diebstahls-und Wirtschaftskriminalität: Ein Beitrag zur Kritik eines mit politisch-kritischem Anspruch auftretenden Labeling-Approach, in: Kriminologisches Journal 5, 1973, S. 161 - 180, hier S. 165 f.

29 Douglas Hay, War, Dearth and Theft in the Eighteenth Century: The Record of the English Courts, in: Past & Present, No. 95, 1982, S. 117-160, hier S. 117 - 122 und 146 - 160.

30 George Rudé, Criminal and Victim. Crime and Society in Early Nineteenth- Century England, Oxford 1985, S.117 - 119.

erschien mir ein zusätzliches Eingehen auf die Diebe nicht sehr sinnvoll.[31]

Eine besondere Rolle spielte der Holzdiebstahl, da hier die Frage der "sozialen Kriminalität" (nach Hobsbawm) berührt wird. Josef Mooser hat in seinem wichtigen Aufsatz betont, daß der Holzdiebstahl in diesem Aspekt dem Schmuggel sehr gleicht. Insofern wäre, was Überschaubarkeit und Relevanz angeht, der Holzdiebstahl ein ebenfalls brauchbares Paradigma für die Kategorie der seßhaften Devianten gewesen, doch kommt es dem Holzdiebstahl zu, daß er "(...) Bestandteil des grundherrlich-bäuerlichen Konflikts (...)" war und insofern ein vorwiegend agrarisches Phänomen darstellte.[32] Allen diesen Untersuchungen ist zudem gemein, daß sie die Frage debattieren, ob Diebstahl als Form der Alltagskriminalität eine Form des sozialen Protestes gewesen sei oder nicht. Da diese Debatte nicht abgeschlossen ist, umging ich diese Frage und wählte in den Schmugglern eine deviante Gruppe, die klarer zu umschreiben ist. Außerdem war die Gegend um Köln in damaliger Zeit nicht sehr waldreich, sodaß es hier wenig Gelegenheit zum Holzdiebstahl gab.

Ein weiteres Problem ergab sich aus der unumgänglichen Tatsache, daß die meisten Quellen, aus denen wir unser Wissen über Unterschichten schöpfen können, aus der Hand von staatlichen oder städtischen Beamten stammen. Die Geschichte der "Verlierer" wird auch hier von den "Siegern" geschrieben. Nun ist dies ein grundsätzliches Problem jeder Sozialgeschichte und als solches wahrscheinlich schon banal.[33] Ähnlich wie in anderen Untersuchungen würde eine rein quantitative Analyse von Gerichtsprotokollen, Steckbriefen oder Armenlisten deshalb dem Problem nicht gerecht, daß die "soziale Kontrolle" der Unterschichten und ihre "Devianz" nicht unabhängig voneinander existierten. Kontrolle kann nicht als Gegenstandsbereich an sich studiert werden, denn ihre Erfolgsaussichten sind unter anderem abhängig von den Bedingungen, die durch die Formulierung von "Kriminalität" gesetzt wurden und von dem Grad, in dem sich die Objekte der Kontrolle dieser zu entziehen vermögen. Mit anderen Worten: Auch Unterschichten machen Geschichte als Subjekte und sind

31 Olwen H. Hufton, The Poor of Eighteenth-Century France 1750 - 1789, Oxford 1974, S. 246 - 266.

32 Josef Mooser, "Furcht bewahrt das Holz": Holzdiebstahl und sozialer Konflikt in der ländlichen Gesellschaft 1800 -1850 an westfälischen Beispielen, in: Heinz Reif (Hg.), Räuber, Volk und Obrigkeit: Studien zur Geschichte der Kriminalität in Deutschland seit dem 18. Jahrhundert, Frankfurt 1984 (Suhrkamp Wissenschaft 453), S. 43 - 99, hier S. 45 und Zitat S. 81. Die Interpretation der Kriminalität als Form des sozialen Protests ist recht alt und geht m. E. auf Friedrich Engels "Lage der arbeitenden Klasse in England" zurück. Vergl. Friedrich Engels, The Condition of the Working Class in England, London 1969, S. 240. Vergl. auch die Bemerkungen von Dirk Blasius zum Holzdiebstahl. Dirk Blasius, Bürgerliche Gesellschaft und Kriminalität. Zur Sozialgeschichte Preußens im Vormärz, Göttingen 1976 (Kritische Studien zur Geschichtswissenschaft 20), S. 29.

33 Anders ist es nicht zu erklären, daß in Wehlers Gesellschaftsgeschichte bei den Abhandlungen der Unterschichten jeder Verweis auf das Quellenproblem fehlt. Vergl. Wehler, Deutsche Gesellschaftsgeschichte, Bd. 1, S. 124 - 202. Vergl. auch die methodischen Bemerkungen von Yves Castan, Mentalités rurale et urbaine à la fin de l'Ancien Régime dans le ressort du Parlement de Toulouse d'après les sacs à procès criminels 1730 - 1790 in: André Abbiateci; François Billacois et al., Crimes et criminalité en France sous l'Ancien Régime 17e - 18e siècles, Paris 1971 (Cahiers des Annales 33), S. 109 - 186, hier S. 112 - 145.

nicht nur Gegenstände von Politik. Solches Sich-Einmischen der Unterschichten wird aber nur in den seltensten Fällen über serielle Verwaltungsakten in den Griff zu bekommen sein. Neben quantitativen Aufschlüsselungen der Unterschichtengruppen, die sich aus jenen Quellen ergeben, muß also die qualitative Quellenanalyse eine große Rolle spielen. Dies entspringt auch der Grundüberzeugung, daß in der historischen Forschung quantitative Fragestellungen qualitative komplementieren und umgekehrt. Keines der beiden Verfahren kann das andere ersetzen, und keines kann vorgeben, die historische Wahrheit ganz erfassen zu können.[34] Damit ist von vorneherein jede Art von Quantifizierung methodisch ausgeschlossen, die sich als historische Sozialwissenschaft begreift und zu deren Merkmalen es gehört, daß sie die "traditionelle" Geschichtswissenschaft mit Hilfe aus der Soziologie entlehnter Methoden ergänzen will. Es geht hier demnach nicht um die Berechnung von statistischen Wahrscheinlichkeiten, es geht um die Beschreibung dessen, was gewesen ist, ohne daß man deshalb bei einer historistischen Sicht der Geschichte stehen bleiben muß.[35]

Zum Glück gibt es Quellen aus der Geschichte der Unterschichten, die mehr enthalten als die Auflistung von Individuen. Zum einen sind hier die im ersten Kapitel verwendeten Armutszeugnisse zu nennen, jene Bescheinigungen der Armut, die zum großen Teil auf die Initiative der Armen selbst entstanden sind und deren Entstehung gewährleistete, daß das Anliegen der Armen in der ihnen eigenen Sprache berück-

34 Roderick Floud, An Introduction to Quantitative Methods for Historians, London 1973, S. 3.

35 Über das, was unter historischer Sozialforschung verstanden werden soll, besteht durchaus keine Einigkeit. Hier sind die Anhänger einer quantifizierenden historischen Sozialwissenschaft angesprochen, die einen nur auf der Basis der wissenschaftstheoretischen Auseinandersetzungen des späten 19. Jahrhunderts verständlichen Abwehrkampf gegen hermeneutische Methoden zu führen glauben müssen. Sie berufen sich bei der Zuordnung der Geschichtsforschung in die Sozialwissenschaft auf "Theorien mittlerer Reichweite" und "induktiv statistische Aussagen". Ein Teil dieser Historiker macht es sich zu einfach, wenn sie das, was an qualitativer Forschung betrieben wird, schlechterdings als naiv positivistisch beurteilen. Es hilft auch nichts, dem Vorstoß der neonarrativen Geschichte durch Insistieren auf der vermeintlich größeren Objektivität quantitativer Forschung zu begegnen. Historiker, egal ob tradionell oder quantitativ-sozialwissenschaftlich arbeitend, sind gegen Subjektivität nicht gefeit und es ist keinesfalls das alleinige Kennzeichen der Quantifizierer, sich "(...) zur Herausforderung der erkenntnisleitenden Interessen und der geforderten gesellschaftlich-politischen Relevanz jedweder Wissenschaft (...)" bekennen zu können. Vergl. Manfred Thaller, Numerische Datenverarbeitung für Historiker: Eine praxisorientierte Einführung in die quantitative Arbeitsmethode und in SPSS (Statistical Package for the Social Sciences), Wien, Köln, 1982 (Ludwig - Boltzmann -Institut für Historische Sozialwissenschaft, Materialien zur historischen Sozialwissenschaft 1), Vorwort zur Reihe von Gerhard Botz, S. VII. Ähnlich auch Heinrich Best; Wilhelm H. Schröder, Basiscurriculum für eine quantitative historische Sozialforschung: Vorschläge für eine Einführungsveranstaltung am Beispiel des Zentrum-Herbstseminars,in: Historical Social Research 17, 1981, S. 3 - 50, hier S. 8 - 13. In letzter Zeit beginnt sich die harte Front der historischen Sozialforscher etwas aufzuweichen. Speziell Manfred Thaller ist als der Exponent einer Richtung zu nennen, die der historischen Sozialforschung eine Sonderrolle innerhalb der Sozialwissenschaften zubilligen wollen. Manfred Thaller, Gibt es eine fachspezifische Datenverarbeitung in den historischen Wissenschaften?, in: Karl Heinrich Kaufhold; Jürgen Schneider (Hg.), Geschichtswissenschaft und elektronische Datenverarbeitung, Wiesbaden 1988 (Beiträge zur Wirtschafts- und Sozialgeschichte, Bd. 36), S. 45- 83.

sichtigt wurde. Hier kommen wir der Subjektivität der Unterschichten ein Stück näher als in den seelenlosen Armenlisten des frühen 19. Jahrhunderts. Diese Quellengattung wurde einer quantitativen wie qualitativen Analyse unterzogen, um die objektiven Bedingungen der Armut, aber auch ihre Diskursformen mit der Obrigkeit und dem Staat zu erhellen. Es folgt daraus, daß auf eine ausführliche Zitierung dieser Quellen nicht verzichtet werden konnte. Erst die Existenz dieser Quellengattung, die die individuellen Bedingungen der Armut am Kölner Beispiel exemplifiziert, macht die folgende quantifizierende Aufschlüsselung von Armenlisten späterer Jahre brauchbar.

Ähnliches ist über die Bettler und die damit im Zusammenhang stehende geschlossene Armenhilfe zu sagen. Auch hier kommt man um eine qualitative Bewertung der Gründe für Bettelei nicht herum. Dabei liefern die Protokolle der Kölner Armen-und Zuchthäuser die subjektive Folie, auf deren Hintergrund das statistische Material erst sichtbar wird. Hier, in den Protokollbüchern wurden die Angaben der Bettler und Armen teilweise verbatim notiert von den Angehörigen der alten Armenverwaltung, die noch nicht vollständig von der Vorstellung beherrscht waren, daß die Armen, Bettler und Kriminellen als verschiedene Ausformungen des gleichen Übels zu betrachten seien. Man verspürt in diesen Notizen etwas von dem Wohlwollen, das die alten reichsstädtischen Armenprovisoren ihren Schützlingen entgegengebracht haben müssen. Insofern sind diese Quellen auch nicht "objektiv", reflektieren aber etwas anderes als die "Arroganz der Macht" oder doch zumindest kalte Verwaltungsrationalität, die in den Bettlerlisten späterer Jahre zu liegen scheint.

Schwieriger ist es, etwas über das Bewußtsein der devianten Gruppen Schmuggler und Räuber auszusagen. Hier verfängt die vornehmlich juristische Natur des Quellenmaterials. Hinweise qualitativer Art ergeben sich lediglich aus der Reaktion nichtstaatlicher Stellen auf beide Gruppen, d.h. aus der Akzeptanz ihres Tuns durch die Gesellschaft. Diese ist bei den Räubern erwartungsgemäß am geringsten gewesen, aber es ist nicht so, daß die Räuber in Bausch und Bogen von allen Gruppen der Gesellschaft abgelehnt worden wären. Die größte Ablehnung schlug ihnen eindeutig aus den Reihen der Beamten entgegen, und es wird zu überlegen sein, ob die Räuber als Hauptgegner nicht den modernen Staat gehabt haben. Ähnlich, wenn auch in gemäßigter Form, muß das Verhältnis von Staat und Schmugglern ausgesehen haben, denn der Schmuggel schädigte nicht nur den Fiskus, sondern stellte tendenziell das gesamte System der Rechtsstaatlichkeit in Frage. Es ist also zu erwarten, daß mit der Abstufung der Unterschichten in deviante und nichtdeviante sowie vagierende und seßhafte Unterschichten eine unterschiedlich abgestufte Politik des Staates verbunden gewesen ist. Die so getroffene Unterteilung dient demnach nicht nur der schärferen Fassung des Begriffs Unterschichten, sondern dient auch der Beantwortung der Frage nach dem Verhältnis von Staat und Unterschichten.

0.3 Die politische und wirtschaftliche Ausgangslage

0.3.1 Das politische System der Reichsstadt Köln vor 1794

Köln war seit 1475 offiziell eine Freie Reichsstadt, nachdem ihr wertvolle Vorrechte, besonders die Strafgerichtsbarkeit, die Münzhoheit und das *ius de non evocando* schon vorher von den Kaisern verliehen worden waren. Obwohl formal eine souveräne Stadt, war die hohe Gerichtsbarkeit beim Erzbistum verblieben, deren Richter aus dem Kreis der Kölner Bürger vom Kurfürsten ernannt wurden. In der Reformation war die Stadt kaisertreu und katholisch geblieben. Die politische Macht lag nach der Entmachtung der Patriziergeschlechter gegen Ende des 14. Jahrhunderts bei der Bürgergemeinde, die sich auf die Zünfte stützte. Die Bürgerschaft, die in 22 Gaffeln gegliedert war, war im großen und ganzen mit den Zünften identisch. Ihre Vertreter stellten mit 36 Ratsvertretern die Mehrheit der insgesamt 49 Ratsherren, die durch dreizehn weitere Ratsmitglieder, das Gebrech, durch Zuwahl ergänzt wurden. Wahlberechtigt waren im 18. Jahrhundert etwa 6000 Bürger, bei einer Gesamtbevölkerung von rund 40.000 Menschen. Politisches Mandat war somit ausschließlich über die Zunftmitgliedschaft möglich. Alle Bürger mußten Mitglied einer Gaffel werden, auch wenn sie kein zünftiges Gewerbe ausübten. Seit der Ausstellung des Verbundbriefes von 1396 und des Transfixbriefes von 1513, der beiden Verfassungsurkunden der Stadt, war der Rat der Stadt das oberste beschlußfassende legislative, exekutive und Jurisdiktionsorgan. Seine legislative Gewalt wurde nur durch die Vierundvierziger begrenzt, ein Kontrollorgan, das man mit einer zweiten legislativen Kammer vergleichen kann und das in bestimmten Fragen (Heerfahrt, Rentenkauf, Ausgaben über 1000 Gulden) hinzugezogen werden mußte. Dieses Kontrollorgan war aber aus heutiger Sicht wenig effizient, und schon im 16. Jahrhundert kann von einer Verkrustung des Systems zur Oligarchie gesprochen werden: Immer weniger Gaffeln teilten das Gebrech unter sich auf und nur eine kleine Zahl von Familien besetzten die zwei jährlich zu vergebenden Bürgermeisterämter. 21 Familien hatten im Verlaufe des 18. Jahrhunderts mehr als fünf Ratsmitglieder, und die Dauer ihrer Ratsmitgliedschaft betrug durchschnittlich fast fünf Jahre. Die 194 Bürgermeister, die zwischen 1700 und 1796 gewählt wurden, stammten aus nur 25 Familien. Da der Rat der Stadt alle politischen Ämter der Stadt aus seinen Reihen besetzte, kann man von einer

36 Robert Jütte, Obrigkeitliche Armenfürsorge in Deutschen Reichsstädten der frühen Neuzeit: Städtisches Armenwesen in Frankfurt am Main und Köln (Kölner Historische Abh. 31), Köln, Wien 1984, S. 218 - 237. Zur Verfassung der Stadt auch sehr informativ die Arbeit von Clemens Graf von Looz-Corswarem, Das Finanzwesen der Stadt Köln im 18. Jahrhundert: Beitrag zur Verwaltungsgeschichte einer Reichsstadt (Veröffentlichungen des Kölnischen Geschichtsvereins e.V., No. 34, hrsg. von Hans Blum), Köln 1978. Die politische Elite der Stadt untersuchte Ingrid Nicolini, Die politische Führungsschicht in der Stadt Köln gegen Ende der reichsstädtischen Zeit, Köln, Wien 1979 (Dissertationen zur neueren Geschichte 7). Ganz ähnlich, wenn auch kürzer die Arbeit von Clemens Graf von Looz-Corswarem, Die politische Elite Kölns im

Die Kontrolle durch den Rat schloß auch die militärischen Ämter ein, die ab 1583 auf der Ebene der acht Quartiere vergeben wurden. Diese waren nach militärischen Gesichtspunkten gegliederte Wohnbezirke, die sich wiederum in 54 Fahnen unterteilten. Da allgemeine Wehrpflicht herrschte, wurden durch die militärische Organisation in Fahnen alle Bewohner der Stadt erfaßt. Was ursprünglich als militärische Organisationseinheit gedacht gewesen war, entwickelte sich im Laufe der Zeit zu Verwaltungsbezirken, den Colonelschaften. Durch die enge Verquickung von Ratsämtern und militärischen Führungsstellen konnten die Colonelsposten vom Rat als Transmissionsriemen der Ratspolitik benutzt werden, was eine gewisse Bürgernähe der unteren Verwaltungsebenen, aber auch eine gute Kontrolle der unteren Volksschichten garantierte.[37]

Das Finanzwesen der Stadt gliederte sich in zwei Hauptkassen, die Mittwochs- und die Freitagsrentkammer, wobei von der ersten die laufenden Einnahmen und Ausgaben verwaltet wurden, während die zweite der Schuldentilgung diente. Dieses System sorgte für eine gewisse Unübersichtlichkeit des Kassenwesens und machte eine Finanzplanung der Stadt nahezu unmöglich. Köln hatte im Gegensatz zu anderen deutschen Städten, die ein Mischsystem aus direkten und indirekten Steuern bevorzugten, ein besonderes Steuersystem, das im wesentlichen aus indirekten Steuern, also Akzisen und Gebühren bestand. Die Konsequenz dieser Regelung war eine strenge Reglementierung des Handels, ein Umstand, der sich sehr negativ auf die Stadt auswirkte, als der Handel sich zunehmend an die Peripherie Europas verlagerte und nicht mehr der klassischen Route entlang dem Rhein folgte.

Die Verfilzung der politischen Verwaltung, der ungehemmte Mißbrauch politischer Ämter zugunsten eigener Interessen und die Rückständigkeit der städtischen Verfassung, die ja in ihren fundamentalen Teilen aus dem 14. Jahrhundert stammte, waren manchem Bewohner Kölns im 18. Jahrhundert ein Dorn im Auge. In den 1770er Jahren war es zu Unruhen gekommen, 1774 waren diese in einer offenen Revolte der Zünfte, Bauern und Studenten aufgeflammt und hatten sich bis 1777 fortgesetzt. Die Opposition gegen den Rat stützte sich auf die kleinen Gewerbetreibenden und Handwerker, hatte aber auch etwas mit der Religionspolitik des Rates und der Emanzipation der Protestanten in der Stadt zu tun, die bei einem Anteil von etwa einem Prozent an der Gesamtbevölkerung der Stadt etwa ein Drittel der Kölner

Übergang vom 18. zum 19. Jahrhundert, in: Heinz Schilling, Herman Diederiks (Hg.), Bürgerliche Eliten in den Niederlanden und in Nordwestdeutschland. Studien zur Sozialgeschichte des europäischen Bürgertums im Mittelalter und in der Neuzeit, Köln, Wien 1985, S. 421 - 444. (Städteforschung. Veröffentlichungen des Instituts für vergleichende Städtegeschichte in Münster, Reihe A, 23, hg. von Heinz Stoob), S. 421 - 444. Looz-Corswarem stellt vor allem den Niedergang der Stadt im 18. Jahrhundert heraus. Looz-Corswarem, Finanzwesen, S. 19. Vergl. auch Hans Pohl, Wirtschaftsgeschichte Kölns im 18. und beginnenden 19. Jahrhundert, in Hermann Kellenbenz (Hg.), Zwei Jahrtausende Kölner Wirtschaft, 2 Bde.,Köln 1975, Bd.2, S. 9 - 162, hier S. 11 - 29.

37 Jütte, Obrigkeitliche Armenfürsorge, S. 222. Paul Holt, Die Bürgermusterung in Köln vom Jahre 1583, in: Beiträge zur Kölnischen Geschichte/ Sprache/ Eigenart, 2. Band, Heft 10 und 11, 1917, S. 228 - 241. Ders., Die militärische Einteilung der Reichsstadt Köln von 1583 - 1794, in: Jahrbuch des Kölnischen Geschichtsvereins 8/9, Köln 1927, S. 135 - 181.

Oberschicht stellten, wegen ihres Glaubens aber auf Dauer von den politischen Ämtern der Stadt ausgeschlossen waren. Gegen die Emanzipationsbestrebungen der Protestanten richteten sich die Zünfte und der Klerus, und ihrer Allianz ist es zuzuschreiben, daß die religiöse Tolerierung der protestantischen Bürger Kölns und damit ihr Zugang zu politischen Ämtern erst nach der Übernahme der Stadt durch die Franzosen durchgesetzt werden konnte, wie auch alle Versuche, das unkontrollierte Regime des Rates durch Reformvorstellungen der in der bürgerlichen Deputatschaft organisierten Opposition zu verändern, bis 1794 scheiterten. [38]

0.3.2 Das Umland Kölns

Das Département de la Roër (DdlR) als eines der vier rheinischen Départements Frankreichs war durch Gesetz vom 18 Ventôse an 9 (9.3.1801) zum integralen Bestandteil Frankreichs erklärt worden. Als Grenzen des DdlR wurden im Osten der Rhein von der Siegmündung bis Emmerich, die Waal bis Kekerdom, im Norden die Batavische Republik, im Westen die Départements de l'Ourte und de la Meuse Inférieure, die Maas von der Niersmündung bis Venlo; im Süden aber eine Linie von der Siegmündung bis zu den Orten Bodenum und Hessenich, weiter die Erft von Hessenich bis Schonau, weiter bis Schleiden und Broch definiert.[39] In diesem Gebiet lagen an bedeutenden Städten außer Köln nur noch Aachen und Krefeld. Bonn, die Residenz des Kölner Kurfürsten gehörte zum Département Rhin-et-Moselle, und Düsseldorf fiel mit dem Frieden von Lunéville 1801 an den Pfälzer Kurfürsten zurück, lag also außerhalb des DdlR und damit des französischen Staatsgebietes.

Die Landkarte um Köln hatte seit dem späten Mittelalter Ähnlichkeit mit einem Flickenteppich gehabt. Rund um die Stadt lag fremdes Territorium. Köln hatte, mit Ausnahme des Bischofsweges wenige Minuten vor den Mauern der Stadt, kein Hinterland. Das eigentliche Stadtumland lag auf dem Territorium des Kurfürstentums Köln, doch war dieses Gebiet schon innerhalb der heute zur Stadt gehörenden Stadtteile mit Enklaven durchsetzt, die zum Herzogtum Jülich gehörten. In der weiteren Umgebung lagen Gebiete, die zum Herzogtum Berg und zu Brabant gehörten. Die Rheinlande, die später zu den vier rhenanischen Départements zusam-

38 Die bürgerliche Deputatschaft warf dem Rat mangelnde Rechtspflege, schlechte Finanzverwaltung, Wahlbehinderung, Rechtsbeugung und Ämterhäufung vor. Georg Weingärtner, Zur Geschichte der Kölner Zunftunruhen am Ende des 18. Jahrhunderts: Geschichte der bürgerlichen Deputatschaft, Diss. Münster 1913. Leichter zugänglich Looz-Corswarem, Finanzwesen, S. 330 - 333. Zur Bedeutung der Protestanten für Köln: Barbara Becker-Jakli, Die Protestanten in Köln: Die Entwicklung einer religiösen Minderheit von der Mitte des 18. bis zur Mitte des 19. Jahrhunderts, Köln 1983. (Schriftenreihe des Vereins für Rheinische Kirchengeschichte 75), S. 45 und 152. Die Verwicklungen der Deputatschaft in den Kölner Toleranzstreit sind sehr knapp und übersichtlich beschrieben bei Diefendorf, Businessmen, S. 40 - 44.

39 Situation de l'Administration civile dans les quatre nouveaux départements, 1 brumaire an VIII par Shée, préfet du Mont Tonnèrre (sic!); Loi du 18 ventôse an IX portant que le départements reunis font partie intégrante du territoire français. Archives Nationales, Paris (im Folgenden AN), F1E 43.

mengefaßt werden sollten, umfaßten drei Erzbistümer (Köln, Mainz, Trier), zwei Fürstbistümer (Worms, Speyer), vier Reichsstädte (Köln, Aachen, Worms, Speyer) und verschiedene andere Territorien (Kleve, Geldern, Jülich, Berg, Pfalz) neben Einsprengseln von Reichsabteien und kleineren Reichsherrschaften.[40] Die gefährlichsten Widersacher Kölns waren Jülich-Berg und Kurköln, die die Stadt abschnürten. Mit Kurköln hatte es langwierige Verhandlungen vor dem Reichskammergericht gegeben. Handelssperren der Nachbarn trafen die Stadt schwer. Im Jahre 1713 wurden die bergischen Wochenmärkte für Kölner Händler gesperrt. 1740 wurde der Getreideexport von kurkölnischem Gebiet verboten, 1741 die Ausfuhr von Brennholz sowie die Einfuhr von Woll- und Lederwaren. Jülich-Berg und Kleve-Mark machten gemeinsame Sache mit dem Kurfürsten und schlossen sich diesen Maßnahmen an. Es gab Versuche der Pfalz, die Stadt Köln vom Tabakhandel zurückzudrängen, einem der wenigen vitalen Wirtschaftsbereiche, in dem in Köln noch Geld verdient wurde. Das protestantische Mülheim, heute ein rechtsrheinischer Vorort der Stadt, wurde als wirtschaftliche Konkurrenzstadt zu Köln vom Herzogtum Berg besonders gefördert und erhielt zahlreiche Privilegien, um Köln wirtschaftlich zu schwächen.[41] Das direkt der Stadt gegenüberliegende Deutz, welches zum Kurfürstentum Köln gehörte, wurde, ähnlich wie Mülheim, systematisch gefördert, zuletzt unter Kurfürst Max Franz, der dort die Gründung von Seidenmanufakturen und Seilereien unterstützte.[42]

Die Situation Kölns war am ehesten mit der Aachens zu vergleichen. Aachen war Reichsstadt, freilich mit größerem Territorium als Köln. Dort gaben die Katholiken den Ton an, nachdem alle Versuche der Protestanten, an der politischen Macht teilzuhaben, gescheitert waren. Auch hier bestimmten die Gaffeln das politische Geschehen, und das Bürgerrecht war an die Ausübung des katholischen Glaubens gebunden. Wie im Falle Kölns redete ein Territorialfürst, der Herzog von Jülich und Pfalz-Bayern, in die Angelegenheiten der Stadt hinein, und wie die Kölner Bürger suchten die Aachener Hilfe beim Wiener Hof und beim Reichskammergericht in Wetzlar.[43] Wie in Köln wurden die innovativen protestantischen Unternehmer bis auf wenige Ausnahmen de facto gezwungen, sich außerhalb der Stadt anzusiedeln oder in Bereiche auszuweichen, die nicht der Kontrolle der Gaffeln unterlagen. Aachen

40 Max Bär, Die Behördenverfassung der Rheinprovinz seit 1815, Bonn 1919 (Publikationen der Gesellschaft für Rheinische Geschichtskunde 35), S. 1. Franz Irsigler, Herrschaftsgebiete im Jahre 1789, in: Geschichtlicher Atlas der Rheinlande, Beiheft V/1, Köln 1982. Zur territorialen und verfassungsgeschichtlichen Vielfalt des deutschen Reiches nach wie vor grundlegend ist Rudolf Vierhaus, Ständewesen und Staatsverwaltung in Deutschland im späten 18. Jahrhundert, in: Rudolf Vierhaus; Manfred Botzenhart (Hg.), Dauer und Wandel der Geschichte: Aspekte europäischer Vergangenheit, Festgabe für Kurt von Raumer zum 15. Dezember 1965, Münster 1966 (Neue Münstersche Beiträge zur Geschichtsforschung, Bd. 9), S. 337 - 360. Zu territorialen Situation der Rheinlande am Ende des Alten Reiches vergl. Franz Irsigler, Herrschaftsgebiete im Jahre 1789: Geschichtlicher Atlas der Rheinlande, Beiheft V/1, Köln 1982, S. 10-12.

41 Ludger Reiberg, Die soziale Lage in Mülheim am Rhein um 1800, in: Billstein (Hg.), Das andere Köln, S.9 - 28, hier S.9 - 15. Pohl, Wirtschaftsgeschichte, S. 9 - 40.

42 Braubach, Maria Theresias jüngster Sohn, S. 138.

43 Diefendorf, Businessmen, S.23 - 26.

hatte den widrigen wirtschaftspolitischen Verhältnissen zum Trotz einige sehr lebendige Unternehmen aufzuweisen, die sich vor allem im Textilbereich, der metallverarbeitenden Branche und der Nadelmacherei angesiedelt hatten.

Gänzlich anders stand ein weiteres Bevölkerungszentrum des Rheinlandes da, die Stadt Krefeld. Krefeld, als Teil der Grafschaft Moers, welche seit dem frühen 18. Jahrhundert von Preußen regiert wurde, unterstand der Verwaltung durch die Preußische Kriegs- und Domänenkammer. Hier lebten Protestanten und Katholiken nebeneinander, wenn auch nur Mitglieder der lutherischen Kirche Regierungsämter innehaben durften. Die aus diesem Grunde politisch nicht gleichberechtigte mennonitische Minderheit hatte sich darauf verlegt, die Wirtschaft der Stadt zu beleben, und hatte eine sehr erfolgreiche Seidenmanufaktur aufgebaut, die unter anderem deshalb florierte, weil es keine Zünfte gab, die sie behinderten.[44]

Abgesehen von der Residenzstadt Kleve, die wirtschaftlich recht unbedeutend blieb, aber mit Köln und Krefeld sowie Aachen Sitz der französischen Arrondissementsverwaltungen wurde, existierten im späteren DdlR kaum nennenswerte Städte. Zu den wichtigsten Agrarprodukten des überaus fruchtbaren Gebietes gehörten Getreide, Leinen, Holz und auch Tabak.[45]

Über die Situation der ländlichen Bevölkerung im DdlR wissen wir recht wenig. Dieses wirtschaftlich und politisch so eminent wichtige Gebiet war bisher, wie auch die anderen rheinischen Départements nicht Gegenstand ins Einzelne gehender agrargeschichtlicher Untersuchungen.[46] Sicher scheint nur zu sein, daß es gegen Ende des Ancien Régime im Westen und Süden des Rheinlandes noch Leibeigenschaft gegeben hat.[47] Daneben war wohl die Eigentumsform der Erbpacht weit verbreitet.[48] Hier überwogen die kleineren bäuerlichen Produktionseinheiten. In Verbindung mit einem allgemeinen Klima der Prosperität, guten Ernten, wachsenden Geburtenraten und der Zunahme der Lebenserwartung kam es im Rheinland zu einem Bevölkerungswachstum, das mit dem im benachbarten Frankreich verglichen werden kann und im Laufe des 18. Jahrhunderts wohl 30 Prozent betragen haben mag.[49] Das Ergebnis dieser Entwicklung war eine Landverknappung, die zu einer Zunahme der landlosen Bauern führte. Gleichzeitig begannen die Preise für Agrarprodukte zu steigen.[50] Dies führte zu einer Verarmung von Teilen der ländlichen Bevölkerung in strukturschwachen Gebieten wie im Hunsrück oder der Eifel.[51] Daß es trotz dieser

44 Ebda., S. 30 f.

45 AN F12 1552-1553.

46 Vergl. die Bemerkungen zum Forschungsstand bei Blanning, The French Revolution, S. 20, Anmerkung 2. Vergl. Franz Irsigler, Die Gestaltung der Kulturlandschaft am Niederrhein unter dem Einfluß der städtischen Wirtschaft, in: Hermann Kellenbenz (Hg.), Wirtschaftsentwicklung und Umweltbeeinflussung (14. - 20. Jahrhundert), Wiesbaden 1982 (Beiträge zur Wirtschafts- und Sozialgeschichte, Bd. 20), S. 173 - 195.

47 Blanning, The French Revolution, S. 21, Anmerkung 3.

48 Friedrich-Wilhelm Henning, Wirtschafts- und Sozialgeschichte, 3 Bände, Paderborn 1973, 3. Auflage 1976, hier 1. Bd.: Das vorindustrielle Deutschland, 800 bis 1800, S. 254.

49 Blanning, The French Revolution, S. 21.

50 Wilhelm Abel, Agrarkrisen und Agrarkonjunktur: Eine Geschichte der Land- und Ernährungswirtschaft Mitteleuropas seit dem hohen Mittelalter, Hamburg, Berlin 1978, S. 196 f.

51 Blanning, The French Revolution, S. 22 f.

Umstände bis 1789 zu keinen größeren Revolten der Landbevölkerung kam, lag daran, daß es den Bauern vergleichsweise gut ging und die Unzufriedenheit durch die Auswanderung eines Teils der Bevölkerung in die europäischen Ostgebiete kein politisch brisantes Potential ansammeln konnte.[52] Gleichzeitig mit der Zunahme der ländlichen Bevölkerung hatten auch die rheinischen Städte angefangen zu wachsen, so daß der Absatzmarkt für agrarische Produkte sich vergrößerte. Die Steigerung der Nettobodenerträge des Landes führte dazu, daß hier Ende des 18. Jahrhunderts die Landwirtschaft im Verhältnis zur bebaubaren Fläche sehr gute Erträge erzielen konnte.[53] Das DdlR, um nur ein Beispiel zu nennen, produzierte Ende des 18., Anfang des 19. Jahrhunderts weit mehr Getreide, als zur Versorgung seiner rund 600.000 Einwohner vonnöten gewesen wäre.[54]

Die Fruchtbarkeit der Region wurde in der zeitgenössischen Reiseliteratur hervorgehoben. David Hume berichtete schon im Jahre 1748 von der Ergiebigkeit der Wälder im Kurfürstentum Köln und der hohen Produktivität der Böden. Zeichen der Armut seien unter der Bevölkerung nicht zu entdecken. Zwar sind Worte der Vorsicht und des Abwägens bei derartigen Reiseberichten immer angebracht, doch wird die positive Einschätzung der Agrarwirtschaft im Rheinland und im späteren DdlR auch von der Forschung geteilt.[55]

52 Günther Franz, Geschichte des deutschen Bauernstandes vom frühen Mittelalter bis zum 19. Jahrhundert, Stuttgart 1970, S. 200-207.

53 Blanning, The French Revolution, S. 24 - 27.

54 Selbst im Krisenjahr 1812, als überall sonst Getreide knapp wurde, produzierte das DdlR noch Überschüsse. In gewöhnlichen Jahren betrugen diese etwa eine Million Hektoliter, welche auf das rechte Rheinufer und nach Holland exportiert wurden. AN F11 716. Das DdlR hatte im Jahre 1806 nach einem Récensement Général 619.938 Einwohner, davon 162.552 im Arrondissement Köln. AN F20 31. 1813 betrug die Einwohnerzahl laut Schätzung des Präfekten knapp 700.000 Menschen. Die Frage, welche der beiden Schätzungen fehlerhaft war, läßt sich hier nicht entscheiden. Wichtig ist, daß die zweite Zahl vom Präfekten angeführt wurde, um den hohen Bedarf an Getreide für die Versorgung und die Saat zu rechtfertigen und den weiteren Abfluß von Getreide aus dem DdlR zu unterbinden. Die Vermutung liegt nahe, daß die Präfektur sich hier auf die höhere Schätzung stützte, um ihren Argumenten mehr Gewicht zu geben. AN F11 846 Aufstellung des Präfekten Ladoucette vom 19.11.1813. Die Überschüsse an Getreide, die im DdlR produziert wurden, drückten naturgemäß auf die Preise, die für Getreide gezahlt wurden. Die Durchschnittspreise im DdlR lagen deutlich unter denen für Gesamtfrankreich, aber, um eine regional vergleichbare Größe zu wählen, über denen des Durchschnitts für den Nordosten Frankreichs, also die Départements Meuse Inférieure, Ourte, Roër, Rhin-et-Moselle, Forets, Sarre, Mont Tonnerre, Moselle, Bas-Rhin, Meuse und Meurthe. Der Grund hierfür dürfte im schwunghaften Getreidehandel gelegen haben, der vom DdlR aus betrieben wurde und der dazu führte, daß im Überflußgebiet mitunter Mangel auftrat. Tableau des prix moyens de l'hectolitre de froment en France, an XIII - 1810, AN F11 201 a. Ein weiterer Grund dürfte darin gelegen haben, daß das typische Brotgetreide des DdlR nicht der Weizen, sondern der Roggen war. Vergl. Rapports du commissaire spécial de police à Cologne au ministre de la police générale, 1811 - 1812, AN F7 3637.

55 J.Y.T. Greig (Hg.), The Letters of David Hume , Bd. 1, Oxford 1932, S. 119, 121 f., 126, zitiert bei Blanning, The French Revolution, S. 28. François G. Dreyfus, Sociétés et mentalités à Mayence dans la seconde moitié du XVIIIe siècle, Paris 1968, S. 159, 162.

0.3.3 Die wirtschaftliche Entwicklung Kölns von der Mitte des 18. Jahrhunderts bis 1814

Im Vergleich zum Umland Kölns schien die Stadt selbst wenig angetan, Reisende zu begeistern oder zu interessieren. August Christian Borheck urteilte noch im Jahre 1800 über Köln in lakonischer Kürze, aber durchaus zutreffend: "Die Stadt enthält eine Menge Kirchen und fast keine Fabriken."[56] Borheck hätte noch auf die schon fast sprichwörtliche Armut und Dekadenz der Kölner Bevölkerung hinweisen können. Kurz vor Borheck hatte Georg Forster die Stadt besucht, und was er über sie zu sagen hatte, war alles andere als schmeichelhaft gewesen. Ihm war besonders der Schmutz, die Armut und der Einfluß des Klerus in der Stadt aufgefallen.[57] Timothy Blanning apostrophiert die Stadt im 18. Jahrhundert als "*animal d'antipathie* among travellers", und diese Beurteilung zieht sich durch viele Reisebeschreibungen bis zum Ende des 18. Jahrhunderts.[58]

Unbestreitbar hatte Köln seit dem 16. Jahrhundert eine quälende Stagnation durchgemacht, die ihre wesentlichen Ursachen in der wirtschaftlichen Entwicklung der Stadt und ihres Umlandes hatte. Vom 12. bis zum 16. Jahrhundert hatte Köln eine nahezu marktbeherrschende Stellung im Zwischenhandel und Fernhandel innegehabt, die auf die günstige Verkehrslage der Stadt am Rhein und zwei wichtigen Fernstraßen in west-östlicher und nord-südlicher Richtung gegründet war. Die Stellung der Zünfte in Köln war stark gewesen, und diese politische Macht hatte sich mit der wirtschaftlichen Kraft der Stadt gut verbinden lassen. Privilegien wie das Umschlags- und Stapelrecht, die dem Kölner Handel eine oligopolistische Stellung auf dem Markt verschafften, sicherten die wirtschaftlichen Interessen des Kölner Handels rechtlich ab. Im Zuge des Abschlusses der Territorialisierung der Gebiete im Reich und der Erstarkung landesherrlicher Macht begannen auch die Landesherren des Kölner Umlandes die gewerbliche Wirtschaft ihrer Gebiete gegen den noch starken Kölner Handel abzuschirmen - durchaus auch aus dem Bestreben, ihre eigenen Kassen zu füllen.[59] Kölns ehemals dominante Stellung in der Fertigung von

56 August Christian Borheck (Hg.), Archiv für die Geschichte, Erdbeschreibung, Statskunde und Alterthümer der Deutschen Nieder=Rheinlande, Elberfeld 1800.

57 Deutsche Akademie der Wissenschaften zu Berlin (Hg.): Georg Forsters Werke. Sämtliche Schriften, Tagebücher, Briefe. Bd. 9: Ansichten vom Niederrhein, von Brabant, Flandern, Holland, England und Frankreich im April, Mai und Junius 1790 (Berlin, 1791), Berlin, DDR 1958, S. 30 f.

58 Blanning, The French Revolution, S. 29. Vergl. auch Pohl, Wirtschaftsgeschichte, S. 11 f. Von Looz-Corswarem hat auf den Kolportagecharakter derartiger Reisebeschreibungen hingewiesen und ihre Glaubwürdigkeit zu Recht hinterfragt. Looz-Corswarem, Das Finanzwesen, S. 13. Ebenso kritisch beurteilt Dietrich Ebeling die Verläßlichkeit dieser Quellengattung. Ebeling, Bürgertum und Pöbel, S. 1 f.

59 Aloys Schulte (Hg.), Tausend Jahre deutscher Geschichte und deutscher Kultur am Rhein, Düsseldorf 1925, S. 305-312. Jürgen Reulecke, Nachzügler und Pionier zugleich: Das Bergische Land und der Beginn der Industrialisierung in Deutschland, in Sidney Pollard (Hg.), Region und Industrialisierung: Studien zur Rolle der Region in der Wirtschaftsgeschichte der letzten zwei Jahrhunderte, Göttingen 1980 (Kritische Studien zur Geschichtswissenschaft 42), S. 52 - 68, hier S. 55 f.

Waren begann zu verblassen, zumal die Zünfte sich gegen wichtige Innovationen verschlossen. Als Wirtschaftsstandort wurde die Stadt deswegen, von einigen Branchen abgesehen, unattraktiv. Manufakturen und ein Verlagswesen entstanden bis auf Ausnahmen nicht innerhalb der Stadt, sondern siedelten sich in den Nachbargemeinden und im ländlichen Umland an.[60] Köln wurde eine Stadt des Großhandels, der durch die Wettbewerbsverzerrung des Stapelrechts weiterhin eine gewisse Bedeutung besaß. Im 18. Jahrhundert investierte die Oberschicht der Großkaufleute zunehmend auch im Gewerbe. Von den 250 wichtigen Großkaufleuten der Stadt waren zu Beginn des 19. Jahrhunderts etwa 60 zugleich Fabrikanten.[61] Neben der ungebrochenen Zunftherrschaft, die die wirtschaftliche und technische Erneuerung behinderte, sorgte aber auch die Schwäche der die Stadt begünstigenden kaiserlichen Zentralgewalt für einen wirtschaftlichen Einbruch. Das mittelalterliche Stapel- und Umschlagsrecht der Stadt hatte die durchreisenden Kaufleute gezwungen, ihre Waren in Köln von den Schiffen zu löschen und zum Verkauf anzubieten, wenn auch dieses Vorrecht Kölns im Verlaufe des 18. Jahrhunderts immer häufiger finanziell abgelöst oder eben einfach mißachtet wurde. Köln war weder in der Lage, gegen diejenigen direkt vorzugehen, die ihre Waren unter Umgehung der Stadt verschifften, noch war das Reich willens oder fähig, die alten Privilegien der Stadt zu schützen. Auf Grund der eigenwilligen städtischen Wirtschaft war es unmöglich, die Reichsgewerbeordnung von 1731 in Köln zu praktizieren, so daß auch aus dieser Richtung keine Stimulation des Kölner Gewerbes zu erwarten war.[63] Mit der zunehmenden wirtschaftlichen Erstarkung der umliegenden Territorien, die das Kölner Hinterland darstellten, hätten sich die örtlichen Kaufleute Gedanken machen müssen, wie sie die ökonomische Vitalität der Stadt anregen sollten. Doch der Rat der Stadt verhinderte eine Neuorientierung durch seine Schaukelpolitik, die unschlüssig zwischen den Forderungen der Zünfte, auch die neuen Gewerbe zunftmäßig zu regulieren, und den Vorstellungen der Unternehmer, die sich an der Gewerbefreiheit orientierten, hin- und herschwankte. Das Hauptziel der Zünfte lag im Kampf gegen die Großbetriebe, da diese das künstlich gewahrte Gleichgewicht bei der Verteilung der Aufträge stören mußten. Es ging ihnen um Besitzstandswahrung und nicht um Erschließung neuer Märkte. Damit waren die Gewerbetreibenden an den vorherrschenden Rahmen handwerklicher Produktion gebunden.[64] Es ist nicht verwunderlich, daß auf der Basis einer solchen Politik andere Städte zum Standort für Manufakturbetriebe wurden, Köln aber an der seit etwa 1750 einsetzenden Protoindustrialisierung kaum Anteil hatte. Weder Tuch- noch Baumwollmanufakturen erreichten in Köln einen bemerkenswerten Stand, da die Tuchfabrikation auf das Niveau des Verlagswesens beschränkt blieb und die Baumwollverarbeitung erst mit dem 1798 errichteten franzö-

60 Ebeling, Lebenshaltungskosten, S. 205.

61 Pohl, Wirtschaftsgeschichte, S. 33.

62 Ernst Stahl, Die Kölner Rheinschiffahrt zur Zeit der französischen Herrschaft, Diss. Köln 1924, S. 33 - 56.

63 Zur ungebrochenen Zunftherrschaft Ebeling, Bürgertum und Pöbel, S. 6 - 8. Vergl. auch Pohl, Wirtschaftsgeschichte, S. 33 - 40, zum Stapelrecht ebda., S. 67 - 69.

64 Ebda.

sischen Zollsystem profitabel wurde.[65] Das Seidengewerbe, das in Köln schon im 14. Jahrhundert eine gewisse Rolle gespielt und im 16. Jahrhundert seine große Blüte erlebt hatte, stand seit dem 18. Jahrhundert im Schatten der Krefelder Seidenproduktion. Auch hier behinderte das rückschrittliche Zunftregiment den Ausbau dieses Industriezweiges auf die Höhe der Zeit.[66] Lediglich in der Tabakmanufaktur, welche bezeichnenderweise zunftfrei war, waren Kölner Unternehmer auch im 18. Jahrhundert schon erfolgreich. Köln war seit dem Ende des Dreißigjährigen Krieges zu einem Zentrum der Tabakverarbeitung geworden, vor allem durch Zuwanderung französischer und flandrischer Tabakkaufleute. Hier kam es in der zweiten Hälfte des 18. Jahrhunderts zur Ausbildung regelrechter Großbetriebe, die ihre Produkte ins Rechtsrheinische, nach Westfalen, nach Braunschweig und Hannover absetzten.[67]

Die Besetzung der Stadt durch die Franzosen im Jahre 1794 stellte wirtschaftlich einen großen Einschnitt dar, den man nicht nur in positivem Lichte betrachten darf. Bei den negativen Auswirkungen sind hier zunächst einmal die Einführung der Assignatenwährung und die kriegsbedingten Abgaben für das französische Heer zu nennen. Das revolutionäre Papiergeld wurde zwar schon am 20.3.1796 für ungültig erklärt, aber dieser Zeitraum reichte, um Vermögen und Kunstbesitz von geistlichen Institutionen und von Privatleuten zusammenschmelzen zu lassen. Die Verlegung der Zollgrenze an den Rhein und die Kontinentalsperre von 1806 hatten eine doppelte Wirkung. Auf die Großgewerbe wirkten sie sich belebend, auf den Handel schädigend aus. Der Zwischenhandel, der als Vermittler zwischen den Produzenten auf dem rechten Rheinufer und den Verbrauchern auf dem linken Ufer des Stromes fungiert hatte, kam zwischendurch fast ganz zum Erliegen. Der Warenumschlag im Kölner Hafen ging stark zurück, nicht zuletzt wegen der Aufhebung des alten Stapelzwanges durch die Octroikonvention von 1805. Unter anderen Handelszweigen waren die Getreideexporteure vom Rückgang des Geschäfts stark betroffen, denn die Ausfuhr von Getreide auf das rechte Rheinufer, nach Holland oder England wurde sofort nach 1794 unterbunden. Der Import aller im Ausland gefertigten Waren wurde hingegen durch Gesetz vom 31.10.1796 untersagt, was den Handel zwar behinderte, wenn nicht unmöglich machte, die Produzenten von Fertigwaren auf dem linken Rheinufer jedoch von der mißliebigen Konkurrenz auf dem rechten Rheinufer und in England befreite.[68] Betroffen waren auch die Kölner Tabakmanufakturen, die ihren Rohtabak

65 Ebda., S. 183 f. Die Zollgrenze wurde in mehreren Schritten vom 28.5.1798 und 3.7.1798 an den Rhein verlegt. Damit profitierte Köln von dem in Frankreich weiterentwickelten Stand der Baumwollverarbeitung und von den französischen Einfuhren. Josef Hansen (Hg.), Quellen zur Geschichte des Rheinlandes im Zeitalter der Französischen Revolution 1780 - 1801, 4 Bände, Bonn 1931 - 1938 (Publikationen der Gesellschaft für Rheinische Geschichtskunde), hier Band 4: 1797 - 1801, Bonn, 1938, S. 847 - 851.

66 Joachim Kermann, Die Manufakturen im Rheinland,1750 - 1833, Bonn 1972 (Rheinisches Archiv 82), S. 298.

67 Ebda., S. 491 f. Neben der Tabakmanufaktur erreichte nur noch die, ebenfalls durch Zünfte nicht reglementierte, Produktion von Kölnisch Wasser nennenswerte Bedeutung.

68 Blanning, The French Revolution, S. 83 - 134. Zur Aufgabe der Assignatenwährung vergl. ebda., S. 158 f. sowie Fernand Braudel; Ernest Labrousse, Histoire économique de la France. Bd. 3: L'avènement de l'ère industrielle (1789 - années 1880), premier volume, Paris 1976, S 66. Zum

bisher aus dem Rechtsrheinischen bezogen und dorthin auch ihre Fertigprodukte geliefert hatten. Importierte Tabake wurden von den Franzosen mit einem prohibitiven Zoll belegt. Die in Köln ansässigen Leinenfärbereien, die die auf dem rechten Rheinufer gefertigten Zwischenprodukte weiterverarbeitet hatten, wurden durch die neue Zollgrenze von ihren Zulieferern abgeschnitten. Für den Verbraucher nicht mehr oder nur noch schwer erhältlich waren z. B. Baumwollstoffe aus Sachsen und England und Stahl- und Eisenfertigwaren aus dem Bergischen Land. Nicht mehr absetzbar waren Hölzer, die bisher über Köln nach Holland exportiert worden waren.[69] Der Zwischenhandel mit Kolonialwaren, von Kölner und Mainzer Kaufleuten eifrigst betrieben, kam ebenfalls zum Erliegen.[70]

Auf der positiven Seite sind verschiedene Faktoren zu erwähnen, die sich belebend auf die Wirtschaft der Stadt und ihrer Umgebung auswirkten. 1797 wurde das Durcheinander im rheinischen Münzsystem aufgeräumt, so daß klare Verhältnisse herrschten, noch bevor 1800 der Franc als neues Währungssystem eingeführt wurde. Der Zehnte und die allgemeinen Feudallasten wurden im gleichen Jahr abgeschafft. Ein Jahr später wurden die Zünfte aufgehoben, sicherlich eine wichtige Maßnahme auf dem Wege zur allgemeinen Gewerbefreiheit. Die Säkularisation, deren Auswirkungen auf die Unterschichten hier noch zur Sprache kommen werden, hatte für die städtischen Unternehmer die Konsequenz, daß nun eine Reihe ehemals sich in kirchlichem Besitz befindlicher Gebäude zur Verfügung standen, in denen Manufakturen aufgezogen werden konnten.[71] Verschiedene Branchen profitierten unmittelbar von der Aufhebung der Zünfte, so z. B. die Strickwarenherstellung, nachdem es gelang, hier ein leistungsfähiges Verlagssystem aufzuziehen. 1807 sollen in diesem Zweig schon 3000 Menschen gearbeitet haben. 1811 waren hier 4300 Stricker und Strickerinnen tätig, und die Beschaffung von Arbeitskräften wurde zunehmend schwieriger. Ebenso prosperierte das Baumwollspinngewerbe unter der französischen Finanz- und Wirtschaftspolitik; auch hier ist eine Ausweitung der Beschäftigung und eine Steigerung der Produktivität zu beobachten.[72] Positiv entwikkelte sich auch die Seidenweberei, die unter der intoleranten Religionspolitik des

Octroi von 1805 Diefendorf, Businessmen, S. 170 - 179. Pohl, Wirtschaftsgeschichte, S. 41 - 43. Roger Dufraisse: La contrebande dans les départements réunis de la rive gauche du Rhin à l'époque napoléonienne, in: Francia 1, 1973, S. 508-536, hier S. 510.

69 Ebda. S. 512. Die Beziehungen des Bergischen Landes mit dem linken Rheinufer waren alt. Auch zu Frankreich hatten schon während des Ancien Régime lebhafte wirtschaftliche Kontakte bestanden. Charles Schmidt, Le Grand-Duché de Berg (1806-1813): Étude sur la domination française en Allemagne sous Napoléon Ier, Paris 1905, S. 324 f. Die französischen Schutzzölle ruinierten die bestehenden Beziehungen gegen den Protest der bergischen Händler und Unternehmer. Alle Versuche, für Berg eine Sonderregelung zu erreichen, scheiterten am Einspruch der linksrheinischen Unternehmer und interessierter Kreise im Industriegebiet von Lyon. Ebda., S. 334 - 338.

70 Stahl, Die Kölner Rheinschiffahrt, S. 33 - 90. Die einzelnen Phasen der Beeinträchtigung des Handels nach 1794 werden im Kapitel 3 ausführlicher besprochen. Vergl. dortselbst, Anmerkung 7.

71 Pohl, Wirtschaftsgeschichte, S. 40 - 43.

72 Ebda., S. 43 - 47.

Kölner Rates und der Krefelder Konkurrenz gelitten hatte und der jetzt der Schutz der französischen Douane zugute kam.

Zusammenfassend kann man festhalten, daß sich die soziale Struktur der Oberschicht Kölns seit 1794 verschob. Die politischen Neuerungen der französischen Machthaber hatten das Handelskapital schwer geschädigt, so daß ein Teil der dort angelegten Gelder verlagert wurde und in großgewerblichen Unternehmungen investiert wurden.[73] Zwischen 1800 und 1813 wurden viele neue Manufakturen in Köln gegründet, und die wirtschaftliche Stagnation der Jahre 1815/16 ist ein Hinweis darauf, daß die französische Politik einer der Faktoren gewesen ist, der dieses wirtschaftliche Wachstum begünstigt hat.[74] Die generell positiven wirtschaftlichen Auswirkungen der französischen Verwaltung Kölns werden in der modernen Forschung auch nicht mehr bestritten. Louis Bergeron hat auf die technologische Spitzenstellung verwiesen, die die französischen Gebiete westlich des Rheins und östlich der Linie Haute-Normandie - Paris - Elsaß während der napoleonischen Zeit eingenommen haben.[75]

Wenn auch die wirtschaftliche Bilanz der französischen Verwaltung des DdlR und der Stadt Köln insgesamt positiv einzuschätzen ist, weil sie eine stagnierende Ökonomie belebte und neue Kräfte ins Spiel brachte, so muß doch auch gesehen werden, daß der Zeitraum 1794 bis 1814 in dieser Hinsicht nicht frei von Widersprüchen gewesen ist. Zum einen hatte die Wirtschaft durch die Revolutionsepoche und die damit verbundenen Kriege schweren Schaden genommen, so daß eine Steigerung der Produktion zunächst nicht viel mehr heißen mußte, als daß hier verlorenes Terrain gutgemacht wurde. Die Krisen bedingten, trotz des stabilen Geldwerts während der napoleonischen Zeit, zwischen 1800 und 1802 ein einschneidendes Absinken der Reallöhne um etwa 40 Prozent. Die Löhne erholten sich bis 1809 langsam wieder, jedoch nur, um in der Krise von 1810/12 wieder um 30 Prozent zu fallen.[76] 1802/03 hatte es eine Agrarkrise gegeben, die sich auf die Lebenshaltungskosten besonders

73 Ebda., S. 48 f.

74 Ayçoberry, Cologne, S. 39 f.

75 Louis Bergeron, Problèmes économiques de la France napoléonienne in: Revue d'Histoire Moderne et Contemporaine 17, 1970, S. 467-505, hier S. 497. Positiv beurteilt die napoleonische Epoche auch Roger Dufraisse, La crise économique de 1810-1812 en pays annexés: L'exemple de la rive gauche du Rhin. In: Francia 6, 1978, S. 407-440, hier S. 407 - 412. Annemarie Beckmann-Schaak, Beiträge zur Wirtschaftsgeschichte Kölns während der Franzosenzeit unter besonderer Berücksichtigung der Industrialisierung, Diss. Köln 1951. Für Belgien hat Robert Devleeshouwer festgestellt, daß in der napoleonischen Ära ein industrielles Wachstum eingesetzt habe, das berechtige, von einer industriellen Revolution zu sprechen. Robert Devleeshouwer, Le Consulat et l'Empire: Période de "Take-Off" pour l'économie Belge, in: Révue d'histoire Moderne et Contemporaine 17, 1970, S. 610 - 619, hier S. 616 f. Ob man diese Entwicklung auch für das DdlR oder die Stadt Köln behaupten darf, kann bezweifelt werden. Zu groß waren die Hindernisse, die sich aus Kölns Randlage als Grenzstadt und dem Verlust des ökonomischen Hinterlandes ergaben, zu schwerwiegend auch die Auswirkungen der Rezession von 1810/12. Vergl. Dufraisse, La crise, S. 436 f. Vergl. auch Rondo Cameron, La France et le développement économique de l'Europe (1800 - 1914), Paris 1971, erste englische Auflage Princeton, N. J. 1961, S 17.

76 Braudel; Labrousse, Histoire, 3. Bd., S.82, Abb. 6.

der Unterschichten negativ ausgewirkt hat, weil die Preise für Brotgetreide stark stiegen.[77] Danach erfolgte ein Aufschwung, der durch die Ausweitung der äußeren Märkte Frankreichs hervorgerufen wurde. 1805 gab es ein Absacken der Konjunktur, verursacht durch eine allgemeine Vertrauenskrise der Geschäftswelt in die Politik und durch monetäre Probleme der Banque de France.[78] Die Schließung des französischen Marktes für englische Produkte durch die Dekrete von Berlin (21.11.1806) und Mailand (17.12.1807) heizte die Konjunktur an und läutete eine Phase des Wachstums ein, die erst 1810/11 beendet wurde. Nach Meinung von Fernand Braudel und Ernest Labrousse handelte es sich bei der Krise von 1810/12 um eine Krise neuen Typs, die zuerst die Industrie betroffen habe, um dann auch die Landwirtschaft zu schädigen. Auslöser und Ursache der Krise seien Überproduktion, Spekulation und Kreditverknappung gewesen.[79] Roger Dufraisse hat dem in einer regionalgeschichtlichen Untersuchung für die rheinischen Gebiete Frankreichs widersprochen und die Ursachen für den Einbruch in der Landwirtschaft gesehen. Erst infolge einer agrarischen Krise habe die folgende Absatzkrise der Industrie derartig folgenschwer werden können.[80] Dufraisses Analyse hat, da sie sich auf nur eine Region bezieht und die unterschiedlichsten wirtschaftlichen Faktoren berücksichtigt, die Logik und Plausibilität auf ihrer Seite. Köln wurde, unabhängig von der regionalen Krise, von einem Einbruch der Seidenindustrie heimgesucht, der für ein Sechstel der hier beschäftigten Arbeiter/innen vorübergehende Arbeitslosigkeit und Not bedeutete.[81] Die schlechte Ernte des Jahres 1811 sorgte für eine Verknappung des Getreides, und das DdlR, obwohl ein Getreideüberschußgebiet, hatte an dieser Notlage teil, weil fast 20 Prozent der Notkäufe an Getreide für das hungernde Frankreich aus diesem Gebiet kamen. In Köln stieg der Brotpreis vom 1.8.1811 von zehn centimes pro Kilogramm auf fast 25 centimes pro Kilogramm am 15.2.1812.[82] Fast alle industriellen Sektoren waren von der Krise 1810/12 betroffen, vor allem die Textil-, Gerberei-, Bau-, und Metallbranche.[83] Im Jahre 1813 gab es in Köln alleine 1644 arbeitslose Baumwolltextilarbeiter und -arbeiterinnen. Etwa 30 Prozent der abhängig Beschäftigten scheinen im Verlaufe der Krise branchenübergreifend ihre Anstellung verloren zu haben.[84] Darf man Braudel und Labrousse glauben, so wirkten die Resultate dieser Krise bis 1815 nach, was bedeutet, daß das Rheinland im Jahre 1816 sozusagen nahtlos die nächste Wirtschaftskrise erlebte.[85]

Für die Beurteilung der Wirtschaft im Hinblick auf die Unterschichten wird man also sehr stark unterscheiden müssen, auf welcher Beschreibungsebene man sich bewegt, da selbst bei einer prosperierenden Gesamtwirtschaft einzelne Branchen

77 Ebda., S. 89.
78 Ebda., S. 89 f.
79 Ebda., S. 91 f.
80 Dufraisse, S. 414 - 417.
81 Ebda., S. 420.
82 Ebda., S. 423.
83 Ebda., S. 434.
84 Ebda., S. 435 f.
85 Braudel; Labrousse, Histoire, Bd. 3, S. 91 f.

Anpassungsprozesse durchlaufen konnten, die für die Arbeiter in dieser Branche und ihre Angehörigen Notlagen und Entbehrungen mit sich brachten. So sah sich das einstmals florierende Tabakgewerbe Kölns nach 1798 gezwungen, die Betriebe nach Mülheim und Deutz zu verlegen, da der Absatz auf das rechte Rheinufer sonst abgeschnitten worden wäre. Von etwa 50 Fabrikanten und Händlern der Stadt, die im Jahre 1799 hier noch ansässig waren, verlegten bis 1801 15 ihren Firmensitz auf das andere Rheinufer. Dies war ein Ergebnis des französischen Tabakgesetzes vom 13.11.1798, welches den Rohtabak in Frankreich enorm verteuert hatte. Die Folge waren Entlassungen und Arbeitslosigkeit.[86] Eine weitere Konsequenz der Politik der neuen Machthaber, die zwar gesamtwirtschaftlich stimulierend wirkte, die Situation der Unterschichten aber zunächst verschlimmerte, war die Aufhebung des kirchlichen Eigentums. Ein großer Teil dieses Vermögens war bisher dazu genutzt worden, seßhafte und vagierende Arme in der Stadt zu unterstützen und so über Wasser zu halten. Da auch revolutionäre Übergangsprozesse ihre Zeit dauern, war an die Stelle der kirchlichen Armenversorgung nicht sofort ein arbeitsfähiger Ersatz getreten, was für viele Arme der Stadt eine Phase des Hungers mit sich brachte. Überhaupt scheint auch für die Unterschichten das Problem darin gelegen zu haben, daß sich seit 1794 Dinge änderten, wobei weniger wichtig war, in welcher Richtung dies geschah. Man wird bei der Beurteilung der französischen Wirtschaftspolitik im Hinblick auf die unteren Schichten der Bevölkerung davon auszugehen haben, daß letzteren eine gehörige Portion Beharrung zukam, wohl auch eine Folge der engen materiellen und geistigen Verbindung von Unterschichten und katholischer Kirche.

86 Kermann, Die Manufakturen, S. 492.

1 KÖLNER UNTERSCHICHTEN UND KÖLNER HAUSARMUT

1.1 Vorbemerkungen

Für die Untersuchung der im Arbeitstitel global genannten "Unterschichten" ist es unerläßlich, nach einem Ordnungsprinzip zu suchen, das genügend Trennschärfe besitzt, um die relativ große Gruppe der unterständischen Bevölkerung Kölns am Ende des 18. und zu Beginn des 19. Jahrhunderts in ihrer ganzen Unterschiedlichkeit zu fassen. Bereits durch die Verwendung des Begriffes Unterschichten ist deutlich gemacht, daß wir es hier mit einem Teil der Bevölkerung zu tun haben, der zwar heterogen ist, dem aber bestimmte Eigenschaften in einem Maße gemeinsam sind, das es rechtfertigt, von diesen Menschen als Angehörigen einer besonderen sozialen Gruppe zu sprechen. Für die global als Unterschichten gefaßten Teile der Bevölkerung gilt, was Dietrich Ebeling für den inhaltlich verwandten Begriff des "Pöbels" feststellte. Beide fassen ein "(...) Konglomerat aus rechtlicher, sozialer und politischer Minderberechtigung (...)". Zu den Unterschichten müssen "(...) all jene hinzugerechnet werden, die von der Hand in den Mund lebten, oder deren Subsistenz bei einem zeitweiligen Ausfall ihrer Arbeitskraft bedroht war (...)".[1]

Dabei ist es für den Fortgang der Diskussion um den Begriff "Unterschicht" unerläßlich, zunächst heuristisch von einer grundsätzlichen Trennung der einzelnen Gruppen auszugehen, um dann induktiv festzustellen, ob diesen Gruppen ausreichend wichtige wesentliche Eigenschaften gemeinsam sind, um von ihnen gemeinsam als Unterschichten sprechen zu können. Eine Streckung des Begriffes in einem definitorischen Prokrustesbett, so daß er alle Vagierenden, Bettler und Kriminellen zusammen mit den Hausarmen und Freizeitschmugglern umfaßt, wie sie Carsten Küther vorgenommen hat, scheint mir den Blick auf die fundamentalen Unterschiede zwischen einem dozilen Kölner Hausarmen und einem Angehörigen einer Räuberbande zu verstellen.[2]

Im Zentrum dieses Kapitels steht deshalb die für Köln überaus wichtige Gruppe der Hausarmen, die zunächst von den übrigen Armen Kölns gesondert betrachtet werden sollen. Wichtig waren die Hausarmen zum einen, weil sie einen nicht unerheblichen Teil der Kölner Gesamtbevölkerung stellten: Die zeitgenössischen Schätzungen gehen von einem Anteil von zehn bis zwanzig Prozent an der Gesamtbevölkerung aus, womit sie wiederum einen großen Teil aller in Köln lebenden Armen und Bettler umfaßten. Andererseits kommt ihnen eine besondere Bedeutung

1 Ebeling, Lebenshaltungskosten, S. 12 - 14.

2 Küther, Menschen auf der Straße, S. 100; ders., Räuber und Gauner, S. 18, 23 f., 28 f. Ähnlich im Ansatz auch Schubert, Arme Leute. Riis, Poverty and Urban Development in Early Modern Europe, in: Ders. (Hg.), Aspects of Poverty, S. 12. Gutton stellt mit Recht fest: "(...) ce qui importe (...) c'est de dire les differénces fondamentales qui séparent le pauvre, le mendiant et le vagabond." Gutton, La société et les pauvres, S. 7.

zu, weil diese Gruppe im Laufe der frühen Neuzeit ein besonderes Verhältnis zur städtischen Obrigkeit entwickelt hatte, das sie auch im Laufe des 18. und 19. Jahrhunderts weiterentwickelte. Es bildete sich hier eine Art symbiotische "Kooperation" von städtischen und kirchlichen Institutionen mit den Hausarmen heraus, die einerseits die Armen vor der allergrößten Not bewahrte, andererseits den Hausarmen jene Gefährlichkeit nahm, die die classes laborieuses möglicherweise zu den classes dangereuses gemacht haben könnte.

1.2 Der gesetzliche und organisatorische Rahmen

Die Beschäftigung mit den Kölner Hausarmen in der französischen Zeit wird durch die Tatsache erleichtert, daß in den rund 2000 im Historischen Archiv der Stadt Köln befindlichen "Armutszeugnissen" eine Quellensammlung vorliegt, die bisher nicht systematisch ausgewertet wurde. Diese Armutszeugnisse (im folgenden AZ) entstanden durch den Umstand, daß sich der Übergang von einer dezentralen Armenhilfe, die weitgehend in den Händen kirchlicher Stellen lag, zu einer stärker zentralisierten, durch den Staat kontrollierten, im weitesten Sinne also bürokratischen Armenverwaltung etappenweise vollzog. Dabei war die französische Politik dreierlei Beschränkungen unterworfen, die die getroffenen Maßnahmen im Bereich der Armenfürsorge oft widersprüchlich oder ineffizient erschienen ließen. Zum einen war der politisch-administrative Status der nach 1794 besetzten rheinischen Gebiete zunächst unklar, und in Verbindung mit den wechselvollen Ereignissen der Jahre bis zum Staatsstreich Napoleons konnte man den Eindruck gewinnen, daß sich die französische Verwaltung zwar alle Mühe gab, die neuen vier Départements ordentlich zu regieren, aber viele Bemühungen blieben doch einfach im Kompetenzengewirr und der unsicheren Rechtslage wegen erfolglos. Zum anderen erwiesen sich die neuen "citoyens" der rheinischen Départements als sehr obstinat, ja rebellisch. Die rechte Freude über ihre Befreiung aus den feudalen Fesseln wollte sich bei ihnen nicht einstellen.[3] Dies machte sich auch im Bereich der Sozialpolitik bemerkbar. Hinzu kamen letztlich die wirtschaftlichen Notzeiten, die die rheinischen Gebiete auf Grund der Währungskrisen und des realen Preisanstiegs in Folge von schlechten Ernten durchzumachen hatten. Während dieser Zeiten stieg die Zahl der Armen drastisch, und die Landstraßen füllten sich mit ganzen Horden umherziehender Bettler und

3 T.C.W. Blanning, The French Revolution, Kapitel 5: Problems of Government, S. 168-206. Der Autor kann der negativen Bewertung der Ergebnisse Blannings durch Jeffry M. Diefendorf nicht in allen Punkten folgen. Selbst wenn Blanning die Französische Revolution überaus kritisch betrachtet, so sprechen doch die von ihm zitierten Dokumente für sich. Man kann die französische Verwaltung der Rheinlande vor 1802 nur mit dem von Henri Shée, dem Regierungskommissar der vier rheinischen Départements geprägten Begriff "désorganisation totale" beschreiben. Diefendorfs Kritik kommt aus dem Blickwinkel eines Forschers, der vorwiegend Gruppen untersucht hat, die selbst ein Interesse an einer effektiven und leistungsfähigen Verwaltung hatten. Diefendorf, Businessmen. Ders., Besprechung von Blannings Buch in AHR 90,4 S.158.

Räuber.[4] Bevor das neuerworbene Gebiet mit den Errungenschaften einer modernen zentralisierten Verwaltung, Justiz und Sozialpolitik ausgestattet wurde, sollten noch einige Jahre ins Land gehen.[5] Georg Forsters drastische Worte belegen die schwierige Ausgangslage für eine Reform des Armenwesens in der wirtschaftlich darniederliegenden Stadt Köln. Forster hatte bei seinem Besuch Kölns im Sommer 1790 "(...) auf allen Straßen nur Schaaren von zerlumpten Bettlern herumschleichen (...)" sehen, deren Unsittlichkeit so weit ging, "(...) daß sie den Müßiggang systematisch treiben und ihre Plätze an den Kirchenthüren erblich hinterlassen (...)." Forster konstatierte einen direkten Zusammenhang zwischen der wichtigen Rolle der Kirche in der Armenversorgung und dem Überhandnehmen der Bettelei, und fuhr fort: "Die Bettlerrotten sind ihre (der Geistlichen) Miliz, die sie am Seil des schwärzesten Aberglaubens führen, durch kärglich gespendete Lebensmittel in Sold erhalten, und gegen den Magistrat aufwiegeln (...)"[6]

So lag es in den Händen der französischen Administration, im Bereich der Armenverwaltung jene tiefgreifende Änderung zu einem rationalisierten und bürokratisierten Armenwesen zu schaffen, die in der Literatur als Kennzeichen für eine modernere Form der Armenfürsorge angeführt wird.[7] Dabei kam den Administratoren zugute, daß sie weitreichende Erfahrungen auf dem Gebiet der fakultativen und obligatorischen Armenpflege schon vor 1794 hatten sammeln können. In Frankreich, dessen Armenhilfe auch 1789 noch vorwiegend in kirchlichen Händen lag, hatte es schon ab 1614 erste *hôpitaux généraux* gegeben. 1662 wurden diese staatlichen Armenhäuser per königliches Dekret in allen Städten gegründet. Ab 1767 wurden zunehmend auch *dépôts de mendicité* gegründet, die ebenfalls vom Staat unterhalten wurden. Diese Institutionen, deren wichtigste Aufgabe die Unterdrückung der

4 Ebeling, Lebenshaltungskosten, S. 50 - 54. Ebeling diskutiert in seiner jüngst veröffentlichten Dissertation ausführlich das Erscheinungsbild Kölns gegen Ende des 18. Jahrhunderts mit seinen zahlreichen Straßenbettlern. Ders.: Bürgertum und Pöbel, besonders S. 133 f.; zu den Teuerungsjahren am Ende des Jahrhunderts vergl. S. 141 f. Von den Hungerkrisen der Jahre 1802/1803 scheint das DdlR anscheindend weniger hart betroffen gewesen zu sein als die übrigen Gebiete Frankreichs. Vergl. Catherine Rollet, L'effet des crises économiques du debut du XIXe siècle sur la population, in: Revue d' Histoire Moderne et Contemporaine 17, 1970, S. 391 -410, hier S. 393, fig. 1.2. Vergeblich versuchte man der Bettler, Vaganten und Räuber durch Appelle und Einsatz der Polizei Herr zu werden. Noch im Jahre 11 durchzogen Horden von "Intriganten" das Roërdépartement, die "(...) die Städte und Dörfer durchstreichen (und) die Bürger (...) herumführen." Plakat der Präfektur des Roërdépartement vom 1 Frimaire an 11 (22.11.1802), HAStK FV 5056.

5 1805 verfügte der Kanton Köln über eine Unterpräfektur, ein Gericht erster Instanz, ein Handelsgericht, eine Handelskammer, das Bürgermeisteramt, den Friedensrichter, das Polizeikommissariat, den Kriegskommissar, drei Brigaden der Gendarmerie, die Zolldirektion, die Kommission der Zivilhospize und das *Bureau de Bienfaisance*. Verzeichnis der "(...)établissemen(t)s publics éxistans au chef lieu du Canton de Cologne (...)" vom 28 Brumaire an 13 (19.11.1804). HAStK FV 5849.

6 Deutsche Akademie der Wissenschaften zu Berlin (Hrsg.), Georg Forsters Werke, Bd. 9, S. 30f.

7 Sachße; Tennstedt, Geschichte der Armenfürsorge, S. 31 - 33. Systematisch zwar interessant, historisch aber ungenau hingegen Jens Alber, Vom Armenhaus zum Wohlfahrtsstaat: Analysen zur Entwicklung der Sozialversicherung in Westeuropa, Frankfurt, New York 1982.

Bettelei war, wurden aber schon 1775 wieder aufgelöst und durch *ateliers de charité* ersetzt. Daneben gab es vereinzelt die schon im 16. Jahrhundert gegründeten bureaux des pauvres und die zahlreichen privaten Institutionen, die vom Klerus oder örtlichen Genossenschaften verwaltet wurden.[8] Da der Bereich der Hausarmenpflege durch den Niedergang der bureaux des pauvres nicht sehr entwickelt wurde, hatte man nach Turgots Sturz auf die *dépôts de mendicité* zurückgegriffen, die vor allem die Vaganten aufnehmen sollten. Neue Impulse setzte dann die revolutionäre Nationalversammlung mit dem Dekret vom 4.11.1789, in welchem die geistlichen Besitztümer zur Disposition der Nation gestellt wurden. Der Ertrag dieser Güter sollte im wesentlichen zur Unterstützung der Armen genutzt werden.[9] Kurz darauf wurden in Paris neue *ateliers de charité* errichtet, die den arbeitslosen Massen Arbeit und Brot verschaffen sollten. Gleichzeitig wurde das Recht jedes "guten Armen" (im Gegensatz zu den "mauvais pauvres") auf staatliche Unterstützung bestätigt.[10] Mit dem Gesetz vom 19.3.1793 trat die Staatsarmenpflege an die Stelle der örtlichen Armenpflege. Für die Verwaltung der Gelder sollten Kantonsarmenräte entstehen, die sowohl die geschlossene wie die offene Armenfürsorge in ihrem Kanton überwachen sollten. Damit entfielen die Spitalanstalten als selbstständige Organe der Armenpflege. Negativste Konsequenz dieser Änderung war es, daß Wohltätigkeitsanstalten in hemmungsloser Weise als Nationalgüter zu Schleuderpreisen veräußert wurden. Fast ebenso schlecht für die betroffenen Armen war es, daß viele der alten Spitäler aufgrund der dem Gesetzeserlaß folgenden Rechtsunsicherheit ihre Arbeit einstellten.[11] Das Gesetz vom 11.5.1794 ordnete die zentrale Erfassung aller Armen in sog. *livres de la bienfaisance* an. Die so erfaßten Armen sollten ein Anrecht auf eine Rente haben. Der Sturz der Bergpartei am 9 Thermidor an 3 verhinderte die Durchführung dieser Pläne. Unter den Jakobinern ging man zurück zum Prinzip der Armenpflege aus den Mitteln der privaten Wohltätigkeit[12]. Der Staat sollte lediglich subsidiär

8 Karl H. Metz, Staatsraison und Menschenfreundlichkeit: Formen und Wandlungen der Armenpflege im Ancien Régime Frankreichs, Deutschlands und Großbritanniens, VSWG 72, 1985, S. 1-26, S. 2-11. Rudolf Schwander, Die Armenpolitik Frankreichs während der Großen Revolution und die Weiterentwicklung der französischen Armengesetzgebung bis zur Gegenwart, Straßburg 1904, S.3 f. Zur historischen Ableitung der französischen Armenpolitik vergl. Michel Mollat (Hg.), Études sur l'histoire de la pauvreté (Moyen Age - XVIe siècle) 2 Bde., Paris 1974 (Publications de la Sorbonne) und ders, Die Armen im Mittelalter, München 1984.

9 Alan Forrest, The French Revolution and the Poor, Oxford, New York 1981, S. 38. Schwander, Armenpolitik, S. 18.

10 In der Erklärung der Menschenrechte vom 19.3.1793 wurde der Artikel 23 aufgenommen, der lautete: "La societé doit la subsistance aux citoyens malheureux, soit en leur procurant du travail, soit en assurant les moyens d'assister à ceux qui sont hors d'état de travailler." Schwander, Armenpolitik, S. 77. Zur nachrevolutionären Diskussion um die Armenpflege vergl. Forrest, The French Revolution, S. 28. Johann Schwarz, Das Armenwesen der Stadt Köln vom Ende des 18. Jahrhunderts bis 1918. Ein Beitrag zur westdeutschen Wirtschafts- und Sozialgeschichte, Köln 1922, S. 27.

11 Schwander, Armenpolitik, S. 78 - 80. Forrest, The French Revolution, S. 39- 41.

12 Das Gesetz, noch in der vorjakobinischen Phase der Revolution vorbereitet, kam nicht zur Ausführung, weil die Jakobiner die Auffassung vertraten, Bettler brächen den Gesellschaftsvertrag und verdienten deshalb keine Unterstützung. Diese Meinung wurde auch unter dem

eingreifen, wenn die einkommenden finanziellen Mittel nicht ausreichten. Statt staatlicher Vorsorge standen staatliche Repressalien nun im Vordergrund der Armenpolitik. Dies änderte sich auch nicht mit der Sistierung des Verkaufs der Güter von Wohltätigkeitsanstalten vom 26.8.1795 und den Gesetzen vom 17.4.1796 und 7.10.1796, in denen die Rückgabe der eingezogenen Güter an die Spitalanstalten angeordnet wurde. Letztere Gesetze gaben das Prinzip der zentralisierten Armenpflege ganz auf und kehrten zur früheren kommunalen Armenpflege der Wohltätigkeitsanstalten zurück. Ein fünfköpfiges Aufsichtsgremium sollte in jeder Gemeinde über die sachgemäße Verwendung der Mittel wachen. Dieses Komitee war dem jeweiligen Gemeinderat verantwortlich. Finanziert wurde die Armenhilfe der Gemeinden zum Teil durch Vergnügungssteuern. Erst mit dem Gesetz vom 24.2.1800 wurde die kommunale Armenfürsorge auf ein eigenes finanzielles Fundament gestellt, denn die Gemeinden erhielten jetzt einen *octroi de bienfaisance*, eine Verkaufssteuer auf Lebensmittel. Unter Napoleon lag die Finanzierung der Armenunterstützung bei den lokalen Behörden, die unter Aufsicht des Subpräfekten standen.[13]

Infolge der Verstaatlichung der Armenpflege durch die Konventsgesetzgebung waren die Wohltätigkeitsanstalten zu öffentlich-rechtlichen Anstalten geworden und blieben es auch bei der nunmehrigen Reorganisation der Armenpflege. Wichtig für die Entwicklung des Hospizwesens wurde die Praxis, der Kirche unter den Thermidorianern und dem Direktorium nicht mehr nachzustellen. Dies hatte eine leichte Verbesserung der Versorgung von Spitälern mit Pflegepersonal zur Folge. Im Empire begannen sich die Hospitäler von den Auswirkungen der Dechristianisierung zu erholen.[14] Von nun an sollten sich die selbstverwalteten Spitäler ausschließlich der geschlossenen Armenpflege widmen, während zur Wahrnehmung der offenen Armenpflege durch das Gesetz vom 7 Frimaire an 4 (28.11.1795) die *bureaux de bienfaisance* reorganisiert worden waren und ihnen der gleiche öffentlich-rechtliche Status verliehen wurde wie den Spitälern. Finanziert werden sollte die offene Armenpflege aus den Einkünften einer Vergnügungssteuer. Sollten diese Mittel nicht ausreichen, so hatte die Gemeinde den Fehlbetrag aus eigenen Mitteln zu decken.[15]

Directoire verbreitet. Forrest, The French Revolution, S. 28 f. Die Daten des französischen Revolutionskalenders wurden in der Regel in den christlichen Kalender übertragen. Dies geschah automatisch durch ein Computerprogramm mit dem Namen REVKAL. Vergl. Norbert Finzsch, REVKAL - A Program for Historians of the French Revolution, in: Historical Social Research 14, 1989, S. 126 f.

13 Forrest, The French Revolution, S. 57-62. Schwander, Armenpolitik, S. 102 f. Schwander irrt, wenn er annimmt: "Von irgend einem Versuche zur Einführung des livre de la bienfaisance ist auch keine Spur vorhanden oder nachweisbar." Schwander, Armenpolitik, S. 98 Das HAStK verfügt über die Fragebögen zur Erfassung der Armen im Rahmen des zitierten Gesetzes. FV 6726. Schwarz, Armenwesen, S. 29.

14 So wurde z.B. den Nonnen von Aix-en-Provence im Jahre 1807 erlaubt, wieder in ihr Kloster zurückzukehren, um sich der Krankenpflege zu widmen. Forrest, The French Revolution, S. 66. Zur Topographie der Dechristianisierung Michel Vovelle, Religion et révolution. De la déchristianisation de l'an II, Paris 1976 (Le temps et les hommes).

15 Schwander, S. 104 f. Die einzige wichtige gesetzgeberische Neuerung nach den Gesetzen des Jahres 8 blieb die Einführung der dépôts de mendicité am 5.7.1808 durch ein Dekret Napoleons.

Im Bereich der Hausarmenunterstützung verlief die Entwicklung in Frankreich parallel zu der der geschlossenen Armenunterstützung. Mit dem Gesetz vom 25. Mai 1791 wurden in ganz Frankreich lokale *commissions de bienfaisance* eingerichtet, die u.a. für die Verteilung der Hilfsmittel unter die bedürftigen Familien zuständig waren. Die örtlichen Kommissionen oder *bureaux de bienfaisance* stellten aber auch Statistiken zusammen und sammelten Daten über die Armut in ihrem Bezirk. Die Kommissionen taten damit das, was vorher die Pfarrer in aller Regel getan hatten, mit einem Unterschied: Ihnen standen bei weitem nicht die gleichen finanziellen Mittel wie jenen zur Verfügung. Als einzige Finanzquelle fungierte oft die Zentralregierung in Paris, daneben gab es vereinzelt Spenden und Sammelaktionen.[16]

Für die Auswirkungen der französischen Sozialpolitik auf das Rheinland und speziell auf Köln gilt es festzuhalten, daß in den überwiegend katholischen Gebieten links des Rheins die Armenunterstützung weitgehend in den Händen der Kirche gelegen hatte, und daß die kirchlichen Besitzungen in den 1794 besetzten Gebieten praktisch gänzlich zerstört worden waren. Für Köln hatte dies den doppelten Nachteil, daß die milden Stiftungen finanziell ruiniert wurden, die Stadt aber auch auf eine wichtige Einnahmequelle verzichten mußte: Die Ausgaben der Geistlichen, deren Güter größeren Teils außerhalb der Stadt gelegen hatten, die aber in der Stadt gelebt hatten. Mit der Beschlagnahme der kirchlichen Besitzungen floß kein Geld aus dieser Quelle mehr nach Köln.[17] In den rheinischen Gebieten Frankreichs war schon Ende 1794 das kirchliche Eigentum sequestriert und zur Nationaldomäne geschlagen worden. Diese Maßnahme war am 31.8.1796 vom Generaldirektor der französischen Regierung durch einen neuen Erlaß bestätigt worden, um während der Zuständigkeit des Generals Lazare Hoche 1797 wieder vorübergehend zurückgenommen zu werden. 1798 wurde das Vermögen der Kölner Kirchen sehr genau von Mitgliedern der neuen Munizipalität inventarisiert, um einer Verschleuderung durch die ehemaligen Besitzer zuvorzukommen. Einer Vielzahl provisorischer Anordnungen folgte 1802 das Dekret, das die vollständige Säkularisation der Kirchengüter in den rheinischen Gebieten verfügte. Ausgenommen von diesem Beschluß wurden die geistlichen Anstalten und die Institutionen, die sich dem Unterricht oder der Krankenpflege gewidmet hatten. Diese wenigen Institute wurden unter die Aufsicht der städtischen Armenverwaltung gestellt. Soweit die Kirche Besitztümer auf dem rechten Rheinufer hatte, wurden diese nach dem Reichsdeputationshauptschluß vom 25.2.1803 von weltlichen Staaten übernommen, im Falle Kölns vom Großherzogtum Berg.[18]

Mit diesem Rückgriff auf die hôpitaux renfermés sollte vor allem der Bettlerplage auf dem offenen Land Einhalt geboten werden. Sie stellte eine armenpolizeiliche Maßnahme dar.

16 Forrest, The French Revolution, S. 75-95.

17 Blanning, The French Revolution, S. 212.

18 Richard Büttner, Die Säkularisation der Kölner geistlichen Institutionen. Wirtschaftliche und soziale Bedeutung und Auswirkungen (Schriften zur rheinisch-westfälischen Wirtschaftsgeschichte 23), Köln, 1971, S. 37-66. Neueren Datums, wenn auch nicht auf das DdlR bezogen, ist die Arbeit von Wolfgang Schieder und Alfred Kube, Säkularisation und Mediatisierung: Die Veräußerung der Nationalgüter im Rhein-Mosel-Département, 1803-1813 (Forschungen zur Deutschen Sozialgeschichte, Bd. 4), Boppard a. R., 1987. Allgemeiner hat Rudolf Morsey die

Ähnlich wie in Frankreich war die Kirche im Rheinland, speziell in Köln, aber nicht die alleinige Trägerin des Armenwesens. Zwar hatte die kirchliche Armenpflege während des ganzen Mittelalters einen wichtigen Platz eingenommen, doch je mehr sich das städtische Gemeinwesen ausbildete, desto mehr trat die Kirche als Vermittlerin der Spenden zurück.[19] Neben den zahlreichen kirchlichen Instituten, die sich um die Armen und Kranken kümmerten, gab es in Köln schon sehr früh die weltliche Hausarmenpflege, die von den neun Sondergemeinden wahrgenommen wurde. Die Sondergemeinden verwalteten das Kirchenvermögen und die Genossenschaftskasse, aus der Mittel für die Hausarmen entnommen wurden. Die Hausarmenpflege geschah durch die Amtleute und ohne Einflußnahme des Pfarrklerus. Die Austeilung der Almosen erfolgte vor den Toren der Pfarrkirche auf einem Tisch. Zur Aufnahme der kranken Bettler und Pilger dienten die beiden städtischen Hospitäler "Weite Tür" und St. Revilien.[20]

Nach dem Einmarsch der französischen Armee in Köln am 6.10.1794 hatte sich zunächst politisch und verwaltungstechnisch nicht viel geändert. Rat und Administration wurden in ihren Ämtern belassen. Nur ein zwölfköpfiges comité de surveillance wurde als eine Art Kontrollgremium eingerichtet. Eine Kontributionskommission zog zusätzlich Umlagen und direkte Steuern ein. Am 23.5.1796 löste ein Dekret des Directoire die reichsstädtische Regierung auf und ersetzte sie durch eine Munizipalverwaltung aus sieben Mitgliedern unter der Aufsicht des Nationalkommissars Antoine.[21] Dennoch übte bis November 1797 die Militärregierung die Macht aus. 1797 wurde dann für die rheinischen Gebiete ein Generalkommissariat eingerichtet, das bis 1801 bestand. Damit begann die zivile Verwaltung der rheinischen Gebiete, die mit der Einteilung der besetzten Territorien in vier Départements am 23.1.1798 festgeschrieben wurde. Der Regierungskommissar mit Sitz in Mainz blieb jedoch bis zum 30.6.1802 im Amt, obwohl die vier Départements am 30.4.1801 als integrierte Bestandteile Frankreich angeschlossen worden waren [22]

Für die Armenverwaltung der Stadt Köln brachten die organisatorischen Wirren keine großen Änderungen mit sich, da die beiden Finanzverwaltungsbehörden der

Auswirkungen der Säkularisation beschrieben. Er beurteilt sie in Anlehnung an Treitschke als "Revolution von oben" und betont, wie sehr sie sich auf die Vermögensumschichtung ausgewirkt habe. Rudolf Morsey, Wirtschaftliche und soziale Auswirkungen der Säkularisation in Deutschland, in: Vierhaus; Botzenhart (Hg.), Dauer und Wandel, S. 361 - 383.

19 Die Stellung der städtischen Armenfürsorge in Köln in reichstädtischer Zeit zwischen einem reinen Parochialsystem und einem Zentralsystem wird am besten beschrieben bei Jütte, Obrigkeitliche Armenfürsorge, S. 20, 45, 276, 277- 294.

20 Victor von Woikowsky-Biedau, Das Armenwesen des mittelalterlichen Köln in seiner Beziehung zur wirtschaftlichen und politischen Geschichte der Stadt, Diss. Breslau 1891, S. 62. Jütte, Obrigkeitliche Armenfürsorge, S. 238 f.

21 Dem Leser sei die unübersichtliche Darstellung der verschiedenen Stadien erspart, die die Rheinlande politisch nach 1794 bis 1801 zu durchlaufen hatten. Zu den Konsequenzen des organisatorischen und administrativen Durcheinanders vergl. Blanning, The French Revolution, S. 168-178. Schwarz, trotz seiner grundsätzlich positiven Bewertung der französischen Maßnahmen, kommt zu einem ähnlichen Ergebnis. Schwarz, Armenwesen, S. 33 f.

22 Büttner, Säkularisation, S. 30-34.

Stadt, die Rentkammern, wie bisher funktionierten. Am 21. 3. 1797 erfolgte ein Erlaß Hoches, der die alte Verfassung mit den alten Obrigkeiten wiedereinsetzte und unter Aufsicht des Bürgers Rethel stellte. Noch im gleichen Jahr wurde dann ein neuer Rat gebildet, der am 19.9.1797 feierlich eingeführt wurde. Nach dem Frieden von Campo Formio (18.10.1797) wurde die Militärregierung am 4.11.1797 durch eine Zivilverwaltung ersetzt, die ab 11.12.1797 dem Gouvernementskommandeur Rudler unterstellt wurde. Für die Stadt Köln bedeutet dies eine erneute Veränderung ihrer Verfassung und Verwaltung, weil unter Rudler am 22.4.1798 der alte Rat vom September des Vorjahres durch eine neue Munizipalität ersetzt wurde. Ungeachtet der noch ausstehenden völkerrechtlich wirksamen Eingliederung der rheinischen Départements in das französische Staatsgebiet, die erst nach dem Frieden von Lunéville durch Gesetz vom 27.2.1801 erfolgte, begann das neue Regime aber rasch, die städtischen Verhältnisse, unter anderem auch die Armenverwaltung, umzugestalten.[23] In der Übergangszeit von 1794 bis 1799 ging man schon daran, die Unterstützung an Hausarme zu vereinheitlichen und unter städtische Oberaufsicht zu stellen. Dies stand in engem Zusammenhang mit der Bildung des *Bureau de Bienfaisance* als zentraler Aufsichtsbehörde über das Armenwesen, die aber erst im Jahre 12 revolutionärer Zeitrechnung als abgeschlossen gelten kann. Zunächst wurden mit einem Gesetz vom 27. November 1796 die Stiftungen für Hausarme dem *Bureau de Bienfaisance* (BdB) oder Wohltätigkeitsbüro unterstellt, und gleichzeitig wurde eine ähnliche Zentralbehörde für die Verwaltung der geschlossenen Armen- und Krankenanstalten geschaffen, die *administration des hospices civils*.[24] Bis auf weiteres

23 Von Looz-Corswarem, Das Finanzwesen, S. 19-22.

24 HAStK FV 6720-1. Beschluß No. 505 und Rundschreiben 816 vom 23 Nivôse an 7 (12.1.1799). Vergl. Beschluß des Präfekten vom Département de la Roër vom 3 Vendémiaire an 12 (26.9.1803). In diesem Beschluß wurde bekräftigt, daß dem BdB die alleinige Aufsicht über die Unterstützung der Hausarmen (*secours à domicile*) zustand. HAStK FV 6348, Art.1. Nach Anhörung des für Köln zuständigen Commissaire du Directoire Exécutif beschloß die Munizipalverwaltung Kölns daraufhin am 15. und 17. Nivôse an 7 (4./6.1.1799), ein solches BdB einzusetzen. Die Mittel für die Arbeit des BdB sollten entsprechend dem Gesetz vom 17 Fructidor an 5 (3.9.1797) aus einer Abgabe auf Bälle, Theaterveranstaltungen und öffentliche Lustbarkeiten eingebracht werden. "Auszug aus dem Register der Berathschlagungen der Munizipalverwaltung des Kantons Köln. Sitzung vom 15. Nivôse des 7ten Jahres der Republik." "Séance du 17 Nivôse (an 7). Arrête sur l'etablissmt. d'un Bureau de Bienfaisance. No. 505." HAStK FV 6720 - 1. Es muß angenommen werden, daß die Armenbretter der Pfarrgemeinden bis zu dieser Zeit und noch länger in Funktion waren. Leider ist nicht genau feststellbar, wann diese Fürsorgeinstitution de facto aufhörte zu arbeiten. Jedenfalls existiert eine Zahlungsanweisung der Administration de Bienfaisance vom 21.2.1812 an die "Proviseurs des Pauvres de la Paroisse de St. Colombe (...) Pour remboursement des Sommes qu'ils ont payéesà titre de Secours aux yndigens (!) de leur Paroisse pendant le Mois de Janv. dernier suivant l'état de distribution arrêté par l'administration." Die relativ hohe Summe von 227.60 F für einen Monat läßt es wahrscheinlich sein, daß hier die Pfarrgemeinde weiterhin die Verteilung der Armengelder organisiert hat. HAStK FV 6789 . Vergl. die aus französischer Zeit stammenden "États des Revenus des divers fonds des Pauvres de Cologne dressés par des Commis(s)aires de la Municipalité", HAStK FV 6350, (o.J.), in dem festgehalten wurde, wieviele Hausarme auf die jeweiligen Armenbretter entfielen. W. Mangeot, Die öffentliche Armenpflege, deren Entwicklung und gegenwärtige Gestaltung in der Stadt Köln. Zwei Vorträge gehalten im Stadtkölnischen Beamten-Verein von W. Mangeot;.... Köln 1896, S. 9.

sollten die Ausgaben dieses BdB durch eine Vergnügungssteuer finanziert werden.[25] Die Geschäfte des BdB sollten von einem fünfköpfigen Ausschuß geführt werden. Die Ausschußmitglieder übten ihre Tätigkeit ehrenamtlich aus.[26] Die Polizei wurde ausdrücklich zur Amtshilfe verpflichtet, indem festgelegt wurde, daß sie eine Liste der besteuerten Veranstaltungen zu führen hatte. Jeder Arme, der ein Armutszeugnis oder -zertifikat erhalten wollte, mußte dies vom Polizeikommissar und vier weiteren Zeugen unterschreiben lassen. So weit wie möglich sollten die Hausarmen Naturalunterstützung beziehen.[27] Am 14.5.1801 wurde das eingliedrige BdB der Stadt Köln per Beschluß des Unterpräfekten durch ein zweigliedriges System von gleichgeordneten *Bureaux de Bienfaisance* abgelöst. Beide BdB hatten die gleichen Aufgaben zu erfüllen, doch betreute jedes nur noch eine Hälfte des Stadtgebietes. Die Grenzlinie verlief vom Hahnentor über Neumarkt, Schildergasse und Heumarkt zum Rhein, schnitt also die Stadt in zwei etwa gleich große Hälften. Jedes dieser Büros sollte fünf Mitarbeiter haben, wovon einer ein Pfarrer sein sollte. An Einkünften standen den BdB die schon erwähnte Vergnügungssteuer, die Einkünfte der Pfandhäuser und die Renten der frommen Stiftungen der Pfarreien zur Verfügung. Gleichzeitig wurde „(...) den Mitgliedern der respectiven Bureaux besonders empfohlen, nachdrückliche Mittel zu ergreifen, um das Betteln in den Straßen und an den Thüren der Kirchen zu hemmen, als welches der Polizey zuwider und den Fremden ärgerlich ist."

Damit die BdB diese Aufgabe auch erfüllen konnten, wurden der Bürgermeister, Gendarmerie und Polizei verpflichtet, die BdB zu unterstützen und bei der Ausfertigung der Hausarmenlisten und der Unterdrückung der Straßenbettelei behilflich zu sein.[28] Die im Jahre 7 getroffenen Verfügungen über die Arbeit des BdB wurden drei Jahre später bekräftigt und teilweise modifiziert. Am 13.1.1802 erging ein Erlaß des

25 Artikel 1, Beschluß 505, HAStK FV 6720-1. Am 12 Nivôse an 8 (2.1.1800) wurde die Vergnügungssteuer durch eine Abgabe ergänzt, die auf die Überquerung des zugefrorenen Rheins gelegt wurde. Ebda., Beschluß No. 250.

26 Ebda., Artikel 4 und 5.

27 HAStK FV 6720-1, Beschluß 505, Artikel 9, 14, 19 und 20. Diese Naturalunterstützung war wie die Unterstützung in Geldform eine Maßnahme der offenen Armenhilfe. Die Alternative der geschlossenen Armenhilfe für die große Masse der städtischen Armen stellte sich zu diesem Zeitpunkt nicht, da die Stadt sowohl organisatorisch wie auch finanziell durch die geschlossene Armenhilfe überfordert gewesen wäre. Anders als die direkte Zahlung von Unterstützung an die Armen, die im hier behandelten Zeitraum in die Schußlinie der Kritik geriet und nach und nach abgeschafft wurde, blieb die Naturalunterstützung noch eine ganze Zeit über das bevorzugte Mittel, um gestiegene Kosten für die Armenpflege mit der sinkenden Bereitschaft, diese aufzubringen, zu vereinbaren. Erst zu einem späteren Zeitpunkt ging man dazu über, die offene Armenhilfe als bis dahin typische Form der Unterstützung in Frage zu stellen. Mary MacKinnon hat am englischen Beispiel aufgezeigt, wie sehr diese Diskussion von der gleichzeitigen Entwicklung der geschlossenen Armenhilfe abhängig war. Erst als nach Mitte des 19. Jahrhunderts ausreichend Plätze in städtischen *poor houses* zur Verfügung standen, konnte man daran gehen, die offene Armenhilfe zu beschneiden. Mary MacKinnon, English Poor Law Policy and the Crusade against Outrelief, in: The Journal of Economic History 47, 1987, S. 603 - 625.

28 Auszug aus dem Register der Berathschlagungen des Unter=präfekten des Bezirkes von Köln vom 24 Floréal an 9 (14.5.1801), HAStK FV 6720-2. Zitat aus Art. 2. Die Trennung in zwei BdB bestand nur drei Monate. Schwarz, Armenwesen, S. 40.

Präfekten des Roërdépartements bezüglich der Aufgaben der *Bureaux de Bienfaisance*. Aus ihm ist zu ersehen, daß es offenbar Schwierigkeiten bei der Kompetenzabgrenzung der einzelnen Stellen gegeben hatte, denn der Erlaß legte ausdrücklich fest, daß die Hausarmenhilfe (*secours à domicile*) ausschließliche Sache der BdB war. Wiederum wurde das Prinzip der Naturalunterstützung beschworen - nachweislich deshalb, weil es in der Zwischenzeit konsequent mißachtet worden war.[29] Neben den ehrenamtlichen Mitgliedern des BdB gab es nun einen Finanzverwalter (*Receveur*), der Einnahmen und Ausgaben zu verbuchen hatte und mit fünf Prozent Provision am Umsatz der BdB beteiligt war.[30] Um in Zukunft Kompetenzwirrwarr zu vermeiden, sollte die für die Verwaltung der geschlossenen Armenhilfe zuständige Hospizkommission, die nach dem gleichen Prinzip verwaltet wurde, genauso wie das für die offene Fürsorge zuständige BdB direkt dem Unterpräfekten des Arrondissements Köln berichten.[31] Trotzdem blieben beide Institutionen dem *Maire* der Stadt unterstellt, der die Buchhaltung kontrollierte. Nahm der Bürgermeister an einer Sitzung des BdB teil, so führte er den Vorsitz, ohne an der Debatte teilzunehmen. Dabei gab der Erlaß des Präfekten selbst Anlaß für neue Kompetenzstreitigkeiten, da das BdB das Vorschlagrecht für die Einlieferung von Hausarmen in die Hospitäler hatte. Schiedsstation bei Schwierigkeiten zwischen den Behörden war der *Maire*, darüber fungierte der Unterpräfekt als oberste Instanz.[32] Aber wie auch in anderen Fällen war das Erlassen von Regeln eine Sache, die Durchsetzung der Regeln eine andere. Der Unterpräfekt mußte die Mitglieder der BdB ermahnen, wirklich Bedürftige auch zu unterstützen. So war dem über achtzigjährigen Bürger Bernadotte aus der Schnurgasse trotz mehrfacher Aufforderung des BdB durch übergeordnete Behörden nicht geholfen worden.[33] Andererseits wurden in die von den *Bureaux de Bienfaisance Réunis* ab dem 27.7.1801 angelegten Armenlisten nicht nur alle gegenwärtig unterstützungsbedürftigen Hausarmen aufgenommen, sondern auch alle Tagelöhner Kölns, da die Verwaltung zu Recht annahm, diese würden bei schlechter Witterung oder im Falle von Krankheit unter die Armutsgrenze abrutschen. Damit entstand aber die Unsicherheit in der Frage, wer zum Kreis der Hausarmen gehören sollte.[34] Während

29 Beschluß 101, Artikel 1-3. HAStK FV 6720-1.

30 Ebda., Artikel 4. Das BdB war inzwischen in zwei Abteilungen aufgeteilt worden.

31 Ebda., Artikel 5-7.

32 Ebda., Artikel 8-10, 25 und 26.

33 Ebda., No. 304. Das BdB konterte die Vorwürfe unter Verweis auf seine geringen Einkünfte und die hohe Zahl von Armen, die es zu versorgen hatte.

34 "Les ouvriers journaliers mariés et ayant enfans seront de meme inscrits aux tableaux à former attendu, que, quoiqu' ils gagnent leur pain pendant l'été, l'hyver ils choment & la moindre maladie les reduit au néant & au désespoir et pour qu'alors le Cas échéant, les Bureaux puissent être à même de juge lesquels d'eux auraient droit a la Bienfaisance." Beschluß der BdB vom 8 Thermidor an 9 (27.7.1801), Art. 7, ebda. Sollten die Armenlisten tatsächlich alle Tagelöhner erfaßt haben, die eine Familie hatten, so wäre auch erklärlich, wieso man auch für 1812 noch von 10.000 Kölner Armen ausgegangen ist. Die "Statistique du Canton de Cologne" von 1807 weist die Existenz von rund 3700 Arbeitern und Arbeiterinnen in Köln nach. Davon war ein Großteil saisonal beschäftigte Textilarbeiter und -innen, die Baumwollstoffe herstellten und in der Seidenstoffproduktion beschäftigt waren. In dieser Zahl sind auch Heimarbeiterinnen miteingeschlossen. HAStK FV 5839.

die Zahl der Hausarmen, die von den Bdb betreut wurden, sich vergrößerte, gab es unerwartete Probleme bei der Eintreibung der Vergnügungssteuer, aus deren Erträgen die Arbeit der BdB bezahlt wurde. Hinzu kam, daß die Einnahmen aus einer Steuer auf Tanzvergnügen und Feuerwerke in einer katholischen Stadt wie Köln natürlich starken saisonalen Schwankungen unterworfen waren. Während der Fastenzeit sanken die Einnahmen stark ab. Bis zum Ende der französischen Verwaltung sollte der finanzielle Notstand des BdB chronisch bleiben.[35] Zusammenfassend sollte die verwirrende Kompetenzlage der verschiedenen Instanzen der geschlossenen und offenen Armenfürsorge hervorgehoben werden, die sich erst nach 1801 zu entwirren begann. Dies mag dazu beitragen, daß das grundsätzlich Neue der französischen Armenverwaltung, nämlich die Zentralisierung und die Bürokratisierung, erst nach diesem Datum deutlicher hervortrat.

1.3 Die Armutszeugnisse von 1798 bis 1800: Eine quantifizierende Auswertung

1.3.1 Zur Autorenschaft der Armutszeugnisse

Es kennzeichnet diese Etappe des Übergangs von der bürgerschaftlich selbstverwalteten Armenhilfe der reichsstädtischen Zeit zu einer Armenhilfe unter der Aufsicht des Staates, daß zwar die Kontrolle des Hausarmenwesens beim Bureau de Bienfaisance, die Prüfung der Bedürftigkeit des jeweiligen Armen aber weiterhin bei den Institutionen lag, die auch vorher schon für sie zuständig gewesen waren, nämlich Pfarrer und Bürgerhauptleute. Als neues Element im Prüfungsverfahren der Armenverwaltung neben dem Zentralbüro kam lediglich die Polizei hinzu, die Amtshilfe bei der Beurteilung der Ansprüche der Hausarmen leistete. Bei der Ausstellung von Armutszeugnissen (AZ) halfen auch die Nachbarn oder andere Bürger der Stadt, die ebenfalls Gesuche auf Unterstützung eines Armen stellen konnten.[36]

35 So wurden im Germinal, Floréal und Prairial an 8 (März bis Juni 1800) nur 980.20 FF aus der Vergnügungssteuer eingenommen. In den drei Monaten davor (Nivôse, Pluviôse und Ventôse), der Hauptsaison für Bälle aller Art, waren dagegen 3849.20 FF eingenommen worden. HAStK FV 6720-1, Schreiben des BdB vom 16 Floréal an 8 und 30 Fructidor an 8 (6.5.1800; 17.9.1800). Im Schreiben des BdB an den Bürgermeister vom 5 Frimaire an 9 (26.11.1800) beschwerte sich das BdB über den Ausfall "(...) de presque toutes les Sources, particulièrement des bals masqués (...)". Ebda. Schwarz, Armenwesen, S. 40 f.

36 Die Armutszeugnisse sind gesammelt im HAStK FV 6727. In Artikel 14 des Beschlusses "(...) sur l'etablissmt. d'un Bureau de Bienfaisance No. 505" vom 17 Nivôse an 7 (6.1.1799) war explizit festgelegt worden, daß ein Armer, der ein Armutszeugnis vorlegen wollte, dies vom Polizeikommissar und vier weiteren Bürgern unterschreiben lassen mußte. Die Zeugen sollten seine Bedürftigkeit attestieren. Andere Möglichkeiten, zu einem Zertifikat seiner Armut zu kommen, waren für den Armen in diesem Erlaß nicht vorgesehen. HAStK FV 6720-1. In Lüttich lief in etwa die gleiche Entwicklung ab. Nicole Haesenne-Peremans, Les pauvres et le pouvoir: Assistance et répression au pays de Liège (1685-1830), Kortrijk 1983 (Anciens Pays et Assemblées d'États LXXXI) S. 90-94.

Alle Schreiben, die die Bedürftigkeit einzelner Armer und ihrer Familien zum Gegenstand hatten, wurden vom Bureau de Bienfaisance gesammelt und mit einem Vermerk über die Höhe der gezahlten Leistungen abgelegt. Einem Armen standen in der Praxis mehrere Möglichkeiten offen, zu dem begehrten Armenzeugnis zu kommen, das ihm Zutritt zum Kreis der Unterstützten verschaffte. Einmal gab es die Möglichkeit, sich direkt an das Bureau de Bienfaisance oder an städtische Beamte zu wenden und zwar in schriftlicher Form oder durch persönliche Vorsprache.[37] Der Maire als Aufsichtsorgan leitete solche Petitionen entweder an das BdB weiter oder forderte das BdB auch selbständig auf, einen Armen zu unterstützen.[38]

Wenn Hausarme nicht schreiben konnten oder es sich nicht zutrauten, der Behörde einen Brief zu schreiben, gab es die Möglichkeit, eine Vertrauensperson zu beauftragen, einen Brief zu schreiben. Beide Möglichkeiten waren jedoch die Ausnahme. Weniger selten kam es vor, daß Nachbarn, der zuständige Pfarrer, der zuständige Polizeikommissar oder ein commissaire de quartier (Bürgerhauptmann) ein Armutszeugnis ausstellten, wobei ein Zusammenwirken aller dieser Personengruppen denkbar und auch vorgekommen ist.

In reichsstädtischer Zeit war Armut ein allgegenwärtiges Phänomen gewesen, das schon wegen seiner Häufigkeit den Augen der Öffentlichkeit nicht entgehen konnte. Zahlreich sind die Reisebeschreibungen, die die hohe Zahl von Armen und Bettlern in Kölns Straßen erwähnten. In Verbindung mit den verminderten Einnahmen der milden Stiftungen als Folge der Auflösung der geistlichen Institute in der Übergangszeit zwischen 1794 und 1800 und der Teuerungswelle gegen Ende des 18. Jahrhunderts war es zu einer Verschlechterung der Lage sowohl der vielen Hausarmen als auch der Insassen der Hospize gekommen. Dabei muß man berücksichtigen, daß Köln schon während des 18. Jahrhunderts den traurigen Ruf erhalten hatte, vorwiegend von Bettlern bevölkert zu sein. Genaue Zahlen über den Umfang des Straßenbettels sind jedoch schwer zu errechnen. 1790 sollen nach zeitgenössischen Quellen 20.000 Menschen in Köln gebettelt haben, was einem Anteil von 50 % an der Gesamtbevölkerung der Stadt entsprochen hätte. 1804 sollen es immerhin noch

37 So richtete die Sybilla Arentz am 18 Floréal (an 8) (8.5.1800) eine Bittschrift an den "Bürger Maire", in der sie angab, verwitwet zu sein und vier unmündige Kinder zu haben. Sie befinde sich "(...) also ohne Brott=winner und mindesten Verdienst im elende, Kummer und Nöthen (...)". FV 6727/1. Beschlußprotokoll der Verwaltungskommission der Spitäler vom 9 Nivôse an 8 (30.12.1799):"Considerant que le Local a l'hospice de St Esprit ou sont etablis ses Bureaux e(s)t trop etroit pour cette Destination,(...), qu'elle y est continuellement obsedee par une foule de petitionaires et autres Individus,(...), qui troublent meme la tranquillite (!) de ses seances (verlegt die Hospizienkommission ins Spital Ipperwald gegenüber vom städtischen Arsenal)" HAStK FV 6348.

38 "Le Maire (aux) Messieurs les membres composant le bureau central de bienfaisance de cette ville. Cologne le 17 Mai 1808. Messieurs J'ai l'honneur de vous adresser et recommander à votre bienveillance la veuve Getrude Brueckhoff (?) demeurant rue Hammachersbrand No 2321. Cette pauvre malheureuse, dont le mari s'est noye il y a long temps, est mere de deux enfans et se trouve dans la situation la plus pitoyable. Je vous prie (...) de vouloir bien lui faire jouir d' un secours hebdomaire en argent (...)" HAStK FV 6727/1.

10.000 Menschen gewesen sein, die unter der Armutsgrenze zu leben hatten.[39] Die Armut scheint um das Jahr 1799 stark zugenommen zu haben, denn in einer Denkschrift der Verwaltungskommission der Zivilhospize des Kantons Köln heißt es, man beabsichtige wegen der täglich zunehmenden Armut ein Zuchthaus zu errichten. Die Geschäfte der Verwaltungskommission kämen wegen der Armen, die ihre Sitzungen störten und um Almosen bettelten, zum Erliegen.[40]

Es stellte sich bald heraus, daß sowohl das für die Hausarmen zuständige *Bureau de Bienfaisance* als auch die Verwaltungskommission der Hospize mit ihren Aufgaben aus verwaltungstechnischen wie auch finanziellen Gründen vollkommen überfordert waren, weshalb es notwendig wurde, die tägliche Not der Kölner Armen unbürokratisch zu lindern. Nach Angaben der Verwaltungskommission vom 28.7.1801 hatten die Hospize Kölns vor dem Krieg ein jährliches Einkommen von 111671 Francs gehabt. Diese Summe habe sich wegen der fehlenden Einnahmen aus Kirchenvermögen und der durchsichtigen Manöver der ehemaligen Hospizverwalter auf ca. 40.000 Francs reduziert. Mit diesen Mitteln war der Unterhalt von 1152 Armen zu bestreiten, die in Hospitälern untergebracht waren. Vorübergehend lebte man in einem Zustand des finanz- und sozialpolitischen Vakuums, das dringend gefüllt werden mußte.[41] In dieser Phase bürgerte es sich ein, daß Armutszeugnisse nicht nur

39 Auf den Kolportagecharakter dieser Berichte haben von Looz-Corswarem, Ayçoberry und jüngst Ebeling hingewiesen. Von Looz- Corswarem, Finanzwesen, S. 13; Pierre Ayçoberry, Cologne, S. 96 - 98; Ebeling, Bürgertum und Pöbel, S. 133 f. Zur Diskussion um den Umfang der Kölner Unterschichten um 1800 vergl. auch Wehler, Deutsche Gesellschaftsgeschichte, 1. Band, S. 193, Anmerkung 86, S. 602.

40 Zitat aus der Denkschrift der Commission Administrative des Hospices Civils du Canton de Cologne vom 24 Messidor an 7 (12.7.1799). HAStK FV 6348.

41 HAStK FV 6348. In einem Schreiben an die Zentralverwaltung der rheinischen Gebiete vom 15 Prairial an 8 beschwerten sich die ehemaligen Angestellten der Verwaltungskommission bei der Zentralverwaltung des Département de la Roër. Sie warfen den neuen Verwaltern u.a. vor, nichts von Buchführung zu verstehen. Die Verwalter müßten kreditwürdig sein. "(Les) cidevant Adeurs. souhaiteroi(en)t une Commission composee de cette manière pour Sauver les hospices de leur Ruine." Besonders schwere Klage führte die ehemalige Hospizienverwaltung über die Einsetzung eines bezahlten receveur général, der ein zu großes Gehalt beziehe. "(...) à cause de cette innovation (und des Vertrauensschwundes der Kommission) les hospices tomboient en ruine (...et) les pauvres gémissoient dans le besoin, (...)". Verbunden mit dem geringen sozialen Prestige, das die neuen Mitglieder der Hospizverwaltung genossen, scheint hier aber unterschwellig auch ein Generationskonflikt eine Rolle gespielt zu haben, denn die ehemaligen Verwalter fuhren fort, sie würden von der neuen Verwaltung gedemütigt und würden den "(...) Caprices de quelques jeunes gens" ausgesetzt. Hauptforderung war, die alte Verwaltung solle ihre bisherigen Einkünfte aus dem Hospizienwesen behalten - wie dies auch in Aachen geschehen sei. Dem entgegnete die neue Verwaltungskommission, es sei nicht einzusehen, warum ausgerechnet Kaufleute die Geschäfte der Kommission zu führen hätten. "Un coup d'Oeil sur l'histoire de la decadence de plusieurs (!) fondations d'hospices de cette commune sous l'ancien régime semble en prouver plutot le contraire." Buchhaltung sei bei weitem nicht das Einzige, was es bei diesem Geschäft zu beherrschen gelte. "(...) il se doit operer une reforme totale des Etablissemens fondés en faveur des indigens, suivant les principes de police & d'Economie Generale etudiés d'une maniere Scientifique (...).Nous sommes meme convaincu par l'experience qu'une Adon d'hospices est organisée mieux alors, quand elle est composée d'un Cameraliste, d'un juris=consulte,

von offiziellen Stellen eingereicht wurden, wie dies in den Bestimmungen vorgesehen war, sondern auch unaufgefordert von Bürgern der Stadt ausgestellt werden konnten. Da dies den Hausarmen bekannt war, geschah es gar nicht selten, daß Nachbarn oder Bekannte von den betroffenen armen Familien gezielt um die Ausgabe solcher Zeugnisse angegangen worden sind. So bat z. B. Brigitta Eiermanns, die verheiratet war, aber ihre fünf Kinder vom Verdienst ihres Mannes nicht ernähren konnte, am 13.2.1799 um Unterstützung. Ihr Armutszeugnis, das sie augenscheinlich selbst geschrieben hatte, trug neben ihrer Unterschrift die von drei Nachbarn sowie die des Polizeikommissars Werner.[42]

Genauso ist es vorgekommen, daß die Nachbarn einer armen Familie von sich aus bei der Verwaltung vorstellig wurden oder eine der genannten offiziellen Institutionen wie Polizei, Bürgerhauptmann oder Pfarrer anschrieben, um für ihre als Hausarme allgemein bekannten Nachbarn Unterstützung zu beantragen.[43]

Es gab mehrere mögliche Motive, die die Nachbarn eines Armen bewogen haben könnten, ein solches AZ mitzuunterzeichnen. Ein möglicher Grund war die soziale Kohärenz der Nachbarschaft, eine Form von vorindustrieller Solidarität, die man untereinander übte. Ein anderer Grund lag in der möglichen Überzeugung, daß irgendjemand für die Armen aufzukommen hatte und daß dies lieber die "öffentliche Hand" sein sollte als die Nachbarn. Dieser Beweggrund hängt eng mit der Idee der sozialen Verpflichtung zusammen, wie sie schon von den vorrevolutionären Philosophes formuliert worden war. Sie war als Reaktion auf die Reformation auch im

d'un medecin (!), d'un Marchand & d'un Architecte." Dies werde genauso in Frankreich, speziell in Paris gehandhabt. Das alte System mit zehn Verwaltern habe die Hospizienkommission allein an Diäten 3200 livres gekostet, was erheblich mehr sei, als der *receveur* erhalte. Nicht das Mißtrauen sei der Grund für das Ausbleiben der den Hospizien zustehenden Gelder, sondern "(...) les cabales de ces Economes eux mêmes, (...) qui tachent de seduire les trop faibles Debiteurs des hospices à retenir tous les Versemens tant en argent qu'en Denrées, parce qu'ils sont dans la persuasion, que par un changement prochain du present ordre des Choses à operer par l'arrivèe des troupes des puissances coalisées (...) ils iront être retablis dans leurs anciennes fonctions." Aus den Argumenten der alten Ökonomen spreche die Bereicherungssucht der Pfarrer, die die Ämter der Hospizienverwaltung als Sinekure innegehabt hätten. Der Standpunkt der neuen Verwaltungskommission wurde von der Munizipalverwaltung nachdrücklich unterstützt. Die Stadtverwaltung bescheinigte den alten Provisoren Mißwirtschaft und Sabotage. Antwort der neuen Verwalter vom 9 Thermidor an 9 (28.7.1801). HAStK FV 6348.

42 HAStK FV 6727/1. Familie Eiermanns erhielt am 28 Pluviôse an 7 (16.2.1799) 6 Francs Unterstützung. Daß den Armen die bürokratischen Voraussetzungen zur Erlangung eines AZ bekannt war, darf vorausgesetzt werden. Vergl. folgenden Auszug aus einem AZ: "(...) Bürger Commissaire (!) die weise Verordnung des jezigen französisch Köllnischen Magistrats bringt mit sich, daß ein jeder Bürger nach Aufweisung eines von 3 oder 4 glaubhaften Bürgern und Nachbarn unterschriebenes Zeugnuß sich bey den Bureaux der Wohltätigkeit melden dörfe, und alda in seinen (...) Umbständen geholfen werden solle,(...)" HAStK FV 6727/4 R 125.

43 "(Die Unterzeichnenden bezeugen,) daß Maria Theresia Leblang (i.e.) Wittib Engelbert Clasen (wohnhaft Hausnummer 6124) ein vorhin wohl bemittelte, durch widrige(s) Schicksal aber ganz verarmte, und dabei mit Schwachsinnigkeiten und blutspeyen behaftete Person sey, welche also als eine wahre Hausarme zu betrachten; und dieselbe den Commissairs eines Bureau (de) Bienfaisance bestens anzu empfehlen ist. gegeben Köln d. 25ten Pluviôse 7. Jahres (13.2.1799) der französischen Republick." (Es folgt die Unterschrift mehrerer Bürger) HAStK FV 6727/1.

Denken der katholischen Aufklärung durchaus wiederzufinden und stand im Gegensatz zum christlichen Almosenideal des Mittelalters.[44] Welche Motivation hinter der Bereitschaft der Nachbarn steckte, für ihre darbenden Nachbarn ein Armutszeugnis auszufüllen, wird aber erst durch die Inhaltsanalyse der Armutszeugnisse zu klären sein.[45]

1.3.2 Eigeninitiative und “unverschämte” Hausarme

> Die Wittib Anna Catharina Beckers wohnhaft in meinem Quartier Nro 4611 bittet um eine Portion Rumpforder Suppe, deshalb ich sie,(...), den Gliedern des Wohltätigkeits Bureau empfehle (...)

schrieb ein aufmerksamer Beobachter der Kölner Hausarmut am 2.12.1800. Und an anderer Stelle wandte sich ein ehemaliger Soldat namens Heinrich Flinck mit einem Schreiben an das BdB, in dem er betonte, nicht Faulheit und Müßiggang hätten ihn zu seiner Bittschrift veranlaßt, sondern Not. Jetzt, da er arbeitslos geworden sei, müsse er betteln gehen, um sein Brot zu erhalten. Bittbriefe von Kölner Hausarmen, die entweder von ihnen selbst geschrieben worden waren, wie der des Heinrich Flinck, oder dadurch zustande kamen, daß der Arme sich an Mitmenschen wandte und sie um Hilfe bat, wie im Falle der Catharina Beckers, waren keine Seltenheit. Bei 14.58 % der Armutszeugnisse (205 von 1406 Fällen) fungierte der Arme als Antragsteller, d.h. er trat im Dokument als derjenige auf, der die Initiative zur Ausstellung des Armutszeugnisses ergriffen hatte.[46] Dies konnte bedeuten, daß er

44 Zur Idee der *social obligation*: Forrest, French Revolution, S. 18-21. Jütte, Parochialverbände, S. 42. Ders., Obrigkeitliche Armenfürsorge, S. 33 f. zur Frage der christlichen Caritas in katholischen Gebieten.

45 Zum Verfahren der Inhaltsanalyse Jürgen Friedrichs, Methoden der empirischen Sozialforschung, Reinbek bei Hamburg 1973 (rororo studium: Sozialwissenschaft), S. 314 - 333. Zur kritischen Einschätzung der hier verwendeten Methoden Frithjof Hager, Denkbilder zerreissen: Die Kunst, der Soziologie zu widersprechen, Gießen 1985, S. 75 - 80.

46 Beide Zitate aus HAStK FV 6727/1. Berechnungen dokumentiert im Datensatz ARMUT2, Randauszählung der Variablen REVYEAR, NORMYEAR und AUTHOR, S. 24 - 26. Die Variablen der Datensätze ARMUT1 (Rohdaten) und ARMUT2 (bereinigte Daten) tragen englische Bezeichnungen, die in Majuskeln notiert sind. Die Seitenangaben entsprechen der Seitenzählung des SPSS-Tagesprotokolls vom 22.8.1986. Der Rohdatensatz wurde zum Zwecke der Überprüfbarkeit dem Archiv des Zentrums für Historische Sozialforschung in Köln übergeben und kann dort angefordert werden. An dieser Stelle sind einige grundsätzliche Bemerkungen zum Quellenmaterial angebracht, das in der Inhaltsanalyse verwendet wurde. 1678 Armutszeugnisse wurden erfaßt und hinsichtlich ihres sachlichen Gehalts wie hinsichtlich ihrer pragmatischen Qualitäten ausgewertet. Etliche AZ mußten bei der Erstellung des maschinenlesbaren Rohdatensatzes aussortiert werden, weil versehentlich Quittungen oder allgemeine Korrespondenz des Bureau de Bienfaisance zwischen die Armutszeugnisse gelangt waren. Dieser Rohdatensatz wurde daraufhin in zwei getrennten Arbeitsgängen nach Dubletten durchsucht. 272 der 1678 AZ des Rohdatensatzes wurden als Dubletten aussortiert. Die mehrfach gezählten Armenhaushalte wurden ausgesondert, indem nur die informativsten Armutszeugnisse im Datensatz verblieben. Dieses Verfahren hatte gegenüber eine kumulativen Erfassung des Datensatzes den Vorteil, keine logischen Widersprüche zuzulassen und ursprüngliche Dokumente in seiner

selbständig das Armutszeugnis abgefaßt und geschrieben hatte oder daß er einem Dritten gegenüber den Wunsch geäußert hatte, dieser möge für ihn in dieser Angelegenheit aktiv werden. Es muß hier davor gewarnt werden, die Schriftlichkeit der

Grundstruktur beizubehalten. Grundsätzlich wurde ein AZ in die Auswertung aufgenommen, wenn aus ihm ersichtlich war, daß es geschrieben wurde, um für einen in Köln ansässigen Armen eine Unterstützung zu bewirken. Dies geschah auch dann, wenn das AZ außer dem Namen oder dem Wohnort des Armen keinerlei Angaben erhielt, außer der, daß der Nutznießer der Unterstützung "arm" war. So lautete der Text eines undatierten Armutszeugnisses: "Catharina Held - altengraben No. 3581 2 portionen" (HAStK FV 6727/2). Da hier Rückschlüsse auf den Wohnort und die Unterstützung der Armen gezogen werden konnten, wurde das AZ in die Inhaltsanalyse aufgenommen. Dennoch konnten nicht alle Dubletten mit letzter Sicherheit ausgeschlossen werden, da die data linkage nicht in allen Fällen vorgenommen werden konnte. So wurden AZ erfaßt, die außer dem Namen des Betroffenen und dem Hinweis auf seine Armut nur seine Hausnummer enthielten, um wenigstens die topographische Einordnung der Hausarmut in Köln zu erleichtern. Relativ hoch ist deshalb die Zahl der fehlenden Werte im einen oder anderen Fall, was aber den Wert des Materials nicht in Frage stellt, weil die fehlenden Werte in etwa gleichmäßig über alle Variablen verteilt sind und keine unzumutbaren Verzerrungen erzeugen. Die Suche nach Doppelzählungen wurde aber auch durch die der französischen Verwaltung eigene Inkonsequenz ihren eigenen Beschlüssen gegenüber erschwert. Ursprünglich wurden die Zahlungen der Armenverwaltung nur für einen bestimmten Zeitraum gewährt, d.h. nach Ablauf dieses Zeitraums hätte theoretisch ein neuer Antrag auf Unterstützung gestellt werden müssen. Bis zum Abschluß der generell offenen Armenlisten im Jahre 9 revolutionärer Zeitrechnung (1800/1801) konnte es immer wieder passieren, daß für ein und denselben Bürger mehr als ein Armenzeugnis ausgestellt wurde. So erhielt der Bürger Fischer, wohnhaft am Blaubach, Hausnummer 263 am 6 Ventôse 7 und am 19 Nivôse 8 (24.2.1799; 9.1.1800) eine Unterstützung. So wurden im Jahre 8 Almosen alle Trimester verteilt. Vergl. Vermerk PK Wolfs im AZ für Adam Kreutzer, HAStK FV 6727/2 K 019 (Rückseite). Relativ früh schon müssen anhand der AZ, die positiv beschieden worden sind, Listen der Hausarmen angelegt worden sein. Vergl.: "Daß Barbara Lüdgens im ersten wichthauß aufm ehrenstraßen wall (!) gemäß eingegebener armenliste in der auß ersten armuth darbe solches bescheinige Kölln 1er Thermidor 8: J: Dirmerzheim com(missai)re de quartier (i.a.H.) Vu et certifie Schoening comm(issai)re de police" HAStK FV 6727/3 L 007. Der Polizeikommissar Werner, zuständig für die vierte Sektion, schrieb am 20 Nivôse an 8 (10.1.1800) an die Mitglieder des BdB: "(...) J'en ai refuse' (des billets d'indigence, N.F.) à beaucoup des personnes qui se sont presenté ches moi, mais qui ne sont point inscrit sur mes registres,(...)" HAStK FV 6727/1 E 009. Nach dem Beschluß des *Bureau de Bienfaisance* vom 8 Thermidor an 9 (27.7.1801) wurden für ganz Köln acht Armenlisten angelegt, die die Hausarmen erfassen sollten. HAStK FV 6720-1. Armenlisten gab es jedoch schon vorher. HAStK FV 6727/3 L 007, AZ für Barbara Lüdgens. Aus der Tatsache, daß zwei Armutszeugnisse den gleichen Nachnamen und die gleiche Adresse angeben, ist zu folgern, daß es sich mit hoher Sicherheit um ein und denselben Bürger Fischer handelte. Umgekehrt konnten durchaus Personen identisch sein, die mit unterschiedlichen Namen in den Listen geführt wurden, entweder, weil die Schreibung eines Namens differierte, weil die Frau nicht den Nachnamen ihres Ehemannes führte oder weil eine Person nur unter ihrem Beinamen bekannt war. Es genügt, hier ein AZ zu zitieren, das diese Schwierigkeiten verdeutlicht: "Johannes Bayer, von hier, ehemals Schiffer, durch den 84iger Eisgang aber Ruini(e)rt, und jetzo durch ein 75ig Jähriges Alter kränklich, ohne Verdienst und manchen tag öfters brodlos, bin ich so frey dem löbl(ichen) Wohltätigkeits Bureau zu einer gabe zu empfehlen. Köln 25 Pluviose 7'J. Joh. Jaith (in anderer Handschrift) Auch mir ist die Dürftigkeit obigen 75jährigen kranken Greisses, dessen namen aber nicht Johann, sondern Hermann Bayer ist, bekannt. (...) Kölln den 25 Pluviôse 7 J: M: Krabb" (HAStK FV 6727/1 B 38/39). Eine absolut sichere Methode zur Identifikation einer Person unter

Armen zu hoch anzusetzen. Nur 76 von 1406 Armutszeugnissen, d.h. 5.41 % der Gesamtgruppe, hatten ihr Ersuchen um Aufnahme als Unterstützungsempfänger auch wirklich selbst geschrieben. Verringert wird der Prozentsatz noch dadurch, daß

zwei Namen oder zur Eliminierung von Dubletten konnte es also nicht geben, doch war es möglich, in vielen Fällen über das Raster der Angaben zu Familienangehörigen, beruflicher Situation oder Altersangaben solche Fälle ausfindig zu machen. Sicherlich ist es genausogut vorgekommen, daß "falsche Angaben" gemacht wurden, um in den Genuß der Unterstützung zu kommen. Denkbar wäre es, die Zahl der Kinder falsch, nämlich überhöht anzugeben, weil das die Höhe der Unterstützung möglicherweise beeinflußt haben könnte. Wenn auch die Verfälschung der Armutszeugnisse durch die betroffenen Unterstützungsempfänger oder wohlmeinende Nachbarn nicht ganz ausgeschlossen werden kann, so fand sie doch ihre Begrenzung in der Tatsache, daß Polizei, Gemeindepfarrer und Bürgerhauptleute die Familien, für die sie sich verantwortlich und zuständig fühlten, recht genau kannten und eine Korrektur der wirklichen Verhältnisse im Armutszeugnis wohl einer der drei Instanzen hätte auffallen müssen. So versuchten die Nachbarn eines Hausarmen gelegentlich, die bürokratischen Prozeduren abzukürzen oder die Instanz des Bürgerhauptmanns bei der Ausstellung eines AZ zu umgehen, indem sie die Unterschrift des Bürgerhauptmanns fälschten. Dies geschah auch im AZ für Witwe Baskens, das die Unterschrift von vier Zeugen und die - falsche - des Commissaire de Quartier Rodius trägt. Auf der Rückseite ist vermerkt "(...) bescheinige, daß die erste Unterschrift falsch, diese aber meine eigene ist. bürger Rodius hauptmann." (HAStK FV 6727/1 B74)
Selbst da, wo aus dem Zusammenhang des Armutszeugnisses anzunehmen war, daß der Antragsteller nicht unter dem Subsistenzlevel lebte, sondern ein - nach heutigen Maßstäben - gesichertes Einkommen hatte, wurde das Armutszeugnis aufgenommen. Diese Fälle kamen jedoch äußerst selten vor. So erhielt z.B. der Procurator und Notar Wilhelm Bioldo, der in der Stolckgasse Nr. 3726 wohnte, eine Unterstützung durch das BdB, nachdem sich der Bürgerhauptmann Rüttgers und der Polizeikommissar Orban für ihn eingesetzt hatten. Als Begründung für das Hilfeersuchen wurde angegeben, Bioldo sei "(...) durch die dermalige Organisazion ganz brodlos geworden, und es bis zu diesem Tage geblieben (...)". (HAStK FV 6727/1 B 148)
Der Grund für die großzügige Behandlung des Primärmaterials bei der Auswahl der Fälle lag in der offensichtlichen Schwierigkeit zu bestimmen, wer denn als arm zu gelten hatte. Der mittelalterliche Begriff von Armut entbehrte noch stärker als der neuzeitliche der definitorischen Konturen. Seit dem hohen Mittelalter wurden zwei Stufen von Armut unterschieden: Primäre Armut als Existenz unterhalb des Subsistenzlevels und sekundäre Armut, bei der ein standesgemäßes Leben nicht mehr möglich war. Erst im 15. Jahrhundert entwickelte sich eine Vorstellung davon, ab welchem Grad von Verarmung die Unterstützungspflicht einzusetzen hatte. Sachße, Tenstedt, Geschichte, S. 27.
Armut war demnach gegen Ende des 18. Jahrhunderts keine quantifizierbare Größe, sondern weitgehend abhängig von der Zugehörigkeit zu einer bestimmten sozialen Schicht. Dabei wurde der Grundsatz angewendet "(...) a poor man is a person whom the other members of the same society regard as having less means than is considered normal." Wim Blockmans, Circumscribing the Concept of Poverty, in: Riis (Hg.), Aspects, S. 39-45, hier S. 41. So konnte ein Angehöriger des Adels als arm gelten, wenn er nicht mehr in der Lage war, standesgemäß zu leben, ohne deswegen auch wirklich lebensnotwendige Dinge entbehren zu müssen.
Das Gros der erfaßten Armutszeugnisse stammte aus den Jahren 1799 bis 1801. Im Jahre 1801 wurde die Struktur des Kölner *Bureau de Bienfaisance* erneut geändert, was für die Armen u.a. hieß, daß die bis dahin grundsätzlich offenen Armenlisten nun geschlossen wurden und nur noch im Einzelfall Neuzugänge zu verzeichnen waren. 1255 der erfaßten 1406 Armutszeugnisse des bereinigten Datensatzes stammten aus den Revolutionsjahren 7 bis 9, weitere 116 sind auf die

ein Teil dieser Armen zur Gruppe derjenigen gehörte, die zwar verarmt, nicht aber von jeher arm waren.[47]

Bei einer ganzen Reihe dieser "unverschämten" Armen, die sich nicht scheuten, selbst aktiv zu werden, wenn es um ihre Existenzsicherung ging, ist auf Grund äußerer Quellenmerkmale unverkennbar, daß hier Dritte die Armutszeugnisse geschrieben hatten, auch wenn der Bittbrief des betreffenden Armen in der "ich"-Form geschrieben worden war. Dennoch ist erstaunlich, wieviele Hausarme offenbar in dem Bewußtsein lebten, daß es möglich war, Unterstützungsgelder zu erhalten, und offensichtlich war die soziale Stigmatisierung der Armut auch 1799 in Köln nicht soweit fortgeschritten, als daß sie verhindert hätte, daß sich Arme öffentlich zu ihrer Armut bekannten, um in den Genuß von Hilfsgeldern zu kommen.

Einige der Briefschreiber an das *Bureau de Bienfaisance* waren ehemals Begüterte, die in den Wirren der Koalitionskriege ihr Vermögen verloren hatten oder durch die Einführung der Assignaten verarmt waren. Zu ihnen gehörten auch Angehörige von Berufsgattungen, die durch die Französische Revolution oder durch deren Folgen einer Status- und Besitzveränderung unterworfen worden waren, wie zum Beispiel Perückenmacher oder Domänenverwalter. Zu dieser Gruppe muß auch das Ehepaar Wilhelm und Helene Beckers gezählt werden, die vom BdB unterstützt wurden, weil sie vor 1794 eine Jahrespension des Domkapitels in Höhe von 200 Gulden erhalten hatten.[48]

Jahre 1799 bis 1801 u. Z. datiert. Damit stammen 97.5 % der erfaßten Daten aus den Jahren 1799 bis 1801. Durch die große zeitliche Nähe der Armutszeugnisse bekommt die Analyse dieser Quellengruppe fast den Charakter eines Querschnittes. Weil eine möglichst vollständige Erfassung der semantischen und pragmatischen Aspekte der AZ angestrebt wurde, konnte nicht zu dem Verfahren gegriffen werden, nur einen Jahrgang der AZ auszuwerten.

47 So schrieb der Nachbar eines Hausarmen am 23 Pluviôse an 7 (11.2.1799): "Auf anersuchen des Joann Buestorf um einen Schein des Unvermögens, so bezeuge ich demselben, als Nachbar, daß dieß ein 60 jähriger Mann ist, sambt 5 Kinder, worunter eins immer kränkligt ist. Solches bezeuge ich Peter Müller Nro 3570 (...)" HAStK FV 6727/1 B30. Die Initiative der Armen konnte auf verschiedene Weise zum Ausdruck kommen. So bat die Witwe Bürgels, die krank war und ein Kind hatte, um eine milde Beisteuer. Das im auktorialen Stil geschriebene AZ trägt die Unterschriften des Kaplans von St. Martin und vier weiterer Zeugen. Ebda. FV 6727/1 B44. In einem anderen Fall hatte der Arme offensichtlich den zuständigen Bürgerhauptmann gebeten, in seinem Namen einen Antrag auf Unterstützung zu stellen. AZ des Bürgers Hölderich aus Nummer 4677. HAStK FV 6727/2 H32. Ähnlich auch das AZ der Theresia Hagens aus Nr. 4374, HAStK FV 6727/2 H42. Zur Schriftlichkeit der Hausarmen vergl. ARMUT2, S. 27, Variable WRITER. Nichtschriftlichkeit war kein Hinderungsgrund dafür, ein AZ zu erhalten, denn es fanden sich Nachbarn oder Beamte, die diese Dinge für die Armen erledigten. Dabei konnte das AZ durchaus im auktorialen Stil geschrieben sein. Vergl. HAStK FV 6727/6 T42. Zur Schriftlichkeit der Bevölkerung allgemein Etienne François, Die Volksbildung am Mittelrhein im ausgehenden 18. Jahrhundert. Eine Untersuchung über den vermeintlichen "Bildungsrückstand" der katholischen Bevölkerung im Ancien Régime, in: Jahrbuch für westdeutsche Landesgeschichte 1977, Koblenz 1977, S. 277-304.

48 HAStK FV 6727/1 B76. Das Ehepaar Beckers erhielt eine Unterstützung von 12 Francs. Damit lag die hier gezahlte Summe etwa viermal so hoch wie der Durchschnitt aller Zahlungen. Hart getroffen und von Armut bedroht waren die Kölner Rheinschiffer, denen der harte Winter 1799/1800 hart zugesetzt hatte. Nachdem ein erster Eisgang schon 1783/84 viele Schiffe zerstört hatte,

1.3.3 Hausarme und Polizeikommissare

Auf die wichtige Rolle der Polizei bei der Armenverwaltung und Betreuung ist eingangs schon hingewiesen worden. Der zuständige Polizeikommissar einer *Section*, wie die Verwaltungsbezirke der Stadt hießen, kannte die Situation der Armen deswegen so genau, weil es ihm u.a. oblag, das *Bureau de Bienfaisance* bei Rückfragen zu informieren. In aller Regel war es der Polizeikommissar, der herausfinden mußte, ob es sich bei einem Antragsteller um einen Hausarmen handelte oder ob er ein Bettler war, der eigentlich saisonweise umherzog und in der schlechten Jahreszeit bei einem "Unterschleifer" Wohnung fand.[49] Da Eigentumsdelikte wie Diebstahl oder Schmuggel zudem tendenziell Unterschichtsdelikte waren, kannten die Polizeikommissare das soziale Umfeld der Armut recht gut.

Die Tatsache, daß die Polizisten von einem Teil der Hausarmen als Zeugen für ein Armutszeugnis geradezu gesucht wurden, spricht möglicherweise dafür, daß die Polizei als Institution der Armenfürsorge von den Betroffenen selbst angenommen wurde, kann andererseits aber auch bedeuten, daß sich die Armen durch ein vom Polizeikommissar ausgestelltes Armutszeugnis eine höhere Erfolgsaussicht bei dem Bemühen um Unterstützung versprachen. In 800 Fällen wurde ein Polizeikommissar bei der Vergabe eines Armutszeugnisses hinzugezogen, das entspricht knapp 57%.[50] Dabei genossen anscheinend bestimmte Polizeibeamte besonderen Vorzug vor anderen. Von den sieben Polizeikommissaren Kölns stellte Polizeikommissar Schoening, der für die erste Sektion zuständig war, mit 251 Armutszeugnissen fast ein Drittel (31.38 %) aus.[51] Dies lag wohl daran, daß Bürgerhauptmann Schoeningh (sic),

hatten die Schiffer in den Koalitionskriegen stark gelitten. Der Winter 1799/1800 gab einigen von denjenigen, die sich einigermaßen hatten durchschlagen können, den Rest. Vergl. AZ der Rheinschiffer Johannes Grünewald und Jakob Kran vom Ventôse des Jahres 8. HAStK FV 6727/1. Ihr Einkommen verloren hatten auch die Mitglieder der aufgelösten religiösen Bruderschaften, die für die Seelen der Verstorbenen gebetet hatten und dafür bezahlt worden waren. Vergl. AZ der Mitglieder der ehemaligen Bruderschaft der Hl. Jungfrau an St. Peter, François Zöller und Jean Kurt, HAStK FV 6727/2. In nur 3.13 % aller Fälle gaben die AZ an, ein Armer sei verarmt, weil er sein Vermögen oder Einkommen verloren habe. ARMUT2, S. 52, Variable INCOME. Zu den Auswirkungen der Flutkatastrophe vergl. Ludger Reiberg, Die soziale Lage in Mülheim am Rhein um 1800, in: Billstein (Hg.), Das andere Köln, S. 9 - 28, hier S. 13.

49 Es gab auch Fälle, in denen der Polizeikommissar für die Vergabe einer Unterstützung plädierte, das BdB aber anderer Meinung war, weil der betreffende Arme ihm als Bettler bekannt war. HAStK FV 6727/3, Fälle der Witwe Linz in der Hausnummer 4267 und der Witwe Leopoldes in der Hausnummer 6732.

50 Intime Kenntnis der Verhältnisse betroffener Familien verrät das Schreiben des Polizeikommissars Wolf an das BdB: "Moi soussigne commre de Police de la 2e Section de la ville de Cologne certifie, que le Cn Antoine Gabriel, Garcon tisserand, la femme du quel (!) est decedée hier de suites des couches et qui est veuf (à) present de trois petits enfans et a à (!) nourrir une vieille belle mere, demeurant rue Vollenstras Nro 309 (est un) homme tres pauvre et pas de tout mendiant, je certifie, qu'il merite pour soi même et la dite famille de jouir et participer de la soupe a la Rumfort (...) Cologne le 21 ventôse 9e annee (12.3.1801.) Wolf" HAStK FV 6727/1. ARMUT2, S. 28, Variable POLICE.

51 Ebda., S. 29, Variable POLNUMB, Code 1.

Vater des Polizeikommissars, in Fragen der Armenpflege sehr engagiert war und seinem Sohn regelmäßig Armutszeugnisse zur Begutachtung übersandte. Als Erklärung für die Übererfüllung seiner Pflicht kann dieser Umstand im Falle Polizeikommissars Schoening (sic) aber nicht alleine herangezogen werden, da aus der Feder seines Vaters nur 36 Armutszeugnisse stammten. Daß Schoening mehr tat als seine Pflicht, ist aus der topographischen Streuung der Wohnorte derjenigen Armen zu ersehen, die von ihm einen der begehrten Scheine erhielt. Obwohl formal nur für die erste von sieben *Sections* zuständig, stellte er doch Armutszeugnisse fast im ganzen Stadtgebiet aus. So erhielt der Arme Block in der Löwengasse (Fallnummer 130) ebenso ein AZ wie Witwe Catrina Schüller, die an St. Martin wohnte (Fallnummer 1310), oder wie Henrich Bonn aus der Trankgasse (Fallnummer 131). Als einzige Erklärung für das auffällige Verhalten dieses Polizisten bleibt, daß Schoening sich der Probleme der städtischen Armut besonders bewußt gewesen ist und sich deshalb der Mühe des Zeugnisschreibens nicht entzog.[52] Auf der anderen Seite fällt Polizeikommissar Wolf besonders wegen der Zurückhaltung auf, mit der er Armutszeugnisse ausstellte. Wolf, der für die zweite *Section* der Stadt zuständig war, stellte nur 46 Bescheinigungen aus. Dies mag im Falle Wolfs etwas mit der Qualität der Wohngegend in seiner Sektion zu tun gehabt haben, doch erklärt dieser Umstand nicht, warum Schoening so viele AZ unterschrieb.[53] Das unterschiedliche Verhalten beider Polizisten zeigt, wie sehr die Bemessungsgrundlage für Armutszeugnisse vom subjektiven Empfinden des einzelnen Beamten abhängig, wie groß damit die Einflußmöglichkeit des zuständigen Polizisten und wie notwendig es war, daß Hausarme und Polizei eng zusammenarbeiteten. Das BdB jedenfalls war weder willens noch in der Lage, generell verbindliche Richtlinien für die Beurteilung von Hausarmut herauszugeben. Da auf die Ausstellung von Armutszeugnissen fast immer die Zahlung von Unterstützungsgeldern oder die Ausgabe von Naturalunterstützung folgte, war es für die betroffenen Unterstützungsempfänger einfacher, sich direkt zu dem Beamten zu begeben, bei dem sie Kenntnis ihrer Situation, Wohlwollen oder Interesse voraussetzen konnten.[54]

52 Ebda., S. 31, Variable QUARTNUM, Code 4700.

53 Ebda., S. 29, Variable POLNUMB, Code 4. Das entspricht 5.8 % aller Fälle , womit Schoening etwa sechsmal soviele AZ ausstellte wie Polizeikommissar Wolf.

54 Es handelt sich bei dem verfügbaren Material nicht ausschließlich um positiv ausgenommene AZ. Einige tragen den Vermerk des BdB, es handele sich bei den Vorstelligen um Bettler oder Gauner. Insgesamt war die Erfolgsquote der AZ aber sehr hoch. Von 1406 AZ erhielten 1231 (=87.6 %) eine finanzielle Unterstützung und 41 (=2.9 %) eine Naturalunterstützung. Insgesamt wurden also 90.5 % aller AZ nachweislich positiv entschieden. ARMUT2, S. 58 f., Variablen MONEY, SOUP, Code = 1. Der Grund dieses Erfolgs der AZ lag in der Vorauswahl der Armen durch Bürgerhauptleute und Polizeikommissare. Vergl. Schreiben des Polizeikommissars Schoening an das BdB vom 20 Nivôse an 8, HAStK FV 6727/1 E9.

1.3.4 Hausarmut und Bürgerhauptleute

In 752 Fällen unterschrieb ein *commissaire de quartier* oder Bürgerhauptmann ein AZ, und in 699 Fällen konnte zweifelsfrei ermittelt werden, von welchem Hauptmann das Schriftstück unterschrieben worden war. Die Polizeikommissare, von denen es nur sieben gab, liefen der älteren Institution der Colonelschaft, was die Gutachtertätigkeit für das *Bureau de Bienfaisance* anging, zwar eindeutig den Rang ab, die Bürgerhauptleute betreuten aber dafür diejenigen Armen besonders, die den Kontakt zur Polizei nicht hatten oder nicht auf entsprechenden Rückhalt bei der Nachbarschaft vertrauen konnten.[55] Es lagen Armutszeugnisse von 84 verschiedenen Bürgerhauptleuten vor, also 28 mehr als es Hauptmannsstellen gab. Auf die Möglichkeit einer Aufstockung der Stellen über die 56 erforderlichen wurde schon verwiesen. Daneben hat möglicherweise die Gewohnheit, sich AZ von subalternen Offizieren der Miliz ausstellen zu lassen, dazu geführt, daß der Kreis der unterzeichnenden Bürgerhauptleute so groß war.[56]

Zu den ausgesprochen aktiven Bürgerhauptleuten gehörten neben dem schon erwähnten Georg Schoeningh aus der Breite Straße der Spezereihändler Martin Bedorff aus der Spielmannsgasse (Hausnummer 773, Straße 189), der Schürger Johann Ossendorf aus dem Perlengraben (Hausnummer 7007, Straße 153), der Steinmetz Krott aus der Maximinstraße (Hausnummer 2704, Straße 140), der Weinzapfer Franz Kaspar Rodius aus der Schmierstraße (Hausnummer 3896, Straße 182) und der Tabakhändler Johann Christian Breuer, der an der Ehrenpforte nahe der Ehrenstrasse wohnte (Hausnummer 5228, Straße 48).[57] Diese sechs Hauptleute stellten alleine 246 der 699 identifizierten AZ aus.[58] Alle anderen Inhaber dieses Amtes traten eher sporadisch in Aktion. Dafür gab es mindestens zwei Gründe. Zum einen lebten die erwähnten Bürgerhauptleute teilweise in Gegenden, die eine Häufung von Hausarmen aufwiesen. Dies gilt vor allem für Martin Bedorff, Johann Ossendorf und Franz Kaspar Rodius, von deren unmittelbarem Einzugsgebiet bekannt ist, daß es eher zu den armen Gegenden der Stadt gehörte.[59] Zum anderen dürften bestimmte Bürgerhauptleute bei den Armen im Ruf gestanden haben, ein offenes Ohr für die Belange der hilfesuchenden Bürger der Stadt zu haben. Zu diesem

55 ARMUT2, S. 30, Variable QUARTIER, Code 1 und S. 32, Variable QUARTNUM, Randauszählung der *valid cases*. 446 der 1406 AZ wurden von einem Bürgerhauptmann und einem Polizeikommissar gemeinsam unterschrieben. SELECT1, Tagesprotokoll vom 28.8.1986, Variable POLICE, S. 94.

56 Randauszählung der Bürgerhauptleute aus ARMUT2, S. 32, Variable QUARTNUM. Vergl. die Liste der Offiziere der Bürgerhauptleute von 1795, die sich im Nachlaß des ehemaligen Kölner Bürgermeisters und französischen Unterpräfekten Klespé fand. HAStK Abt. 1134.

57 ARMUT2, S. 31 f., Variable QUARTNUM. Der Code entspricht der jeweiligen Hausnummer, die Informationen zu den Bürgerhauptleuten stammen aus den Armutszeugnissen und aus HAStK Adr.B. 1797.

58 246 AZ von 699 entspricht einem Anteil von 35.2 %. Im Rohdatensatz lag der Anteil dieser Spitzengruppe noch höher, da die Bürgerhauptleute offenbar einen festen Kreis von Armen hatten, denen sie immer wieder AZ ausstellten.

59 Von der topographischen Verteilung der Armut wird unten noch die Rede sein.

Typ ist der schon erwähnte Georg Schoening zu rechnen, der auf der Breite Straße wohnte, selbst eher zu den Begüterten zählte, dabei aber ein außerordentlich hohes Maß an persönlichem Engagement zeigte, wenn es um die Armen ging. Es bleibt auch der Verdacht, daß die soziale Stellung der Bürgerhauptleute selbst eine Rolle dabei gespielt hat, wie aktiv sich jemand für die Armen einsetzte. Ursprünglich waren die höheren Chargen der Bürgerwehr mit Leuten besetzt worden, die einen gewissen sozialen Rang bekleideten, die zu den Honoratioren der Stadt gehörten oder über ein bestimmtes Vermögen verfügten. Ein Tapezierer wie Joachim Soyer (Hausnummer 4974, Straße 68) aus der Glockengasse oder ein Schuster wie Franz Dupont (Hausnummer 4991, Straße 200) aus der Streitgasse wären vor dem Einmarsch der Franzosen nicht so leicht in ein Amt im Offizierskorps der Bürgerwehr gekommen. Wichtig in diesem Zusammenhang ist aber die Frage, ob die wirtschaftlich oder sozial weniger hoch rangierenden Bürgerhauptleute ein auffälliges Engagement für die Hausarmen der Stadt zeigten. Erwartungsgemäß ist eher das Gegenteil ist der Fall gewesen. Wesentlich mehr AZ wurden von den Angehörigen der "Oberschichten" ausgestellt als von den kleinen Handwerkern, kleinen Ladenbesitzern oder Gärtnern, die ein Amt in einer Colonelschaft bekleideten. Das mag an einer gewissen Abneigung gegen die Abwicklung schriftlicher Dienstgeschäfte seitens der Bürgerhauptleute gelegen haben, doch darf dahinter mit einiger Berechtigung eine prinzipielle Ablehnung der institutionalisierten Armenhilfe vermutet werden. Von einer sozial bedingten Solidarität der kleinen Leute mit den Hausarmen kann auf keinen Fall ausgegangen werden, wenn die Bereitschaft, ein AZ auszustellen dafür als Indikator gelten soll.[60]

Zusammenfassend läßt sich festhalten, daß die Bürgerhauptleute bei der Ausstellung der Armutszeugnisse zwar eine überaus wichtige Rolle spielten, sich diese Rolle aber nicht in erster Linie aus ihrer Funktion als Vorgesetzte in der Bürgerwehr erklären läßt, sondern wohl eher aus einer individuell und allmählich erworbenen Vertrauensposition verstanden werden muß, die sich nicht nur aus ihrer militärischen sondern aus ihrer allgemein herausgehobenen Funktion ergab. Dieses Vertrauensverhältnis dauerte auch noch nach dem Weggang des Armen aus der Rotte oder der Fahne seiner Colonelschaft an.[61] Wichtig ist in diesem Zusammenhang, daß rund ein Drittel der untersuchten AZ von den Bürgerhauptleuten in Zusammenarbeit mit den Polizei-

60 Mit Ausnahme des Steinmetzes Krott, des Kirchmeisters Dirmersheim und des Schürgers Johann Ossendorf stammten die aktivsten Bürgerhauptleute (mehr als 9 AZ) vorwiegend aus dem Kreis der Kölner Kaufleute. Insgesamt waren häufig Kaufleute, Färbermeister und Fabrikanten unter den Bürgerhauptleuten vertreten. Die Namen, Berufe und Wohnorte der Bürgerhauptleute stammen aus HAStK FV 6727 und dem Adreßbuch von 1797. Quellenkritisch zu Adreßbüchern Hartmut Zwahr, Das deutsche Stadtadreßbuch als orts- und sozialgeschichtliche Quelle, in: Jahrbuch für Regionalgeschichte 3, 1968, S. 204 - 229.

61 "Ich unterzeichnete Hauptmann, bescheinige daß diese Witwe Bloms (welche in meiner Sektion bey bürger Otto gewohnt hat, aber mit bürger Otto den 4.ten dieses ausgezogen ist, und anjezo in der Enggaße in der Sektion des bürgerhauptmann Ruetz, in No. 4538 wohnend ist) arm ist. So bitte wenn möglich dieser frau beyzustehn. Rothmann hauptmann" (es folgt die Unterschrift zweier Zeugen). HAStK FV 6727/1 B 68.

kommissaren unterzeichnet worden waren, was wohl ein Hinweis darauf ist, wie nahtlos sich der Übergang von den Bürgerhauptleuten als der älteren Institution zu den Polizeikommissaren als der deutlich jüngeren Instanz in der Armenfürsorge vollzog. Die Polizeikommissare als Bestandteil der neuen städtischen Bürokratie wiesen die größte Affinität zu den Bürgerhauptleuten als Vertretern der alten Obrigkeit auf, eine Tatsache, die sich weniger durch die große soziale Kohärenz der Bürgerhauptleute mit der Gruppe der Polizisten erklären läßt, als damit, daß auf beiden Gruppen ein gewisser Druck zur Zusammenarbeit lag. Dieser ergab sich durch den pragmatischen Zwang einer bürokratischen Übergangsphase, in der die alte Verwaltung nicht mehr und die neue noch nicht ganz funktionierte und die Vertreter der alten Elite mit denen der neuen Bürokratie kooperieren mußten, um die bisher gewohnten Verhältnisse und die Ordnung in den ihnen anvertrauten Straßenzügen aufrechtzuerhalten. Dabei ist aber unverkennbar, daß es einen gewissen Trend zur Vereinheitlichung und Konzentration der Amtsgeschäfte von vielen Funktionsträgern auf wenige gab. Wo vorher 56 Bürgerhauptleute zuständig gewesen waren, entscheiden nun in letzter Instanz sieben Polizeikommissare.

1.3.5 Hausarmut und Pfarrer

Neben den Bürgerhauptleuten und der Polizei hatten die Pfarrer eine herausragende Bedeutung bei der Ausstellung der Armutszeugnisse. Die Pfarrer hatten von jeher eine sehr große Rolle bei der Vergabe von Almosen in ihrer Pfarrei gespielt. Sie kannten die armen Familien ihrer Pfarrei aus ihrer seelsorgerischen und administrativen Tätigkeit sehr genau. Der Umstand, daß Köln bis 1797/98 eine fast ausschließlich katholische Stadt war, in der das Bürgerrecht und die Betätigung in bestimmten Berufen an das Bekenntnis zur katholischen Kirche gebunden waren, erlaubt es uns anzunehmen, daß ein Pfarrer alle Bewohner eines Stadtviertels oder seines Pfarrsprengels mehr oder minder genau kannte.

Trotz der Tatsache, daß Pfarrer auch nach 1794 sehr intensiv in die Armenfürsorge miteinbezogen wurden, kann man nicht davon ausgehen, daß die Kooperation der zuständigen Pfarrer mit der Armenverwaltung der Stadt Köln vollkommen problemlos war. Die Konfiskation des Kircheneigentums des Jahres 1789, die Auflösung der Klöster vom Februar 1790, die Zivilkonstitution des Klerus vom Juli 1790 und der obligatorische Eid der Priester auf die Verfassung hatten für einen schlechten Ruf der Franzosen beim katholischen Klerus im Rheinland gesorgt.[62] Selbst nach Abklingen der radikal antiklerikalen Phase der Französischen Revolution gab es noch genug Reibungspunkte zwischen Staat und Kirche. Erst der Abschluß des napoleonischen Konkordats 1802 erleichterte die Beziehung zwischen Kirche und Staat etwas.

Die Übergabe der geschlossenen Armenversorgung aus den Händen der mildtätigen Stiftungen in die Hände des Staates verursachte in Köln eine zähe Auseinander-

62 Blanning, The French Revolution, S. 219-223. Zur Position des Protestantismus in Köln: Becker-Jákli, S. 44 f., S. 132.

setzung zwischen den Stiftsprovisoren und der Stadtverwaltung. Das Gesetz vom 16 Messidor an 7 (4.7.1799), das in den vier gemeinsam verwalteten rheinischen Départements am 17 Thermidor an 7 (4.8.1799) verkündet wurde, unterstellte die Verwaltung der Bürgerhospize direkt den jeweiligen Munizipalverwaltungen. Am 15 Nivôse an 7 (4.1.1799) hatte die Munizipalverwaltung Kölns unter Zugrundelegung des Gesetzes vom 16 Vendémiaire an 5 (7.10.1796) beschlossen, eine Kommission einzusetzen, deren Aufgabe es sein sollte, die Stiftungen in Zukunft zu verwalten und zu diesem Zwecke ein Generalverzeichnis aller milden Stiftungen mit Gütern, Renten, Kapitalien und Gefällen aufzustellen. Bei der Anfertigung dieser Liste zeigte

Schaubild 1.1: Familienmitglieder der hausarmen Familien

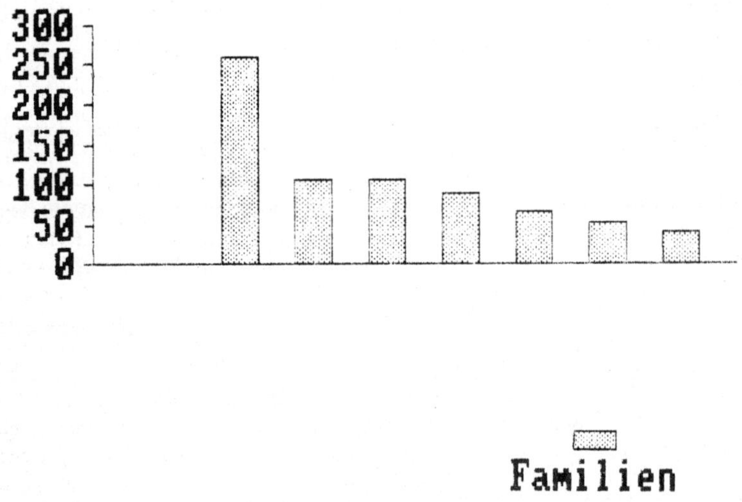

1 Ang. 2 Ang. 3 Ang. 4 Ang. 5 Ang. 6 Ang. >6 Ang.
N=261 N=106 N=106 N=88 N=67 N=51 N=40

es sich nicht nur, daß die Stiftungen durch die Unterdrückung der geistlichen Körperschaften schwerwiegende finanzielle Verluste erlitten hatten, sondern auch, daß die Stiftungsverwalter - meistens Geistliche - den Ansätzen zu einer stärkeren Kontrolle der Stiftungen mit Mißtrauen, wenn nicht sogar mit einer gezielten Obstruktionspolitik gegenübertraten.[63]

Trotz dieser Schwierigkeiten hat es allem Anschein nach eine Kooperation zwischen dem Bureau de Bienfaisance und den Pfarrern der neunzehn Kölner Pfarrkirchen gegeben. Dies mag daran gelegen haben, daß sich der ideologische Druck auf die Kirche nach 1799 entscheidend abgeschwächt hatte; ein anderer Grund ist in dem geschickten Vorgehen der Regierung zu sehen, die die Hausarmenpflege in den "grauen Bereich" zwischen rein kirchlicher Armenpflege und einer zentralistisch gelenkten Armenfürsorge gelegt hatte, indem einerseits die Kontrolle der Hausarmenpflege dem BdB überlassen blieb, viel von den alten Befugnissen der Pfarreien andererseits aber erhalten blieb. So saß je ein Pfarrer in den Bureaux de Bienfaisance als stimmberechtigtes Mitglied, und sowohl der Bürgermeister wie auch die republikanische Polizei waren offensichtlich bestrebt, sich mit den Pfarrern zu arrangieren, wenn es um die Armen ging.[64] Erlasse waren kein Ersatz für die praktische Erfahrung, die die Pfarrer und Gemeindeoberen im Umgang mit den Hausarmen hatten, und deswegen machte den apodiktisch vorgebrachten Formeln des letzten Revolutionsjahres 1794 auch bald der Pragmatismus der Jahre nach 1799 Platz.[65]

63 Die Verluste der Stiftungen aus ausgebliebenen jährlichen Zahlungen der Klöster betrugen alleine für das Jahr 11 mehr als 36.000 Francs und 28.000 kg Getreide. "Tableau général des Pertes Survenues aux hospices par la Suppression des Corporations Ecclésiastiques" (o.O.o.D.), HAStK FV 6348. "(...) vous verrez ce que nous observons de jour en jour, que tous nos pas sont retardés par les anciens administrateurs et receveurs des hospices (...) au point que nous ne pouvons presque pas avancer (...)" beklagten sich die Mitglieder der Verwaltungskommission der Hospitäler bei der Munizipalverwaltung am 29 Ventôse an 7 (19.3.1799). Die Munizipalverwaltung schaltete auf Grund der fortgesetzten Klagen der Kommission über die Obstruktionspolitik der alten Hospitalverwalter die Regierungskommission ein. HAStK FV 6348 Schwarz, Armenwesen, S. 45 f.

64 Die Kirchgemeinde hatte schon vor dem 16. Jahrhundert eine wichtige Rolle in der Armenfürsorge gespielt. Dies hing mit dem Recht der Pfarrgemeinde auf Mitverwaltung des Kirchvermögens und Einstellung und Besoldung des Pfarrers zusammen. Im 16. Jahrhundert hatten aber nur sieben von 19 Pfarrgemeinden ein Recht auf Pfarrerwahl behalten. Auch die Kirchmeister und die Armenprovisoren wurden in einem Teil der Gemeinden von den Gemeindemitgliedern gewählt. Obwohl die Vergabe der Almosen die Angelegenheit der Kirchmeister und Provisoren war, hatte der Rat der Stadt im 16. Jh. schon die Oberaufsicht des Armenwesens an sich gezogen. Den Pfarrern kam bei der Besetzung der Posten der Armenprovisoren ein Mitspracherecht zu. Eduard Hegel, Rechtsstellung und Tätigkeitsbereich eines Kölner Stadtpfarrers im 17. und 18. Jahrhundert, in: Annalen des Historischen Vereins für den Niederrhein 155/156, 1954, S. 286 - 304. Dieses System überdauerte auch die Reformationszeit. Robert Jütte, Parochialverbände als Träger städtischer Armenfürsorge: Die 'Armenbretter' der Stadt Köln in der frühen Neuzeit" in: Geschichte in Köln 12, 1982, S. 27-49. Ders., Obrigkeitliche Armenfürsorge, S. 276-281.

65 Schon für 1799 finden sich gehäuft AZ, die von den Pfarrern oder Kaplänen der 19 Kölner Pfarrkirchen ausgestellt wurden und fast alle folgendermaßen lauteten: "Gruß den Lesern ! Ich bezeuge andurch, daß Gertrudis Füssenich eine blutarme Wittib, sich als meine brave Pfarrgenos-

Nach der Häufigkeit zu urteilen, mit der Pfarrer an der Austeilung der AZ beteiligt waren, hatten die Vertreter der Kirche eine wichtige Funktion in der Armenverwaltung auch unter französischer Herrschaft inne. Immerhin 21.2 % der Armen ließen sich ihr Armutszeugnis von ihrem zuständigen Pfarrer ausstellen oder hielten es für erforderlich, den Pfarrer zumindest hinzuzuziehen.[66] Dies spiegelt die traditionelle Rolle wider, die die Kirche bei der Versorgung der Armen in reichsstädtischer Zeit gespielt hatte. Traditionell waren auch Stil und Diktion der von Pfarrern ausgestellten AZ. In aller Regel verzichteten die Pfarrer darauf, auf die sozialen Ursachen der Not ihrer Pfarrkinder einzugehen und baten nur darum, daß ihnen geholfen werde.[67] Gelegentlich findet sich jedoch auch in den von den Geistlichen formulierten Armenzeugnissen der Hinweis darauf, der oder die Arme sei keine Bettlerin.[68]

Bei einer mehr oder weniger gleichmäßigen Verteilung der Hausarmen über das Stadtgebiet, bei der man nicht von einer Gettoisierung der Armut bzw. von einem Verkommen einzelner Stadtteile ausgehen kann, wäre es normal gewesen, wenn die betroffenen Pfarrer in etwa gleichmäßig viel Armutszeugnisse ausgegeben hätten. Dem gegenüber steht eine deutlich abweichende Einkommens- und Berufsstruktur einzelner Gemeinden, wie sie von D. Ebeling schon für das Ende des 17. Jahrhunderts nachgewiesen werden konnte. Auch die Arbeit W. Feldenkirchens zeigt deutlich, daß es eine Konzentration einkommensschwacher Familien in bestimmten Stadtvierteln gegeben hat, die erklärt, warum bestimmte Pfarrer häufiger als andere AZ ausfertigten.[69] In weitgehender Übereinstimmung mit den Ergebnissen Ebelings wurde nach Auszählung der AZ festgestellt, daß vom Pfarrer der Gemeinde St. Kolumba häufig AZ ausgestellt worden waren. Dieser Pfarrsprengel war nicht nur der bevölkerungsreichste in Köln, sondern er umfaßte auch Straßenzüge, die für ihre Armut sprichwörtlich waren, wie die Minoritengasse, die Mariengartengasse, den Perlenpfuhl und die Olivengasse.[70] Von den 298 erfaßten AZ stammten 81 alleine aus der Pfarrei St. Kolumba; das entspricht 27.18 % aller Fälle. Überraschenderweise jedoch war diese Pfarrei damit nicht der Spitzenreiter. 90 Armutszeugnisse waren vom Pfarrer der Gemeinde Johann Baptist ausgestellt worden, was 30.41 % entspricht. Diese Pfarrei war ein traditionelles Wohngebiet der Kölner Armen, deren auffällige Häufigkeit in

se (sic) allzeit wohl aufgeführet, und falls sie keine wohltätige Unterstützung erhält, den bittersten Kummer würde leiden müssen; ich halte sie also der beyhilfe der christlichen Armen=Väter bestens (?) empfohlen F. Jos: Erkens Kaplan zu S. Christoff." HAStK FV 6727/1 vom 23 Pluviôse an 7 (11.2.1799).

66 ARMUT2, S. 32, Variable PRIEST, Code = 1.

67 So schrieb der Pastor der Pfarrei St. Christopherus:"Sybilla Aleff meine sehr arme Pfarrgenoßin wird zur gütigen Beyhilfe empfohlen. Köln, d. 24n pluviose (an 7)/12n februar 1799 Mich.(ael) Jos(ef) Aldenkirchen Pastor S. Christophori (Unterschrift)".HAStK FV 6727/1 A 6.

68 "Quod latrix harum N. Adeler non ostiatim mendicet, id ipsum presentibus testor hac 22 8bris (octobris) 1799 Ad. Muller Past(or) St. Columbe." HAStK FV 6727/1 A 12.

69 298 Fälle von 1406. ARMUT2, S. 32, Variable PRIENUMB, Code=1. Ebeling, Lebenshaltungskosten, S. 163-168.

70 Hermann Keußen, Topographie der Stadt Köln im Mittelalter, 2 Bde., Bd. 1, Bonn 1910, Karte VI., S. Kolumba.

diesem Sprengel schon für das Jahr 1582 belegt ist.[71] Auf die übrigen 17 Pfarreien verteilten sich die restlichen 42.62 %, wobei nur noch die Pfarrei St. Christoph mit 33 Armutszeugnissen (= 11.07 %) aus dem Rahmen fiel. Es wird zu zeigen sein, ob diese Unregelmäßigkeiten, die mit der unterschiedlichen Sozialstruktur der einzelnen Gemeinden zusammenhängen könnten, in anderen Bereichen Entsprechungen aufweisen werden. Die vorliegenden Zahlen unterstützen zudem die Ergebnisse des vorigen Kapitels, als deutlich wird, daß die Hausarmen den geänderten Verhältnissen in der Stadt sehr schnell Rechnung trugen und sich ihre AZ bevorzugt von den Vertretern der städtischen Bürokratie ausstellen ließen anstatt, wie bisher, von den kirchlichen Amtsinhabern. Dabei spielten das Alter und das Geschlecht der Armen bei der Vergabe von AZ durch die Pfarrer, entgegen allen Erwartungen, keine signifikante Rolle.[72]

1.3.6 Die Bedeutung der Ärzte für die Armenversorgung

In der Entwicklung eines modernen Wohlfahrtssystems nahm die ärztliche Versorgung eine nicht zu unterschätzende Rolle ein. Es ist argumentiert worden, es habe zu den konstitutiven Kennzeichen eines modernen Armenwesens gehört, daß die Armenpflege medikalisiert wurde. In ihrer Untersuchung der preußischen Unterschichten hat Ute Frevert auf die Bedeutung der "Medikalisierung" der gesamten Bevölkerung, aber auch der städtischen Armen hingewiesen. Basierend auf den Überlegungen Otto Hintzes zur "inneren Staatsbildung" und Michel Foucaults zur Geschichte der Klinik erklärt die Autorin die besondere Rolle der Medizin am Ausgang des 18. Jahrhunderts: Hier sei es darum gegangen, Krankheit zu isolieren, zu bekämpfen und sachlich zu verwalten.[73]

In Wirklichkeit ist der Prozess wohl eher als doppelseitiger zu verstehen, in dem auf der einen Seite das Interesse eines sich verändernden sozialen Systems an der Kontrolle potentiell "gefährlicher" und unproduktiver Gruppen besteht, andererseits die Ärzte, die in der frühen Neuzeit eher die Existenz einer sozialen Randgruppe zu fristen hatten, hier die Chance geboten bekamen, zu gesellschaftlicher Anerkennung durch gesellschaftliche Funktionalität zu gelangen.[74]

71 Jütte, Obrigkeitliche Armenpflege, S. 229.

72 ARMUT2, S. 33, Variable PRIENUMB, Code=1 (St. Kolumba), Code=9 (Johann Baptist), Code=17 (St. Christoph). Vergl. auch ebda., S. 211, Scattergram von HAUS mit PRIENUMB. Es wird klar ersichtlich, daß sich die Pfarrer bei der Vergabe der AZ streng an die Grenzen ihrer Pfarrei gehalten haben. Die Abweichungen der AZ in Bezug auf Alter und Geschlecht der Hausarmen, in denen Pfarrer unterschrieben, von der Grundgesamtheit liegen im Rahmen der normalen Streuung des Datensatzes.

73 Ute Frevert, Krankheit als politisches Problem, 1770-1880: Soziale Unterschichten in Preußen zwischen medizinischer Polizei und staatlicher Sozialversicherung, Göttingen 1984 (Kritische Studien zur Geschichtswissenschaft 62), S. 15, 23, 74 f.

74 Irsigler/Lassotta verweisen auf die zwiespältige Rolle der Ärzteschaft in Köln im Kapitel V. ihres Buches. Irsigler; Lassotta, Bettler und Gaukler, S. 97-125. Zur medizinischen Versorgung der Bevölkerung in Köln in der frühen Neuzeit Robert Jütte, Die medizinische Versorgung einer

Gegen Ende des 18. Jahrhunderts war die Bedeutung der Ärzte und Chirurgen in Köln für den Bereich der Armenverwaltung jedoch eher gering anzusetzen.[75] In nur 27 Fällen wurde ein Arzt zur Begutachtung der Bedürftigkeit eines Armen herangezogen, zudem meist in Fällen, in denen es darum ging, die vorübergehende Arbeitsunfähigkeit zu bestätigen. Anzeichen eines Vordrängens der Ärzte in den Bereich der Hausarmenpflege können demnach in Köln nicht nachgewiesen werden.[76]

1.3.7 Nachbarschaftshilfe

Viele der Hausarmen, die sich in ihrer echten oder vorgetäuschten Not an die Behörden wandten, wiesen zur Untermauerung ihrer Ansprüche Zeugnisse des Pfarrers, der Polizeibehörden oder der Bürgerhauptleute oder eine Kombination davon vor, wie wir gesehen haben. Ein nicht unbedeutender Teil aber ließ sich seine Armut von den Nachbarn bestätigen.[77]

Die Beurkundung durch die Nachbarn schloß jedoch nicht aus, daß auch hier schließlich noch der Bürgerhauptmann und der Polizeikommissar konsultiert wurden. Je umfangreicher die Liste der Zeugen war, um so größer schienen den Antragstellern möglicherweise die Chancen, in das Hilfsprogramm mitaufgenommen zu werden. Die Verwaltungsvorschrift der Franzosen, die die Gegenzeichnung eines AZ durch vier Bürger der Stadt verlangte, war recht bald vergessen, weil auch solche AZ anstandslos akzeptiert wurden, die nur zwei Unterschriften von Nachbarn oder anderen Zeugen aufführten. 751 Armutszeugnisse trugen eine oder mehrere Unterschriften von Nachbarn oder Bekannten, Personen jedenfalls, die nicht unter die Kategorien Arzt, Priester, Polizeikommissar oder Bürgerhauptmann fielen.[78] Den weitaus größten Teil dieser Zeugnisse stellten die Nachbarn aus, nämlich 656 oder

Stadtbevölkerung im 16. und 17. Jahrhundert am Beispiel der Reichsstadt Köln, in: Medizinhistorisches Journal 22, 1987, S. 173-184. Zur Ausdifferenzierung der professionellen Medizin vergl. Barbara Elkeles, Medicus und Medikaster: Zum Konflikt zwischen akademischer und 'empirischer' Medizin im 17. und frühen 18. Jahrhundert, in: Medizinhistorisches Journal 22, 1987, S. 197-211.

75 AZ wie das des Wundarztes Christian Jaeckel vom 23 Frimaire an 9 (14.12.1800) stellten eine Ausnahme dar: "Gestern morgen den 22t frim: 9: hatte der Leyendecker Geselle - Michael Eisermann 20 Jahre alt; in hiesiger Gemeinde gebohren (!), wohnhaft unter Sachsenhausen Nro 3674 das Unglück von einem Gebäude zu fallen, wobey das rechte Ellenbogen Gelenk zerschmettert und der rechte Oberschenkel in seiner Mitte zerbrochen wurde etc. (Die Heilung werde lange dauern, weshalb Eisermann Unterstützung beziehen solle. Unterzeichnet von Wundarzt Johann Christian Jaeckel, Leyendeckermeister Johann Peter Schmitz und PK Orban)." HAStK FV 6727/1 E.

76 ARMUT2, S. 34, Variable PHYSICIA, Code = 1. Dies entspricht einem Anteil von 1.92 %.

77 "Auf anersuchen des Joann Büstorf um einen Schein des Unvermögens, so bezeuge ich demselben, als Nachbar, daß dieß (!) ein 60jähriger Mann ist, sambt 5 Kinder, worunter eins immer kränkligt ist. solches bezeuge ich Peter Müller (i.a.H.) bürger christianus töller Nro 3255 als Zeuge (i.a.H.) ein solches wahr zu sein bescheinige d 23 pluviose l'an 7 (11.2.1799) J. Joseph Brabender Jun. bürger hauptman (i.a.H.) Orban commre de police." HAStK FV 6727/1 B30.

78 ARMUT2, S. 35, Variable WITNESS, Summe der valid cases, Code = 1 - 9.

87.35 %.[79] Die Nachprüfung, ob es sich bei den vorgeblichen Nachbarn auch um solche handelte, war schwierig und nur in den Fällen möglich, wo der unterschreibende Zeuge, wie im obigen Beispiel, seinen vollen Namen hinterließ und als Haushauptmieter bzw. Besitzer im Einwohnerverzeichnis vorkam oder wenn er die Hausnummer seines Domizils mit auf dem Dokument vermerkte. Immerhin 275 Zeugen von Armutszeugnissen konnten anhand ihres Wohnortes und ihres Nachnamens identifiziert werden. Es wäre durchaus vorstellbar, daß verschiedene Hausarme eine Art Ringtausch mit Armutszeugnissen veranstaltet haben, indem ein Armer einem anderen Armen ein AZ im Tausch gegen ein gleiches Dokument ausstellte, vorausgesetzt, keine der offiziellen Stellen fungierte als Mitunterzeichnerin und die Betreffenden waren in der Lage zu schreiben. Diese Absprache war beileibe nicht die einzige Möglichkeit einer illegalen Manipulation von AZ. Auf die Fälschung der Armutszeugnisse wurde in anderem Zusammenhang schon hingewiesen. Wenn die Täuschung auffiel, was bei dem großen Geschick der Fälscher und der Überlastung einzelner Polizeibeamter und Bürgerkommissare nicht als sicher vorausgesetzt werden konnte, so wurde die Fälschung im AZ ausdrücklich vermerkt und damit aktenkundig. So wurde dem arbeitslosen Diener Christian Preuß von Polizeikommissar Schöning vermerkt "(...) Unterschrift (Schönings) ist gefälscht Schöning (...)", doch hatte hatte die Urkundenfälschung nicht zur Folge, daß der Arme von den Zahlungen des *Bureau de Bienfaisance* ausgeschlossen wurde.[80] Überprüft man nun die Wohnorte der 275 namentlich erfaßten Nachbarn mit denen der Hausarmen, für die sie Zeugnisse unterschrieben, so ergibt sich eine beeindruckende Kohärenz beider Gruppen.[81] Da Doppelzählungen im bereinigten Datensatz weitgehend ausgeschlossen worden sind, kann man davon ausgehen, daß ein mehrfaches Erscheinen eines Bürgers in der Liste der Nachbarn, die ein AZ als Zeugen unterzeichneten, ein Indiz für eine generelle Bereitschaft war, den Hausarmen Unterstützung zukommen zu lassen. So unterschrieb der Kölner Bürger Godfried Schaben, wohnhaft im Haus 3229 auf dem Ursulaplatz siebenmal ein Armutszeugnis. Dabei handelte es sich um Arme, die fast alle in ein und demselben Haus wohnten, nämlich in Nr. 3239 am Ursulakloster in unmittelbarer Nachbarschaft des Bürgers Schaben, über dessen Beruf oder Einkommen wir nichts wissen, weil er im Einwohnerverzeichnis von 1797 nicht verzeichnet ist. Da es sich bei dem Haus 3239 aber um eines der leerstehenden Klostergebäude handelte, die nach der Säkularisation von den Armen der Stadt als Unterkunft genutzt wurden, ist es wahrscheinlich, daß Godfried Schaben ebenfalls zu den unvermögenden Einwohnern der Stadt Köln gehörte.[82]

79 Ebda., S. 36, Variable NEIGHBOR, Code = 1. Dies entspricht einem Anteil an allen AZ von 46.66%

80 HAStK FV 6727/3 P67. AZ vom 2 Frimaire (an 7, 22.11.1798)/1.10.1798.

81 ARMUT2, S. 212 - 215, Scattergram, d. h. die graphische Darstellung der Streuung der Variablenwerte von NEIBNO1 bis NEIBNO4. Die Gradlinigkeit der Korrelation der Wohnorte von Armen und ihren Zeugen ist auffällig. Korrelation bei der Variable NEIBNO1 (R) = .87627, bei NEIBNO2 gar (R) = .99708, bei NEIBNO3 (R)= .98274 und bei NEIBNO4 (R) = .992.

82 SELECT1, S. 48; Variable Fallnummer, Code = 250, 634, 876, 987, 1314, 1424, 1431.

1.3.8 Die Gründe für Armut

Die Zeugnisschreiber oder die Armen, die das BdB um Hilfe angingen, gaben in aller Regel an, warum sie glaubten, der Nutznießer ihres Antrages verdiene es, unterstützt zu werden. Letztlich basierten solche Angaben fast immer auf den Informationen oder Behauptungen der Armen selbst, da eine Statistik, die der Armenverwaltung "harte Fakten" und verläßliches Zahlenmaterial hätte liefern können, erst langsam aufgebaut wurde. Auch der Polizeikommissar war auf die Angaben eines Armen angewiesen, wenn es darum ging, die Art der Krankheit, die zur Arbeitsunfähigkeit eines Antragstellers führte, zu ermitteln oder das Alter einer Witwe zu bestimmen. Offensichtlich floß gelegentlich ein gutes Quentchen Subjektivität und ein Hang zur Dramatisierung der tatsächlichen Lebensverhältnisse in die Quellen ein. Es gibt Beispiele für ausgesprochen larmoyante Bittbriefe von vorgeblichen Armen. Diese Armen stammten häufig aus der Gruppe der vormalig Wohlhabenden, die unter dem neuen Regime ihren Wohlstand eingebüßt hatten.[83]Diese von geübter Hand in flüssigem Stil geschriebenen Briefe, die oftmals wohlweislich direkt an die Mitglieder des BdB richteten, stehen in Kontrast zu den eher sachlichen Armutszeugnissen der "verschämten" Armen. Auf der anderen Seite kannten die Zeugen, die Bürgerhauptleute, Pfarrer und Polizisten die Bewohner ihres Viertels oder ihrer Gemeinde recht gut, weshalb es schwierig gewesen sein dürfte, in den Genuß von Armenhilfe zu kommen, wenn nach Ansicht des BdB diese nicht gegeben werden sollte. So wurde vorbestraften Armen auch schon mal die Unterstützung versagt, weil man die unerwünschte Familie dadurch aus der Stadt fernhalten zu können glaubte, wie dies im Falle der Familie Hölzer geschah: Catharina Hölzer und zwei ihrer Töchter waren sechsmal wegen Diebstahls vorbestraft und galten als unverbesserliche Gauner. Der Ehemann Hölzer hatte fünf Kinder zu versorgen, während seine Frau eine 15-monatige Haftstrafe abzusitzen hatte. Polizeikommissar Werner teilte auf Anfrage mit, er habe Hölzer ein AZ verweigert. Daß die Familie damit faktisch in die Reihe der umherziehenden Bettler abgedrängt wurde, scheint den beteiligten Beamten nicht wichtig gewesen zu sein.[84]

83 Die Armutszeugnisse dieser Bürger zeichnen sich oft durch ihren Stil und ihre Ausführlichkeit aus, wie auch folgendes Beispiel zeigt: "An die Verwaltung des Wohltätigkeits Bureau in Cölln bürger Verwalter ! Schon seit einem halben Jahr liege ich krank darnieder und bin dadurch außer Stand gesetzt, meine Frau und vier (durchgestrichen: zwei,!) Kinder vom Verdienst meiner Arbeit vor Mangel zu schützen.- Seit dieser Zeit fühle ich die ganze drückende Schwere der Armut und des mangels, und nur dem Mitleiden (!) guter Menschen verdanke ich bis jezt die kümmerliche Erhaltung meiner, und meiner famille (in lateinischen Buchstaben). (...Doch auch den hilfsbereiten Menschen falle es schwer, ihn zu erhalten.) Meine Lage wird also mit jedem Tag schröcklicher und ich bin daher gezwungen mich an Sie bürger, als bekannte Menschenfreunde zu wenden, und um Ihre gütige Unterstützung zu flehen (...) Cölln 29. Nivôse 8."HAStK FV 6727/1. Wie vorsichtig man mit Quellen umzugehen hat, die den Hunger und die Not der Armen darzustellen vorgeben, hat Richard C. Cobb in anderem Zusammenhang demonstriert. Richard C. Cobb, The Police and the People: French Popular Protest 1789 - 1820, London, Oxford, New York 1970, 2. Aufl. 1972, S. 246 f.

84 HAStK FV 6727/2 H 158.

Auf der anderen Seite schenkten die unterschreibenden Polizeikommissare dem Urteil der Nachbarn Glauben, wenn sie selbst die Familienverhältnisse des Hausarmen nicht zu beurteilen imstande waren.[85] Diese Beispiele zeigen, daß den in den AZ angegebenen Gründen für Armut nicht der objektive Charakter zukommen kann, den man sich vielleicht wünschen möchte. Diesen objektivierbaren Begriff von Armut hat es Ende des 18. Jahrhunderts nicht gegeben, und es ist eine interessante Frage, der wir hier nicht nachgehen können, ob es Ende des 20. Jahrhunderts einen objektiveren Begriff gibt. Andererseits liegt in der "Unzuverlässigkeit" der Quellen in diesem Punkte aber auch eine Chance, weil die Subjektivität des Urteils der verschiedenen Zeugengruppen in den AZ auch etwas über diejenigen Personen und Institutionen aussagt, die das AZ ausstellten: Es kann ja nicht als selbstverständlich vorausgesetzt werden, daß die tiefgreifenden Wandlungen der Mentalité, die im Vorfeld der Französischen Revolution stattgefunden hatten und die auch in der Haltung zur Armut und zum Betteln zutage traten, nahtlos und ohne Übergangsphase in den von Frankreich besetzten Rheinlanden übernommen worden sind. Das Problem der Armut und die möglichen Lösungsversuche dieses Problems konnten durchaus unterschiedlich von verschiedenen Betrachtern der Szene gesehen werden, und selbst das in der Diskussion so weit fortgeschrittene Frankreich erlebte Phasen, in denen die Armenhilfe von den Vertretern verschiedener Ideologien ganz unterschiedlich bewertet wurde. In Köln entspann sich z.B. alsbald nach der Übernahme der Hospitäler durch die Verwaltungskommission eine heftige Diskussion darum, nach welchen Prinzipien die geschlossene Armenhilfe durchgeführt werden sollte. Dabei standen auf der einen Seite ehemalige Verwalter der milden Stiftungen, die der Ansicht waren, daß die Armenhilfe in die Hände von Kaufleuten (sprich "Patriziat") gehöre, während die von der französischen Verwaltung kürzlich eingesetzten Mitglieder der Hospizkommission den relativ modernen Standpunkt vertraten, das Armenwesen müsse professionalisiert und verwissenschaftlicht werden.[86]

Wenn die "neue" Haltung zur Armut, die sich in der Forderung nach Verwissenschaftlichung der Armenhilfe niederschlug, so lange brauchte, um sich unangefochten durchzusetzen, wieviel länger wird das überkommene Interaktionsmuster zwischen Hausarmen und Obrigkeit die Beziehungen beider Gruppen geprägt haben? Wenn die Hausarmen ein Teil der Unterschichten waren, also "außerhalb" der Gesellschaft standen, wenn sie mit zu jener großen Gruppe der *Marginaux* gehörten, dann wird sich das auch in der Interaktion dieser Hausarmen mit der Obrigkeit niederschlagen müssen. Die Auswahl von Gründen, weshalb ein Individuum, das unter oder hart am Existenzminimum lebte, auf einmal nach seiner eigenen Einschätzung und der seiner Mitmenschen zum "Armen" wurde, d.h. warum dieses Individuum zum Gegenstand der sozialpolitischen Maßnahmen des BdB wurde, könnte verraten, inwiefern der Schreiber eines AZ die althergebrachten Begründungszusam-

85 "Der Polizey Kommissair der 2ten Section bescheinigt, daß die Wittib Cloevers vorzeigerin dieses 61 Jahre alt wohnhaft in der Spielmansgaß sich laut dem Zeugnis ihrer Nachbahren rechtschaffen betragen hat (...PK Jonen, 24 Pluviôse an 7/12.2.1799 und zwei Zeugen)." HAStK FV 6727/1 C 004.

86 HAStK FV 6348.

menhänge für die Vergabe von Almosen noch bemühte oder ob er (oder sie) sich schon an der modernen Haltung zum Pauperismus orientierte. Beide Haltungen lassen sich durch eine Vielzahl von Armutszeugnissen belegen, von denen hier nur zwei als Stellvertreter zitiert werden sollen. Im folgenden AZ, das von einem Arzt ausgestellt wurde, werden die sozialen Ursachen der Armut besonders hervorgehoben:

> Daß die Ehefrau des Bürger(s) Block Kupferdrucker auf der Burgmauer wohnhaft (4247) welcher izt beynahe zwey jahre ohne Arbeit gewesen seit dieser Zeit mit vielen Krankheiten behaftet gewesen, und noch neuerlich, nachdem sie (...) an den Folgen des vierten Kindbettes zwey und zwanzig Wochen niedergelegen, wiederum fünf Wochen an einer unglücklicher weise Verbrannten Leiste gelegen hat, (...sie aber noch zwei kranke Kinder zu versorgen hat), bescheinige (Köln, den 28 Germinal) JWF Stoll (...)[87]

Akzeptierte der Schreiber Armut als etwas Natürliches, ja Gottgewolltes, das keiner weiteren Begründung bedurfte, so hat er sich möglicherweise auch nicht die Mühe gemacht, nach einer solchen Begründung zu suchen oder sie anzuführen. Als Begründung für eine milde Gabe oder die Unterstützung durch das Bureau de Bienfaisance genügte die Angabe, der Betreffende sei eben "arm" oder er entspreche dem Bild eines "wahren Hausarmen". Diese Einstellung zur Hausarmut dokumentiert das AZ des Pfarrers von St. Johann Baptist:

> Wittib Susanna Henseler meine Pfarrgenossin von guter aufführung eine durchaus arme wird zur Austheilung der armengelder bestens empfohlen Köln den 25 pluv. 1799 H. Frohn Pastor S. Joannis Baptisti.[88]

Das AZ des Pfarrers Frohn atmet noch ganz den Geist des "vormodernen", vom christlichen Almosenideal geprägten Bildes der Armut. Bemühte man sich in der Argumentationskette eines Zeugnisses um eine kausale Verknüpfung von Arbeitslosigkeit, geringem Einkommen und Hunger, wie dies Doktor Stoll tat, so ist dies ein Indiz für eine Abkehr von der Überzeugung, Armut sei etwas Gottgewolltes. Ein linearer Rückschluß auf eine aufgeklärte Haltung zu den Ursachen von Armut ist dennoch nicht möglich, da die pragmatischen Bedingungen der Kommunikation zwischen Hausarmen und Zeugen wie Hast oder der Unwille, ein Zeugnis auszustellen, ebenfalls Gründe gewesen sein könnten, warum ein Polizeikommissar lakonisch vermerkte, der betreffende Bürger sei arm. Es gehörte darüber hinaus zum schon zitierten älteren Bild der Armut, daß sich ein "wahrer Hausarmer" eines "christlichen" oder "moralischen" Lebenswandels zu befleißigen hatte. Der Zusammenhang zwischen der Beurkundung der Armut durch die Pfarrer und einer moralisch-ethischen Argumentation in den AZ ist unverkennbar: Es kam bei der Auswertung der von Pfarrern aufgesetzten oder mitunterschriebenen AZ häufig vor, daß darauf hingewiesen wurde, der Arme sei ein "wahrer Hausarmer" gewesen. Wahre Hausar-

87 HAStK FV 6727/1 B91.
88 HAStK FV 6727/2.

me waren in der Sprache des 18. Jahrhunderts Arme, die sich insofern sittlich aufführten, daß sie nicht bettelten oder einen "unmoralischen" Lebenswandel pflogen oder sonstwie auffällig wurden. Sehr viel seltener wurde von Pfarrern auf die bloße Armut verwiesen, ohne die moralischen Aspekte der Armut zu berücksichtigen. (Vergl. Tabelle 1.1)[89] Moralischen Lebenswandel bekamen immerhin 198 Arme bestätigt. Wie aus Tabelle 1.2 hervorgeht, unterschieden sich die armen Familien, in deren AZ moralisch argumentiert wurde, sehr von den übrigen. Arme tendierten dazu, sich die Qualität des moralischen Lebenswandels von Dritten bestätigen zu lassen, sie sich aber nicht selbst zuzuschreiben. Der Anteil von AZ, in denen ein moralischer Lebenswandel als Unterstützungsgrund angegeben wurde, und in denen der Begünstigte als Autor auftrat, ist gering. Dafür waren es vor allem die Pfarrer, die ein solches AZ auszustellen pflegten. Der Anteil der Pfarrer bei diesen AZ ist dreimal höher als in der Grundgesamtheit. Häufig tauchte das Argument des moralischen Lebens in Verbindung mit dem Argument auf, der Arme sei ein "wahrer Hausarmer". Auffällig selten hingegen wurde mit dem Verweis auf die "objektiven" Bedingungen der Armut wie Alter, Krankheit oder Erwerbslosigkeit der Antrag auf Förderung gestellt, und das, obwohl das Durchschnittsalter in der Gruppe der "moralischen" Armen höher lag. Die moralische Argumentation wurde zudem häufiger auf männliche Haushaltsvorstände angewandt - offenbar, weil alleinlebenden Frauen oder Witwen schnell ein schlechter Ruf nachgesagt wurde.[90]

89 SELECT1, S.. 455-493. In 123 Fällen wurden AZ vom Geistlichen unter Verweis auf die moralischen Qualitäten des Bewerbers verfaßt. In 54 Fällen (= 43.9 %) enthielt die Quelle einen Hinweis auf die "wahre Hausarmut", in nur 26 Fällen (=21.1 %) auf die "Armut" des Armen. Im Gesamtsample lagen diese Werte bei 10.0 % bzw. 50.2 %. Man vergleiche hiermit die Stichprobe, in der alle Fälle erfaßt wurden, in denen moralisch argumentiert wurde. Hier betrug N nur 198, d.h. in 62.1 % aller moralisch wertenden AZ waren Priester an der Formulierung des AZ beteiligt. SELECT1, S. 414 - 454. In nur 12.2 % gaben solche AZ an, der betreffende Arme könne sein Brot nicht verdienen (aus Gründen wie Arbeitslosigkeit oder Krankheit), in nur 23.6 % wurde hohes Alter als Grund angegeben, und das bei einem leicht erhöhten Durchschnittsalter der Stichprobe gegenüber der Gesamtgruppe. Auffällig geringer lag auch die Häufigkeit der Angabe von Krankheit als Bewilligungsgrundlage für eine Unterstützung. In nur 18.7 % aller Fälle des Samples wurde auf Krankheit verwiesen. In nur zwei Fällen wurde auf die Arbeitslosigkeit, in nur drei Fällen Einkommensverluste und in nur einem Fall Vermögensverluste als Ursache für Armut angesehen. Das entspricht Prozentwerten von 1.6, 0.8 und 2.4%. Allerdings scheint die Verwendung von Argumenten des Typs "Der Bürger X ist ein wahrer Hausarmer" von der Armenverwaltung auch dahingehend quittiert worden zu sein, daß die gezahlte durchschnittliche Unterstützung mit 2.30 Francs weit hinter dem Durchschnittswert der gesamten Gruppe zurückblieb (3.12 Francs). Dies kann auch eine Folge einer durchschnittlich geringeren Familiengröße der ausgewählten Gruppe sein, die mit 1.6 Personen deutlich hinter dem Wert 2.62 der Gesamtgruppe zurückblieb. Die Haltung des Unterstützung Begehrenden, die hinter der lakonischen Angabe "arm" eines AZ stand, läßt sich nur in Zusammenhang mit der thomistischen Armutslehre, wie sie vor der Reformation ausgebildet worden war, erklären. Klaus Kröll, Das Phänomen Armut (Wandlungen des Begriffs im Zeitablauf unter besonderer Berücksichtigung mittelalterlicher Armenpflegemaßnahmen im Vergleich zu heute), Diss. Köln, 1973, S. 144 - 150.

90 Vergl. Tabelle 2, Spalte 2: "moralische Argumentation". In der Spalte 3: "moralische Argumentation des Geistlichen" befinden sich diejenigen AZ aufgelistet, bei denen moralisch argumentiert wurde, aber der Pfarrer das AZ ausstellte oder mitunterzeichnete.

Der lapidare Verweis auf die Armut des Antragstellers und seiner Familie hingegen findet sich in 706 Fällen, also bei mehr als der Hälfte aller AZ.[91] Festhalten läßt sich jedenfalls, daß ein nicht unerheblicher Teil der AZ aus einem Begründungszusammenhang heraus argumentiert, der eher einer traditionellen Sicht der Armut zuzuordnen ist.[92] Die "modernere" Variante des AZ berücksichtigte die konkreten Ursachen für Armut stärker, vernachlässigte den christlichen Almosengedanken und ging davon aus, daß der individuelle Arme seine Berechtigung zur Unterstützung erst nachzuweisen hatte, also nicht von vorneherein Anspruch auf Unterstützung hatte. In diesen Kontext gehört es, wenn das AZ verzeichnet, der Arme könne "sein Brot nit (mehr) gewinnen", was je nach Umständen ein Verweis auf das Alter, den Krankheitszustand oder die familiäre Situation des Betroffenen sein konnte. 30.3 % aller Armen fielen nach eigenen Angaben oder denen ihrer Zeugen in diese Gruppe.[93] Alte Menschen hatten besonders oft das Problem, daß sie - ohne ausreichende Altersversorgung und ohne am Ort lebende Familienmitglieder - nicht mehr arbeiten konnten und dann unter das Subsistenzniveau fielen. Jedenfalls gaben 465 AZ an, die Betroffenen seien (zu) alt.[94]

Die in Frage kommende Altersgrenze läßt sich ziemlich genau fixieren. Die französischen Bestimmungen gingen von einem "Rentenalter" von sechzig Jahren aus, was sich auch in der Altersstruktur der untersuchten Hausarmen widerspiegelt. Obwohl ja Invalidität oder Arbeitslosigkeit auch in jüngeren Jahren vorkommen konnten, fallen erstaunlich viele alte Menschen in die Gruppe der Hausarmen. Das durchschnittliche Alter lag bei 71.8 Jahren.[95] Zu 24.0 Prozent also bestand die hier erfaßte Hausarmenbevölkerung aus Menschen, die nachweislich älter als 60 Jahre oder älter waren.

Mit dem Alter kamen oft Krankheiten, doch litten auch verhältnismäßig junge Menschen unter Krankheiten.[96] Von 384 Hausarmen kennen wir sogar die Art der Krankheit. 21.5 % der kranken Armen waren blind oder in ihrer Sehfähigkeit stark beeinträchtigt. Ob dies u.a. eine Folge der Belastungen von Textilarbeitern und -arbeiterinnen an ihren Arbeitsstellen war, läßt sich an dieser Stelle nicht beantworten. 15.6 % litten an der Gicht oder daran, was die Medizin des ausgehenden 18. Jahrhunderts dafür hielt. Bei 14.8 % wurde als Krankheit "Bettlägrigkeit" angegeben und 10.2 % der Kranken litt an "Schwäche" oder "Auszehrung", wohl ein Synonym für Tuberkulose. Die übrigen Krankheitsgruppen fielen nicht weiter auf, bzw. lagen unterhalb von 5 %.[97]

91 Entsprechend 50.2 %. Ebda.,S. 44, Variable POOR, Code 1.

92 Irsigler; Lassotta, Bettler, S. 20-25; S. 56. Jütte, Obrigkeitliche Armenpflege, S. 23 f.; Forrest, French Revolution, S. 13-31.

93 425 Fälle; ARMUT2, S. 45 Variable BREAD, Code = 1.

94 465 Fälle entsprechen 33.15 % aller AZ. Ebda.,S. 46, Variable AGE.

95 Ebda., S. 48, Variable AGEYEARS. *Valid cases* 368. 59 Jahre und jünger waren die Haushaltsvorstände bzw. Unterstützung erheischenden Armen in 30 Fällen. Verzerrungen ergeben sich durch die Tatsache, daß in einem Fall von Frühinvalidität oder Arbeitslosigkeit das Alter in der Regel nicht angegeben wurde.

96 Ebda.,S.48, Variable SICK, Code = 1. 520 AZ verzeichnen eine Krankheit des Antragstellers.

97 Ebda,S. 49, Variable SICKNESS. Codes für Blindheit = 1; Gicht = 3; Schwäche, Auszehrung =

Auffällige Unterschiede beim Vergleich aller Hausarmen mit der Gruppe der kranken Hausarmen liegen dort, wo man sie erwartet. Wie im Falle der alten Hausarmen schienen die Nachbarn eher bereit, einem Armen zu helfen, wenn sie wußten, daß er krank war. Dies hatte mit Sicherheit auch damit zu tun, daß es einem Kranken schwerer fiel, selbst einen der Offiziellen aufzusuchen und um ein AZ zu bitten. Ebenfalls nicht unerwartet ist die höhere Beteiligung der Ärzte, die aber immer noch sehr gering zu veranschlagen ist. Die Standardbegründung für ein Ersuchen um Unterstützung, nämlich "Armut", "Ehrenhaftigkeit" und "wahre Hausarmut" wurden in den AZ für Kranke seltener vorgebracht. Es bestätigt sich hier, daß diese Begründungen verstärkt bemüht worden sind, wo "objektive" Gründe wie Arbeitslosigkeit oder Alter nicht angeführt werden konnten. Auch die Behörden scheinen Krankheit als Grund für eine Hilfe eher akzeptiert zu haben als andere Gründe, denn obwohl die durchschnittliche Familie des Kranken kleiner war als die der Gesamtgruppe, fiel die gezahlte Unterstützung höher aus.

1.3.8.1 Arbeitslosigkeit

In heutiger Zeit ist der Begriff "arbeitslos" viel schärfer abgegrenzt von semantisch verwandten Begriffen wie "kurzarbeitend", "vorübergehend erwerbslos" oder Wortfeldern, die weiter entfernt liegen, als das vor 180 Jahren der Fall war. Ob eine Person hungerte, weil ihr Gewerbe als Folge der napoleonischen Wirtschaftspolitik auf das rechte Rheinufer verlagert wurde oder weil sie als selbständiger Handwerker in seinem Beruf keinen Umsatz mehr machte, war in der Wahrnehmung der Zeitgenossen fast gleichgültig. Sprachlich wurde jedenfalls kein großer Unterschied gemacht. So war es üblich, auch in Fällen, in denen jemand heutzutage als "arbeitslos" eingestuft wurde, in ein AZ zu schreiben, er könne "sein Brot nit verdienen" oder er finde "kein Auskommen". Die Trennschärfe der damaligen Begrifflichkeit ist vielfach nicht ausreichend, um eine semantische Unterscheidung zwischen dem Fehlen einer Arbeitsstelle und schlecht gehenden Geschäften treffen zu können. Dennoch gab es AZ, die sehr genau zu unterscheiden wußten. In 105 Fällen wurde geschrieben, der Arme sei "ohne Arbeit" oder habe keine Stelle.[98] Es ist jedoch davon auszugehen, daß die wirkliche Arbeitslosenzahl höher lag, da ein Teil der Arbeitslosen unter den Rubriken "brotlos" oder "kein Einkommen" geführt wurde. In 44 AZ wurde behauptet, der Antragsteller habe sein Vermögen oder seine ständigen Einkünfte verloren, was vor allem für Rentiers oder Mitglieder von Stiftungen zutraf, deren Stiftungsvermögen konfisziert worden war. In die Gruppe der wirtschaftlich schlecht gestellten, aber generell arbeitsfähigen Armen gehören all jene, die angaben, ihr Einkommen

6; Bettlägrigkeit = 17. Dies entspricht in etwa den Untersuchungen zu anderen Städten des 17. und 18. Jahrhunderts. Vergl. Ingeborg Titz-Matuszak, Mobilität der Armut - Das Almosenwesen im 17. und 18. Jahrhundert im südniedersächsischen Raum, in: Plesse-Archiv Heft 24, 1988, S. 9 - 338, hier S. 66-78.

98 Tagesprotokoll ARMUT2, S. 50, Variable WORK, Code = 1.

reiche nicht aus. Dies konnte eine Folge geringer Löhne sein, die Konsequenz von "Kurzarbeit" oder von Ausfallzeiten, die durch die familiäre Situation des/der Armen begründet waren.[99] Sicherlich waren in dieser Gruppe auch etliche Arme, die wir heute als Arbeitslose im engeren Sinne bezeichnen würden. Wenn auch das hohe Durchschnittsalter der erfaßten Bewohner Kölns und unausgewogene Verteilung von Männern und Frauen unter den Hausarmen es schwierig erscheinen lassen, die berufsbedingten Ursachen für Armut zu bestimmen, so sind die wenigen verfügbaren Daten doch recht aufschlußreich. Besonders hart von Armut betroffen waren die Tagelöhner und die "Handarbeiter" als Angehörige der Berufsgruppen, die "von der Hand in den Mund" leben. Dabei ist es wahrscheinlich, daß ein großer Teil der "Handarbeiter" ebenfalls unter die Tagelöhner zu zählen war.[100] Oft unterschritten auch Schneider, Textilarbeiter und Schiffer die Armutsgrenze, was im Falle der beiden ersten Gruppen wohl strukturelle Ursachen hatte, im Falle der Rheinschiffer mit den witterungsbedingten Unwägbarkeiten des Gewerbes zu tun hatte. 1783/84 und 1799 hatten schwere Eisgänge die Rheinschiffahrt geschädigt und manchen Kahnbesitzer ruiniert. Auf die 293 AZ bezogen, in denen der Beruf des Armen vermerkt war, bestätigen sich die an einzelnen Quartieren aufgezeigten Tendenzen. Über 60 % aller Fälle gehörten zu einer der Berufsgattungen Tagelöhner, Textilarbeiter, Handarbeiter, Schneider oder Soldaten, Berufen also, die entweder der beschränkten Möglichkeiten des Marktes (Tagelöhner, Handarbeiter oder politischer Entscheidungen (Soldaten) wegen einen hohen Arbeitslosenanteil oder generelle Unterbeschäftigung zu verzeichnen hatten.[101]

99 Ebda., S. 52, Variable LOSS, Code = 1. "Von der Hand in den Mund" lebten alle Tagelöhner, Gesellen, Lehrjungen und Dienstboten sowie ledige oder verwitwete Frauen. Sie zählten zu denen, die in der Regel nicht genug verdienten, also ihr Brot nicht verdienten. Ebeling, Lebenshaltungskosten, S. 15 f.

100 Der Begriff "Handarbeit", der um die Mitte des 18. Jahrhunderts fast ausschließlich die Arbeit des Bergmannes meinte, begann gegen Ende des 18. Jahrhunderts eine doppelte Konnotation anzunehmen, die der "untersten Arbeit mit den Händen" und die der Frauenhandarbeit mit Nadel und Faden. Eben wegen dieser doppelten Bedeutung war es aber wichtig, beide Begriffe "Handarbeit" und "Tagelöhner" nebeneinander stehen zu lassen. Johann Heinrich Zedler, Grosses Universal Lexicon Aller Wissenschaften und Künste (...), 64 Bände, 4 Supplementbände, Leipzig 1732 - 1752, hier 12. Band, Leipzig 1735, S. 433, Artikel "Handarbeit". Jacob Grimm, Deutsches Wörterbuch, 16 Bände, Leipzig 1854 - 1922, 4. Bd., Leipzig 1877, S. 363, Artikel "Handarbeit". Vergl. auch Werner Conzes Artikel "Arbeit" in: Brunner; Conze; Koselleck (Hg.), Geschichtliche Grundbegriffe, 1. Bd. S. 154 - 215. Grundlegend auch Hermann Wellenreuther, Forschungen zur Geschichte der Arbeiter in Deutschland, England und Nordamerika im 18. Jahrhundert: Der Arbeitsmarkt, in: Klaus Tenfelde (Hg.), Arbeiter und Arbeiterbewegung im Vergleich: Berichte zur internationalen historischen Forschung, München 1986, S. 63 - 99.

101 Ebda., S. 53, Variable INCOME, Code = 1. Die sprachliche Verwirrung der AZ im Zusammenhang mit der Arbeitslosigkeit ist den Zeitgenossen nachzusehen. Selbst Jütte setzt die Ursachen der Armut allesamt in Beziehung zur Armut und nennt mangelnde Arbeitsfähigkeit, mangelndes Arbeitseinkommen, mangelnde Arbeitsgelegenheit und mangelnden Arbeitswillen als Ursachen der Armut. Damit erweist er der Forschung einen Bärendienst, denn eine derartige Begrifflichkeit verstellt mehr als sie erhellt. Jütte, Obrigkeitliche Armenpflege, S. 13 f.

1.3.8.2 Die familiäre Situation

Der typische Kölner Hausarme war kein vereinzeltes Individuum, das aus der Fürsorge der Familie herausgefallen war. Sehr viele von ihnen lebten in einer ehelichen Gemeinschaft, hatten Kinder oder lebten sogar mit ihren Enkelkindern zusammen. 31 Prozent der Armen hatten Kinder, die entweder noch zu jung waren, um zu arbeiten, oder arbeitslos waren, die jedenfalls noch keinen Lohn mit nach Hause brachten.[102] Die Größe dieser Familien variierte stark. In 44.1 % aller Fälle lebten außer dem im AZ genannten Armen nachweislich noch andere, von ihm abhängige Familienangehörige, Verwandte oder Lebensgefährten mit im Haushalt. Das heißt, daß außer den 1406 erfaßten Familienvorständen bzw. Alleinstehenden, die in den AZ als Empfänger von Armenhilfe genannt wurden, noch 1726 andere Personen von der Unterstützung des BdB abhängig waren. Damit hatte Köln 1799/1800 eine Bevölkerung von mindestens 3132 Hausarmen, was den zeitgenössischen Schätzungen recht nahe kommt, wenn man berücksichtigt, daß in den narrativen Quellen nicht genau zwischen Hausarmen und nicht seßhaften Armen unterschieden wurde und deshalb die Schätzungen zu hoch liegen.[103] Legt man eine Bevölkerung von 38.000 Menschen zugrunde, so wären 8.2 % der städtischen Einwohner Hausarme gewesen.

Die Durchschnittsgröße der armen Familie lag damit bei 3.9 Personen, was erstaunlich ist, wenn man das recht hohe Durchschnittsalter der Betroffenen in Betracht zieht. Als alleinstehend oder ledig wurden 68 Empfänger von AZ benannt, 422 waren verheiratet, 576 verwitwet und 24 von ihren Ehepartnern verlassen.[104] Von den 495 verwitweten Personen der Gesamtgruppe waren 478 Frauen (=96.6 %). Die Antragsteller auf Hausarmenunterstützung waren demnach entweder verwitwete Frauen oder verheiratete Männer, da die verheirateten Frauen über ihre Männer versorgt wurden und die Zahl der verwitweten Männer entweder sehr gering war oder aber der Tod der Ehefrau wirtschaftlich nicht so stark auf die materielle Situation der Familie durchschlug wie der Tod des Ehemanns.[105] Die hier vorgelegten Ergebnisse bestäti-

102 Ebda., S. 82, Variable KIDS, Code = 1. 520 AZ enthielten einen Hinweis auf mit im Haushalt lebende Kinder.

103 Ebda., S. 85, Variable FAMSIZE, Codes 1 bis 9. Der Datensatz enthält 739 solcher Familien. Bezogen auf die Zahl der *valid cases*=739, errechnet sich die Größe der Familie (F) aus der Anzahl der Empfänger (Na) und der Summe aller Familienangehörigen (Sf) nach der Formel F=(Na+Sf)/Na. Zu dieser Zahl müssen die rund 500 Straßenbettler gerechnet werden, die Ebeling errechnet hat. Ebeling, Lebenshaltungskosten, S. 10 f.

104 Ebda., S. 86, Variable STATUS. Codes 1=ledig, 2=verheiratet, 3= verwitwet, 4=verlassen. Summe der *valid cases*=1090. Von fast der Hälfte der AZ fehlt also jeder Hinweis auf den Familienstand. Hier ist es wahrscheinlich, einen hohen Grad an verheirateten Armen anzunehmen, da "erschwerende" Bedingungen wie Witwenschaft oder Junggesellendasein erwähnt worden wären.

105 Im Gesamtsample überwiegen die Frauen, die 53.9 % aller Empfänger von AZ stellten. Das dürfte in etwa der damals herrschenden Verteilung von Männern und Frauen in der Gesamtbevölkerung entsprochen haben. Ebda., S.87, Variable GENDER. Codes 1=männlich, 2=weiblich. Zur Geschlechtsverteilung einer mit Köln vergleichbaren Stadt siehe Heinz Monz, Die Bevölkerungsstruktur einer mitteleuropäischen Stadt und ihrer Region im Jahre 1802 im Vergleich zu den Jahren 1961/64, in: Archiv für Sozialgeschichte, 5. Bd., Hannover 1965, S. 147- 191.

gen, was Dietrich Ebeling aus anderen Quellen für die Straßenbettler herausgefunden hat. Für diese Gruppe errechnete er einen Altersdurchschnitt von 60 Jahren. Mehr als die Hälfte der Gezählten waren nach Ebelings Angaben verwitwet. Vermerke über die Krankheit der Armen waren häufig.[106]

1.3.8.3 Berufe und Armut

Bedingt durch den hohen Anteil von Frauen und älteren Leuten, die keiner Arbeit nachgingen, sind die verfügbaren Informationen über die berufliche Tätigkeit der Kölner Hausarmen spärlich. In nur 293 Fällen, d.h. in 20.8 % der AZ sind Berufsbezeichnungen der Hausarmen vermerkt. Setzt man diese 293 Fälle als 100 Prozent an, so waren 48 Arme oder 16.4% Tagelöhner oder im Tagelohn beschäftigte Wäscherinnen. Fast ebensoviele, nämlich 47 oder 16.0% waren Textilarbeiter oder -arbeiterinnen. Zu diesen Berufen wurden auch Wollspinner, Stricker oder Posamentierer gezählt. 45 Arme gaben an, "Handarbeiter" im weitesten Sinne zu sein (=15.4%).Ehemalige Soldaten machten 4.8 % aus (14 Fälle). Die sprichwörtlich armen Schneider stellten 7.5 % (22 Fälle), Erwähnenswert sind noch die Kölner Schiffer, die unter dem Eisgang des Jahres 1799 schwer gelitten hatten oder durch die Rezession kaum Umsatz machten. Sie stellten 4.42 % der erfaßten Hausarmen mit Berufsbezeichnungen.[107] Es waren vor allem Angehörige der Berufsgruppen, die am unteren Ende der Lohnskala lagen, die unter die Armutsgrenze rutschten bzw. deren Löhne von vorneherein so niedrig lagen, daß eine Existenz ohne Hilfe des BdB unmöglich war. Dies soll nicht heißen, Geldentwertung und die Auswirkung längerfristig anhaltender Krisen hätten keine Auswirkungen auf die Lebenshaltung der "Unterschichten" gehabt. Doch kann man nicht umhin, eine gewisse Sockelarmut für die Angehörigen oben erwähnter Berufsgruppen anzunehmen.

1.3.9 Zur Topographie der Kölner Hausarmut

In der Forschung zur Geschichte der Kölner Unterschichten im Spätmittelalter und zu Beginn der Neuzeit wird davon ausgegangen, daß es keine Gettoisierung der Kölner Armut gegeben habe.[108] Wie jedoch die Arbeiten W. Feldenkirchens für die

106 Ebeling erhielt seine Ergebnisse durch Hochrechnungen auf das Adreßbuch von 1797. Inwieweit es realistisch ist, von einer Familiengröße von fünf bis sechs Personen pro Bettlerhaushalt auszugehen, mag nach den hier vorgelegten Ergebnissen zur Familienstruktur der Hausarmen fragwürdig erscheinen. Im übrigen scheint die Zahl der unterstützungsempfangenden Haushalte während des gesamten 18. Jahrhunderts sehr hoch gewesen zu sein. Jedenfalls erhielten 1740 nach einer Hochrechnung des gleichen Autors 4099 Haushalte Kölns verbilligtes Brot aus der Zuteilung der Stadt. Ebeling, Lebenshaltungskosten, S. 10-12.

107 Ebda., S. 57, Variable PROFESS, Codes 1=Tagelöhner, Wäscherin; 2=Textilarbeiter/-in; 7=Soldat; 10=Schneider; 11=Schiffer; 15=Handarbeit; Ebeling, Lebenshaltungskosten, S. 43-54

108 Irsigler, Lassotta, Bettler, S. 40 f.

französische Zeit und D. Ebelings für das 18. Jahrhundert gezeigt haben, gab es in späterer Zeit topographisch klar abgrenzbare Bezirke der Stadt, in denen das Vermögen der Einwohner deutlich unter bzw. über dem Durchschnitt lag.[109] Somit ist die Frage nach den typischen Wohngebieten der Armen gestellt, wobei sich zwei Untersuchungsansätze anbieten. Zum einen soll die Verteilung der Hausarmen auf die einzelnen Quartiere untersucht werden, zum anderen die Korrelationen bestimmter Straßenzüge mit dem Auftreten von Hausarmen. Gegenüber den Verfahren Feldenkirchens und Ebelings, die im wesentlichen von Steuerlisten ausgegangen sind, haben beide Ansätze den Vorteil, auch die Hausarmen zu erfassen, die bei einer Steuerveranlagung von vorneherein gar nicht berücksichtigt worden wären, weil sie keinen eigenen Haushalt führten.

Anhand des Adreßbuches von 1797 war es möglich, die Kölner Straßen den einzelnen Quartieren, d. h. Steuerbezirken, zuzuordnen. Abgesehen von dem Vorzug, hier eine erste grobe topographische Gliederung der Kölner Hausarmut vornehmen zu können, war dieses Verfahren auch deshalb angeraten, weil nur so eine Einschätzung des Verhaltens der Bürgerhauptleute vorgenommen werden konnte, die den Quartieren vorstanden. Da bestimmte Berufsgruppen auch zusammen wohnten, ließen sich über die Rolle der städtischen Funktionsträger hinaus auch Erkenntnisse über die Ursachen berufsbedingter Armut gewinnen. Ferner müssen sich die einzelnen Sektionen auch hinsichtlich ihrer sozialen Kohärenz unterschieden haben.

Bei einem direkten Vergleich aller acht Quartiere fällt das erste am meisten aus dem Rahmen. Dieser Bezirk hatte keinen besonders hohen Anteil an Armen. Trotz des relativ geringen Anteils von Hausarmen zeigten die Bewohner dieses Viertels ein sehr geringes Interesse an den Problemen der armen Mitbewohner. Jedenfalls waren Nachbarn in die Vergabe der AZ auffällig selten involviert.

Daraus erwuchs den Pfarrern dieses Bezirks, allen voran dem Pfarrer von St. Johann Baptist, eine besondere Rolle. Ihre Unterschriften erscheinen auf fast 40 Prozent aller AZ. Dementsprechend oft wurde in den AZ argumentiert, bei den Unterstützung beziehenden Armen handele es sich um "wahre Hausarme". Besonders oft wurde betont, die Armen hätten sich eines moralischen Lebenswandels befleißigt. Hier wurde also noch ganz im Stile der christlichen Armenhilfe für Hausarme ein gutes Wort eingelegt. Konsequenterweise wird seltener auf das hohe Alter der Armen verwiesen, mangelndes Einkommen wird überhaupt nicht als Grund für Armut oder Not genannt, und auch der Arbeitslosigkeit kommt in der Einschätzung der Aussteller von AZ nur eine untergeordnete Bedeutung zu. Dies lag wohlgemerkt nicht an dem geringen Aufkommen von Armut, denn im ersten Quartier lagen alles andere als reine Prachtstraßen. Das erste Quartier enthielt u.a. den Filzengraben, die Severinstraße, den Katharinengraben und die Spielmannsgasse, alles eher ärmliche Adressen im Köln des frühen 19. Jahrhunderts. Allerdings wohnten in diesem Teil der Stadt traditionell die Rheinschiffer und Kaufleute (um St.

109 Wilfried Paul Feldenkirchen, Aspekte der Bevölkerungs- und Sozialstruktur der Stadt Köln in der französischen Zeit, in: Rheinische Viertelsjahresblätter 44, 1980, S. 182 -227, hier S. 219 - 224. Ebeling, Lebenshaltungskosten, S.11, Anm. 11., ders., Bürgertum und Pöbel, S. 21 - 23.

Maria Lyskirchen), wobei letztere eher den Wohlhabenden zuzurechnen waren. Die Schiffer andererseits stellten die wichtigste Berufsgruppe unter den Armen dieses Bezirkes dar. Wohl wegen des hohen Anteils grundsätzlich arbeitsfähiger Schiffer unter der verarmten Bevölkerung des Viertels lag die Unterstützung, die gezahlt wurde, deutlich unterhalb der Durchschnitte anderer Stadtbezirke. Hinzu kam, daß der Anteil der Armen, die krank waren, geringer war, die Behörden also von einer vorübergehenden Erwerbslosigkeit der betroffenen Familien ausgehen konnten und nicht von einer dauernden Invalidität weiter Teile der Bevölkerung. Das Argument hohen Alters wurde in diesem Viertel viel seltener vorgebracht als beispielsweise im benachbarten zweiten Quartier. Das dürfte die Unterstützungssätze nach unten gedrückt haben.

Etwas anders stellte sich die Situation der Hausarmen im zweiten Quartier dar. Dieses lag im Gebiet der heutigen "Altstadt", dem Gebiet rings um Groß St. Martin, also der Rheinstadt mit ihren engen Gassen und Winkeln. Ebenso gehörte das Gebiet um den Heumarkt dazu. Hier lebten wenig Arme. Dies stimmt mit den Ergebnissen Feldenkirchens überein, der die durchschnittlichen Häuserwerte in dieser Gegend sehr hoch ansetzte. Auch hier kümmerten sich die Nachbarn vergleichsweise wenig um die Hausarmen, jedenfalls weisen die AZ überdurchschnittlich selten Unterschriften der Nachbarn auf. Dies lag wohl an der sozialen Struktur des Viertels, in dem die Vertreter des bessergestellten Bürgertums zu suchen waren. Damit erklärt sich auch die geringe Aktivität der Bürgerhauptleute in diesem Bezirk, in dem allenfalls der Essigfabrikant Jakob Nicolaus Jansen (Hausnummer 1089) und der Steinmeister Johann Wilhelm Sarbourg (Hausnummer 1647) durch ihr Engagement für die Hausarmen auffielen. Weil aber auch der zuständige Pfarrer von Klein St. Martin anscheinend nur sehr widerwillig AZ ausstellte, fehlen in den AZ die "traditionalen" Begründungen, der Arme sei ein "wahrer Hausarmer" oder er habe sich "allezeit recht christlich" aufgeführt. Stattdessen stellen die Schreiber der AZ in lakonischem Ton die Tatsache der Armut des Bedürftigen fest. Abweichend ist auch der häufige Verweis auf das hohe Alter der Armen, obwohl sich aus den Durchschnittszahlen keine andere Altersstruktur dieses Viertels gegenüber der Gesamtstadt ablesen läßt.

Das dritte Quartier umfaßte das Gebiet an St. Alban am Rathaus. Hier gab es den geringsten Anteil von Hausarmen im gesamten Stadtgebiet, wenn man den AZ glauben darf. Doch wird das Ergebnis der Inhaltsanalyse auch durch Feldenkirchens Untersuchung unterstützt. Vorsichtig sollte man allerdings bei der Verwendung von Prozentzahlen sein, da bei nur 18 Armenzeugnissen im ganzen Bezirk leicht Verzerrungen auftreten können, die zu Fehlinterpretationen führen. Die amtlich bescheinigte Armut dieses Viertels jedenfalls stellt sich als Witwenarmut dar. So lebten im Perlengraben allein neun Witwen, auf dem Buttermarkt vier und im Lichhof acht Witwen, die von der Unterstützung des BdB lebten. Von den Erwartungen weicht nur die Höhe der gewährten Unterstützung ab, die deutlich über dem Durchschnitt lag. Dies kann nicht an der besonderen Milde des BdB gegenüber Witwen gelegen haben, die in der Regel weniger Unterstützung bezogen als der Rest der Hausarmen.[110]

110 SELECT2, S. 366. STREET = 27, 115 und 152. Ebda. S. 364, Durchschnitt MONEY = 2.99 FF. Männer mit Familie erhielten eine durchschnittliche Unterstützung von 3.56 FF. Ebda., S. 408.

Wenn es im Köln des frühen 19. Jahrhunderts so etwas wie eine Gegend der Hausarmen gab, so war es das sechste Quartier, das u.a. die Mariengartengasse, die Komödienstraße, die Mördergasse, die Breitestraße, die Glockengasse und den Perlenpfuhl umfaßte. Die Immobilienwerte lagen in einigen Straßen auffällig niedrig, wie in der Mariengartengasse, dem Perlenpfuhl und der Mördergasse. Von den Armen Kölns lebten hier vor allem arbeitslose Textilarbeiter und -arbeiterinnen. In jedem zweiten Haus gab es durchschnittlich einen unterstützungsabhängigen Armen. Dies war der Bezirk der Pfarrei St. Kolumba und der Fahnenbezirk des Bürgerhauptmanns Georg Schoening. Abgesehen von der hohen Konzentration von Armen, war dieses Quartier aber das sozial ausgewogenste aller acht Bezirke.

Was sich anhand der Verteilung der Armen über die Quartiere zeigen läßt, bestätigt sich bei der Zusammenstellung der Straßenzüge, in denen Hausarmut massiert auftrat. In sieben Kölner Straßen häuften sich fast 18 Prozent aller AZ (Tabelle 1.11). Nach der Aufstellung W. Feldenkirchens waren die in Tabelle 1.11 erfaßten Straßen und ihr Immobilienbestand mit Ausnahme der Minoritenstraße eher ärmlich zu nennen.[111] Die Straßen, die einen wertvollen Hausbestand hatten, wie Auf dem Bach (Code 11) oder Cäcilienstraße (Code 34), Fettenhennen (Code 57) oder Apostelnkloster tauchen in den Armutszeugnissen selten oder überhaupt nicht auf. Die Auswahl der Straßen, in denen keine Unterstützungsempfänger lebten, und der Vergleich mit den 1789 veranschlagten Häuserwerten zeigt, daß es keine gleichmäßige Streuung von Besitz in Köln gegeben hat. Vielmehr lebten die wohlhabenden Bewohner der Stadt offensichtlich in Straßen, die kaum Armut kannten, und Armut konzentrierte sich in den Gebieten, wo der Hauswert ohnehin sehr niedrig zu veranschlagen war.[112] Dieses Ergebnis paßt sehr gut zu der von Ebeling anhand des Kirchspiels St. Kolumba erwiesenen sozialen Bandbreite. Schon gegen Ende des 17. Jahrhunderts hatte die größte Kölner Kirchengemeinde eine Binnengliederung aufgewiesen, in der hoch bewertete Wohnlagen mit niedrig geschätzten in Gemengelagen vorgekommen waren. Da Köln schon sehr früh ein ausgeprägtes Mietsystem hatte, ist die Korrelation von Armut und Hauswert sehr leicht nachzuvollziehen.[113]

Dabei scheint jedes Quartier seinen eigenen Wohnbezirk für Arme gehabt zu haben, denn die Spielmannsgasse lag im ersten, die Maximinstraße im vierten, Kattenbug und An St. Apern im fünften, Minoritenstraße und Mariengartengasse im sechsten und die Löhrgasse im siebten Quartier. Dennoch wäre es übertrieben, von einer Gettoisierung der Hausarmen zu reden, da dies die großflächige Abgrenzung der Hausarmut implizieren würde, die sich durch das verfügbare Datenmaterial nicht nachweisen läßt. So ist denn die Korrelation von Häuserwerten und Häufigkeit von

111 Feldenkirchen, Aspekte, Tabelle 10, Anhang. Bei der Aufstellung der 225 erfaßten Kölner Straßen wurde von der Auflistung Feldenkirchens ausgegangen, um die Vergleichbarkeit der Ergebnisse zu gewährleisten. Einige Straßenzüge fehlten, die dann ergänzt wurden. Schreibvarianten wurden dabei berücksichtigt.

112 Der Durchschnittswert der Häuser in Straßen ohne Hausarme lag bei 2382,26 Livres. Demgegenüber betrug der Häuserwert in den Straßen mit einer hohen Konzentration von Hausarmen bei 928,50 Livres.

113 ARMUT2, S. 60 f. Variable STREET. Ebeling, Bürgertum und Pöbel, S. 22 f.

Hausarmut nur schwach ausgeprägt, wenn man das gesamte Stadtgebiet in die Berechnungen einbezieht.[114] Sehr arme Kölner wohnten zwar nicht unbedingt innerhalb der gleichen Straße, aber dennoch in unmittelbarer Nachbarschaft der sehr reichen Kölner, wenn man den Häuserwert als Indikator für Reichtum zuläßt. Daraus folgt, daß Armut, auch Hausarmut, ein Phänomen gewesen sein muß, mit dem alle Schichten der Stadt aus eigener Anschauung vertraut gewesen sein müssen. Dies hatte sich ja schon im Zusammenhang mit der Aktivität der Bürgerhauptleute zeigen lassen, deren prominenteste Vertreter aus den Kreisen der wohlhabenden Kaufleute und Fabrikanten stammten.

Zusammenfassend läßt sich sagen, daß die Kölner Hausarmen des ausgehenden 18. und beginnenden 19. Jahrhunderts in einer Weise in die Gesellschaft integriert waren, die einerseits ein hohes Maß an sozialer Kontrolle durch die Notabeln der städtischen Gesellschaft aufwies, andererseits aber auch durch eine funktionierende Kommunikationsstruktur zwischen den Vertretern der Macht und den Hausarmen gekennzeichnet war. Polizei, Kirche und städtische Behörden (Bürgerhauptleute und BdB) kümmerten sich sehr intensiv um die Hausarmen, wie auch die Armen ihrerseits, bar jeden Gefühls, eine diskriminierte Randgruppe zu sein, teilweise sehr selbstbewußt mit Forderungen und Bitten an die Vertreter des "Staates" herantraten. Dabei ist die Periode der französischen Verwaltung der Rheinlande offenbar die Phase der Beziehung zwischen staatlicher Macht und städtischer Armut gewesen, in der das christliche Almosenideal erst langsam durch eine neuere Auffassung ersetzt wurde, die die sozialen Ursachen der Armut zum Bewertungsmaßstab für sozialpolitische Maßnahmen des Gemeinwesens machte.

1.4 Zehn Jahre später: Kölner Hausarmut im Empire

1.4.1 Der organisatorische Rahmen

Sozialpolitik ist keine willkürliche Setzung von Maßnahmen des Staates oder der ihn tragenden Eliten, sondern bestimmt sich in aller Regel aus dem Zusammenwirken verschiedener gesellschaftlicher Kräfte, zu denen unter bestimmten Bedingun-

114 Die Korrelationsmaße für die durchschnittlichen Häuserwerte (Variable WERT) und die Häufigkeit von Armutszeugnissen in der betreffenden Straße (Variable AZ) liegt bei R = -.30656. Diese schwache Korrelation kommt zustande, weil zwar die Straßen mit ausgesprochen hoher Konzentration an Hausarmut tendenziell Straßen mit geringem Häuserwert waren, andererseits aber Hausarmut auch in Straßenzügen vorkam, in denen sehr wertvoll eingestufte Häuser standen. Darüberhinaus konnte es durchaus sein, daß eine Gasse, die sehr kurz war, keine Hausarmen aufwies, der Wert des Hausbestands trotzdem unterdurchschnittlich niedrig lag. Vergl. Feldenkirchen, Aspekte, Anhang, Tabelle 10. Tagesprotokoll des SPSS-Laufs vom 13.10.1986, Seite 7: Scattergram of WERT (down) with AZ (across). Dieses Scattergram ist die Darstellung einer zweidimensionalen Verteilung von rational skalierten Werten auf einer x- und einer y-Achse. Der Durchschnittswert der Kölner Häuser (berechnet aus den Durchschnittswerten von 211 Straßen Kölns) lag bei 1353.50.

gen auch die Unterschichten gehören können. Wie gezeigt wurde, nahmen die Hausarmen Kölns in den Jahren vor 1794, aber auch in der Phase bis zur Konsolidierung der französischen Herrschaft aktiv Einfluß auf die armenpolitischen Maßnahmen der lokalen Eliten, indem sie sich, wenn nicht der Hilfe, dann der stillschweigenden Duldung der Nachbarn, der Bürgerhauptleute, Pfarrer und Polizisten versicherten. Unterstützt wurde ihr Streben nach einer Linderung ihrer materiellen Probleme durch die noch teilweise wirksame Vorstellung, daß Armut ungeachtet ihrer Gründe ein Grund für Unterstützung durch die Allgemeinheit war. In den Jahren nach 1800 war nun auf seiten der staatlichen Stellen eine Veränderung der praktischen Armenpolitik festzustellen, die sich weniger an den Zielen und Inhalten der Ideen der politischen Elite festmachen läßt, als an der zunehmenden Effizienz und Bürokratisierung der getroffenen Maßnahmen.

Ausgangspunkt dieser hier nur kursorisch vorgestellten Änderungen war die Zusammenlegung der Gelder, die zur Armenhilfe zur Verfügung standen, in einer Hand, also eine weitere Konzentration der Finanzmittel, die über die Zusammenfassungen, die sich aus der Säkularisation ergeben hatten, noch hinausgingen. Vor 1794 hatte jede in der Hausarmenhilfe tätige Stiftung ihre eigenen Verwalter gehabt, die unabhängig von den anderen Stiftungen versucht hatten, das Vermögen des eigenen Institutes durch Legate zu vermehren. An die Armen verteilt wurde die Unterstützung durch verschiedene Kanäle wie Pfarrer, Kirchmeister, Rat, Zünfte oder die milden Stiftungen selber. In fast jeder Pfarrei bestanden derlei Stiftungen, oftmals mehrere nebeneinander, die alle ihre besonderen Rechnungsführer hatten.[115] Die Konsequenz dieser dezentralen und nichthierarchischen Organisationsform war weniger Unordnung bei der Ausgabe der verwalteten Mittel als Unübersichtlichkeit über Umfang und Zusammensetzung der Kölner Armenpopulation. Dies mußte einer Verwaltung, die so zentralistisch aufgebaut war wie die französische, ein Dorn im Auge sein. Wie wir gesehen haben, wurde diese Organisation der Armenpflege nach 1794 zunächst beibehalten. Die erste durchgreifende Änderung stellte die Organisation des *Bureau de Bienfaisance* (Jahre Pluviôse 7 bis Germinal 9, Januar 1799 bis März 1801) dar, welches sich zum Teil durch eine eigens zu diesem Zwecke erhobene Luxussteuer finanzierte. Nach der Organisation zweier Armenbureaux auf Beschluß des Präfekten vom 5 Pluviôse an 9 (25.1.1801) ging man endlich daran, die finanziell völlig unzureichenden Mittel der Armenverwaltung durch Sicherung des ehemaligen Stiftungsvermögens aufzustocken. Die Verhandlungen der französischen Administratoren mit den Verwaltern der Stiftungen waren lang und nicht sehr erfolgreich. Selbst da, wo es der Hospizkommission oder den BdB gelang, den Nachweis zu führen, daß sie als Rechtsnachfolger der alten Stiftungen das Besitzrecht über bestimmte Vermögen oder Sachwerte ausüben konnten, blieb oft nur der Weg zum Gericht, um die säumigen Schuldner der alten Stiftungen zur Zahlung ihrer Rückstände zu bewegen.[116]

115 Zu den kirchlichen Institutionen der Armenhilfe gehörten u.a. das Magdalenenkloster in der Steinfeldergasse (Hausnummer 3528), das Damenstift im Lichhof (HN 1757), Allerheiligen am Eigelstein (HN 3088 1/2), aber auch Pfarrkirchen wie Maria Lyskirchen.

116 HAStK, Armenverwaltung, Bestand 400, Nr. 8, 4 A 10: Aufforderung der Übersicht des Armenwesens vom 12. Februar 1820 auf Veranlassung der Preußischen Regierung.

Dennoch konnten neue Finanzquellen für die Arbeit der Armenverwalter bereitgestellt werden. Einer der wichtigsten Posten bei der Finanzierung der Armenverwaltung war die Übernahme der Mietshäuser, die den mildtätigen Stiftungen gehört hatten. In diese wurden nun neue, zahlungskräftige Mieter hineingesetzt, eine Maßnahme, die zwar im Willen geschah, die Armenverwaltung finziell zu sanieren, die aber sozialpolitisch eine Katastrophe gewesen sein muß, denn in zahlreichen Häusern der Stadt hatten zu einem symbolischen Mietpreis die Hausarmen der Stadt gelebt. Hier wurde also auf Kosten der Armen die Armenverwaltung der Stadt umstrukturiert.[117] Zwar besserte sich die finanzielle Situation der Armenverwaltung in den Jahren 1800 bis 1810 langsam aber stetig, doch die Verwalter der Hospize wie auch die Unterpräfekten und Präfekten fanden sich nur langsam mit einer Zahl von rund 7000 Unterstützungsempfängern in Köln ab. Tatsächlicher Armut war durch eine rigorose Sparpolitik und Anweisungen, nur die wirklich Bedürftigen zu unterstützen, auch in einer zentralistisch geführten Administration nicht beizukommen. Bei 41635 Einwohnern, die die Stadt im Jahre 1803 zählte, waren 7347 Arme zu unterstützen gewesen. Das entspricht einem Anteil der armen Bevölkerung von 17,65 Prozent oder fast einem Fünftel der gesamten Bevölkerung der Stadt.[118] Damit lag der Anteil der unterstützten Hausarmen nicht wesentlich unter den Zahlen für 1799, als die Entscheidung über die Notwendigkeit der Unterstützung noch von den traditionellen Institutionen getroffen worden war. Die anhaltend große Zahl der unterstützungsabhängigen Armen in Köln wurde von den übergeordneten Instanzen aber weniger als Beleg für eine tatsächliche Verarmung weiter Kreise der Kölner Bürger gesehen denn als Nachweis der Unfähigkeit untergeordneter Behörden, der Bettelplage wirksam zu begegnen.[119]

Wohl auch, um die Armenverwaltung noch stärker beaufsichtigen und gängeln zu können, wurde das BdB am 20 Frimaire an 12 (12.12.1803) neuorganisiert, was

117 HAStK, Armenverwaltung, Bestand 400, Nr. 8, 4 A 10; Am 19 Prairial an 10 (8.6.1802) entschied die Verwaltungskommission der Hospitäler, zahlreiche Häuser aus dem Bestand der ehemaligen Stiftungen zu verkaufen. Der Unterpräfekt des Arrondissement Köln, Sybertz, entschied am 14 Brumaire an 11, 225 Häuser sollten nach und nach verkauft werden. Die Verwaltungskommission der Zivilhospitäler Köln erstellte eine Berechnung der Wirtschaftlichkeit dieser Häuser und kam zu dem Schluß, daß sich bei einem Verkauf ein Überschuß von 5778 Francs gegenüber dem wahrscheinlichen Erlös aus Vermietung erwirtschaften ließe. Der Überschuß betrug also noch nicht einmal 6000 Francs, der Verkauf der Häuser aber hatte zur Folge, daß etwa 250 arme Familien (oder mehr) ihre Unterkunft verloren. AN F15 1101. Allerdings war der Mietertrag der 225 Häuser mit insgesamt 7221 Francs im Jahr (= 32,09 Francs) auch nicht gerade üppig zu nennen. AN F15 1098.

118 HAStK, Armenverwaltung, Bestand 400, Nr. 8, 4 A 10.

119 Man beachte den folgenden Satz, der die Entstehung der Bettelei auf die Almosenpraxis zurückführte: "(...) aber durch die, ohne allen Plan und Auswahl vertheilten Gaben entsprang das Uebel, daß durch die, dadurch erleichterte Fortpflanzung der bettelnden Klasse eine eigene Generation entstand, welche, durch die ihr zufließenden Gaben vor wirklichem Mangel geschützt, durch moralische Verderbtheit an der Entwicklung ihrer physischen Kräfte und deren Anwendung zu Erwerbung des eigenen Unterhalts verhindert, nicht leicht zur arbeitenden Klasse zurückgeführt werden konnte." Armen=Ordnung der Stadt Cöln de 1818, HAStK Armenverwaltung, Bestand 53/Nr. 32.

im wesentlichen eine Beschränkung der Mitgliederzahl der vormals zweigegliederten Institution mit sich brachte. Um es von der älteren Institution zu unterscheiden, wurde das für die Hausarmen zuständige Amt in *Bureau Central de Bienfaisance* (BCdB) umbenannt. Eine der wichtigsten Aufgaben des neuen Gremiums war die Errichtung eines Arbeitshauses (*Atelier de Charité*), wie es in reichsstädtischer Zeit schon in Köln bestanden hatte, um der Bettlerplage Herr zu werden. Dieses Projekt scheiterte jedoch, und das Département zog die Zuständigkeit für die Bettler nach 1810 an sich. Es blieb bei der institutionellen und finanziellen Zuständigkeit des BCdB für die Hausarmen bis zum Jahre 1818, während die geschlossene Armenpflege weiter von der Spitalverwaltung organisiert wurde. Ab dem Jahre 12 (1803/1804) erfolgte die Verteilung der Hausunterstützung nicht länger anhand von Zahlungsmandaten (Armutszeugnisse oder ihre Äquivalente), sondern es wurden Register für jede Pfarre angelegt, "(...) in welche die als bedürftig ausgemittelten Individuen,(...) "verzeichnet wurden, und wochentlich (!) hatte in einer eigens hie(r)zu bestimmten Sitzung die Austheilung im Verwaltungslokale statt,(...). Diese Vertheilungsart wurde bis zum Jahre 1810 fortgesetzt."[120]

1810, zum Zeitpunkt, als die noch zu behandelnden Armenlisten angelegt wurden, zeichnete sich ab, daß die finanziellen Aufwendungen, welche dem BCdB zur Versorgung der Hausarmen zur Verfügung standen, nämlich ein Teil des städtischen Octroi und die Ergebnisse der Kollekte der Pfarrprovisoren, nicht mehr ausreichten, um die eher noch gestiegene Zahl der in offener Armenpflege versorgten Armen zu unterhalten. Man griff daher zu einem bürokratischen Heilmittel: Es wurden geschlossene Listen der Hausarmen angelegt, neue Namen wurden in diese Liste nicht mehr aufgenommen, und der nach Verteilung eines Fixums an die in der Liste erfaßten Familien übrigbleibende Betrag wurde den Mitgliedern des BCdB im Verhältnis zur Zahl der Armen in dem von ihm betreuten Bezirk überlassen. Zur Aufstockung der mageren Mittel des BCdB erhielt dieses noch die Einnahmen aus dem zum Fundus der Hospizkommission gehörenden Geisthauses, was aber erst nach 1816 wirklich zum Unterhalt der Hausarmen beitragen konnte, da vorher die Einnahmen aus den Kapitalien des Geisthauses sehr zögernd einkamen.

Wie so oft in der Geschichte der Armenpflege brachte erst eine akute Krise eine Wende der Politik. Das Jahr 1816, nach den Jahren 1810 bis 1812 ein weiteres Hungerjahr in rascher Folge, zwang die nunmehr preußische Verwaltung des Rheinlandes zu drastischen Maßnahmen. Im Zeitraum 1816 bis 1818 wurde die städtische Armenverwaltung erneut umgestaltet und in eine Form gegossen, die sie während des überwiegenden Teils des 19. Jahrhunderts beibehalten sollte. Eine neue Armenordnung teilte die Pfarrbezirke in zehn Armenbezirke auf. In diesen wurde durch akribische Fragebogenaktionen die persönliche Situation der Armen in Köln ermittelt. In jeder Pfarrei wurden Kommissionen gegründet, die darüber zu befinden hatten, welche Familie Anspruch auf Unterstützung hatte und welche nicht. Noch im November 1816 wurde eine zur Bekämpfung der akuten Notlage gedachte Zentralunterstützungskommission gegründet, die die Ausgabe von Naturalunterstützung in den

120 HAStK, Armenverwaltung, Bestand 400, Nr. 8, 4 A 10.

Pfarrgemeinden organisierte. Eine städtische Suppenküche gab im Winter 1816/17 Essen an die notleidende Bevölkerung aus. Erst im Juni 1818, also schon unter preußischer Verwaltung, erschien die endgültige Armenordnung, die die Armenverwaltung als dreigegliedertes System unter einem Dach vereinte. Dabei wurde auf Regelungen zurückgegriffen, wie sie von der französischen Verwaltung erstmalig ausprobiert worden waren. Der "Hauptverein", wie er fortan genannt wurde, zerfiel in die Abteilungen Güterverwaltung, geschlossene Armenpflege und offene Armenpflege, d.h. das bisher zweigliedrige System, in dem jede Abteilung ihre eigene Rechnungslegung und ihre eigenen Vermögen verwaltet hatte, wurde durch eine Organisationsform abgelöst, in der die Finanzverwaltung vom Verwendungszweck der Mittel abgekoppelt worden war. Sämtliche Armenfonds der Stadt Köln bildeten fortan eine Masse.[121] In jeder der drei Abteilungen arbeiteten fünf Mitglieder, die jeweils einen Vorsitzenden hatten. Sowohl der Hauptverein wie auch seine drei Abteilungen unterstanden der Oberaufsicht des Oberbürgermeisters, wenn sie auch im Innern weitgehende Autonomie genossen. Der dritten Abteilung, der offenen Armenhilfe, unterstanden die zehn Bezirksarmenvereine, die ihrerseits fünf Mitglieder hatten.

Im Bezirksverein war automatisch der Pfarrer oder der Kaplan der Pfarrsprengel des jeweiligen Armenbezirks vertreten. Versammlungen des Bezirksvereins sollten alle acht Tage stattfinden, unter dem Vorsitz eines Mitgliedes der 3. Abteilung. Der Bezirksverein hatte die Aufgabe, sich um die Armen des Bezirks zu kümmern, sie zu ermitteln, ihnen Unterstützung zukommen zu lassen und einen Armenvater zur Seite zu stellen.[122]

Damit war man praktisch wieder zum dezentralen Verteilungsmodus auf der Ebene der Pfarreien zurückgekehrt, wie er schon vor 1794 bestanden hatte. Auch in der reichsstädtischen Zeit war die Ausgabe der Almosen über dezentrale Verteilungsstränge erfolgt. Dem Rückgriff auf das Inventar der reichstädtischen Hausarmenhilfe auf der einen Seite widersprach aber die weitere Zentralisierung in finanzieller Hinsicht. Die Armenlisten wurden - nach einer vorübergehenden Lockerung der rigiden Praxis im Jahre 1811 - ab 1816 praktisch festgeschrieben. Neuaufnahmen unter die Gruppe der Glücklichen, die Hausarmenhilfe erhielten, erfolgte nur noch nach der Beurteilung durch die Bezirksarmenvereine.

In einzelnen Ressorts des Zentralvereins erwirtschaftete Überschüsse durften nicht mehr zur Deckung von Finanzierungslücken innerhalb der Armenverwaltung herangezogen werden, eine Abkehr von der bisher gültigen Praxis. Damit wurde es unmöglich, Sparbeschlüsse der Bürokratie in einzelnen Bereichen durch Überschüsse in anderen abzufedern. Der Ressortzwang im Budget der Zentralkommission verhinderte ein flexibles Eingehen auf die lokalen, saisonalen und konjunkturellen Besonderheiten jeder Pfarrei. Gleichzeitig wurde das während der Krise von 1816 zum erstenmal flächendeckend eingeführte Prinzip der Naturalunterstützung (Sup-

121 HAStK, Armenverwaltung, Bestand 400, Nr. 8, 4 A 10.

122 Petra Witting, Die Situation der Armen im mittleren Drittel des 19. Jahrhunderts. Dargestellt am Beispiel Kölns, in: Jahrbuch des Kölnischen Geschichtsvereins 57, Köln 1986, S.75 - 146, hier S. 82.

penküchen) auch in der Arbeit der Zentralunterstützungskommission verbindlich, was Einsparungen in beträchtlicher Höhe mit sich brachte - auf Kosten der Selbstbestimmung der Hausarmen, die nun praktisch keinen eigenen Haushalt mehr führten, sondern gänzlich von der Arbeit der Zentralkommission abhängig wurden.[123] Einher mit der intensivierten Kontrolle der Hausarmen durch die halböffentliche Armenverwaltung ging der Versuch, die "wahren" Armen stärker von den Armen abzugrenzen, die nach Ansicht der Zeitgenossen keiner Unterstützung bedurften.[124] Die Armenverwaltung der Stadt fühlte sich im folgenden nur für diejenigen Armen verantwortlich, die vollkommen arbeitsunfähig waren und keine Verwandten hatten, die für sie aufkommen konnten.[125]

Von Witwen mit Kindern z. B. wurde im Gegensatz zur älteren Praxis erwartet, daß sie arbeiten gingen, um den Lebensunterhalt der Familie zu sichern. Gleichzeitig wurde die soziale Kontrolle der Hausarmen durch das lückenlose System der Armenväter intensiviert. Wo der Hausarme in reichsstädtischer und französischer Zeit verschiedene Möglichkeiten hatte, an Armutszeugnisse und über diese an Unterstützung zu kommen, gab es nach 1818 klare Kompetenzen eines zuständigen Armenvaters, der alle vierzehn Tage die betroffene Familie inspizierte, kontrollierte, ob sie sich den "(...) allgemeinen Anforderungen von Ordnung, Fleiß, Sauberkeit etc.(...)" fügte und ob die Kinder regelmäßig zur Sonntagsschule geschickt wurden oder nicht.[126]

Die Bemühungen der preußischen Verwaltung, die Liste der unterstützungsberechtigten Personen möglichst kurz zu halten, können nur verstanden werden vor dem Hintergrund des stetigen Anwachsens der Unterstützungsempfänger nach 1810, das die Stadt vor unerwartete Probleme gestellt hatte. Dies hatte u.a. mit der schlechten Arbeitsmarktlage und den stark angestiegenen Verbraucherpreisen für Weizen und Roggen zu tun.[127] Trotz der wieder ansteigenden Armenzahlen kann jedoch behaup-

123 "(...) die in den Jahren 1816 und 1817 gemachten Erfahrungen hatten das Zweckmäßige einer Naturalunterstützung bewährt, und die in diesen Jahren entstandene Suppenkoch(-)Anstalt bot die Mittel zur Ausführung dieses Unternehmens dar,(...)". HAStK, Armenverwaltung, Bestand 400, Nr. 8, 4 A 10.

124 Zu der neuen Armenordnung gehörte es, daß die Hausarmen in drei Kategorien eingestuft wurden, 1) Invalide, 2) Teilinvalide, 3) Arbeitsfähige, die sich wiederum in 3a) arbeitsscheue Arme und 3b) arbeitslose Arme untergliederten. Nur die erste Gruppe wurde vollständig unterstützt. Die "Arbeitsscheuen" sollten "streng" behandelt werden. Die Armenväter, die die Aufsicht über je 15 arme Familien auszuüben hatten, waren gehalten, jede Familie einmal in vierzehn Tagen zu visitieren und ihre Beobachtungen in sog. Abhörungsbögen einzutragen.Armen=Ordnung der Stadt Cöln de 1818, HAStK Armenverwaltung, Bestand 53/ Nr. 32, Paragraph 19 - 36.

125 Witting, Die Situation, S. 82 f.

126 Armenordnung von 1818, S. 30-34, paraphrasiert in Witting, Die Situation, S. 83.

127 Nach der Verlegung der Zollgrenze an den Rhein, die die heimische Wirtschaft z. T. schwer geschädigt hatte, sowie bedingt durch die Münzknappheit und den Mangel an Kredit machte die gewerbliche Wirtschaft im Direktorium zunächst eine schwierige Phase durch. Gegen Ende des Direktoriums erlebten die Getreidepreise eine Hausse, die bei Roggen mehr als fünfzigprozentige Preissteigerungen mit sich brachte. Die hohen Preise für Grundnahrungsmittel blieben in der Folgezeit bestimmend, wobei die Jahre 1802/03, 1811 bis 1813 und 1816/17 die für den

tet werden, daß nach 1818 nur noch Kranke, Krüppel, Greise und arbeitsunfähige Witwen mit Kindern Unterstützung empfingen. Familienväter ohne Arbeitsstelle oder mit zu geringem Einkommen wurden ebensowenig berücksichtigt wie Handwerker, die einen Unfall erlitten hatten. Die Ausgrenzung der "modernen" Armut aus dem Kreis der "Bedürftigen" infolge konjunktureller Krisen, die in der französischen Zeit begonnen worden war, war damit vollzogen.

1.4.2 Die Armenlisten von 1810

Die Festschreibung der unterstützungsberechtigten Kölner Hausarmen in Armenlisten nach dem Jahre 9 (1800/01) revolutionärer Zeitrechnung muß als erster Schritt zu einer weitgehenden Bürokratisierung und Formalisierung des Armenwesens gesehen werden, wie sie dann erst 1818 vollendet wurde. Die Anlegung von Armenlisten anstelle der für den gesellschaftlichen Diskurs grundsätzlich offenen Armutszeugnisse beendete die Phase des unproblematischen Umgangs der Hausarmen mit den Vertretern des Staates. In dem Maße, wie sich das Staatswesen der französischen Republik zunächst in der Form des Konsulats, später als Monarchie konsolidierte, entfremdeten sich auch Hausarme und jene Entscheidungsträger der untersten Ebene voneinander. An die Stelle der Kooperation trat die "Verwaltung", die auch in anderen Bereichen schon die ehemaligen "Citoyens" zu "Administrés" gemacht hatte. Polizeikommissare und Bürgerhauptleute traten allenfalls noch da in Aktion, wo es um die notwendige Modifizierung der Armenlisten ging, also wenn Neuzugänge zu verzeichnen waren oder wenn die Listen wegen Todesfällen oder Wegzug abzuändern waren. Die Folge war ein Verlust jener intensiven Kommunikation, eine Konsequenz, die auch aus der Sicht des Sozialhistorikers bedauerlich ist, weil die verfügbaren Armenlisten für das Jahr 1810 im Vergleich zu den sehr lebendig geschriebenen Armutszeugnissen verstaubt und steril wirken. Neu an der Situation des Jahres 1810 war u.a., daß eine nicht kleine Zahl von Hausarmen in Klöstern und kircheneigenen Hospitälern untergebracht wurden. Außer dem Wohnort wissen wir von diesen Armen nichts. Es kann sein, daß sie teilweise schon vor 1794 auf dem Klostergelände gelebt haben. Möglicherweise handelte es sich um Personen, die zum

Verbraucher schwierigsten Jahre waren. Die Realeinkommen sanken - auf ganz Frankreich bezogen - von 1800 bis 1802 um 40 %, erholten sich dann aber wieder bis zum Jahre 1809, um dann in der folgenden Depression bis 1812 wiederum um 30 % zu fallen. Die Wirtschaft machte ab 1802 bis 1805 einen Aufschwung durch, 1805 bis 1807 kam es zu einer kleineren Stagnationsperiode, die dann, wohl teilweise auch unter dem Einfluß der Kontinentalblockade von einer Phase des Wohlstandes und Wachstums bis 1810 abgelöst wurde. 1810/11 setzte eine erneute Krise ein, die große Ausmaße annahm und sowohl die gewerbliche Wirtschaft wie auch die Landwirtschaft erfaßte. Die industrielle Überproduktionskrise ("Krise neuen Typs") wurde begleitet von einer landwirtschaftlichen Unterproduktionskrise ("Krise alten Typs"). Braudel; Labrousse, Histoire économique, Bd. 3, S. 68 - 93. Zur wirtschaftlichen Bilanz der Stadt Köln um 1810 Ayçoberry, Cologne, S. 30-41. Zur Gefahr der Hungerrevolten in der Folge von schlechten Ernten vergl. Cobb: The Police, S. 263.

Kreis der von den Konventen unterhaltenen Armen gehörten. Sicher ist dies jedoch nicht.

Neben den in Tabelle 1.12 erfaßten Hausarmen, die in den noch existierenden Klöstern und Konventen untergekommen waren, hatte das BCdB 1991 Kölner Familien gezählt, die unfähig waren, ohne Hilfe des Zentralunterstützungsbureaus zu existieren. Geordnet nach Pfarrgemeinden, wurden diese armen Familien in nicht wenigen Fällen mitsamt der Zahl ihrer Familienangehörigen und weiteren Daten erfaßt, so daß sich zwar kein ähnlich dichtes Bild von den Lebensumständen der betroffenen Familien ergibt wie bei den Armutszeugnissen; doch sind bestimmte Rückschlüsse auf den Charakter der Hausarmut im Jahre 1810 möglich.

In die Berechnungen wurden dabei nur sechs der 20 Kölner Pfarrgemeinden einbezogen, die es 1810 gab. Der Grund dafür liegt zum einen in der Qualität des verfügbaren Quellenmaterials. In nur wenigen Fällen verzeichnete die Armenliste der betreffenden Gemeinde mehr als nur den Nachnamen und den Wohnort der armen Familie. Rückschlüsse auf Ursachen und Dauer der Armut waren damit so gut wie unmöglich. Der zweite Grund für den Ausschluß bestimmter Gemeinden aus der Auszählung liegt in der fehlenden Vergleichbarkeit bestimmter Pfarrgemeinden, die 1799/1800 noch nicht bestanden hatten, da sie erst nach der Säkularisation und dem Konkordat Napoleons mit der katholischen Kirche neu gegründet worden waren.[128]

Rechnet man die Anzahl der mitzuversorgenden Familienangehörigen aus den Fällen hoch, in denen die Familiengröße mit angegeben war, so ergibt sich folgendes Bild: Die Zahl von 1991 Familien muß mit einem Faktor von 2.13 multipliziert werden, um die Zahl der von der Armenhilfe Abhängigen in Köln ermitteln zu können. Das hieße, daß 1810 mehr als 4240 Personen von der Unterstützung des Wohltätigkeitsbüros gelebt haben. Bei einer Bevölkerung von rund 40000 EW waren das knapp 11 Prozent der Gesamtbevölkerung. Hierbei sind die Insassen der verschiedenen Armenfürsorgeinstitute nicht mitgerechnet.

Sechs (bzw. fünf) der zwanzig Pfarrgemeinden wurden einer genaueren Analyse unterzogen, wobei die Gemeinde Kupfergasse in die Berechnungen aufgenommen wurde, obwohl für sie weder vollständige Angaben vorlagen, noch sie eine der Gemeinden gewesen war, die vor 1794 schon existiert hatten. Der Grund für diese

128 Die Grenzziehung der neuen Pfarreien war ein widersprüchlicher Prozeß, da die Angehörigen der Pfarren, die geschlossen werden sollten, Widerspruch anmeldeten. Auf Initiative des für Köln zuständigen Bischofs von Aachen , Marc Antoine Berdolet, wurden im Thermidor des Jahres 10 (Juli/August 1802) die Grenzen der neuen Pfarrbezirke nach Auswahl geeigneter Kirchengebäude festgelegt. Die Pfarräte der Gemeinden beteiligten sich an der Diskussion. Die Einwohner des Bezirkes von Maria Lyskirchen z. B. wandten sich mit aller Entschiedenheit gegen die Schließung ihrer Kirche. Träger des Protestes gegen die geplante Schließung der Kirche waren die in dieser Gemeinde ansässigen Rheinschiffer, die auch während des Gottesdienstes nahe bei ihren Schiffen sein wollten. Deshalb war es für sie unakzeptabel, den Gottesdienst in St. Severin oder St. Martin zu besuchen. Die Schiffer hatten mit ihrem Protest Erfolg. Maria Lyskirchen blieb als Pfarre bestehen. Entschließung vom 2.6.1803. 1806 wurden die Pfarreien noch einmal reorganisiert, wobei St. Maria in der Kupfergasse wieder aus dem Verbund mit St. Kolumba herausgelöst wurde. HAStK FV 1824 und 1826.

Abweichung von den allgemeinen Auswahlkriterien liegt in dem besonderen Umstand, daß die Gemeinde Kupfergasse vor der Reorganisation der Pfarrbezirke vollständig zur Gemeinde St. Kolumba gehört hatte, infolgedessen im Zuge der Vergleichbarkeit der Gemeinden zur Gemeinde St. Kolumba hinzugezählt werden mußte.[120]

Der Sprengel der Pfarrei St. Kolumba, im Herzen der Stadt gelegen und die größte Pfarrgemeinde Kölns, entsprach in etwa dem Gebiet des sechsten Quartiers, wenn auch die politische Einheit des Quartiers ein etwas größeres Gebiet umschloß als die Pfarrei. Die Pfarrei St. Mauritius, südwestlich von St. Kolumba gelegen, wurde vollständig vom Gebiet des siebten Quartiers umschlossen; hier kann man sogar von einer topographischen Identität beider Einheiten ausgehen. St. Aposteln, heute im Kernbereich der Innenstadt liegend, gehörte damals, ebenso wie St. Kunibert, zu den äußeren Pfarrbezirken, wobei St. Kunibert im Norden der Stadt am Rhein gelegen war und St. Aposteln weiter westlich davon lag. Die Pfarre St. Maria Lyskirchen, die Schifferkirche, wurde zusätzlich ausgewählt, weil sich hier 1799/1800 sehr viele Hausarme gefunden hatten, die das Opfer der wirtschaftlichen Schwierigkeiten des Schiffergewerbes geworden waren. Somit waren alle Stadtbezirke vertreten, wenn man einmal vom Gebiet von St. Severin absieht, also dem südlichen Stadtgebiet. Leider ist das dazu verfügbare Quellenmaterial mehr als lückenhaft, weshalb sich eine Aufnahme in die Berechnungen nicht empfahl. In der Auszählung der Angaben der Armutszeugnisse hatten diese Werte ganz anders ausgesehen: Das Geschlechterverhältnis war wesentlich ausgeglichener gewesen (54:46), der Anteil der Witwen unter den Hausarmen annähernd halb so hoch (35.2 %), und die Familiengröße war demzufolge mit 2.53 Personen/Haushalt auch deutlich höher gewesen. Wenn auch die Quellenlage nur in Teilen genaue Aussagen zuläßt, so lassen sich doch anhand dieser Zahlen Vermutungen anstellen, was sich im Zeitraum 1800 bis 1810 ereignete. Man hat wohl von einer zweifachen Veränderung auszugehen: Zum einen hat sich die Wahrnehmung und Behandlung der Hausarmen durch die politischen Institutionen und die Verwaltung geändert. Dies hat sich aus einer Analyse der Verwaltungsakten ergeben. "Arbeitsfähige" Familienväter erhielten weitaus seltener Unterstützung, als dies 1800 der Fall gewesen war. Zum anderen hatte sich die die wirtschaftliche Lage der Stadt Köln und ihrer Bewohner seit 1800 grundlegend gebessert, so daß die Faktoren, die die Menschen zehn Jahre zuvor in die Armut getrieben hatten, nur noch in abgeschwächter Form wirksam waren.[130] Nicht vergessen werden aber dürfen die Auswirkungen der allgemeinen demographischen Entwicklung unter dem Empire, die durch steigende Eheschließungen bei stagnierenden Geburtszahlen gekennzeichnet war und die Konsequenzen der Ziehung vieler Bürger der Stadt zum Militärdienst, der in wirtschaftlicher Hinsicht besonders auf den armen Familien lastete.[131]

129 Die Pfarrei St. Kolumba umschloß die Hausnummern 4097 bis 5103, das sechste Quartier die Hausnummern 4190 bis 5343. SELECT 2, S. 201. HAStK FV 6740.

130 Zur wirtschaftlichen Entwicklung nach 1800 vergl. Braudel; Labrousse, Histoire économique, Bd. 3, S. 74 - 93. Dufraisse, La crise économique.

131 André Armengaud: Mariages et naissances sous le Consulat et l'Empire, in: Revue d'Histoire

Wie war nun die Lage in einzelnen Bezirken der Stadt, die 1800 besonders für ihre Armut bekannt waren? Besonders auffällig war das sechste Quartier gewesen, eine Gegend der kleinen Leute. Hier hatten die Hauswerte besonders niedrig gelegen, und in mehr als jedem zweiten Haus hatte eine arme Familie gewohnt. Hohes Durchschnittsalter und häufige Krankheit der Hausarmen hatten das Bild dieses Bezirkes geprägt. Auch hier war der Anteil alleinstehender Frauen und Witwen besonders hoch gewesen, wobei ein hoher Anteil der arbeitsfähigen Armen aus den darniederliegenden Textilberufen gekommen war. Auf die Pfarrbezirke bezogen umfaßte das sechste Quartier die Sprengel St. Aposteln, St. Kolumba und Maria in der Kupfergasse. Aus diesen Pfarreien wurden genau jene Hausarmen des Jahres 1810 ausgewählt, die in den Quartiergrenzen des Jahres 1800 lebten, so daß eine optimale Vergleichbarkeit gewährleistet war.[132]

Bestimmte Merkmale der Armut in diesem Bezirk blieben erhalten: Auch 1810 lebten die meisten der Armen in der Mariengartengasse (29 von 289 Familien). 1800 waren es mit 33 Familien nur wenig mehr gewesen. Überhaupt scheint das Verteilungsmuster der Hausarmen in diesem Bezirk konstant geblieben zu sein. In der Breitestraße, Brinkgasse, Kupfergasse, Langgasse, Mariengartengasse und Streitgasse hatten auch 1800 schon sehr viele der Hausarmen gewohnt. Als typische

Contemporaine 17, 1972, S. 373-389. Die Ergebnisse Armengauds zur Heiratsfreudigkeit unter dem Empire widersprechen scheinbar den Ergebnissen Cathérine Rollets, die sie im Zusammenhang mit der Krise von 1810/12 erzielt hat. Rollet, L'Effet des crises. Der Mangel an arbeitsfähigen Männern machte sich ab 1811 besonders in der gewerblichen Wirtschaft und in der Landwirtschaft bemerkbar, wie ein Ersuchen des Präfekten Ladoucette beim Innenministerium beweist. Ladoucette hatte vorgeschlagen, die Zahl der Konskribierten für das DdlR herabzusetzen. "la manque des bras pour l'agriculture et l'industrie se fait sentir dans notre dept." Das Ministerium war da natürlich anderer Ansicht und lehnte das Ersuchen Ladoucettes ab. AN F9 242. Anders als wohlhabende Wehrpflichtige konnten sich die ärmeren Familienväter keinen Ersatzmann kaufen. Als nach dem gescheiterten russischen Feldzug das letzte Aufgebot des besiegten napoleonisches Heeres zu den Fahnen gerufen wurde, versuchten viele junge Leute noch, vor der Einberufung eine Ehe zu schließen, um so vielleicht dem Soldatendasein zu entgehen. Diese Heiratswelle, die sich im übrigen gut einfügt in das allgemein sinkende Heiratsalter, hat die Zahl der wirtschaftlich schwachen Familienväter auch erhöht. Vergl. Brief Ladoucettes an IM vom 24.9.1813: "Je regarde ce nombre (de 1500 conscrits) le maximum à obtenir. Journellement les jeunes gens se marient dans l'espoir de se soustraire aux nouvelles Levées (!) que l'on apprehende (...). AN F9 242. Es ist erwiesen, daß ein Teil der Welle von Eheschließungen nur auf dem Papier stattgefunden hat. Bei Zahlung einer bestimmten Summe stellten korrupte Bürgermeister auch zurückdatierte Heiratsurkunden aus und verhinderten so in einigen Fällen die Ziehung eines vermeintlichen Familienvaters ins militärische Aufgebot. Délits relatifs à la conscription (1803-1813), DdlR, AN BB18 65.

132 Häuser der drei angesprochenen Pfarreien, die außerhalb der Quartiergrenzen lagen, wurden in der Randauszählung ausgeschlossen. Das sechste Quartier umfaßte die Häuser 4190 bis 5343, stellte mit einer Zahl von rund 1150 Häusern auch eines der größten Quartiere Kölns dar. Zur Neuformierung der Kölner Pfarrgemeinden siehe Edmund Kahlenborn, Die Neuumschreibungen der Pfarreien im Roërdépartement unter der Herrschaft Napoleons I, in: Annalen des Historischen Vereins für den Niederrhein, Heft 91, Köln 1911, S. 25 - 62.

Armenwohngebiete kamen bis 1810 lediglich die Glockengasse und die Herzogstraße hinzu, deren Belegungsdichte zehn Jahre zuvor noch sehr niedrig gewesen war.[133]

Abgesehen von der topographischen Kontinuität im sechsten Bezirk scheint sich das Erscheinungsbild der Hausarmut in zehn Jahren drastisch gewandelt zu haben. Die Gruppe der Unterstützung beziehenden Familien war um 8.7 Prozent zurückgegangen, wobei berücksichtigt werden muß, daß die Zahl für 1800 möglicherweise nicht vollständig war und ein Teil der Familienväter als Soldaten in die französischen Armeen eingezogen worden war.[134] Das Verhältnis von Männern zu Frauen hatte sich in einem Jahrzehnt einschneidend verschoben, denn 1800 hatte es bei 43:57 gelegen, während es 1810 nur noch bei 33:77 lag. Dieses Ergebnis wird unterstrichen durch den hohen Anteil von Einpersonenhaushalten im sechsten Bezirk.[135] Zu dieser Zahl paßt auch der gestiegene Anteil von Witwen, kurzum, es wiederholt sich in diesem Beispiel, was auch schon für die gesamte Stadt gesagt wurde: Weniger Menschen erhielten Armenhilfe, bei steigendem Anteil alleinlebender Frauen und Witwen und bei sinkendem Anteil von Familienvätern mit Kindern.[136] Einerseits paßt die Abnahme der Familienväter unter den Hausarmen gut in das Bild einer Uminterpretation des Armutsgedankens, wie sie in dieser Zeit auch in Köln vollzogen wurde. Dann hätte die "Abnahme" der Armut in erster Linie ideologische Ursachen. Andererseits sind objektive Faktoren wie die konjunkturbedingte Prosperität der Betriebe und die Abnahme der männlichen Bevölkerung infolge der Kriege mit am Werke. Über die Altersstruktur kann aber mehr nicht gesagt werden. Auch darüber, ob die gleichen Personen arm geblieben waren, kann keine Aussage gemacht werden, da das Material wegen fehlender Vornamen und lückenhafter Aufzählung anderer persönlicher Merkmale einen Rückschluß von den 1810er Listen auf die des Jahres 1800 nicht zuläßt. Zudem ist es bei der ungünstigen Altersstruktur der Armen (Durchschnittsalter im sechsten Bezirk im Jahre 1800 72.4 Jahre) kaum wahrscheinlich, daß ein Großteil der Armen zehn weitere Jahre gelebt hätte.

133 1800 hatten in den erwähnten Straßenzügen 87 der 334 Haushalte gewohnt, 1810 waren es 150 von 289. Code für STREET (Anzahl Fälle 1810): 21(15), 22(25), 68(15), 78(15), 108(15), 112(14), 130(29), 200(22). SELECT1, S. 241. HAStK FV 6740. Daß die Langgasse schon hundert Jahre zuvor eine arme Straße gewesen ist, zeigt Ebeling, Bürgertum und Pöbel, S. 23.

134 1800 waren in diesem Bezirk 332 AZ ausgestellt worden, 1810 wiesen die Listen nur 289 Namen auf. Dabei muß berücksichtigt werden, daß die AZ, im Gegensatz zu den Armutslisten von 1810, nicht vollständig erfaßt wurden und also die Gruppe der Armen realiter noch größer war.

135 185 der 289 Haushalte waren Einpersonenhaushalte, d.h. in fast zwei Dritteln aller Fälle lebte und wirtschaftete ein Hausarmer allein. HAStK FV 6740.

136 Bei 145 Familien lagen Angaben über den Familienstand vor. Bei 96 von ihnen (66.2 %) waren Witwen die Familienvorstände, bei nur 49 (33.8%) galten die Familienvorstände als verheiratet. Wegen der hohen Anzahl von fehlenden Angaben (144) gelten diese Werte aber nicht als sehr zuverlässig. Unklar ist, wieviele der 185 Einpersonenhaushalte auf Unverheiratete zurückgehen, da die Angaben in diesem Punkt mehr als lückenhaft sind. HAStK FV 6740.

1.4.2.1 Die Situation in der Pfarrei St. Mauritius

Vollkommen anders zeigt sich die Entwicklung im siebten Bezirk bzw. der Pfarrei St. Mauritius. Auch hier nahm die Anzahl der unterstützten Familien von 152 auf 132 ab. Allerdings wuchs hier die Durchschnittsgröße der zu versorgenden Familie von 2.17 auf 2.67 Personen an. Nur 25 der 132 Haushaltsvorstände waren nachweislich Witwen (18.9%), während diese Gruppe zehn Jahre zuvor noch über 30 Prozent ausgemacht hatte. 45 der 132 Haushaltsvorstände waren Frauen und 32 Männer, von 55 Haushalten fehlt eine Angabe. Damit lag das Verhältnis von Männern zu Frauen bei 42:58, wodurch das etwas ausgewogenere Geschlechterverhältnis dieses Bezirks gegenüber den anderen, das schon aus den AZ des Jahres 1800 errechnet werden konnte, bestätigt wird.[137] Die anhand des Gesamtsamples beschreibbare Veränderung der Hausarmut Kölns war also keineswegs gleichmäßig, sondern differenzierte sich entsprechend den Wohnbezirken. Während das siebte Quartier, dessen Areal fast vollkommen deckungsgleich mit der Pfarrei Mauritius war, sich in fast allen Parametern kaum vom Durchschnitt aller Stadtbezirke unterschied, haben sich bei der Auszählung der AZ doch zwei auffällige Merkmale herausgestellt, die als Erklärung für das Abweichen der Pfarrei Mauritius von der allgemeinen Entwicklung herangezogen werden können. Bei der Erstellung der AZ waren die Pfarrer in dieser Gemeinde ungewöhnlich passiv gewesen, während ein auffälliger Anteil der Bescheinigungen von den Bürgerhauptleuten unterschrieben worden waren.[138] Offenbar hat die Beurteilung der Hausarmen durch die strengeren Bürgerhauptleute dazu geführt, daß 1800 schon der Teil der Hausarmen ausgesiebt wurde, der nur mit gutem Willen als "wahre Arme" zu bezeichnen war. Dafür spricht auch der relativ geringe Anteil der armen Bevölkerung an der Gesamtbevölkerung dieses Bezirkes.[139] Man sieht an diesem Beispiel deutlich, wie sehr die objektiven und subjektiven Faktoren bei der Beurteilung der Armut und ihres Umfangs ineinander verwoben sind. Die Notleidenden innerhalb der Pfarrei hatten sich 1800 in vier Straßenzügen konzentriert (Thiebolds- oder Diebesgasse, Löhrgasse, Peterspfuhl, Blindegasse), insgesamt aber eher diffus über das gesamte Viertel verteilt. 1810 läßt sich eine erhebliche Gettoisierung der Armut feststellen, da nun 61 der 132 unterstützten Haushalte in einer einzigen Straße, der Thiebolds- oder Diebesgasse lebten.[140]

137 Alle Zahlen zu den Jahren 1799/1800 aus ARMUT2, S. 25 - 31. Die Zahlen für 1810 stammen aus der Auswertung von HAStK FV 6740. St. Mauritius umfaßte die Hausnummern 5362 bis 6247, das siebte Quartier die Häuser von 5344 bis 6445.

138 63.5 % der AZ waren vom Bürgerhauptmann unterschrieben, gegenüber nur 13.8 %, die ein Pfarrer unterzeichnete.

139 Der Verteilungsfaktor der hausarmen Familien im Gesamtsample hatte 1800 bei .42 gelegen. Im siebten Bezirk lag dieser Wert bei .31. HAStK FV 6727.

140 Dreizehn andere Familien (=9.8%) lebten noch in der Bayergasse (heute Bayardsgasse), die in direkter Nachbarschaft der Thieboldsgasse liegt. 61 von 132 Familien entspricht einem Anteil von 46.2%. SELECT1, S. 281. HAStK FV 6740.

1.4.2.2 Die Hausarmen in der Pfarrei St. Kunibert

Der Sprengel von St. Kunibert, im Norden der Stadtumwallung nahe dem Rhein gelegen, entsprach bis auf einige kleine Straßen genau dem vierten Quartier. Bei dem Vergleich beider Bezirke wurden die Überlappungen mit anderen Quartieren ausgeschlossen, so daß tatsächlich nur kompatible Größen in Beziehung gesetzt wurden.[141] Die Unterschiede der armen Bevölkerung in diesem Gebiet in beiden Vergleichsjahren sind frappierend. 1800 wurden hier 174 Haushalte unterstützt, in denen Arme lebten. In jedem zweiten bis dritten Haus hatte eine Familie oder ein Individuum gelebt, welche von den Zuwendungen des Wohlfahrtsbüros gelebt hatten. Der Anteil der Witwen hatte hier 1800 schon über dem Durchschnitt gelegen, und das Durchschnittalter war besonders hoch gewesen. Zehn Jahre später hatte sich die Zahl der erfaßten Hausarmen in diesem Bezirk merklich verringert. Nur noch 231 Personen konnten auf einen Zuschuß der Armenverwaltung rechnen. Damit hatte sich die Gruppe der Unterstützungsempfänger auf die Hälfte reduziert. Dafür muß vor allem die steigende Bedeutung der Witwenarmut verantwortlich gemacht werden, wie überhaupt die Armen der Pfarrei stärker in zwei Lager zerfielen, als dies 1800 der Fall gewesen war. Auf der einen Seite standen vermehrt Witwen und alleinstehende Arme, auf der anderen Seite hatte der Anteil der kinderreichen Familien zugenommen, weshalb die durchschnittlichen Familiengrößen beider Erhebungen sich auch nicht besonders unterscheiden.[142] Was konstant blieb, sind allenfalls die Gegenden, in denen die Armen lebten. Maximinenstraße, Goldgasse, Am Ufer und Unter Krahnenbäumen waren die häufigsten Wohngegenden der Armen im Jahre 1800 gewesen. Von diesen waren 1810 nur noch Unter Krahnenbäumen und die Goldgasse übrig, während als neue Elendsbezirke die Johannisstraße und Am Ufer hinzugekommen waren.[143]

1.4.2.3 Die Hausarmen in der Gemeinde Maria Lyskirchen

Die Gemeinde Maria Lyskirchen war eigentlich keine verarmte Kölner Gemeinde gewesen. Wegen der Nähe zum Rhein und zu den Liegeorten der Schiffe hatte diese Gemeinde von jeher die Kaufleute und Schiffer angezogen. Im 18. Jahrhundert noch hatten hier in erster Linie wohlhabende Menschen gelebt. Doch hatten die

141 Das Gebiet des vierten Quartiers lag im Bereich der Häusernummern 2107 bis 3184, der Pfarrsprengel von St. Kunibert deckte die Hausnummern 2436 bis 3173 ab. Abgesehen von der kleine Lücke bei den Häusern 2107 bis 2436, einem schmalen Streifen zwischen Rheinvorstadt und der Straße Am Ufer gelegen, sind beide Gebiete also völlig kongruent. SELECT1, S. 124; HAStK FV 6740, Blätter der Gemeinde St. Kunibert.

142 Durchschnittliche Familiengröße 1800: 2.49 Personen, 1810: 2.51 Personen. Anteil der Witwen 1800: 40.3%, 1810: 56.2%. Anteil der Einzelpersonen am Sample von 1810: 52.2%. In der Erhebung für das Jahr 1800 hatten im vierten Quartier 32 der 174 Haushalte mehr als drei Mitglieder gehabt. Das entspricht 18.4%. 1810 war der Anteil dieser Haushalte auf 27 gestiegen (=29.3%).

143 SELECT1, S. 159; HAStK FV 6740.

Kaufleute auch immer Gehilfen und Knechte gehabt, ebenso wie die Rheinschiffer. Arm und Reich hatten also auch hier nah beieinander gelebt. Im ersten Quartier hatten um 1800 vor allem arbeitslose Rheinschiffer gelebt, die wegen der Eisgänge vergangener Jahre und der Verlegung der Zollgrenze an den Rhein, verbunden mit größerer Konkurrenz aus anderen Städten, arbeitslos geworden waren. Die Pfarrei Maria Lyskirchen umfaßte zwar nur etwa die Hälfte des Areals im ersten Quartier, doch wohnten nahe bei der Kirche gerade diese Schifferfamilien, weshalb eine Beschränkung auf diesen Pfarrsprengel für die hier gestellte Frage nach dem Schicksal der Rheinschiffer und ihrer Angehörigen zulässig ist.[144] Ein Jahrzehnt später waren es eher Witwen und alleinstehende Frauen, die mit einer Unterstützung der Armenverwaltung bedacht wurden. Zwar fehlen in den Listen von 1810 jedwede Hinweise auf die Berufstätigkeit der Hausarmen, doch ist aus dem gestiegenen Anteil der Witwen und der geschrumpften Familiengröße zu entnehmen, daß die hier unterstützten Armen wohl kaum zur Gruppe der Schiffer gezählt haben dürften, da diese in aller Regel eine Familie zu versorgen hatten.[145] In der topographischen Verteilung der Armen hatte sich insofern eine Änderung ergeben, als neben der schon 1800 von Armen frequentierten Weberstraße nun auch die Straße An Lyskirchen eine gewisse Häufung von Armen aufwies. Auch dies ist ein Indiz für eine andere Zusammensetzung der Unterstützungsempfänger.[146]

1.4.2.4 Zusätzliche Mittel der Armenpflege im Jahre 1810

Einerseits hat die stärkere und effizientere Überwachung der Hausarmen durch eine funktionierende Verwaltung die Zahl der "starken Armen", also der Armen, die als arbeitsfähig galten, zwischen 1800 und 1810 offenbar erheblich reduziert. Man kann von einem regelrechten Verdrängungsprozeß sprechen, in dem Hausarme, die früher durchaus zu dem Kreis der Privilegierten gehört hatten, die vom Wohlfahrtsbüro Geldunterstützung empfangen hatten, diese verloren. Für diese Gruppe von Armen mußte - zumindest vorübergehend - ein Ersatz geschaffen werden. Dieser bot sich an durch die Wiederzulassung der geistlichen Institutionen und Klöster in der Armenhilfe. Wie aus Tabelle 1.12 hervorgeht, wurden über 260 Arme in diesen Institutionen versorgt. Dies war aber nicht die einzige Möglichkeit, die nach 1800 geschaffen worden war, um ehemaligen Hausarmen Hilfe zu verschaffen. In dem

144 Das erste Quartier umfaßte die Häuser 1 bis 980. In der Gemeinde Maria Lyskirchen hingegen lagen nur die Häuser 96 bis 433. SELECT1, S. 5f.; HAStK FV 6740, Gemeinde Lyskirchen. Die Bewertung der Gemeinde Maria Lyskirchen als reicher Wohngegend bei Ebeling erfolgt nach eigener Aussage nur auf der Basis von neun Personen. Ebeling, Bürgertum und Pöbel, S. 23 f.

145 23 der 27 erfaßten Haushaltungen bewohnte nur eine Person. Durchschnittsgröße der Familien im Jahre 1800: 2.05; 1810: 1.59 Personen. 33.3 % der Haushalte hatte 1800 eine Witwe vorgestanden, 1810 waren es 37.0 %. Die Geschlechterverteilung war mit 44:56 bzw. 42:58 etwas weniger deutlich verschoben. SELECT1, S. 34. HAStK FV 6740.

146 1810 lebten in der Weberstraße elf (=40.7%) und in An Lyskirchen fünf der 27 erfaßten Familien (18.5). HAStK FV 6740, Gemeinde Lyskirchen.

dem *Bureau de Bienfaisance* unterstehenden *Atelier de charité*, dem Arbeitshaus der offenen Armenhilfe, waren weitere 166 Arme tätig, wobei hier sehr junge und sehr alte Menschen zusammenarbeiteten. Weitere 51 Jugendliche im Alter von 12 bis 20 Jahren fanden ein eher kärgliches Auskommen als Lehrlinge, deren Lehrgeld vom *Bureau de Bienfaisance* der Stadt Köln bezahlt wurde. Es mag für die mangelnde Weitsicht der Behörden zeugen, wenn die jungen Männer ausgerechnet in den Berufen eine Lehre machten, in denen in der Vergangenheit öfter Handwerker arbeitslos geworden waren, nämlich vorwiegend als Schneider und in Textilberufen, doch wurde das dringende Problem, diese Jugendlichen von der Straße herunterzubekommen, durch eine Lehre zunächst einmal gelöst. Zusammen 480 Arme konnten zusätzlich versorgt werden, weil in der Stadt Köln Lösungsansätze und Institutionen der geschlossenen Armenunterstützung die offene ergänzten. Rechnet man die auf diese Art versorgten ehemaligen Hausarmen hinzu, so lebten 1810 4914 Hausarme im Gebiet der Stadt Köln. Das entsprach einem Anteil an der Gesamtbevölkerung von 12.3%. Solange die relative Prosperität der Jahre nach der Krise von 1799 bis 1803 und vor der Krise von 1810 bis 1812 anhielt, schienen die Anstrengungen der Armenverwaltung geeignet zu sein, das Problem der Hausarmen in Köln in den Griff zu bekommen. Mit der Krise von 1810/12 wurde dann schnell auch den größten Optimisten klar, daß die wohlgemeinten Versuche der *Administrateurs* an der Aussichtslosigkeit der Situation der *Administrés* zerschellen mußte.[147] Es wird zu fragen sein, ob unter den schlechten wirtschaftlichen Bedingungen der Jahre 1811 bis 1816 nicht ein größerer Umschichtungsprozeß zunächst innerhalb der Hausarmut stattgefunden hat, und ob nicht ein Teil der ehemals seßhaften und "ehrbaren" Hausarmen der Stadt während dieses Prozesses gar auf das Niveau vagierender, "unehrlicher" Bettler herabgesunken ist.

1.5 Kölner Hausarme und die Krisen von 1810/12 und 1816

Nach dem, was über den Charakter der Armenverwaltung in der Phase des Übergangs vom französischen zum preußischen System schon gesagt wurde, ist es klar, daß jedweder Anstieg der Hausarmenzahlen nicht das Resultat einer milderen Haltung der zuständigen Behörden gegenüber den sozial Schwachen sein konnte. Sowohl die französische Administration, wie auch die frühe preußische Stadtverwaltung hatten ein ganz gravierendes Problem, das großherzige Gesten zugunsten der Armen untersagte. Das große Loch im Stadtsäckel Kölns, hervorgerufen durch das

147 Braudel; Labrousse, Histoire économique Bd. 3, S. 74, 78, 89, 93. Dufraisse, La crise économique, S. 414. Zu den demographischen Auswirkungen der Wirtschaftskrise von 1810-1812: Rollet, L'Effet des crises, S. 391 - 410. Die Krise drückte sich u.a. in einem raschen Ansteigen der Mortalität aus. 1812 gehörte auch das DdlR zu den Gebieten mit hoher Mortalität (5.4% und mehr). Auf der Höhe der Krise (1811) sanken sowohl die Zahl der Eheschließungen, wie auch die der Geburten. Ebda., S. 398 - 407. Zur Qualität der französischen Statistik der Zeit Jean-Noël Biraben, La statistique sous le consulat et l'empire, in: Revue d'histoire Moderne et Contemporaine 17, 1970, S. 359 - 372.

unerwartet niedrige Einkommen aus dem Octroi, hatte die zuständigen Stellen schon 1810 gezwungen, sehr sparsam mit den Aufwendungen für die Armen umzugehen. Ab 1809 hatte man begonnen, eine öffentliche Kollekte für die Hausarmen einzuführen, die jedoch nicht den gewünschten Zuspruch gefunden und jährlich nur etwa 5000 Francs eingebracht hatte.[148] Im Zuge der napoleonischen Kriegspolitik wurde dann ab 1810 das Budget des Bureau de Bienfaisance immer mehr zusammengestrichen. 1809 hatte es noch so ausgesehen, als ob die Hospitäler der geschlossenen Armenpflege und das BCdB gemeinsam einen Überschuß erwirtschaften könnten.[149] 1810 und 1811, auf dem Höhepunkt einer wirtschaftlichen Krise, die alle Bereiche der Wirtschaft erfaßt hatte, wurden vom Präfekten auf Veranlassung des Innenministeriums sehr harsche Sparmaßnahmen beschlossen. Dies geschah zu einem Zeitpunkt, als die meisten Ausgaben für das Zentralwohltätigkeitsbüro schon getätigt worden waren. Das BCdB wurde daraufhin beim Innenminister Montalivet vorstellig, um eine Rücknahme der Sparbeschlüsse zu erreichen.[150]

Vor dem Kriege, so die Bittschrift der Kölner Armenverwaltung, habe das Einkommen der Hospitäler und der Hausarmenverwaltung vollkommen ausgereicht. Jetzt aber, selbst wenn es nicht zur Streichung der erwähnten 39000 Francs komme, reichten diese Mittel nicht aus, um die dringendsten Bedürfnisse der Armen dieser Stadt zu befriedigen. Über die Gründe dieser Verschlechterung nahm die Armenverwaltung kein Blatt vor den Mund:" (...) la stagnation du commerce en cette ville ayant porté au triple le nombre des pauvres susceptibles de secours à domicile."[151]

In der Stadt gebe es mehr als 3000 Familien, die von den Zuwendungen der Armenverwaltung lebten. Ein Fünftel aller Einwohner erhalte auf diese Weise

148 "Aufruf des Central=Wohlthätigkeits=Bureau an die Bewohner der Stadt Köln", vom 6.10.1809. HAStK FV 6839.

149 Dieser Punkt läßt sich anhand des untersuchten Quellenmaterials nicht ganz erhellen. Der Innenminister untersagte es der Stadt Köln jedenfalls am 29.9.1810, einen Kredit in der Höhe von 100.000 Francs zu fünf Prozent Zinsen aus den Überschüssen beider Institutionen aufzunehmen. Die Stadt wollte mit diesem Kapital den Bau eines Hafens finanzieren. Der Innenminister entschied sich gegen das Ansinnen der Stadtväter, weil die Armenverwaltung selbst noch 82.000 Francs Schulden hatte, und weil eventuelle Überschüsse in Zukunft dazu verwendet werden sollten, für die Armenverwaltung Grundbesitz zu erwerben. AN F15 1099.

150 "Quant au budget de 1812 nous avons prié Votre Excellence au nom de l'humanité Souffrante, de ne pas faire de reductions dans le budget de la ville sur la somme de 39000 francs, qu'Elle a accordé(e) à notre bureau à titre de secours sur l'octroi pour l'an 1811. Déjà en l'an 1810 ce secours a éprouvé une diminution de 22000 (francs) quoique le produit de l'octroi est annuellement baissé et se montera en l'an 1812 à la somme de 350300 frs. Les 39000 frs, alloués pour l'an 1811, représentent à peine, comme nous l'avons demontré (...) les pertes des pauvres (...) dont le Gouvernement a promis un entier dédommagement sur l'octroi." Eingabe des BCdB beim Innenminister vom 17.1.1812. AN F15 1100.

151 Auch könnten bei den staatlichen Zuschüssen für die Lehrlingsausbildung der Waisenkinder keinerlei Einsparungen vorgenommen werden, da die zuständigen städtischen Beamten diese Arbeit ehrenamtlich leisteten und die Meister, bei denen die Waisenkinder ausgebildet wurden, auf der vertraglich vereinbarten Zahlung der Zuschüsse zum Lehrgeld beharrten. Ähnlich stehe es bei den Ausgaben für Medikamente. Hier eine Streichung vorzunehmen, käme einem totalen Ruin der Hausarmen gleich, die die Kosten für Arzt und Medikamente unmöglich tragen könnten. AN F15 1100.

Unterstützung vom BCdB. Bei einer durchschnittlichen Familiengröße von fünf Personen (die, wie wir gesehen hatten, zu hoch angesetzt war), müsse von einer Zahl von 15.000 Unterstützungsempfängern ausgegangen werden.[152] Die allgemeine Not war so groß, daß man sich entschloß, Suppen an die Armen auszugeben, um den allergrößten Hunger zu lindern. In einigen Städten, u.a. in Aachen, hatte es derartige Rumfordsuppenküchen schon vorher gegeben. Der Erfolg dieser früheren Maßnahmen muß aber sehr gering veranschlagt werden, da die Betroffenen das Angebot des Aachener BdB, sich durch Ausgabe der Suppen helfen zu lassen, ablehnten. Im Jahre 1812 wurden solche Suppenküchen auf Anordnung des Innenministeriums in vielen Gemeinden des Département de la Roër eröffnet, doch scheint auch hier der Erfolg zunächst nicht überwältigend gewesen zu sein. Aus der Zahl der ausgegebenen Suppen für das Hungerjahr 1814 läßt sich zudem entnehmen, daß die Suppenküchen nur eine flankierende Maßnahme für die Ärmsten der Armen gewesen sein konnten, denn mehr als 400 Portionen täglich konnten nicht verteilt werden.[153]

152 Ladoucette erwies sich in den Verhandlungen mit dem BCdB nicht nur als außerordentlich regierungskonform (das war ja schließlich seine Funktion), sondern auch als inkompetent in wirtschaftlichen und sozialpolitischen Problemen. Ladoucette verstand z. B. nicht, warum die Einnahmen des BCdB im Zeitraum 1810 bis 1812 sinken sollten. Im fehlte jedes Gefühl dafür, daß in Notzeiten, in denen alle Menschen ihre Groschen zusammenhielten, die Einnahmen aus freiwilliger Kollekte zurückgehen würden, und warum in einer Krise, die auch das Handwerk und die gewerbliche Wirtschaft schwer traf, die Erlöse aus den Werkstätten der Armenverwaltung im Haushaltsplan niedriger angesetzt werden mußten. Das BCdB veranschlagte den Haushalt für 1812 auf 77215 Francs, Ladoucette wollte diesen Entwurf auf 44796 Francs zusammenstreichen. Der Unterpräfekt des Arrondissement Köln korrigierte den Ansatz des BCdB auf 71640 Francs und lag damit deutlich näher bei der Zahl, die sich aus den Beratungen des Wohlfahrtsbüros ergeben hatte. Schlimmer noch, der Unterpräfekt wagte es, die von seinem Vorgesetzten in Übereinstimmung mit dem Gemeinderat vorgenommenen Kürzungen zu kritisieren und bewies damit gleichermaßen Sachkenntnis und Zivilcourage. "Le sous préfet observe, que les administrateurs du bureau de bienfaisance doivent mieux que le Conseil municipal connoître leurs ressources (!) et besognes, que l'atelier de charité ne doit pas être supprimé, qu'en conséquence il conviendra d'ajouter à la somme consentie par le conseil municipal (...) un supplement sur l'octroi municipal (...)." Mehrfach betonte der Unterpräfekt die Kompetenz des BCdB in Fragen der Finanzplanung und bemerkte:" Le nombre des pauvres surpassent (!) 10000." Der Präfekt fand, diese Summe sei zu hoch angesetzt. AN F15 1100.

153 Ladoucette bemerkte in einem Brief an den IM vom 25.3.1812 bezüglich der Ablehnung, auf die die Suppenküchen stießen: "L'ignorance des malheureux les (porte) souvent à se prevenir contre le bien qu'on veut leur faire (...) J'espère que lorsque le Pauvre connaîtra l'avantage de ce (potage); le bas prix auquel il pourra le procurer, le déterminera à en faire usage." AN F11 716. Die Rumfordsuppe wurde anfangs auch deshalb nicht akzeptiert, weil sie bezahlt werden mußte. 1813 ging man dazu über, die Suppe kostenlos auszuteilen, was ihre Beliebtheit - zumindest in Köln - schlagartig erhöhte. Die Kosten für die Suppenverteilung kamen über eine Kollekte herein, die im Jahre 1814 circa 2000 Francs im Monat erbrachte. Auf diese Art und Weise konnten in Köln täglich 400 Portionen Suppe und zweimal in der Woche 400 Pfund Fleisch und 400 halbe Brote verteilt werden. Unglücklicherweise war die Laufzeit der kostenlosen Suppenverteilung auf die Wintermonate Januar bis März 1814 beschränkt gewesen. Die Liste der Spender, die sich verpflichteten, während dreier Monate ein Fixum zu spenden, enthält viele bekannte Namen der Stadt, darunter den des Bankiers Schaaffhausen, des Verlegers Dumont, den des Weinhändlers Mumm und des durch Schmuggel zu Reichtum gekommenen Johann David Herstatt. Hafenkom-

Daß eine Familie Unterstützung erhielt, bedeutete aber keineswegs, daß sie ohne zu hungern lebte. Sowohl aus finanziellen Gründen, wie auch, um keine Rentiersmentalität unter den Armen aufkommen zu lassen, betrug die Unterstützung im Jahre 1812 z. B. so wenig, daß man bestenfalls von einem Zuschuß zu den Lebenshaltungskosten ausgehen konnte. Erwachsene Personen erhielten eine wöchentliche Spende von 75 Centimes, Kinder die Hälfte, so daß eine sechsköpfige Familie (zwei Erwachsene und vier Kinder) auf einen Zuschuß von 1.50 Francs kam. Da der Brotpreis für vier Kilogramm Schwarzbrot im Januar 1812 vom Bürgermeister auf 65 Centimes festgesetzt worden war, konnte besagte Familie von der Unterstützung gerade 9.23 kg in der Woche kaufen. Im Duchschnitt war mit einer derartig niedrigen Unterstützung in den Hungerjahren 1812 und 1813 nur eine Ration von 8.26 kg zu kaufen, für eine vierköpfige Familie zu wenig zum Leben und zuviel zum Sterben.[154] Da der Brotpreis im Januar 1812 noch niedriger lag als in den folgenden Monaten, kann man davon ausgehen, daß die vom BCdB gezahlte Unterstützung vollkommen unzureichend war.

Die kritische Versorgungslage der Bevölkerung im Département de la Roër war den zuständigen Behörden durchaus bekannt. So schilderte u.a. das Mitglied des Staatsrates Paul Redivoy in seinen Berichten nach Paris, wie stark die Teuerung gerade bei den Grundnahrungsmitteln war.[155] Bei der Frage, wie die Sparbeschlüsse der Pariser Regierung bei den Mitteln für die Hausarmut auf Départementebene umzusetzen seien, gab es erhebliche Differenzen zwischen den lokalen Autoritäten und dem Präfekten Ladoucette, der in dieser Hinsicht ein sehr ergebener Diener der Regierung war und dem jedes Verständnis für die Situation der Armen und die Auswirkungen der Krise von 1810/12 abging. Der Bürgermeister der Stadt und Präfekt Ladoucette gingen davon aus, daß das erst kürzlich wieder in Betrieb genommene Arbeitshaus (*atelier de charité*) geschlossen werden könne, da es seit einem Jahr das zentrale staatliche *Dépôt de mendicité* in der ehemaligen Abtei Brauweiler gab, in dem Bettler aufgenommen werden konnten. Mit der Eröffnung der kaiserlichen Tabakmanufaktur in Köln gebe es zudem wieder vermehrt Arbeitsplätze in der Stadt, so daß weitere Ausgaben für die Armenhilfe in Köln sich erübrigten. Der Bau des Hafens in Köln, für welchen verstärkt Arbeitskräfte angeworben würden, mache das städtische Arbeitshaus überflüssig.[156] Die Mitarbeiter des BCdB hielten diesen Einwänden entgegen:

> Il est vrai que la fabrique Impériale des tabacs occupe beaucoup d'ouvriers, mais il faut convenir que tous ces ouvriers autrefois dispersés dans les fabriques privées se trouvent maintenant réunis

missar Farina spendete ebenso, wie der Verleger Thiriart. Man kann behaupten, daß die Spender zu den wohlangesehenen und reichen Bürgern der Stadt gehörten. HAStK Bestand 400, 8 -14 F1.

154 Beilage zur Korrespondenz des BCdB mit dem IM: Armenliste der Pfarrkirche St. Andreas vom Dezember 1812. Zum Brotpreis: Befehl des Maire vom 13.1.1812. Beide Dokumente in AN F15 1100.

155 AN F7 3637.

156 AN F15 1100.

dans une seule manufacture Impér(ial)e sans que le nombre des construction de la gare à Cologne demande des bras forts et des hommes valides point d'enfans de deux sexes qui ne sont faits que pour une vie ou sédentaire ou moins fatiguante (!...)[157]

Im Grunde genommen ging es bei der Auseinandersetzung zwischen Präfekt und den ihm unterstellten Beamten und Behörden aber gar nicht darum, wie man Einsparungen vornehmen könne, sondern im Zentrum der Debatte stand die Frage, wie es in Köln zu einer solch hohen Zahl von öffentlichen Unterstützungsempfängern hatte kommen können. Das BCdB, welches sich auch um die medizinische Versorgung der Hausarmen kümmerte, wehrte sich gegen Streichungen für die Medikamentenkasse des BCdB. Als Begründung für seinen Widerstand führte das Büro an, die Zahl der Unterstützungsbedürftigen steige jeden Tag.[158] Interessant an der Entgegnung des BCdB ist die Tatsache, daß das BCdB in Notzeiten nicht nur alle Tagelöhner für arm hielt in dem Sinne, daß sie ihren Lebensunterhalt nicht mehr voll decken konnten, sondern daß dies auch für die Handwerker zutraf. Diese Ausführungen richteten sich gegen den zentralen Vorwurf des Präfekten, die Zahl der unterstützten Armen in Köln liege zu hoch. Die Differenzen bei der Einschätzung des Grades der Verarmung der Bevölkerung und die ungeklärte Frage, wer als Armer zu rechnen sei, führten dann auch in der Praxis zu der eigenartig lavierenden Politik der französischen Verwaltung, die sich zwischen einer harten Linie, bei der nur Invalide und Witwen unterstützt werden sollten, und einer milderen Auffassung, die von den realen Einkommensverhältnissen der Betroffenen ausging, nicht entscheiden konnte. So kam es, daß gerade in akuten Krisenzeiten, als die weitreichende Not der arbeitenden Schichten auch dem verstocktesten Bürokraten auffallen mußte, der Buchstabe der Bestimmungen und Gesetze oft ignoriert wurde und einer pragmatischen Einstellung wich, wie überhaupt die französische Verwaltung der Rheinlande eine Periode sehr systematisch formulierter Dekrete gewesen zu sein scheint, die durch das Chaos des Alltags korrigiert zu werden pflegten. Was die Hausarmenpflege anging, war dies ein Problem, das zunächst von den preußischen Administratoren auch nicht besser gelöst wurde, wie die Krise von 1816 erwies.

1.6 Die Armenlisten des Jahres 1816

Die Armenlisten des Jahres 1816 waren in erster Linie dazu gedacht, einen Überblick über das Ausmaß des Hungers zu geben, damit die nötige Soforthilfe in Ausmaß

157 AN F15 1100.

158 "(...) parceque (!) le nombre des familles qui réclament des Secours en Medicamens (!) augmente de jour en jour. Personne n'osera contredire que tous les journaliers et une trés grande partie des gens de metier ayant bien de la peine de subsister avec leur(s) familles tant qui'ils gagnent leurs faibles journées seroient réduits à la plus grande Indigence si dans le cas de maladie ils n'étoient pas (soulagé) par des Secours en Medicamens n'ayant pas de quoi pour payer les Medicamens qui sont d'une cherté excessive dans les Pharmacies de la Ville (...)" Schreiben des BCdB an den Präfekten, beigefügt dem Sitzungsprotokoll des BCdB vom 10.1.1812, AN F15 1100.

und Art richtig geplant werden konnte. Es ist anzunehmen, daß die vorhandenen Listen auf den Listen basierten, die von den Pfarrkommissionen im gleichen Jahr angelegt worden waren. Insofern sind sie nur sekundäres Material. Ihre Stärke, die flächenmäßig vollständige Abdeckung des Stadtgebietes, und ihre Schwäche, die Knappheit, mit der jeder Einzelfall dokumentiert wurde, ergeben sich aus ihrem Zweck. Sie dienten nicht einer namentlichen Identifikation der Armen, sondern nur als Grundlage für die städtische Planung. Dennoch lassen sich aus ihnen allgemeine Schlußfolgerungen über den Charakter der Hausarmut im Krisenjahre 1816 ziehen. Da die Listen nach Pfarreien erhoben wurden, läßt sich zunächst einmal eine grobe topographische Einordnung der Unterstützungsempfänger Kölns vornehmen.

Für die Zeitgenossen schockierend mußte zunächst einmal die bare Zahl der Unterstützungsempfänger sein. Fast 11.000 Menschen erhielten Hilfe aus den Mitteln der Pfarrkommissionen. Das entsprach einem Viertel der Gesamtbevölkerung der Stadt. Alle Versuche der Franzosen, die Gruppe der Hausarmen zu beschränken, mußten angesichts einer Hungerkrise, wie 1816 sie mit sich brachte, als ergebnislos betrachtet werden. Ein harter Winter, eine schlechte Ernte oder eine kurze Rezession genügten, um ein Viertel der Bevölkerung hungern zu lassen. Auffällig auch für die Helfer der Pfarrkommissionen und des späteren Zentralunterstützungsvereins muß es gewesen sein, die ungleichmäßige Verteilung der Armen in den einzelnen Pfarreien festzustellen, die sich schon aus den unverarbeiteten Rohlisten ergab, wobei dem Umstand, daß die Pfarrkirchen unterschiedlich große und unterschiedlich dicht besiedelte Sprengel hatten, noch keine Rücksicht gezollt wurde. Trotz der im Jahre 1806 neu gezogenen Pfarrgrenzen mußte das große Ungleichgewicht zwischen einer Pfarrei wie St. Martin, die in der relativ reichen Rheinvorstadt lag, und St. Mauritius, in deren Einzugsgebiet auch früher schon viele Arme gelebt hatten, bemerkt werden. Ob dies Ausdruck einer mehr als topographischen Verschiebung der Hausarmut in Köln gewesen ist, muß eine schärfere Eingrenzung der Wohngebiete der Armen ergeben, da die Pfarrgrenzen die Wohngebiete mit hohem Anteil an sozial schwachen Haushalten sehr oft zerschnitten. Um dieses Problem zu umgehen, wurden die Wohngebiete der Hausarmen über die Auszählung der in einem Straßenzug lebenden Unterstützungsempfänger ermittelt. In den Quellen werden insgesamt mehrere hundert Straßenzüge genannt. Einige von ihnen konnten nicht zweifelsfrei lokalisiert werden.[159] Da die Straßen oftmals nicht innerhalb einer einzigen Pfarre verliefen, sondern ihre Grenzen überschritten, kam es allerdings zu einer ganzen Zahl von Doppel- oder Dreifachnennungen, die erst eliminiert werden mußten. Dennoch blieben über zweihundert Kölner Straßen übrig, in denen unterstützungsberechtigte Personen lebten. Man kann also ohne Übertreibung sagen, daß in jeder Kölner Straße im Jahre 1816 Menschen lebten, die auf die Hilfe der Pfarrkommissionen angewiesen waren. Der Übersichtlichkeit halber sollen nur die Straßen angeführt werden, die eine

159 Bei zwanzig Straßennamen konnte die zugehörige Kennziffer nicht ermittelt werden. Das heißt nicht, daß man nicht wüßte, wo diese Straßen ungefähr lagen. Damit ist die Fehlerquote insgesamt aber sehr klein. In nur 573 Fällen konnte der Wohnort der Armen nicht genau festgestellt werden. Das entspricht 5.3 % der Gesamtgruppe. HAStK Armenverwaltung, Bestand 400, Nr. 8, 4D4.

besonders hohe Konzentration von Hilfsbedürftigen aufwiesen (Tabelle 1.17). Es konzentrierten sich 31.3 % aller Kölner Hausarmen des Jahres 1816 auf elf Straßen. Einige der dichtbelegten Gassen und Straßen hatten schon im Zusammenhang mit der Analyse der AZ von 1799/1800 eine dichte Streuung von Hausarmen aufgewiesen. Dazu gehörten die Spielmannsgasse, die Maximinstraße, die Minoritenstraße, die Löhrgasse und die Apernstraße (An St. Apern).[160] Nicht mehr in der Spitzengruppe waren vertreten der Kattenbug und die Mariengartengasse. Neu seit 1800 hinzugekommen waren Griechenmarkt, Kronenbüchel, Perlengraben und Peterspfuhl, die 16 Jahre zuvor im Mittelfeld der armen Straßen Kölns gelegen hatten.[161] Damit ist das hohe topographische Beharrungsvermögen der Kölner Hausarmut über einen Zeitraum von 16 Jahren nachgewiesen. Den einzigen bedeutenden Ausreißer stellt der Griechenmarkt dar, der 1800 mit 19 Armutszeugnissen auf dem fünfzehnten Rang gelegen hatte. Es ist aber nicht ganz auszuschließen, daß eine frühere Konzentration von Hausarmen in dieser Gegend nicht nachgewiesen werden konnte, weil die AZ unvollständig waren oder weil es Probleme bei der topographischen Zuordnung der einzelnen Hauszeilen gegeben hat.

Gegenüber früheren Jahren geändert hatte sich die Belegungsdichte der Hausarmen. Dies wird schon aus der rapide gestiegenen Zahl der Unterstützungsempfänger plausibel, die eine Konsequenz des Abrutschens weiter Teile der Bevölkerung unter die Armutsgrenze darstellte. Einige wenige Beispiele mögen genügen, um dies zu erläutern. Bei rund 7500 Häusern hatte es 1800 knapp 3500 Hausarme gegeben, d.h. in weniger als jedem zweiten Haus hatte ein Armer gelebt, was ja an sich schon eine hohe Rate ist. In der Krise von 1816 hatte sich der Quotient Hausarme:Häuser bei ungefähr gleicher Bevölkerung verdoppelt. Statistisch gesehen lebte jetzt in jedem Haus mindestens ein Unterstützungsempfänger. Auch in den Gegenden, die ohnehin als arm galten, läßt sich diese Verdoppelung zeigen. In der Spielmannsgasse hatte es 1800 in jedem zweiten Haus eine arme Familie gegeben. Selbst wenn man zugrundelegt, daß die arme Familie drei Mitglieder gehabt hat, ist die Steigerung auf 269 Unterstützungsempfänger deutlich hoch. Damit kamen vier Hausarme auf jedes Haus in der Spielmannsgasse. Stark angestiegen war auch die Armenfrequenz in der Apernstraße. Hier lebten 218 Hausarme in 73 Häusern, d.h. knapp drei Hausarme entfielen auf ein Haus. An der Spitze lag auch hier der Griechenmarkt, wo auf 93 Häuser die stattliche Menge von 601 Hausarmen zu verteilen waren. Mehr als sechs Arme lebten hier in den schmalbrüstigen, ein- oder zweigeschossigen Häusern, was ein Licht auch auf die Wohnverhältnisse dieser Menschen wirft.[162]

Umgekehrt war auch das regionale Muster der wohlhabenderen Straßen erhalten geblieben. In 98 von 225 Straßen lebten auch 1816 keine Armen. Sechzehn Jahre

160 Vergl. Tabelle 10, Konzentration von AZ in sieben Straßen.

161 Eine vergleichbare Menge von Armutszeugnissen hatte sich 1800 auf vierzehn Straßen konzentriert. (436 Fälle = 31.01 %) Diese waren die Löhrgasse, die Maximinstraße, die Spielmanngasse, Apernstraße, Mariengartengasse, Kattenbug, Minoritenstraße, Kupfergasse, Follerstraße, Thiebolds- oder Diebesgasse, Blaubach, Katharinengraben, Kleine Witschgasse und Weberstraße.

162 Verzeichnus der Stadt- Kölnischen Einwohner,..., Kölln 1797.

zuvor war die Verteilung der Hausarmen, obwohl diese weniger zahlreich waren, gleichmäßiger gewesen, da in nur 54 von 225 Straßen kein AZ ausgestellt worden war.[163] Damit ist erwiesen, daß die wohlhabenderen Schichten der Stadtbevölkerung nicht nur nach wie vor in bestimmten Gegenden lebten, die sich u.a. durch den überdurchschnittlich hohen Immobilienwert abgrenzten, sondern, daß die Gettoisierung der Kölner Unterschichten in der französischen Zeit weiter vorangeschritten war.

In neunzehn Straßen, in denen 1799/1800 kein einziges AZ ausgegeben worden war und die einen besonders hohen durchschnittlichen Immobilienwert aufzuweisen hatten, fanden sich auch 1816 nur 129 Unterstützungsberechtigte.

Das Bild hatte sich seit 1800 kaum geändert. Straßen, die 1800 wenig Hausarme aufzuweisen hatten, tendierten auch 1816 nicht dazu, die Heimstatt unterstützungsabhängiger Kölner zu werden. Umgekehrt hatten die Straßen, in denen zu Beginn der französischen Verwaltungsperiode schon viele sozial schwache Familien gelebt hatten, auch zu Beginn der preußischen Herrschaft ein erhöhtes Aufkommen an Hausarmen aufzuweisen. Die Zahl der Armen in einer gegebenen Straße korrelierte in beiden Erhebungen negativ mit dem durchschnittlichen Immobilienwert in der betreffenden Straße.

Da wichtige topographische Eigenschaften der Kölner Hausarmut über fast zwei Jahrzehnte hinweg konstant gültig waren, ist es möglich, den Einfluß einer sich ändernden städtischen Landschaft auf die Armut sehr gering anzusetzen. Allenfalls kann der Beginn einer schärferen lokalen Abgrenzung der Armenbezirke von den wohlhabenderen konzediert werden, wie sie sich aus der Abnahme der Zahl der von Armut heimgesuchten Straßen bei gleichzeitiger Zunahme der absoluten Zahlen der Armen ergibt. Wenn es Änderungen in der sozialen Komposition der Kölner Hausarmut gegeben hat, dann wohl nicht auf Grund von innerstädtischen Migrationsbewegungen.[164] Da diese ausblieben, ist davon auszugehen, daß andere Berufsgruppen als vorher von Armut affiziert wurden. Bleibt als entscheidender Faktor noch der Familienstatus bzw. das Lebensalter der Hausarmen, das sich möglicherweise geändert haben könnte. Wie wir gesehen hatten, war die Hausarmut der Jahre 1799/1800 in weiten Teilen eine Alters- bzw. Witwenarmut gewesen. Wo Altersangaben vorlagen, tendierten die Hausarmen im Mittel zu einem Lebensalter, das deutlich über sechzig Jahren lag. Die Familien waren relativ klein gewesen, sehr viele Einzelpersonen hatten ein Armutszeugnis erhalten. Familienväter hatten nur verhältnismäßig selten um Unterstützung durch das Wohltätigkeitsbüro gebeten. Diese Verhältnisse haben sich bis zum Jahr 1816 drastisch geändert. Leider liefern die in diesem Jahr kompilierten Listen keine Information über die Familienzusammensetzung, -größe oder das Lebensalter der Personen, die in der offenen Armenhilfe unterstützt wurden. Rückschlüsse dieser Art sind nur auf Umwegen möglich. Einzig verwertbare Information ist die Angabe, wieviele Personen in einer Straße über zwölf und wieviele

163 ARMUT2, S. 60, Variable STREET.

164 Die einzige Abweichung dieser Regel stellt in Tabelle die Blumengasse dar. Hier handelt es sich wohl um das Problem fehlender Daten in der Erhebung für 1800.

Personen unter zwölf Jahre alt waren. Für die Organisatoren der Pfarrkommissionen war diese Angabe hinreichend genau, da ab dem Alter von zwölf Jahren eine Erwachsenenration verabreicht werden mußte. Vergessen wir nicht, daß viele junge Menschen mit zwölf Jahren schon arbeiteten, also zum Lebensunterhalt der Familie beitrugen, somit in gewisser Hinsicht als erwachsen galten. Ein Drittel der Hausarmen war nach der Schätzung in Tabelle 1.20 zwölf Jahre alt oder jünger. Dies war 1799 in mehrfacher Hinsicht ganz anders gewesen. Auf das hohe Durchschnittsalter der Hausarmen und den auffällig hohen Anteil von Witwen ist an anderer Stelle schon verwiesen worden. Immerhin 465 von 1406 Haushaltsvorständen, die eine Unterstützung des Wohltätigkeitsbüros erhielten, hatten sich 1799/1800 als "alt" bezeichnet. Das entspricht einem Anteil von 33.1 %.[165] Die Hausarmen, die nachweislich älter als 59 Jahre alt waren, verteilten sich in bestimmter Weise über die Stadt. 86 von ihnen (= 25.4 %) lebten in nur sieben Straßenzügen, während sich der Rest verhältnismäßig gleichmäßig über die Stadt verteilte.

Methodisch ergibt sich bei der umgekehrten Frage, wo besonders junge Hausarme lebten, insofern ein Problem, als Jugend als Grund für die Vergabe von Almosen in aller Regel nicht akzeptiert wurde, folglich das Alter der betreffenden Person nur dann angegeben wurde, wenn es den Antrag des Armen auf Unterstützung förderte. Da aber die Kinderzahl und die Familiengröße bei Haushaltsvorständen in vorgerücktem Alter stetig abnahmen, kann man umgekehrt folgern, daß diejenigen Familien, die besonders groß waren oder die angaben, Kinder zu versorgen zu haben, junge Familien gewesen sein müssen. In zwei gesonderten Arbeitsgängen wurden deshalb diejenigen Familien ausgesucht, die aus mehr als drei Personen bestanden, gefolgt von denjenigen, die als Unterstützungsgrund zu versorgende, im Haushalt lebende Kinder angegeben hatten. Die armen Familien mit großer Kinderzahl lebten also, bis auf die Löhrgasse und die Maximinstraße, in anderen Straßen als die alten Hausarmen. Löhrgasse und Maximinstraße waren aber beides Straßenzüge, die einen so hohen Anteil von Hausarmen hatten, daß unter ihnen auch etliche Familien mit Kindern sein mußten.[166]

Erstaunlich ist, daß es Gegenden gab, die zwar ähnlich hohe Armenzahlen wie die beiden genannten Straßen aufzuweisen hatten, für die eine Aufstellung der Wohngebiete der Familien mit Kindern aber fehlen, wie Kattenbug und Mariengartengasse.[167] Umgekehrt hatte es in der Nächelskaul gar keine und in der Wallgasse nur wenige Familienvorstände gegeben, die sich selbst als alt bezeichneten oder deren Alter über 59 Jahren lag. Zu den in Tabelle 1.23 aufgeführten Straßen mit durchschnittlich jüngerer Belegschaft von Hausarmen müssen noch die Thieboldsgasse, der Griechenmarkt und die Minoritenstraße gerechnet werden, so daß sich eine (offene) Liste von Straßen ergibt, in denen die armen Familien Kölns konzentriert waren, die nicht wegen ihres Alters unterstützungsabhängig geworden waren.[168] Ein Blick auf die

165 SELECT.3, SPSS-Protokoll vom 29.5.1987, S. 6.
166 SELECT.3, S. 40. Die in Tabelle 21 erfaßten 42 Familien stellen 22.46 % aller kinderreichen Familien dar.
167 ARMUT2, S. 60.
168 SELECT.3, S. 10; SELECT.2, S. 276. Die Straßen mit einer Konzentration von AZ, in denen

Tabelle 1.23 genügt, um festzustellen, daß die Wohngebiete der unterstützungsberechtigten Familien mit Kindern sich zwischen 1799/1800 und 1816 vollkommen verlagert haben. Mit Ausnahme des Griechenmarkts, der bis 1816 zur ärmsten Gegend der Stadt avancierte und dabei so berüchtigte Armenviertel wie die Löhrgasse, die Maximinstraße oder die Mariengartengasse überholte, erscheint fast keines der aus der Analyse der AZ wohlbekannten Elendsquartiere in dieser Liste auf vorderen Plätzen. Ebenfalls schwach vertreten sind die Gegenden, die ohne Berücksichtigung ihrer Altersstruktur unter die ärmsten Gegenden Kölns gerechnet werden mußten.[169] Demnach hat es ein neues Element in der Population der Hausarmen Kölns gegeben, das die traditionellen Gruppen der Alten und Witwen, Siechen und vorübergehend Arbeitslosen ergänzt hat, nämlich eine große Gruppe von Familien mit kleinen Kindern, deren Haushaltsvorstände entweder nicht arbeiten konnten oder wollten oder deren Einkommen nicht ausreichte, um die vielköpfige Familie durchzubringen. Da durch die striktere Anwendung des Prinzips, daß "starke" Arme von jeglicher Unterstützung ausgeschlossen werden sollten, die Möglichkeit geringer wurde, trotz gegebener Arbeitsfähigkeit von den Behörden Hilfe zu erhalten, kann man getrost davon ausgehen, daß es sich hier um die Familien von Handwerkern oder Tagelöhnern handelte, deren geringer Verdienst oder Arbeitslosigkeit die Vergabe von Unterstützung durch die Pfarrkommissionen dringend erforderlich machte. Die Kölner Hausarmut hatte sich damit von einer Form der Armut, die durch Lebenszyklen bedingt war, fortentwickelt zu einer Form der Armut, die dem Pauperismus des beginnenden Industriezeitalters sehr ähnlich war, lange bevor man in Köln oder dem Rheinland von Frühindustrialisierung sprechen konnte.

1.7 Zusammenfassung

Die eingangs gestellte Frage nach dem Verhältnis von Unterschichten und "Obrigkeit" kann im Falle der Kölner Hausarmen nicht in einem Satz beantwortet werden. Auffällig ist zunächst die scheinbare Harmonie, in der die Kölner Hausarmen und die offiziellen Stellen miteinander lebten. Von einer Bürokratie oder politischen Instanz im engen Sinne kann hier noch gar keine Rede sein, da in die Vergabe von Armenunterstützung bzw. Armutszeugnissen praktisch die ganze Stadt eingeschlossen war. Von den Nachbarn über die Pfarrer, Bürgerhauptleute bis hin zu den Polizisten und den Angehörigen der Verwaltung wurden Armutszeugnisse ausgestellt und dann von der Armenverwaltung bewilligt, wobei die soziale Kontrolle der Armen in den Händen der Aussteller der AZ lag und nicht bei der städtischen Behörde. Eine derartig dezentrale Armenhilfe wurde nur durch die Armenbretter des

Kinder als Grund für Unterstützungsersuchen angegeben wurden, umfaßten die Thieboldsgasse (acht AZ), den Griechenmarkt (neun AZ), die Kupfergasse (13 AZ), die Löhrgasse (18 AZ), die Mariengartengasse (neun AZ), die Maximinstraße (13 AZ), die Minoritenstraße (15 AZ) und die Nächelskaul (acht AZ). Löhrgasse und Maximinstraße sollten als Straßen mit starker Konzentration von Hausarmen aller Kategorien ausgeschlossen werden. SELECT.3, S. 51.

169 Vergl. Tabelle 1.17.

Mittelalters übertroffen. In dem Maße, wie die französische Verwaltung des Rheinlandes ihre Herrschaft festigte, griff sie auch in das bis dahin funktionierende Verhältnis zwischen Öffentlichkeit und Hausarmen ein. Nach der Beseitigung des Kompetenzgewirrs und der Konsolidierung der prekären Finanzlage der Armenverwaltung begann man, die grundsätzlich offenen Listen der Hausarmen der Stadt zu schließen. Dies wurde begleitet von einer Ablösung der überkommenen Vorstellungen von Armut, die stark vom spätmittelalterlichen Armutsideal beeinflußt gewesen waren, durch modernere Auffassungen, in denen über die Ursachen der Armut reflektiert wurde. Diese Konzepte von Armut gingen aber auch davon aus, daß es einerseits so etwas wie "wahre" Arme gab, die unverschuldet in Armut geraten waren, und "starke" Arme andererseits, die arbeitsunwillig waren und keinerlei Unterstützung verdienten. Dabei wurden die früher an der Armenverwaltung beteiligten Personengruppen wie Nachbarn, einzelne Pfarrer oder die Bürgerhauptleute aus dem Prozeß der Unterstützungsbewilligung ausgeschlossen. Dies hatte eine stärkere soziale Segregation der Armen zur Folge, eine Voraussetzung dafür, daß man ab 1803/04 in der Bürokratisierung und Konzentrierung des Hausarmenwesens fortschreiten konnte. Bis etwa 1810 läßt sich beobachten, wie das bisher fast vollkommen selbständige Unterstützungsamt (BCdB) immer stärker unter die Kontrolle des *Maire* und der Präfektur gerieten. Gleichzeitig nahmen die Versuche zu, die Zahl der unterstützten Hausarmen zu beschneiden und die Höhe der Unterstützung zu senken. Bei gleichzeitiger materieller Verschlechterung eines Großteils der Bevölkerung infolge der Krise von 1810/12 ist den Sparversuchen der Verwaltung aber kein Erfolg beschieden gewesen, wenn auch die Erfassung der Hausarmen in geschlossenen Listen und ihre Kontrolle durch einen gestrafften und hierarchisch geordneten Verwaltungsapparat intensiviert wurde. Diese Linie wurde nach 1814 im wesentlichen von den preußischen Behörden fortgesetzt, die nach den negativen Erfahrungen mit einer zentralen Verteilung der Unterstützung wieder zur dezentralen Verteilung zurückkehrten, aber ansonsten die innere Verwaltung des Armenwesens noch stärker strafften und weiter darauf achteten, daß "arbeitsfähige" Arme keine Unterstützung erhielten. Arbeitshäuser und schärfere Grundsätze für die Beurteilung der Hausarmen sorgten für verschärften ideologischen und materiellen Druck auf diejenigen, mit denen man bis 1794 in einer Art stillschweigenden Einvernehmens gelebt hatte. Aus den geduldeten Hausarmen, die in ein gesellschaftliches Beziehungssystem eingeordnet gewesen waren, waren Untertanen geworden, die als Gegenstand der Verwaltung argwöhnisch überwacht werden mußten.

2 GESCHLOSSENE ARMENHILFE IM RHEINLAND VOM 18. JAHRHUNDERT BIS 1826

2.1 Die Bewertung der Armut in Europa zu Beginn der frühen Neuzeit

In allen wichtigen europäischen Städten begann man spätestens im Laufe des 17. Jahrhunderts über die Frage nachzudenken, wie man dem Problem der Armut zu Leibe rücken sollte. Führend war man auf diesem Gebiet zunächst in den Niederlanden gewesen, von wo auch der Gedanke stammte, für vagierende Arme gefängnisähnliche Häuser, die Zuchthäuser genannt wurden, einzurichten. Neben Kriegen, Hungersnöten und Epidemien, die weite Teile der Bevölkerung in Armut gestürzt hatten, waren ideologische Verschiebungen ausschlaggebend dafür, daß man sich andere Vorstellungen von der Armut machte. Seit dem 16. Jahrhundert hatte sich in England und den Niederlanden jener Wandel im Bild der Armut vollzogen, den wir für katholische Gebiete erst zu einem späteren Zeitpunkt beobachten können, nämlich die Abkehr vom Armen als Ebenbild und Nachfolger Christi und die allmähliche Neubewertung der Armut als Laster der Armen und Belastung der Reicheren. Die Lösung dieses Problems begann man in der Forderung zu suchen, das Betteln und Almosengeben zu unterbinden und die Armen mit Arbeit zu versehen.

In der Forschung wird die Ursache für das Umdenken über Armut und die Mittel, wie man ihr begegnen könne, unterschiedlich bewertet. Im wesentlichen geht es dabei um die Frage, ob die geänderte Auffassung der Armut das Ergebnis reformatorischen Denkens war, oder ob sie sich schon vor der Reformation feststellen läßt. Eng damit verbunden ist das Problem, ob die katholischen Städte Deutschlands einen wesentlich anderen Weg in der Bekämpfung der Armut gegangen sind als die protestantischen.

Besonders in Teilen der älteren, protestantisch geprägten Literatur findet sich die Auffassung, die Reformation habe eine entscheidenden Wende in der Betrachtung und Bekämpfung der Armut gebracht. Demgegenüber betonen neuere Autoren Ansätze zu einer Veränderung der Haltung gegenüber den Armen schon in mittelalterlichen Städten.[1]

Der wohl ausgewiesenste Historiker der mittelalterlichen Armut in Frankreich, Michel Mollat, verweist auf die schon im 14. Jahrhundert einsetzende Kritik der Armut. Trotz dieser erst langsam an Gewicht gewinnenden Kritik habe lange Zeit die Vorstellung weiterexistiert, die Vergabe von Almosen helfe, Sünden zu tilgen. Dennoch kommt in dieser Zeit schon die Idee auf, daß gesunde Arme und Vagabun-

1 Fischer, Armut in der Geschichte, S. 33. Interessanterweise betont eine neuere Arbeit wieder die einschneidende Rolle der Reformation für die Praxis der Armenpolitik. Vergl. Ingeborg Titz-Matuszak, Mobilität der Armut - Das Almosenwesen im 17. und 18. Jahrhundert im südniedersächsischen Raum, in: Plesse-Archiv Heft 24, 1988, S. 9 -338, hier S. 32 f. Die Autorin vermerkt jedoch in Fußnote 7, daß die Bettelverbote spätmittelalterlichen Ursprungs sind.

den ihren Lebensunterhalt durch Arbeit zu verdienen hätten.[2] Schon in den mittelalterlichen Städten hat es Versuche gegeben, ortsansässige Bettler zu erfassen und fremde Bettler abzuschieben. Diese Politik ist nach der Reformation sowohl in katholischen wie protestantischen Gebieten fortgesetzt worden. Trotz grundsätzlicher Übereinstimmung im Bild von der Armut und in den Methoden ihrer Bekämpfung vollzogen die katholischen Städte den Wandel zu einem moderneren Armutsbegriff jedoch sehr viel langsamer als die protestantischen. Als Ursache für die gemeinschaftliche Änderung der Armenpolitik in Städten unterschiedlicher Konfession sieht Wolfram Fischer die allgemeine verbindliche Fürsorgepflicht der Städte für ihre Armen, wie sie seit dem Reichsabschied von 1497 bestanden habe.

So stehen die Bemühungen um eine Disziplinierung der Armen im Einklang mit einer systematischeren Gliederung der Verwaltung, einer stärker formalisierten Justiz, einer wirksameren Organisation des Militärs, einer besseren Aufsicht über Zünfte und Märkte.[3]

2 Mollat, Die Armen im Mittelalter, S.234 - 236; S. 266. Im gleichen Tenor die neue, grundlegende Arbeit von Otto Gerhard Oexle, Armut, Armutsbegriff und Armenfürsorge im Mittelalter, in: Sachße; Tennstedt (Hg.), Soziale Sicherheit, S.73 - 100. Die geänderte Haltung gegenüber der Armut im allgemeinen wird man nicht ohne den Verweis auf die ebenfalls sich ändernde Haltung gegenüber der Arbeit verstehen, die angesichts der Armut den Charakter eines Allheilmittels anzunehmen schien. Seit der Reformation war die vita contemplativa der Religiosen in Mißkredit geraten; der Verurteilung des "Nichtstuns" der Geistlichen und Adligen entsprach die Aufwertung des Arbeitsbegriffes in einem Maße, daß auch die unteren Schichten der Gesellschaft an ihm gemessen wurden. Christenstand und Arbeitspflicht wurden bis zur Mitte des 17. Jahrhunderts miteinander in Verbindung gesetzt, und in den pietistischen Kreisen um die Mitte des 18. Jahrhunderts wurde die Arbeit als Bestandteil des Christentums gesehen. Dieses religiöse Ideal wurde in den philosophischen Schulen der Aufklärung bis zum Ende des 18. Jahrhunderts in säkularisierter Form weiterentwickelt, so daß die Arbeitsamkeit den Menschen erst recht eigentlich zum Menschen zu machen schien. Werner Conze, "Arbeit", in: Brunner; Conze; Koselleck (Hg.), Geschichtliche Grundbegriffe, Bd. 1, S. 154 - 215, hier S. 165 - 174.

3 Fischer, Armut, S. 35. Vergl. in diesem Zusammenhang auch die grundsätzlichen Bemerkungen von Pieter Spierenburg. Spierenburg, der die Entstehung der Gefängnisse aus den Zuchthäusern des 16. Jahrhunderts nicht in Beziehung setzen möchte zu den religiösen Veränderungen der Reformation, verweist auf die ältere Tradition der Armutskritik, die im 13. Jahrhundert einsetzt. Der Mentalitätswandel in Bezug auf die Armut war - nach Spierenburg, im Rückgriff auf Gutton und Norbert Elias - schon vor der Reformation eingeleitet. Pieter Spierenburg, The Sociogenesis of Confinement and its Development in Early Modern Europe, in: Ders. (Hg.): The Emergence of Carceral Institutions. Prisons, Galleys and Lunatic Asylums 1550 - 1900, Rotterdam 1984 (Centrum voor Maatschappijgeschiedenis, Bd. 12), S. 9-78, hier S. 17-19. Diese Argumentation geht zurück auf ein Konzept der zunehmenden Pazifizierung des gesellschaftlichen Lebens in Europa mit einer gleichzeitigen Säkularisation der kirchlichen Aufgaben durch die erstarkenden Städte seit dem Spätmittelalter. Vergl. auch Pieter Spierenburg, From Amsterdam to Auburn. An Explanation for the Rise of the Prison in Seventeenth-Century Holland and Nineteenth-Century America, in: Journal of Social History, Spring 1980, Nr. 20, S. 439-461. Ähnlich argumentierte Spierenburg auch in seinem Buch über die Veränderung des Strafsystems im 17. Jahrhundert. Vergl. Pieter Spierenburg, The Spectacle of Suffering: Executions and the Evolution of Repression, Cambridge, 1984. Auf gleicher Linie, wenn auch weniger ausführlich: Herman Diederiks und Pieter Spierenburg: L'Enfermement non criminel en Hollande XVIIIème - XIXème siècles, in: Jacques G. Petit (Hg.), La prison, le bagne et l'histoire, Genève 1984 (Collection Déviance et

Nicht genug damit, daß das Reich begonnen habe, in die Armenpolitik der Gemeinden einzugreifen, habe sich der postulierte Umschwung auch auf der subjektiven Seite nachvollziehen lassen. Die Bürger der Städte seien davon überzeugt gewesen, "(...) daß Armut vor allem dem Fehlverhalten der Armen zuzuschreiben (...)" war.[4] Die Ausführungen Fischers müssen, auf dem Hintergrund der deutschen Entwicklung betrachtet, zum großen Teil bestätigt werden. Was ihre Gültigkeit für Frankreich und England angeht, müssen Zweifel angemeldet werden. Auch in Frankreich begann man im 14. Jahrhundert zum ersten Male, nichtseßhafte Arme im großen Stile zu verfolgen, wohl eine Folge der anhaltenden Pestepidemien. Schon in seiner mittelalterlichen Bedeutung hatte der Begriff *vagabond* etwas Pejoratives gehabt, wurde mit dem kriminellen Delikt des Diebstahls in direkte Verbindung gebracht und im Laufe der Zeit selbst zu einem Synomym für Kriminalität.[5] In Frankreich wie auch in England, zwei wirtschaftlich weitentwickelten Staaten, wurden Gesetze vor allem gegen die vagierenden Armen erlassen, die mangelnden Arbeitswillen wie ein Verbrechen mit Strafe belegten.[6]

Soweit decken sich hier deutsche und französische Entwicklung. Wo jedoch Wolfram Fischer den Eindruck erweckt, das Erlassen bestimmter Gesetze gegen die umherziehenden Bettler oder die Verabschiedung städtischer Edikte, die eine scharfe Sprache gegen das Betteln führten, sei gleichbedeutend mit dem Umdenken der Bevölkerung der Städte gewesen, gibt Bronislaw Geremek zu bedenken, daß die gegen Vagierende eingesetzten Mittel inkohärent waren und ihre praktische Bedeutung angesichts seltener Anwendung sehr gering einzuschätzen ist. Dies gelte auch

Société), S. 43-55. An einer gemeinsamen Linie der Armutspolitik der protestantischen wie der katholischen Städte im 16. Jahrhundert hält auch Robert Jütte fest. Er verweist in Rückgriff auf Brian Pullan darauf, daß die Allgegenwärtigkeit von Krankheit, Verbrechen und Krise ähnliche Lösungen erzwungen hätten, unabhängig von religiösen Einstellungen. Dieses Konzept paßt sich auch sehr gut in die Vorstellung mit dem allmählichen Vordringen des Disziplinierungsgedankens ein, wie er ab dem 16. und 17. Jahrhundert an Boden gewann. Dennoch betont Jütte die besondere Funktion der protestantischen Kirchen, allen voran die der Calvinisten, für die Formulierung der neuen Konzepte von Disziplin und Arbeit. Der Katholizismus übernahm nach Jüttes Worten diese Konzepte nach und nach. Jüttes Ansatz schließt durchaus die Möglichkeit ein, daß je nach lokalen Verhältnissen derartige Versuche der Disziplinierung durch Arbeit auch scheitern konnten und neue Anläufe zur Unterwerfung der Bettler unternommen werden mußten. Robert Jütte, Poor Relief and Social Discipline in Sixteenth-Century Europe, in: European Studies Review 11, 1981, S. 25 - 52, hier S. 25 - 34.

4 Fischer, Armut, S. 35.

5 Geremek, Criminalité, S. 346 f. Über die Bedeutung der Pest in diesem Zusammenhang Oexle, Armut, S. 85 - 87. Jede Form der historischen Nabelschau muß in diesem Kontext zu falschen oder verzerrten Ergebnissen führen. Es ist unzulässig, von den deutschen Ereignissen auf die französischen oder englischen rückschließen zu wollen, genau wie übrigens umgekehrt. Robert Jütte kritisierte dieses Verfahren erst jüngst in diesem Kontext mit Bezug auf Michel Foucault und Norbert Elias und deren Epigonen. Robert Jütte, Disziplinierungsmechanismen in der städtischen Armenfürsorge der Frühneuzeit in: Sachße; Tennstedt, Soziale Sicherheit, S. 101 - 118, hier S. 101 f.

6 Geremek, Criminalité, S. 346 f.

für die von Marx als *législation sanglante* bezeichnete englische Gesetzgebung von 1495.[7]

Dieses Ergebnis wird unterstützt durch die Forschung Gertrude Himmelfarbs, die gerade für das in der Armengesetzgebung als Vorbild mißverstandene protestantische England aufzeigte, wie langwierig und widersprüchlich der Prozeß der ideologischen Ausgrenzung der Bettler aus der Gesellschaft gewesen ist.[8] Dabei nahm der Aspekt der Pönalisierung der vagierenden Armen in England nach 1660 ab, da der Hof versuchte, dem Problem großer Scharen umherziehender Bettler und ehemaliger Soldaten durch Siedlungsgesetze (*settlement laws*) Herr zu werden. Anstatt als Vagabund bestraft zu werden, wurde ein fremder Bettler an seinen Geburtsort abgeschoben, an dem er ein Recht auf eine (sehr bescheidene) Unterstützung genoß. Zwar gab es auch nach 1660 noch Gesetze gegen Vagabunden, doch fügten diese den überkommenen Gesetzen der elisabethanischen Zeit keine neuen Elemente hinzu. Dabei ist es für unseren Zusammenhang wichtig, daß die harsche englische Gesetzgebung es nicht verhinderte, daß die Armenunterstützung der Gemeinden (parishes) großzügig vergeben wurde, wobei nicht nur invalide oder vorübergehend arbeitsunfähige Personen unterstützt wurden, sondern auch able persons bedacht wurden. Jedenfalls stiegen im Laufe des 16. Jahrhunderts die Ausgaben für poor relief stark an. Die Ursachen dafür liegen wohl in der Funktion der Armenhilfe als präventives Mittel gegen die Gefahr von Revolten der englischen Bevölkerung.[9]

7 Geremek, Criminalité, S. 353. Vergl. auch die jüngst erschiene Arbeit Geremeks. Bronislaw Geremek, Geschichte der Armut: Elend und Barmherzigkeit in Europa, München, Zürich 1988, S. 268-284. Auch Olwen H. Hufton betont in seinem grundlegenden Werk zur Geschichte der Armen in Frankreich die Unterschiede zwischen protestantischen und katholischen Territorien. Die Gegenreformation habe in Frankreich starke Tendenzen zur Säkularisation des Armenwesens gebrochen. "The pauper was, after all, in Christian doctrine, the hinchpin in the salvation of the rich: for only by charity (...) could the wealthy elicit divine mercy.(...) The system of relief (...) which is largely on trial in eighteenth-century France is still that based upon private donations, voluntary almsgiving, and the institutions erected in the spirit of the Counter-Reformation to deal with the problem of poverty." Hufton, The Poor, S. 132. Vergl. auch Catharina Lis; Hugo Soly, Poverty and Capitalism in Pre-Industrial Europe, Hassocks 1979 (Pre-Industrial Europe 1350 - 1850, hg. von Geoffrey Parker).

8 Gertrude Himmelfarb, The Idea of Poverty: England in the Early Industrial Age, New York 1984. Himmelfarb kann zeigen, wie die Elisabethanischen Armengesetze von 1597-98 und 1601, die ihrerseits nur ein Amalgam früherer Praktiken und Gesetze waren, im Laufe der Zeit, vor allem während der Restaurationsepoche, verschärft wurden. Die Kennzeichnung des Armen durch ein "P" auf dem Mantel wurde allerdings erst im späten 17. und im 18. Jahrhundert durchgesetzt. Ebda., S. 25. Die Hartnäckigkeit, mit der man an den überkommenen Almosenidealen im katholischen Österreich festhielt, betont besonders der mehr der deutschen Forschungstradition verhaftete Hannes Stekl. In Österreich mußten in einigen Orten die Ende des 18. Jahrhunderts gegründeten Pfarrarmeninstitute wieder aufgelöst werden, weil die Bevölkerung an den alten Formen des Almosens festhielt. Hannes Stekl, Österreichs Zucht- und Armenhäuser 1671 -1920. Institution zwischen Fürsorge und Strafvollzug, München 1978 (Sozial- und Wirtschaftsgeschichtliche Studien, hg. von Alfred Hoffmann und Michael Mitterauer, Bd. 12), S. 38.

9 A. L. Beier, Masterless Men: The Vagrancy Problem in England, 1560-1640, London, New York 1985, S. 171 - 174. Beier kommt zu dem interessanten Schluß, daß "(...) it cannot be said of England in this period, as it has been written of the ancien régime France, that government made

Das englische Beispiel zeigt in eindringlicher Weise, wie wichtig es ist, zwischen dem zu unterscheiden, was in den Gesetzbüchern stand und offiziell geltendes Recht war, und dem, was in der Praxis auch tatsächlich durchgesetzt wurde. Fischers Aussagen über die Unterschiede in der Beurteilung der Armut und der Bettelei mögen gelten für den Bereich des positiven Rechts in Deutschland; als Aussage über gemeineuropäische Entwicklungen oder über die Haltung der "Bevölkerung" zu den Armen und Bettlern halten sie einer Überprüfung nicht stand.[10] Daß lokale Eliten in den Städten versuchten, der Bettelei durch härteres Durchgreifen Einhalt zu gebieten, daß sie sich dabei auf Gesetze und Verordnungen des Reiches oder der Städte stützten, ist ja noch kein Beweis dafür, daß ihnen dieser Versuch auch tatsächlich gelang.[11] Begrifflich und inhaltlich von der Haltung der Bürokratie und des Überbaus zu trennen ist die Praxis der Institutionen und der Individuen, die Unterstützung gewährten oder Almosen gaben. Den Unterschied zwischen "von oben" gesetzten Bettelordnungen und die Praxis der im christlichen Geiste handelnden Almosenge-

no impact upon the problem of the poor." Die Anwendung von Gesetzen habe in England zu einer deutlich spürbaren Erleichterung des Loses der Armen geführt. S. 175. Tatsächlich geriet das sogenannte old poor law (im Gegensatz zum neuen Armengesetz von 1834) im Laufe des 17. und 18. Jahrhunderts unter Beschuß, weil es starken Armen außerhalb der Armenhäuser Unterstützung verschafft hatte. George R. Boyer, The Old Poor Law and the Agricultural Labor Market in Southern England: An Empirical Analysis, Journal of English History 46, 1986, S. 113 - 135, hier S. 114 - 116. Beier bestätigt damit die Aussagen von K.D.M. Snell, der für England nach 1660 "(...) generous terms of relief (...) und "(...) agreement and mutual respect between the ranks and orders of parish society (...)" in der Armenhilfe festgestellt hatte. Von einer generellen Kriminalisierung oder der Ablehnung des Almosengedankens kann in England bis 1834 keine Rede sein. K.D.M. Snell, Annals of the Labouring Poor: Social Change and Agrarian England, 1660 - 1900, Cambridge, London, New York, New Rochelle, Melbourne, Sydney 1985 (Cambridge Studies in Population, Economy and Society in Past Time 2), Zitate S.104 f.

10 So zeigt Richard Harvey für England, daß nach dem coming of Protestantism eine Neudefinition des Armutsbegriffes stattgefunden habe. Damit wird im Protestantismus der entscheidende Anstoß zu jener Modifikation des Armutsbegriffes gesehen, von der W. Fischer sagt, sie habe schon in den mittelalterlichen Städten stattgefunden. Richard Harvey, English Poverty and God's Providence, 1675 - 1725, in: The Historian 41, 1979, S. 499-512, hier S. 400 - 502.

11 Jacques Depauw z. B. verweist zu Recht auf die Unterschiede zwischen der Haltung der Krone zur vagabondage und ihrer wirklichen Politik. In Abkehr von der von Wolfram Fischer behaupteten Tendenz der Illegalisierung des Bettelns in Europa seit dem Mittelalter ging man in Frankreich Mitte des 17. Jahrhunderts auch in der königlichen Gesetzgebung noch davon aus, daß die pauvres mendiants "(...) membres vivans de Jésus-Christ, et non pas comme membres inutils à l'Etat (...)" waren, wie es das Edit du Roy von 1656 zitierte. Depauw, Pauvres, S. 402 f. In Wahrheit war auch in Frankreich die Haltung der Krone und der diffus bezeichneten Öffentlichkeit den Armen gegenüber Schwankungen ausgesetzt. Während man begann, die Armen, Arbeitslosen und Vagabunden (pauvres, mendiants, vagabonds) im 16. Jahrhundert als Gefahr für die öffentliche Sicherheit anzusehen und sie deshalb in hôpitaux généraux einzuschließen versuchte, herrschte im 17. Jahrhundert, nach dem Scheitern der Trennung von Armen und Gesellschaft ein zwiespältiges Bild vor. "(...) les idées sur les pauvres sont partagées entre la tentation de ne voir en eux qu'un danger social, et celle de les considérer comme des personnages qui conservent une auréole religieuse (...)", ja selbst die Vorstellung, "(...) que le pauvre est un personnage sacré (...)" sei immer noch anzutreffen gewesen. Gutton, La societé, S. 225 - 368, Zitate S. 362 u. 368.

ber, die sich angesichts der Armut mit ihren traditionellen Religionsvorstellungen auseinanderzusetzen hatten, machen häufig wiederkehrende Aufrufe deutscher Städte deutlich, Bettlern keinerlei Almosen mehr zu geben. Wenn die Veränderungen der offiziellen Armenpolitik korrespondiert hätten mit einer veränderten Wahrnehmung der Armut durch das Volk, wären derlei Appelle und Aufrufe überflüssig gewesen.[12] Hinzu kommt, daß eine Gleichsetzung protestantischer und katholischer Städte den Blick auf die Frage verstellt, wieso gerade katholische Städte im Rheinland häufig die Zentralisierung der Mittel für die Armenhilfe nur sehr zögernd oder überhaupt nicht durchsetzten, während die evangelischen Städte in aller Regel schon im 16. Jahrhundert dazu übergingen, die Armenmittel in einer gemeinsamen Kasse zusammenzufassen. In katholischen Gebieten blieb die Unterstützung der Bettler eben weitgehend eine Angelegenheit privater Almosengeber - wobei fremde Bettler immer stärker von der Vergabe von Spenden ausgeschlossen wurden.

Bei aller Kritik einer undifferenzierten Bewertung von Armut und Bettelei soll dennoch nicht der Eindruck erweckt werden, als gäbe es keine allgemeineuropäische Entwicklungstendenz in dieser Frage. Die Vorstellung, daß Armut eher ein Fluch denn ein Symbol für christliche Lebensführung sei, daß demnach Arme gefährlich, also mit Vorsicht zu behandeln seien, da viele von ihnen Betrüger seien, tauchte im 16. Jahrhundert in ganz Europa auf und verbreitete sich bis zum 17. Jahrhundert.[13] Gleichzeitig entfaltete sich in Europa (in Vorläufern schon seit dem 15. Jahrhundert) eine Tendenz zur Zurückdrängung, zur Kriminalisierung und zur Bestrafung des Bettelns.[14] In Nürnberg wurde die erste restriktive Bettelordnung schon 1370 erlas-

12 Colin Jones geht soweit, den christlichen Armutsgedanken in Frankreich erst für die nachrevolutionäre Zeit vollends aussterben zu lassen. Erst nach 1789, mit der Entstehung des Wohlfahrtstaates, lasse sich eine zunehmende Feindseligkeit gegen Almosen feststellen, die dazu geführt habe, daß private Armenhilfe ausgetrochnet sei. Colin Jones, Charity and 'Bienfaisance': The Treatment of the Poor in the Montpellier Region, 1715 - 1815, New York 1982, S. 166. Einen anderen Gesichtspunkt nennt Metz, Staatsraison. Metz sieht die Abkehr vom christlichen Caritas-Gedanken nicht im 15. oder 16. Jahrhundert, kann sie demzufolge auch nicht in Verbindung bringen mit der Reformation, sondern siedelt den Umschwung wesentlich später in der Aufklärung Frankreichs an. Erst die aufgeklärte 'Bienveillance' (in Anlehnung an Rousseau) habe "starke Arme" aus der Vergabe von Almosen ausgeschlossen.(S.11) Für Deutschland betont er, daß der "(...) Übergang von der Religion zur Politik als der wesentlichen Denkfigur öffentlichen Handelns(...)" erst mit den religiösen Bürgerkriegen des 17. Jahrhunderts stattgefunden habe, obwohl sich eine Wende in der Armenfürsorge schon im Spätmittelalter angebahnt habe. (S. 11) Unterschiede in der Behandlung der Zucht- und Arbeitshäuser als Gegenstand territorialer Politik seit dem späten 17. Jahrhundert habe es vor allem zwischen protestantischen und katholischen Gebieten gegeben. "Unter merkantilistischem Einfluß trat dabei der wirtschaftliche Gesichtspunkt in den Vordergrund, wobei den evangelischen Gebieten eine besonders große Rolle zukam." Ebda., S. 13.

13 Pieter Spierenburg, Deviance and Repression in the Netherlands. Historical Evidence and Contemporary Problems, in: QUANTUM, Nr. 37, 1986, S. 4 - 16, hier S. 6. Ähnlich argumentiert auch die im Ansatz vulgärmarxistische und auf veralteter Literatur basierende Dissertation von Wolfram Schädler, Veränderungen der Armenpflege in Deutschland durch die Aufklärung unter besonderer Berücksichtigung der Entwicklung in der Landgrafenschaft Hessen-Kassel, Diss. Marburg, 1980.

14 Arnold Lassotta, Formen der Armut im späten Mittelalter und zu Beginn der Neuzeit: Untersu-

sen, Köln folgte 1435.[15] Für das Jahr 1571 sind auch in der rein katholischen Stadt Köln Bettlerschübe von sogenannten "Mulenstössern" nachweisbar.[16] Ob damit in der zweiten Hälfte des 16. Jahrhunderts die Akzeptanz des Bettelns in Köln ihr Ende gefunden hat, wie behauptet worden ist, richtet sich danach, wie man das Wort Akzeptanz versteht. Jedenfalls ging der Rat der Stadt vor 1437 gegen Bettler vor, wobei zu diesem Stadium der Entwicklung noch nicht nach einheimischen und auswärtigen Bettlern unterschieden wurde.[17] Erschwert wurde eine wirksame Kontrolle der Bettler durch die Freiheiten der vielen Klöster innerhalb des Stadtgebietes.[18] Im 16. und 17. Jahrhundert wurden immer wieder Bettelordnungen erlassen, die alle nach dem gleichen Grundmuster gewirkt waren.

Stets handelte es sich bei ihnen um mehr oder weniger umfangreiche Erlasse armenpolizeilichen Charakters, durch welche zum einen die einheimischen Armen vor der Konkurrenz der fremden Bettler geschützt werden sollten, und die zum anderen den Bettel der Kölner Einwohner im Rahmen gewisser ordnungspolitischer Vorstellungen organisierten.[19]

Ein allgemeines Bettelverbot hat es in Köln in der frühen Neuzeit nicht gegeben, genausowenig wie umfassende Reformen des Almosenwesens, "(...) wie sie (...) im Laufe des 16. Jahrhunderts in nahezu allen von der Reformation beeinflußten Städten und Territorien durchgeführt wurden."[20] Dementsprechend ist die Behandlung der Bettler und vagierenden Armen in Köln in der Praxis noch lange den spätmittelalterlichen Regeln der christlichen *Caritas* unterworfen gewesen.[21]

chungen vornehmlich an Kölner Quellen des 14. bis 17. Jahrhunderts, Diss. Freiburg 1983, 4 Bde. (mit durchlaufender Paginierung), S. 349 f. Ob Lassotta mit dieser Aufzählung von Zurückdrängung, Kriminalisierung und Bestrafung auch verschiedene Entwicklungsphasen ein und desselben Prozesses kennzeichnen will, wird nicht ganz klar. Auch er unterscheidet nicht zwischen der Akzeptanz des Bettelns durch die politische Führungsschicht und sozialer Akzeptanz. Zu den Autoren, die von einer ideologischen Nivellierung zwischen den katholischen und protestantischen Städten Deutschlands ausgehen, gehört auch Robert Jütte. Dabei dienen ihm als Quelle ebenfalls die Gesetze und Erlasse der Städte Köln und Frankfurt, die er miteinander vergleicht. Ausgeklammert wird die tatsächliche Praxis beider Städte, die sich beträchtlich unterschied. Während sich in Köln 1454 die Bettler noch zu einer Zunft zusammenschließen konnten, wurde in Frankfurt 1489 beschlossen, keine Bettler mehr in die Bürgerschaft aufzunehmen. Jütte, Obrigkeitliche Armenfürsorge, S. 28 f. Jütte betont zu Recht, daß auch Katholiken das kritiklose Almosengeben verurteilten, wandten sich gegen das Betteln "ex amore otii", blieben aber in aller Regel Anhänger der thomistischen Almosenlehre und des christlichen Armutsideals. Ebda., S. 33 - 36.

15 "Die Nürnberger Bettelordnung von 1370, der Kölner Ratsbeschluß von etwa 1435 signalisierten, daß die Einstellung zum Betteln sich wandelte, daß die bis dahin geübte Tolerierung sich allmählich in ihr Gegenteil zu kehren begann." Irsigler; Lassotta, Bettler und Gaukler, S. 18.

16 Irsigler; Lassotta, Bettler und Gaukler, S. 18.

17 Lassotta, Formen der Armut, S. 365 f.

18 Lassotta, Formen der Armut, S. 367.

19 Lassotta, Formen der Armut, S. 367.

20 Lassotta, Formen der Armut, S. 367.

21 Eine derartig "verspätete" Übernahme des neuzeitlichen Armengedankens, der die Arbeit in den Mittelpunkt der Beurteilung der Armen stellte, findet sich auch in anderen rheinischen Städten des 18. Jahrhunderts und ist nicht auf Köln beschränkt. In Trier wurde erst 1768 das Almosen-

Während einerseits die Unterstützungsmöglichkeiten für Hausarme relativ stark ausgebaut worden waren, konzentrierte man sich in Köln seit dem 16. Jahrhundert darauf, die lästige Konkurrenz der fremden Bettler einzuschränken oder abzuschaffen. Den Bettel der einheimischen Armen suchte man durch Ausgabe von Bettelzeichen zu kanalisieren und zu kontrollieren.[22] Diese Bemühungen blieben weitgehend ergebnislos, weshalb man das Bettlerproblem zu Beginn des 17. Jahrhunderts durch die geplante Errichtung eines Zuchthauses angehen zu können glaubte. Als Vorbild diente die im Jahre 1595 in Amsterdam errichtete Anstalt.[23] 1636 wurde dann in der Friesenstraße das Werkhaus St. Salvatoris gegründet, das vor allem für Frauen und Mädchen als Spinnhaus diente. Schon 1651 wurde es wieder geschlossen.[24]

2.2 Ansätze zu einer Lösung der Bettlerfrage vor 1794

2.2.1 Das Kölner Armenhaus von 1696

Dem in der Bevölkerung ungebrochenen Traditionsstrang der christlichen Caritas ist es wohl zu verdanken, daß das städtische Armenwesen, anders als in Frankfurt z. B., sich im 17. Jahrhundert nicht weiterentwickelte. Armenhilfe im Köln des 16. Jahrhunderts, das hieß vor allem Spitalarmenhilfe. Es gab Stiftshospitäler, aber auch Gemeinde- und Privatspitäler. Die bestehenden kirchlichen Hospitäler hatten sich immer mehr zu Pfründneranstalten entwickelt, so daß sie als Instrumente einer Sozialpolitik ausfielen. Trotz der hohen Kosten für Verwaltung und Unterhalt hielt man aber in Köln bis ins 18. Jahrhundert an der geschlossenen Armenpflege fest. Die Hausarmenhilfe entwickelte sich daneben erst langsam. Das obrigkeitliche Armenwesen der Stadt Köln war bis zum 17. Jahrhundert weitgehend identisch mit den

geben verboten und erst 1775 wurde ein Spinn- und Arbeitshaus eingerichtet. Bis dahin waren Trierer Arme auf die Hilfe der Kirche für Hausarme und auf Spenden in den Armenkasten angewiesen. Die, die dort nichts erhielten, mußten betteln. Irmgard Huberti, Das Armenwesen der Stadt Trier vom Ausgang der kurfürstlichen Zeit bis zum Ende der französischen Herrschaft 1768 - 1814, Berlin 1935 (Arbeiten aus dem Forschungsinstitut für Fürsorgewesen in Frankfurt a. M., 7), S. 38 - 43. Die rheinischen Residenzstädte vollzogen nach Etienne François den Wandel des Armutsbegriffes erst im 18. Jahrhundert nach. In der zweiten Hälfte des 18. Jahrhunderts (!) verlor "(...) die Armut (...) ihre religiöse Bedeutung und wird als eine soziale Geißel angesehen, die vom Staat bekämpft und ausgerottet werden muß." Armenfabriken wurden in diesen vorwiegend katholischen Städten erst 1769 (Koblenz), 1771 (Mainz) und 1774 (Bonn) eingerichtet. Diese Fabriken entpuppten sich sehr schnell als Fehlschläge. Die Ursache dafür lag in der Weiterexistenz eines christlichen Armutsbegriffes. Die Renitenz der Stadträte in Bonn und Koblenz gegen die neue repressive Linie der Armenpolitik war "(...) nur der Ausdruck des inneren Widerstandes von Gesinnungen, die eine christliche Auffassung der Armut und der Armen beibehielten und sie wie eine gottgewollte und unvermeidbare Gegebenheit hinnahmen." Etienne François, Unterschichten und Armut, S. 461 f. und 463. Vergl. Helmuth Schlue, Die Geschichte des Bonner Zuchthauses und des Bonner Arbeitshauses, Diss. Bonn 1957.

22 Irsigler; Lassotta, Bettler und Gaukler, S. 25.

23 Irsigler; Lassotta, Bettler und Gaukler, S. 29.

24 Irsigler; Lassotta, Bettler und Gaukler, S. 30.

städtischen Hospitälern, die sich in aller Regel auf bestimmte Gruppen der Kranken spezialisiert hatten. Es fehlte daher ein allgemeines Hospital, "(...) worin sich Fremde, Kranke, Kinder, alte Menschen, Arme, Ausgestoßene und sonstige Hilfsbedürftige hätten aufhalten können (...)".[25] Hospitäler für arme und alte Leute waren Allerheiligen und St. Martin-Brigida, zwei städtische Pfründneranstalten, über die der Rat die Oberaufsicht ausübte. Allerdings hatten beide Anstalten im 16. Jahrhundert Platz für nur je zwölf Pfründner gehabt.[26] Fremden Pilgern oder Armen standen nur die Fremdenherbergen Ipperwald und Johann Baptist zur Verfügung, beide unter der Aufsicht des Rates der Stadt, dem es gelungen war, den größten Teil der ehemals rein geistlichen Stiftungen der Stadt unter seine Kontrolle zu bringen.[27]

Dies änderte sich erst mit der Gründung des städtischen Armenhauses. Wie die "Ordnung oder Reglement" des 1696 eingerichteten großen Armenhauses vorsah, handelte es sich um ein einem Hospital ähnliches Institut der geschlossenen Armenpflege für Frauen und Männer sowie Kinder beiderlei Geschlechts. Es bestand Arbeitspflicht, wobei Kinder im Alter von sechs bis zwölf Jahren ausdrücklich zum Besuch der anstaltsinternen Schule angehalten wurden. Es herrschte ein strenges Regiment, in dem bei Widersetzlichkeit auch nicht mit Schlägen gespart wurde. Interessant an dieser Hausordnung des Armenhauses ist das Übergewicht der religiösen Pflichten der Insassen vor den Arbeitspflichten. Er wurde minutiös festgelegt, wann aufzustehen war, damit die vorgeschriebenen Gebete und Andachten verrichtet werden konnten. Die Insassen waren zu regelmäßiger Beichte und Kommunion verpflichtet. Bei den Mahlzeiten hatte absolutes Stillschweigen zu herrschen, weil aus "(...) geistlichen bücheren öffentlich zur Taffel vorgelesen (...)" wurde. Allgemeines Ziel des Armenhauses war es, die Hausgenossen "(...) im wahren crist-Catholischen glauben (...) zu bestärcken." Nach dem Hören der Messe begann die Arbeit, die ebenfalls bei Stillschweigen zu verrichten war. Die Sonn- und Feiertage dienten ausschließlich der religiösen Unterrichtung "(...) ohne müßiggang (...)", wie die Hausordnung ausdrücklich festhält. In der Fastenzeit waren die Armen verpflichtet, an geistlichen Übungen, den sogenannten Römerfahrten teilzunehmen, und beim Tod eines Benefaktors, der mindestens 500 Reichstaler in die Kasse des Armenhauses gespendet hatte, beteiligten sich die Armen am Defilé, wobei die Reihenfolge der zu sprechenden Gebete festgelegt war.

Der Gedanke, die Armen durch Arbeit zu besseren Menschen zu machen, fehlte in der Hausordnung vollkommen. Stattdessen wird betont, daß es darauf ankomme, "(...) dem Hospital (durch gute Arbeit) Vortheil (zu) schaffen (...)." Die strengen und minutiös ausgearbeiteten Vorschriften des Kölner Arbeitshauses standen durchaus im Rahmen der zeitgenössischen Auffassung von der Funktion derartiger Häuser. Die Aufnahme in eine derartige Anstalt bedeutete für jeden Hausgenossen einen Bruch mit den bisherigen Lebensgewohnheiten, und dieser Bruch war durchaus intendiert. Das bisher vermeintlich zügellose Leben der Armen mußte von nun an reglementiert

25 Jütte, Obrigkeitliche Armenfürsorge, S. 239.
26 Jütte, Obrigkeitliche Armenfürsorge, S. 259 - 262.
27 Jütte, Obrigkeitliche Armenfürsorge, S. 265.

werden und sollte einem starren Zeitplan unterworfen werden. Fremdbestimmung in der Einteilung der Tageszeiten ersetzte die weitgehende Selbstbestimmung, die für den Tagesablauf der Armen vorher gegolten hatte. Neben dieser modernen Variante der Disziplinierung gab es Versuche, den personalen Sozialisierungsprozeß durch religiöse Betreuung, moralische Hilfen und regelmäßige Gebete zu erreichen - eine Vorstellung, die auf die Disziplin verwies, die in den Klostergemeinschaften geherrscht hatte. Die Ordnung des Armenhauses von Köln kombinierte beide Elemente, wobei man allerdings einen Unterschied sehen muß zwischen dem theoretischen Anspruch dieses Regelsystems und seiner praktischen Anwendung.[28]

Das Kölner Armenhaus von 1696 stellte in gewisser Hinsicht eine ergänzende Institution zu den vom Rat der Stadt forcierten Bettlerausweisungen dar. Vor 1696 hatte der Rat keine Handhabe gegen fremde Bettler in der Stadt, die ja immer darauf verweisen konnten, daß sie - obwohl arbeitswillig - keine Arbeit und in den Spitälern der Stadt keine Unterkunft gefunden hatten. Seit der Eröffnung des Armenhauses konnte glaubwürdig Jagd auf die fremden Bettler gemacht werden, da erstmalig - in Ermanglung eines städtischen Gefängnisses - ein Auffangbecken für ertappte fremde Bettler zur Verfügung stand. Zudem glaubte man, das Armenhaus biete Möglichkeiten, die eingelieferten Bettler zur Arbeit zu erziehen. Konsequenterweise wurden in den zwei Jahren nach 1696 verschärft Anstrengungen gemacht, ortsfremde Müßiggänger aus der Stadt zu weisen.[29] Die Beschlüsse des Magistrats hatten wohl vorübergehenden Erfolg, denn am 11.2.1699 wurde im Protokollbuch des neuen Armenhauses vermerkt:

28 Alle Zitate aus HAStK, Armenverwaltung, Armenhaus 6. "Ordnung oder Reglement des in der freyen Reichsstadt Cöllen im Jahr 1697 aufgerichteten Armenhauses" von 1697. Die theoretischen Überlegungen stützen sich weitgehend auf den zusammenfassenden Artikel von Hannes Stekl, "Labore et fame" - Sozialdisziplinierung in Zucht- und Arbeitshäusern des 17. und 18. Jahrhunderts, in: Sachße; Tennstedt, Soziale Sicherung, S. 119 - 147, hier S. 121 - 130. Die Ähnlichkeit der Bestimmungen für Zucht- und Arbeitshäuser und derjenigen für das Kölner Armenhaus verweisen auf die Tatsache, daß die grundsätzlich unterschiedliche Zielsetzung beider Institutionen - auf der einen Seite Disziplinierung der Arbeitskräfte, auf der anderen Seite Versorgung der "wahren Armen" - durchaus zusammenfallen konnten. Zum Begriff der Sozialdisziplinierung vergl. Stefan Breuer, Sozialdisziplinierung: Probleme und Problemverlagerungen eines Konzepts bei Max Weber, Gerhard Oestreich und Michel Foucault, in: Sachße; Tennstedt, Soziale Sicherheit, S. 45 -69. Prügelstrafe war in den meisten Zucht- und Arbeitshäusern des 18. Jahrhunderts üblich. Ähnlich waren auch die Zielsetzungen und die inkonsequente Vermischung von Kriminellen, Bettlern und arbeitswilligen Hausarmen, die freiwillig ins ZUAH gegangen waren. Marlene Sothmann, Das Armen-, Arbeits-, Zucht- und Werkhaus in Nürnberg bis 1806 (Nürnberger Werkstücke zur Stadt- und Landesgeschichte, Bd. 2), Nürnberg 1970, S. 5 - 7.

29 "frembde Bettler und Provisores des großen Armenhaußes betreffend. Lectum in Senatu den 14. Novemb(ris) 1698. 1mo Fiat publicatio, daß alle und jede frembde Bettler innerhalb 24 Stunden sub poena executionis außer der Statt sich begeben sollen. 2do Bey allen pforten zu befehlen, daß keine frembde unbekänte bettler eingelaßen werden. (...) 4to Erwartet man so wohl von denen Hen Provisoren als denen Haubtleuthen Specificationem et Listam deren vor wenig Jahren eingeschlichenen armen familien demnegst zu verordnen pro futuro aber fiat interdictio, daß die haubtleuthe keine arme familien ohne austrückliche Consens eines hochweisen Magistrats in ihre Fahnen admittiren,(...)". Niederschrift eines Ratsedikts vom 14.11.1698 in HAStK Armenverwaltung, Armenhaus 4.

Alß vielle betteler heut einbracht worden, ist deliberatione provia, waß für arbeith denselben zu geben, geschloßen, daß den garten für diesmahl umbgraben und umb künfftig zu arbeiten, auff ein anderes mittel bedacht seyn solle.[30]

Das hieß nichts anderes, als daß man zwar jetzt über ein Haus verfügte, in dem man die fremden Bettler für eine kleine Weile unterbringen konnte, doch fehlte es an Möglichkeiten, um die angeblich arbeitsscheuen Bettler an Arbeit zu bringen, bzw. man hatte sich höheren Orts über das Problem, zu welcher Arbeit die Bettler taugten, überhaupt noch keine Gedanken gemacht. Das Haus war stark belegt, denn die Provisoren berechneten, daß sie beim gegenwärtigen Grad der Auslastung etwa 450 Malter Korn im Jahr benötigt hätten.[31] Da dies auf Dauer nicht zu gewährleisten war, wurde die Vergabe von Brot auf die Insassen des Armenhauses beschränkt, die Kölner Bürger waren oder nicht schon zwölf Jahre in der Stadt lebten.[32]

Arbeitsmöglichkeiten für einsitzende Armen mußten erst langsam geschaffen werden. Man verlegte sich auf das Traßklopfen, also die Produktion eines Rohstoffes aus Tuffgestein, welcher für die Fertigung von Mörtel gebraucht wurde. Die Gründe für diese Wahl waren ebenso einfach wie einleuchtend. Traßklopfen erforderte keine große manuelle Geschicklichkeit und keine großen Anfangsinvestitionen. Alles, was benötigt wurde, waren "(...) einige hölznen hämmer (...)" und das Rohgestein.[33] Da das Armenhaus wegen seiner unzureichenden finanziellen Ausstattung nur Eingesessenen oder Bürgern der Stadt offenstand, blieb das Problem der Arbeitsbeschaffung für die Bettler ungelöst. Die mit der Lösung dieser Aufgabe betrauten sachkundigen Provisoren des Armenhauses schlugen dem Rat der Stadt vor, von der Politik der Ausweisung der fremden und der Arbeitsbeschaffung für die einheimischen Bettler abzugehen, zugunsten der Registratur der Bettler und der Ausgabe von Bettelzeichen auch an fremde Bettler, sofern sie invalide seien. Nur fremde starke Bettler sollten der Stadt verwiesen werden. Der Rat schloß sich dem Vorschlag der Provisoren an und setzte am 10.2.1700 wieder vier Bettelvögte ein, die auf den Straßen patrouillieren sollten und die Bettelzeichen der nun autorisierten Bettler zu kontrollieren hatten.[34]

30 HAStK Armenverwaltung, Armenhaus 4.

31 Das entspricht ca. 1.25 Malter/Tag oder 180 bis 250 ltr. Getreide. Bei einem Verbrauch von einem Liter Getreide/Person und Tag hätten ca. 180 Personen im Armenhaus gelebt. HAStK Armenverwaltung, Armenhaus 4, Protokoll vom 23.3.1699.

32 Ebda.

33 HAStK Armenverwaltung, Armenhaus 4, Protokoll vom 22.3.1699.

34 HAStK Armenverwaltung, Armenhaus 4, Protokoll vom 10.2.1700. Die Bettelvögte, Nachfahren der Glocken, deren sich der Rat vor 1614 als Bettlerpolizei bedient hatte, unterstanden den Zuchtmeistern des Rates. Zu den Glocken vergl. Irsigler; Lassotta, Bettler und Gaukler, S. 31. Zu den Zuchtmeistern Nicolini, Die politische Führungsschicht, S. 295. Am 28.8.1614 wurde durch Edikt des Rates die sogenannte Zuchtmeisterrolle erlassen, nach ihren eigenen Worten eine "(...) Ordnung Eines Ehrsamen Raths des heyl.n Reichs freyer Statt Cöllen, damit Zucht und Ehrbarkeit erhalten, und starcke betteler, müßiggänger, Maulenstößer und der gleichen unnütz gesindel abgeschafft werden möge. vorerst sollen E: E: Raths Verordnete daran sein, daß vier bequeme Bettel Vögt angesetzt, und zu Handhab dieser ordnung gebraucht werden." Den Bettelvögten konnte durch Hinzuziehung des städtischen Militärs assistiert werden, wie auch weitere Vögte

Das Armenhaus, welches seine Aufgabe, die Bettelei einzudämmen, nicht mehr erfüllen konnte, weil es an Einkommensquellen und Arbeitsmöglichkeiten mangelte, wurde im Laufe der Zeit zu einer Mischinstitution aus Armenasyl und Gefängnis umgewandelt. Ab 1702 saßen im Armenhaus Diebe ein, für die es aber ein Leichtes war, aus dem Haus zu entkommen.[35] Dem Armenhaus muß man schon den Charakter eines regelrechten Zuchthauses zusprechen, also eines Hauses, in dem der Korrektionsgedanke verwirklicht werden sollte, denn neben den "gewöhnlichen" Dieben gab es hier auch Ehefrauen, die mit dem Haushaltsgeld nicht umgehen konnten und deshalb von ihren Ehemännern für eine begrenzte Zeit eingeliefert wurden, um ihnen Gelegenheit zu geben, sich zu bessern.[36]

Relativ häufig wurde das euphemistisch Armenhaus genannte Institut dazu benutzt, unliebsame Verwandte als Kostgänger dorthin abzuschieben. Dabei stand dann allerdings wohl eher der Versorgungsaspekt im Vordergrund als der Korrektionsgedanke.[37] Ab 1707 ging man wieder dazu über, fremde Bettler, die sich unerlaubt an den Wachen vorbei in die Stadt schlichen, ins Armenhaus einzuweisen. Einheimischen Bettlern wurde das Almosenheischen in und vor Kirchen untersagt. Bei Zuwiderhandlung drohte Einlieferung ins Armenhaus und Arrest bei Wasser und Brot. Neu war auch die Bestimmung, daß erwerbslose Kinder unter acht Jahren sich

kurzfristig eingestellt werden konnten, wenn dies nötig sein sollte. Almosen sollten nur die Bettler erhalten dürfen, "(...) welche (...) von ihren Pastoren oder Kirchmeisteren in dem Kirchsp(i)el darinnen sie wohnen, ein Urkund ihrer armuth (vorlegten), und dazu von den Zuchtmeisteren urlaub erhalten hätten (...;) welche aber dergleichen nit haben, sollen weder vor den häußeren, noch sonst ahn keinen anderen örtheren gelitten werden." Ratsedikt vom 28.8.1614 in HAStK Armenverwaltung, Armenhaus 4. Bei der Einrichtung des Armenhauses im Jahre 1696 waren die Posten der Bettelvögte kassiert worden und ihre Funktionen sollten durch zwölf Soldaten wahrgenommen werden. Nachdem sich herausgestellt hatte, daß es nicht möglich war, der Bettelei durch Arbeitspflicht und das Armenhaus Herr zu werden, wurden die Bettelvögte wieder eingesetzt. Ebda., Protokoll vom 10.2.1700.

35 "(...) in Congregatione ordinaria. Auff einkommende relation, daß Peter Bloem, so jungsthin wegen eines von ihm begangenen diebstalls abgestrafft, verwichen Sambstag mit entführung eines anderen Jungen Joseph Hermans sich zur (!, von fenestra, N.F.) fenster herab gelaßen und entlauffen seyn, (...) alß haben anwesende HHn. resolvirt, daß vorhero nachtrücklich abzustraffen, und als dan(n) zu dimittiren seye." HAStK Armenverwaltung(Armenhaus 4, Protokoll vom 10.5.1702.

36 Engel Kepper, Müllersknecht auf einer der im Strom verankerten Rheinmühlen, erschien vor den Provisoren und bat diese, seine Frau ins Armenhaus aufzunehmen, weil diese "(...) zu große Rentschafft führen thäte, wodurch dan nicht allein all dasjenige, waß ahn geldt in Vorrath gehabt, weggenohmen, sonderen auch befahren thäte, daß draußen ein größeres Unglück entstehen kön(n)te (...)." Also begehrte er, "(...) daß die Hhn. Provisores selbige (Ehefrau) ad correctionem in hiesiges Hauß auf- und annehmen mögten, und hatt zu beweiß seines angebens den Hn. Pastorem ad S: Jo(hann)em Evangelistam, Constantinum Ordenbach, und Balthasar Curten vorgestellt, welche dan seine gethane Klagten in facto wahr zu seyn bekänten,(...). Auf welche Zuredt dan sich endlich die Hhn. Provisores resolvirt, diese frau ad correctionem aufzunehmen, jedoch daß wöchentlich 1 Thaler für die Kost zahlen (...); benebstens dem wolten sie (die Provisoren, N.F.) keine Verantwortung haben, wan die frau sich einige gewalt oder sonsten etwa(s) anthuen würde." HAStK Armenverwaltung, Armenhaus 4, Protokoll vom 10.5.1702.

37 HAStK Armenverwaltung, Armenhaus 4, Protokolle vom 24.1.1703 und 7.2.1703.

im Armenhaus zu melden hatten, um dort versorgt zu werden.[38] Der Charakter der Institution wandelte sich damit aber nicht. Es blieb bei jenem - aus unserer heutigen Sicht - diffusen Mittelding zwischen Gefängnis, Verwahranstalt, Bettlerasyl und Korrektionshaus. Laut Beschluß des Rates vom 3.10.1707 konnten von nun an auch gewalttätige Ehemänner zum Abkühlen ins Armenhaus verbracht werden, zu welchem Zwecke den *commissarii* des Hauses die nötigen Zwangsmittel an die Hand gegeben wurden.[39]

Daß die Ideen des Hochweisen Rates der Stadt Köln über die Behandlung von Bettlern bei der Bevölkerung der Stadt auf wenig Gegenliebe stießen, beweist der Ratsbeschluß vom 22.12.1707.

> Auff angehörten bericht, wie daß Einige hiesiger Statt bürgeren, und anderen deroselben Eingeseßenen sich zu verschiedenen mahlen vermeßentlich unterstanden hätten, die auß dem armenhauß entsprungenen, und mit keinem Wappen Eines Ehrw.(ürdigen) Hochweisen Raths auff den Kleydern gezeichnete bettler, wan dieselbe auß denen Kirchen und Straßen zum armenhauß geführt werden, nicht allein strafbahrlich zu stützen, und selbst in ihren häußeren zu schirmen, sonderen gar denen bettel Vögten aus denen händen zu reißen, und diese über zu tractiren (...)[40]

Den Eingesessenen, die an solchen Gefangenenbefreiungen beteiligt waren, wie den Bürgern der Stadt, wurde die Festnahme und Einlieferung ins Armenhaus angedroht, was den Charakter des Armenhauses als Gefängnis allzu deutlich macht.[41] Die zunehmend zweckentfremdete Nutzung des Armenhauses machte den Provisoren große Sorge, und sie wiesen die Ratsherren darauf hin, daß es sich hier weder um ein Untersuchungsgefängnis noch um eine Justizvollzugsanstalt handelte, sondern "(...) selbiges allein zu der armen bürger Unterhalt, unterweis= und bürgerlicher Züchtigung, nit aber zu bewahr= zu bezwing= oder abstrafung einiger Malefice persohnen gebrauchen, und dadurch infamiren laßen sollen."[42] Diese Appelle scheinen keine große Auswirkung auf die Einweisungspraxis des Rates gehabt zu haben. Der Zustrom von jugendlichen Insassen, die von ihren Eltern zum Zwecke der Besserung eingeliefert wurden, riß nicht ab. Da darunter auch einige Kinder waren, für die kein Kostgeld bezahlt wurde, sahen sich die Provisoren gezwungen, die Zahlung eines Kostgeldes von 50 Reichstalern im Jahr "anticipando" zur Bedingung für die Aufnahme zu machen.[43]

So fanden dann neben Kriminellen und fremden Bettlern auch vermehrt Kinder relativ wohlhabender Eltern Einlaß im Armenhaus. So betrug sich der Sohn des Constablers Schmitz schlecht gegen seine Eltern, weshalb der Vater die Provisoren bat, "(...) es mögten dieselbe diesen seinen Jungen ins armenhauß annehmen und züchtigen laßen (...)" Der Vater war bereit, für die Übernahme der Erziehung seines ungeratenen Sohnes 1 Taler Gage im Monat zu zahlen.[44]

38 HAStK Armenverwaltung, Armenhaus 4, Protokoll vom 11.4.1707.
39 HAStK Armenverwaltung, Armenhaus 4, Protokoll vom 3.10.1707.
40 HAStK Armenverwaltung, Armenhaus 4, Protokoll vom 22.12.1707.
41 Ebda.
42 HAStK Armenverwaltung, Armenhaus 4, Protokoll vom 18.7.1708.
43 HAStK Armenverwaltung, Armenhaus 4, Protokoll vom 15.7.1709.
44 HAStK Armenverwaltung, Armenhaus 4, Protokoll vom 18.11.1709.

Verschiedene Versuche wurden vom Magistrat der Stadt unternommen, die Bettler der Stadt unter Kontrolle zu bringen. Einheimische Bettler wurden ermahnt, sich von ihren Pastoren ein schriftliches Zeugnis über ihre Armut als auch über ihr "(...) bishero geführtes unstrafbares leben (...)" ausstellen zu lassen. Man erkennt hier unschwer die Vorläufer der im ersten Kapitel diskutierten moralisch duchtränkten Armutszeugnisse.[45] Etwa zur gleichen Zeit wurde eine wöchentlich stattfindende "montägige Armenbüchse", eine vom Rat angesetzte Kollekte für die Bettler eingerichtet. Die Bettler sollten gezwungen werden, ihre Almosen nicht mehr auf der Straße einzusammeln, sondern sich zum Armenhaus zu begeben, wo sie eine wöchentliche Spende erhalten sollten. Doch fand die offizielle Kollekte keine Unterstützung unter den Spendern. Sie war so unergiebig, daß es unmöglich war, "(...) daraus etwa 2000 Menschen (...) zu unterhalten." Im Jahre 1719 erbrachte die einkommende Kollekte nur noch ein Drittel des benötigten Betrages, weshalb diese Praxis auch schnell wieder aufgegeben worden sein dürfte.[46]

Das Armenhaus bestand in seiner vielfältigen Funktion als Hospital, Korrektionshaus und vorübergehendes Bettlerdepot bis zum Jahre 1805 fort. Als Unterkunft der Insassen und als Werkstätten fungierte seit 1697 das 1530 erbaute ehemalige Wohnhaus des Bürgermeisters Arnold von Siegen auf dem Holzmarkt, Ecke Kleine Witschgasse. Das Hauptgebäude umschloß einen Lichthof von rund 200 Quadratmeter Fläche. 1704 bis 1725 wurde der Gebäudebestand des Armenhauses um 16 Zinshäuser in der Kleinen Witschgasse erweitert. 1744 wurde die altehrwürdige Hausordnung neu überarbeitet, ohne daß sich entscheidende Punkte geändert hätten. Neu war lediglich, daß das Armenhaus nun auch ausdrücklich als Aufnahmestelle für Waisen genannt wurde.[47]

45 HAStK Armenverwaltung, Armenhaus 4, Protokoll aus dem Jahr 1717/18 (ohne Datum).

46 HAStK Armenverwaltung, Armenhaus 4, Protokolle vom 28.3.1718 und 28.11.1718. Die Begründung für das neuartige Verfahren zur Versorgung der Bettler liest sich folgendermaßen: "Demnach allhiesiges große(s) armenhauß zu völliger hinwegbringung deren auff denen gaßen und straßen annoch übriger bettler und müßiggänger die von Einem hochweisen Rath gnädig Erlaubte Collect nun beynahe zum Ende gebracht und dahero entschloßen, besagte bettler vor und nach ahn gem. Armen hauß zu bescheiden, und ihnen daselbst nach ordnung ihrer fahnen, worunter sie wohnhafft, zu wöchentlicher bedürfftigkeit eines jeden in conformität gemachter Tax das benötigte reichen, mithin jederman bedeuten zu laßen, daß sich (...) des bettelens in den Kirchen und ahn denen Bürger Häußern gäntzlich zu enthalten, oder der darauf gesetzter Straff gewärtig sein sollen, alß wirdt durch gegenwärtigen öffentlichen Trommelschlag und affixion hiemit jederman kundt und zu wißen gethan, (...) die in hiesiger Statt gebohren Cöllnische bettler (...) gehalten sein sollen, so baldt es ihnen (...) angezeigt wirdt, gar nicht mehr (...) öffentlich zu bettlen, sondern ihre unentbährliche Notturfft auff darzu bestimmende Tag ahn (...) armenhauß zu gesinnen (...)." HAStK Armenverwaltung, Armenhaus 4, Protokoll vom 28.3.1718.

47 Uwe Westfehling (Hg.), Der erste Kölner Stadtführer aus dem Jahre 1828, Köln 1982, S. 229. Paul Clemen (Hg.), Die Kunstdenkmäler der Stadt Köln, Ergänzungsband, 7. Bd., 3. Abt., Düsseldorf 1937, bearbeitet von Hans Vogts, Ludwig Arntz, Heinrich Neu, Düsseldorf 1980, S. 377. HAStK Armenverwaltung, Armenhaus, Archivkasten 63-64, hier Nr. 64: "Verbesserte Ordnung Für die Hospitals= Auch Armen= und Waysen=Häuser Provisoren. Sequitur Formula Juramenti".

2.2.1.1 Die materielle Situation der Insassen des Armenhauses

Fünfzig Jahre später, schon zu Zeiten der französischen Verwaltung des Rheinlandes, bot das Armenhaus nur noch 138 Menschen Unterschlupf, wovon noch die im Haus untergebrachten Dienstboten und Hilfskräfte abgerechnet werden müssen. Finanziert wurde die Anstalt aus Spenden und den Erträgen seines Grundbesitzes, wozu auch die Mieteinnahmen aus den Zinshäusern gehörten.[48] Wie aus Tabelle 2.1 im Anhang hervorgeht, umfaßte das Budget für das Jahr 1795 die Summe von 5565 Reichstalern, wovon aber tatsächlich nur 2219 Reichstaler eingenommen werden konnten. Mehr als die Hälfte der dem Armenhaus zustehenden Einnahmen konnten also nicht gezahlt werden oder wurden nicht gezahlt, meistens, weil die Stiftungskapitalien entweder ins Ausland gebracht oder von den Franzosen sequestriert worden waren. Die Stadt Köln hatte zwischen 1790 und 1798 ohnehin die Zahlung der Zinsen für von ihr verwaltete Kapitalien teilweise eingestellt.[49] Schon wenn alle dem Armenhaus zustehenden Pachten, Renten und Einahmen gezahlt worden wären, hätte die zur Verfügung stehende Summe nur knapp zur Deckung der nötigen Ausgaben ausgereicht. Theoretischen Einnahmen von 5565 Reichstalern standen im gleichen Jahr 1795 nämlich Ausgaben in der Höhe von 5842 Reichstalern gegenüber. Bei Außenständen von mehr als 2000 Reichstalern ist einzusehen, warum die wirtschaftliche Grundlage des Armenhauses schnell zerstört wurde. Gehälter und Pachtzinsen sowie die Ausgaben für die Kapelle des Instituts machten da noch die kleinsten Posten aus. Die größten Summen verschlangen die Lebensmittel mit knapp 4000 und die Nebenausgaben mit 1400 Reichstalern (vergl. Tab. 2.2). Der Fehlbestand des Armenhauses konnte nur dadurch ausgeglichen werden, daß die Hospizienkommission der Stadt die Verwaltung der Anstalten übernahm, die sich der geschlossenen Armenhilfe gewidmet hatten.[50]

Die von den Provisoren des Armenhauses für Lebensmittel im weiteren Sinne ausgegebene Summe von knapp 4000 Reichstalern deckte die materiellen Bedürfnisse der Insassen des Armenhauses ebenso wie die des dort beschäftigten Personals. Man muß davon ausgehen, daß die Verpflegung des Personals sich grundsätzlich nicht von dem unterschied, was die einsitzenden Armen bekamen. Diese Vermutung wird dadurch gestützt, daß der Übergang vom Status eines einsitzenden Armen zu dem eines Mitarbeiters möglich war, d.h. einige der fest angestellten Hilfskräfte waren vorher einfache Arme gewesen, die im Armenhaus gearbeitet hatten. Hinzu

48 Zu diesen gehörten neben den Mietshäusern auf der Kleinen Witschgasse Gebäude in der Klappergasse, der Maximinenstraße, der Wahlengasse, der Weyerstraße und Auf'm Brand. HAStK Armenverwaltung, Armenhaus 59.

49 Schwarz, Armenwesen, S. 26 f.

50 Die Finanzmisere des Armenhauses hielt auch in den folgenden Jahren an. Der verantwortliche Provisor mußte für 1796 schon Schulden in der Höhe von 2895 Reichstalern verbuchen, die nicht gezahlt werden konnten, weil die Schuldner des Armenhauses ihrerseits weiter säumig blieben. HAStK Armenverwaltung, Armenhaus 60. Im Jahre 1797 konnten von den fälligen Einnahmen in der Höhe von 4925 Rtl. mehr als 3117 Rtl. nicht mehr eingetrieben werden. HAStK Armenverwaltung, Armenhaus 61.

kommt, daß ein, wenn auch kleiner Teil der Insassen Pensionäre war, die ihre in der reichsstädtischen Zeit gezahlte Pension verzehrten und Anspruch auf eine ausreichende Ernährung hatten. In den Rechnungsbüchern wird aber nicht zwischen Posten zur Versorgung der Mitarbeiter, der Pensionäre und der eingewiesenen Insassen unterschieden. Zur Berechnung der verabreichten Lebensmittelmengen ist es deshalb notwendig, alle im Armenhaus lebenden Personen als Verbraucher miteinzubeziehen. Nach der Liste der Insassen waren im Rechnungsjahr 1795 71 Männer und 85 Frauen zu verpflegen. Berücksichtigt man die Zu- und Abgänge durch Neuzugänge, Entlassung und Todesfälle, müssen noch einmal neun nur rechnerisch existierende Personen hinzugerechnet werden, wodurch man auf die Zahl von 165 Insassen und Angestellten kommt.[51] Diese 165 Personen, darunter auch Kinder von acht Jahren, verzehrten im Jahre 1795 Lebensmittel mit einem durchschnittlichen Brennwert von 2283 Kcal (Tab. 2.3).[52]

Selbst wenn von dem durchschnittlichen Kalorienverbrauch ein Verlust von einem Zehntel für Verderb und Lagerung abgezogen werden müßte, bleibt die Verpflegung der Insassen des Armenhauses auf vergleichsweise hohem Niveau. Zwar ist der Brennwert von 2300 Kilokalorien für einen schwer arbeitenden Traßklopfer alles andere als üppig, doch darf nicht vergessen werden, daß unter den Insassen auch viele waren, die ihre Tätigkeit, vor allem Stricken, im Sitzen ausüben konnten, gar nicht zu reden von den Kindern, deren Nahrungsbedarf auch etwas niedriger angesetzt werden kann. Erstaunlicher noch ist der relativ hohe Anteil der Nahrungsmittel, die als ausgesprochene Protein- und Fettträger gelten, wie Fleisch, Fisch, Butter und Fett, die zusammengenommen immerhin 14.5 % des Gesamtbrennwertes lieferten.[53] Damit lag der Brennwert der im Kölner Armenhaus verabreichten Mahlzeiten zwar durchaus im Rahmen der damals üblichen Speisepläne, aber durch die Qualität und Zusammensetzung der Speisen fiel das Kölner Hospital positiv auf.[54]

51 Rechnung über Empfang und Zinsgaben des großen Armenhaußes 1795, in HAStK Armenverwaltung, Armenhaus 59.

52 Nach der Aufstellung Irsiglers und Ebelings hatte in Köln ein Malter 4 Sümmer oder 164 Liter. In Kilogramm umgerechnet wogen 164 Liter bei Weizen 117 kg, Roggen 108 kg, Gerste 105 kg und Hafer 63 kg. Das Kölnische Pfund hatte 32 Lot oder 467.7 Gramm. Vergl. Dietrich Ebeling; Franz Irsigler: Getreideumsatz, Getreide-und Brotpreise in Köln 1368 - 1797, 2 Teile, Köln, Wien 1977 (Mitteilungen aus dem Stadtarchiv von Köln, Heft 66), S. IX. Der Liter Erbsen wurde mit 800 Gramm angesetzt. Für das Fleisch wurde ein durchschnittlicher Kaloriengehalt von 200 Kcal/ 100 Gramm verzehrbarer Masse angenommen. Ein Kölner Maß hatte 1.783 Liter. Vergl. Fritz Verdenhalven, Alte Maße, Münzen und Gewichte aus dem deutschen Sprachgebiet, Neustadt a.d. Aisch 1968, S. 35. Die übrigen Kalorienwerte wurden entnommen Hans-Diedrich Cremer et al., Die große GU-Nährwert-Tabelle , München 1978, 2. Auflage München 1986.

53 Dabei ist die Liste noch nicht vollständig, da einige Nahrungsmittel wie Zucker, Lebertran, Grüner Fisch, Bückling, Zitronen und Gewürze nicht mit einer Mengenangabe erfaßt wurden. Es ist anzunehmen, daß diese Dinge aber nur in kleinen Mengen verabreicht wurden, frischer Fisch z. B. an Gründonnerstag, Karfreitag und Aschermittwoch. HAStK Armenverwaltung, Armenhaus 59.

54 Jürgen Kuczynski, Geschichte des Alltags des Deutschen Volkes, Studien 2: 1650 - 1810, 5 Bde, hier Bd. 2, Köln 1981, S. 286 - 288. Kuczynski faßt hier die Forschungsergebnisse der westdeutschen Sozialgeschichte zusammen.

2.2.1.2 Die Zusammensetzung der Insassen des Armenhauses gegen Ende seines Bestehens (1795 - 1803)

Die Belegschaft des Kölner Armenhauses während der Zeit der französischen Besatzung war sozial äußerst heterogen und unterschied sich darin nicht von derjenigen des 18. Jahrhunderts. Der überwiegende Teil der Insassen waren Frauen, nur etwas über ein Drittel waren Männer.[55] Dies läßt zunächst vermuten, daß es sich bei den ins Armenhaus eingelieferten Menschen - ähnlich wie bei den Hausarmen - um Witwen und Greise gehandelt haben muß. Bei einer Betrachtung des durchschnittlichen Lebensalters der Insassen stellt sich aber schnell heraus, daß dies nicht so war. Zwar ist der Anteil von relativ alten Menschen hoch, doch finden sich in der Belegschaft des Hauses auch viele Kinder und junge Menschen. Dabei unterscheiden sich Männer mit einem durchschnittlichen Lebensalter von 50.24 Jahren und Frauen, die ein Duchschnittsalter von 53.15 Jahren erreichten, kaum voneinander.[56] Der allergrößte Teil der Insassen, nämlich 104 von 138, waren in Köln geboren. Damit hatte sich im Armenhaus das noch im 18. Jahrhundert nicht durchführbare Prinzip der Bindung der Armenhilfe an den Geburtsort des Bedürftigen durchgesetzt.[57] In einem guten Teil der Fälle werden in den Unterlagen des Armenhauses die Gründe genannt, warum die Insassen ins Armenhaus gekommen waren. Anders als viele der kirchlichen und privaten Stiftungen im Köln des späten 18. Jahrhunderts war das Armenhaus nicht auf das Niveau einer Pfündneranstalt hinabgesunken. Es erfüllte tatsächlich den Zweck, der ihm zugedacht worden war, nämlich Arme, die sonst gebettelt hätten, von der Straße zu holen und ihnen ein Auskommen zu geben. In 95 Fällen (68.8%) wurde als Grund für die Einweisung "Armut" angegeben.

Zählt man noch die Fälle der Personen hinzu, die aus dem Waisenhaus der Stadt eingewiesen worden waren - meistens handelte es sich dabei um Jugendliche, die das für das Waisenhaus gesetzte Höchstalter überschritten hatten - und die Invalidität, Schulden oder "Brodmangel" als Grund für ihr Leben im Armenhaus angegeben hatten, so lag der Anteil der als arm oder verarmt einzustufenden Personen bei 104 oder 75.4 Prozent.[58] Nur zwei Insassen entstammten religiösen Stiftungen, die wohl schon defunkt waren, und nur 14 Arme (10.1 %) bezogen Pensionen, die sie im Armenhaus verzehrten. Soweit bieten die im Armenhaus lebenden Personen ja noch ein einheitliches Bild. Anders sieht es aus, wenn man die Berufsgruppen untersucht, denen die Bedürftigen entstammten. Leider wurde eine Berufstätigkeit bei Frauen

55 Von 138 Insassen waren 49 Männer und 89 Frauen. Das Geschlechterverhältnis lag damit bei 36:64. HAStK Armenverwaltung, Armenhaus 61, Liste von 1803.

56 Standardabweichung bei Männern 19.96, bei Frauen 24.28, d.h. bei den Frauen lagen die Werte für das Lebensalter weiter auseinander, während die Gruppe der Männer im Alter homogener war. Gesamtaltersdurchschnitt 52.15 Jahre, Standardabweichung 22.73.

57 Das entspricht einem Anteil von 75.4 %. Sechs Insassen kamen aus Bonn, der Rest verteilte sich über verschiedene Gemeinden, von denen die meisten in der näheren Umgebung lagen. Ein Armer kam aus Mainz, ein weiterer aus Wien. HAStK Armenverwaltung, Armenhaus 61.

58 Unklar ist der Fall zweier Insassen, die aus dem Zucht-und Arbeitshaus eingewiesen wurden. Sie waren entweder kriminelle oder verarmte Kölner.

nicht vermerkt, weshalb wir auf die spärlichen Berufsangaben bei den Männern angewiesen sind. Zwar gab es einen Gutteil von Handwerkern, deren Auftreten unter den Armen man hätte voraussagen können, wie Schuster und Schneider, doch ist es erstaunlich zu nennen, wie leicht offenbar auch ehemals gutgestellte Handwerker unter die Armutsgrenze absinken konnten, wenn sie ein hohes Alter erreichten und keine Vorsorge getroffen hatten oder weil sie Berufen entstammten, die eine Krise zu durchlaufen hatten, wie Schiffer, Leineweber oder Sattler. Einige der Männer waren arbeitslos geworden, weil gesellschaftliche oder politische Änderungen ihre Berufe zeitweilig überflüssig gemacht hatten, wie Tanzlehrer.[59]

Nur wenige der Armenhausgenossen konnten darauf hoffen, im Armenhaus in ihren alten Berufen weiterzuarbeiten. Allenfalls Schneidern und Schustern wurde diese Möglichkeit gegeben. Die meisten Hausgenossen, vor allem die Frauen, arbeiteten in der Strickstube, ein nicht geringer Teil wurde im Hause mit der Versorgung und Verwaltung beschäftigt, nur ein geringer Teil ging noch der im 18. Jahrhundert so hoch geschätzten Beschäftigung als Traßklopfer nach, die gewiß nicht die Arbeitslust der Insassen anstachelte. Stattdessen boten die im Hause betriebenen Werkstätten ein abwechslungsreiches Bild. Es gab eine Werkstatt für Handarbeiten, in der die dort arbeitenden Frauen und Mädchen von einer Schuljungfer angeleitet wurden. Diese Lehrwerkstatt erzeugte Linnen, Spitzen und vor allem Strickwaren.[60] Daneben wurden Nachtlichter gegossen und Gebetbücher gefertigt, die man verkaufte, um die Finanzlage des Hauses etwas aufzubessern. Der Reingewinn aus diesen Aktivitäten hatte im Jahre 1795 245 Reichstaler betragen, was nicht sehr viel zu sein scheint. Dabei muß aber bedacht werden, daß ein Teil der Kinder und der alten Leute noch nicht oder nicht mehr arbeitsfähig war. Allein 98 der 138 Insassen wurden als Kranke geführt, d.h. 71 %.[61] Weniger als ein Drittel der Insassen war damit noch voll arbeitsfähig zu nennen, und ein nicht unwesentlicher Teil der Armen hatte sogar als geistig behindert oder schwachsinnig zu gelten.[62] Rechnet man die Gruppe der über Sechzigjährigen und die der Kranken unter sechzig zusammen, so darf man annehmen, daß 79 Prozent der Insassen nicht oder nur sehr beschränkt arbeitsfähig waren, entweder wegen ihres Alters oder wegen ihres Gesundheitzustandes.[63] Es führten

59 Als Berufsangaben fanden sich (in Klammern die Anzahl der Fälle): Arbeiter, Buchbindemeister, Buchsetzer, Fischer, Geigenmacher, Hutmacher, Leineweber, Musikant, Pferdknecht, Sattler, Schiffer, Schlosser, Schneider (5), Schuster (2), Soldat (2), Spielmann, Steinmetz, Tanzmeister, Tuchscherer.

60 Im Armenhaus waren tätig (in Klammern die Häufigkeit der Nennung): Almosensammler, Arbeitsknecht (2), Aufwarterin, Buchbinder (2), Hausspinster, Holzsammler, Köchin, Krankenwarterin (3), Magd, Näherin (2), Ökonom, Pferdsknecht, Portier, Rindermagd, Schneider (2), Schuster (1), Spinnerinnen (3), Hilfskraft im Spital, Stricker/in (36), Traßklopfen (5), Viehmagd, Wäscherinnen (5), Wirken (2).

61 HAStK Armenverwaltung, Armenhaus 59.

62 Bei den Krankheitsbezeichnungen taucht in 17 Fällen die Angabe "simpel" oder "blödsinnig" und dreimal die Klassifizierung "schwachsinnig" auf. Damit stellten die wirklich oder vermeintlich geistig Behinderten mit 20 Fällen (14.5 %) die größte Gruppe der Kranken. Es folgten Blinde (15 Fälle), Lahme (zehn Fälle), Bettlägerige (acht Fälle), Fallsüchtige (sechs Fälle), Taube oder Taubstumme (vier Fälle). HAStK Armenverwaltung, Armenhaus 61.

63 109 Fälle = 78.99 %. HAStK Armenverwaltung, Armenhaus 61.

aber trotz ihres vorgerückten Alters noch eine ganze Menge Frauen einfache manuelle Tätigkeiten wie Stricken aus.

Ein weiteres Indiz für die Zusammensetzung der Hausgenossenschaft im großen Armenhaus ist die Verweildauer der Armen in dieser Anstalt. Von den Insassen des Jahres 1803 waren 87 im Zeitraum von 1795 bis 1803 ins Haus gekommen. Der kleinere Teil, nämlich 50, hatte schon vor 1795 hier gelebt. Es wäre vorstellbar, daß sich die Gruppe derjenigen, die länger im Armenhaus lebte, irgendwie von den Neuzugängen nach 1795 unterschied. Dies ist nach Überprüfung der wichtigen Merkmale dieser Gruppe aber abzulehnen. Die alteingesessenen Hausgenossen unterschieden sich weder in ihrem Durchschnittsalter noch in ihrem Gesundheitszustand oder ihrer geographischen Herkunft von den Neulingen. In der Frühzeit der französischen Verwaltung hat somit keine Änderung der Einweisungspraxis stattgefunden. Mehr noch: Von einer Anstalt zum Zwecke der Erziehung der starken Bettler kann im Zusammenhang mit dem Armenhaus keine Rede sein. Wenn das Haus diese Funktion jemals erfüllt hat, und nach dem verwaltungstechnischen Chaos des frühen 18. Jahrhunderts ist dies zu bezweifeln, dann war diese Funktion als "Besserungsanstalt" für Bettler gegen Ende des 18. Jahrhunderts erloschen.

Während der zweiten Hälfte des Säkulums diente das Armenhaus vorwiegend der Versorgung der invaliden Armen der Stadt, in erster Linie wohl der Versorgung derjenigen Bedürftigen, die keinerlei Familienangehörige mehr hatten und sich selber auf Grund von Krankheit oder Behinderung nicht helfen konnten.[64] Als Instrument der Kontrolle des Bettelwesens hatte das Armenhaus somit versagt und hatte notwendig versagen müssen, denn seine Tauglichkeit auf diesem Gebiet wurde niemals ernsthaft auf die Probe gestellt. 1806 wurden die Funktionen des Armenhauses an die Armenverwaltung übertragen, die ihren Sitz zunächst im Minoritenkloster und später im Cäcilienkloster hatte.[65]

Zusammenfassend ist an dieser Stelle zu bemerken, daß das Kölner Armenhaus den in seine Gründung gesetzten Erwartungen nicht gerecht werden konnte. Eine wirksame Bekämpfung der Armut war zu diesem Zeitpunkt durch eine geschlossene Anstalt nicht zu erreichen. Zu stark entwickelt war dafür das System des Almosengebens und der offenen Hausarmenhilfe, zu stark verhaftet waren auch noch die vom christlichen Glauben gestärkten traditionellen Vorstellungen von Armut in der Bevölkerung, die ihren Unmut über die vom Rat verfolgte Linie der Bettlerbekämpfung auch offen ausdrückte. Dies kam auch in der von religiösen Grundsätzen geprägten Hausordnung der Anstalt zum Ausdruck. Der Versuch der Disziplinierung der einsitzenden Armen durch Arbeit scheiterte an den ökonomischen Schwierigkeiten einer solchen Politik. Die materielle Lage der einsitzenden Armen muß als vergleichsweise gut bezeichnet werden. Versuche der Disziplinierung durch Nah-

64 Das Durchschnittsalter der Insassen, die vor 1795 eingewiesen wurden, betrug 53.3 Jahre, das der später hinzugekommenen 51.5 Jahre. Der Anteil der Hinzugezogenen war in beiden Gruppen etwa gleich groß. Auch beim Anteil der Kranken unterschieden sich beide Gruppen nicht auffällig voneinander. HAStK Armenverwaltung, Armenhaus 61.

65 Clemen, Kunstdenkmäler, S. 377.

rungsentzug konnten nicht festgestellt werden. Gegen Ende der reichsstädtischen Zeit war aus dem Armenhaus statt des erhofften Instruments zur Kontrolle der Bettler eine Anstalt zur Versorgung arbeitsunfähiger Armer geworden.

2.2.2 Die Gründung des Zucht- und Arbeitshauses und die Diskussion über die damit verfolgten Ziele

1636 bereits hatte es den zunächst erfolglosen Versuch gegeben, ein Arbeitshaus nach Vorbild des Zuchthauses in Amsterdam in Köln zu gründen. Mit der Verschärfung des Bettelverbotes für fremde Bettler und der Errichtung des Armenhauses schien man in der Bekämpfung der Bettler einen Schritt weitergekommen zu sein. Vergeblich, wie wir gesehen hatten, erhoffte man sich gerade vom Armenhaus eine abschreckende Wirkung, die aber nicht erreicht wurde. Das Scheitern des Armenhauses der Stadt Köln stellte durchaus keinen Einzelfall im 18. Jahrhundert dar.

Als immer offensichtlicher wurde, daß die für das Armenhaus gesetzten Ziele nicht erreicht werden konnten, und die Stadt infolge des Siebenjährigen Krieges eine Phase wirtschaftlicher Probleme durchzumachen hatte, entschied sich der Rat der Stadt zu einem neuen Anlauf zur Gründung eines Zucht- und Arbeitshauses. Zu diesem Zweck wurde eine Ratskommission gebildet, der die regierenden Bürgermeister von Mülheim und von Mylius, die beiden Stimmeister, die Weinmeister und vier Ratsherren aus der Deputation zur Erhebung der direkten Steuern angehörten.[66] Am

66 1595 wurde das erste Männerzuchthaus in Amsterdam gegründet, 1597 folgte das Weiberzuchthaus, 1603 das Sekrete Zuchthaus für die Söhne anständiger Bürger. "Ihre eigentliche Blüte erlebten diese Anstalten jedoch erst im 18. Jh. (!), im Zeitalter der Aufklärung." Sothmann, Das Armen-, Arbeits-, Zucht- und Werkhaus, S.1. Sothmann vergleicht in ihrer Arbeit mehrere ähnliche Institutionen vor allem im 18. Jahrhundert und kommt, was die Effizienz der Institute in Hinblick auf ihre selbst formulierten Ziele angeht, zu keiner positiven Bewertung. Ebda., besonders S. 231. Für die Kölner Verhältnisse basieren ihre Aussagen auf der Arbeit von Alfred Müller-Armack, Genealogie der Wirtschaftsstile: Die geistesgeschichtlichen Ursprünge des Staats- und Wirtschaftsformen bis zum Ausgang des 18. Jahrhunderts, Stuttgart 1944, die überholt ist. Sothmann, die teilweise seitenweise Texte aus Müller-Armack paraphrasiert, ohne dies explizit kenntlich zu machen, erweckt dabei den Eindruck, als ob die Aussagen Müller-Armacks das Ergebnis von eingehender Forschung seien. "Müller-Armack hat nachgewiesen, daß von den mehrfachen Versuchen in Köln nur ein Mißerfolg zu bezeugen ist. (Zitat im Zitat:)'Es gelang nicht, die Häuser als wirtschaftliche Einrichtungen in Gang zu bringen, und man landete bald wieder bei der Caritas.'"(S.5 f.) Tatsache ist, daß auch Müller-Armack seine Aussagen zum Kölner Arbeitshaus nicht durch Quellen belegen kann. Zu den Zielvorstellungen, die mit dem Kölner ZUAH verbunden waren, vergl. "Kurtze Sammlung desjenigen, was in betreff der vorhabenden anlegung eines Zucht= und Arbeits-Haußes theils von der commission vorgeschlagen theils würcklich vom Magistrat approbirt worden" (1761). HAStK Armenverwaltung 1, Zucht- und Arbeitshaus, im folgenden zitiert als ZUAH. Zu den verschiedenen Ratsämtern im 18. Jahrhundert Nicolini, Die politische Führungsschicht. Zur Krisenentwicklung Kölns: Michael Stürmer, Konjunktur, Krise und Kritik. Zur Sozialgeschichte des Handwerks im ausgehenden 18. Jahrhundert, in: Ulrich Herrmann (Hg.): "Das pädagogische Jahrhundert". Volksaufklärung und Erziehung zur Armut im 18. Jahrhundert in Deutschland, Weinheim, Basel 1981 (Geschichte des Erziehungs- und Bildungswesens in Deutschland, Bd. 1), S. 53 - 72, hier S. 58 f. Stürmers Arbeit

22. Juni 1761 wurde von dieser Kommission ein erstes Gutachten erstellt, das vor allem die materiellen und räumlichen Voraussetzungen des Zucht- und Arbeitshauses zum Gegenstand hatte. Da die Stadt mit dem Versuch, eine feste Institution für die Armenhilfe durch Spenden und Kollekten zu finanzieren, mehrfach Schiffbruch erlitten hatte, suchte die Kommission nach einer anderen Möglichkeit, das neue Unternehmen bezahlen zu können. Zunächst wurde überlegt, die Einkünfte des Spitals St. Johann in der Breiten Straße zu verwenden, aber zu ihrer Entfremdung hätte es einer Dispensatio Pontifica bedurft. Anders sah die Sache beim Spital Ipperwald aus, einer reichlich ausgestatteten weltlichen Stiftung "(...) weilen die weltliche Obrigkeit jederzeit berechtigt ist, dasjenige, was aus denen ad hos vel istos pios usus in particulari gestifteten Einkünften überfließet, ad alios usus (...)" zu verwenden.[67] Der Rat stimmte dem Verfahren zu, die Finanzierung des Vorhabens durch die Abführung der Überschüsse der Stiftungen St. Johann, Melaten und Ipperwald zu gewährleisten. Bevor es aber zur Gründung des Zucht- und Arbeitshauses kommen sollte, regte sich in Kreisen des Rates Opposition gegen die Pläne der Kommission. Der Schreiber einer oppositionellen Denkschrift, der Syndikus Knoodt, teilte zwar die Meinung der Ratsherren, daß ein Zuchthaus notwendig sei, sah aber die Finanzierung des Hauses nicht gewährleistet.[68]

Übereinstimmung gab es durchaus in den Zielen des Zuchthauses, Differenzen jedoch in der Realisierung der Ideen der Stadtväter. Klar war allen Beteiligten die Zielsetzung des Zuchthauses als einer Institution zur Bekämpfung des Bettels mittels Anleitung zur Arbeit, ein Gedanke, der bei der Gründung des ebenfalls städtischen Armenhauses 50 Jahre zuvor noch gänzlich gefehlt hatte. An die Stelle des Gedankens einer christlichen Erziehung der Armen und Bettler war hier die Vorstellung getreten, man müsse dem Pöbel und dem Gesindel beibringen, wie man richtig zu arbeiten habe.[69] Übrig blieb nur die leidige Frage der Finanzierung. Syndikus Knoodt,

basiert stark auf Kölner Material. Zeitlich daran anschließend: Wilhelm Abel, Massenarmut und Hungerkrisen in Deutschland im letzten Drittel des 18. Jahrhunderts, in: Herrmann, "Das pädagogische Zeitalter", S. 29 - 52. Zur Geschichte der ZUAH im Rheinland allgemein Dieter Weber, Zucht- und Arbeitshäuser am Niederrhein im 18. Jahrhundert, in: Düsseldorfer Jahrbuch: Beiträge zur Geschichte des Niederrheins, Bd. 60, 1986, S.78-96.

67 HAStK Armenverwaltung, ZUAH 1, Gutachten vom 22.6.1761.

68 "Unmaßgebliche Reflexiones die Errichtung eines Zucht= und Arbeits=Haußes, und die deshalben gethane Vorschläge betreffend", Köln 20.9.1761, HAStK Armenverwaltung, ZUAH 1.

69 Auch eine weitere, anonyme Denkschrift betont die Notwendigkeit des ZUAH: "Wie heute die Menschen seyend, ist ein Zuchthauß in allen Landen nicht allein nützlich, sonderen auch nöthig; in hiesiger freyen Reichsstadt kan es besonderlich treffliche dienste in Zuchtigung des liederlichen gesindels, in Verminderung des anzahl von betteleren, in Verhinderung des Müßiggangs, in anführung der Jugend zur arbeit, fort dergleichen thuen, und diesen Nutzen so gar auf die Nachbarschaft ausbreiten (...)." "Unzielsetzliche Gedancken über ein zu Cöllen zu errichtendes Zucht= und Arbeits=Hauß, die erforderliche Mittel zu dessen Errichtung, und Unterhaltung dan die im selbigem einzuführende Ordnung" (o.O.,o.D.), HAStK Armenverwaltung ,ZUAH 1. Man vergleiche mit dieser Zielsetzung die Hausordnung des Hospitals zu St. Martin und Brigida am Altermarkt vom Ende des 17. Jahrhunderts. Hier stand, ähnlich wie beim Armenhaus, der religiöse Gedanke im Vordergrund der Aufgabenstellung des Hospitals. Aufgenommen werden sollten nur Frauen, die "(...) gut Zeugnuß ihrer Frömmigkeit haben (...)." HAStK Armenverwal-

der Schreiber der *Reflexiones*, erörterte in seiner Denkschrift die verschiedensten Modelle. Eine Kollekte in der Stadt schloß er realistischerweise aus. Auch eine Zwangssteuer auf jedes Testament in der Höhe von 10 Reichstalern, die der Magistrat kraft seiner "Nomothesia" erheben solle, lehnte er ab. Ebenfalls nicht in Frage kam laut Knoodt die Erhebung fiskalischer Strafen oder der Verkauf eingestürzter Häuser zugunsten des Zuchthauses. Beide Vorschläge scheiterten an der gesunkenen wirtschaftlichen Kraft der Stadt, in der fiskalische Strafen fast nur gegen kleine Leute verhängt wurden und in der viele Häuser mangels Mietern einfach leerstanden. Zuguterletzt machte Knoodt den entscheidenden Vorschlag: Die Ratsherren, die zum Teil fette Diäten bezogen, sollten einen Teil dieser Ratsgelder an das Zuchthaus abführen. Damit es aber beim Einzug dieser Gelder nicht zu Verzögerungen kam, sollten diese Gelder als Fixum direkt von den Diäten der Ratsämter abgezogen werden. Neben diesem wirklich originellen Vorschlag ließ sich der Syndikus auch über die Pflichten der zukünftigen Insassen des Zuchthauses aus und betonte dabei besonders die Arbeitspflicht der Züchtlinge, welche sich durch ihre Arbeit selbst zu erhalten hätten.[70]

Daß der Gedanke der christlichen Nächstenliebe und der Almosen als ihr Ausdruck auch dem fortschrittlichen Staatsbeamten noch nicht ganz fremd war, wird aus einer folgenden Passage seiner Denkschrift klar:

> Es ist in wahrheit der Stadt besser gedienet, wan man denen armen für 20 Thaler arbeit verschaffet, als wan man eben so viel Allmoßen unter dieselbe austheilet, nicht daß ich das Allmoßen geben ein gott gefälliges Werck critisiren wolle, sonderen ich mache einen unterscheid unter denen arten solche hin zu geben, und halte jene für die gott angenehmste, welche zum besten des Staats und der Menschlichkeit die eingerichteste ist, und den Müßiggang, einen Zündel aller liederlichkeit bey der canaille vertilget;[71]
> Die canaille solle arbeiten und im Schweiße ihres Angesichts wie die anderen fleißigen Bewohner der Stadt ihr Brot essen.
> Ein anderes ist von gebrechlichen, zur arbeit untauglichen oder schamhafften Hauß-armen, diese seynd eines beyleidens würdig, und wan die gesunde racaille ihnen nicht mehr einen Theil des allmosens von dem Munde hinwegstehlet, alsdan kan ihnen starcker beygesprungen werden; Nach diesen Sätzen halte ich das Allmosen geben verdienstlich, dieses ist meine Gedenckungsart, welche ich jedoch niemandem auffdringen will;[72]

Der Schreiber war sich also des grundsätzlich Neuen seines Herangehens an das Bettlerproblem bewußt, es war ihm klar, daß er sich mit seiner Meinung von der bisher geübten Almosenpraxis absetzte, und er versuchte, die ideologischen Unterschiede zwischen dem noch existierenden Bild der Armut und seinem neuen Herangehen durch einen utilitaristischen Moralbegriff und Lavieren mit dem Begriff Almosen zu verdecken. Der Gebrauch der stark pejorativen Begriffe *canaille* und *racaille* jedoch

tung ZUAH, Archivkasten 78, Nr. 77 von 1693 (?). Die "Verminderung des leiderlichen Gesindels" satnd auch bei der Gründung des ersten kurkölnischen Zuchthauses in Bonn (1736) im Vordergrund. Schlue, Die Geschichte, S. 16.

70 Unmaßgebliche Reflexiones, HAStK Armenverwaltung 1, ZUAH.

71 Unmaßgebliche Reflexiones, HAStK Armenverwaltung 1, ZUAH.

72 Unmaßgebliche Reflexiones, HAStK Armenverwaltung 1, ZUAH.

weist ihn als erbitterten Gegner der Bettler aus und kennzeichnet ihn als einen der "modernen" Verfechter der Ausgrenzung der bettelnden Armen. Daß es die von der Forschung postulierte Verbindung zwischen dem Gedankengut der Reformation und der Reform des Armenwesens auch für Köln durchaus gegeben hat, beweist sein nächster Hinweis. Was die Organisation und die Hausordnung des noch zu gründenden Zuchthauses angehe, halte man sich am besten an die Anstaltsordnung des Armeninstituts des Baden-Durlachschen Fürstentums in Pforzheim, "(...) welche mit einigen wenigen abänderungen auff das hiesige gantz füglich appliciret werden könnte.(...)"[73] Daß der reformbegierige Kölner Beamte gerade die Armenordnung eines protestantischen Territoriums zum Vorbild nahm, das relativ weit weg von Köln lag, ist wahrscheinlich kein Zufall gewesen, sondern gründete sich auf den Vorbildcharakter, den das im protestantischen Geiste aufgezogene Institut in Pforzheim hatte.

Am 19.12.1763 stimmte der Rat der Stadt dem Vorschlag des Syndikus zu, das erste Quartal der Offiziantendiäten in die Kasse des Zucht- und Arbeitshauses fließen zu lassen.[74] Unter der Registratur des 19.12.1763 wurde ferner beschlossen, zum Unterhalt des Zucht- und Arbeitshauses eine Lotterie zu organisieren, deren Reinerlös dem Haus zugute kommen sollte. Auch diese Maßnahme ging auf einen Vorschlag Knoodts zurück. Ungeklärt blieb das Problem, an welcher Stelle das für das Zuchthaus notwendige Gebäude errichtet werden sollte, bzw. auf welches schon existierende Haus man zurückgreifen sollte. Diese auf den ersten Blick rein technische Frage entpuppte sich als Prüfstein für die vorhandenen unterschiedlichen Konzeptionen des Zuchthauses, weshalb sie in diesem Kontext erörtert werden müssen.[75] Von den baulichen Voraussetzungen kam am ehesten das Armenhaus der Stadt in Frage, denn "(...) lieget selbiges an einem abgelegenen Ort der Stadt, hat annebens einen weitläuffigen umfang, großen raum, mithin freye gesunde lufft,(...)".[76] Außerdem sei es möglich, eine Verwalterstelle für das Zuchthaus einzusparen, da der Ökonom des Armenhauses das Zuchthaus gleich mitübernehmen könnte. Einen weiteren Vorteil böte dieses Arrangement, da Kosten für Heizung und andere Löhne gespart werden könnten. Diese Überlegungen waren sehr aufschlußreich, da der Verfasser zur Erläuterung seines Vorschlags klarlegte, daß er mit "(...) dreißig, viertzig oder fünffzig, auch hundert leuthe(n) (...)" rechnete, die das Zuchthaus bevölkern sollten.[77] Damit wird klar, daß das Armenhaus quantitativ immer noch Vorrang hatte vor

73 "Die Ordnung des Baaden-durlachischen Zucht- und Arbeitshaußes zu Pforzheim finde (ich) tam quoad spirituale quam quoad temporale quoad politicum quoad oeconomicum (...) vollkommen eingerichtet (...)". Unmaßgebliche Reflexiones, wie auch Zitat,HAStK Armenverwaltung , ZUAH 1.

74 Denkschrift des ZUAH mit dem Vermerk "approbatum in Senatu ut supra" vom 19.12.1763. HAStK Armenverwaltung, ZUAH 1.

75 Protokoll der Ratskommission zur Gründung des ZUAH vom 16.6.1764. Protokoll vom 12.10.1768; beide in HAStK Armenverwaltung, ZUAH 1.

76 "Unvorgreifliche gedancken in Betreff eines Zucht= und Arbeits Haußes an welchem Ort selbiges an zu legen seye." (1767 ?), HAStK Armenverwaltung, ZUAH 1.

77 Ebda.

dem neuen Projekt und daß mehr als eine abschreckende Wirkung von dem Zuchthaus nicht ausgehen sollte.[78] Der Autor der "unvorgreiflichen Gedancken" entwikkelte die Idee der räumlichen Zusammenlegung des Armenhauses und des Zuchthauses weiter, indem er auf die Notwendigkeit verwies, geeignete Hausknechte als Ordnungshüter einzustellen, die die Insassen körperlich züchtigen sollten, wenn diese nicht gehorchen sollten.[79]

Dies sei aber beim Armenhaus alles schon gegeben, wie es dort auch schon zwei oder drei Devotessen gäbe, die teilweise als Schulmeisterinnen, teilweise als Haushälterinnen fungierten. Auch aus diesem Blickwinkel böte sich die Zusammenlegung an.[80]

Da der Verfasser dieser Denkschrift keinerlei Entscheidungsbefugnis hatte - wahrscheinlich handelte es sich wieder um einen städtischen Syndikus -, tat er genau das, was der Rat von einem fähigen Beamten erwarten konnte. Er diskutierte die verschiedenen Vorschläge im Lichte ihrer Vor- und Nachteile, um dem hohen Rat der Stadt eine Entscheidungshilfe anbieten zu können. Nachdem er die Vorteile einer gemeinsamen Haushaltung des Armen- und des Zuchthauses erläutert hatte, ging er zu den Nachteilen über. Das Armenhaus sei für die Armen, d. h. "(...) für arme gebrechliche und nothleidende Personen (...)" eingerichtet worden, "(...) nicht aber für jene zur Züchtigung condemnierte leuthe fundirt; (...)" Das Zuchthaus in Amsterdam habe auch keinerlei Verbindung mit dem örtlichen Armenhaus, und Amsterdam habe ja eine anerkannt gute Polizeiordnung.[81] Vollkommen in Vergessenheit geraten war demnach die ehemals so wichtige Aufgabe des Armenhauses bei der Bekämpfung der Bettelei. Die zuständigen städtischen Beamten sahen das Armenhaus nur noch als Institution der geschlossenen Armenhilfe für Arbeitsunfähige. Diese Sicht wurde auch vom Verwalter des Armenhauses geteilt, der jedesmal, wenn die städtischen Gewaltrichter als Ordnungspolizei der Stadt Züchtlinge ins Armenhaus hatten legen wollen, lautstarken Protest angemeldet hatte.[82]

In Art einer dialektischen Gegenrede zur Antithese versuchte der anonyme Verfasser der "unvorgreiflichen gedancken" nun die von ihm selbst vorgebrachten Gegenurgumente zu entkräften. Eine räumliche Zusammenlegung bedeute ja keine organisatorische Zusammenfassung beider Anstalten.[83] Darüberhinaus sei es sattsam

78 Das Armenhaus hatte zur gleichen Zeit zwischen 100 und 200 Bewohnern. HAStK Armenverwaltung, ZUAH 1.

79 HAStK Armenverwaltung, ZUAH 1.

80 HAStK Armenverwaltung, ZUAH 1.

81 HAStK Armenverwaltung, ZUAH 1.

82 Als weiteren gewichtigen Grund gegen die Kombination beider Institutionen der geschlossenen Armenhilfe führte der Autor die unterschiedlichen Status der Provisoren beider Häuser an, die im Beispiel des Armenhauses durch Selbstrekrutierung erfolgte, im Zuchthaus wohl aber durch städtische Beamte bestellt werden sollten. Im Verlaufe des weiteren Textes, der ein Meisterstück dialektischer Rabulistik ist, entkräftet der Autor dieses sein Argument aber durch den Hinweis, Bürgermeister und Rat der Stadt hätten alle vorbehaltliche Kompetenz in Belangen des Armenhauses, da sie die Oberprovisores der milden Stiftungen der Stadt seien. HAStK Armenverwaltung, ZUAH 1.

83 HAStK Armenverwaltung, ZUAH 1.

bekannt, daß die Vermischung beider Institutionen schon in früherer Zeit stattgefunden habe, da Eltern und Vormünder ihre unartigen Kinder und die Gewaltrichter zu Gefängnis bestrafte Personen im Armenhaus hätten aufnehmen lassen. Man habe ja deshalb auch auf Befehl des Rates vom 12.7.1717 im Armenhaus ein besonderes Verlies einrichten lassen, genannt die Kartaus, in der zur Bestrafung eingelieferte Personen, vor allem Straßenbettler und anderes Gesindel hätten einsitzen müssen. Schon damals also habe man daran gedacht, beide Häuser zusammenzulegen. Ferner sei es wegen der großen Mildtätigkeit der Stadt gegenüber dem Armenhaus schon so etwas wie eine Dankespflicht, daß die Provisoren des Armenhauses sich bereit erklärten, das Zuchthaus mitzuverwalten.[84]

Allen Vorschlägen zum Trotz wurde das Zucht- und Arbeitshaus vom Armenhaus getrennt angelegt, und zwar im bisherigen Nuntiaturgebäude an der Ecke Waisenhausgasse und Perlengraben, wo es bis zum Jahre 1800 bestehen blieb. Der Grund für diese Entscheidung mag weniger in den prinzipiellen Unterschieden zwischen Armenhilfe und Korrektionshaus gelegen haben, den die Ratsherren durchaus anzuerkennen bereit waren, als in der pragmatischen Überlegung, daß das Armenhaus in der Bürgerschaft schlecht angesehen war, was bei einer Kooperation beider Häuser die Chancen für eine Kollekte für das neue Zucht- und Arbeitshaus verschlechtert hätte. Zunächst schien es so, als wenn sich die Neugründung durch ihre Einkünfte aus Offizialgeldern, dem Gewinn aus der städtischen Lotterie, Renten zweier ihm zugeschlagenen Spitäler und den Erträgen der angeschlossenen Spinnerei und Weberei mehr schlecht als recht über Wasser halten konnte.[85] 1776 dann wurde durch eine Kommission des Rates beschlossen, die beiden Verwalter zu entlassen und die organisatorische Aufsicht über das Haus dem Ökonomen zu übertragen, weil man so 250 Reichstaler im Jahr sparen konnte.[86]

2.2.2.1 Die Insassen des Zucht- und Arbeitshauses vor 1794

Grundsätzlich galt für das Zucht- und Arbeitshaus eine einheitliche Hausordnung, und ursprünglich lag der Institution wohl auch eine einheitliche Konzeption zugrunde. In der Praxis jedoch bürgerte sich bald ein Unterschied ein zwischen Bewohnern des Arbeitshauses einerseits und den Züchtlingen des Zuchthauses. Das Arbeitshaus wurde bald als eine Versorgungsanstalt für arbeitsfähige, nicht vagierende Kölner Arme angesehen, während das Zuchthaus, das im gleichen Gebäude untergebracht war, von den gleichen Provisoren und Verwaltern geleitet wurde und aus dem gleichen Geldtopf finanziert wurde, vor allem für leicht kriminelle Insassen,

84 HAStK Armenverwaltung, ZUAH 1.

85 Rechnungsbuch des Zucht- und Arbeitshauses, Rechnungsbeginn 19.1.1764. Rund 40 % der ständigen Einnahmen des ZUAH stammten aus den Offizialgeldern des Rates. Bis Ende 1767 wurden 14981 Reichstaler eingenommen und 16697 Reichstaler ausgegeben. Bis Ende 1770 hielten sich Einnahmen und Ausgaben in etwa die Waage. HAStK Armenverwaltung, ZUAH 2.

86 Lose eingelegtes Blatt mit dem Protokoll des 4.5.1776. HAStK Armenverwaltung, ZUAH 1, fortan zitiert als ZUAH.

Aufsässige und alle diejenigen gedacht war, die sich im weitesten Sinne des Wortes deviant zeigten.

In der Behandlung der Insassen machte die Unterteilung in zwei Abteilungen große Unterschiede aus, da die Züchtlinge als Insassen des Zuchthauses harten körperlichen Strafen unterzogen wurden und auch angekettet werden konnten. Dabei gab es für eine derartige Zweiteilung des Hauses keine rechtliche Handhabe. Sie ergab sich ganz einfach aus der praktischen Notwendigkeit, zwischen beiden Gruppen zu differenzieren, wohl auch deshalb, um die grundsätzlich arbeitswilligen Hausarmen, die hier Unterschlupf suchten, nicht durch eine Vermengung mit "liederlichen Leuten" zu stigmatisieren.[87] In der praktischen Arbeit der zuständigen Ratskommission manifestierte sich bald, daß das Zuchthaus als Gefängnis für kleinere Strafen mißbraucht wurde, in das der Rat, teilweise ohne formales Gerichtsverfahren, Delinquenten einweisen konnte. So wiederholte sich anhand des Zucht- und Arbeitshauses in anderer Form die Geschichte des Armenhauses. Ursprünglich als Korrektionshaus gedacht, das Arbeitsunwillige und Kleinkriminelle umerziehen sollte, wandelte es sich im Laufe der zweiten Hälfte des 18. Jahrhunderts in ein sozialpolitisches Allheilmittel, das von den Quacksalbern im Hohen Rat der Stadt bei jeder passenden Gelegenheit verabreicht wurde. Wie auch das Armenhaus nahm das Zuchthaus ungehörige oder aufsässige Kinder auf. So schrieb der Pastor der Kirche St. Kunibert im Norden der Stadt im Januar 1772 ein Gesuch um Einlieferung der Joanna Francisca Rosendahls, weil diese ihrer Mutter

> (...) zum größten Verdruß gewesen (...) ferner sich neulich erfrechet hat, derselben Mutter mit den garstigsten und empfindlichsten ausdruckungen nicht allein zu begegnen, sondern auch an dieselbe hand anzulegen, zu schlagen und mit gefahr des lebens zu stoßen; als kann diesem länger nicht zugesehen werden;

Joanna Francisca Rosendahl wurde also nicht wegen fehlender Arbeitsmoral ins Zuchthaus gebracht. Ihr Arbeitswille und ihre geschickte Hand wurden vielmehr als Grund für die Einlieferung mitangeführt. [88] Das Zuchthaus erfüllte hier, wie zuvor das Armenhaus, die Funktion eines Korrektionshauses, in dem Verstöße gegen Moral und Sitte geahndet wurden. So ersuchte Sybille Doppelmans die Verwalter des

87 So wurde der Witwe Horst auf die Bitte, ins ZUAH aufgenommen zu werden, da sie in größter Armut lebe, geantwortet, "(...) falß sie bey denen züchtling seyn will, fiat, sonsten aber könte man ihro nicht helfen, weilen noch zur Zeit keine andere gelegenheit nit allda hätte." HAStK Armenverwaltung ZUAH, Kasten 76, Nr. 59, Protokoll vom 22.10.1768. Die Obergrenze für die Aufnahme ins Zuchthaus stellte die Körperverletzung dar, die vor die Gewaltrichter gebracht werden mußte. HAStK Armenverwaltung ZUAH, Archivkasten 76, Nr. 59, Protokoll vom 24.11.1768. Die Züchtlinge des Zuchthauses wurden angekettet und gehalten wie Strafgefangene. Ebda., Protokoll vom 19.1.1769. Um die eingelieferten Züchtlinge von Anfang an mit dem harten Regiment im Zuchthaus bekannt zu machen, wurde auf Veranlassung der Provisoren vom Verwalter des Zucht- und Arbeitshauses im Hof ein Pfahl aufgerichtet, "(...) woran die züchtlingen gebunden und mit stockschlägen bewillkommet werden sollen." HAStK Armenverwaltung, ZUAH Archivkasten 76, Nr. 59, Protokoll vom 11.4.1769.

88 HAStK Armenverwaltung, ZUAH Archivkasten 76, Nr. 57. Brief des Pastors B. W. Hilgers vom 3.1.1772.

Zuchthauses, sich ihres zwöfjährigen Knaben anzunehmen, wahrscheinlich weil sie ebenfalls Erziehungsprobleme mit ihm hatte.[89] Erörtert wurde von den Angehörigen der Ratskommission zur Verwaltung des Zuchthauses ebenfalls, ob die "(...) liederliche Weibsperson, Mariam Catharinam Schmitz, so zu öffentlicher Ärgernus schändlich entblöset über die Gaß gelofen (...)", ins Zuchthaus eingeliefert werden sollte. Abweichend von der Norm hatte sich auch eine Jesuiteß verhalten, die durch "(...) ihre reden und sonstiges betragen viele ärgernus gibt, (...)." Der Pastor von St. Alban schlug vor, sie deswegen eine Weile ins Zuchthaus bei Wasser und Brot zu nehmen, was von den Provisoren auch akzeptiert wurde, allerdings unter der Voraussetzung, daß die Schwester separat von den anderen Insassen in einem häußgen untergebracht werden könne. Diese Jesuiteß war wie Maria Catharina Schmitz weder Bettlerin, noch hatte sie ein kriminelles Delikt verübt. Ihr Verbrechen bestand darin, von der offiziellen Glaubenslehre abweichenden Überzeugungen anzuhängen und diese auch in der Öffentlichkeit kundgetan zu haben. Nach ihrer Inhaftierung im Zuchthaus wurde aber schnell klar, daß sie sich nicht beugen wollte, weswegen dann von kirchlicher Seite ein Exkommunikationsverfahren angestrengt werden mußte. Das Zuchthaus war wenige Jahre nach seiner Eröffnung auf dem besten Wege, eine generelle Verwahranstalt für Ketzer oder unangepaßte und unbequeme Mitmenschen zu werden. Zu den ins Zuchthaus Eingewiesenen gehörten auch Ehebrecher, wie aus den Prozeßakten des Schneiders Johann Adam Schmitt und der Theresia Koller hervorgeht. Schmitt, der mit der Kollerin seit zwei Jahren in wilder Ehe lebte, obwohl diese seit sieben Jahren mit dem Joseph Dreyer aus Köln verheiratet war, hatte die Theresia Koller von ihrem Ehemann für zehn Dukaten gekauft. Angeklagt wegen materia adulterii, wurde Schmitt zu 25 Gulden Geldstrafe verurteilt, während Frau Koller für ein Jahr ins Zuchthaus gesperrt wurde.[90] Bürgerhauptleute schickten Waisenkinder ins Zuchthaus, obwohl es in Köln schon seit dem hohen Mittelalter ein Waisenhaus gegeben hatte und seit 1599 im Jesuitenkolleg ein geräumiges Haus zur Aufnahme von Waisen und Findelkindern bereit stand.[91]

Halsstarrige, widersetzliche oder einfach verarmte und elternlose Kinder gehörten bald zu den häufig eingelieferten Insassen des Zuchthauses, und in einer ganzen Anzahl von Fällen ging die Initiative zur Aufnahme der ungehorsamen Söhne oder Töchter vom zuständigen Pfarrer aus, den die verzweifelten Eltern ansprachen. Man bekommt bei Durchsicht der Provisorenprotokolle regelrecht den Eindruck, das Zuchthaus habe als funktionales Äquivalent für ein Erziehungsheim gedient.[92] Bei

89 HAStK Armenverwaltung, ZUAH Archivkasten 76, Nr. 57, Brief vom 15.11.1771.

90 Zu Maria Catharina Schmitz: HAStK Armenverwaltung, ZUAH Archivkasten 76, Nr. 57, Protokoll vom 26.8.1771. Zur Geschichte der Jesuiteß, Ebda., Nr. 59, Protokoll vom 22.10.1768. ebda., Protokoll vom 12.1.1769. Fall des Schmitt und der Kollerin: HAStK Verfassung und Verwaltung, Kriminalakten Nr. 47. Urteilsverkündung vom 21.2.1781.

91 Clemen, Kunstdenkmäler 7/III, S. 376 f. Gesuch des Bürgerhauptmanns, die Kinder des verstorbenen Ehepaars Clasen ins Zuchthaus aufzunehmen vom 13.3.1771, HAStK Armenverwaltung, HAStK Armenverwaltung ZUAH Archivkasten 76, Nr. 57.

92 Vergl. auch Bittbrief des Pastors von St. Brigida, Benedictus Herschell, an die Provisoren des Zuchthauses vom Oktober 1770. HAStK Armenverwaltung, ZUAH Archivkasten 76, Nr. 57, Protokoll der Provisoren vom 15.10.1770. Den in den Augen der Provisoren ungeratenen

allen negativen Konsequenzen für die eingelieferten Jugendlichen hatten die Auseinandersetzungen der Eltern mit den Kindern und der Eltern untereinander mitunter Züge unfreiwilliger Komik, die sich selbst in den trockenen Verwaltungsakten der Provisoren niederschlugen. Bürger Collet hatte seinen gegen die Autorität des Vaters opponierenden Sohn ins Zuchthaus einliefern lassen, um ihm Manieren beizubringen. Als seine Frau davon erfuhr, bestürmte sie die Provisoren, die ob so massiv auftretender Mutterliebe den Sprößling wieder entließen. Collet goutierte das Eingreifen seiner Frau nicht und erschien vor den Provisoren, um deren Entscheid rückgängig zu machen.[93]

Ähnlich dem Armenhaus, in das auch schon einmal gewalttätige Ehemänner verbracht werden konnten, gab es Ehefrauen, die ihre Ehemänner, wenn sie es gar zu toll trieben, ins Zuchthaus einliefern ließen. Zu einer derartigen Verurteilung war allerdings ein förmliches Urteil des städtischen Gewaltgerichts notwendig. Lag ein solches vor, konnte es geschehen, daß der betroffene Ehemann für ein ganzes Jahr im Zuchthaus verschwand.[94] Darüberhinaus mußte das Zuchthaus aber auch als Verwahranstalt für "(...) ein liederlich= und versof(f)enes Weib (...)" herhalten, während der offensichtlich ebenso liederliche Ehemann, ein Feldwebel der Kölner Truppen, eine Arreststrafe abzusitzen hatte. Da die angezeigte Liederlichkeit seiner Frau möglicherweise als Grund für eine Inhaftierung im Zuchthaus nicht ausgereicht hätte, versuchte der Feldwebel den Provisoren die Verwahrung seiner Frau dadurch schmackhaft zu machen, daß er darauf hinwies, sie verstünde "(...) gute arbeit zu machen (...)."[95] Gegen fremde Bettler hingegen, die kein Aufenthaltsrecht in der Stadt genossen, wurde das Zuchthaus als Drohmittel gebraucht. Einer 30-jährigen Bettlerin aus Mainz mit Namen Minner, die in Köln als Dienstmagd gearbeitet hatte, wurde anläßlich ihrer zwangsweisen Vertreibung aus der Stadt bedeutet, wenn sie es wagte,

zwölfjährigen Sohn der Ehefrau Lövenichs, der sich weigerte zu arbeiten und das Stehlen angefangen habe, mußte man in der Schule zu Sankt Aposteln auf dem Stuhl festbinden, damit ihn der Verwalter des Zuchthauses dort abholen konnte. HAStK Armenverwaltung, ZUAH Archivkasten 76, Nr. 59, Protokoll vom 18.8.1768. Im Sommer 1768 lebten "(...) bereits 54 theyls elternlose Theyls gantz verarmbte Buben, so anders nicht als durch straßen bettelen ihr stück brodts zu sammlen gewohnt waren,(...)" im ZUAH und wurden dort nicht "(...) allein zur arbeit angehalten (...), sondern auch zur christlichen Lebensführung ermutigt." HAStK ZUAH Archivkasten 76, Nr. 59, Brief des Verwalters Schmitz an die Provisoren vom 12.10.1768.

93 HAStK, ZUAH Archivkasten 76, Nr. 59, Protokoll vom 15.10.1768.

94 "auf fußfälliges bitten vom löbl. gewaltgericht am 5t. januar letzthin auf ein jahr zum zuchthaus condemnirten Johan Lintzenich, gestaltsam Ihn dermahlen zu entlaßen, weilen Er itzo sein brod für den winter mitverdienen müße, allenfaß auch für inskünftig seine Kundschaften verlieren thäte. Resolut(um) Verwalter Schmitz hätte mit dem Capellan Curth zu S. Columba zu sprechen, um des Lintzenichs Ehefr(au) zu vernehmen, ob (sie) ihren Mann wieder annehmen wolte." HAStK ZUAH Archivkasten 76, Nr. 59, Protokoll der Provisoren vom 9.7.1768.

95 HAStK ZUAH Archivkasten 76, Nr. 59, Protokoll vom 21.7.1768. Daß ein Urteil im normalen Einweisungsverfahren wirklich nötig war, zeigt der Fall der Ehefrau Offermanns, die ohne Urteil eingewiesen worden war und deshalb wieder freigesetzt werden mußte. Der zuständige Gewaltrichter wurde wegen dieses Vorfalls ernstlich verwarnt. HAStK ZUAH, Archivkasten 76, Protokoll vom 9.2.1769 und 25.2.1769.

zurückzukommen, würde "(...) sie gleich ins Zuchthaus geführet, (wo sie) mit waßer brod und schläg tractirt werden solle."[96] Geradezu leichtfertig gingen die Provisoren mit Einweisungen um. Es genügte ein Anschwärzen durch einen nahen Verwandten. Daß die Angaben überprüft wurden, ist den Provisorenprotokollen nicht zu entnehmen. Vermutungen, eine Person könne "(...) in böse gesellschaft gerath(en) (...)" reichten zu einer Einweisung.[97]

Eine weitere wichtige Aufgabe hatte das Zucht- und Arbeitshaus für den lokalen Arbeitsmarkt zu erfüllen. Da der Arbeitsmarkt unter den Bedingungen einer stagnierenden, noch von den Auswirkungen des Siebenjährigen Krieges betroffenen Konjunktur sehr unelastisch war und die Herrschaft der Zünfte es zudem recht schwer machte, auf veränderte Absatzbedingungen angemessen zu reagieren, fiel dem Zuchthaus die Aufgabe eines Reservoirs für überschüssige Arbeitskräfte zu, die dann in Zeiten einer anziehenden wirtschaftlichen Aktivität wieder abgerufen werden konnten. So bat der 13 Jahre alte Seidenkratzer Quirin Lummertz um Aufnahme ins Arbeitshaus. Sein Arbeitgeber, der Seidenfabrikant Brunninghausen auf der Hohen Pforte, bei dem er jährlich 12 Taler verdiene, habe "(...) nit Viel arbeit mehr vorräthig (...)." Ihm wurde beschieden, er könne einstweilen im Zuchthaus unterkommen und dort arbeiten, aber nicht als Seidenkratzer. Es wären im Zuchthaus "(...) mehrere fabriquen (...)" geplant, bei denen er später arbeiten könnte. Angenommen wurde auch der sehr arbeitswillige Bub der Eheleute Wilhelm Beckers, der als Spinner arbeitete und täglich zwei Pfund Garn spinnen konnte. Da er bei keinem Meister unterkommen konnte, baten die Eltern des Dreizehnjährigen um Aufnahme im Zuchthaus.[98] Arme Familien, die ihre Kinder nicht mehr durchbringen konnten, erschienen vor den Provisoren und baten um Einlieferung ihres Nachwuchses. Das Haus war aber 1768 schon so mit Kindern überfüllt, daß man keine mehr aufnehmen konnte.[99]

Eltern, die ihre Kinder nicht zur Arbeit anhielten, wurden durch die Zuchtknechte des Zuchthauses ermahnt, wie der Friedrich Palm. Seine beiden Söhne, "(...) deren einer mit dem rad zu schlagen und sonsten liederlichen Kunststücken, der andere aber mit blumen sträußgen denen leuten auf der gaßen beschwährlich fallet, (habe er) zur

96 HAStK ZUAH Archivkasten 76, Nr. 59, Protokoll vom 21.7.1768. Vergl. auch den Fall der Agnes Cronenburg, die in Honnef aus dem Arrest entkommen war und des Wilhelm Niessen, die beide als fremde Bettler binnen dreier Tage aus der Stadt gewiesen wurden, "(...) mit der warnung, daß (sie), falß nach diesen 3en tagen, wie auch sonsten über kurz oder lang, in der statt betrofen würden,gleich in das Zuchthaus geführet, allda täglich mit waßer und brod gespeiset, mit schläg tractiret und respec. zum trass klopfen angehalten werden solten." HAStK ZUAH Archivkasten 76, Nr. 59, Protokoll vom 18.8.1768.

97 Fall des Löhr, der durch seinen Bruder denunziert wurde, weil er des nachts wegbleibe und es zu befürchten stände, er könne in schlechten Umgang kommen. HAStK ZUAH Archivkasten 76, Nr. 59, Protokoll vom 21.7.1768.

98 Fall Lummertz: HAStK ZUAH Archivkasten 76, Nr. 59, Protokoll vom 4.8.1768, Fall Beckers: Ebda., Protokoll vom 18.8.1768.

99 HAStK ZUAH Archivkasten 76, Nr. 59, Protokoll vom 4.8.1768, Fall der Frau Seyler und ihres achtjährigen Knaben.

arbeit anzusetzen wiedrigens hätte (er) zu gewärtigen, daß sie ins Zuchthaus genohmen, und mit ihnen nach Verdiensten verfahren werden solte." Schlecht bekam dem 17-jährigen Sohn des Zimmermanns Modestus Spies sein wochenlanges Herumstreunen in der Stadt. Auf Grund eines Testats des Pastors von St. Brigida in der Rheinvorstadt wurde er ins Zuchthaus überstellt, wo er beim Traßklopfen überlegen sollte, bei welchem Meister er in die Lehre gehen wollte.[100]

Gelegentlich hatte das Zucht- und Arbeitshaus auch die Funktion eines Alters- oder Krankenheimes zu erfüllen, wie etwa im Falle der Einliegerin des Johann Wilhelm Heiden, der an ihrer Stelle um ihre Aufnahme im Zuchthaus bat. Heiden, der sich selbst durch Betteln ernähren mußte, konnte sich nach dem Tode seiner Frau um die an der "französischen Krankheit" erkrankte Beiwohnerin nicht mehr kümmern. Daß die Provisoren sich für das Schicksal der Frau in gewisser Weise verantwortlich fühlten, läßt sich aus der Tatsache ersehen, daß sie Heidens Bitte nicht einfach abschlugen, sondern sich verpflichteten, die Arznei- und Pflegekosten der Kranken zu übernehmen.[101]

Aus dem Zuchthaus kam man nicht so leicht heraus, wie man hineinkam. Die sicherste und schnellste Methode, die Anstalt zu verlassen, war die Flucht. Der andere, legale Weg führte über eine Petition beim Bürgermeister, die dann vom Kaplan oder vom zuständigen Pfarrer unterstützt werden mußte, in die Freiheit.[102]

Der Sohn des Ehepaars Tilmann z.B. war auf Wunsch der Eltern ins Zucht- und Arbeitshaus gekommen. Die Mutter - ob aus Sorge um ihr Kind oder weil ihr die Arbeitskraft des Sohnes im Hause fehlte, läßt sich nicht sagen - war nach einer Weile mit der Abwesenheit des Sohnes überhaupt nicht mehr einverstanden.

> auf ansehen Ehefr. Tilman, um ihren Sohn aus den arbeits haus wieder zu haben, besonders weilen sie niemand hätte, so ihr waßer oder sonsten was hohlen könte, ihr Mann seye ein Schürger, und könte ihr Sohn damit auch sein Brodt verdienen(,) resolut(um): fiat (...) hätte (sie) sich zu hüten, daß er nicht auf der gaßen mit Spilengehen gefunden würde, wo Er sonsten in(s) Zuchthaus gebracht und gezüchtiget werd(en) solte.[103]

Erstaunlich reichhaltig für eine Institution, deren erklärtes Ziel es war zu züchtigen und zur Arbeit anzuhalten, nahm sich der Speiseplan des Zucht- und Arbeitshauses aus, zumindest in den Jahren unmittelbar nach seiner Eröffnung. In den Jahren 1769 bis 1771 ist die Verpflegung der Züchtlinge geradezu opulent zu nennen, gemessen an dem, was in anderen deutschen Zuchthäusern an Nahrung gereicht

100 Zu Palm: HAStK ZUAH Archivkasten 76, Nr. 59, Protokoll vom 18.8.1768. Zu Spies: Ebda.

101 HAStK ZUAH, Archivkasten 76, Nr. 59, Protokoll vom 17.5.1770.

102 Der Züchtling Breidenbach konnte entkommen, nachdem er seine "(...) Kette mit einem stein in stücken geschlagen und fortgelofen (...)" war. Er suchte Asyl bei den Discalceatenbrüdern, die aber anboten, ihn auszuliefern. HAStK ZUAH, Archivkasten 76, Nr. 59, Protokoll vom 19.1.1769. Der Züchtling Lintzenich hingegen wurde am 21.7. 1768 nach einem Gespräch des Bürgermeisters von Mylius mit dem Kaplan von Sankt Kolumba und nachdem er Besserung gelobt hatte, entlassen. HAStK ZUAH Archivkasten 76, Nr. 59, Protokoll vom 21.7.1768.

103 HAStK ZUAH Archivkasten 76, Nr. 59, Protokoll vom 15.10.1768.

wurde, und an dem, was sich Hausarme in dieser Zeit leisten konnten. Leider ist es recht schwierig, den vollständigen Verbrauch an Lebensmitteln in dieser Zeit festzustellen, da genaue Angaben über die Größe der Belegschaft fehlen. Die hier genannten Zahlen stellen eine vorsichtige Schätzung dar, die die Anzahl der Insassen eher zu hoch ansetzt als zu niedrig. Bekannt ist lediglich, daß im Sommer 1768 bereits 54 Knaben im ZUAH lebten, wozu noch einige erwachsene Insassen und das Personal gerechnet werden müssen, so daß man von maximal 100 Personen auszugehen hat. An diese 100 Personen wurden im Zeitraum vom 3. Januar bis zum 13. Dezember 1770, also binnen eines Jahres 11245 Pfund Fleisch ausgegeben. Ergänzt wurde diese großzügige Fleischration von Butter und Milch, die man von im Hause gehaltenen Milchkühen erhielt. Grünes Gemüse (Wirsing, Möhren, Rüben und Kartoffeln) wurde während des ganzen Jahres mit Ausnahme der Monate Januar bis März gereicht. Relativ gering war der Anteil des Brotgetreides am Gesamtumfang der verabreichten Nahrung (Tab. 2.4). Nicht berechnet werden konnte der Brennwertanteil von Hülsenfrüchten und grünem Gemüse, doch müssen diese erheblich gewesen sein. Das Rechnungsbuch des Ökonomen weist für den Zeitraum Januar bis Dezember 1770 55 mal den Posten grünes Gemüse auf, wobei die eingekauften Mengen eher im Bereich ganzer Wagenladungen lagen. Mitsamt diesen Lieferungen muß der Tagessatz der Insassen deutlich über 2000 Kcal gelegen haben, wobei die Milchrationen der hauseigenen Kühe noch nicht berücksichtigt sind. Von einer willentlichen Einschränkung der Lebensmittelrationen der Insassen zum Zwecke der Disziplinierung, wie sie für andere deutsche Städte des 18. Jahrhunderts von Hannes Stekl festgestellt worden ist, kann im Kölner Zucht- und Arbeitshaus nicht die Rede sein. Der Grund für diese Abweichung von der anderorten gültigen Sparpolitik bei Lebensmitteln lag wohl darin, daß das Kölner Zuchthaus in der frühen Zeit eine Anstalt war, in der Arme, durchaus mit Billigung der Behörden, auch freiwillig um Aufnahme ersuchten und in die Zöglinge eingewiesen wurden, für die ein, teilweise nicht unerhebliches, Kostgeld gezahlt wurde. Der mögliche Ruf des Zuchthauses als Stätte des Hungers hätte dieser Politik Abbruch getan.[104] Es folgt aus dieser Einschätzung der Dinge, daß es offenbar dem Ruf eines Menschen nicht schadete, daß er im Zuchthaus eingesessen hatte. Jedenfalls finden sich in den Quellen keine Hinweise darauf, daß Züchtlinge nach ihrer Entlassung aus dem Zuchthaus in irgendeiner Weise diskriminiert worden wären.

104 Zur Insassenzahl HAStK ZUAH Archivkasten 76, Nr. 59, Brief des Ökonomen vom 12.10.1768. Berechnung der Brennwerte wie in Anmerkung 52 auf der Basis von HAStK (unerfaßt), ZUAH III, B42. Die Auffindung der dieser Berechnung zugrundeliegenden Quelle verdanke ich den Archivaren des Historischen Archivs der Stadt Köln, die mir den bisher unerschlossenen Bestand der Kölner Armenverwaltung zugänglich machten. Eine Quellenangabe kann deshalb hier auch nur vorbehaltlich einer Erfassung dieses Materials durch das HAStK erfolgen. Hannes Stekl, "Labore et fame" - Sozialdisziplinierung in Zucht-und Arbeitshäusern des 17. und 18. Jahrhunderts, in: Sachße; Tennstedt, Soziale Sicherheit, S. 119 - 147, hier S. 139 - 142.

2.2.2.2 Das Zucht- und Arbeitshaus während der französischen Zeit

Bis zum Jahre 1800 blieb das Zucht- und Arbeitshaus mitsamt der ihm angeschlossenen Manufaktur im ehemaligen Nuntiaturgebäude an der Ecke Waisenhausgasse und Perlengraben bestehen. Im Jahre 1800 wurde die vom Ökonomen des Arbeitshauses betriebene Wollspinnerei aufgelöst und eine von den Gebrüdern Boissereé bewirtschaftete Baumwollspinnerei im ersten Stock des Gebäudes eröffnet. Die Arbeiter des Zucht- und Arbeitshauses fanden bei den Boissereés Anstellung. Etwa 60 Arbeiter konnten hier maximal beschäftigt werden. Diese Zahl schloß auch die anderen arbeitsfähigen Spitalinsassen der Stadt ein, die zum Zwecke der Arbeit in das Arbeitshaus verlegt wurden. 1806 wurde dann im ehemaligen Minoritenkloster der Nachfolger des Arbeitshauses angelegt, das Atelier de Charité, während das seit 1599 im Jesuitenkolleg befindliche Waisenhaus im Zuge der allgemeinen Umorganisation der Hospitäler in das Gebäude des bisherigen Zucht- und Arbeitshauses in der Waisenhausgasse verlegt wurde. Analog zum Arbeitshaus auf dem Holzmarkt, in dem in französischer Zeit überwiegend Frauen untergekommen waren, lebten während der französischen Zeit im *Atelier de Charité*, wie es auch genannt wurde, fast ausschließlich Männer. Bestehen blieb die räumliche und organisatorische Einheit von Zuchthaus als Gefängnis und Arbeitshaus, wiewohl auch der Hospizienkommission bewußt war, daß diese Form der Kooperation zwischen zwei in ihrem Charakter so unterschiedlichen Institutionen nicht erwünscht war.[105]

Dem Zuchthaus angeschlossen war eine Wollspinnerei, deren potentieller Profit dem Ökonomen Johann Peter Fischer zugute kommen sollte. Für die Verpflegung der Insassen zuständig war derselbe Ökonom, der allerdings die dazu nötigen Mittel, Naturalspenden und Geld, von der Stadtverwaltung bzw. vom Bureau de Bienfaisance angewiesen bekam. Dies führte nach den schon diskutierten Schwierigkeiten der Institutionen der Armenhilfe als Rechtsnachfolgern der milden Stiftungen im Zusammenhang mit der Aufhebung der kirchlichen Orden und Bruderschaften und der Säkularisation zu finanziellen Problemen, deren Folge der Zusammenbruch der Verpflegung der Anstaltsinsassen war. Kurz vor und unmittelbar nach der Verlegung des Zucht- und Arbeitshauses ins Minoritenkloster machten die Züchtlinge eine äußerst schwierige Phase durch, in der sie zu großen Teilen hungerten oder fehlernährt wurden, weil die Hospizienkommission die nötige Unterstützung nicht anwies und der Ökonom die fehlenden Summen nicht vorstrecken konnte oder wollte.

Hintergrund der ab 1798 einsetzenden Finanzmisere des Zuchthauses war der Rückgang der Einnahmen aus dem Hauszins, die dem Zuchthaus zugute kommen sollten. Natürlich fielen unbeschadet einer anderen Form der Finanzierung nach der Umorganisation der Stadtverwaltung als Munizipalverwaltung zunächst auch einmal

105 Clemen, Die Kunstdenkmäler, Bd. 7/III, S. 378. Zitat aus HAStK FV 6828, Anhang zu "Etat de Situation des Revenus fixes & variables (...)" vom 19 Floréal an 7 (8.5.1799) des Ökonomen Johann Peter Fischer und der Mitglieder der Hospizienkommission. Es sollten allerdings noch Jahre ins Land gehen, bis geeignete Gefängnisbauten die Trennung der "Kriminellen" von den "Armen" erlaubten.

die für das Zuchthaus lebensnotwendigen Offiziantendiäten weg. Zusätzlich belasteten die Kontributionen der Franzosen die verpachteten Landgüter des Zuchthauses über die Maßen, so daß Rentzahlungen auf dieses Land nur zögernd eingingen.[106] Zudem waren die Umsätze der Wollspinnerei des Zuchthauses ab 1797 gefallen, so daß Fischer auch nicht hoffen konnte, die Fehlbeträge aus den Gewinnen der angeschlossenen Betriebe herauswirtschaften zu können.[107] Ein Tropfen auf den heißen Stein war die Aufnahme von zahlungskräftigen Kostgängern, die von Verwandten oder Paten ins Zuchthaus überstellt wurden und deren Zustrom durch den Ökonomen gezielt gefördert wurde.[108] Bei einem anfangs ausgeglichenen Budget geriet die Finanzierung des Hauses im Laufe des Jahres 7 (1798/99) immer mehr aus den Fugen (Tab. 2.5).[109] Fast ein Drittel des normalen Einkommens war weggefallen. Dabei mußten mit den beschränkten Mitteln in diesem Jahr nur 22 Insassen verpflegt und versorgt werden, wozu noch vier Angestellte hinzugerechnet werden müssen. Die Außenstände beliefen sich 1799 auf 9707.50 FF. Bei derartiger Geldknappheit blieb natürlich nicht aus, daß das Zuchthaus selbst auch Geld schuldig blieb, wobei sich der Schuldenberg mit 1947.30 FF noch ganz mäßig ausnahm.[110] Noch im gleichen Jahr jedoch begann die Zahl der Insassen zu steigen, vermutlich deshalb, weil die Stadtverwaltung und die Hospizienkommission daran gingen, vermehrt Jugendliche aus armen Familien, sofern sie arbeitsfähig waren, im Zucht- und Arbeitshaus zu konzentrieren. Am 30.11.1799 hatte Ökonom Fischer schon 41 Personen zu versorgen. Da die Geldmittel schnell erschöpft waren, belieferte die Stadtverwaltung das Zuchthaus alle fünf Tage mit 82 Fünfpfundbroten, d.h. jedem Insassen standen pro Tag zwei Pfund Roggenbrot zu. Ökonom Fischer hatte aber von sich aus die ausgegebene Brotmenge herabgesetzt, so daß er nur 850 Gramm Brot am Tag verbrauchte. Bald jedoch sah er ein, daß diese Sparsamkeit negative Folgen hatte, denn er schrieb der Hospizienkommission am 14.12.1799, mit eineinhalb Pfund Brot am Tag würden gerade die jungen starken Leute nicht satt. Er bat die Hospizienkommission um Erhöhung seines Brotdeputats um 24 Brote.[111] Dabei muß man davon ausgehen, daß diese Brotmenge über einige Zeit die einzige Nahrung der Insassen des Zuchthauses darstellte, d. h. die Züchtlinge ernährten sich von rund 1850 Kcal am Tag. Weitaus schlimmer war es, daß diese Nahrung noch nicht einmal 65 Gramm Protein und so gut wie kein Fett enthielt.[112] Daß dies auch für Ökonom Fischer kein

106 Schreiben des Ökonom Johann Peter Fischer an den Präsidenten der Munizipalverwaltung und den Magistrat vom 23.10.1797. HAStK FV 6827/2.

107 Der Umsatz der *Fabrique* betrug 1795 311 Rt. 62 Albus, 1796 77 Rt. 70 Albus, 1797 1090 Rt. 35 Albus, 1798 468 Rt. 67 Albus, 1799 131 Rt. 63 Albus (Einnahmen und Ausgaben). HAStK FV 6827/2.

108 1794 gingen nur 20 Reichstaler an Kostgeldern ein, bei einem Gesamtausgabenvolumen von 2954 Reichstalern und 77 Albus (= 0.6 %). HAStK FV 6827/4. 1797 gingen an Kostgeld immerhin schon 100 Reichstaler 60 Albus ein bei Gesamtaufwendungen für den Haushalt in Höhe von 2423 Reichstalern 32 Albus(= 4.1 %). HAStK FV 6827/6.

109 État de Situation des Revenus fixes & variables de la maison dite Maison des Travaux (...), vom 19 Floréal an 7 (8.5.1799), HAStK FV 6828.

110 Ebda.

111 HAStK FV 6828.

112 Bei 850 Gramm Roggenbrot pro Tag und Person. Vergl. Cremer et al., Die große GU-Nährwert-Tabelle, S. 26.

wünschenswerter Zustand war, beweisen die immer und immer wiederkehrenden eiligen Briefe des Ökonomen, der anmahnte, was alles im Hause fehlte. Am 2.11.1799 ging das Bier aus, am 25.2.1800 fehlten Schmalz, Fleisch, Stroh und Gemüse, Kohlen, Butter, Stockfisch, Öl, Fett, Gerste und Kleidungsstücke.[113] Über den gesamten Zeitraum Oktober 1799 bis Ende August 1800 war Schmalhans im Zucht- und Arbeitshaus Küchenmeister, da die Brotlieferungen der Stadt die einzige Quelle der Versorgung blieben. Am 26.3.1800 ermahnte Fischer die Mitglieder der Hospizienkommission:

> kaufte anfangs des Ventôse 46 (Pfd.) Speck, die auch bald wi(e)der verzährt sind ist allso nichts vorräthig das Gemüß zuzubereiten. Außer ein wenig erbsen ist nichts an trockenem Gemüß als gerst(e) Linsen bohnen vorräthig. mehl öhl Stockfisch fehlen gänzlich.[114]

Und am 22.4.1800 sprach Fischer die Situation noch einmal grundsätzlich an, indem er bemerkte, daß die Insassen im wesentlichen von Gemüse leben müßten, weil kein Geld in der Kasse sei.[115]

Am 24.6.1800 war alles unverändert. “Es kann allso nichts anderes geben als Suppe, hierzu mangelt es aber an mehl,(...)” stellte Fischer resigniert fest. Er konnte nichts mehr vorschießen, da die Kasse leer war, nachdem er einen Kredit hatte zurückzahlen müssen.[116]

Das Zitat dieser Quellenstellen dient nicht nur als Beleg für die akuten Probleme des Ökonomen und der ihn beaufsichtigenden Hospizienkommission, die es in einer Notlage nicht schafften, die Versorgung der Zuchthäusler zu sichern, sondern wirft auch ein Licht auf das, was ein Mann wie Fischer, ein ehemaliger Kirchenvorsteher, der lange Erfahrung in der Arbeit mit Armen hatte, über eine angemessene Versorgung der Zuchthausinsassen dachte. Als Betreiber der dem Zucht- und Arbeitshaus angeschlossenen Betriebe konnte Fischer aus eigener Anschauung beurteilen, was es hieß, wenn die Ernährung der Züchtlinge unzureichend war und ihre Arbeitsleistung deswegen nachließ. Es stand für ihn und für die Hospizienkommission der Stadt Köln außer Frage, was alles zu einer gesunden Ernährung gehörte, und die Liste dieser Nahrungsmittel kann auch vor den Augen eines modernen Ökotrophologen durchaus bestehen.

Im folgenden Jahr wurden die Beschwerden Fischers seltener. Offenbar war das grundsätzliche Problem der Versorgung gelöst, wenn es auch den “(...) armen Pfleggenossen (!...)” an Kleidung mangelte. Man kann also davon ausgehen, daß die ab diesem Zeitpunkt gereichte Nahrung (Tab. 2.6) das normale Quantum darstellte.[117] Hauptproteinlieferant war demnach das Brot, gefolgt von Erbsen und Fleisch.

113 HAStK FV 6828. Am 6 Pluviôse an 8 (26.1.1800) hatte Fischer schon einmal das Fehlen von Fett, Seife, Schweinefleisch und Stroh angemahnt. “daß alle Kinder hembter nöthig, brauch ich nicht mehr zu erinnern. 20 haben auch hosen und westen nöthig, halstücher haben alle hier nöthig.” schrieb er der Hospizienkommission. Ebda.

114 HAStK FV 6828.

115 HAStK FV 6828.

116 4 Messidor an 8, HAStK FV 6828.

117 Schreiben an Hospizienkommission vom 2 Pluviôse an 9 (22.1.1801), HAStK FV 6828. Diese

Sowohl den Brennwert der gereichten Nahrung wie deren Proteingehalt muß man als ausreichend bezeichnen. Wenn diese Mengen in der angegebenen Gewichtung tatsächlich verzehrt worden sind, dann kann man - wie auch schon 1770 - schlechterdings nicht von einer Fehlernährung der Züchtlinge ausgehen. In der Praxis allerdings wurde offenbar differenziert zwischen den "armen Pfleggenossen", wie Fischer die Zuchthäusler nannte, und dem Personal.[118]

Es ist aufschlußreich, daß bei der Bemessung der Nahrung nicht danach unterschieden wurde, weshalb jemand im Zucht- und Arbeitshaus saß. Alle Insassen wurden gleich behandelt, ein Umstand, der bei der Bewertung der Frage, ob hier über Nahrungsvergabe diszipliniert werden sollte, Gewicht haben wird. Fischer bewies zudem mit Verbesserungsvorschlägen namentlich für die Ernährung der Kinder, daß er sehr pflicht- und problembewußt an sein Amt heranging.[119]

2.2.2.3 Die Insassen des Zucht- und Arbeitshauses während der französischen Zeit

Leider wurden die Protokolle des Zucht- und Arbeitshauses nach 1770 sehr nachlässig geführt, so daß es nahezu unmöglich ist, zu einer systematischen Aussage darüber zu kommen, wer und aus welchen Gründen im Zucht- und Arbeitshaus aufgenommen und entlassen wurde. Bei den Insassen, die eine zeitlich begrenzte Strafe abzusitzen hatten, ist es wahrscheinlich, daß sie nach Verbüßung ihrer Zeit ohne weiteres entlassen wurden. Unklar ist es, wie die wegen Ungebührlichkeit oder Bettelns eingelieferten jungen Leute behandelt wurden. Lebten ihre Eltern, so konnten diese wohl einen Antrag auf Entlassung stellen. Bei Waisen oder Findelkindern kann man von einem langjährigen Aufenthalt im Zuchthaus ausgehen.

Erst mit der französischen Zeit wird das verfügbare Material zum Zuchthaus wieder dichter und verläßlicher, eine Folge der für die französischen Verwaltung typischen Tendenz, jedes Detail einer untergeordneten Behörde durch deren Vorgesetzten überprüfen zu lassen. Erstmalig begann man sich Gedanken über die gesund-

Ergebnisse, wie auch schon die der Analyse der im Armenhaus gereichten Nahrung widersprechen der pauschalen These von der Unterernährung in deutschen Zucht- und Arbeitshäusern nachhaltig. Vergl. Sothmann, die den Kaloriengehalt der um 1800 verabreichten Rumfordsuppe auf 660 Kcal veranschlagte. Sothmann, Das Armen-, Arbeits-, Zucht- und Werkhaus, S.210. Man beachte die Bezeichnung der Züchtlinge als Pfleggenossen, die auf das thomistische Ideal der Armenpflege verweist.

118 "Innere Verhältniße des Arbeitshaußes und tägliche Speisungs Art" vom 22 Pluviôse an 9 (11.2.1801), HAStK FV 6828.

119 Die Kinder sollten morgens schon eine Suppe erhalten, an geraden Tagen sollten sie eine Suppe mit Rindfleisch bekommen, an ungeraden Tagen Gemüse mit Beilage, nur an drei Tagen im Monat sollte es Hülsenfrüchte geben. Anstelle von einem viertel Maß Bier sollte ein halbes Maaß verabreicht werden. Das alles zusammen koste nicht mehr als 7.5 Stüber pro Kopf. Es wird allerdings zu fragen sein, ob Fischer die Ernährung der Insassen mit diesen Vorschlägen nicht verschlimmbessert hat. Wie wir gesehen hatten, war Fleisch als Proteinlieferant nicht so wichtig. Weitaus bedeutender waren Erbsen, und wenn diese jetzt nahezu weggelassen wurden, mußte sich die Qualität des Essens dadurch nicht unbedingt verbessern. HAStK FV 6828.

heitliche Verfassung der einsitzenden Zöglinge zu machen.[120] Erstmalig erfahren wir auch etwas über die Zusammensetzung der Insassen und in diesem Zusammenhang auch über Mittel und Wege, das Zuchthaus zu verlassen.

Zunächst einmal fällt auf, daß die typischen Insassen der Frühzeit des Zucht- und Arbeitshauses, die widerspenstigen Ehefrauen, die kleinen Kriminellen und die vagierenden Bettler vollkommen zu fehlen scheinen (Tab. 2.7). Diese Belegschaft setzt sich fast vollständig aus jungen Männern oder Jugendlichen zusammen, die alle arbeitsfähig waren, denn sie alle arbeiteten in der Wollfabrik der beiden Pächter Boisserée. Das Durchschnittsalter der dort tätigen Zöglinge betrug 16.41 Jahre, wodurch sich das Zucht- und Arbeitshaus der französischen Zeit stark von dem der reichsstädtischen Zeit und vom älteren Armenhaus abhob. Das niedrige Durchschnittsalter der Insassen erklärt sich zum einen Teil daraus, daß hier wirklich wieder darauf geachtet wurde, das Zuchthaus seiner eigentlichen Bestimmung, nämlich der Erziehung zur Arbeit, zuzuführen, zum anderen aber daraus, daß einige der Insassen, bei entsprechender Arbeitsleistung und bei Wohlverhalten ins Armenhaus abgegeben wurden, was aus der Sicht der Beteiligten wohl einem Aufstieg und aus der Warte der Verwalter einem Wagnis gleichzusetzen war. So meldete der Ökonom des Zuchthauses, Fischer, im Brumaire Oktober 1799 von dem bisher im Zuchthaus tätigen 14 Jahre alten Reiner Lesome, er sei ins Armenhaus aufgenommen worden, und mit halb erleichtertem, halb ungläubigem Unterton fügte Fischer hinzu, über Lesomes Aufführung dort seien ihm bisher keine Klagen gekommen.[121] Lesome war nicht der einzige Heranwachsende, der ins Armenhaus übernommen wurde. Auch der 14-jährige Johann Grüsgen verließ das Zuchthaus, um dort Aufnahme zu finden, wenig später gefolgt von dem erst zehnjährigen Conrad Weith.[122] Der mit 37 Jahren schon recht alte Johann Elfen verließ das Zuchthaus, in dem er als Wollspinner gearbeitet hatte, am 2.11.1799, um sich seinen Lebensunterhalt künftig außerhalb des Zuchthauses zu verdienen. "er gab an, er hätte eine gelegen heit (!), wo er täglich 10 St(ü)b(er) verdienen könne." Aus ähnlichen Gründen verließ Johann Tilden das Zuchthaus: Er erhielt eine Lehrstelle bei einem Schuster.[123]

Trotz der Jugend der Insassen kam es vermehrt zu Todesfällen unter der Belegschaft. Diese hingen mit großer Wahrscheinlichkeit mit der schwierigen Versorgungslage des Zucht- und Arbeitshauses in der Übergangsphase von 1799/1800 zusammen. In einigen Fällen kam es zum Auftreten von Wassersucht bei sehr jungen

120 HAStK ZUAH Archivkasten 76, Nr.56, No. 501, Gutachten der Ärzte Hensay, Cassel und Brest aus dem Jahre 1800 bis 1801.

121 HAStK ZUAH Archivkasten 76, Nr.56, Protokoll des Ökonom Peter Fischer vom 11 Frimaire an 8 (2.12.1799). 40 bis 50 Personen waren im übrigen die normale Belegung des ZUAH. 1796 lebten im ZUAH 54 Personen, einschließlich des Personals. Der Ökonom Fischer bemerkte, daß bei guten Zeiten 20 bis 30 Personen mehr unterzubringen waren. HAStK FV 6340, Brief des Fischer an die Munizipalverwaltung vom 21.11.1796.

122 HAStK ZUAH Archivkasten 76, Nr.56, Protokoll des Ökonom Peter Fischer vom 11 Frimaire an 8 (2.12.1799).

123 Ebda.; Tilden ging am 25 Fructidor an 8 (12.9.1800). Carl Wiener, ein anderer Insasse, gelang es, am 23 Floréal 8 (13.5.1800) eine Lehrstelle im Schlosserhandwerk zu finden. Ebda. Peter Sinnig lernte seit dem 27 Messidor das Seilspinnerhandwerk. Ebda.

Insassen, wohl nicht als Folge einer Fehlfunktion des Herz-Kreislaufsystems, sondern als Folge von Unterernährung. Diese Annahme wird dadurch gestützt, daß die Kranken neben den üblichen Symptomen der Wassersucht an starkem Durchfall litten. Die betroffenen Hausgenossen, Peter Stierath und Franz Joseph Weyer, lagen mehrere Monate zu Bett und wurden speziell verpflegt.[124] Weyer erholte sich nie wieder und starb am 29.4.1800.[125]

Auf der anderen Seite hatte die Bewegungsfreiheit der Züchtlinge offenbar zugenommen. Es fehlt jeder Verweis auf Zwangsmittel wie Prügelstrafen oder Wegschluß. Die Insassen des Arbeitshauses, die institutionell, wenn auch nicht räumlich, von den Insassen des Zuchthauses getrennt waren, hatten Ausgangstage, an denen sie das Zucht- und Arbeitshaus verlassen durften, und einige von ihnen profitierten von der Liberalität der Verwalter, um sich ohne Entlassungsbescheid für immer zu verabschieden. Der Weggang einiger Hausinsassen nahm um 1800 bedrohliche Formen an, möglicherweise auch eine Folge der völlig unzureichenden Ernährung. Wann immer sich eine Gelegenheit bot, außerhalb des Zuchthauses eine Arbeitsstelle zu bekommen, wurde diese ausgenutzt, so daß sich der Ökonom, der ja auch für den wirtschaftlichen Ertrag der Institution geradezustehen hatte, in einem Brief an die Hospizienkommission über den Unternehmer Boisserée beschwerte, weil der ihm die besten Arbeitskräfte abwarb.[126]

Andere Insassen wußten sich in den Augen der Verwalter so vorteilhaft aufzuführen, daß diese davon ausgingen, die von ihnen verfolgte Integration des Individuums in die Arbeitswelt sei gelungen, weshalb ein Verweilen im Zuchthaus nicht länger erforderlich war und der Betreffende entlassen werden konnte. Das Gremium für eine derartige Beschlußfassung war die in französischer Zeit erstmalig errichtete Munizipalverwaltung und nicht die zuständige Hospizienkommission. So lesen wir in den

124 Ebda, Protokoll vom 29 Frimaire an 8 und vom Pluviôse an 8 (20.12.1799 und Januar/Februar 1800). Es handelte sich wohl um Fälle von Hungerödemen als Folge von Unterernährung oder Falschernährung bei einer kohlehydratreichen und salzigen Kost, die wenig Eiweiß und zu wenig Fette enthielt. Der junge Weyer war so falsch ernährt, daß schon bald starker Durchfall einsetzte und ihn zusätzlich schwächte. "(Weyer...) befindet sich dermalen in sehr mißlichen Umständen, er läßt allen Unflat unter sich, kann nicht allein aus dem bette (!) kommen, es fehlt uns an Leinentücher(n) wie auch an einem, der dem Kinde aufwartet, niemand von den übrigen thut das, kann auch keinen dazu zwingen (...)", schrieb Ökonom Fischer am 1 Floréal an 8.

125 Ebda., Protokoll vom Floréal an 8 (April/Mai 1800).

126 Das Ausgangsrecht der Arbeitshausinsassen ist belegt für das Jahr 1807. Brief des Bureau Central de Bienfaisance an den Adjoint des Bürgermeisters, Coomans, vom 26.5.1807, HAStK FV 6823/24. Zu den Ausbrüchen: Mathias Kuhl verschwand am 6 Fructidor an 8 (24.8.1800) und ging wieder nach Hause. J. Schallenberg überstieg am 18 Thermidor (6.8.1800) die Mauer und floh. August Eichhoff wurde am 23 Thermidor an 8 (11.8.1800) von seiner Mutter abgeholt und kehrte nicht mehr zurück. HAStK ZUAH Archivkasten 76, Nr.56. Ökonom Fischer schrieb am 17 Ventôse an 8 (8.3.1800) anläßlich der wiederholten Austritte aus dem Zuchthaus, "(...) dieser ist schon der sechste auf solche Art aus dem hauß weggegangen, was aber zu der größten Unordnung Anlaß giebt, dringe ich auf Zucht und Ordnung so heißt es gleich, ich will fort gehen, auf solche Art bleiben die nur dem hauß zum last, die gar nichts verdienen, ich bitte also H. Boisserée zu bedeuten, keinem der aus dem Arbeits hauß seine Entlassung begehrt, ferner hin Arbeit zu geben (...)" Ebda.

Beschlußprotokollen der Munizipalverwaltung des Kantons Köln am 26.4.1798, der im Zuchthaus eingesperrte Joseph Körver habe sich ordentlich betragen und sei deshalb in den Schoß seiner Familie zu entlassen.[127] Auch das Entlassungsgesuch des Peter Sinnig, der als 22-jähriger noch das Glück hatte, eine Lehre beim Seilspinner Johann Cöllen antreten zu können, wurde auf diese Art und Weise entschieden.[128]

Wenn auch das Bemühen der Hospizienkommission und des Ökonomen unverkennbar war, das Zucht- und Armenhaus seiner eigentlichen Bestimmung als Anstalt zur Erziehung der Arbeitsunwilligen stärker gerecht zu werden, so war diese Politik doch nicht widerspruchsfrei. So wurden nach wie vor Kinder aufgenommen, die aus verschiedenen Gründen keine Arbeit finden konnten, obwohl es ihnen nicht an Arbeitswillen mangelte. Die Bürgerin Elisabeth Clevers beispielsweise, die den Joseph Alefs, einen elternlosen 12-jährigen Knaben bei sich aufgenommen hatte, "(...) um ihn zu erziehen und bey der handarbeit zu gebrauchen (...)", konnte den Buben nicht länger bei sich behalten, weil sich Handarbeit nicht mehr lohnte. Die Frau bat die Verwalter der Bürgerhospize darum, den Alefs im Zucht- und Arbeitshaus aufzunehmen, da sie sich mit ihren 74 Jahren um ihn nicht kümmern könne.[129]

Neu aufgenommen wurden auch der dreizehnjährige Andreas Kreuth, der erst zehnjährige Conrad Weith und der zwölfjährige Martin Wentzler. Dabei läßt sich behaupten, daß die Mehrzahl der Neuzugänge nicht aus Familien stammte, in denen es Erziehungsprobleme gab, der Aufenthalt im Zuchthaus also der Disziplinierung dienen sollte. Viel häufiger kam es vor, daß die betroffenen Familien einfach zu arm waren, um die Kinder durchzubringen:

Jacques Dillmann, Sohn des verstorbenen Tagelöhners Johann Tillmann (sic), der auf dem großen Griechenmarkt gelebt hatte, war bei seiner Großmutter untergekommen, die ihn aber nicht mehr unterhalten konnte. Ähnlich ging es der Waise Philippe Rahm, der vorher beim Tischler Philippe Bauer untergekommen war. Bauer konnte oder wollte den Jungen nicht mehr durchfüttern und ließ ihn ins Zucht- und Arbeitshaus überweisen.

Anstatt ins Krankenhospiz überstellt zu werden, wie dies die Hospizienkommission beschlossen hatte, wurde der Jean Holdt, Sohn der Faßbinderwitwe Holdt, ins Zuchthaus gesteckt. Ebenfalls um der nackten Not zu entgehen, wurde der Sohn des Strickers Johann Schallenberg vom Thürmchenswall eingewiesen.

Als der Vater des Anton Hahn aus Nackenburg auf der rechten Rheinseite sich erneut verheiratete, mußte Anton das väterliche Haus verlassen und fand vorübergehende Aufnahme beim Faßbinder Wilhelm Lenartz in Köln. Als der ihn nicht mehr brauchen konnte, wurde Anton Hahn, trotz seiner auswärtigen Herkunft, ins Zuchthaus überstellt.[130]

127 Ebda., "Auszug aus dem Register der Berathschlagungen der Munizipalverwaltung des Kantons Köln". Sitzung vom 7ten Floréal 6ten Jahres der Republik (26.4.1798).

128 Brief des Ökonomen Peter Fischer an die Verwaltungskommission der Bürgerhospitäler vom 26 Messidor an 8 (15.7.1800), ebda.

129 HAStK ZUAH Archivkasten 76, Nr.56, Protokoll vom 19 Ventôse an 7 (9.3.1799).

130 Im Zeitraum Vendémiaire an 8 bis Brumaire an 9 (September 1799 bis Oktober 1800) verzeich-

Auch im Jahre 1800 gab es Eltern, die die Erziehungsprobleme mit ihren halbwüchsigen Söhnen zum Anlaß nahmen, diese ins Zuchthaus aufnehmen zu lassen. Polizeikommissar Orban, als fleißiger Schreiber von Armutszeugnissen bekannt, kümmerte sich auch um Familien mit schwererziehbaren Buben. Er schrieb der Hospizienkommission im November/Dezember 1800:

> (...) der heinrich Busch dermahlen 13. jahr alt Sohn des joan busch wohnhaft in der goldgaß No 2440, hat sich seit einiger Zeit so dem Willen seiner Elteren zuwider betragen, daß dieselbe(n) sich genöthigt sahen, in einsweilen aufs Dépôt hinbringen zu laßen, denn derselbe entliefe sehr oft, und verkauf(t)e die von seinen Elteren ihm gegebenen Kleider, verzehrte das dafür empfangene geld und entzoge sich aller arbeit,(...) [131]

Die Eltern baten um Aufnahme ihres Sohnes ins Zuchthaus "(...) auf ein oder zwey jahr (...)". Die Hospizienkommission verfügte, dem Wunsch der Eltern und des wackeren Polizisten entsprechend, noch im gleichen Monat die Einweisung des Henri Busch ins Zuchthaus, mit der vielsagenden Begründung, es sei "(...) de l'interêt de la Societé d'arracher ledit jeune homme à la Séduction & de corriger tant qu'il est possible, par des occupations convenables à son age, les vices qu'il a contracté, afin de prévenir des écarts plus dangereux qu'il pourrait faire dans la Suite;(...)" Die offensichtliche Unfähigkeit der Eltern Busch, ihren Sohn richtig zu erziehen, sahen die Hospizienverwalter in der Armut der Familie begründet, ein interessanter Gedankengang, der zeigt, daß sich die zuständigen Mitarbeiter der Hospizienkommission über die Ursachen derartigen "Fehlverhaltens" Gedanken machten.[132]

Ähnlich gelagert war der Fall des dreizehnjährigen Engelbert, Sohn der Witwe Anna Maria Westerhausen, die dem Polizeikommissar Brocken ihr Leid klagte. Frau Westermann gab zu Protokoll, ihr Sohn habe ihr vor allen Nachbarn erklärt,

> (...) daß er nicht arbeiten will, und lieber am Galgen verdrocknen will, als arbeiten zu wollen. Es ist mir empfindlich genug, daß ich es sagen muß, daß ich nichts anderes als boßheiten und niederträchtiges von ihm zu erwarten habe, sofern er in freiheit gesetz(t) würde. Dan ist er mir im vorigen jahre schon einmal fortgeloffen und ist ohne zu arbeiten wie ein bösewicht neun monat herumgeloffen, und gegenwärtig wünscht er nichts anderes als daß nemliche tuhn zu können. (Sie hat ihn schon vor Gericht angezeigt...,) allein zu meiner größten bestürzung vernehme ich, daß er als minderjähriger nicht nach den gesetzen auf lange zeit zu bestrafen ist.

Das verwerfliche Verhalten des Engelbert Westerhausen wurde durch die Nachbarn bezeugt und brachte dem jungen Mann die Einlieferung ins Zuchthaus ein.[133]

Daß das Zucht- und Arbeitshaus auch im späten 18. Jahrhundert als allgemeines

nete das ZUAH neun Zugänge. Bei einer Belegschaftszahl von 35 Zöglingen (Stand im Brumaire an 9 entspricht das einer Fluktuation von rund 25 %. Alle zitierten Fälle finden sich in HAStK, ZUAH Archivkasten 76, Nr. 56.

131 HAStK , ZUAH Archivkasten 76, Nr. 56, Brief Orbans vom (?) Frimaire an 9.

132 Die Eltern des Busch waren wahrscheinlich Blumenverkäufer. HAStK Adreßbuch 1797. Entscheidung der Hospizienkommission vom (?) Frimaire an 9, HAStK, ZUAH Archivkasten 76, Nr. 56.

133 HAStK FV 6823/24, Protokolle vom 23 Vendémiaire an 7.

Disziplinierungsinstrument im weitesten Sinne verstanden wurde, wird durch den kuriosen Fall eines Geistesgestörten erläutert, der am 14.10.1798 eingeliefert worden war. Der aus Köln gebürtige Franz Caspar Sensenschmied, der wohl Lehrer zu Neuenhof gewesen war, wurde des Nachts von einer Patrouille der Bürgerwehr bewußtlos auf der Straße gefunden. Trotz seiner geistigen Verwirrung brachte es Sensenschmied fertig, den ihn verhörenden städtischen Funktionsträgern klarzumachen, daß er gerne arbeiten wolle. Also wurde er ins Zuchthaus überstellt. Nach einem dreiviertel Jahr war aus verständlichen Gründen keinerlei Besserung im Verhalten des bedauernswerten Menschen eingetreten. Der Ökonom des Zuchthauses wandte sich am 27.7.1799 in einem Brief an die Verwaltungskommission der bürgerlichen Spitäler und schilderte den Fall des Sensenschmied.[134] Man habe erfolglos versucht, ihm die “Grillen” durch Arbeit auszutreiben; deswegen bleibe jetzt nur die Einweisung ins städtische Narrenhaus. Ebenfalls aus der Reihe fällt der Fall der Ehefrau des Bürgers Hermann Bloarts, die ins Zuchthaus eingewiesen werden sollte, weil sie angeblich irre war. Der die Einweisung betreibende Ehemann konnte seinen Antrag durch drei Zeugen und die Aussage des Pastors von St. Aposteln stützen. Die städtischen Beamten des zuständigen ersten Bureau der Verwaltung blieben dennoch skeptisch, weil ihnen die offensichtlich gar nicht verwirrt wirkende Frau Bloarts ihre Version der Geschichte erzählt hatte. “Elle se avance, que son mari ayant loyé une femme chez lui, elle a semé la zizanie dans son interieur.” Laut Beschluß der Stadtverwaltung blieb Frau Bloarts auf freiem Fuß. Familienstreitigkeiten waren wohl auch der Grund für die Einlieferung der Anne Catherine Wolfs, die auf Betreiben ihrer Schwester ins Arbeitshaus geworfen wurde.[135]

Diszipliniert werden mußte auch die Witwe Catharina Greiß, geborene Hehnenkamm, die man schon viermal ins Zuchthaus hatte einliefern lassen. Sie wurde nicht

134 Vorgeschichte des Falles in HAStK FV 6823/24. Protokoll des fünften Bureaus (Öffentliche Arbeiten) vom 23 Vendémiare an 7. Einweisung am gleichen Tag. Zitat vom 9 Thermidor an 7, HAStK Armenverwaltung, ZUAH Archivkasten 76, Nr. 56. Dies war beileibe kein Einzelfall. Laut Beschluß der Munizipalverwaltung vom 3 Messidor an 6 wurde der “(...) seiner Vernunft beraubte bürger Henrich Emmgen (...)” ins Arbeitshaus aufgenommen. Emmgen hatte sich “(...) in seinem Wahnsinn täglich auf den Straßen allerlei ausschweifungen (...)” hingegeben. Ebda.

135 Zum Ehepaar Bloarts HAStK FV 6823/24. Gesuch des Bloarts vom 14.4.1798, Entscheid der Stadt vom 21 Floréal an 6 (10.5.1799). Schon vor der französischen Zeit hatte es in Köln Einrichtungen zur Versorgung der Geistesgestörten gegeben. Diese Institutionen, die sogenannten “dolhuißgen” waren im Spital St. Revilien untergebracht und wurden aus Stiftungsmitteln finanziert. Irsigler; Lassotta, Bettler und Gaukler, S. 90 f. Anne Catherine Wolfs hatte im Haushalt ihrer älteren Schwester Aufnahme gefunden und hatte ohne Entgelt für sie als Spitzenklöpplerin gearbeitet. Als sie zwanzig Jahre alt war, zog sie aus und nahm als Entlohnung für ihre Arbeit einige Spitzen mit. Ihre Schwester betrieb ihre Einlieferung ins Arbeitshaus. “(...) un jour à mon plus grand étonnement l'on vient m'arracher de mon Etablissement et me Conduire dans la Maison de Correction, sans jougement (!), sans sentence et Condamnation, provisoirement.” Das war am 23.3.1798. Am 11.7.1798, also knapp vier Monate später, ließ Frau Wolfs von einer dritten Person obigen Brief aufsetzen. Sie selbst war Analphabetin und unterzeichnete mit “X”. HAStK FV 6823/24.

der Faulheit bezichtigt, hatte aber ein "liederliches" Leben geführt, von dem sie nicht hatte ablassen wollen.[136]

Seltener als früher baten "freie Arbeiter" um Aufnahme ins Arbeitshaus, wenn sie mit ihrer Hände Arbeit ihren Lebensunterhalt nicht mehr decken konnten. Am 1.8.1799 schrieb das Mitglied der Munizipalverwaltung Weyer dem Ökonomen Fischer in der Angelegenheit des Eberhard Hermans, der "(...) uns erklärt hat, er wunschte in hiesigem Arbeitshause, aus mangel (an) Beschäftigung (zu) arbeiten um sich unterhalten zu können (...)".[137] Der Ökonom wurde angewiesen, den Hermans aufzunehmen, "(...) denselben als freien Arbeiter zu empfangen, ihm angemeßen Arbeit gegen bestimmten Lohn anzuweisen, und solchen als als (!) nicht Gefangenen zu behandlen."[138] Der Umstand, daß die Munizipalverwaltung dem Ökonom Fischer derartig präzise Anweisungen gab, wie mit Hermans zu verfahren sei, verweist schon auf den Ausnahmecharakter des Aufnahmegesuchs. Der freie Arbeiter Hermans hielt es denn auch nicht lange im Zuchthaus aus, obwohl er bevorzugt behandelt wurde. Nach mehreren Fällen von Sabotage wurde er von Ökonom Fischer zur Rede gestellt und kam seiner drohenden Entlassung aus dem Zuchthaus durch die Flucht am 10.8.1799 zuvor, also ganze neun Tage nach seiner Aufnahme.[139] Die Entlassung von Hermans war nicht nur eine Frage des ökonomischen Schadens, den dieser in der Wollspinnerei des Zuchthauses anrichtete, sondern auch notwendig, weil er durch seinen fehlenden Arbeitswillen den übrigen Insassen des Hauses ein schlechtes Beispiel bot.[140]

Ein Auffangbecken für sozial Schwache bot das Zuchthaus aber auch bei Familien, deren Hauptermährer eine Gefängnisstrafe abzusitzen hatte. In diesen Fällen konnte die Einweisung der Familienangehörigen ins Zuchthaus verfügt werden. Das führte dazu, daß sowohl die die Strafe absitzenden Ehemänner wie auch deren Familien in ein und dem gleichen Gebäude lebten, die Männer als Strafgefangene, die Familie als Züchtlinge, die außerhalb des Zuchthauses wahrscheinlich verhungert wären.[141]

136 HAStK FV 6823/24, Schreiben des Theodor Huppertz, Kaplan an St. Kolumba, vom 25.7.1798.

137 HAStK ZUAH Archivkasten 76, Nr. 56.

138 HAStK ZUAH Archivkasten 76, Nr. 56.

139 Fischer wollte einer Beschwerde des Hermans bei der Hospizienverwaltung zuvorkommen und schrieb am 28 Thermidor an 7: "Nachdem ich ihn auf dem Fabrique Winkel mit herben Worten bestrafet, weil er ein sehr stinkendes Zeug an die Wolle geschmieret, daß sich niemand auf der Arbeitsstube aufhalten konnte, kurz zuvor hatte er ein Huhn durch einen Strick erwürget, und ein zweites schon auf die nämliche Art gebunden, und so jeden Augenblick neu(e)n Auftritt, kaufte täglich sich sachen, keiner wuste wo er ans Geld kame, sollte allso besagter Hermans mich (...) verklagen wollen, so bitte ihn mit seiner klage zurück zu weisen. (...)" HAStK ZUAH Archivkasten 76, Nr. 56.

140 In einem anderen Fall von freiwilliger Aufnahme wurde Jean Joseph Curten ins ZUAH überstellt. Seine Frau, die ihn verlassen hatte, und sein Vater baten um seine Einlieferung, um die auch Curten selbst durch eine schriftliche Erklärung ersuchte, "(...) besonders, da ich von meiner Ehefrau sowohl als auch von meinen Eltern verlassen bin,(...)". HAStK FV 6823/24, 19. Frimaire an 7 (9.12.1798).

141 So schrieb die Zentralverwaltung des DdlR der Munizipalverwaltung des Kantons Köln am 29 Frimaire an 8 (20.12.1799):"Le Citoyen Papé président du Tribunal criminel de ce Département nous informe, Citoyens, que les nommés Henri et Jean Henrichs ayant été condamnés à six Ans

Es ist sehr zweifelhaft, ob das Zucht- und Arbeitshaus die von ihm geweckten Hoffnungen auf Disziplinierung des "Pöbels" zur Arbeit erfüllen konnte, wenn aus wirtschaftlichen Gründen gerade den besten Arbeitern der Weggang aus dem Haus erschwert wurde oder wenn versucht wurde, gute Handwerker durch willkürliche Verlängerung ihrer Zeit im Zuchthaus zu halten. Kein Wunder also, daß solche Insassen an Flucht dachten und diese bei der ersten Gelegenheit auch realisierten.

Der aus Konstanz gebürtige Mendel entwich aus dem Kölner Arbeitshaus, nicht aber um sein altes Vagantenleben wieder aufzunehmen, sondern, um sich Arbeit zu suchen. Er fand sie in Mülheim auf dem rechten Rheinufer als Schreiner bei einem Meister, der von Mendels Geschick und Arbeitswillen so angetan war, daß er, nach Mendels Verhaftung und Wiedereinlieferung ins Zuchthaus, bereit war, eine Kaution zu stellen, um seinen Mitarbeiter nicht zu verlieren. Mendel wurde freigelassen.[142]

Die Widersprüche zwischen dem Anspruch der Institution auf "Besserung" seiner Insassen und dem verständlichen Interesse des Pächters der ihr angeschlossenen Werkstätten, möglichst hohen Profit zu erzielen, konnten nur auf Kosten der Insassen gelöst werden. Um den frühen Weggang der "sozialisierten" bei gleichzeitigem Verbleib der wenig motivierten oder arbeitsunfähigen Züchtlinge zu unterbinden, mußte das pädagogische Ziel der Erziehung zur Arbeit auf dem Altar der wirtschaftlichen Ertragfähigkeit geopfert werden. Die erste Folge war ein Zwangssystem, das die zu Anfang der französischen Zeit bestehenden Freiheiten der Delinquenten weitgehend zunichte machte. Dabei muß es als Konsequenz dieser Verschärfung zu einer rechtlichen und institutionellen Abtrennung der Insassen des Zucht- und Arbeitshauses vom Rest der Gesellschaft gekommen sein, denn nur so konnten die wirtschaftlichen Interessen des Pächters durchgesetzt werden. Städtische Behörden, namentlich die Polizei, denen man während der Republik und unter dem Konsulat noch ein gewisses Wohlwollen hatte unterstellen können, wurden so unter den geänderten Rahmenbedingungen der Monarchie zu Vollstreckungsorganen der privaten Interessen eines Unternehmers, dem das Los der eingelieferten Züchtlinge wenig am Herzen lag.[143]

de Détention, leurs Epouses, pressées par les grands besoins se sont rendu chez lui, avec leurs Enfans et demandent instamment d'etre renfermées près de leurs maris, Seul moyen de se Soustraire aux rigueurs de la faim;(...)." Die Aufnahme der Frauen ins ZUAH wurde nur deshalb verweigert, weil die Frauen nicht aus Köln stammten und an die zuständigen Kantonsarmenhäuser ihrer Heimatgemeinden verwiesen werden konnten. HAStK FV 6823/24.

142 Schreiben des Polizeikommissars Brocken an die Munizipalverwaltung vom 23 Prairial an 6 (11.6.1798), in dem Brocken selbst, der Mendel in der Kölner Abtei St. Pantaleon festgenommen hatte, um die Freisetzung des geläuterten Mendel bat. HAStK FV 6823/24.

143 Am klarsten formuliert ist diese Veränderung in den Akten des in späterer Zeit neugegründeten *Atelier de Charité*, dem Nachfolger des Zucht- und Arbeitshauses. Das *Bureau Central de Bienfaisance* registrierte die Verschiebung der offiziellen Politik zugunsten des Unternehmers im Arbeitshaus durchaus, wie aus dem folgenden Schreiben an den Maire der Stadt, von Wittgenstein, hervorgeht. "D'après notre contrat, passé avec Mr. Schmitz relativement à l'atelier de Charité tout ouvrier y reçu une fois doit rester quatre années consecutives, et en cas de désertion nous sommes obligés, à ce que le contrat dit littéralement de faire tout ce qui dépend de nous pour que le déserteur soit ramené, méme moyennant l'assistance de la police." Schreiben vom 8.10.1807, HAStK FV 6823/24.

Die Folge war ein Organisationssystem, das man mit einer Institution vergleichen kann, die im anglo-amerikanischen Kulturraum dieser Zeit weit verbreitet war, der Indentur: Eine natürliche Person verpflichtete sich auf die Dauer eines bestimmten Zeitraums zur Arbeit bei einem Arbeitgeber und erhielt dafür Unterkunft, Verpflegung und Kleidung gestellt. Nach Ablauf der Frist, meist nach sieben Jahren, erhielt der *servant*, wie er genannt wurde, ein Handgeld. Ähnlich verhielt es sich mit den Insassen des Kölner Arbeitshauses nach 1806. Der Arme, der Einlaß ins Haus begehrte, mußte sich in einem schriftlichen Vertrag verpflichten, mindestens vier Jahre im Hause zu bleiben und zu arbeiten. Nach Ablauf dieses Zeitraums wurde er freigelassen. Im Fluchtfalle assistierte die Polizeibehörde bei der Verfolgung des Flüchtigen. Dabei waren die zuständigen Polizisten oft genug der Meinung, diese Praxis verstoße gegen den Geist der Institution.[144]

Die Tatsache, daß man staatliche Zwangsmaßnahmen einsetzte, um den Profit des Ökonomen zu garantieren, verweist nicht nur auf die durch die französische Revolution veränderten ökonomischen Bedingungen. Durch das neue Recht war es schwieriger geworden, theoretisch freie Bürger auch in ihrer Emanation als "freie Arbeiter" in Arbeitsverhältnisse zu zwingen, die von Form und Inhalt eher dem Ancien Régime zu entstammen schienen. An dieser Stelle mußte ein Sonderstatus geschaffen werden, der die so wichtigen grundsätzlichen Werte wie "Freiheit" und "Gleichheit", von der "Brüderlichkeit" gar nicht zu reden, in einem bestimmten Punkt außer Kraft setzte, ohne ihnen ihre generelle Gültigkeit zu nehmen. Das zweite Moment, auf das die Existenz halbfreier Arbeiter im Arbeitshaus verweist, ist die fehlende Trennung zwischen kriminellen Delinquenten und den Armen, die in einer geschlossenen Anstalt Unterschlupf fanden. Solange Strafgefangene und arbeitswillige Arme nicht getrennt werden konnten, war es schwierig, auch gedanklich eine Trennung zwischen Armen und Bettlern einerseits und Vaganten und Kriminellen andererseits zu vollziehen. Die Schwierigkeiten in der Benennung der Hausinsassen

144 Das *Bureau Central de Bienfaisance* rechtfertigte die Praxis der Indentur mit den Worten. "Rien de plus juste, car si les indigens reçus à l'atelier en pourroi(en)t déserter impunément après qu'en gatant la laine de Mr. schmitz, ils ont appris à filer, et après qu'ils ont été habillés de notre part, l'atelier devroit cesser bientot et nos grandes de penses ainsi que nos soins et peines seroient tout-à-fait inutiles." Bis dato hatten die Polizeikommissare immer geholfen, flüchtige Zuchthäusler dingfest zu machen, doch habe sich Polizeikommissar Wolf unlängst geweigert, den flüchtigen François Beissel verhaften zu lassen, mit der Begründung, Beissel sei freiwillig ins Arbeitshaus eingetreten und könne dies auch verlassen, wann es ihm beliebe. Das *Bureau Central de Bienfaisance* hingegen ging davon aus, daß ein vierjähriger Arbeitsvertrag mit Beissel bestehe, den sein Vater für den damals 15-jährigen Beissel unterschrieben habe. Kommissar Wolfs Verhalten wurde vom BCdB kritisiert und man führte Beschwerde gegen ihn beim Maire, denn "(...) la protection de la part de la police donneroit un exemple propre à encourager tous les ouvriers de l'atelier de s'enfuir." Schreiben vom 8.10.1807, HAStK FV 6823/24. Der Vertragstext eines solchen Arbeitsvertrages schloß ein, daß der Arbeiter "(...) s'engage de bonne et libre volonté à travailler pendant quatre années consecutives à l'atelier de Charité (...)." Diese certificats d'engagement genannten Verträge wurden den betreffenden Arbeitern von der Polizei wie ein Gestellungsbefehl zugestellt. Ebda, Begleitschreiben zum Vertrag des Germain Steinhauer vom 31.10.1807.

auch in den zeitgenössischen Quellen ist beredter Ausdruck der ungeklärten Verhältnisse. Der ehemalige Kirchenvorsteher Fischer sprach von den Insassen des Zucht- und Arbeitshauses als den "Pfleggenossen", eine Begrifflichkeit, die auf die spätmittelalterlichen Vorstellungen von Spitälern als Stiftungen mit Stiftungsgenossen zurückgeht. In den französischen Verwaltungsakten war wiederholt von indigens die Rede, ein Terminus der von seinem ideologischen Gehalt her als eher neutral zu bezeichnen ist, während der ebenfalls verwendete Begriff Züchtling auf die Disziplinierungsfunktion der Institutionen verwies. Wie wir gesehen hatten, hatte es daneben sowohl im Großen Armenhaus von 1696 wie auch im Zucht- und Arbeitshaus Waisen, Kranke und Geistesgestörte gegeben, verlassene Ehefrauen und Familienmitglieder, die unerwünscht waren. Diese Heterogenität der Belegschaften beider Häuser existierte im Widerspruch zu den klar formulierten programmatischen Schriften, die während der Gründungsmonate der jeweiligen Institution verfaßt worden waren. Stärker als alle theoretischen Konzepte, stärker als die Planung am grünen Tisch war die Notwendigkeit, in den vielen Einzelfällen etwas zu unternehmen, einem Notleidenden zur Seite zu treten, obwohl seine Geschichte nicht in die Raster der von den Sozialplanern entworfenen Kategorien paßte. Hier gilt, was Robert Jütte vom Scheitern der Disziplinierungsversuche der Armen in der frühen Neuzeit sagte: "Zu heterogen waren die pauperisierten Massen, um sich in ihrer Gesamtheit als integrationsfähig zu erweisen."[145] Die Konsequenz der fehlenden Integration -und auch hier übertragen wir Jüttes Ergebnisse aus der Frühneuzeit ins frühe 19. Jahrhundert - war die Sozialdisziplinierung mit dem Ziel der diskriminierenden Ausgrenzung. Die Armenpolitik der französischen Zeit hatte demnach im wesentlichen zwei Optionen: Kriminalisierung und Repression gegen die nicht Integrierbaren auf der einen Seite, Erziehung und Integration auf der anderen Seite.[146]

Die einzige Gruppe, die in der Praxis der Kölner Armenpolitik bis 1800 tatsächlich ausgegrenzt worden war, waren die auswärtigen Bettler gewesen. Alle anderen Gruppen wurden zwar theoretisch getrennt, in der Praxis aber nicht, wofür die Belegung der beiden städtischen Institutionen der geschlossenen Armenhilfe Beweis genug ist. Die Disziplinierung der Armen hätte nach Michel Foucault eine Hierarchisierung und Klassifizierung der Armen vorausgesetzt, welche in der Tagespolitik gegenüber den Armen aber in Vergessenheit geriet und mangels eines institutionellen Rahmens zurückgedrängt wurde.[147] Auch die Ernährungssituation, sowohl der Hausgenossen des Armenhauses, vielmehr aber noch des Zucht- und Armenhauses war so gut, daß man von einer wie immer gearteten Absicht, über die Ernährung zu diskriminieren oder zu disziplinieren, nicht ausgehen kann. So kam es, daß die idealtypisch geforderte Ausgrenzung der Armut, ihre Differenzierung und teilweise Kriminalisierung in Köln erst im frühen 19. Jahrhundert angegangen werden konnte.

145 Robert Jütte, Disziplinierungsmechanismen in der städtischen Armenfürsorge der Frühneuzeit, in: Sachße; Tennstedt, Soziale Sicherheit, S. 101 - 118, hier S. 103.

146 Jütte ist sich anscheinend nicht dessen bewußt, daß die von ihm beschriebenen Prozesse auch zwei Jahrhunderte nach seinem Untersuchungsabschnitt noch anhielten. Vergl. ebda.

147 Michel Foucault, Überwachen und Strafen: Die Geburt des Gefängnisses, Frankfurt 1979 (3. Aufl., erste französische Auflage Paris, 1975), S. 220- 250.

Eine erste Voraussetzung dafür war, daß man die als kriminell bezeichneten Angehörigen der "Unterschichten" auch tatsächlich ausgrenzen konnte und nicht etwa wie gewöhnliche Arme behandelte. Die Ausgrenzung der Kriminellen und damit aller nicht integrationsfähigen Schichten begann also auch mit der Einführung des Gefängnisses im Roërdeépartement.

Die eingangs dieser Betrachtungen gestellte Frage nach der Bedeutung des Wortes Unterschichten hat durch den bisherigen Gang der Erörterungen an Kontur gewonnen. Unterschichten waren demnach Gruppen, die, zumindest teilweise, durch ökonomische Kriterien begreifbar werden. Daneben scheinen die Alterskohorten der Unterschichtsangehörigen eine Rolle dabei gespielt zu haben, welcher der verschiedenen Gruppen ein Individuum zugerechnet wurde. Diese essentiellen Kriterien zur Bestimmung der "Unterschichten" sind aber unvollständig, solange die Institutionen fehlen, die als Filter fungierten in dem langwierigen und widersprüchlichen Definitionsprozeß der Unterschichten. Eine der entscheidenden Institutionen dieser Art war das Gefängnis, dem zusammen mit anderen gesellschaftlich vermittelten Institutionen die Aufgabe zukam, aus den diffusen Unterschichten diejenigen herauszufiltern, die man fortan als "gewöhnliche Kriminelle" von den Armen und Bettlern würde scheiden können.

Die Gründe für das Scheitern der mit dem Zucht- und Arbeitshaus verbundenen Politik sind vielfältig. Um den angeblich fehlenden Arbeitswillen vor allem der Jugend zu wecken, war diese Institution gegründet worden. Die Tendenz, zwischen "wahren" Hausarmen und der arbeitsscheuen "canaille" zu unterscheiden, war schon in den Gründungsdokumenten des ZUAH deutlich hervorgetreten. Darüberhinaus aber nahm das ZUAH den Charakter einer Anstalt zur Bestrafung aller devianten Gruppen des ausgehenden 18. Jahrhunderts an. Es wurde bald zu einem Disziplinierungsmittel allgemeiner Art und zu einem Arbeitskräftereservoir für das lokale Gewerbe. Diese Tendenz wirkte sich jedoch nicht auf die materielle Versorgung der Delinquenten aus, die in der reichsstädtischen Zeit verhältnismäßig gut ernährt wurden. Die Engpässe in der Versorgung der Delinquenten nach 1798 waren vorübergehender Natur und wurden vom Verwalter des Hauses moniert, ein Beleg dafür, daß man noch nicht daran dachte, den Willen der Insassen durch Nahrungsentzug zu brechen. Zumindest seit Beginn der französischen Verwaltung des Rheinlandes setzte sich die Belegschaft des ZUAH vornehmlich aus Jugendlichen zusammen, so daß für diesen Zeitraum von einer stärkeren Ausrichtung des ZUAH als Instrument zur Arbeitserziehung ausgegangen werden kann. Dabei widersprachen sich das wirtschaftliche Interesse des Pächters und die Zielvorgabe des ZUAH, da dieser bestrebt war, gute Arbeiter im Hause zu halten. Gelöst wurde der Widerspruch zwischen der gesellschaftlichen Aufgabe des ZUAH und den wirtschaftlichen Interessen des Pächters durch die Einführung eines Zwangssystems, das die erwünschten Arbeiter an das ZUAH band. Neben seiner Funktion als Disziplinierungsanstalt erfüllte das ZUAH auch eine Aufgabe als Auffangbecken für sozial Schwache aller Art. Die Heterogenität der Insassen und die wirtschaftlichen Interessen des Betreibers sind wohl dafür verantwortlich, daß den Disziplinierungsstrategien, die sich des ZUAH als Mittel bedienten, kein Erfolg beschieden war. Hinzu kommt, daß die in der Hierarchie der Disziplinierung unterhalb des Zucht- und Arbeitshauses anzusiedelnde Institution des Gefängnisses, die stärker von der Norm abweichende Zeitgenossen zur Botmäßigkeit hätte zwingen sollen, nicht existierte, was eine Abstufung der Strafen erschwerte.

2.4 Bettlerpolitik nach 1808: Das Vordringen der geschlossenen Anstalten

Die für die Neuzeit beobachtete Hierarchisierung und Klassifizierung der Armen konnte im Rheinland erst durchgeführt werden, als die dazu nötigen Räumlichkeiten, der Verwaltungsapparat und das notwendige Personal bereitgestellt worden waren, im weitesten Sinne der Worte die materiellen Voraussetzungen der Bürokratie geschaffen waren, die den schon lange in der Luft liegenden Wechsel der Politik dann auch umsetzbar machten. Das hieß in Köln an allererster Stelle, daß aus der Vielgliedrigkeit des alten Armenwesens, das die Armen ohne Bezug auf den Grad ihrer Bedürftigkeit versorgt hatte, ein hierarchisch gegliedertes System gemacht wurde, damit die Armut typologisch in hierarisch gliederbare Größen zerlegt werden konnte. Man mußte sich zu allererst einen Überblick darüber verschaffen, wer bisher Unterstützung erhalten hatte bzw. wer in Hospitälern der Stadt untergebracht worden war. Aus diesem Grunde versuchten die französischen Administratoren, die Zustände in den verschiedenen Institutionen kennenzulernen, die sich mit der offenen und geschlossenen Armenhilfe beschäftigten.[148]

Gleichzeitig machten sich die Administratoren daran, Konzepte für die neue Organisation der geschlossenen Anstalten zu entwickeln. Dies wurde durch den Ruin der Finanzen des alten Spitalwesens nicht nur erleichtert, sondern notwendig gemacht.[149] Wieder war es eine Zeit der Denkschriften. Typisch ist die der Verwaltungskommission der Zivilhospitäler vom 12.7.1799, die zur Reform des Spitalwesens vorschlug, man möge

1.) ein Armenhaus für die arbeitsfähigen Bettler beiderlei Geschlechts einrichten,
2) ein Hospital für die arbeitsunfähigen Bettler bauen,
3) ein Krankenhaus für die Kranken und Irren errichten,
4) das Waisenhaus auflösen und die Waisen bei Ziehmüttern unterbringen,
5) eine Entbindungsanstalt eröffnen und
6) die Hausarmenhilfe endlich durchsetzen.[150]

Um die Bettelei einzudämmen, die an Intensität und Umfang zunehme, schlug die Hospizienkommission vor, in Übereinstimmung mit dem Gesetz vom 15.10.1793 eine maison de repression zu errichten, also ein städtisches Bettlerdepot.[151] Damit ist

148 Vergl. HAStK FV 6340 - 6348, bes. "Auszug aus dem Register der Berathschlagungen der Munizipalverwaltung des Kantons Köln" vom 15 Nivôse an 7 (4.1.1799), Art. 6. FV 6348.

149 HAStK FV 6348.

150 Denkschrift der Hospizienkommission vom 24 Messidor an 7 (12.7.1799) HAStK FV 6348.

151 HAStK FV 6348; Das Gesetz vom 24 Vendémiaire an 2 enthielt verschiedene polizeirechtliche Maßregeln zur Unterdrückung der Bettelei. Im fünften Titel des Gesetzes wurde u.a. festgelegt,

auch klar, daß das schon existierende Zucht- und Arbeitshaus (maison de correction) von den Zeitgenossen überhaupt nicht mehr als das wahrgenommen wurde, was es ursprünglich gewesen war: eine Institution zur Bekämpfung des Bettels und der Erziehung zur Arbeit. In französischer Zeit war aus dem Zucht- und Arbeitshaus längst ein Hospiz geworden, dem mißlicherweise ein Gefängnis angeschlossen war und das demzufolge nicht als Institut zur Armenpflege behandelt wurde, sondern als Korrektionshaus, dessen Insassen Strafgefangenen gleichgesetzt wurden. Infolgedessen fiel das Zucht- und Arbeitshaus aus der Administration der Hospizienkommission heraus. Dies war nur insofern konsequent, als es auf die ursprüngliche Motivation der Gründer des Zuchthauses zurückgriff, ging aber an der Praxis der Jahre bis 1800 vollkommen vorbei, in denen das Zuchthaus eine Anstalt der geschlossenen Armenhilfe gewesen war.[152]

Eine Wende in der Behandlung der geschlossenen Armenhilfe brachte die Umstellung der politischen Verwaltung des Département de la Roër im Jahre 8. Die bisherigen Munizipalverwaltungen wurden aufgelöst, und an ihre Stelle traten zunächst provisorische Maires. Für die relativ unbehelligt vor sich hin arbeitende Hospizienkommission bedeutete dies, daß sie direkt dem Unterpräfekten und Präfekten unterstellt wurde, das zentralistische Element auch in der geschlossenen Armenbetreuung stärker betont wurde.[153] Wie so oft in der Geschichte der Übergangszeit von der Republik zum Empire, wurden aber derartige Bestimmungen nicht oder nur sehr zögerlich umgesetzt. Im Falle Kölns dauerte allein die Bestimmung der Mitglieder der neu zu formierenden Verwaltungskommission der Hospitäler vom 29.11.1800 bis zum 25.9.1802, also fast zwei Jahre. Kein Wunder, daß die Reform des Hospizwesens unter solchen Bedingungen nur sehr langsam vorankam.[154]

Dennoch war der Verwaltungskommission der Zivilhospizien klar, daß etwas geschehen mußte. In einer Denkschrift des Kommission des Jahres 1799 wurde betont, daß die Zahl der Bettler von Tag zu Tag zunehme und daß man aus diesem Grunde vorschlage, eine maison de répression zu errichten. Selbst die Armen, die durch ihr Alter oder ihre körperliche Behinderung ohne Zweifel einer Unterstützung bedürften, könnten diese nicht mehr erhalten, ganz zu schweigen von den gewöhnlichen arbeitsscheuen Bettlern.[155] Bis zur Realisation dieses Vorschlages sollten, wie

daß normalerweise der Geburtsort einer Person der Ort war, an dem sie Armenhilfe erwarten konnte. Armenrecht in einer anderen Gemeinde konnte nur erworben werden, wenn man länger als ein Jahr dort gelebt hatte. Landstreicher waren von dieser Lockerung des Armenrechts ausdrücklich ausgenommen. Der Genuß des Armenrechts war an die Registratur in der Munizipalität des Wohnorts gebunden. (Anonymus), Vollständiges Handbuch für Maire und Adjuncten, für Policey=Commissare, Municipal=Räthe, Contributionsver- theiler, Forst= und Feldwächter, Zweyte Abtheilung, Köln (1800 ?), S. 245 - 248.

152 Denkschrift der Hospizienkommission vom 24 Messidor an 7 (12.7.1799) HAStK FV 6348. Vergl. auch Aufstellung der Hospizienverwaltungskommission über die Hospitäler in Köln vom Jahre 1808 in HAStK FV 6609. In ihr taucht auch bei der Zusammenstellung der alten Hospitäler das ZUAH garnicht mehr auf.

153 HAStK FV 6348.

154 HAStK FV 6348.

155 Denkschrift der Commission Administrative des Hospices Civils du Canton de Cologne vom 24 Messidor an 7 (12.7.1799). HAStK FV 6348.

schon berichtet, noch ganze sechs Jahre vergehen. Was aber früher schon geleistet wurde, war die schon abgehandelte Erfassung der Hausarmen in geschlossenen Listen, einmal, weil man die Armen zu kontrollieren wünschte und weil der finanzielle Bedarf geplant werden mußte, zum anderen, weil nur so wirksam gegen die Bettler vorgegangen werden konnte.

2.4.1 Städtische Unterdrückung der Bettelei vor 1794

Die ersten Kölner Bettelordnungen stammen schon aus der ersten Hälfte des 15. Jahrhunderts. In ihnen wurde im allgemeinen verfügt, daß sich Bettler und *mullenstosser* aus der Stadt zu begeben oder Arbeit zu suchen hätten. Dieses Gebot wurde um 1460 erneuert, und für 1471 ist die erste Vertreibung von Bettlern aus der Stadt bezeugt. [156] An der restriktiven Politik, vor allem gegen fremde Bettler, hielt der Rat der Stadt auch während des 16. Jahrhunderts fest. Zu einem allgemeinen Bettelverbot auch für Einheimische kam es jedoch nicht.[157] Infolgedessen, und weil es dem Rat an Zwangsmitteln gegen die Bettlerplage fehlte, blieben die Edikte zur Unterdrückung des Bettelns in der Stadt weitgehend Makulatur.[158] Mit schöner Regelmäßigkeit wiederholten sich auch im 17. Jahrhundert die Aufforderungen an bettelnde Studenten, Müßiggänger und Gesellen, die Stadt zu verlassen. Wer nicht nachweisen konnte, daß er sich zu Recht in der Stadt aufhielt, dem drohte theoretisch die Abschiebung durch die Gewaltrichter der Stadt.[159] Hauptinstrument zur Kontrolle des Bettelns, wenn schon eine Unterbindung nicht zu erreichen war, waren neben den Gewaltrichtern die schon erwähnten Bürgerhauptleute, deren Kompetenzen immer stärker in Richtung auf eine Fremdenpolizei ausgeweitet wurden.[160] Mit der Gründung des ersten Arbeitshauses St. Salvatoris im Jahre 1636 schien sich ein neuer Weg zu öffnen, der Bettelplage Herr zu werden. Erstmalig ging man auch gegen die einheimischen Bettler vor, indem man sie zu erfassen versuchte. Wer betteln wollte, wurde gezwungen, sich im Arbeitshaus St. Salvatoris registrieren zu lassen, und erhielt dann die Erlaubnis, an bestimmten Tagen Almosen zu sammeln.[161]

Dieser Versuch scheiterte aber an der Tatsache, daß dem Werkhaus ein zu kurzes Leben beschieden war, um die vom Rat gewünschte Kontrolle des Bettels zu erwirken. Eine Repressionspolitik, wie sie in Nürnberg eingeführt worden war, wollte man in Köln offenbar nicht nachvollziehen, obwohl die Nürnberger Bettlerordnung aus dem 16. Jahrhundert dem Rat der Stadt wohl bekannt war.[162]

Vor allem während des Pfälzischen Krieges und der Bedrohung des Rheinlandes durch die Truppen Ludwigs XIV. bis 1689 versuchte man, die Scharen der Bettler,

156 Irsigler, Lassotta, Bettler und Gaukler, S. 26 f.
157 Ebda., S. 28.
158 Ebda., S. 29.
159 HAStK, Ratsedikte 17, 25. Edikt vom 10.12.1611.
160 HAStK, Ratsedikte 17, 82 vom 27.5.1585.
161 HAStK, Ratsedikte 17, 140, vom 4.8.1636.
162 HAStK, Kopie der Nürnberger Bettelordnung in: Ratsedikte 17, 139.

unter denen sich auch Spione oder Kundschafter Frankreichs verbergen konnten, besser zu kontrollieren, und es oblag vor allem den Bürgerhauptleuten, darauf zu achten, daß keine auswärtigen Vaganten Einlaß und Unterschlupf in der Stadt fanden. Erst jetzt - unter dem Eindruck möglicher kriegerischer Verwicklungen - ging man daran, der religiösen Rechtfertigung der Armut und des Bettelns die rechtlichen Grundlagen zu entziehen. Den Pilgern, die Köln während des ganzen Mittelalters als Wallfahrtsort besucht hatten und die ihren Lebensunterhalt unterwegs und in Köln durch Almosenheischen verdient hatten, wurde ihr Sonderstatus nur noch befristet, nämlich für drei Tage, zugestanden.[163]

Die Pilger durften demnach nur noch beschränkte Zeit in der Stadt bleiben und wurden vom Magistrat nach Ablauf dieser Frist wie gewöhnliche fremde Bettler behandelt. Ob die Bemühungen des Rates, die Bettelei auf diese Weise einzudämmen, durch Erfolg gekrönt waren, berichten die Quellen nicht, doch ist eine rhetorische Verschärfung der Ratsedikte gegen die Bettelei Ende des 17. und zu Beginn des 18. Jahrhunderts unverkennbar. In einem Erlaß des Rates vom Jahre 1717 wurde die Bettelei erstmalig als "gottlos" bezeichnet, ein Hinweis darauf, daß man sich nun auch im katholischen Köln der letzten Versatzstücke der alten Auffassung von der Bettelei zu entledigen begann, die jeden Bettler, auch den arbeitsscheuen, in der Nachfolge Christi und das Almosengeben als notwendigen Akt zur Erlangung der ewigen Seeligkeit gesehen hatte. Die Straßenbettler sollten von den Offizieren der Miliz nach ihrer Zugehörigkeit in den Fahnenbezirken verzeichnet werden, und die Liste dieser Straßenbettler sollte den Provisoren des 1696 gegründeten Armenhauses zugestellt werden. Die Bettler hatten Residenzpflicht in ihrer Fahne und durften ohne *Abscheid* ihres Hauptmannes nicht umziehen. Die Registratur der Straßenbettler durch die Bürgerhauptleute blieb das ganze 18. Jahrhundert hindurch erhalten.[164] Ergänzt wurde diese Maßnahme durch die Visitationspflicht der Fahnenoffiziere, wie sie seit spätestens 1608 bestand. Bei den Visitationen der Hauptleute sollten Bettler festgestellt und die ihnen Unterschlupf gewährenden Bürger sollten aufgefordert werden, dieses in Zukunft zu unterlassen.[165] 1768 hatte der Rat der Stadt eine Armenordnung erlassen, die durch Trommelschlag öffentlich bekanntgegeben wurde. Diese verschärfte die gegen auswärtige Bettler angedrohten Sanktionen drastisch: Alle fremden Bettler wurden aufgefordert, die Stadt binnen acht Tagen zu verlassen. Wer von ihnen zurückblieb, riskierte es, "(...) öffentlich an dem Leibe gestrafet (zu) werden (...)." Wer sich in die Stadt einschlich, ohne ein Gewerbe auszuüben, dem drohte das nämliche Geschick. Selbst in der Stadt geborene Bettler, die ja normalerweise das Recht hatten zu betteln, wurden ausgewiesen, wenn sie nicht ihr ganzes Leben in Köln verbracht und, etwa zum Zwecke des Bettelns in anderen Gemeinden,

163 HAStK, Ratsedikte 17, 94 und 97 vom 15.10.1674 und 30.10.1682. Zitat aus Ratsedikten 17, 162.

164 Die Charakterisierung des Bettelns als "gottlos" findet sich in HAStK, Ratsedikte 17, 143 vom 12.7.1717. Zur fortlaufenden Registratur durch die CdQ vergl. ebda., 144 vom 21.3.1794.

165 HAStK, Ratsedikte 17, 151 vom 8.10.1608. Der "Unterschleif" von Bettlern wurde besonders moniert im Edikt vom 18.5.1680, möglicherweise auch im Zusammenhang mit den Auseinandersetzungen mit Frankreich. Ebda., 161. Bei Strafe verboten wurde der Unterschleif durch Edikt vom 29.4.1768 und 18.5.1782, ebda. 163 und 166.

ihre Heimatstadt zeitweilig verlassen hatten. Nachlässigen Stadtsoldaten, die fremde Bettler einließen, drohte die *Cassation* (eine Geldstrafe) und achtmaliges Gassenlaufen. Der "Unterschleif", die illegale Aufnahme fremder Bettler durch Bürger der Stadt, wurde mit einer Geldbuße bedroht. Diese Bettelordnung blieb - ohne allzu große praktische Auswirkung - während der zweiten Hälfte des 18. Jahrhunderts in Kraft und wurde sogar zweimal, 1780 und 1782, bekräftigt und neu verkündet.[166]

Kurz vor der Besetzung der Stadt durch die französischen Revolutionstruppen unternahm der Rat mehrere Versuche, die Bettler aus der Stadt zu schaffen, aber die Monotonie, mit der im 18. Jahrhundert ein gleichlautender Erlaß gegen das Betteln dem anderen folgte, ist schon Zeichen genug, daß man den Erfolg der eher halbherzig vorgenommenen Bemühungen sehr niedrig anzusetzen hat.[167] Die Gründe dafür mögen in dem Festhalten eines weiten Teils der Bevölkerung an der überkommenen Almosenlehre gelegen haben. Möglicherweise spielte aber bei der laxen Haltung des Magistrats angesichts der die Stadt durchstreifenden Bettlerhorden auch die Einsicht eine Rolle, daß es keine Mittel gab, das Bettelproblem wirklich zu lösen. Aus den Listen der Hauptleute wußten die Ratsherren, daß die meisten Bettler Kölns nicht zu den "Taugenichtsen" und "Mullenstossern" gehörten, sondern aus bitterer Not zu Bettlern geworden waren.

2.4.2 Die Bettlerlisten von 1794

Zu dieser Erkenntnis konnte man jedenfalls gelangen, wenn man sich die Bettlerlisten vom April 1794 ansieht, die auf Geheiß des Rates wieder einmal von den Hauptleuten hatten angefertigt werden müssen. Aus den Listen, die nur für acht der insgesamt 56 Fahnenbezirke erhalten sind, lassen sich die persönlichen Daten von 122 Bettlern ermitteln, die 1794 in der Stadt gelebt haben. Glücklicherweise sind die Bettlerlisten genau der Straßenzüge erhalten geblieben, die auch eine hohe Konzentration von Hausarmen aufzuweisen hatten, so daß sich hier ein Vergleich zwischen den Bettlern und den seßhaften Hausarmen anbietet. Erfaßt wurden die Bettler in Straßenzügen wie dem Großen Griechenmarkt, der Huhnsgasse, der Keimergasse, der Löhr- und Spielmannsgasse, alles Straßen, die im Zusammenhang mit den Hausarmen schon genannt wurden. Durch diese topographische Überschneidung ist eine Vergleichbarkeit gewährleistet, die den Quellenwert des umfangmäßig beschränkten Quellenmaterials steigert. Auffällig an der Bettlergruppe ist zunächst einmal das Überwiegen männlicher Haushaltsvorstände. Anders als bei den Hausarmen bestand der typische Bettlerhaushalt aus einem verheirateten Ehepaar, oft mit

166 HAStK, Ratsedikte 17, 166 vom 29.4.1768, bekräftigt am 18.2.1780 und 18.5.1782.

167 Am 2.2.1791 wurde wieder einmal eine Visitation der Häuser durch die zuständigen Bürgerhauptleute angeordnet, wie sie schon am 3.8.1703, am 19.3. 1704, am 15. Hornung 1705, 16.11.1722, 22.11.1734 und 20.12. 1763 vorgenommen worden war. Jedesmal mußten die Hauptleute eine Liste der Bettler anlegen. Viel mehr geschah jedoch nicht. HAStK Ratsedikte 17, 167.

Kindern. Witwen, die bei den Hausarmen einen so großen Anteil am Gesamtbestand hatten, gab es bei den Bettlern zwar auch, doch waren sie anscheinend weniger typisch (Tab. 2.8).

Wenn man gehofft hat, sich über die Bettlerlisten des Jahres 1794 endlich den schwer zu fassenden "arbeitsscheuen" Vaganten nähern zu können, die es vorzogen, im Elend zu leben, anstatt arbeiten zu müssen, so sieht man sich getäuscht. Ob diese Armen tatsächlich gearbeitet hätten, wenn sie gekonnt hätten, läßt sich nicht feststellen. Tatsache ist, daß sie den Beweis ihrer Arbeitsamkeit nicht hätten antreten können, weil die meisten von ihnen über sechzig Jahre alt waren und dadurch auch nach damaligen Vorstellungen zu alt waren, um einer geregelten Tätigkeit nachgehen zu können. Das hohe Durchschnittsalter und die geringe Streuung des Lebensalters, dargestellt durch die Standardabweichung, zeigt dies ganz deutlich. Tatsächlich entspricht die Altersverteilung dieser Gruppe einer umgekehrten Alterspyramide, die mit steigendem Lebensalter eine immer breitere Basis bekommt. Bei den Bettlern unter 60 Jahren handelte es sich bei der überwiegenden Mehrzahl um verwitwete Frauen (40 von 47), die zudem oft krank und deshalb nicht in der Lage waren, einem Beruf nachzugehen. Acht von ihnen hatten obendrein noch Kinder zu versorgen, so daß sie überhaupt nicht daran denken konnten, einen Arbeitsplatz zu finden. Von den 31 Männern, die jünger als sechzig Jahre waren, waren neun durch Krankheit arbeitsunfähig. Ganze sieben Männer aus dieser Gruppe waren im Hauptberuf Bettler, während alle anderen zumindest teilweise berufstätig waren. Es handelte sich bei diesen nur im Nebenberuf der Bettelei nachgehenden Männern um Familienväter, deren Brotberufe nicht genug abwarfen, um die Familie durchzubringen, und die deshalb allein oder unter Mithilfe ihrer Familie durch Bettelei ein Zubrot verdienten: Allein acht von ihnen waren Tagelöhner, andere waren als Handlanger oder Arbeiter beschäftigt, führten also die niedrigsten Arbeiten aus, die anfielen.[168] Zum klassischen Bild des Berufsbettlers hätte es zudem gehört, daß er umherzog, da auswärtige Bettler theoretisch in keiner Gemeinde Aufenthaltsrecht genossen und abgeschoben werden konnten. Auch hier zeigt sich ein großes Auseinanderklaffen von Erwartung und tatsächlichen Verhältnissen. Das Gros der erfaßten Straßenbettler, fast 80 Prozent, war in Köln geboren und lebte seitdem in der Stadt. Unter den auswärtigen Bettlern lebte die Mehrzahl schon mehrere Jahre in der Stadt, viele mehrere Jahrzehnte.

2.4.3 Ausgewählte Fallbeispiele

Die folgenden Fallstudien erheben nicht den Anspruch, ein Bild der Straßenbettler Kölns in seiner Ganzheit zu geben. Dazu ist das vorliegende Quellenmaterial, das nur ein Siebtel der Fahnenbezirke repräsentiert, zu lückenhaft. Dieses Material dient statt einer vollständigen Bestandsaufnahme aber dazu, die summarischen Aussagen über die Lebensumstände der Kölner Straßenbettler zu illustrieren:

168 Alle Zahlen aus HAStK Militaria 48, Liste der Straßenbettler vom April 1794.

Die Witwe Sandes lebte seit 36 Jahren in Köln. Im nahen Dormagen geboren, war sie mit 34 Jahren nach Köln gekommen und hatte hier als Marktträgerin gearbeitet. Ihr hohes Alter von 70 Jahren und ihre körperliche Konstitution, die der Bürgerhauptmann Johann Wolff mit "schwach" angab, zwangen sie an den Bettelstab.[169]

Auf der Alten Mauer, ebenfalls im Bezirk des Hauptmannes Johann Wolff lebte der zwei Jahre zuvor aus Bonn zugewanderte Spinner und Wirker Hermann Steffens. Obwohl er schon sechzig Jahre alt war, hatte er noch drei im Haushalt lebende Kinder und seine Frau zu versorgen. Es ist anzunehmen, daß sein Verdienst nicht ausreichte und er deshalb bettelte.[170]

Ebenfalls Frau und drei Kinder hatte der 68-jährige Jodocus Froitzheim zu versorgen. Sein Gesundheitszustand war schlecht, Bürgerhauptmann Wolff bemerkte in der entsprechenden Spalte seines Erhebungsbogens "abnehmen(der) Zustand", was sich auf vielfältige Weise interpretieren läßt. Als Stricker ohnehin nicht mit einem Beruf gesegnet, der im Ruf stand, Reichtümer einzubringen, hatten Froitzheim und seine Familie gar keine andere Wahl, als betteln zu gehen.[171]

Die Straßenbettler fanden oft Unterschlupf bei Vermietern, die wirtschaftlich auch zu denen gehörten, die von der Hand in den Mund lebten. Der 77-jährige ehemalige Stadtsoldat Ros aus der Krebsgasse hatte bei der Witwe Bernards Unterschlupf gefunden, die sich selber als Wirkerin durchschlagen mußte. Der erst 38-jährige Posamentierer Jakob Rothenkirchen, der in "krancken umständen" lebte, hatte beim Vogelfänger Thomas Huppertz eine Unterkunft gefunden. Über den Mietpreis, den Rothenkirchen zu zahlen hatte, ist nichts bekannt.[172] Der 45-jährige Wilhelm Norrenberg aus Köln, verheiratet und Vater dreier Kinder, laut Adreßbuch von 1797 ein Strickergeselle, laut Liste des Hauptmannes Gottfried Hermanns ein Berufsbettler, lebte mit seiner Familie bei Bürger Bauduin in der Hunds- oder Huhnsgasse.[173] Bauduin, der selbst sein Auskommen als Bettler fand, hatte noch zwei weiteren Familien neben der Norrenbergs Unterschlupf geboten, nämlich den Odenbachs und der Familie Annekoven. In seinem Haus in der Huhnsgasse brachte Bauduin auf diese Weise 16 Personen unter, seine eigene Familie miteingeschlossen. Ob Bauduin an den Bettelzügen seiner "Beywohner" finanziell beteiligt wurde, wurde nicht berichtet. Doch ist es auf dem Hintergrund derartiger Wohnverhältnisse nicht unwahrscheinlich, und es wird auch verständlich, warum die Appelle des Rates, Bettlern keine Wohnstatt zu gewähren, ungehört verhallen mußten.[174] Für den Rest seiner Tage zum Betteln verurteilt war der 78-jährige Jacob Dingelhoven aus der Fahne des Hauptmannes Hermanns. Er, den das Adreßbuch von 1797 als "Stadt Invalid" auswies, war arbeitsunfähig. Wesentlich jünger, aber ebenfalls arbeitsunfähig war der Wein- und Gemüsegärtner Mathias Breuer aus der Huhnsgasse. Die Bettlerliste erwähnt ihn als "ein geckeler Mensch", d.h. daß er von seinen Mitmen-

169 Ebda.
170 Ebda.
171 Ebda.
172 Ebda. Thomas Huppertz wohnte laut Adreßbuch von 1797 in der Hausnummer 6812.
173 Ebda.
174 Ebda.

schen als offensichtlich verrückt behandelt wurde. Ebenfalls geistig behindert war der 56-jährige Johann (H)olzauer, den man wegen seiner Behinderung ins Tollhaus gesteckt hatte. Seine Frau mußte sich während seiner Abwesenheit mit Betteln behelfen.[175]

Anton Reuter, ein in Wesel geborener Handlanger in einer der Kölner Tabakmanufakturen, lebte schon seit zehn Jahren in Köln. Er hatte, obwohl reformierter Religion, eine katholische Frau aus Düsseldorf geheiratet und war mit ihr nach Köln gezogen. Seine Frau und seine sieben Kinder ernährte er mehr schlecht als recht durch seine Arbeit. Gelegentlich, wenn der Verdienst nicht reichte, ging er auch betteln. Seine Kinder, sofern sie alt genug waren, konnten nur bedingt zum Familienunterhalt beitragen, da ein Sohn lahmte. Ein zweiter Sohn widmete sich vollständig der Bettelei.[176]

Resümierend kann man zur Zusammensetzung der Straßenbettler auf Grund des verfügbaren Materials sagen, daß sie sich in ihren äußeren, objektivierbaren Merkmalen wie Alter, beruflichem Werdegang, geographischer Herkunft nicht wesentlich von den Hausarmen unterschieden. Personelle Überschneidungen lassen sich nicht feststellen, was allerdings noch kein Beleg dafür ist, daß es einen Wechsel zwischen beiden Gruppen nicht gegeben haben kann. Wegen der Übereinstimmung der Merkmale beider Gruppen ist es sogar anzunehmen, daß es einen Austausch zwischen ihnen gegeben hat, ohne daß wir seinen Umfang und seine Intensität hier messen könnten.

2.4.4 Die Behandlung der Bettler nach 1794

Die Revolutionäre Frankreichs versuchten sehr rasch, der Bettelei auf dem Lande einen Riegel vorzuschieben, und knüpften dabei an die Unterdrückungsmaßnahmen der Krone an. Im *Code de Police* des Jahres 2 findet sich das Gesetz vom 15.10. 1793, das gegen die Bettler und Vagabunden sehr harte Worte fand und sie mit einer Anklage vor dem Friedensrichter bedrohte. Auswärtige Bettler, die man mehrmals aufgegriffen hatte, sollten für ein Jahr in einer der neuzuerrichtenden maisons de répression eingeliefert werden. Sollte ein Bettler dreimal aufgegriffen werden, so drohte ihm das Gesetz die Verbannung (*transport*) an.[177] Schon am 9.5.1795 wurde

175 Ebda.

176 Ebda. Die Quelle vermerkt bei Reuter "teils bettler teils auf den tabakwinkel". HAStK Militaria 48.

177 Code de Police des Jahres 2, Bd. 2, Paris (1793), Gesetz vom 24 Vendémiaire an 2, Zitat aus titre 2,1. AN AD I 88. Die Härte dieser Bestimmungen wurde gemildert durch ein komplementäres Gesetz der Nationalversammlung vom 22 Floréal an 2, "(...) qui ordonne la formation d'un Livre de la Bienfaisance nationale (...)." "Décret de la Convention Nationale Du 22.e jour de Floréal, an second (...)" (11.5.1794). Das Dekret der Nationalversammlung sah in jedem Département Frankreichs die Anlegung und Führung eines Registers vor, in dem die alten und kranken Bauern, Handwerker und Witwen zu verzeichnen waren. Die so erfaßten Personen, in der Regel über 60 Jahre alt und indigent, mußten nachweisen, daß sie in den letzten 20 Jahren gearbeitet hatten. Zwei offizielle Bezirksärzte sollten ein Gesundheitszeugnis ausstellen, das die Arbeitsunfähigkeit der

von der Zentralverwaltung des Landes zwischen Maas und Rhein ein Erlaß herausgegeben, der besagte, daß sich Bettler alle 20 Tage einen Paß von ihrer zuständigen Gemeindeverwaltung ausstellen lassen mußten. Damit wurde das Betteln grundsätzlich zunächst einmal legalisiert und auch das Umherziehen auf dem Lande ermöglicht, da der Betreffende lediglich in bestimmten Abständen in seine Heimatstadt zurückkehren mußte, um seinen Paß erneuern zu lassen. Verboten waren nur Zusammenrottungen von Bettlern. Wer keinen Paß vorlegen konnte, dem drohte maximal die Verhaftung und zwar so lange, bis seine zuständige Gemeindebehörde den Paß herbeischaffte. Aus dem Blickwinkel der Administratoren, die die bis dato in Frankreich geltenden Bestimmungen kannten, stellte dies eine Liberalisierung dar, aus dem Blickwinkel der umherziehenden Bettler mußte dies aber als Erschwerung ihres Daseins gesehen werden, denn zum ersten Male gab es so etwas wie eine Regelung für ein größeres zusammenhängendes Territorium, in dem auch Ansätze zu einem Staatsapparat vorhanden waren, der die gesetzlichen Bestimmungen durchzusetzen vermochte.[178]

Zu einer wirksamen Kontrolle des Bettelwesens wurde dann im Jahre 11 der Republik ein erneuter Anlauf genommen, der allerdings, anders als alle anderen Versuche, langfristige Veränderungen im Umgang des Staates mit vagierenden Bettlern zeitigte. Diese konnten jedoch erst erreicht werden, nachdem die völkerrechtlich wirksame Eingliederung der vier neuen rheinischen Départements in Frankreich erfolgt war, sich die politische Situation durch den Staatstreich Napoleons und die folgende wirtschaftliche Konsolidierung stabilisiert hatte und die inneren Verhältnisse Frankreichs sich soweit verändert hatten, daß der Staat auch über die materiellen Voraussetzungen verfügte, die ein Vorgehen gegen Bettler erfolgversprechend erschienen ließen. Dazu gehörten u.a. eine funktionierende nationale Polizei und ein einheitliches Rechtssystem. Als auslösendes Moment der Wiederaufnahme der Bettlerverfolgungen sollten die napoleonischen Kriege hinzukommen, denn sie ließen ein Heer von Fahnenflüchtigen entstehen, die die Lande durchströmten.[179] Der Präfekt des Département de la Roër erließ am 11 Pluviôse an 11

betreffenden Person bescheinigte. Die so Inskribierten erhielten - laut Gesetz - eine Rente von 160 Francs im Jahr, zahlbar im voraus und in zwei Raten. Die Krankenversorgung sollte nach dem Willen des Gesetzgebers kostenlos erfolgen. Vorangegangen war diesem Gesetz ein Dekret der Nationalversammlung vom 16 Ventôse an 2 (6.3. 1794), das die lokalen Behörden aufgefordert hatte, die Bettelei zu unterbinden. Die praktische Durchführung beider Gesetze wurde durch den Sturz der Jakobiner im Juli 1794 nie erreicht. Beide Gesetzestexte in HAStK FV 6726. Man erkennt in der Kopplung der Gesetze gegen die Bettelei und für die Sozialunterstützung der Armen, daß es dem Gesetzgeber darum zu tun war, die Bettler von den Straßen zu holen, den "wahren Armen" aber gleichzeitig eine Alternative zu bieten, indem man sie nicht dem Elend anheimfallen ließ. In dieser Hinsicht war dieses Projekt sehr viel realistischer als diejenigen, die ihm folgen sollten.

178 HAStK Ratsedikte 17, 168. Gegen Ende des Ancien Régime hatte man in Frankreich versucht, der Bettlerplage durch Repressionsmaßnahmen Herr zu werden. Nichterwerbstätige Personen galten nach Ablauf einer bestimmten Frist als Vagabunden und wurden zu Zuchthausaufenthalt, im Wiederholungsfalle zur Galeerenstrafe verurteilt. Schwander, Armenpolitik, S. 3. Vergl. "Lettres patentes du Roi sur le Décret de l'Assemblée Nationale" vom 30.5.1790, AN AD I 88.

179 Vergl. Philip John Stead, The Police of France, New York 1983, S. 44-49. Zur Polizeigeschichte

(31.1.1803) eine Bestimmung, durch die im gesamten Département binnen 24 Stunden eine Liste aller Deserteure, Bettler und Vagabunden jeder Kommune erstellt werden mußte. Erfaßt werden sollten die wichtigsten persönlichen Daten dieser Personen. Daneben sollten gesonderte Listen durch den Adjunkten des Polizeibüros jeder Gemeinde erstellt werden, in denen die "mendians valides" verzeichnet werden sollten. Die so verwaltungsmäßig erfaßten Personen sollten dingfest gemacht und in die örtlichen Gefängnisse verbracht werden. Allen Friedensrichtern und allen Polizeikommissaren wurde der Erlaß gesondert zugestellt, damit gewährleistet war, daß er auch zur Anwendung kam.[180]

Mit der praktischen Anwendbarkeit des Präfekturerlasses haperte es gleichwohl. Tatsächlich wurden einzelne Bettler in den Gemeinden festgenommen, so z. B. in Rheinberg. Auch in Köln kam es zu vereinzelten Verhaftungen von starken Armen, doch wurden nach ihrer Verhaftung und Vernehmung zumindest die vagierenden Frauen wieder in ihre Heimatgemeinden überstellt. Die Männer hingegen wurden, sofern sie für tauglich befunden wurden, in die Armee eingezogen, die übrigen wurden freigelassen.[181] Es stellt sich bei der Analyse der zugehörigen Korrespondenz der französischen Départementsbehörden mit den untergeordneten Maires und Unterpräfekten die Frage, ob die Verhaftungswelle, die dem Erlaß des Präfekten gefolgt war, nicht in erster Linie solche Bettler und Vagabunden ins Netz getrieben hatte, die sich ohne ihr Verschulden auf der Landstraße herumtrieben oder die zu den arbeitsunfähigen Bettlern gehörten.[182] Auch im Jahre 1804 wurden Vagierende und Bettler von der Gendarmerie aufgegriffen und verhaftet und vor den Friedensrichter gestellt. Wo aber sollte man die arretierten Bettler einsperren? Im französischen Kernland gab es Gefängnisse und Zuchthäuser, um die unliebsamen Bettler wegzuschließen, im Département de la Roër hingegen waren funktionierende Gefängnisse eher eine Ausnahme. Alles, was Städte wie Köln tun konnten, war, die aufgegriffenen

der französischen Revolution und der napoleonischen Zeit allgemein Jacques Aubert; Michel Eude et al., L'État et sa Police en France (1789-1914), Genève 1979 (Centre des Recherches d'Histoire et de Philologie de la IVe Séction de l'École des Hautes Études; Hautes Études Médiévales et Modernes 33), S. 13-34.

180 HAStK FV 5060. Dieser Erlaß erging in Anlehnung an das Gesetz vom 10 Vendémiare an 4 (2.10.1795), das die gleichen Bestimmungen schon für Frankreich verfügt hatte. 1795 war das Gesetz in dem okkupierten Rheinland aber noch nicht zur Anwendung gekommen. Dies wurde erst durch den Erlaß des Präfekten gewährleistet.

181 HAStK FV 5060, Schreiben des Maire von Rheinberg an den Kölner Maire vom 17 Ventôse an 11. Schreiben des Unterpräfekten an Kölner Maire vom 28 Ventôse, 3 und 4 Germinal und 19 Germinal an 11. Schreiben des Unterpräfekten Sybertz an Maire Kölns vom 30 Germinal an 11 und 17 Floréal an 11. Die Einziehung der Vagabunden und Bettler in die Armee war eine durchaus übliche Vorgehensweise unter der napoleonischen Regierung. Dabei konnte es auch vorkommen, daß untaugliche Bettler zur Fahne gerufen wurden. Schreiben des Präfekten Alexandre Mechin vom 25 Prairial an 11 (14.6.1803), HAStK FV 5060.

182 Ein von der Polizei aufgegriffener Bettler war u.a. der Engelbert Hitz, der im Kölner Gefängnis einsaß. Der Bürgermeister von Poppelsdorf, der Heimatgemeinde des Hitz, wandte sich an den provisorischen Maire von Köln mit der Bitte, den Hitz freizulassen. Hitz sei ohne sein Zutun an den Bettelstab geraten. In seiner Heimatgemeinde habe er sich laut Zeugnis des Gemeinderates immer tadellos aufgeführt. HAStK FV 5060, Brief vom 11 Messidor an 11 (30.6.1803).

Fahrenden zu überwachen, eine sehr symbolische Sanktion angesichts der Menge der in der Stadt lebenden Bettler.[183] Derlei Verhaftungen und Einvernahmen vor dem Friedensrichter liefen mehr oder weniger nach dem gleichen Schema ab:

> Lechenich le dix germinal an douze (31.3.1804) Wurde vorgeführt ein unbekannter wegen (...) bettelns, derselbe wurde befragt über namen, Stand, und alter, er antwortete sei zu namen Jacob Weber, ein Wollspinner, alt siebenzig neun Jahr, seine frau name sei anna Sibilla Hovers, und er habe vier Kinder; er wohne in Köln in der Lührgaß (Löhrgasse, N.F.). er wurde befragt, warum er den ganzen Tag durch hiesige stadt Lechenich von Haus zu Haus bettelen gegangen, und dabei gesungen. Antwort um etwas zu leben zu haben. warum er nicht aus der stadt fortgegangen als ihm der friedensrichter gewarnt, daß dieses verboten sei ? Antwort man möge ihm solches verzeihen, er verspräche es nicht mehr zu thun.[184]

Jacques Weber wurde danach dem Maire von Köln zur Überwachung überstellt. Um die gestiegenen Anforderungen an die Ordnungskräfte angesichts der angeordneten Überwachung der Bettler zu gewährleisten, überlegte man in Köln, wie man die Bürgergarde ausbauen könne.[185] Gleichzeitig wurde gegen die Bettler und Vagabunden ideologisch mobil gemacht, indem die guten Bürger per Anschlag der Präfektur vor den Intriganten gewarnt wurden, "(...) die Städte und Dörfer durchstreichen, (und) Bürger (...) herumführen." Die Bevölkerung wurde zur Kooperation gegen diese Elemente aufgefordert. Auffällig ist die zunächst nur rhetorische Verschärfung der Agitation gegen die Bettler, die beim Spendenaufruf für das Atelier de Charité des Bureau Central de Bienfaisance zu verzeichnen war und die sich in den Kontext einer stärkeren Marginalisierung des Bettelns gut einfügt. Neu war in diesem Kontext auch der Verweis auf den ästhetischen Abscheu, den die Zeitgenossen vor dem Bettel und den Bettlern empfanden und der mit starken Worten formuliert wurde.[186]

183 HAStK FV 5060.
184 HAStK FV 5060.
185 Die Bürgergarde war nur noch 40 Mann stark, zuzüglich von 16 Mann, die für die Nachtwache zur Verfügung standen. Brief des Maire an Unterpräfekten vom 19 Frimaire an 11 (10.12.1802), HAStK FV 5056. Ab 1 Frimaire an 11 wurden die Nachtwachen verstärkt. Am 15 Vendémiare an 12 (8.10.1803) wurde diese Wachtordnung ergänzt und vervollständigt. Mit dem Erlaß vom 20 Vendémiare an 12 (13.10.1803) gab es keine Gründe mehr, vom Wachdienst befreit zu werden. Allein Männer über 60 und unter 20 Jahren erhielten einen Dispens vom Wachtdienst. HAStK Ratsedikte 17, 227 und 228.
186 HAStK FV 5056. Zweisprachiger Anschlag der Präfektur vom 1 Frimaire an 11 (22.11.1802). Im Spendenaufruf des BCdB vom Ventôse an 13 (Februar/März 1805) heißt es: " (Keinem Bürger kann es gleichgültig sein,) wenn ganze Schwärme lüderlichen Bettler=Gesindes (!) in zerlumpten Kleidern durch die Strassen einherziehen, die Häuser in Reihen umlagern, und jedem vorübergehenden durch wahres oder erdichtetes Elend, durch Ungestüm, oder gar durch Grobheiten ein Allmosen abzuzweigen suchen, wenn zu Hause und an öffentlichen Plätzen, in den Kirchen und an den Oertern der Erhohlung keinem Menschen ein ruhiger Augenblick vergönnt ist, und alle Gestalten der Armuth, der Heuchelei und der Lüge sich wechselweise darbieten, und überall, wohin man sich wendet, die Stimme des Jammers aus dem Munde gebrechlicher Greise, starker arbeitsfähiger Männer, unmündiger Kinder, und frecher Weibsbilder ertönt." HAStK FV 6839. Bettelei wurde nicht mehr nur als lästig empfunden, sondern es stellte zunehmend auch durch

Als nächster Schritt der Verschärfung der Bettlerverfolgungen wurde jeder als Vagabund behandelt, der keinen Paß vorweisen konnte. Da jedoch, wie auch in Köln, geeignete Möglichkeiten zur Unterbringung der gefangenen Bettler fehlten, beschränkte man sich darauf, wenn die Bettler nicht in die Armee abgeschoben werden konnten, die zuständige Heimatgemeinde zu ermitteln und die Betroffenen dorthin abzuschieben.[187] Deshalb ging das *Bureau de Bienfaisance* der Stadt Köln nach 1805 daran, ein neues Arbeitshaus (*Atelier de Charité*) zu errichten, wie es in reichsstädtischer Zeit schon in Köln bestanden hatte, um der Bettlerplage Herr zu werden. Die zum Ausbau des dafür vorgesehenen Minoritenklosters notwendige Summe von 42.000 Francs sollte durch eine Kollekte unter den Einwohnern der Stadt aufgebracht werden. Doch zeigte sich, "(...daß) die Bewohner ganzer Straßen nichts geben wollten, oder doch zu unterschreiben sich weigerten (...)."[188]

Die Pläne zur Einrichtung des Arbeitshauses blieben deshalb bis zum Jahre 1806 fruchtlos. In diesem Jahr fanden sich zwei Unternehmer, die sich bereit erklärten, 200 der auf die Zahl von 1000 geschätzten Bettler in einem Arbeitshaus mit Textilarbeiten zu beschäftigen, unter der Bedingung, daß die Stadtverwaltung sich bereit erklärte, den Differenzbetrag zwischen den Kosten des Arbeitshauses und den Erträgen aus der Arbeit seiner Insassen zu tragen. Nach der Unterzeichnung des Vertrages und den nötigen Umbauten des Minoritenklosters begannen die Pächter am 1.1.1807 mit der Bewirtschaftung des Hauses.Im Dezember 1806 waren alle Bettler von der Stadtverwaltung aufgefordert, sich registrieren zu lassen. Die arbeitsfähig erachteten unter ihnen erhielten entweder eine "Bettelkarte", d. h. eine städtische Bettellizenz, oder wurden ins Arbeitshaus übernommen.[189]

Daraus ergibt sich, daß man dem *Atelier de Charité* bestenfalls eine symbolische Bedeutung bei der Unterdrückung des Straßenbettelns beimessen kann. Für die meisten Bettler war in ihm kein Platz, und von wirklichen Repressionsmaßnahmen waren nur die auswärtigen Bettler bedroht. Mehr noch: Ins *Atelier de Charité* wurden Menschen eingeliefert, die dort fehl am Platze waren. Anstelle der faulen Müßiggänger, die zur Arbeit erzogen werden sollten, fanden verstärkt Invalide oder alte Menschen im Arbeitshaus Unterkunft, was die Intervention verschiedener Ebenen der Verwaltung erforderlich machte. Das BCdB versuchte vergeblich, sich gegen die

seine Ästhetik eine Bedrohung der öffentlichen Ordnung dar. Vergl. auch HAStK FV 6837. Auf die Ausgrenzung als ein Prinzip der Herrschaft und der Disziplinierung hat Michel Foucault in anderem Zusammenhang hingewiesen. Foucault, Überwachen und Strafen, S. 254-256.

187 Brief des Maire an den Sicherheitsbeamten (*magistrat de sureté*) Hannoncelles vom 14 Ventôse an 13 (5.3.1803), HAStK FV 5059.

188 HAStK, Armenverwaltung, Bestand 400, Nr. 8, 4 A 10. In vier Sektionen der Stadt wurden 40 Kollekteure benannt, die die Spenden für den Bau des *Atelier de Charité* eintreiben sollten. Lediglich 500 Spender subskribierten die Spendenlisten. HAStK FV 6839, Brief des BCdB an den Maire vom 12 Pluviôse an 13 (1.2.1805).

189 HAStK, Armenverwaltung, Bestand 400, Nr. 8, 4 A 10.Im gleichen Tenor auch "Aufruf und Beschluß des Maire der Stadt Köln (...) vom 18ten Dezember 1806", in dem ausdrücklich festgehalten wurde: "Diejenigen, welche zur Arbeit nicht aufgenommen werden, sollen (...) eine Karte erhalten, um sie von dem (!) gar nicht zu duldenden fremden Bettler zu unterscheiden;(...)", HAStK FV 6838.

Einlieferung gebrechlicher und alter Personen ins Atelier zu verwahren. Im Oktober 1809 übersandte das BCdB dem Bürgermeister eine Liste mit 21 Namen von Personen, die aus nicht akzeptablen Gründen im Atelier einsaßen (Tab. 2.9). Ende 1809 intervenierte der Unterpräfekt beim Bürgermeister wegen einer Reihe von Personen, die ins Atelier eingeliefert worden waren, ohne arbeitsscheu zu sein. Die meisten von ihnen waren schlicht arbeitsunfähig. Der Unterpräfekt schlug ihre Unterbringung im Bürgerhospital vor. Wo dies nicht möglich sei, vor allem bei Alten und Invaliden, die keine Verwandten hatten, bei denen sie Unterschlupf finden könnten, sei eine Unterbringung in den Klöstern der Stadt zu erwägen. Man kann davon ausgehen, daß bis zur Auflösung des Ateliers im Jahre 1812 weiterhin Lahme, Kranke und alte Menschen im Arbeitshaus untergebracht worden sind. Das *Atelier de Charité* stellte also wegen seines unzureichenden Platzangebots und seiner sehr gemischten Besatzung keine Lösung des als immer dringender empfundenen Bettlerproblems dar.[190] Aus den Ausgaben für die Verpflegung der rund 210 Insassen des Arbeitshauses im Jahre 1807 läßt sich eine geringfügige Verschlechterung der Versorgung der Insassen im Vergleich zur Versorgung der Insassen der anderen Kölner Armeninstitute nachweisen. Im Zucht- und Armenhaus hatte man Nahrung im täglichen Brennwert von 2085 Kcal gereicht. Die Insassen des Armenhauses hatten im Jahre 1795 täglich Nahrungsmittel im Brennwert von 2283 Kcal verbraucht, während die Verpflegung im Zucht- und Arbeitshaus des Jahres 1800 verbessert worden war. Dort hatten die relativ hart arbeitenden Insassen zuletzt Nahrung mit 2631 Kcal zu sich genommen. Der niedrigere Brennwert der Ernährung im *Atelier de Charité* Kölns von 1807 muß besonders negative Folgen gehabt haben, da die Verschlechterung der Nahrung einherging mit dem völligen Fehlen von grünem Gemüse. Bei der Begeisterung der maßgeblichen Behörden, mit der die Rumfordsuppe in den französischen Gebieten als Armennahrung übernommen worden war, ist es wahrscheinlich, daß ein Großteil der in Tabelle 2.10 aufgeführten Nahrungsmittel zu einer Suppe mit zäher Konsistenz verkocht wurden, wobei, was an Vitaminen noch enthalten war, durch das Kochen vollends zerstört wurde. Bei anhaltender Verabreichung derartiger Verpflegung mußte es auf Dauer zu Mangelerscheinungen kommen. Die vergleichsweise schlechte Ernährung der Insassen des Arbeitshauses in französischer Zeit hatte wohl in erster Linie etwas mit Sparsamkeit zu tun und weniger mit einer willentlichen Disziplinierung durch Hunger. Jedenfalls fehlt jeder direkte Hinweis auf eine absichtliche Minderernährung der 210 Insassen.[191]

Das mit so viel Elan von den Pächtern angefangene Arbeitshaus kam schnell in Verruf und die Stadtväter wünschten, die Institution schnell wieder zu schließen.

190 Am 12.1.1810 schrieb ein Mitglied des BCdB dem Bürgermeister in der Angelegenheit des Jean Hay, der ins Arbeitshaus aufgenommen werden sollte, dies sei unmöglich, da er wegen einer Verletzung als arbeitsunfähig anzusehen sei. Brief an den Maire vom 31.10.1809; Brief des Unterpräfekten an den Maire vom 25.11.1809; Schreiben des BCdB an den Maire vom 12.1.1810. HAStK FV 6733.

191 Vergl. Tabelle 2.3, 2.4 und 2.6. Berechnung des Kalorien- und Proteingehalts in Tabelle 2.9 nach Cremer, Die große GU-Nährwert-Tabelle. Rindfleisch wurde mit einem Mittelwert von 200 Kcal/100 Gramm angesetzt.

Zunächst gab es moralisch-sittliche Widerstände gegen das Arbeitshaus, weil die Fama in der Stadt umging, im Atelier de Charité würden die Geschlechter nicht streng genug voneinander getrennt. Obwohl ein Pfarrer eigens zum Zwecke der sittlichen Überwachung der Insassen eingestellt worden war, hörten die Gerüchte über die laxe Moral im Armenhaus nicht auf. Zum zweiten wurde spätestens im Jahre 1810 klar, daß die finanziellen Belastungen der Stadt, die sich aus dem Vertrag mit den Pächtern ergaben, weit über den ursprünglich berechneten 21920 Francs im Jahr liegen würden. Für 1810 forderten die Betreiber des Atelier von der Stadt 51987 Francs, die durch hartnäckige Verhandlungen der Stadt jedoch auf 24560 Francs reduziert werden konnten. Die Kosten des Arbeitshauses wuchsen rasch, so daß man begann "(...) die in dem Arbeitshause aufgenommenen Individuen, welche nach vierjähriger Arbeit entlassen wurden, nicht mehr durch andere zu ersetzen; (...)"[192] 1811 wurde die Arbeitsanstalt aufgelöst. Das Projekt eines kommunal betriebenen Arbeitshauses war damit gescheitert. Noch verbleibende Insassen wurden in das zentrale Bettlerdepot des Département de la Roër nach Brauweiler verlegt. Zwar eröffneten Mitte des Jahres 1813 die Elberfelder Fabrikanten Lausberg und Reinhold im Verwaltungsgebäude des Armenhauses eine Baumwollspinnerei für 100 bis 115 Arbeiter, aber es wurden hier grundsätzlich nur Kinder angenommen, und auch dieser Versuch endete 1817 schon mit dem Scheitern der Anstalt: Die Stadt hatte wegen eigener finanzieller Schwierigkeiten die Zuschüsse senken müssen, und nach Wegfall der den Wettbewerb verzerrenden Kontinentalsperre war der ökonomische Anreiz einer solchen Anstalt für die Betreiber wesentlich kleiner geworden.[193]

2.4.5 Das zentrale Bettlerdepot im Département de la Roër nach 1808

Am 5. Juli 1808 erging ein Dekret des Kaisers, das die Eröffnung eines zentralen Bettlerhauses (Dépôt de mendicité) verfügte, in welchem die Bettler des gesamten Département gesammelt werden sollten. Ziel dieser Politik war es, "(...) die Betteley im ganzen Umfange des Französischen Reiches (...)" auszurotten. Erst nach Eröffnung eines derartigen Hauses, so glaubte man herausgefunden zu haben, werde es möglich sein, die Bettelei zu verbieten.[194] Trotz der Schwierigkeiten, dingfest gemachte Bettler längere Zeit unterzubringen, glaubten die Mitglieder des Zentralwohlfahrtsbüros, man habe in der Bekämpfung des Bettels große Fortschritte gemacht. In einem Fragebogen teilten sie dem *Maire* im Sommer 1808 mit, es gebe 10700 Arme in der Stadt, davon seien aber nur 150 Bettler. Dazu mußte man etwa 250 Arme aus dem städtischen *Atelier de Charité* rechnen, so daß man auf eine Zahl von 400 Bettlern für Köln gekommen wäre. 1806 habe es fast 1000 Bettler gegeben, 1807 sei diese Zahl auf 500 gesunken.[195]

192 HAStK, Armenverwaltung, Bestand 400, Nr. 8, 4 A 10.

193 HAStK, Armenverwaltung, Bestand 400, Nr. 8, 4 A 10.

194 HAStK, FV 6835, Wortlaut des Dekrets vom 5.7.1808. Brief des Maire an die Mitglieder des *Bureau Central de Bienfaisance* vom 5.8.1808.

195 HAStK FV 6835, ebda., beiliegender Fragebogen.

Die Eröffnung des städtischen Bettlerdepots hatte also insofern Wirkung gezeigt, als die für die Behörden auffällige Gruppe der Bettler abgenommen hatte, was ja nicht heißen muß, daß sie ihr Betteln auch tatsächlich eingestellt hatten. Es ist gut denkbar, daß sie es vorzogen, im Kölner Umland zu betteln, in dem es noch keine Betteldepots gab. Erwähnt werden muß auch, daß die Jahre nach 1806 bis 1810 eine relative Stabilisierung der wirtschaftlichen Verhältnisse im Département de la Roër mit sich gebracht hatten, so daß die Abnahme der Bettler möglicherweise auch eine Folge der verbesserten Konjunkturlage war. Schon im 17. Jahrhundert hatte es in Frankreich Gewahrsame für umherziehende Bettler gegeben, die *Dépôts de Mendicité* hießen. Man muß sich diese Institutionen als ein Mittelding zwischen Gefängnissen und Armenspitälern vorstellen, ganz ähnlich, wie auch die Zucht- und Arbeitshäuser in anderen Ländern. In diesen Zucht- und Arbeitshäusern, die bereits Elemente des Strafvollzugs aufwiesen, sollten die eingewiesenen Bettler durch "(...) erzieherischen Einfluß und regelmäßige Arbeit (...)" an ein geordnetes Leben gewöhnt werden. Vor der französischen Revolution hatte es in ganz Frankreich 34 solcher Dépôts gegeben, je eines für eine *Généralité*.[196]

Die Dépôts des Ancien Régime hatten in denkbar schlechtem Ruf gestanden. Sie galten vielen, wohl nicht zu Unrecht, als Brutstätten des Lasters, und ihren Verwaltern wurde rücksichtslose Profitsucht unterstellt. Diese 34 Dépôts stellten nur rund 7000 Plätze bereit, womit die Wirksamkeit dieser Einrichtungen schon aus quantitativen Gründen beschränkt war, denn in jenen Jahren verhaftete die berittene Polizei der Landstraßen, die *Maréchaussée*, rund 50.000 Menschen im Jahr wegen Bettelei. An eine flächendeckende Einweisung der Bettler in derartige Dépôts war demnach nicht zu denken.[197] Für die Zeit nach der Revolution kann man festhalten, daß sich an der Haltung des Staates gegenüber den vagierenden Teilen der Bevölkerung nicht viel änderte. Sie galten als arbeitsunwillig, weshalb sie keine Ansprüche auf Unterstützung stellen konnten. Durch Arbeitslosigkeit, Inflation und Mißernten verknappten und verteuerten sich die Lebensmittel, und weite Teile der ländlichen und städtischen Bevölkerung rutschten unter das Subsistenzlevel, wodurch sich die Scharen der umherziehenden Bettler vermehrten.[198]

Um der steigenden Zahl der Armen Herr zu werden, beschlossen die Nationalversammlung, später die Assemblée Nationale Législative und der Nationalkonvent in den Jahren von 1790 bis 1794 eine Reihe von Gesetzen, die das Ziel hatten, den Armen Arbeit zu geben, wenn diese arbeitsfähig waren und sie in Spitälern unterzubringen, wenn sie nicht arbeiten konnten.[199] Mit dem Gesetz vom 24 Vendémiaire an 2 (15.10.1793) waren die Gemeinden für die arbeitsfähigen Armen (*indigents valides*) verantwortlich geworden. Die Gemeinden hatten demnach den Bettlern sogenannte Hilfsarbeiten anzubieten (*travaux de secours*), die niedriger bezahlt werden

196 Rudolf Schwander, Armenpolitik, S.9. Zum Zuchthauscharakter dieser Anstalten Sachße; Tennstedt, Geschichte der Armenfürsorge, S. 115-122.

197 Schwander, Armenpolitik, S. 10. Forrest, The French Revolution, S. 20. Zur Rolle der Marechaussée Stead, The Police, S. 22-24.

198 Forrest, The French Revolution, S. 37.

199 Schwander, Armenpolitik, S. 15 - 83. Forrest, The French Revolution, S. 55 - 71.

sollten als vergleichbare Tätigkeiten von seßhaften Arbeitern. Bettler, die beim Betteln gestellt wurden und aus einem anderen Kanton stammten, sollten eingesperrt werden. Der Gesetzgeber sah an allen Hauptorten der Départements die Errichtung von Gefängnissen (*maisons de répression*) vor, die vor allem für fremde Bettler gedacht waren und in denen diese ihre einjährige Regelstrafe abzusitzen hatten. Bettler, die trotz dieser Strafe dreimal bettelnd aufgeriffen wurden, konnten in die Kolonien abgeschoben werden. In den besetzten rheinischen Gebieten kamen diese Gesetze aber nicht zur Anwendung.[200] Unter dem Direktorium erfolgte eine Veränderung der praktischen Politik insofern, als sich die Politiker fast ausschließlich um die offene Armenpflege kümmerten, während man die Bettelei fremder Bettler durch die herkömmlichen Unterdrückungsmaßnahmen wie Gendarmerie, Bettlerschübe, Unterbringung in den maisons de répression und Abschiebung der Bettler in die Kolonien einzudämmen versuchte.[201] Durch Dekret Napoleons vom 5.7.1808 wurde festgelegt, daß in jedem Département Frankreichs ein Bettlerdepot zu errichten sei. Mit Eröffnung des jeweiligen Bettlerdepots (*dépôt de mendicité*) wurde die Bettelei im Département vollständig und grundsätzlich verboten. Diese Verfügung des Kaisers stellte den ersten wirklich einschneidenden Neuansatz im Département de la Roër in der Behandlung der Bettler dar. Ab sofort wurden alle Bettler außerhalb der Dépôts kriminalisiert, und zum ersten Male standen dem Staat auch Machtmittel zur Verfügung, die geeignet waren, diese Drohung durchsetzbar erscheinen zu lassen.[202] Etwa ab dieser Zeit datieren auch öffentliche Verlautbarungen, welche dazu übergingen, Bettler in einem anderen Lichte zu zeigen. Erstmalig wurde eine Liste derjenigen Bettler erstellt, die sich weigerten zu arbeiten.[203] Die Polizei, die bisher in verhältnismäßig gutem Einvernehmen mit den Armen der Stadt gelebt hatte - man erinnere sich an die Ausgabe der Armutszeugnisse -, wurde nun zur verstärkten Überwachung der Bettler herangezogen, ja die Unterdrückung des Bettelns wurde als eine ihrer Hauptaufgaben definiert.[204] War auch das Betteln im Département de la Roër im Jahre 1809 bei Vorlage einer Bettelkarte grundsätzlich erlaubt, so versuchte die Stadtver-

200 AN Série AD, I 88, Code de Police des Jahres 2, 2. Bd., S. 52 - 81. Das Gesetz basierte auf früheren Entschließungen der Assemblée Nationale vom 30.5.1790.

201 Schwander, Armenpolitik, S. 109.

202 "Auszug aus dem Kaiserlichen Dekret über die Ausrottung der Betteley, vom 5. July 1808. (...) Art.I Die Betteley soll im ganzen Gebiet des Reiches verbothen seyn (...) (Art. IV) jedes (...) bettelnd gefundene Individuum (soll) verhaftet werden. Man soll dasselbe zum Dépôt der Betteley abführen. V. Die herumstreichenden Bettler sollen aufgehoben und in Gefängnisse gesperrt werden." HAStK FV 6835.

203 "Liste des Mendians qui se refusent de travailler dans L'atelier du Bureau Central de Bienfaisance à Cologne" vom 6.2.1807. Die Liste enthielt 33 Namen. Über die Gründe der Weigerung wird nichts gesagt. HAStK 6838.

204 "Je saisis cette Occasion, pour vous informer qu'il m'a été référé, que les Commissaires et les Sergeans de police prétendaient, de ne pas être obligés à une surveillance aux mendians. La suppression de la mendicité étant un des principaux Objets de police j'ai peine à croire, qu'une pareille prétention ait pu avoir lieu (...,)" bemerkte der Unterpräfekt Klespé in einem Schreiben an den Maire Wittgenstein vom 19.7.1809. Bei Zuwiderhandlung gegen diese Anweisung drohe den Polizisten die Entlassung. HAStK FV 6841, irrtümlich bezeichnet als FV 6842.

waltung der Stadt Köln, allen voran der Bürgermeister, die Bettler auf das Erheischen von Gaben an zwei Vormittagen in der Woche festzulegen.[205] Bis zur Inbetriebnahme des Bettelhauses in Brauweiler aber änderte sich am öffentlichen Erscheinungsbild der Bettelei nicht sehr viel.[206] Bis zur erfolgreichen Kontrolle der Bettler durch die Polizei war es noch ein weiter Weg. Ein notwendiger Schritt auf diesem Weg war ein zentrales Bettlerdepot für das Département de la Roër.

2.4.5.1 Das Bettelhaus in Brauweiler 1809 bis 1814

Mit dem Dekret Napoleons vom 16.11.1809 wurde auch für das Département de la Roër die Eröffnung eines Betteldepots verfügt. Dieses sollte seinen Sitz in Brauweiler bei Köln haben. Die ursprüngliche Planung sah vor, daß in den requirierten Gebäuden des Dépôts 500 Bettler beiderlei Geschlechts aufgenommen werden sollten. Zu diesem Zwecke war das Gebäude der ehemaligen Benediktinerabtei Brauweiler per Dekret vom 21.11.1808 dem Innenministerium unterstellt worden. Eine Summe von 350.000 Francs wurde bereitgestellt, um die Abtei und ihre Einrichtungen in Stand zu versetzen, diese Menge an Menschen aufzunehmen. Ab Beginn des Jahres 1811, dem Datum der geplanten Eröffnung, sollte ein jährlicher Etat von 110.000 Francs zur Verfügung stehen.[207]

Unter der Aufsicht des Präfekten Ladoucette gingen die Ausbauten in Brauweiler rasch voran, doch verschlang der Umbau der erst 1780 fertiggestellten spätbarocken Wirtschaftsgebäude des ehemaligen Klosters mehr Geld als vorgesehen.[208] Nach Abschluß der Arbeiten hatte das Dépôt ein Fassungsvermögen von 693 Plätzen und gehörte damit zu den größten Bettlerdepots Frankreichs.[209]

205 HAStK FV 6841, Brief des Maire an den Unterpräfekten vom 30.6.1809. Bürgermeister Wittgenstein wies in diesem Schreiben die Vorwürfe gegen die Kölner Polizei zurück. Die Polizei habe sehr häufig schon Bettler festgenommen und zum BCdB gebracht. Dort aber seien diese recht schnell wieder freigelassen worden.

206 "il y (...) a encore (des mendiants) dans la ville, qui mendient d'une maison à l'autre, d'autres, qui se fixent aux portes des Eglises, pour Vexer les entrans et Sortans, d'autres, qui incommodent dans les églises mêmes en parcourant les bancs et demandant des aumônes, je Vous prie, d'y appeller l'attention des Commissaires de police, à fin, que ces mendians soient arrêtés dans l'exercise de leur mendicité (...,)" stellte der Unterpräfekt in einem Schreiben zwei Jahre später fest. HAStK FV 6841, Brief vom 19.2.1811.

207 HAStK FV 6835; Bulletin des Lois, 4me Série, Napoléon I, 1809, No. 4823: Lettre de création du Dépôt de mendicité du département de la Roër. Au palais des Tuileries, le 16 Novembre 1809, S. 246-249.

208 1808/09 wurden für Umbau und Instandsetzung der sanitären Anlagen, sowie Kauf des nötigen Mobiliars 374.000 Francs ausgegeben. AN F13 1645, 2. Bericht des Conseil des Bâtiments Civils an den Innenminister vom 20.2.1809.

209 AN F13 1645, 2. Bericht des Conseil des Bâtiments Civils an den Innenminister vom 20.2.1809. Nur vier von 91 Dépôts de Mendicité waren größer. AN F 16 322, Dépenses des prisons 1812-1813, tableau des dépôts de mendicité par département, 1813. Noch 1967 war das damals errichtete Dépôt das größte von 13 Arbeitshäusern der Bundesrepublik Deutschland, in dem fast die Hälfte aller deutschen Arbeitshausinsassen lebten. Fortgelebt hat auch die ideologische

Konsequenterweise wurde mit der Eröffnung des Dépôts am 1.1.1811 im ganzen Département de la Roër das Betteln verboten. "Wer bettelnd angetroffen wird, wes Alters oder Geschlechts er immer sey, soll, (...) verhaftet (werden), damit er, (...), in das Bettelhaus, oder falls er als Landstreicher anzusehen ist, in das Gefangenenhaus gebracht werde."[210] Die Definition von Landstreicherei macht deutlich, daß gegen vagierende Bettler besonders scharf vorgegangen werden sollte:

> Als Landstreicher werden angesehen: 1tens alle starke Bettler, welche nicht in dem Unterpräfektur=bezirke, worin sie verhaftet worden, wohnhaft sind, oder garkeinen Wohnsitz haben; 2tens alle werden, oder gebrandmarkt wären; 3tens jene, die sich fälschlich für Soldaten ausgeben, oder falsche Abschiede haben; 4tens die sich als Lahme oder Krüppel verstellen, 5tens die sich mehr als vier an beschlagenen Stöcken oder anderen Waffen betrefen werden (...)[211]

In den Gemeinden begann man Listen der Bettler zusammenzustellen, die nach Brauweiler geschickt werden sollten, wobei es Schwierigkeiten bei der Zuweisung der Plätze gab, die jeder Gemeinde zur Verfügung gestellt werden sollten. Ein Bettlerhaus mit 500 Plätzen konnte nicht den Bedarf für das ganze Département decken, wenn ein Arbeitshaus für die Bettler Kölns mit 200 Plätzen schon nicht ausgereicht hatte.[212]

Das Bettlerdepot vor den Toren der Stadt konnte wie vorgesehen Anfang 1811 eröffnet werden. Zunächst hatte es einige Probleme gegeben, weil es an geeignetem Personal gefehlt hatte. Dem Bettlerdepot stand ein Aufsichtsgremium vor, das aus dem Unterpräfekten Klespé, dem Comte de Salm-Dyck und Charles de la Lippe, den Präsidenten des Kantons bestand, zuzüglich den Bürgermeistern von Brauweiler und Bedburg.[213] Mit der technischen und organisatorischen Leitung der Anstalt waren zunächst 18 Personen betraut. Sie hatten 630 Insassen zu betreuen, verpflegen und zu beaufsichtigen, von denen 500 alleine in der dem Dépôt angeschlossenen Werkstatt beschäftigt wurden. Die 130 nicht arbeitenden Bettler setzten sich zusammen aus Kranken, die in der eigenen Krankenstation versorgt wurden, Kindern unter zehn Jahren und Behinderten.[214] Hauptprodukt der Werkstatt waren Flanell- und Cotonellestoffe, obwohl auch ein Teil der Bettler zur Bewirtschaftung des Instituts und als Metzger, Gärtner oder Köche herangezogen wurden.[215]

Auf rein organisatorischer Ebene stellte das straff geführte Haus einen Fortschritt gegenüber den durch Kompetenzstreitigkeiten und Mißwirtschaft in schlechten Ruf geratenen kommunalen Einrichtungen dar. Der Präfekt des Département de la Roër,

Tradition des frühen 19. Jahrhunderts: Die Einweisung erfolgte auch mehr als 150 Jahre später auf Grund des Strafgesetzparagraphen 42 d nicht als Strafe, sondern als Maßregel, um die Delinquenten zur Arbeit anzuhalten. Der Spiegel, 21. Jg., Nr. 9 vom 20. 2. 1967, S. 49 f.

210 Beschluß des Präfekten Ladoucette vom 17.11.1810, HAStK FV 6835.

211 Ebda.

212 Brief des *Bureau Central de Bienfaisance* Kölns an den Maire Wittgenstein vom 31.12.1810, Brief des Unterpräfekten Klespé an den Maire vom 9.1.1811, 22.1.1811 und 5.3.1811. Ebda.

213 Bericht des zuständigen Referenten im Innenministerium vom 26.1.1811, AN F16 1039.

214 Ebda. Außerdem "Compte d'inspection du Prèfet, No. 1024" vom 31.12.1812, ebda.

215 Ebda.

Ladoucette, zeigte sich anläßlich einer Inspektionsreise vom erzielten Fortschritt beeindruckt. Die Sterblichkeit sei zurückgegangen und die sanitären Bedingungen ausgezeichnet. Die Qualität der Unterbringung mache das Zuchthaus zu "(...) des vraies chambres bourgeoises (...)"[216]

In der Werkstatt des Dépôts standen 280 Spinnräder und 50 mechanische Webstühle für Stoffe; daneben gab es einen Webstuhl für Decken. Nach anfänglichen Schwierigkeiten produzierte man hier 1812 100 pièces de flanelle, von denen die Hälfte wegen mangelhafter Qualität im eigenen Hause verbraucht wurde. Dennoch setzten die Werkstätten im Jahre 1812 rund 15.000 Francs um. Schon 1813 konnte der Anteil der fehlerhaften Stoffbahnen gesenkt werden und 350 pièces oder 7350 Meter Stoff wurden an Handelshäuser der näheren und weiteren Umgebung verkauft.[217] Das positive wirtschaftliche und organisatorische Bild, das sich aus der Korrespondenz der subalternen Beamten mit dem Innenministerium ergibt, kann aber nicht darüber hinwegtäuschen, daß es in Brauweiler große Schwierigkeiten gab. Diese waren grundsätzlicher Natur. Bei dem Ziel der Integration der Bettler stand vor allem die Integration ins Wirtschaftsleben im Mittelpunkt. Die Erziehung zur Arbeit, soweit es bei ihr um moderne Ideale wie die Ausbildung von Zeitplanung, Disziplin und Abkehr vom Müßiggang ging, stieß an die Grenze der Wirtschaftlichkeit des ganzen Unternehmens. Wo man zur Arbeit erziehen wollte, es folglich keine "erzogenen" Arbeiter gab, war der wirtschaftliche Nutzen der Werkstätten in Frage gestellt; wo die Werkstatt umgekehrt Profite abwarf, war der Zweck des Vorhabens erreicht und die betreffenden disziplinierten Arbeiter waren zu entlassen.[218] Auf Brauweiler angewendet hieß das, daß der geringe Grad der beruflichen Vorbildung der Insassen eine geringe wirtschaftliche Ertragsfähigkeit des Bettelhauses bedeutete. Von 645 Insassen des Jahres 1813 hatten nur 167 einen Beruf erlernt, alle übrigen Bettler hatten keinerlei Ausbildung durchlaufen. Von den 167 Insassen mit Beruf waren aber nur 142 ohne weiteres in der Lage, an einem Webstuhl oder an einem Spinnrad zu arbeiten, da sie in der Vergangenheit einen Textilberuf ausgeübt hatten. Hinzu kam als Problem die hohe Fluktuation der Insassen, die durch die Neueinweisung aufgegriffener Vagabunden und Bettler und den dauernden Abfluß "guter" d.h. angepaßter Arbeiter verursacht wurde.[219] Die Arbeitsmoral der Insassen war schlecht, was den Leiter der Anstalt, Direktor Taillard zu der Äußerung veranlaßte, es gebe einen grundsätzlichen Unterschied zwischen "freier" Lohnarbeit und Zwangsarbeit, den man nicht aufheben könne.[220]

216 "J'ai vu avec Satisfaction le bon Etat de l'infirmerie, la propreté des dortoirs et la tenue des ateliers." Bericht Ladoucettes an das Innenministerium vom 1.12.1812, ebda.

217 Eine *pièce* war eine Stoffbahn von rund 21 Metern Länge. Ebda. und Bericht Ladoucettes vom 31.12.1812, Bericht des Direktors Taillard vom 20.7.1813.

218 Zur Begrifflichkeit der Arbeitsdisziplin Foucault, Überwachen und Strafen, S. 173 - 219.

219 Bericht des Anstaltsleiters Taillard ans Innenministerium vom 20.7.1813. AN F 16 1039. Bei einer Belegschaft von 567 Insassen (Stand vom 1.1.1812) durchliefen bis zum Ende des Jahres 847 Bettler das Dépôt (280 Neuzugänge), das heißt es gab eine Fluktuation von fast 50 %. Jahresbericht Taillards für 1812 vom 25.4.1813, AN F16 1039.

220 Bericht Taillards vom 25.4.1813, ebda.

Am 20.7.1813 beklagte Taillard, daß er 80 seiner besten Arbeiter habe gehen lassen müssen, "(...) qui ont été Jugés en Etat de gagner leur vie par le Travail de leurs mains (...)." Was an neuen Kräften im Jahr 1813 eingewiesen worden war, sei von schlechterem Charakter gewesen als in beiden Vorjahren.[221] Besser kann man den Widerspruch zwischen Gewinnstreben und pädagogischem Ziel nicht formulieren.[222]

Dieser Widerspruch kam noch auf einer anderen Ebene zum Tragen. Aus wirtschaftlichen Gründen sollten die Insassen des Dépôt mit einem Fixum am Ertrag des Instituts beteiligt werden. Dieser Plan mußte sehr schnell aufgegeben werden, weil sich herausstellte, daß man sich mit einer finanziellen Beteiligung der einsitzenden Bettler der Möglichkeit enthob, mit ökonomischen Mitteln zu strafen.[223] Man geht wohl nicht zu weit, wenn man das Verhalten der arbeitsunwilligen Bettler als passiven Widerstand bezeichnet, eine Form des Bezeugung von Unwillen, die sich bis zum aktiven Widerstand in der Form von Flucht steigern konnte.[224] Weisen nun die Tatsache des passiven Widerstandes eines Teils der Bettler und der gelegentlichen Fluchtversuche auf eine schlechte Behandlung der Insassen im Dépôt hin? Dies kann man nach Prüfung der Lebensumstände der Insassen verneinen.

2.4.5.2 Ernährung und Versorgung im Dépôt in Brauweiler

Die Unterbringung der aufgegriffenen Vaganten muß auch aus heutiger Sicht als durchweg positiv beurteilt werden. Die Insassen waren nicht nur in weiträumigen und hellen Schlafräumen untergebracht, sondern wurden zudem ärztlich gut versorgt. Bei der Tätigkeit der Vaganten in den Textilbetrieben des Dépôt wurden sehr viele Staubteile freigesetzt, die ein vermehrtes Auftreten von Augen- und Lungenleiden bewirkten. Dies wurde von der Verwaltung des Dépôt bemerkt, und man sann auf Abhilfe.[225]

221 Bericht des Anstaltsleiters Taillard ans Innenministerium vom 20.7.1813. Ebda.

222 Taillard, der unermüdliche Organisator und Wächter über die Disziplin der Insassen, hatte jeden Zoll eines modernen Anstaltsleiters. Ursprünglich Quartiermeisterleutnant der Kaiserlichen Gendarmerie im Rheinland, wurde er als Leiter der Anstalt in Brauweiler eingesetzt. Das Wirtschaften lag ihm. Schon im März 1812, nach etwas mehr als einem Jahr im Amt, sollte er wegen seiner großen Erfolge in der Bekämpfung der Bettelei abberufen werden und die Leitung des *Dépôt de Mendicité* der Stadt Rom übernehmen. Präfekt Ladoucette sperrte sich dagegen und setzte sich beim Inneminister für Taillards Verbleiben in Brauweiler ein. Um sich ganz seiner Aufgabe in Brauweiler widmen zu können, wurde Taillard sogar in den einstweiligen Ruhestand versetzt. AN F16 1039, Brief Ladoucettes an das Innenministerium vom 15.3.1812 und Schreiben des Kriegsministeriums an das Innenministerium vom 11.2.1811.

223 Taillard an Präfekt Ladoucette, AN F16 1039, 4.8.1812. Grundsätzlich erhielten die Insassen des Dépôts etwa zwei Drittel des Lohnes freier Arbeiter. Diese Vergütung wurde aber nicht ausgezahlt, sondern wurde auf einem Treuhandkonto, der *caisse du pécule* für die Insassen verwahrt. Erst bei Verlassen des Hauses erhielt der ehemalige Delinquent dieses Geld. AN F16 542, Rechnung für 1811.

224 AN F16 1039, Brief Ladoucettes an Innenminister vom 8.12.1813.

225 Bericht für das Julitrimester 1811, Gesundheitsbericht, AN F16 537.

Die Kosten des Bettlerdepots waren beträchtlich. Zusammengenommen betrugen die Ausgaben für den unmittelbaren Lebensunterhalt der Insassen im Jahre 1811 43021 Francs. Darin sind die Gehälter der Mitarbeiter Direktor Taillards und die Auslagen für die Werkstatt nicht enthalten. Geht man von der konservativen Schätzung aus, daß sich im Laufe des Jahres durchschnittlich 380 Vaganten im Dépôt aufhielten, so entspräche das einer Aufwendung von rund 113 Francs pro Person und Jahr oder 31 Centimes/Tag. Das war mehr als die meisten der Insassen hätten verdienen können, wenn man berücksichtigt, daß die Löhne damals bei rund 40 Centimes für Hilfstätigkeiten lagen und wohl kaum mehr als 200 Arbeitstage im Jahr zusammenkamen.[226]

Die Qualität der gereichten Nahrungsmittel war durchaus akzeptabel. Kartoffeln standen ebenso häufig auf dem Speiseplan wie Erbsen, Linsen und Karotten. Relativ häufig wurde auch Fleisch verzehrt, so daß ein Insasse 1812 durchschnittlich etwa 30 kg Fleisch im Jahr zu sich nahm (Tab. 2.12). Der Versuch, den Speiseplan aus Rechnungen des Bettlerhauses zu rekonstruieren, ergibt folgendes Bild: Hauptkalorienspender war der Roggen, was den regionalen Gepflogenheiten des Rheinlandes entsprach. Daneben spielten Weizen und Kartoffeln aber eine wichtige Rolle. Da die Kost fast überhaupt kein frisches Gemüse enthalten zu haben scheint, kann man davon ausgehen, daß sie zwar ausreichend aber doch sehr langweilig gewesen ist. Die einzige Abwechslung wurde wohl durch den relativ ausgeprägten Konsum von Bier geboten, wohl auch eine Folge der Arbeitsbedingungen in den Werkstätten. Man wollte möglicherweise durch die großzügigen Bierrationen verhindern, daß die oberen Atemwege der Arbeiter zu schnell austrockneten. Wie vitaminreich die Kost der mendiants gewesen ist, hing zu stark von der jeweiligen Zubereitungsart der Lebensmittel ab, als daß es sinnvoll wäre, hierüber zu spekulieren. Tatsache ist, daß in den Akten keine Hinweise auf Symptome von Hypovitaminose enthalten sind, auch keine Krankheitsbilder beschrieben werden, die den Schluß auf Mangelkrankheiten zulassen würden.[227]

226 Das Dépôt war am 1.1.1811 eröffnet worden. Am 1.6.1811 lebten hier 381 mendiants. AN F16 537. Zur Lohnsituation: Gute Arbeiter konnten auch 1811 ein bis drei Francs am Tage in den Seiden- und Baumwollfabriken Kölns verdienen. Doch waren dies Ausnahmen. Der Flanellfabrikant Jean Geoffroi Schmitz zahlte seinen 150 Arbeitern 1.20 Francs am Tag, wenn sie erwachsen waren. Kinder erhielten nur 15 Centimes. Der Fabrikant Balthasar Langen, der Baumwoll-und Wolltextilien fertigen ließ, zahlte Erwachsenen 30 Centimes, Kindern die Hälfte. HAStK FV 5848, Renseignements für die dritte Sektion Kölns vom 25.10.1811.

227 Schnaps erhielten die Fabrikarbeiter genauso wie die Arbeiter im Garten des Bettelhauses. Das Getränk wurde in Rationen von 5 Centiliter/Tag verabreicht. Das Bier kam ebenfalls den mendiants zugute, wie aus den Rechnungen der Hausverwaltung hervorging. Die Umrechnung auf den Prokopfverbrauch ergab sich durch einen Ansatz von 630 Insassen im Rechnungsjahr 1812. Vergl. "Comte d'inspection du Préfet, No. 1024 vom 1.12.1812. AN F16 1039. Die Belegung mit 630 Insassen blieb bis 1813 konstant. Rapport Ladoucettes an das Innenministerium vom 25.2.1813. Ebda. Zum Maßsystem: Ein Hektoliter Weizen wurde mit 86 kg und ein Hektoliter Roggen mit 88 kg angesetzt. Hülsenfrüchte brachten 850 Gramm auf einen Liter. Die Kalorien- und Proteinwerte entstammen Cremer, Die Große GU-Nährwert-Tabelle. Zum Vergleich mit anderen Armenhäusern in Deutschland Kuczynski, Geschichte des Alltags, Bd.2., S. 286-288. Zur Bedeutung des Alkohols als Nahrungsmittel ebda., S. 281.

2.4.5.3 Die Insassen des Bettlerhauses in Brauweiler in den Jahren 1811 bis 1813

Von 888 Neuzugängen der Jahre 1811 bis 1813 lagen die Personalakten im Nationalarchiv in Paris. Die wichtigsten Angaben zu den eingewiesenen Bettlern wurden einer Totalerhebung unterzogen. Dabei ergab sich folgendes (Tab. 2.13): Auffällig und abweichend vom Bild der Hausarmen, wie wir sie in Köln beobachten konnten, ist zunächst einmal das geringe Durchschnittsalter der Insassen. Wir haben es hier mit einer stark linkssteilen Verteilung der Altersangaben zu tun, ein Beleg dafür, daß viele sehr junge Menschen einer kleinen Anzahl alter Menschen gegenüberstanden. Der typische Insasse des Bettlerdepots war ein Jugendlicher und dieser Insasse war häufiger männlichen als weiblichen Geschlechts. Damit sind die Verhältnisse, wie wir sie aus der Beurteilung der Hausarmen kennen, auf den Kopf gestellt, weil es dort sehr viel mehr alte Menschen gab und hier die Frauen tonangebend waren. Dem entspricht, daß der überwiegende Teil der *mendiants* arbeitsfähig gewesen ist und nur 20 Prozent invalide waren. Isoliert man die Arbeitsunfähigen von den anderen Insassen, so wird sehr schnell die Ursache ihrer Arbeitsunfähigkeit klar. Das Durchschnittsalter der Invaliden lag wesentlich höher als beim Rest der Gruppe (Tab. 2.14).

Das hohe Alter der Insassen muß als einziger Grund für ihre Invalidität angesehen werden. In allen anderen Parametern unterschied sich die Gruppe nicht von der Gesamtgruppe. Weder in ihrer Berufsstruktur, noch in der geschlechtsspezifischen Zusammensetzung wiesen die Invaliden und die Arbeitsfähigen grundsätzliche Unterschiede auf. Das gleiche gilt für ihre Bereitschaft zu vagieren. Hier ist zunächst ein Wort zur Definition der Vaganz angebracht, die den folgenden Aufstellungen zugrunde liegt. Grundsätzlich konnte jeder Arme in seiner Gemeinde oder vor den Toren der Stadt, aus der er stammte, um Almosen betteln, solange er von Bettelknechten und Polizisten unbehelligt blieb. In dieser Hinsicht war jeder Bettler potentiell ein Vagierender. In diesem Sinne wird der Begriff aber hier *nicht* verwandt. Einer allzu langfristigen Entfernung vom Wohnort stand der seit der Jahrhundertwende stärker beachtete Paßzwang für Reisende im Wege, dem man sich durch Geschick oder Mut aber durchaus entziehen konnte. Bettler, die dies taten, müssen wir mit Recht zu den vagierenden Bettlern zählen, doch ist es schwierig, ihr Auftreten zu messen. Es fehlen einfach Statistiken über die Bettlerschübe oder die Frequenz von Verhaftung der Landfahrenden, wie sie für den süddeutschen Raum vorliegen. Meßbar in unserem Zusammenhang ist einzig und allein die Tatsache, ob ein Bettler zu irgend einem Zeitpunkt seines Lebens seine Heimatstadt, in der ein Anrecht auf Unterstützung hatte, verlassen und sich an einem anderen Ort niedergelassen hatte. Wie wir gesehen haben, ist dies bei den Kölner Straßenbettlern durchaus der Fall gewesen. Für die hier vorliegenden Insassen des *Dépôt de Mendicité* in Brauweiler konnte in der überwiegenden Mehrzahl der einsitzenden Personen festgestellt werden, wo der Bettler geboren war und in welcher Gemeinde er seinen Wohnsitz hatte, als er aufgegriffen wurde. In diesem Sinne wird hier der Begriff Vaganz operationalisiert. Das Ergebnis ist überraschend (Tab. 2.15). Die meisten Bettler hatten ihren Wohnsitz auch in ihrer Geburtsgemeinde. Das heißt, daß sie entweder innerhalb ihrer Gemeinde gebettelt hatten oder doch in der näheren Umgebung. Wer erwartet hatte, invalide, d.h. alte Bettler wiesen eine höhere Tendenz zum Verbleib am Heimatort auf, sieht seine Erwartungen enttäuscht. Immerhin 30 Prozent der invaliden Bettler stammte aus einer anderen Gemeinde als der, in der sie zuletzt gelebt hatten, was darauf hindeutet, daß die Bereitschaft, das Wohnrecht am Heimatort aufzugeben, mit dem Alter möglicherweise gestiegen ist. Man muß sich noch einmal ins Gedächnis rufen, daß die meisten Bettler in ihren Heimatgemeinden vor Verfolgungen und Bettlerschüben relativ sicher waren, da nur auswärtige Bettler verschoben wurden. Es war also für die Bettler in jedem Fall ratsam, in ihrer Heimatgemeinde zu bleiben, auch wenn sie im Umland auf Bettelzüge gingen. Die Zunahme der Bereitschaft zur Vaganz bei den älteren, d.h. invaliden Bettlern wäre demnach nur als Resultat des gestiegenen Lebensalters zu erklären. Je älter ein Bettler wurde, um so größer war die Wahrscheinlichkeit, daß er seine Heimatgemeinde irgendwann einmal verließ oder verlassen mußte. Die einzige Ausnahme bildet hier die Stadt Köln, die eine Nettozuwanderung von 16.6 % (bezogen auf die Bettler mit Wohnsitz in Köln) hatte, was wohl mit der Attraktivität der Armenversorgung in dieser Stadt und der größeren Anonymität einer verhältnismäßig großen Stadt zu tun hatte, in der der Bettler hoffen konnte, unbehelligt zu bleiben.[228] Die Neigung der beiden Geschlechter zur Vaganz war etwa gleich groß. Von den bodenständigen Bettlern, also denen, die im gleichen Kanton wohnten, in dem sie geboren wurden, waren gleichviel Männer bzw. Frauen wie in der Kontrollgruppe aller Bettler. Umgekehrt war die Verteilung zwischen Männern und Frauen fast identisch bei denjenigen Bettlern, die zum Wechsel ihres Wohnortes tendierten (Tab. 2.16). Zwei Dinge zeigen sich bei der Auswertung dieser Aufstellung:

1) Das Vagabundendasein war nicht vorwiegend für Männer reserviert, wie Carsten Küther dies für Süddeutschland gezeigt hat. Fast 42 Prozent der vagierenden Insassen des Dépôts waren Frauen. Der relative Anteil der bodenständigen Bettlerinnen war nur unwesentlich höher.[229]

2) Der Anteil der Vagierenden mit nur einem Viertel an der Gesamtbelegschaft des *Dépôt de Mendicité* beweist, daß diese Institution nicht in erster Linie gegen die landfahrenden Bettler gerichtet gewesen war, sondern die bodenständigen Bettler des Départements aufnahm, insofern also lediglich die Aufgaben, die von der Kommune

228 Aus Köln abgewandert waren nur neun Bettler, davon drei junge Spinner nach Krefeld, wo eine blühende Textilindustrie ein besseres Auskommen versprach. Zugewandert waren 85 Personen. Die meisten Zuwanderer kamen aus dem Rheinland, nur sechs stammten aus dem heute belgischen Gebiet und zwei kamen von weiter (Salzburg, Hamburg) her. Auffällig ist der hohe Anteil von Bettlern, die keinen Geburtsort angeben konnten. Die meisten von ihnen waren Kinder. Sicherlich waren einige von ihnen Kinder von Vaganten, die auf der Landstraße geboren waren. AN F16 537.

229 "Männer waren unter den Aufgegriffenen entschieden zahlreicher vertreten." Küther geht von einem Verhältnis von Männern zu Frauen von 1.9 : 1 aus. Küther, Menschen auf der Straße, S. 29. Küthers Berechnungen beziehen sich vor allem auf den süddeutschen Raum. Für Küthers Ergebnisse spricht allerdings die statistische Evidenz. Er hat wesentlich größere Gruppen untersucht, was die Genauigkeit seiner Angaben heraufsetzt. Vergl. auch Ders., Räuber und Gauner, S. 20 f.

wahrgenommen worden waren, auf die nächsthöhere Verwaltungsebene gehoben worden waren. Als Beleg dafür kann nicht nur die Zusammensetzung der einsitzenden Bettler dienen, sondern auch die Argumentation des Unterpräfekten des Kantons Köln, der darauf verwiesen hatte, daß es falsch sei, das Kölner *Atelier de Charité* zu schließen, da nun die Kölner Bettler ins zentrale Dépôt nach Brauweiler abgeschoben werden müßten.[230]

Im Hinblick auf die fahrenden Bettler war das Dépôt insofern von Bedeutung, als hier die Entschlossenheit der Behörden auch nach außen dokumentiert wurde, die Bettelei und Landfahrerei wirksam zu bekämpfen.[231] Bei genauerer Betrachtung der Vaganten, d.h. der Bettler, bei denen Wohn- und Geburtsort nicht übereinstimmten, lassen sich bestimmte Schwerpunkte der Wanderungsbewegung festhalten (Tab. 2.17): Köln war bei weitem der attraktivste Ort für Bettler. Weit weniger häufig lebten die Vagierenden in den Standorten der Textilindustrie wie Aachen und Krefeld. Arbeitsplätze waren wohl nicht der Grund für die Wanderungsbewegung, sondern das Angebot an sozialen Hilfeleistungen oder die erhoffte Möglichkeit, durch Betteln sein Brot zu verdienen. Köln stand teilweise zu Recht im Ruf, besonders nachsichtig mit den auswärtigen Bettlern zu verfahren, bzw. im Abschieben der fremden Vaganten nachlässiger zu sein als andere Gemeinden des Rheinlandes.

Es paßt recht gut zum großen Anteil der Vaganten an der Gesamtbelegschaft des Hauses, daß die Zahl der Berufstätigen relativ gering war. Dies war aber keine Folge der sprichwörtlichen Arbeitsscheu der Bettler, die das Almosenheischen berufsmäßig ausgeübt hätten, sondern der größte Teil dieser Menschen war zu jung, um einen Beruf gelernt zu haben. Kinder unter 14 Jahren stellten über 60 Prozent der berufslosen Bettler (Tab 218). Bedingt durch die Altersstruktur dieser Gruppe sind in ihr fast alle Arbeitsfähigen auch Kinder. Die Gruppe der arbeitsfähigen Bettler ohne Beruf bestand zu über 87 Prozent aus Kindern unter 14 Jahren. Zwar lag die Bereitschaft zum Ortswechsel bei der Gruppe der berufslosen Bettler etwas höher als bei der Gesamtgruppe (33.8 % gegenüber 24.7 %), doch ist das m.E. noch kein Indiz dafür, daß es sich bei ersterer Gruppe um die vagierenden oder Berufsbettler gehandelt haben kann. Immerhin waren zwei Drittel von ihnen in der Gemeinde wohnhaft, in der sie auch geboren waren. Zieht man die Kinder unter 14 Jahren von dieser Gruppe ab, so vergrößerte sich die Tendenz zur Ortsansässigkeit sogar noch geringfügig.[232]

Von der Altersgruppe der 14- bis 60-jährigen Bettler hatte der allergrößte Teil einen Beruf erlernt, bei den Frauen sogar ein größerer Teil als bei den Männern. Der Vorwurf der Arbeitsscheu kann diesen Bettlern nicht leichtfertig gemacht werden, da sie zumindest einmal berufstätig gewesen waren.[233]

230 AN F 15 1100.

231 Spierenburg, From Amsterdam to Auburn, S. 441.

232 91 der 140 Kinder dieser Gruppe war ortsansässig (=65%). Von den Erwachsenen über 14 Jahren (= 91) lebten immerhin 62 an ihrem Geburtsort, d.h. 68.1 %. AN F 16 537.

233 Die Gruppe der 14- bis 60-Jährigen umfaßte 423 Personen. Unter ihnen waren 215 Männer (= 50.8%) und 208 Frauen (49.2 %). Von den Männern hatten 25 keinen Beruf (=11.6%), von den Frauen sieben (=3.4%). AN F16 537.

Ein großer Teil der Bettler kam aus den textilverabeitenden Berufen, allen voran die Spinner und Spinnerinnen, von denen ein Gutteil in den gegen Ende des napoleonischen Regimes neu entstandenen Baumwollmanufakturen tätig gewesen sein dürfte (Tab. 2.19). Niedriger als im Durchschnitt der Gesamtgruppe ist hier der Anteil an Kölner Spinnern und Spinnerinnen, in erster Linie wohl deshalb, weil sich hier die Situation der Textilbetriebe durch die Kontinentalblockade etwas verbessert hatte.[234] Die anderen Berufe nahmen im Vergleich dazu nur eine untergeordnete Stellung ein. Verhältnismäßig zahlreich waren noch die Spitzenklöpplerinnen im Bettlerdepot vertreten, die im übrigen alle in Köln ihren Wohnsitz genommen hatten und bis auf eine auch alle in Köln geboren waren. Ihnen hat wohl die zollpolitische Einheit Flanderns mit dem Rheinland wirtschaftlich schwer geschadet. Betroffen von auswärtiger Konkurrenz waren auch die Weber und Stricker(innen), die zum überwiegenden Teil aus Köln stammten (Tab. 2.20).

Beim Vergleich der Berufsstruktur der seßhaften mit den vagierenden Bettlern ergeben sich folgende interessanten Beobachtungen: Spinnerinnen und Spinner waren unter den vagierenden Bettlern seltener, ebenso der Anteil der Bettler, die keinen Beruf ausübten (Tab. 2.21).

Die Ursachen für das abweichende Berufsprofil der Bettler, die ihren Geburtsort verlassen haben, liegen in der Art und Weise, wie in der Gesellschaft des ausgehenden 18. und frühen 19. Jahrhunderts Berufsqualifikationen erreicht wurden. Für viele war das Erlernen eines Berufs gleichbedeutend mit einer Ortsveränderung. Gerade Handwerker, die eine formale Lehre zu durchlaufen hatten, wechselten im Laufe ihres Lebens den Wohnort, und so finden sich unter den hier als "vagierend" geführten Bettlern oft Handwerker. Wie aus der Auszählung der Berufsnennungen bei den Vagierenden und den Seßhaften hervorgeht, war der Fächer der möglichen Berufe bei den Nichtseßhaften verhältnismäßig größer gespannt. Unter ihnen fanden sich Bäcker (N=5), Schuster (N=3), Tischler (N=2), Dachdecker (N=1), Schlosser (N=2) und Scherer (N=2). Wenn man auch den Berufsangaben in den Listen der Dépôtsverwaltung mit gesundem Mißtrauen begegnen sollte, so wird doch deutlich, daß der typische Bettler dieser Jahre nicht der "Berufsbettler" war, der nichts anderes gelernt hatte, als die Hand aufzuhalten, und daß unter den Bettlern viele waren, die einen Beruf erlernt hatten, ihn aber aus wirtschaftlichen oder gesundheitlichen Gründen nicht mehr ausübten. Im Vergleich mit den Kölner Straßenbettlern, die im April 1794 von den Bürgerhauptleuten erfaßt worden waren, fällt zunächst einmal die Altersstruktur dieser Vergleichsgruppe ins Auge.[235] Daneben ist der Anteil der Frauen bei den in Brauweiler einsitzenden Bettlern höher. Der Anteil der Zugezogenen betrug in beiden Gruppen etwa ein Viertel. Möglicherweise wurde bei der Auswahl der Belegschaft des Dépôts vom Verwalter darauf geachtet, daß die Insassen arbeitsfähig waren oder Hoffnung bestand, daß sie es wieder wurden. Dieses Verfahren steigerte einerseits die wirtschaftliche Ertragfähigkeit des Unternehmens, andererseits wurden so vor allem die jungen, arbeitsfähigen, aber -unwilligen Bettler

234 Ayçoberry, Cologne, S. 40.
235 Vergl. Tabelle 2.8, Kölner Straßenbettler im April 1794, HAStK Militaria 48.

pädagogisch erreicht, da Arbeitsfähigkeit weitgehend eine Funktion des Lebensalters war.[236]

2.4.6 Die Bettlerjagden im Département de la Roër gegen Ende der französischen Herrschaft

Gegen Ende der napoleonischen Zeit ist eine gewisse Intensivierung der Verfolgung von Bettlern und Vagabunden zu beobachten. Sichtbarer Ausdruck für die Verschärfung des Kampfes gegen die Bettler war das zentrale Bettlerdepot, das nun endlich auch die Lösung des Problems verhieß, was man mit den festgenommenen Bettlern anstellen sollte. Dabei darf man bei aller berechtigter Spekulation über die Motive der Behörden für die Verschärfungen nicht übersehen, daß es ganz praktische Gründe dafür gab, vor allem gegen die vagierenden Bettler verstärkt vorzugehen. Seitdem die napoleonischen Armeen nicht nur militärische Siege erfochten, sondern auch verloren, hatte sich die Zahl der Desertionen erheblich erhöht, und desertierte Soldaten, denen harte Bestrafung drohte, wenn sie wieder gestellt wurden, zählten zu denjenigen, die die Reihen der Bettler auf den Straßen des Reiches anschwellen ließen. Hinzu kam die wirtschaftliche Krise der Jahre 1810 bis 1812, die die Zahl der Hungernden und Obdachlosen nach oben schnellen ließ. Kann man dem Journal de la Roër vom 11.12.1811 glauben, so flüchteten Deserteure vorzugsweise ins Département de la Roër.

Das Mittel, das man gegen die angebliche Bedrohung durch Bettler und Vagabunden einsetzte, war nicht wirklich neu. Bettlerschübe hatte es während der ganzen frühen Neuzeit gegeben, wenn auch mit unterschiedlichem Erfolg. Neu waren die Dimensionen dieser Unternehmungen und die generalstabsmäßige Planung derselben. Zum ersten Male war es möglich, in einem zusammenhängenden Territorium von der Größe eines heutigen Regierungsbezirks Jagd auf Bettler und Nichtseßhafte zu machen. Bei den örtlichen Bettlerschüben hatten die Bettler nämlich die Möglichkeit gehabt, für einige Tage den Aufenthaltsort zu wechseln und zurückzukehren, nachdem sich der Staub gelegt hatte, den die Behörden aufgewirbelt hatten. Präfekt Ladoucette organisierte im Dezember 1811 eine von mehreren allgemeinen Kopfjagden, die zum Ziele hatten, Vagabunden, die die öffentliche Ruhe störten, zu stellen und die sehr erfolgreich verliefen.

> Man arretirte viele feige Memmen, und dem Befehl der höhern Obrigkeit zufolge, wurden zugleich die Landstreicher und heimatloses Gesindel, welche die öffentliche Ruhe hätten fährden (!) können, in Verhaft genommen.[237]

Damit diese großangelegte Jagd auf Bettler und Streuner zum Erfolg führte, war eine generalstabsmäßige Planung des Unternehmens notwendig gewesen. Schon im Oktober 1811 waren für eine Bettlerjagd, die im November stattfinden sollte, die

236 Ebda.

237 AN F9 314. Aufruf des Präfekten vom 8.12.1811 und Journal de la Roër vom 11.12.1811.

ersten Zirkularschreiben an die untergeordneten Behörden abgeschickt worden, Unterpräfekten und Polizeibehörden waren eingeweiht worden. An der Suche nach den Vaganten beteiligten sich die Bürgermeisterämter, die städtische Polizei, die Forstbehörden und die Zollstellen im gesamten Département de la Roër. Alle Institutionen erhielten Amtshilfe von der Gendarmerie Nationale. Die Aktivitäten aller Ebenen sollten bis zum 1.11.1811 mit dem zuständigen Unterpräfekten abgestimmt werden, damit die Aktion pünktlich am 3.11.1811 in einem gemeinsamen Schlag durchgeführt werden konnte.[238]

Waren einmal die organisatorischen Voraussetzungen für eine organisierte Jagd auf Nichtseßhafte und Bettler gegeben, konnte es auch leicht passieren, daß Gruppen das Interesse des Staates erregten, die bisher vollkommen ungeschoren geblieben waren. So gerieten auf einmal die sogenannten "Wanderarbeiter" in die Maschinerie der Behörden, die nichts anderes waren als Pendler, die unter der Woche in Deutzer oder Mülheimer Tabakmanufakturen arbeiteten, am Sonntag aber zu ihren Familien heimkehrten, wozu sie nur über den Rhein nach Köln übersetzen mußten. Einige von ihnen kamen sogar jeden Abend nach Hause. Von ihnen konnte man kaum als Nichtseßhaften sprechen.[239] Im für die Bettler negativen Klima des ausgehenden Empire konnte es auch schon einmal passieren, daß ortsansässige Kaufleute versuchten, unliebsame ambulante Konkurrenz mit dem Hinweis auf deren Nichtseßhaftigkeit auszuschalten. So richteten zwölf Kölner Kaufleute am 6.3.1812 eine Resolution an Bürgermeister Wittgenstein, in der sie ihn aufforderten, gegen die fremden Händler vorzugehen.[240] In Bonn und Straßburg werde es den fliegenden Händlern auch nicht gestattet, derartig lange in der Stadt zu bleiben wie in Köln, argumentierten die Kölner Kaufleute. Die Demarche der Kölner beim Magistrat blieb jedoch ohne Erfolg, da sich herausstellte, daß auch in Straßburg Kolporteure über längere Zeit in der Stadt Geschäfte machen durften, wenn ihre und die Pässe ihrer Familienangehörigen in Ordnung waren.[241] Dies war nicht der letzte Angriff auf die fahrenden Händler. Im Sog der sich häufenden Bettlerjagden gingen die Behörden des Département de la Roër gezielter gegen fliegende Händler, Schausteller und Musiker vor, jenen Teil der nichtseßhaften Bevölkerung, deren Vaganz Voraussetzung für ihre materielle Existenz war und hinter deren Aktivitäten sich andere - illegale - Handlungen gut verbergen ließen. Kolporteure und Scherenschleifer, Musikanten und Korbflechter standen im Rufe, mit umherziehenden Diebesbanden unter einer Decke zu

238 HAStK FV 3057. Zirkular des Unterpräfekten Klespé vom 21.10.1811.

239 Der Argwohn des Unterpräfekten angesichts dieser Gruppe von Arbeitern wurde durch die beschwichtigende Antwort des Bürgermeisters auch schnell zerstreut. HAStK FV 2224, Anfrage des Unterpräfekten vom 26.3.1811 und Antwort des Bürgermeisters vom 9.4.1811.

240 "Plusieur(e)s fois déjà nous avons en cette Ville des marchands Colporteurs qui au Dépit du Commerce y passoient des mois entiers, encore dans ce moment M. Halenbourg d'Aix la Chapelle est ici depuis six Semaines, et nous qui payons tous les Impôts, devons voir tranqillement qu'un Étranger vient nous enlever notre Vente." HAStK FV 1356, Brief des Kaufmanns Jean Franck vom 6.3.1812.

241 Brief des Straßburger Bürgermeisters an den Kölner Kollegen in dieser Angelegenheit vom 27.3.1812. Ebda.

stecken und ihnen als Kundschafter zu dienen, ein Vorwurf, der nicht ganz unberechtigt erhoben wurde, da einige Verbindungsleute der Räuberbanden eine Doppelexistenz als "Baldower" und als fliegender Händler führten. Der Unterpräfekt des Arrondissement Köln faßte diese Menschen als eine Gruppe zusammen.[242] Er begründete, warum man diese Leute überwache und verfolge, mit den Worten:

> Ces individus qui n'ont que des moyens précaires d'existence et qui le plus souvent n'empruntent la qualité qu'ils en donnent que pour mieux échapper à la vigilance de la police, inspirent la terreur et l'effroi partout où ils passent.[243]

Die betreffenden Vaganten erhielten ein Wanderungsverbot, was einem Berufsverbot gleichkam. Selbst für den Fall, daß ihre Papiere in Ordnung waren, wurde ihnen der vorübergehende Aufenthalt in den Städten und Gemeinden des Arrondissement untersagt. Sie hatten sich unverzüglich in ihre Heimatgemeinde zu begeben. Fliegende Händler, deren Pässe Unstimmigkeiten aufwiesen oder ganz fehlten, sollten auf der Stelle verhaftet werden. Die Bürgermeister des Arrondissements kooperierten, indem sie die Anordnung des Unterpräfekten an die zuständigen Polizeikommissariate weiterleiteten.[244] Eine Stadt wie Köln, die mehr als den durchschnittlichen Anteil an Armen und Bettlern zu versorgen hatte als andere Gemeinden, hatte ein besonders großes Interesse daran, die Zahl der fremden Bettler in den eigenen Mauern klein zu halten, weshalb man schon früh daran gegangen war, die auswärtigen Vaganten in ihre Heimat abzuschieben. Spätestens nach der Eröffnung des Kölner *Atelier de Charité* wuchs die Notwendigkeit, fremde Vaganten abzuschieben, weil man einerseits den eigenen Bettlern die ohnehin raren Plätze im Atelier reservieren wollte, andererseits härter gegen die Straßenbettelei vorgehen wollte. Solange das Département de la Roër nicht flächendeckend mit Bettlerdepots versehen worden war, blieb als "Lösung" nur der Bettlerschub. Verwaltungstechnisch schwierig war es, dabei festzustellen, woher ein festgenommener Vagant stammte. Dies war wichtig, um festzulegen, welche Gemeinde für seine Versorgung aufzukommen hatte. Die Konsequenz mangelnder persönlicher Daten der Vaganten war ein erhöhter administativer Aufwand, weil durch entsprechende Briefe an die vorgeblichen oder wirklichen Heimatgemeinden der Festgenommenen die Identität und der Geburtsort der Vaganten geklärt werden mußten. Schwierig wurde es besonders in den Fällen, in denen der Vagant seinen Geburtsort nicht kannte, entweder weil er zu jung oder geistesschwach war.

So nahm die Polizei der Stadt Köln im September des Jahres 1809 eine geistesgestörte Frau fest, die gebettelt hatte. Sie wurde ins *Atelier de Charité* überstellt und gab an, aus Lüttich zu stammen. Die Gendarmerie Nationale nahm sie daraufhin mit nach Lüttich und übergab sie den dortigen Behörden. Am 10.10.1809 schrieb der *Maire* von Lüttich seinem Kölner Amtskollegen einen Brief, daß diese Frau nicht aus

242 HAStK FV 5056, Brief des Unterpräfekten des Arrondissement Köln an die Bürgermeister seines Gebietes vom 23.6.1812.

243 Ebda.

244 HAStK FV 5056 und FV 5057.

Lüttich stammen könne, da sie den Dialekt der Stadt nicht beherrsche. Er schicke dem Kölner Kollegen also diese Frau zurück.[245]

Die Bürgermeister waren aber nicht die einzigen Beamten des Staates, die erhebliche Mühe mit den Vaganten hatten, die verschoben werden sollten. Durchzuführen hatten die Bettlerschübe in aller Regel die Beamten der Gendarmerie Nationale, und zwar hatte der Generalkommissar der Polizei auf Aufforderung durch den Bürgermeister dem lokalen Gendarmeriebrigadier zu befehlen, eine Person an einen anderen Ort zu bringen. Die dortige Gendarmeriedienststelle wurde von der bevorstehenden Ankunft eines Festgenommenen informiert und überstellte den Vaganten dann den zivilen Behörden der Gemeinde, aus der der Bettler zu kommen vorgab.[246] Damit und mit der Durchführung der zentralen Bettlerjagden ab 1811 waren die Aufgaben der lokalen Behörden im Kampf gegen die Bettelei aber noch nicht ausgeschöpft. Eine allgemeine Intensivierung der Überwachungstätigkeit der kommunalen Stellen stellte einerseits eine Reaktion auf das gesteigerte Sicherheitsdenken der übergeordneten Behörden dar, hatte aber insofern auch Realitätsbezug, als ab 1810 zunehmend Bettler und Vagabunden ins Roërdépartement einsickerten und die Landstraßen unsicher machten. Die Wellen auswärtiger Vagabunden stammten nach Ansicht des übereifrigen Unterpräfekten des Arrondissement Köln aus den Resten von Räuberbanden, die aus dem angrenzenden Département Donnersberg ins Département de la Roër eingedrungen waren, in Wirklichkeit aber von aus dem Rechtsrheinischen beheimateten Familien, die durch die Krise von 1810/12 schwer getroffen waren und hofften, im Roërdépartement, der Kornkammer des französischen Reiches, überleben zu können, indem sie Erntearbeiten annahmen und nach Abschluß der Erntesaison bettelten.[247]

Neu im Arsenal der Behörden, die gegen die Fahrenden vorgingen, war ab 1810 auch die gezielte Fahndung nach einzelnen Vagabunden mit Hilfe von Steckbriefen. Der Vagabund Johannes Volker, auch Völker, der mit seiner Frau Elisabeth Schneiders und dem Kölner Vagabunden Wolterus Schwartz das Land durchstreifte, wurde im Dezember 1810 mit einem solchen Steckbrief gesucht. Dieser war ursprünglich vom Bürgermeister der Gemeinde Kronenburg ausgestellt worden und wurde im gesamten Département de la Roër verbreitet. Die über die Grenzen des DdlR hinaus angestrengte Fahndung hatte Erfolg, denn Volker und seine Frau wurden im Großherzogtum Berg ergriffen und in ihre Heimatgemeinde Marsberg im Département Rhin-et-Moselle abgeschoben. Die Ausgabe von Steckbriefen wurde 1812 und 1813 immer stärker vorangetrieben. Ab Sommer 1812 erschienen Sammelsteckbriefe (liste supplémentaire des mauvais sujets) der Subjekte "(...) qui désolent le Dpt de la Roër (...)". Ähnliche Listen folgten am 14.6.1812, 19.6.1812, 23.6.1812, 27.6.1812, 17.8.1812 und 19.6.1813. Es scheint so, als ob man, um den gefährlichen Auflösungstendenzen des Empire entgegenzuwirken, die Repressionsschraube bei den Vaganten

245 HAStK FV 5059, Brief vom 10.10.1809.

246 Dies war das übliche Verfahren. HAStK FV 5059.

247 Vergl. Kapitel 4. Schreiben des Unterpräfekten Klespé an den Maire von Köln vom 10.10.1810. Schreiben des Unterpräfekten an Maire Wittgenstein vom 18.9.1810. Brief des Maire Kölns an die Polizeikommissare der Stadt vom 25.4.1811. HAStK FV 5059.

stärker anzog.[248] Bei der zunehmenden Furcht der Behörden vor "Vagabunden" konnte es leicht passieren, daß arbeitslose Menschen in die Mühlen der Polizei gerieten und als Nichtseßhafte geführt wurden, die lediglich auf der Suche nach Arbeit gewesen waren oder denen man doch zumindest nicht nachweisen konnte, daß sie bettelnd über Land gezogen waren. Am 6.9.1811 waren gegen Abend zwei Frauen von der Düsseldorfer Polizei verhaftet worden, die mit einem angetrunkenen Soldaten in der Stadt unterwegs gewesen waren. Der Bürgermeister der im Großherzogtum Berg gelegenen Stadt Düsseldorf überstellte die beiden Frauen dem Kölner Kollegen, da beide angaben, in Köln wohnhaft zu sein. Dem Schreiben des Maire lag folgendes auszugsweise zitiertes Vernehmungsprotokoll bei:

> Dusseldorf (...):7. September 1811
> Gestern Abend wurden zwei fremde liederliche Weibsbilder mit einem betrunckenen Soldaten angetroffen, dieselben wurden ergriffen und verhaftet, (...) ad generalia Anna Maria Tümmeler, von Münstereifel, 22 Jahr alt, verheiratet.
> Was sie hier mache?
> Sie sey mit dem anderen Mädchen hierher gekommen, um einen Soldat zu besuchen, den das andere Mädchen besucht habe.
> Wo ihr Paß, oder sonstiger Schein sey.
> Sie habe keinen.
> Wo sie zuletzt gewohnt habe.
> Wobei?
> bei einem (...) Schneider Drikes in der Netteskaul wo sie vor 8 Tagen
> Wie lange sie dabei gewohnt.
> die Leute hätten keine Magd gehabt und hätten sie eine Zeitlang als bekommen.[249]

Diese beiden Frauen wurden als Vagantinnen verschoben, obwohl es keinerlei Beleg dafür gab, daß sie sich der Bettelei schuldig gemacht hatten. Der Grund ihres Ortswechsels, nämlich Arbeitslosigkeit, wurde von den zuständigen Behörden vom Tisch gewischt. Eine derartig rigide Politik unterband letztlich den freien Verkehr von Individuen und Waren, denn ob den beiden "liederlichen Weibsbildern" vom Polizeikommissar in Köln ein Paß ausgestellt worden wäre, wenn sie einen beantragt hätten, ist doch mehr als zweifelhaft. Als Fazit dieses Aktionismus der französischen

248 Alle Angaben aus HAStK FV 5059. Korrespondenz des Kölner Maire mit dem Marsberger Kollegen vom 24.12.1810 und 9.3.1811. Die Aufstellung vom 19.6.1813 zeigt, daß unter den Vaganten Menschen waren, die nach geltenden Moralbegriffen lasterhaft oder liederlich waren, aber es waren ebenso gut einige fliegende Händler darunter, denen man außer ihrem Umgang mit den liederlichen Fahrenden keine Vorwürfe machen konnte. Vergl. auch gleichartiges Schreiben vom 21.7.1813 und Schreiben des Unterpräfekten des Arrondissement Köln an Maire (...) de la bonne Ville de Cologne (...) vom 25.11.1813. HAStK FV 5059.

249 HAStK FV 5059. Frau Tümmeler gab weiterhin an, ihr Mann sei in Bonn bei den Soldaten stationiert, weshalb auch verständlich wird, warum sie sich als Magd verdingen mußte. Die andere Frau, Theresia Kreizinger, war ebenfalls außerhalb geboren und lebte wie ihre Freundin in Köln. Auch sie hatte keinen Paß und keine Arbeit, war zudem schwanger, denn sie gab an, bei der Tümmlerin das Kindbett aushalten zu wollen. Den fehlenden Paß entschuldigte sie damit, daß sie nicht gewußt habe, daß man einen solchen benötige, wenn man auf das andere Rheinufer wollte. Ebda.

Behörden bleibt festzuhalten, daß sich die Maßnahmen gegen die Bettler am Ende der französischen Herrschaft in einem Maße verschärften, das nicht allein auf die objektiv gestiegene Bedrohung zurückzuführen ist, die von Vagabunden und Bettlern ausging. Die Intensivierung der staatlichen Repression in einer Zeit, als die Autorität des Staates nicht mehr von allen uneingeschränkt anerkannt wurde, in der es verstärkt zu Desertionen und Revolten bei der Ziehung von Rekruten kam und in der man hinter jedem Vagabunden einen desertierten französischen Soldaten witterte, führte zu einer verständlichen Überreaktion auf Seiten der französischen Beamten, die zu retten versuchten, was noch zu retten war.[250] Daß sie dabei nicht erfolgreich waren, ist ihnen nicht anzulasten. Ihr Ziel, die Bettelei und den Vagabundismus im Rheinland unter Kontrolle zu bringen, haben sie nicht erreicht. Die Gründe für dieses Scheitern liegen in der für die Zeit durchaus typischen moralisch-politischen Beurteilung der Ursache der Bettelei, die sie mit ihren preußischen Nachfolgern teilten. Es fehlte zu Beginn des 19. Jahrhunderts die Möglichkeit, Phänomene wie Armut, Bettelei und Vagabondage auf ihre sozialen Ursachen zurückzuführen. Die "Armen= Ordnung der Stadt Cöln de 1818" zum Beispiel erklärte sich die Bettelei in erster Linie als Selbstrekrutierungsprozess der Bettler und Armen:

> (...) durch die, ohne allen Plan und Auswahl vertheilten Gaben entsprang das Uebel, daß durch die, dadurch erleichterte Fortpflanzung der bettelnden Klasse eine eigene Generation Mangel geschützt, durch moralische Verderbtheit an der Entwicklung ihrer Kräfte und deren Anwendung zu Erwerbung des eigenen Unterhalts verhindert, nicht leicht zur arbeitenden Klasse zurückgeführt werden konnte.

Es war nur konsequent zu nennen, wenn der Polizeipräsident des Stadtkreises Köln im gleichen Jahr verordnete, " (...) daß die Verabreichung der Allmosen an die Bettler gänzlich aufhöre." Die Vergabe solcher Spenden bewirke, "(...) daß dergleichen (...) Menschen nie zur Arbeit gewöhnt (...) werden.[251] Innerhalb von 30 Jahren

250 Registre des ppaux. délits année 1812, 31.10.1812, AN F 7 2268. Desertionen nahmen ab Sommer 1813 schlagartig zu. Am 6.4.1813 flüchteten zwischen Rur und Lippe 98 Wehrpflichtige an einem Tag. Diese mußten zwangsläufig vagieren, um nicht aufzufallen und verhaftet zu werden. AN F 7 2269. Am 10.5.1813 verhaftete der Bürgermeister von Geilenkirchen 31 Deserteure aus seiner Gemeinde auf einen Schlag. Ganze Zollbrigaden flüchteten Ende des Jahres 1813 geschlossen. AN F 7 2269. Am 1.2.1813 gab es in Köln einen größeren Aufstand, der aber auf das Gebiet des Herzogtum Berg übergriff und durch noch größere Unruhen auf dem rechten Rheinufer in Solingen, Opladen und Düsseldorf übertroffen wurde. Am 5.2.1813 war der Aufstand immer noch nicht unter Kontrolle, Tabakschiffe wurden aufgehalten und geplündert und man ließ Zar Alexander hochleben. In Elberfeld hatten sich nach Angabe der französischen Quellen 1900 Aufständische zusammengezogen, die von den Gendarmen angegriffen wurden, wobei 30 Rebellen ums Leben kamen und 100 verwundet wurden. Der Rest der *brigands* wurde zersprengt. In Münster kam es darauf am 12.2.1813 bei Rekrutenziehungen zu Tumulten. Am gleichen Tag wurden in Wesel im DdlR einige Aufständische hingerichtet. Am 17.2.1813 soll der Aufstand im DdlR und auf der rechten Rheinseite vollkommen niedergeschlagen gewesen sein. AN F 7 2269.

251 Armen=Ordnung der Stadt Cöln de 1818. Erneuerte Armen=Ordnung der Stadt Köln (!). Mit Genehmigung der Königlichen Regierung bekannt gemacht im Juni 1818. HAStK Armenverwaltung, Bestand 53, Nr.32, S.4. Polizeiliche Bekanntmachung vom 17.9.1818, HAStK Edikte 17, 146.

waren die Almosen in Köln von einer Übung der Nächstenliebe zu einem polizeilich verbotenen Mißstand verwandelt worden.

Wenn diese beiden Quellenstellen symptomatisch sind für die Haltung der preußischen Beamten in der Armenfrage, so fällt diese weit hinter die Haltung des Kölner Rats zurück, die jener in der Mitte des 18. Jahrhunderts vertreten hatte. Damals war noch ein Unterscheid gemacht worden zwischen Hausarmen und starken Bettlern. Unter preußischer Verwaltung hingegen war Armut insgesamt so negativ konnotiert, daß man Hausarme und Bettler, Vagabunden und Invalide in einen Topf warf und die Ursache für die Bettelei in malthusianischer Manier auf das zu leichte Leben der Armen zurückführte.

2.4.7 Die Entwicklung Brauweilers nach 1814

Bereits am 17. Januar 1814 hatte die alliierte Administration das Bettlerdepot zu Brauweiler übernommen, und am 21. Mai des gleichen Jahres wurde es dem preußischen Generalgouverneur Sack unterstellt. Am 31. Juli 1814 erhielt die Anstalt einen neuen Direktor, den Hofrat Ristelhueber. Die finanzielle Lage des Dépôts war alles andere als rosig. Die Franzosen hatten natürlich den größten Teil des Kassenbestandes mitgenommen, und so stand Ristelhueber mit nur 3100 Francs in der Kasse vor der Aufgabe, über 10.000 Francs an Außenständen abzudecken. Die Zahl der Insassen war infolge der Flucht der Häuslinge in den letzten Tagen der französischen Verwaltung ebenfalls stark gesunken, wobei verständlicherweise vor allem die Invaliden im Hause geblieben waren. So hatte das Bettlerdepot nur noch 383 Insassen gegenüber ehemals 600, wovon nur 91 uneingeschränkt arbeitsfähig waren. Dies mußte die wirtschaftliche Leistungsfähigkeit der Anstalt natürlich empfindlich treffen. Ob das die preußische Bettlerpolitik entscheidend mitbeeinflußt hat, läßt sich nur vermuten; jedenfalls gingen die preußischen Verwalter des Bettlerdepots in der Folge sehr scharf gegen Bettler vor, so daß das Haus bis 1817 wieder 800 Insassen zählte. Bis 1818 wurden die Gebäude und Anlagen der Anstalt erweitert, so daß nun bis zu 1000 Detenierte aufgenommen werden konnten.[252] Am 29.12.1819 wurde die höchste Belegung aber auf 600 Menschen festgelegt, die aus den vier Regierungsbezirken Köln, Kleve, Düsseldorf und Aachen kommen sollten, womit im wesentlichen der gleiche Zuständigkeitsbereich und die gleiche Belegschaftszahl wie unter französischer Verwaltung wiederhergestellt wurden. Erstmalig wurden jedoch für die einzelnen Bezirke im Einzugsbereich des Dépôts feste Verteilungsquoten vergeben. Entsprechend der Zuweisung von Plätzen für die Insassen wurden auch die Kosten auf die vier beteiligten Regierungsbezirke umgelegt.[253] Bei der Beurteilung der

252 Ristelhueber, Historisch=statistische Beschreibung des Land=Arbeitshauses zu Brauweiler von dem Direktor desselben, Hofrath Ristelhueber,(...), Köln 1818, HAStK Di 185 a, S. 42-46.

253 Der Regierungsbezirk Köln erhielt 166 Plätze, Kleve 147, Düsseldorf 89 und der Regierungsbezirk Aachen erhielt das größte Deputat mit 198 Plätzen. Ristelhueber, Historisch=statistische Beschreibung, S. 47.

quantitativen Entwicklung Brauweilers (Tab. 2.22) dürfen die grundlegenden qualitativen Änderungen aber nicht außer acht gelassen werden, die sich in preußischer Zeit ergeben haben. In französischer Zeit war der Prozeß der Einweisung eines Bettlers oder Vaganten ins Dépôt eine eher formlose Angelegenheit gewesen. Anfangs hatten sich die Bettler sogar selber benennen dürfen oder waren auf Vorschlag der Gemeindeverwaltungen ihrer Heimatgemeinde eingewiesen worden. Dies hatte für die Betroffenen den Nachteil gehabt, daß das Verfahren möglicherweise wenig transparent und, da auf lokalen Gegebenheiten basierend, insgesamt betrachtet recht willkürlich verlaufen war. Der Vorteil dieser Regelung lag in dem verhältnismäßig großen Ermessensspielraum, der den zuständigen Beamten des Dépôt zugefallen war. Sie konnten weitgehend selbständig entscheiden, wie mit den Detenierten zu verfahren sei. Diese Praxis wurde im Département de la Roër jedoch nur im Jahre 1811 geübt. Noch in französischer Zeit kam es zu wichtigen Änderungen. Die Ministerialordnung vom 31.3.1812 faßte nun die Bestimmungen darüber, wie mit dem Delinquenten zu verfahren sei, enger.

> Die beim Betteln ertappten Personen werden dem Unterpräfekten, jetzt den königlichen Landräthen, vorgeführt, und auf Verfügung derselben in die Municipal=Polizei=Gefängnisse aufgenommen. [254]

Dort konnten die Verhafteten von ihren Gemeinden oder Verwandten abgeholt werden, unter der Voraussetzung, daß diese dafür sorgten, daß das Betteln unterblieb. Wurden die verhafteten Bettler nicht "reklamiert", so wurden Frauen und Kinder unter 16 Jahren in die Bettleranstalten eingewiesen. Diese Verhaftung hatte den Charakter einer echten Inhaftierung und wurde der königlichen Regierung durch die Landräte offiziell angezeigt. Arbeitsfähige männliche Bettler wurden an ordentliche Gerichte überwiesen und wegen Bettelei und/oder Landstreicherei nach der peinlichen Gerichtsordnung und dem Strafgesetzbuch abgeurteilt. Erst nachdem die so verhängte Strafe abgeleistet worden war, wurden die Verurteilten in das Bettlerdepot eingewiesen. Das Bettlerdepot hatte also zum einen stärker den Charakter einer Strafanstalt übernommen, zum anderen ging die preußische Regierung offensichtlich nicht davon aus, daß die Abstrafung der männlichen Bettler eine Änderung ihres Verhaltens in Richtung einer "Besserung" bewirkt hat. Der Verweis auf die peinliche Gerichtsordnung in diesem Zusammenhang dürfte demnach ein Indiz dafür sein, daß ertappte Bettler nach wie vor durch Körperstrafen (Brandmarkung) bestraft wurden, bevor sie zur eigentlichen Besserung dem Bettlerdepot übergeben wurden.[255]

Mit Verordnung des Rheinischen Oberpräsidiums vom 11.3.1823 wurde auch diese Regelung wieder aufgehoben, und es wurde entschieden, daß gegen jeden Bettler und Landstreicher nach den Bestimmungen des peinlichen Gesetzbuches zu verfahren war. Kein Bettler oder Vagabund sollte eher in eine Anstalt aufgenommen werden, bis er oder sie nicht vor Gericht gestanden und die ihm zuerkannte Gefängnisstrafe abgebüßt hatte.[256]

254 Ristelhueber, Historisch=Statistische Beschreibung, S. 78.
255 Ebda., S. 79.
256 Ebda.

Damit wurden die Insassen des Bettlerdepots automatisch zu Vorbestraften, das Bettlerdepot wurde zu einer Besserungsanstalt für Kriminelle. Die so fixierte Praxis in den ehemals französischen Teilen der Rheinprovinz wich von der in den anderen Teilen Preußens gängigen Vorgehensweise ab, da hier die Bestrafung des Bettlers oder Vagabunden ohne jede gerichtliche Mitwirkung in die Befugnisse der Landes- oder Ortspolizeibehörde fiel. In der Rheinprovinz wirkte demnach nicht eine besonders milde Haltung gegenüber Bettlern nach, sondern das abweichende Verfahren war ein Resultat der für das preußische Rheinland weiter geltenden französischen Gerichtsverfassung, die u.a. das Weiterbestehen der Geschworenengerichte vorsah. Seit 1821 wurden außerdem jugendliche Kriminelle, die zu einer Gefängnisstrafe verurteilt worden waren, nicht in die normalen Justizvollzugsanstalten, sondern in die Bettlerdepots eingeliefert. Deutlicher konnte die preußische Regierung kaum dokumentieren, daß sie das Bettlerdepot in erster Linie für ein Gefängnis hielt, in dem Menschen, die sich nicht freiwillig in die bestehende Ordnung eingliedern ließen, durch "Korrektion" und Arbeit auf den Weg der Besserung gebracht werden sollten.

Dieser Ansatz wurde unterstrichen durch die Personalakten von allen Jugendlichen, die zwischen 1821 und 1826 zur Verbüßung einer Gefängnisstrafe in das *Dépôt de mendicité* eingeliefert worden waren. Hier ist minutiös festgehalten worden, welche Fortschritte der einzelne, euphemistisch "Zögling" genannte Häftling bei seiner Resozialisierung machte. Dies war wichtig, um die Arbeit des Bettlerdepots öffentlich rechtfertigen zu können, wie dies dann auch in Ristelhuebers Schrift geschah. Darüberhinaus diente ein derartiger Nachweis der Besserung aber auch als Absicherung der Dépôtverwaltung gegenüber den Vorgesetzten, denn der Direktor des Etablissements hatte die Möglichkeit, auch unter Umgehung der Genehmigung durch die Regierung einzelne jugendliche Häftlinge vorzeitig zu entlassen, wenn diese ein "vorteilhaftes Unterkommen" finden konnten. Auch dies darf nicht als unerwartete Milde der offiziellen Stellen mißinterpretiert werden, sondern fügt sich konsequent ein in das Konzept der "Besserung" der Delinquenten, welches voraussetzte, daß der Bestrafungsapparat auch positiv verstärken und flexibel reagieren sollte, wenn ein Individuum die geforderte gesellschaftliche Anpassungsleistung schneller vollzog als andere.[257]

Für das Jahr 1825 liegen uns mit den Aufzeichnungen Ristelhuebers Angaben über die Ursachen der Einlieferung der Delinquenten in Brauweiler vor. Die Anstalt hatte am Stichtag, dem 1.1.1826, 832 Insassen, davon 554 Männer und 278 Frauen. Von dieser Belegschaft waren 195 Menschen unter 16 Jahre alt. Von den jugendlichen Insassen saß der allergrößte Teil, nämlich 69 (oder 35.4 %) wegen Diebstahls ein. Addiert man die wegen Straßenraubs und Brandstiftung festgehaltenen Jugendlichen hinzu, so stellte die Gruppe der im engen Sinne Kriminellen 73 Individuen (37.4 %). 47 Kinder waren mit ihren Eltern aufgegriffen worden und waren so klein,

257 Ebda., S. 84 f. Vergl. Foucault, Überwachen und Strafen, S. 232 f., 246- 250. Die Schrift Ristelhuebers zitiert Auszüge aus 93 Personalakten von jugendlichen Strafgefangenen, die zwischen 1821 und 1826 in Brauweiler einsaßen. Interessant ist diese Quelle für die Beurteilung der Wirksamkeit des Besserungsgedankens. Ebda., S. 108 f.

daß man sich zwangsläufig um sie kümmern mußte (24.1 %). 33 Jugendliche waren elternlos umhergezogen, als man sie aufgriff (16.9 %). Gebettelt hatten nur 29 Jugendliche, d. h. der allerkleinste Teil der hier zusammengestellten Gruppen (14.9 %). Für die jungen Menschen war Brauweiler also in allererster Linie ein Jugendgefängnis, in dem man sie durch arbeitstherapeutische Mittel zu ordentlichen Menschen machen wollte. Hier hatte sich der Korrektionsgedanke voll durchgesetzt. Bei den Erwachsenen bot sich ein etwas anderes Bild. 326 der 637 erwachsenen Detinierten waren wegen Bettelei eingeliefert worden, weitere 176 wegen Landstreicherei. Zwischen beiden Gruppen wird es wohl inhaltliche Überschneidungen gegeben haben, denn ein Gutteil der Landstreicher mag zu seinem Lebensunterhalt gebettelt haben, genauso wie einige Bettler, um ihrem Broterwerb nachzugehen, über Land gezogen sein werden. Zusammengenommen stellte die Gruppe der Bettler bzw. Landstreicher mit 502 Detinierten die größte Gruppe (78.8 %). Das Bettlerdepot nahm im Falle der Erwachsenen eindeutig die Funktion eines zentralen Zucht- und Arbeitshauses für Vagierende wahr, wobei die 26 einsitzenden Diebe sowie die wegen Liederlichkeit und Trunkenheit festgehaltenen 107 Personen mit zusammengenommen 20.8 Prozent der erwachsenen Belegschaft nicht entscheidend zu Buche schlugen.[258] Vergleicht man die Ergebnisse für das Jahr 1825 mit denen, die aus der Erhebung der Insassen vor 1813 gewonnen werden konnten, so fallen mehrere Dinge auf:

1) Der Anteil der Frauen an den in Brauweiler Detinierten hatte von 42 auf 33 Prozent abgenommen. Berücksichtigt man nur die wegen Vagierens verhafteten Personen, so liegt der Anteil der Frauen dort bei 38 Prozent. Bei den Bettlern, die arbeitsfähig waren, lag der weibliche Anteil bei 26 Prozent.

2) Geht man von der plausiben Annahme aus, daß die als arbeitsscheue Bettler deklarierten Detinierten in erster Linie seßhafte Bettler waren (auf die Möglichkeit der Überschneidung mit den Vaganten wurde bereits hingewiesen), so bestätigt sich, daß auch unter preußischer Verwaltung das Hauptgewicht der Tätigkeit des Bettlerdepots auf die Unterbindung des bodenständigen Bettlertums gerichtet war, hier also Aufgaben wahrgenommen wurden, die vorher den Gemeinden zugefallen waren. Von allen 832 Insassen des Hauses saßen überhaupt nur 185 Personen wegen Landstreicherei ein, d. h. weniger als 23 Prozent. Direktor Ristelhueber bestätigte dies mit der Bemerkung, daß das Institut auch Leute verwahrte, " (...) deren Einsperrung jedoch in anderen Ursachen, als in der Betteley ihren Grund hat."[259]

Es ist aus dem Aktenmaterial nicht zu entnehmen, warum der Anteil der vagierenden Frauen abgenommen hat, ja es ist sogar möglich, daß hier nur eine scheinbare Abnahme vorliegt. Aufschlüsse über die geschlechtsspezifischen Veränderungen des Verhaltens der Vaganten können nur größer angelegte Längsschnittuntersuchungen erbringen, für die in unserem Falle der Quellenbestand nicht ausreicht. Es lassen sich aber folgende, vom Material gestützte Hypothesen aufstellen:

258 Ebda., S. 56 f. Die liederlichen Personen waren fast ausschließlich Frauen, die Trunkenbolde fast ausschließlich Männer. Es handelte sich bei diesen Deliktkategorien wohl um geschlechtsspezifische Ausprägungen des Merkmals "abweichendes Verhalten".

259 Ebda., S. 54 f., S. 95.

1) Da der Anteil der rückfälligen Delinquenten bei den Frauen nicht wesentlich niedriger lag als bei den Männern, besteht kein Grund zur Annahme, daß die Frauen auf die Unterdrückung des Bettelns und Vagierens seitens des Behörden eher durch Aufgeben der Vaganz reagiert hätten als die Männer. Von den Rückfalltätern des Jahres 1826 waren fast 30 Prozent Frauen, was dem Anteil der Frauen in der Gesamtgruppe in etwa entsprach.[260] Möglicherweise bot sich in den städtischen Werk- und Spinnschulen für Frauen eine Alternative zum Umherziehen auf den Straßen, die es ihnen erlaubte, Phasen der Verfolgung durch die Polizei und Justiz elastisch abzufedern. Die Lösung dieser Frage müßte aber auch die Analyse der ökonomischen Trends der Volkswirtschaft wie einzelner Sektoren derselben mitberücksichtigen.

2) Von den im Kalenderjahr 1826 entlassenen Detinierten der Anstalt in Brauweiler waren relativ viele Personen Frauen. Da die Entlassung in der Regel nur gestattet wurde, wenn die Delinquenten als "gebessert" im Sinne der Behörde galten und Ausicht bestand, daß sie nicht rückfällig wurden, kann man darüber spekulieren, ob sich Frauen besser in die Gegebenheiten einer geschlossenen Anstalt einfügen konnten als Männer und deshalb ihre "Erfolgsquote" höher war als die der Männer. Immerhin stellten die Frauen bei den "gebesserten" Insassen genau 50 Prozent, wobei ein hoher Anteil der Frauen "zur Selbsternährung befähigt" war, wie der Anstaltsleiter Ristelhueber sich ausdrückte.[261]

2.4.7.1 Die Ernährung der Gefangenen in preußischer Zeit

Die Analyse des Speiseplanes des Bettlerdepots in französischer Zeit hatte ergeben, daß die Insassen des Hauses, gemessen am damaligen Kenntnisstand und an den Verbrauchsgewohnheiten, gut verpflegt worden waren. Die Überschlagsrechnung anhand der gekauften Lebensmittel hatte einen Tagessatz von 2220 Kcal mit 86 Gramm Protein pro Person und Tag erbracht. Diese Berechnung nivellierte die möglicherweise bestehenden Unterschiede in der Ernährung von Alten und Kranken oder bei Schwerarbeitern, ist aber an sich schon ein aussagefähiger Wert. Während der preußischen Zeit des Dépôts wurde die Ernährung der Insassen stark differenziert, und zwar spielte das Alter der Züchtlinge eine ebenso wichtige Rolle wie die Arbeit, die ein Insasse auszuführen hatte. Demzufolge war die Ernährung der gesunden Häuslinge in fünf Qualitätsklassen unterteilt, wovon uns hier nur diejenige interessieren soll, die für Erwachsene galt, die normale Arbeit verrichteten: Selbst wenn man

260 Ebda., S. 58 f. 71 Rezidive, davon 21 Frauen und 50 Männer.

261 Ebda., S. 60 f. Die aufgegriffenen Bettler mußten bis zum Jahre 1823 mindestens ein Jahr im Dépôt verbleiben, darüberhinaus aber mindestens so lange, "(...) bis er (der Bettler) sich zum eigenen Broderwerb befähigt habe." Ebda., S. 77. Nach 1823 wurden überhaupt nur noch durch ordentliche Gerichte verurteilte Personen nach Verbüßung ihrer Strafe ins Bettlerdepot Brauweiler aufgenommen. Ebda., S. 79. Um entlassen werden zu können, mußte vom Direktor der Anstalt für den "gebesserten" Häusling bei der königlichen Regierung ein Antrag gestellt werden. Ebda., S. 84 f.

berücksichtigt, daß die in Tabelle 2.23 angegeben Werte Vorgaben waren und es keineswegs als gesichert gelten darf, daß diese Werte eingehalten wurden, ist die Quantität der gereichten Nahrung zunächst erstaunlich. Mit über 3000 Kilokalorien und 130 Gramm pflanzlichem Protein kann von einer schlechten Ernährung der Zöglinge nicht die Rede sein. Dies bedeutet nicht, daß die Nahrung auch abwechslungsreich und schmackhaft war. Als Alternative zur etwas eintönigen Ernährung mit Suppen aus Erbsen oder Graupen war ein Mittagstisch vorgesehen, bei dem Fleischbrühe mit Rindfleisch gereicht werden sollte. Wie oft dies tatsächlich vorgekommen ist, läßt sich nicht bestimmen. Die wichtigsten Bedürfnisse des Körpers wurden durch den alltäglichen Speiseplan gedeckt. Erwähnt werden sollte, daß die schwerarbeitenden Zöglinge zusätzlich Branntwein, Bier und Rindfleisch erhielten und zwar in ansehnlichen Mengen.[262]

2.4.7.2 Disziplinierung und Strafen

Die vergleichsweise gute Verpflegung der Insassen fügte sich sehr gut in das gesamte Konzept der Besserung ein, in dem Strafen eine wichtige Rolle spielten. Damit über den Nahrungsentzug gestraft werden konnte, war natürlich Voraussetzung, daß im Normalfall genug davon ausgegeben wurde. Erst auf dem Hintergrund der Bestimmungen, die die Disziplinierung aufsässiger oder rückfälliger Insassen durch Nahrungsentzug vorsahen, bekommt der reichliche Speiseplan der Anstalt seine eigentliche Bedeutung. Der vierte Abschnitt der neuen, d.h. preußischen Hausordnung des Dépôts setzte fest:

> Häuslinge, welche durch ihre Schuld wiederholt eingesperrt werden, der Dauer der neuen Detention nur Ein Mahl (sic !) wöchentlich Fleisch und keine Zulage an Bier oder Branntwein erhalten, auch während der ersten drei Monate ihrer Verwahrung über ihren Antheil an dem Arbeits=Verdienste nicht disponiren können.[263]

Neben der Bestrafung durch Essensentzug wurde offensichtlich den rückfälligen Straftätern auch der Arbeitslohn vorenthalten, während umgekehrt "(...) Ausgezeichnetes Betragen und besonderer Fleiß (...)" den Aufstieg des Gefangenen in eine bessere Klasse und die damit verbundenen Belohnung durch reichhaltigeres Essen zur Folge haben konnten.[264] Neben diesen materiellen Anreizen, die die Anpassung der Detinierten an die geforderten Werte "Fleiß", "Arbeitswille" und "Folgsamkeit" beschleunigen sollten, verfügte das Bettlerdepot von Brauweiler über einen ausgefeilten und abgestuften Apparat von Maßnahmen, die die Besserung der Insassen unterstützen sollten. Dazu gehörte auch die religiöse Unterrichtung der Insassen, zu deren Durchführung ein evangelischer und ein katholischer Anstaltspfarrer eingestellt worden waren. Die Häuslinge erhielten, sofern sie nicht vollends in die

262 Ebda., S. 154 f.
263 Ebda., S. 83 f.
264 Ebda., S. 84.

anstaltseigene Produktion eingespannt waren, täglich sieben Stunden Schul- und wöchentlich sechs Stunden Religionsunterricht. Darin waren die täglichen religiösen Andachten, die des abends stattfanden, noch nicht eingerechnet. Neu war der militärische Drill der Knaben, der an Sonn- und Feiertagen "(...) und mitunter während der zur Erholung bestimmten Zeit in militairischen Marsch=Uebungen (...)" seinen Ausdruck fand. Erklärtes Ziel dieser Übungen war es, die Detinierten auf den "Soldatenstand" vorzubereiten. Der Nebeneffekt, daß solcherart gefügig gemachte Jugendliche auch sonst möglicherweise leichter zu kontrollieren waren, wird in der Anstaltsregel durchaus gesehen und angesprochen.

> Was kostet es nicht für Mühe, den Rekruten das Exercieren zu lehren, und ihnen eine ordentliche Haltung zu geben. In den Schuljahren hierzu vorbereitet, würde dieses Geschäft später beiden Theilen, dem Instruktor und Rekruten, leichter werden, manche Qual beseitigt, und der Unterricht überhaupt weit schneller von Statten gehen[265]

Die Übernahme militärischer Disziplin war zwar für die Zucht- und Arbeitshäuser des Rheinlandes ein Novum gewesen, fand sich aber durchaus schon in schulischen Anstalten im Frankreich des 18. Jahrhunderts.[266] Sinnvoll ergänzt wurde sie durch die Einführung militärischer Orgnisationsformen bei den Insassen.

> Die in der Anstalt befindlichen Knaben, 100 an der Zahl, sind in einer Kompagnie formirt. Ein Kommandant, 8 Unteroffiziere und eben so viel Gefreite stehen dieser Kompagnie vor. Sie hat 4 Revier=Aufseher, der in dem Königl. Preußischen Heere als Unteroffizier diente. Die Unteroffiziere und Gefreiten sind aus der Zahl der Zöglinge entnommen.[267]

Nicht genug damit, daß die einsitzenden Knaben in einer militärischen Formation erfaßt wurden, erhielt die Kompanie ihr eigenes Militärreglement und ihr eigenes Standrecht, nach dem Verstöße gegen das Reglement bestraft wurden. Wichtig war dabei die disziplinierende Wirkung der verhängten Strafen (Karzer und Versetzung in die Strafklasse), aber auch, daß das Standgericht unter Beteiligung der Unteroffiziere zusammentrat, welche ja aus dem Kreis der Detenierten stammten. Damit war das Standgericht nicht nur ein "von oben" verhängtes Strafgericht, sondern diente der Selbstdisziplinierung der Insassen. "Die Disziplin belohnt durch Beförderungen,

265 Ebda., S. 87.
266 Die Disziplin des neuen Typs war zunächst am Beispiel der militärischen Disziplin entwickelt worden. Foucault, Überwachen und Strafen, S. 173. Diese Veränderungen hatten nicht nur etwas mit sich rasch verändernden technologischen und sozialen Bedingungen der Kriegführung zu tun, sondern zielten auch auf den menschlichen Körper als Gegenstand und Zielscheibe der staatlichen Macht ab. Ebda., S. 177. Den Eingang in die Pädagogik fand der Disziplingedanke durch die im 18. Jahrhundert errichteten Kadettenschulen, in denen Knaben die Grundbegriffe des militärischen Handwerks lernten. Ebda., S. 223 f. Die starre Reglementierung von Insassen vergleichbarer Institutionen ist eine universal zu beobachtende Tatsache, die sich auch für die Irrenhäuser des 19. Jahrhunderts nachweisen läßt, auch wenn der ausgesprochen militärische Ton hier fehlte. Vergleiche Ellen Dwyer, Homes for the Mad: Life inside two Nineteenth-Century Asylums, New Brunswick, London 1987, S. 14 f. und 214.
267 Ristelhueber, Historisch=Statistische Beschreibung, S. 87.

durch die Verleihung von Rängen und Plätzen; sie bestraft durch Zurücksetzungen", so hat Michel Foucault diesen Disziplinierungsprozeß treffend beschrieben.[268]

Damit war der Vorrat an Strafritualen aber noch nicht ausgeschöpft. Normale Detenierte, "(...) welche sich Vergehen zu Schulden kommen lassen (...)" konnten "(...) in einsame, jedoch völlig gesunde Behälter, auf 3 Tage bis 3 Monate (...)" eingesperrt werden.[269] Damit sich die Hierarchie die Strafens auch nach oben hin fortsetzte, konnten die Offizianten des Bettlerdepots mit Hausarrest und Geldstrafen belegt werden. Ristelhueber faßte die Stimmung im Hause folgendermaßen zusammen.

> In der ganzen Anstalt herrscht eine Art von militairischer Disziplin, weche zur Aufrechterhaltung der guten Ordnung unumgänglich nothwendig ist.[270]

Es war für die Verfechter des Korrektionsgedankens selbstverständlich, daß eine straffe militärische Ordnung auch einen bis ins einzelne zeitlich festgelegten Tagesablauf voraussetzte. Dieser folgte dem immer gleichen Schema, nur durch das etwas abgemilderte Reglement der Sonn- und Feiertage unterbrochen (Tab. 2.24). In den Wintermonaten verschob sich der ganze Plan um eine Stunde nach hinten, wurde aber im übrigen genauso akribisch eingehalten. Für die Disziplinierung der Insassen war der Sonntagvormittag, an dem die Musterung der Zöglinge stattfand, ein bedeutsamer Termin, weil dann vor allen Zöglingen die "(...) durch gutes Betragen und Fleiß sich Auszeichnenden ermuntert, dagegen die Trägen und Saumseligen ermahnt (...)" wurden.[271]

Ähnlich, wie schon in den Arbeits- und Zuchtanstalten der Jahre vor 1794 und im Bettlerdepot unter französischer Verwaltung, bestand für alle normal leistungsfähigen Insassen Arbeitspflicht. Dabei erhielten die ausgebildeten und arbeitswilligen Insassen ein Drittel des ihnen zustehenden Arbeitslohnes auf ein Sperrkonto gezahlt. Bei Entlassung aus der Anstalt konnten sie über die Hälfte dieses Geldes verfügen. Die andere Hälfte wurde den Delinquenten monatlich in Form einer Idealmünze ausgezahlt, welche nur im Dépôt Gültigkeit hatte und die dazu benutzt werden konnte, zusätzliche Lebensmittel von einem Konzessionisten zu kaufen. Der Besitz von normalem Hartgeld war bei Strafe verboten. Die Bezahlung der Detenierten stammte noch aus der französischen Zeit und ging ursprünglich sogar auf ein Gesetz aus der Revolutionszeit zurück. Da sie praktisch unverändert in den Code Pénal aufgenommen worden war, mußte sie nach 1814 in den rheinischen Gefangenenanstalten beibehalten werden.[272] Diese Regelung änderte jedoch nichts am Charakter der verrichteten Tätigkeit. Es handelte sich um Zwangsarbeit, die allerdings nicht

268 Foucault, Überwachen und Strafen, S. 234. Zur Disziplinierung durch "Gerichtsprozesse" vergl. ebda. S. 229 - 233. Ristelhueber, Historisch=Statistische Beschreibung, S. 87.

269 Ebda., S. 89. Ristelhueber zitiert hier das Strafreglement der Anstalt.

270 Ebda., S. 90.

271 Ebda., S. 92. Hausordnung auf S. 91.

272 Gesetz vom 6. 10. 1791, I, Artikel 17. Collection antérieure au Bulletin des Lois, Bd. IV, S. 391. Code Pénal, 1. Buch, Kapitel I und II, Artikel 21 und 41. Zitiert bei Ristelhueber, Historisch=Statistische Beschreibung, S.104, Anmerkung 3.

mehr ausschließlich vom Dépôt selber organisiert wurde, sondern, sofern es um die Tätigkeit uneingeschränkt arbeitsfähiger Insassen ging, an auswärtige Unternehmer vergeben worden war. Lediglich 152 der rund 800 Detenierten wurden auf diese Art von Vertragspartnern des Bettlerdepots an die Arbeit gesetzt. Wie schon in französischer Zeit stellten diese Insassen vor allem Wollgarne und -stoffe her. Die Unternehmer beschafften alle Rohstoffe, das Dépôt stellte Arbeitskräfte, Maschinen, Beleuchtung, Heizung und die Fabrikationshallen. Bezahlt wurden die Arbeitskräfte (in Wirklichkeit aber das Dépôt) auf der Basis eines Stücklohnes, was die materielle Motivation zur Arbeit erhöhte und so dem Bettlerdepot, dem Unternehmer und dem Ziel der Erziehung zur Arbeit gleichermaßen zuträglich war.[273]

2.5 Zusammenfassung

Ausgehend von der in der Forschung kontrovers behandelten Frage, ob das gegen Ende der Frühen Neuzeit zu beobachtende Umdenken bei der Beurteilung der Armut das Ergebnis einer wesentlich religiös motivierten Umstellung war oder ob dahinter das Wirken des Prozesses der allmählichen Herausbildung eines komplexen staatlichen Systems steht, wandten wir uns Köln als einer Stadt zu, die die von Vertretern beider Richtungen geforderten Veränderungen erst sehr spät durchlaufen hat. Köln als freie Reichs- und fast ausschließlich katholische Stadt mit ihrer an traditionalen Werten orientierten Elite aus Kommissionskaufleuten bot alle Voraussetzungen dafür, daß sich hier die herkömmlichen Vorstellungen von der Armut als Nachfolge Christi halten konnten, weil es auch keinen Territorialherren gab, der die verkrusteten Verhältnisse in der Stadt hätte aufbrechen können. Das Beispiel des Auslandes hatte gezeigt, daß die Tatsache, daß Gesetze zur Unterdrückung des Bettelns erlassen worden waren, noch kein Beleg für das Umdenken der Bevölkerung in dieser Frage gewesen war. Wenn schon die städtische Elite nur sehr zögernd Abschied nahm vom Bild der Armen und Bettler als einem notwendigen Übel, so dauerte der Prozeß des Umdenkens in der Bevölkerung der Stadt Köln beim Einmarsch der französischen Soldaten im Jahre 1794 noch an. Die Frage, ob das Vorgehen gegen die Bettler Ende des 18. Jahrhunderts eine Folge politischer oder religiöser Verschiebungen war, läßt sich also am Beispiel Kölns überhaupt nicht entscheiden, da beide Entwicklungslinien mit dem Jahr 1794 einen Bruch erlitten. Dabei lassen sich für beide Interpretationsmuster anhand der Kölner Geschichte vor 1794 Belege finden. Mit dem Armenhaus von 1696, das in Anlehnung an Amsterdamer Vorbilder gegründet worden war, knüpfte man in Köln an das Denken an, welches davon ausging, die Bettler müßten zur Arbeit erzogen werden. Äußerlich einer religiösen Anstalt ähnlich, vollzog sich doch hier hinter der Fassade eines konventsähnlichen Hauses die Erziehung der Bettler zu disziplinierten Arbeitern. Gleichzeitig begann man in Köln mit einer vermehrten Ausweisung fremder Bettler. Das Experiment des Armenhauses mußte jedoch schon 1700 de facto abgebrochen werden, weil die materiellen Voraussetzun-

273 Ebda., S. 88 f.

gen zur Arbeitsbeschaffung für viele Bettler einfach fehlten. Man ging - aus pragmatischen Gründen - zurück zur Almosenvergabe wie vor 1696. Ab 1700 saßen in dem umfunktionierten Armenhaus vor allem gesellschaftlich auffällige Personen, die man zu disziplinieren trachtete, und Kriminelle. Mit dem Beginn der französischen Zeit machte das Armenhaus und mit ihm seine Insassen schwere Zeiten durch, weil das Vermögen des Instituts durch Säkularisation und Unterschlagung schweren Schaden genommen hatte. Trotzdem bemühten sich Verwalter des Armenhauses und die zuständige Verwaltung um eine menschenwürdige materielle Situation der Insassen. Anders als gegen Ende des 17. lebten gegen Ende des 18. Jahrhunderts vorwiegend Arme und Invaliden im Armenhaus, das damit seine ihm ursprünglich zugedachte Funktion, Erziehung starker Bettler zur Arbeit, nicht erfüllte. Der erste Versuch der Disziplinierung der starken Bettler war damit recht bald gescheitert. Ausgelöst durch die wirtschaftlichen Probleme der Stadt zu Beginn des dritten Drittels des 18. Jahrhunderts begann man in Köln erneut über die Frage nachzudenken, wie man der Bettler Herr werden könne. Die im Verlaufe der Diskussion um ein neues Zucht- und Arbeitshaus geführte Sprache war dabei deutlich aggressiver und eindeutig gegen die arbeitsfähigen Bettler, vor allem die jungen Bettler, gerichtet. Dabei wurde in der Zieldiskussion deutlich gemacht, daß zwischen den Insassen des schon bestehenden Armenhauses und denen des Zucht- und Arbeitshauses streng unterschieden werden sollte. Finanziert wurde die neue Institution durch Einziehung der Offiziantengelder der städtischen Beamten. In der Praxis bis 1794 bildete sich dann eine Zweiteilung des Zucht- und Arbeitshauses in zwei Abteilungen für arbeitsfähige Arme und Züchtlinge im engeren Sinne heraus, wobei unter dieser Rubrik alle gefaßt werden konnten, die gegen gängige moralische Vorstellungen verstoßen hatten, aber auch ungezogene Kinder und Jugendliche. Ähnlich wie im Kölner Armenhaus wurden die Insassen des Zuchthauses vergleichsweise gut ernährt. Der Versuch, die Züchtlinge über den Entzug von Nahrung zu disziplinieren, konnte nicht nachgewiesen werden. Ab 1794 verschlechterte sich die wirtschaftliche Situation des Zuchthauses gründlich. Dies wirkte sich negativ auf die Versorgung der Züchtlinge aus. Erst gegen Anfang des Jahres 1801 scheint dieser Zustand beendet worden zu sein. Gleichzeitig hat sich die Zusammensetzung der Zuchthausinsassen verschoben, denn das Haus beherbergte in französischer Zeit fast nur noch Jugendliche und junge Männer, die in der dem Zuchthaus angeschlossenen Wollfabrik angestellt waren. Das Regiment des Zuchthauses war nicht sehr hart. Es fehlt jeder Hinweis auf Wegschluß oder Prügelstrafe, und die Züchtlinge hatten Ausgangstage, an denen sie das Haus verlassen konnten. Auch hier also fehlt jeder Hinweis auf die von Foucault für derartige Institutionen geforderte Strenge. Dennoch ist unverkennbar, daß das Zucht- und Arbeitshaus nicht in erster Linie ein Ersatz für die defunkten Armenhospizien war, sondern vor allem als Korrektionsanstalt für vorwiegend jugendliche Insassen diese zur Arbeit erziehen sollte. Aus wirtschaftlichen Gründen wurde dann die weitgehende Freizügigkeit der Insassen abgeschafft, denn wie auch in anderen Zuchthäusern ergab sich aus dem pädagogischen Bestreben, die Insassen zu bessern, und bei dem verständlichen Wunsch des Ökonomen der Anstalt, Gewinn zu machen, ein Widerspruch. Die arbeitswilligen, d.h. leistungsfähigen Züchtlinge wurden nicht entlassen, nachdem ihre "Besserung" manifest geworden war, sondern wurden festgehalten, wobei die örtliche Polizei gezwungen wurde, die Interessen des Pächters zu vertreten und flüchtige Züchtlinge zu stellen und zurückzubringen. Dieser Zustand verweist auf die in Köln erst Ende des 18. Jahrhunderts einsetzende allmähliche praktische Ausgrenzung der Armen aus der Gesellschaft und ihre Subsumtion unter die "Unterschichten". Vor 1794 waren die Versuche, die Bettelei einzudämmen, nach einiger Zeit alle gescheitert. Im 18. Jahrhundert war man dazu übergegangen, die heimischen Bettler zu registrieren und nur die auswärtigen zu verfolgen, um so die Zahl der Bettler wenigstens konstant zu halten. Im Jahre 1794 wurden die Kölner Bettler erneut in Listen erfaßt. Durch die Untersuchung dieser Bettlerlisten wurde deutlich, worin die Gründe für das Scheitern der Kölner Bettlerpolitik lagen: Die erfaßten Bettler waren in der Regel üer 60 Jahre alt oder aus anderen Gründen nicht mehr arbeitsfähig. Wo Bettler arbeitsfähig waren, gingen sie auch meist einer Arbeit nach, die aber nicht genug zum Leben abwarf. Arbeitsscheue, auf Kosten der Gesellschaft lebende Bettler ließen sich in diesen Listen jedenfalls nicht ausfindig machen. Die französische Bettlerpolitik unterschied sich von der reichsstädtischen Praxis vor allem durch ihr rigoroses Vorgehen gegen vagierende Bettler und durch den allgemeinen Paßzwang. Wirklich durchgeführt werden konnte die Praxis aber erst, nachdem der Staat auch die dafür nötigen Sanktionsmittel wie Bettler- oder Zuchthäuser im großen Stil bereitstellte. Ab 1806 versuchte man in Köln, der Bettelei durch die Einrichtung eines *Atelier de Charité* Herr zu werden. Dieses bestand aber nur bis zum Jahre 1812 und wurde aus Kostengründen und wegen seines schlechten Rufes geschlossen, als das für das gesamte Département zuständige Bettlerhaus in Brauweiler bei Köln seine Funktion aufnahm. Erst jetzt wurde das Betteln im gesamten Département verboten und erst jetzt konnten Bettler auch bestraft werden, indem man sie im Bettlerdepot einlieferte. Im Dépôt herrschte Arbeitspflicht, wobei auch hier tendenziell der Widerspruch zwischen möglichst schneller Integration der Bettler in die Gesellschaft und möglichst hoher wirtschaftlicher Autarkie des Dépôts auftrat. Dieser konnte zunächst den grundsätzlichen Erfolg der Arbeit in Brauweiler nicht in Frage stellen, weil die Verwaltung des Dépôts in den Händen eines Beamten und nicht eines Privatunternehmers lag. Die Versorgung der Züchtlinge im Dépôt in Brauweiler muß als ausreichend angesehen werden. Hinsichtlich der Zusammensetzung der Insassen dieses Hauses fiel auf, daß hier vor allem jugendliche Bettler einsaßen, die im Umfeld ihrer Heimatgemeinden beim Betteln aufgegriffen worden waren. Das Dépôt konnte demnach seine Aufgabe, die landfahrenden Bettler umzuerziehen, nicht erfüllen, da es in erster Linie als Auffangbecken für seßhafte Bettler diente, die von ihren Gemeinden nicht mehr versorgt wurden. Dennoch versuchten die französischen Behörden gegen Ende des napoleonischen Reiches die Landstraßen verschärft von fahrenden Bettlern freizuhalten, was teilweise Ausdruck der beginnenden Agonie des napoleonischen Systems, teilweise aber Reaktion auf die zunehmende Durchsetzung des Roërdépartements mit zugewanderten Bettlern war. Nach 1814 wurden die französischen Ansätze zwar weitergeführt, erhielten aber doch im Lichte der preußischen Politik eine etwas andere Tönung. Ab 1823 wurden nur noch vorbestrafte Bettler im Dépôt aufgenommen, wodurch das von den Franzosen sorgsam respektierte Prinzip der Trennung von Bettlern und Kriminellen durchlöchert wurde, wenn auch am Ziel der sozialen Integration der Bettler durch Arbeit festgehalten wurde. Erstmalig konnte auch nachgewiesen werden, daß die Ernährung der Gefangenen benutzt wurde, um diese zu disziplinieren, wenngleich die normale Ernährung der Detinierten gut genannt zu werden verdient. Daneben entwickelten die preußischen Stellen ein abgestuftes System von Strafen und Disziplinierungsmaßnahmen, die über den bloßen Essensentzug hinausgingen. Dazu gehörte der paramilitärische Drill der Knaben und die Dunkelhaft. Überhaupt zeichnete sich das persönliche Regiment der Anstaltsleitung in den Jahren nach 1814 durch zunehmende Strenge und Bürokratie aus. Was die Frage nach den Unterschieden und Gemeinsamkeiten zwischen Hausarmen und vagierenden Bettlern angeht, so kann man davon ausgehen, daß sich die Hausarmen in zwei wichtigen Punkten von den Vaganten unterschieden: Sie waren im Schnitt wesentlich älter und sie hatten ihr positives Verhältnis zur Obrigkeit in einer Weise verinnerlicht, die es ihnen unnötig erscheinen ließ, sich über die aufgestellten Regeln hinwegzusetzen und zu betteln oder in anderer Weise deviant zu werden. Dies war bis zum Ende der französischen Zeit auch gar nicht nötig gewesen, da die Stadt und später der Staat in gewissem Rahmen für die Hausarmen sorgte. Die vagierenden und später auch die seßhaften Bettler, denen Mangel an Arbeitswilligkeit nachzuweisen uns nicht gelungen ist, entstammten einer ganz anderen Generation und waren nicht mehr aufgewachsen, als das alte Fürsorgesystem der Städte noch funktioniert hatte. Viele von ihnen waren nach 1794 geboren und hatten die sozialen Umschichtungen in der Folge der Französischen Revolution schon am eigenen Leibe erfahren. Ihnen galt nicht mehr die - bisweilen sehr unwillig praktizierte - christliche Nächstenliebe, sondern für sie galt, daß sie unerwünscht waren und daß es Gesetze und Behörden gab, die sie von der Landstraße herunterholten und sie zu arbeitsamen Bürgern erziehen sollten. Damit reduzieren sich die wesentlichen Unterschiede zwischen den Hausarmen der Stadt Köln und den vagierenden Armen im Roërdépartement tendenziell auf Generationsunterschiede der etwa gleichen Schicht von Menschen.

3.0 SCHMUGGLER UND ZÖLLNER

Innerhalb des zugrundeliegenden Untersuchungsrahmens, der eine Differenzierung der hypothetisch unter dem Begriff Unterschichten zusammengefaßten Gruppen ermöglichen soll, geht es in den folgenden zwei Kapiteln um Gruppen, die durch ihre Devianz auffällig geworden sind. Das Thema des vorliegenden Kapitels sind die Schmuggler, eine Gruppe, die sich sehr erfolgreich gegen die Versuche des Staates zur gesellschaftlichen Kontrolle behaupten konnte. Aus der Sicht der Herrschenden waren Schmuggler eindeutig deviant, sogar kriminell. Schmuggel wurde von den Herrschenden auch in vorindustriellen Gesellschaften als eine Verletzung der gültigen Normen bewertet. Diese Sicht des Schmugglers korrespondiert jedoch nicht mit dem Bild, das weite Teile der Unterschichten von den Schmugglern hatten. Das hatte sicher zum großen Teil damit zu tun, daß die Schmuggler Leute "wie du und ich" waren: der Nachbar, der arbeitslos war, konnte genauso in Schmuggelgeschäfte verwickelt sein, wie der Krämer an der Ecke. Wenn dies Kriminelle waren, so waren es Kriminelle, deren Ruf in ihrem sozialen Bezugsrahmen durch ihre Vergehen keinen Schaden gelitten hatte. Es wird zu zeigen sein, ob es sich bei Schmugglern im Département de la Roër um Unterschichtsangehörige gehandelt hat. Schmuggler waren in aller Regel seßhafte Menschen, die einem Beruf nachgingen und eine Familie zu ernähren hatten. Sie gehören also typologisch einerseits zu den devianten Gruppen, wie auch die Räuber, von denen noch die Rede sein wird. Andererseits aber waren sie Teil der seßhaften Gruppen, wie die Hausarmen. Die Schmuggler unterscheiden sich von den vagierenden Armen durch ihre Respektabilität, da sie eine Art doppelter Existenz führten, bei der die normale Arbeit durch eine illegitime Tätigkeit zur Gewinnung des Lebensunterhalts ergänzt wurde. Zwar versuchten auch vagierende Schichten ihr wahres Einkommen durch das Betteln, durch vorgeschobene oder wirkliche Arbeit zu verbergen, doch stempelte sie allein die Tatsache der Nichtseßhaftigkeit zu gesellschaftlich Minderwertigen ab. Der Schmuggler, in seiner psychischen Konstitution dem gefährlicheren und asozialeren Räuber nicht unähnlich, ging den Weg der Devianz, die gegenüber den Organen des Staates leicht zu verbergen war und innerhalb der eigenen Bezugsgruppe akzeptiert wurde.

Schmuggel existiere überall, wo es Grenzen gebe. Zu dieser Erkenntnis gelangte 1803 die *Chambre de Commerce* von Straßburg.[1] Im Jahre 1798, und damit zweieinhalb Jahre vor dem Frieden von Lunéville, war die Zollgrenze Frankreichs an den Rhein vorverlegt worden. Diese Zollgrenze bestand de facto bis zur Überquerung des Rheins durch die Truppen Blüchers am 31.12.1813, also mehr als fünfzehn Jahre. In diesem Zeitraum gehörte der Schmuggel als eine Form des Nebenerwerbs weiter Teile der Bevölkerung zu den Erscheinungen, mit denen sich die französische Justiz auseinanderzusetzen hatte, die sie aber nie in den Griff bekam. Dabei muß definito-

1 Dufraisse: La contrebande, S. 508.

risch zwischen zwei Formen des Schmuggels unterschieden werden. Zum einen gab es den Tatbestand der *fraude*, d. h. des illegalen Ein- oder Ausführens von Waren, auf die Zoll zu zahlen war. Dieses Delikt führte zunächst nur zu einer relativ leichten Strafe, die in der Regel in einer sechsmonatigen Gefängnisstrafe bestand, zuzüglich einer Geldbuße in der dreifachen Höhe des Wertes der geschmuggelten Ware. Der Täter konnte nach dem Verbüßen dieser Strafe der Überwachung der Polizei unterstellt werden, was in der Praxis jedoch nicht viel bedeutete.[2] Neben den zollpflichtigen Waren gab es jedoch noch jene, die überhaupt nicht ex- oder importiert werden durften. Der Verstoß gegen diese Bestimmungen zog eine Bestrafung wegen *contrebande* nach sich. Dies bedeutete mindestens fünf Jahre Gefängnis, in schweren Fällen zehn Jahre Zwangsarbeit, Brandmarkung und im Wiederholungsfalle gar die Todesstrafe.[3]

Bereits 1798 war das Zollrecht Frankreichs in groben Zügen mit dem späteren napoleonischen Zollrecht identisch. Ein Großteil der Zollgesetze, die in napoleonischer Zeit gültig waren, stammte aus den Jahren 1793 bis 1799, und über die Hälfte der gültigen Bestimmungen war zwischen dem Staatsstreich von 1799 und der Verkündigung des Berliner Dekrets vom 21. November 1806 erlassen worden. Wenn man von der politischen Bedeutung des blocus einmal absieht, fügte die Verhängung der Kontinentalsperre dem geltenden Recht keine neuen Elemente hinzu. Deswegen ist es möglich, die zollpolitischen Ziele Frankreichs von 1798 bis 1814 einheitlich zusammenzufassen als System, mit dem die Nahrungsversorgung der Bevölkerung garantiert, die junge Industrie vor ausländischer Konkurrenz geschützt und den französischen Kolonialwaren ein europäischer Markt offengehalten werden sollte.[4] Wie nicht anders zu erwarten, wurde der Warenaustausch mit den Ländern untersagt, die sich im Kriegszustand mit Frankreich befanden, und, um die Versorgung der Bevölkerung mit Brotgetreide sicherzustellen, war jeglicher Export von Getreide verboten. Seit 1796 lagen auf ausländischen Industrieprodukten nicht nur hohe Schutzzölle, sondern Frankreich verhinderte de facto den Import aller im Ausland gefertigten Waren durch das Gesetz vom 31.10.1796.[5]

3.1 Wirtschaftliche Auswirkungen der neuen Zollgesetze

Die Anwendung der französischen Zollgesetze auf das linksrheinische Gebiet wirkte sich in vielfältiger Weise aus. Die traditionell bestehenden wirtschaftlichen Beziehungen zwischen den links- und rechtsrheinischen Gebieten der Kurfürstentümer wurden unterbrochen. Der Rhein wurde nicht nur zu einer politischen Grenze, sondern auch zu einer wirtschaftlichen. Betroffen waren zum Beispiel die Tabakmanufakturen in Köln, die ihren Rohtabak bisher vom rechten Rheinufer bezogen hatten. Auf importierten Tabak wurde von den französischen Gesetzen ein prohibitiver Zoll

2 Ebda., S. 508 f.
3 Ebda., S. 509.
4 Ebda., S. 509.
5 Ebda., S. 510.

gelegt. Das gleiche galt für die Krefelder und Kölner Seidenmanufakturen, deren Rohstoffe aus der Schweiz und Italien kamen und die mit einem exzessiv hohen Importzoll belegt wurden. Umgekehrt wurde es schwer, die auf dem rechten Rheinufer hergestellten Leinenstoffe auf die linke Seite zu exportieren, wo sie gefärbt werden sollten. Stoffe, die in Köln hergestellt worden waren und früher im Wuppertal gebleicht wurden, mußten nun im Lande bleiben, und die Gerber und Holzhändler sahen sich ihrer Absatzmärkte in Holland beraubt. Für die Endabnehmer bedeutete dies, daß es keine Baumwollstoffe aus Sachsen, der Schweiz und England mehr gab; ebenso waren die Produkte der berühmten Schmieden in Solingen vom französischen Markt verbannt.[6]

Besonders betroffen waren auch die Kölner und Mainzer Kaufleute, die bisher vom Zwischenhandel mit Kolonialwaren gelebt hatten und eine wichtige Funktion als Verteiler von Produkten gehabt hatten, die rheinaufwärts nach Deutschland importiert worden waren. Für Köln verschlimmerte sich die Situation noch insofern, als die aus dem Mittelalter stammenden Rechte der ehemaligen Reichsstadt, zusammengefaßt unter dem Begriff des Stapelrechts, in französischer Zeit abgeschafft wurden. Der als Ausgleich für den wirtschaftlichen Verlust gewährte Kölner Freihafen konnte aus der Sicht der Kölner Verlags- und Großhandelskaufleute nicht wirklich als Kompensation gelten. Die Beteiligung von Kölner Kaufleuten an Schmuggelgeschäften hatte besondere Ursachen. Durch die Verlegung der Zollgrenze waren nicht nur die bis dato bestehenden engen wirtschaftlichen Beziehungen zum rechten Rheinufer zerstört worden. Hinzu kam noch, daß der Handel auf dem Rhein an den Kölner Großkaufleuten vorbei betrieben wurde, da zwar zunächst der von den Kölnern im Mittelalter erreichte Stapelzwang nicht beseitigt wurde, aber auf Grund fehlender Machtmittel der Stadt, der Beseitigung des Zunftzwanges auch für Schiffsführer und der Indifferenz der französischen Behörden nicht mehr durchgesetzt werden konnte.[7]

6 Ebda., S. 512.

7 Stahl, Die Kölner Rheinschiffahrt, S. 33-90. Die Sachlage war relativ kompliziert. Nach 1794 wurde zunächst einmal die Rheinschiffahrt generell unterbunden. Ab 1796 durfte dann nur das linke Rheinufer befahren werden, was im Zeitalter des Treidelns eine große Einschränkung darstellte. Der Transithandel wanderte deshalb vom linken Rheinufer von den traditionellen Standorten Mainz und Köln auf das rechte Ufer. Ab 1802 verfügte Köln über einen Freihafen für den Transithandel, was die Lage etwas verbesserte. Ab 1806 aber büßte das linke Rheinufer durch die einsetzende Kontinentalsperre diese leichten Vorteile wieder ein. Der linksrheinische Transithandel ging um ein Drittel zurück. Hinzu kam das Verfahren der niederrheinischen Kaufleute, den unangenehmen Stapelzwang Kölns durch Umgehung der Stadt auf dem Landweg mit anschließendem Einschiffen in Zündorf, südlich von Köln, zu unterlaufen. Die Not speziell der Kölner Schiffer wurde vergrößert durch die Aufhebung des Zunftzwanges im Schiffergewerbe, was zu einem Zustrom ehemals zunftloser Konkurrenz führte, die bisher von der "großen Fahrt" ferngehalten worden war. Aus dieser Zeit stammte die zunehmende Bedeutung des Düsseldorfer Hafens. Ernst Stahl, Die Kölner Rheinschiffahrt, S. 33 - 56. Zu den allgemeinen wirtschaftlichen Auswirkungen der französischen Politik vergl. Blanning, The French Revolution, S. 135-167. Zur Abtrennung des rechten Rheinufers und ihrer Auswirkung auf den Getreidehandel, S. 139 f.; zum Niedergang der Rheinschiffahrt S. 142 f.; Schmuggel als Ersatz für verlorengegangene Märkte S. 146 f. Die beste knappe Einführung in die Bedeutung des Stapelrechtes findet sich bei

Betroffen waren aber nicht nur die Besitzer der Manufakturen, die Rheinschiffer und die Kölner Kaufmannschaft, betroffen waren in besonderem Maße alle jene, die für diese arbeiteten. Manufakturarbeiter verloren ihren Arbeitsplatz, Rheinschiffer und ihre Helfer lagen untätig in den Häfen, und den Kölner Transport- und Hafenar-

Diefendorf, Businessmen, S. 28-30. Obwohl das Stapelrecht nach 1794 nur schwer durchgesetzt werden konnte, bestand es zunächst weiter und wurde sogar von Regierungskommissar Rudler im Sommer 1798 ausdrücklich bestätigt. Mit der Bestätigung des Rheinoctroi vom 15. August 1804, der für einheitliche Zollbestimmungen auf dem Rhein sorgte, schienen die Privilegien der Stadt zunächst in Gefahr, doch bestätigte Napoleon anläßlich seiner Köln-Visite im September 1804 das Umschlagsrecht der Stadt. Das Stapelrecht jedoch wurde durch die am 1. November 1805 in Kraft tretende *Convention sur l'octroi de navigation* du Rhin außer Kraft gesetzt. Diefendorf, wie oben, S. 170-179. Jürgen Heinz Schawacht, Schiffahrt und Güterverkehr zwischen den Häfen des deutschen Niederrheins (insbesondere Köln) und Rotterdam vom Ende des 18. bis zur Mitte des 19. Jahrhunderts (1794 - 1850/51), Köln 1973 (Schriften zur rheinisch-westfälischen Wirtschaftsgeschichte 26). Es soll nicht der Eindruck erweckt werden, als sei die Wirtschaftspolitik der französischen Regierung insgesamt gescheitert. Im Gegenteil. Zieht man eine Bilanz der wirtschaftlichen Auswirkungen der französischen Zeit für die Rheinlande, so fällt diese positiv aus. Louis Bergeron konstatiert für ganz Frankreich während der napoleonischen Periode "(..) une puissante poussée d'industrialisation." Aber er kommt nicht umhin, die Widersprüchlichkeit der Entwicklung darzulegen. Das industrielle Wachstum war sehr ungleichmäßig verteilt. Besonders hohe Zuwachsraten verzeichneten die Baumwolltextilindustrie und die junge chemische Industrie. Hinzuzufügen ist, daß das Wachstum der Jahre nach 1800 wenigstens zum Teil ein Aufholen und Wettmachen von Einbußen im sekundären Sektor war, die durch die Revolutionsepoche entstanden waren. Drittens war dieses industrielle Wachstum noch geprägt durch wirtschaftliche Rückschläge und durch eine ungleichmäßige regionale Verteilung. Bergeron erwähnt auch, wie sehr der Schmuggel den rheinischen Produzenten zu schaffen machte. Bergeron, Problèmes économiques, S. 495-499. Roger Dufraisse betont demgegenüber in einer jüngeren Arbeit die positive wirtschaftliche Bilanz der französischen Herrschaft auf dem linken Rheinufer. Gleichwohl kam es zu einem Niedergang des Seiden- und Tabakgewerbes in Köln, bei der Tabakmanufaktur als Folge der Zollpolitik. Dufraisse, La crise économique, S. 407-412. Die Bedeutung der Verlegung der Zollgrenze an den Rhein betont auch Hans Pohl. Prohibitive Zölle hätten wirtschaftliche Beziehungen zum rechten Rheinufer verhindert. Die bestehende Arbeitsteilung im Textilgewerbe zwischen den beiden Rheinufern hätte nicht fortbestehen können. Das rechte Rheinufer als Absatzmarkt der Kölner Tabakfabrikate ging verloren. Hans Pohl, Wirtschaftsgeschichte Kölns im 18. und beginnenden 19. Jahrhundert, in: Kellenbenz (Hg.), Zwei Jahrtausende, Bd. 2, S. 40-45. Wie schwierig es methodisch ist, den tatsächlichen Handelsumfang in jener Zeit zu messen und mit der wirtschaftlichen Entwicklung zu korrelieren, hat indessen Martin Kutz gezeigt. Da die zur Verfügung stehenden Zahlen durch die hohe Dunkelziffer (auch eine Auswirkung des Schmuggels!) verfälscht würden, sei es schwierig, den Warenimport und -export von und nach Frankreich genau zu bestimmen. Kutz geht davon aus, daß der Schmuggel von englischen Garnen und von Tabak "recht bedeutend" war. Kutz demonstriert auch die Aussichtslosigkeit des Kampfes gegen den Schmuggel. Die Erfolglosigkeit der Zollbehörden lag in den ökonomischen Gesetzen eines Marktes der freien Konkurrenz begründet. "Je stärker der französische Markt gegen alle Konkurrenz abgesperrt wurde, desto mehr lohnte sich dieser Teil des Handels." Martin Kutz, Deutschlands Außenhandel von der Französischen Revolution bis zur Gründung des Zollvereins. Eine statistische Strukturuntersuchung zur vorindustriellen Zeit, in: VSWG, Beiheft 61, Wiesbaden 1974, S. 58-129. Zum Zollwesen in Deutschland überhaupt Helmut Berding, Die Reform des Zollwesens in Deutschland unter dem Einfluß der napoleonischen Herrschaft, in: Geschichte und Gesellschaft 6, S. 523 - 537.

beitern, von alters her eine Gruppe von konzessionierten Spezialisten, die an den Kränen und den Hafenquais tätig waren, wurde durch die Zulassung nicht konzessionierter Leute schwer zugesetzt.[8]

Es wird zu erörtern sein, ob in den Verstößen Kölner Bürger gegen die Zollgesetze Frankreichs, neben den wirtschaftlichen Ursachen des Schmuggels, nicht auch eine Form des Protestes gegen die Wegnahme eines "alten Rechtes" gesehen werden kann.[9]

Die besonders schwierige Lage, die für den einstmals so dominanten Kölner Handel durch die Verlegung der Zollgrenze entstand, war den französischen Behörden nicht unbekannt. Spätestens seit der Inspektionsreise des Generals Joseph Lagrange im Jahre 1803 hatte Napoleon persönlich Kenntnis von den Problemen gehabt. Für Lagrange waren die Folgen der Zerschneidung eines organisch gewachsenen Wirtschaftsraumes evident: Er führte auf sie die Stockung des Handels und die Heftigkeit des Schmuggels zurück.[10]

Der Schmuggel, gleichgültig ob als *fraude* oder als *contrebande*, war sehr profitabel für die Schmuggler. So kostete im Jahre 1806 der Tabak auf dem rechten Rheinufer zwischen 1.20 und 1.80 Francs, während auf dem linken Rheinufer zwischen 2.82 und 3.20 Francs zu bezahlen waren. Bei Rohbaumwolle war die mögliche Profitmarge gegen Ende der französischen Herrschaft noch höher, da Baumwolle auf dem rechten Rheinufer für sechs Francs zu haben war, während in Köln nach Bezahlung der Importzölle für Rohbaumwolle aus Louisiana 14 Francs entrichtet werden mußten. Andererseits produzierten die drei am Rhein gelegenen neuen Départements einen so hohen Überschuß an Getreide, daß seit langer Zeit das rechte Rheinufer, Holland und England aus dem Überschuß dieser Regionen beliefert worden waren.[11] Vor der Annexion der linksrheinischen Gebiete hatte man in normalen Jahren zwischen 800.000 und 900.000 Hektolitern Getreide exportiert, vor

8 Bruno Kuske, Die städtischen Handels- und Verkehrsarbeiter und die Anfänge städtischer Sozialpolitik in Köln bis zum Ende des 18. Jahrhunderts (Kölner Studien zum Staats- und Wirtschaftsleben 8), Bonn 1914, S. 118.

9 Vergl. Eingabe des *Comité du commerce* der Stadt Köln vom 16 Messidor an 6 (4.7.1798) bei der Munizipalverwaltung der Stadt. Die Kaufleute Kölns verlangten darin allen Ernstes die Beibehaltung des Stapelrechtes für die *marchandises prohibées*. Weiterhin erbaten sie das Recht, Getreide auf das rechte Rheinufer exportieren zu dürfen. HAStK FV 613, Blatt 80. Zur Theorie des "alten Rechtes" vergl. Edward P. Thompson, Die 'sittliche Ökonomie' der englischen Unterschichten im 18. Jahrhundert, in: Detlev Puls (Hg.): Wahrnehmungsformen und Protestverhalten im 18. und 19. Jahrhundert, Frankfurt 1979, S. 13-80.

10 Hans Schubert, Die geheime Sendung des Generals Lagrange an den Rhein im Jahre 1803, in: Annalen des Historischen Vereins für den Niederrhein (AHVN), Heft 132, 1938, S. 64 - 84, hier S. 70.

11 Besonders das DdlR war ein Produzent von Überschüssen an Getreide. Selbst in einem schlechten Erntejahr wie 1811 produzierte es bei einem geschätzten Eigenbedarf von 2.075.000 Hektolitern Getreide aller Sorten mit 3.558.675 Hektolitern einen Überschuß von fast 1.5 Millionen Hektolitern. Obwohl im folgenden Jahr die Ernte selbst für das DdlR überaus mäßig ausfiel, konnte immerhin ein Überschuß von über einer Million Hektoliter Getreide erzielt werden. Archives Nationales, Serie Subsistances, F11 846, Aufstellung des Präfekten Ladoucette vom 20.11.1811 und vom 17.10.1812.

allem nach Holland, ins Herzogtum Berg, in die Mark und nach Kleve. Nur der Export konnte sicherstellen, daß das Preisniveau in den produzierenden Regionen gehalten werden konnte. Der Binnenmarkt reichte nicht aus, um die gewaltigen Überschüsse aufzunehmen, und zusätzlich machte sich die Kartoffel zunehmend als Konkurrentin des Getreides bemerkbar, was den Überschuß tendenziell vergrößerte.[12] So sind es einerseits Knappheit, andererseits Überschuß, einerseits Preisverfall und andererseits Verteuerung, die die wirtschaftlichen Ursachen des Schmuggels darstellen.

Roger Dufraisse hat auf den Umstand hingewiesen, daß der Schmuggel für einen Teil der rheinischen Bevölkerung den Charakter einer Berufstätigkeit hatte.[13] Es entwickelte sich auf der Basis des Schmuggels eine Art "Gegenökonomie", die einen Großteil der wichtigen örtlichen Branchen umfaßte, und die ihr eigenes Absatzgebiet, ihre eigene Verteilerorganisation und ihren eigenen Arbeitsmarkt hatte. Leider ist es, wie bei fast allen Untersuchungen, die sich mit deviantem Verhalten im weitesten Sinne beschäftigen, unumgänglich, auch hier Quellen zu benutzen, die sich mit dem kriminell Auffälligen befassen. Dies hat zumindest zwei methodische Nachteile. Zum einen haben diese Quellen, da sie aus der Sicht der Juristen, Verwaltungsfachleute und Politiker geschrieben sind, den Makel, die devianten Gruppen recht einseitig aus dem Blickwinkel der an der Bewahrung der herrschenden rechtlichen Verhältnisse interessierten Gruppen darzustellen. Das hat vor allem Konsequenzen für die Bewertung der die Normen verletzenden Gruppen, in unserem Falle der Schmuggler, weniger für die Quantifizierbarkeit der Delikte. Zum anderen stellt die Verzeichnung eines Deliktes in der Strafstatistik des Empire immer ein Scheitern aus der Sicht des Delinquenten dar, das heißt, daß der erfolgreiche Schmuggler, der nicht ertappt wurde, nur selten in den Akten der Zollbehörde, der Polizei oder Justiz zu finden gewesen sein wird. Die Dunkelziffer der Schmuggeldelikte muß aber recht hoch angesetzt werden, weshalb alles, was im folgenden zur Häufigkeit des Schmuggels gesagt werden wird, nur als relative Aussage zu bewerten ist.[14]

3.2 Die verschiedenen Typen des Schmuggels

Die an der Gegenökonomie des Schmuggels beteiligten Gruppen können folgendermaßen unterteilt werden: An der Spitze standen die Großunternehmer. Von ihnen wissen wir am wenigsten, da sie am allerwenigsten auf frischer Tat ertappt werden

12 Dufraisse, La contrebande, S. 514 f. "(...)les pommes de terre sont assez abondans; ils [!] sont été pris en consideration pour le taux de la consommation." Ladoucette an Innenminister (im folgenden IM) am 16.10.1810, AN F11 846. Im Arrondissement Krefeld stellte 1812 die Kartoffel von der Menge her schon einen vollwertigen Ersatz für den Roggen dar. 1812 wurden im DdlR 1.301.044 hl Kartoffeln geerntet, gegenüber 906.896 hl Weizen. Ebda., Aufstellung Ladoucettes vom 17. 10.1812.

13 "la contrebande constituait, en outre, en elle-même, une activité lucrative faisant vivre un grand nombre de gens pour qui elle constituait, soit l'activité principale, soit un métier secondaire." Dufraisse, La contrebande, S. 515.

14 Ebda., S. 515 f.

konnten, was auch bedeutet, daß sie am erfolgreichsten arbeiteten. Sie betrieben das Geschäft im großen Stil, standen mit englischen Lieferanten in Kontakt und lagerten die Schmuggelware außerhalb Frankreichs, um vor dem Zugriff des Zolls sicher zu sein. Gegen das finanzielle Risiko, entdeckt zu werden und Waren durch Beschlagnahme zu verlieren, versicherten sie sich bei renommierten Versicherungskonzernen.[15] 1808 zum Beispiel wurde in Köln eine Lebensversicherung gegründet, die nur dem Scheine nach gegen Unfälle und Todesfälle versicherte, in Wirklichkeit aber Schmuggler und ihre Waren gegen die Folgen von "Arbeitsunfällen" schützte.[16]

Neben den professionellen Großschmugglern und Versicherern standen die kleinen Gelegenheitsschmuggler, die dann und wann, wenn sich eine günstige Möglichkeit bei einem Besuch auf dem rechten Rheinufer bot, auf eigene Rechnung kleinere Mengen mit über die Grenze brachten oder nahmen. Diese Gelegenheitstäter fanden sich in allen Schichten der Bevölkerung. Da es dieser Gruppe an Erfahrung im Geschäft fehlte, ist die Wahrscheinlichkeit groß, daß die Gelegenheitsschmuggler in den einschlägigen Akten überrepräsentiert sind. Sie waren nicht nur unerfahren und deshalb leicht zu entdecken, sondern die Zöllner riskierten auch nicht viel, wenn sie sich mit ihnen abgaben, da diese Delinquenten in der Regel Einzeltäter waren, die an eine Gegenwehr im Falle des Gestelltwerdens nicht zu denken wagten. Hier konnten die Zollbeamten, die von der Bevölkerung des DdlR alles andere als geliebt wurden, leicht Fahndungserfolge erzielen und gleichzeitig ein wenig von den Aggressionen loswerden, die sich bei ihnen durch die offene Verachtung und den tagtäglichen Kleinkrieg der Bevölkerung gegen sie aufgestaut hatten.[17]

Die dritte Gruppe stellten die sogenannten *porteurs* dar. Sie arbeiteten nicht auf eigene Rechnung, sondern transportierten die Schmuggelware für ihre Auftraggeber über die Grenzen. Dies geschah vorzugsweise bei Nacht, da es sich um recht auffällige Mengen von Konterbande handelte, die in regelrechten Konvois durch die Sperrlinien der Zöllner gebracht wurden. Die *porteurs* sind zwar definitorisch hinreichend genau bestimmbar, doch angesichts der Quellenlage bleibt diese Genauigkeit wertlos, da eine Bestimmung dieser Gruppe anhand ihrer ökonomischen Funktion innerhalb des Wirtschaftssystems "Schmuggel" keine Entsprechung in den an juristischen Interessen orientierten Quellen findet. So kennzeichnet diese Gruppe, daß sie sich überwiegend aus der Unterschicht rekrutierte, also all denjenigen, die Wilfried Feldenkirchen unter Bezug auf die Stadt Köln als "Tagelöhner, (...) aber auch schon am Rande des Existenzminimums lebende ehemalige Zunfthandwerker

15 "(...) depuis la rupture du traité de 1786 il existe sur toutes les frontières de (la) France des assurances qui, moyennant une prime, s'engagent à introduire des marchandises prohibées, ou à en payer la valeur en cas de saisie par les Douanes". Bericht des Agenten Mallard an den Polizeiminister Savary (Duc de Rovigo) vom 22.8.1810. AN, Série Police Générale, F7 6549, Dokument 2063. Mallard beschäftigte sich in seinen sehr ausführlichen Berichten vor allem mit den Großschmugglern. Siehe auch Dufraisse, wie Anm.1, S. 518 f.

16 Roger Dufraisse beschreibt die Funktionsweise dieser Gesellschaft sehr anschaulich. Ebda., S. 519 f.

17 Relativ häufig berichten die Quellen von Übergriffen der Zollbeamten gegen einzelne Verdächtigte oder Ergriffene. HAStK FV 686.

(...)" beschreibt.[18] Daneben gingen auch Bewohner des flachen Landes, also Bauern und Landarbeiter, nicht unbedingt Unterschichtsangehörige, der nächtlichen Beschäftigung als Schmuggler nach.[19] Da aber die Gelegenheitsschmuggler und die in Banden organisierten *porteurs* aus der gleichen sozialen Schicht stammen konnten, ist es auf der Beobachtungsebene der Verwaltungs- und Justizakten sehr schwierig, beide Gruppen zu trennen. Überdies entstammten auch die Mitglieder der gewaltsam gegen die Zöllner vorgehenden Banden von Schmugglern mitunter aus der Unterschicht, weshalb es sich recht schwer anläßt, eine saubere Trennung zwischen Gelegenheitstätern einerseits und - im engen Sinne - kriminellen Schmugglern andererseits aufrechtzuerhalten. Wenn es auch wahr ist, daß Schmuggler "(...) se rencontraient dans toutes les classes de la société (...)", so muß doch davon ausgegangen werden, daß die Unterschichten im weitesten Sinne den Löwenanteil an den Schmugglern stellten.[20] Anstelle einer nur theoretisch durchführbaren Trennung von Gelegenheitsschmugglern, *porteurs* im Solde eines Unternehmers und gewalttätigen Bandenschmugglern, sollte man für ein die sozialen Gruppen umfassendes Kontinuum plädieren, das von den Schmugglern in der unteren Mittelschicht über die von wirtschaftlichen Krisen betroffenen Tagelöhner und Hafenarbeiter bis zu den ebenfalls der Unterschicht entstammenden in bandenähnlichen Zusammenschlüssen operierenden Schmugglern reichte. Gemeinsam war diesen Gruppen die prekäre wirtschaftliche Situation, in der sie sich befanden, und der Umstand, daß sie sich aus den Teilen der seßhaften Unterschichten rekrutierten. Unterschiede gab es weniger im Bereich der objektivierbaren sozialen Strata, denen sie entstammten, als in der Form, wie sie jeweils den Schmuggel organisierten. Erst nach Betrachtung des gesamten Bildes wird man in der Lage sein zu entscheiden, ob Schmuggel ein "typisches" Unterschichtsvergehen war und was sich aus dem Material über den Schmuggel an Tatsachen über das Leben der Unterschichten gewinnen läßt.

3.2.1 Hintermänner und Großschmuggler

Ein gewisser Teil der Kölner Kaufleute lebte davon, im Großherzogtum Berg hergestellte Baumwollstoffe illegal zu importieren und in Holland abzusetzen. Hier lebten offensichtlich die ehemals bestehenden Verbindungen der Stadt Köln zum rechten Rheinufer und ihre Funktion als Warenverteilerin in den niederländischen Raum fort. Da sich aber auf Grund des französischen Protektionismus im Département de la Roër eine Baumwollindustrie angesiedelt hatte, fühlte diese sich durch die illegalen Importe aus Berg bedroht, ein Beweis dafür, daß es sich bei diesen Schmuggelzügen um große Unternehmungen gehandelt haben muß.[21]

18 Feldenkirchen, Aspekte, S. 184.
19 Dufraisse, La contrebande, S. 520.
20 Ebda., S. 521.
21 Zur wirtschaftlichen Verknüpfung der Bergischen Landes mit der Stadt Köln vergl. Jürgen Reulecke, Nachzügler und Pionier zugleich: Das Bergische Land und der Beginn der Industrialisierung in Deutschland, in: Pollard (Hg.), Region und Industrialisierung, S. 52 - 68. HAStK FV

Anders als der Kleinschmuggler, der die Konterbande oft unter großer persönlicher Gefahr über die Grenzen brachte, organisierten die Großschmuggler ihre Aktionen ganz im Stile moderner Wirtschaftskriminalität: Die Schmuggelware wurde auf dem Rechtsrheinischen - etwa bei Elberfeld oder Solingen - in Depots gesammelt, dann über verschiedene Linien nach Rheindorf oder Homberg gebracht, von wo sie porteurs auf das linke Rheinufer transportierten. Ein anderer Sammelpunkt von Schmuggelware war Deutz, das besonders bei Kölner Kaufleuten sehr beliebt war. Ein Teil der Kölner Großschmuggler war den Zollbehörden durchaus bekannt, aber es war aus Gründen, die noch diskutiert werden, sehr schwer ihnen beizukommen. Zu diesen verdächtigten oder bekannten Importeuren gehörte ein Graff, Fabrikant von Velourstoffen, in Köln. Graff hatte unter anderem Zwischenlager in Lüßburg. Bekannt waren auch die Stoffhändler Moll, Simons und Engels. Zwischenlager für Schmuggelgut in Deutz hatten nach Vermutungen der Kölner Behörden noch weitere 15 Personen, darunter zwei Frauen und ein Angehöriger der Rheinschiffahrtsbehörde. Zu den beliebtesten Mitteln, Konterbande ins Land zu bringen, gehörte das Anbringen falscher Zollplomben an die Ware. Dies geschah schon auf dem rechten Rheinufer. Falsche Herkunftspapiere sorgten dafür, daß die wahre Herkunft der Waren verborgen blieb. Eine Variante dieses Verfahrens bestand darin, echte Herkunftsbescheinigungen mehrfach für verschiedene Warensendungen vom rechten Rheinufer zu verwenden. Die Papiere (l'aquit à caution) wurden mit der Post an die Helfer der Kaufleute auf dem rechten Rheinufer versandt.[22]

Die Auswirkungen des Schmuggels auf Köln waren beachtlich. Vor der Ankunft der Franzosen hatte es in der Stadt ganze sechs Kaufleute gegeben, deren Vermögen 15000 Francs überstiegen. 1812 hingegen gab es nicht wenige Häuser, deren Kapitalvermögen auf weit über 350.000 Francs gestiegen war. Roger Dufraisse führt dies auf Gewinne aus dem Handel mit verbotenen Waren zurück.[23] Zu den Großschmugglern gehörte der Bankier Schaafhausen ebenso wie die Kauffrau Heitzweiler aus Unter Taschenmacher, die aus Gründen der Bequemlichkeit direkt ein zweites Geschäft auf dem rechten Rheinufer in Deutz eröffnet hatte.[24]

Wie wenig man in Paris den Charakter des organisierten Großschmuggels im DdlR einschätzen konnte, beweist der Getreideschmuggel, der in umgekehrter Richtung, also vom französischen auf das rechtsrheinische Gebiet und nach Holland vonstatten ging. In Paris glaubte man, dem Problem durch die Verstärkung des Überwachungskordons der Zollbehörden zu Leibe rücken zu können. Dabei berücksichtigte man aber an maßgeblicher Stelle nicht, daß der illegale Getreideexport eine Maßnahme war, die im Interesse der Landwirtschaft und der gesamten ländlichen

738. Brief des Unterpräfekten des Arrondissement Köln Klespé an den Maire der Stadt vom 7.12.1812.

22 HAStK FV 734, Dok. 20. Das Schreiben, das wahrscheinlich aus der Mairie oder dem Polizeikommissariat der Stadt Köln stammt, trägt weder Datum noch Unterschrift, datiert aber aller Wahrscheinlichkeit nach aus der Zeit nach 1806.

23 Dufraisse, wie Anm. 1, S. 534.

24 AN F7 6549, Doc. 2063, Bericht des Geheimagenten Mallard vom 16.10.1810. Dufraisse, wie Anm. 1., 518 f.

Bevölkerung lag, denn nur wenn das hohe Preisniveau für Getreide gehalten werden konnte, lohnte sich der großflächige Anbau im DdlR. Präfekt Ladoucette bemerkte in einem Bericht an den Innenminister, der Getreideschmuggel geschehe nur im kleinen Stil, da es für einen beladenen Wagen unmöglich sei, die vierfache Sperrlinie der Zollbehörde zu passieren, ohne bemerkt zu werden.[25]

Der Generalinspektor der Nationalgendarmerie, ein Mann der Praxis, der die Probleme anders anging als der Verwaltungsspezialist Ladoucette, war ganz anderer Ansicht: Vor allem in den Kantonen Goch und Kranenburg wickle sich der Getreideschmuggel im großen Stile ab. Das Getreide werde nach Holland gebracht und von dort aus nach England verschifft. Die Getreidehändler erhielten von den Bürgermeistern der Gemeinden im Zollgrenzbezirk Papiere ausgestellt, die das Getreide fälschlicherweise als für den privaten Konsum bestimmt auswiesen. Mehr als 4000 dieser Ausnahmebescheinigungen seien ausgestellt worden.[26]

Getreideschmuggel im großen Stil ging auch zwischen dem DdlR und dem rechten Rheinufer vonstatten, wobei man sich hier auch gefälschter Papiere oder illegal beschaffter Ausfuhrgenehmigungen bediente.[27]

Nach 1806 kamen die Großschmuggler auf eine neue Strategie, um die sich verschärfende Überwachung durch den Staat zu umgehen. Bestimmte Unternehmer, die sich den Gegebenheiten der Zeit in höchst flexibler Weise anzupassen wußten, hatten einen Teil ihrer Produktion in den grenznahen Bereich verlegt, um den Schmuggel mit Rohstoffen oder Fertigwaren zu kaschieren. So gründete der in Köln ansässige Bankier Herstatt in Goch, das nur zwei Meilen von der Grenze entfernt lag, eine Zuckerraffinerie. Der schlaue Kölner wurde durch einen gewissen Vandenbroch nachgeahmt, der wenig später eine zweite Zuckerraffinerie in Goch gründete. Obwohl der Zweck der Betriebsgründungen in beiden Fällen klar auf der Hand lag, gestattete man den beiden Unternehmern ihre Vorhaben.[28] Die Politik der Zollbehörde in dieser Hinsicht war alles andere als klar. Den Unternehmern Herstatt und Vandenbroch erteilte man eine Erlaubnis, während eine Erlaubnis zur Gründung einer Tabakmanufaktur in Uerdingen nicht gegeben wurde.[29] Ab 1811 endlich ging die Zollbehörde dazu über, Genehmigungen davon abhängig zu machen, daß der Zollbehörde volles Einsichtsrecht in die Bücher des jeweiligen Unternehmens

25 AN F11 424. Die Dokumente unter dieser Nummer sind sehr bruchstückartig und außerdem vermischt mit dem Bestand F11 201 a.

26 AN F 11 424.

27 AN F 11 425 A, besonders Bericht des Regierungskommissars der vier Rheindepartements Jollivet vom 14 Ventôse an 9 (5.3.1801), in dem beschrieben wird, wie die Lieferpapiere gefälscht wurden.

28 AN F 12 1928, Briefe des IM an Präfekt des DdlR vom 14 Thermidor an 13 und 26 Vendémiaire an 14 (2.8.1805 bzw. 18.10.1805). Die Pflicht zur Anmeldung eines Gewerbes im Zollgrenzbezirk ergab sich aus Artikel 41, Titel 13 des Gesetzes vom 22.8.1791. Bulletin des Lois, Lois et Actes du Gouvernement, tome quatrième, Août à Octobre 1791, Paris, Neudruck Paris 1834, S. 103-146, hier S. 145; Roger Dufraisse, La politique douanière de Napoléon 1er, in: Revue de l'Institut Napoléon 130, 1974, S. 3 - 26.

29 AN F 12 1928.

gegeben wurde.[30] Die widersprüchliche Haltung der Pariser Regierung in der Frage der Industrieansiedlung muß wohl auch auf dem Hintergrund verstanden werden, daß man den Industrialisierungsprozess gerade unter den für die Industrie erschwerten Bedingungen des Kontinentalsystems nicht über alle Maßen behindern wollte.

3.2.2 Die Helfer der Großschmuggler, die *porteurs*

Ohne die Existenz der Großschmuggler, des hinter ihnen stehenden Kapitals und Know-How kann man das Vorherrschen der organisierten Schmugglerbanden nicht verstehen. Ökonomisch betrachtet, gehörten der Händler oder Fabrikant, der den Schmuggel organisierte, und der *porteur*, der die Konterbande auf einem Schiff oder Pferdefuhrwerk ins Land brachte, auf die gleiche Seite. Dennoch unterschieden sich beide Gruppen in vielerlei Hinsicht. Der Großschmuggler tauchte selten auf dem Schauplatz des Geschehens auf. Sein Arbeitsplatz waren das Kontor und die Schreibstube. Er trug, im Gegensatz zum porteur, der sich der Gefahr, gestellt zu werden, Tag für Tag aussetzte, seine Haut nicht zu Markte. Zum *porteur* wurde man nicht, weil man sich hohe Profite versprach, sondern weil es wenig Arbeit gab oder weil die Arbeit, die man verrichtete, nicht genug Lohn abwarf. Nicht nur, daß ein Teil der Arbeiterschaft und der Handwerker wegen der schon diskutierten wirtschaftlichen Gründe ihre Arbeit verloren hatte. Die Löhne derjenigen, die einer Arbeit nachgingen, hatten seit 1794 auch abgenommen, was z. T. monetäre Ursachen hatte.[31]

Die Teilnahme an den Schmuggelzügen half also, die prekäre wirtschaftliche Situation eines Großteils der "kleinen Leute" zu sichern. Dies wurde durch den Umstand erleichtert, daß außer den französischen Behörden am Schmuggel niemand Anstoß zu nehmen schien. Diejenigen Schmuggler, die aus der Unterschicht stammten, konnten sich mit gutem Recht darauf berufen, daß sie die Sympathie, ja offene Unterstützung der lokalen Eliten genossen. Im Schmuggel trat ein seltener Fall einer virtuellen Interessenidentität der Unterschichten (kleine Handwerker, Tagelöhner, Handlanger und bäuerliche Unterschichten) mit den Angehörigen der örtlichen Oberschichten auf. Jene wollten ihre Einkommenslage verbessern, diese suchten nach Möglichkeiten, in wirtschaftlich schwieriger Lage Extraprofite zu erzielen. Ihr gemeinsamer Gegner war der Staat oder ein Teil der staatlichen Institutionen, die sie zwar nicht in ihrer Gesamtheit ablehnten, deren Handlungslegitimation in diesem Punkte sie aber in der Praxis in Frage stellten.

Zu den *porteurs* im weiteren Sinne müssen auch all jene Schmuggler gerechnet werden, die im Auftrage Dritter Konterbande auf Rheinkähnen oder Schiffen in die

30 AN F 12 1929; 1930/31 (1 Karton).

31 Zunächst sorgte der Abfluß des Hartgeldes und seine erzwungene Ersetzung durch Assignaten für einen Verfall der Reallöhne. Nach 1810 führte die Abwertung ausländischer Währungen gegenüber dem Franc zu einer Kaufkraftsenkung. Der Franc wurde gegenüber den auf dem linken Rheinufer noch im Umlauf befindlichen Währungen Florin und Kreuzer um 16 2/3 % aufgewertet. Da die lohnabhängigen Schichten ihre Löhnung aber in der alten Währung und nicht in Francs erhielten, standen sie sich um ein Sechstel schlechter als vor 1810. Pohl, wie Anm. 24, S. 98 f.; Dufraisse, wie Anm. 24, S. 418, bes. Anm. 48.

Stadt brachten oder von hier fortführten. Der Transport ganzer Schiffladungen von Tabak oder Zucker erforderte nicht nur eine genaue Planung, sondern setzte auch entsprechende finanzielle Mittel voraus. Teilweise gehörten die Schiffseigner wohl auch selber zur Gruppe der Großschmuggler, die die Fäden in der Hand hielten, selber aber möglichst nicht in Erscheinung traten. Wichtig war in jedem Fall, daß zur Entladung eines Schiffes ausreichend viele Hilfskräfte zur Verfügung standen, damit möglichst schnell abgeladen werden konnte. Von großem Nutzen war es, wenn die Schiffer und ihre Helfer auf die Mitarbeit der Arbeiter im Hafen rechnen konnten, noch besser war es, wenn man sich der Kooperation der Kranführer versichern konnte. Zu den professionellen Schmugglern, die aus ihrer Position als Hafenarbeiter illegal Profit zogen, gehörten Fritz und Karl Dersdorff, die über längere Zeit mit Schmugglern zusammenarbeiteten. Sie taten Dienst am Hebekran in der Mühlengasse, der zum Freihafen der Stadt gehörte.[32]

Der Freihafen, als Ersatz für die mit dem Rheinoktroi verlorengegangenen Rechte der Stadt gedacht, entpuppte sich in napoleonischer Zeit als bevorzugter Umschlagplatz von Schmuggelware im großen Stil.[33]

Nachdem der Zoll seine Aufmerksamkeit stärker auf den Hafen konzentriert hatte, gingen die organisierten Schmuggelbanden dazu über, sich wieder der mannigfachen Möglichkeiten zu bedienen, durch Öffnungen in der Mauerumfriedung in die Stadt zu gelangen oder diese zu verlassen. Die Gitter, die die Stadtverwaltung hatte vor den Abwasserkanälen anbringen lassen, hielten wirklich entschlossene Banden nicht lange auf.[34]

Dort, wo es zu riskant erschien, ohne eigene militärische Bedeckung und am offenen Tage Konterbande anzulanden, nutzten die Banden die Dunkelheit der Nacht oder versuchten sogar, sich des Schutzes von regulärem Militär zu versichern. So ist es erwiesen, daß Teile der in Köln stationierten 30. Halbbrigade in Kontakt mit Schmuggelbanden standen und ihre Aktionen unterstützten. In der Nacht vom 5/6 Thermidor an 11 (24/25.7.1803) rückte eine rund 100 Mann starke Schmugglerbande, mit einer Barke vom rechten Rheinufer kommend, auf Köln zu. Sie wurden von 50 Soldaten der 30. Halbbrigade begleitet, die den militärischen Schutz übernahmen und das Rheinufer mit starken Posten weiträumig absicherten. Sieben der Schmuggler konnten letztlich trotz dieser Vorsichtsmaßnahmen verhaftet werden.[35]

Wie der Schmuggel großen Stils organisiert wurde, erklärte der Unterpräfekt des Arrondissement Köln, Klespé in einem Brief an den Bürgermeister der Stadt aus dem Jahre 1811. Der Schmuggel über den Rhein gehe unvermindert weiter und besonders die Dörfer und Gemeinden unmittelbar am Strom profitierten von den illegalen

32 Schreiben des Bürgermeisters vom 22/23. September 1806, Brief Polizeikommissars Orban an den Adjunkten Coomans vom 24.7.1806, Beilage vom 11. Oktober 1806. HAStK FV 728.

33 Briefwechsel des Hafenkommissars Nollen mit dem Bürgermeister vom 21.3.1807, HAStK 733.

34 1810 mußten die schon angebrachten Sperrgitter vor den Kanälen repariert und verstärkt werden. Die Abwasserkanäle am Holztor und an der Nechelskaul wurden mit zwei Gittern verschlossen, die im Abstand von 15 bis 20 Fuß hintereinander installiert worden waren. HAStK FV 737.

35 AN BB 18 695, Schriftwechsel des IM mit dem Regierungskommissar Hanne aus Aachen, Zollgeneraldirektor an IM vom 16 Thermidor an 11 (4.8.1803).

Geschäften. Waren aus dem Großherzogtum Berg und anderen Staaten des Rheinbunds würden von Agenten ins Innere Frankreichs gebracht, die sich für den Transport der Mithilfe von Deserteuren bedienten. Namentlich bekannt unter den Verantwortlichen für den blühenden Handel mit Schmuggelware war ein gewisser Schoenwasser, der seine Agenten fast in allen wichtigen Gemeinden entlang des Rheins habe. Das einzige Mittel, das Klespé einfiel, um der Drahtzieher wie Schoenwasser Herr zu werden, war die verstärkte Wachsamkeit der Förster und Feldhüter.[36]

Ähnlich gut organisiert wurde der Schmuggel der Großbanden, die den Warenverkehr mit Holland kontrollierten. Eine traurige Berühmtheit in den Augen der französischen Beamten erlangte der Fall der Neersener Schmuggler, die sich nicht mit Kleinigkeiten abgaben. Diese Bande, die ihren Erfolg zum Teil der Mitarbeit des dortigen Zolleinnehmers Hauze verdankte, arbeitete mit einem reichen Kaufmann aus Rotterdam namens Theodor Becker zusammen, der die Arbeit der Bande für wichtig genug hielt, um sein Kontor von Rotterdam nach Neersen zu verlegen.

Dies war sinnvoll, weil die Zollbehörde in Neersen korrupt war. Das Bureau der Zöllner war im Haus der Witwe Goebels unterbebracht, deren Tochter mit dem wichtigsten Schmuggler der Region, Jean Baptiste Willier, verheiratet war.[37] Willier, ein ehemaliger Soldat, der durch den Schmuggel reich geworden war, hatte als Chef der porteurs die Bande militärisch straff organisiert. Es gab in seiner Truppe Infanterie- und Kavallerieeinheiten. Die Bande hatte überall einflußreiche Freunde, nicht nur unter den Zöllnern. Dazu gehörten die Bürgermeister von Willich, Schiefbahn, und Neersen samt Sekretär, der Steuerpächter von Willich und der Friedensrichter von Odenkirchen. Die Verbindung zur Départementsregierung stellte der Präfekturrat Wanderstraten her.[38]

Wie die soziale Notlage eines Teils der *porteurs* von den Großschmugglern ausgenutzt wurde, zeigt das Geständnis des Tagelöhners Pierre Wirtz aus Delrath bei Dormagen, der am 29 Brumaire an 11 (20.11.1802) von Gendarmen auf frischer Tat gestellt wurde. Wirtz hatte einen Sack Roggen auf dem Rücken gehabt, als die Gendarmen ihn griffen. Angesichts der Beweislage gegen ihn entschloß sich der Geständige, auch die Hintermänner seiner Tat zu nennen. Der Roggen würde im Auftrag des Dederich Densel (oder Deusel) und des Jean Patten geschmuggelt, die beide in Dellerath lebten. Die Gruppe habe aus sechs Schmugglern bestanden, alles Knechte von den umliegenden Bauerhöfen.[39] Deusel und Patten hatten den Knechten, die nicht mitmachen wollten, gut zugeredet und ihnen gesagt, sie hätten schließlich Verantwortung für ihre Familien, zumal in so schweren Zeiten und bei der gegenwärtigen Teuerung. Schließlich hätten ihnen die Schmuggler sechs *sols* versprochen, wenn die Knechte als Träger mitgingen.[40]

36 HAStK FV 745.
37 AN BB 18 699, Brief des Anklägers Hanne an IM vom 28.7.1811.
38 Ebda., AN BB 18 699.
39 AN BB 18 695.
40 AN BB 18 695.

Das Verhältnis zwischen den *porteurs*, jenen professionellen und semiprofessionellen Schmugglern, die im großen Stil, vorzugsweise nachts und in Gruppen, meist auf Rechnung eines bei der Tat selbst abwesenden Auftraggebers schmuggelten, und den Klein- und Gelegenheitsschmugglern ist nicht einfach zu klären. Es gibt kein soziales Merkmal, das sich in den Gerichtsprotokollen niederschlägt, was den Professionellen vom Amateur trennen könnte. Nur die Umstände der Tat erlauben es, beide Gruppen zu differenzieren, wobei dieser Trennung etwas Artifizielles anhaftet, da ein Gelegenheitsschmuggler des Jahres 1800 durchaus ein porteur des Jahres 1807 oder 1811 sein konnte. So fiel der Fuhrmann Pierre Schülgen oder Schültgen aus Dormagen am 25 Fructidor an 12(12.9.1804) zum ersten Male auf, als er versuchte, 60 kg Baumwolle auf seinem Gespann zu schmuggeln. Schülgen hatte Glück, denn die ihn stellenden Zöllner begingen einen Formfehler bei der Sicherstellung des Schmuggelgutes und Schülgen wurde freigesprochen, was nicht als Beweis seiner Unschuld gewertet werden darf.[41] Möglicherweise hat Schülgen das Glück, das er hatte, darin bestärkt, es noch einmal als Schmuggler zu versuchen. Als er das nächste Mal im Juni 1807 gestellt wurde, ging es böse für ihn aus. In seinem Gespann, in dem außer ihm noch seine Ehefrau saß, fanden sich 288 Messer, die Schülgen wohl aus dem Rechtsrheinischen hatte importieren wollen. Beide Schmuggler erhielten eine Geldstrafe, hatten die Kosten des Verfahrens zu tragen und eine sechsmonatige Gefängnisstrafe abzusitzen. Daß Pferd, Wagen und Ladung beschlagnahmt wurden, versteht sich von selbst. Da die Ladung einen erheblichen Wert darstellte und die Fahrt nach Solingen oder Remscheid mit hohem organisatorischen Aufwand verbunden war, kann man davon ausgehen, daß Schülgen inzwischen ins Lager der professionellen Schmuggler übergewechselt war.[42]

Es kam durchaus vor, daß ein Schmuggler, der es nicht mehr riskieren wollte, mit großen Mengen an Konterbande gestellt zu werden, umstieg auf den Kleinschmuggel von Warenmengen, die sich am Körper verborgen transportieren ließen. Ob das auch ein Beleg für den Wandel vom *porteur* zum Gelegenheitsschmuggler ist, ist nicht mit letzter Sicherheit zu klären. Am 11. Juni 1806 gingen dem Zoll der 24 Jahre alte Tagelöhner Peter Thelen und sein 16 Jahre alter Komplize Joseph Bernicken ins Netz. Beide wurden ertappt, als sie versuchten, 34 kg Zucker von der rechten Rheinseite nach Köln zu bringen. Knapp drei Wochen später wurden beide vom Kölner *Tribunal Correctionel* zu einer empfindlichen Gefängnisstrafe und zu einer Geldbuße verurteilt.[43] Thelen war dies nur insofern eine Lehre, als er dazu überging, alleine zu arbeiten und kleinere Mengen zu transportieren. Am 12. Januar 1811 wurde er wiederum gestellt, diesmal allein und mit nur fünf Kilogramm Tabak. Die Gefängnisstrafe fiel dieses Mal deutlich milder aus.[44]

41 Die Liste wurde erstellt aus den Prozessen gegen namentlich bekannte Schmuggler. Das Korpus der Gerichtsakten umfaßte 1037 Urteilssprüche des Tribunal Correctionel in Köln vom Jahr 10 (1800) bis zum ersten Trimester des Jahres 1811. Die Akten der Jahre vor 1806 liegen als Verbalprotokolle vor, die der folgenden Jahre als Listen. AN F12 1953 G.

42 Fall 138 und 139. Datum der Fahrt 29.6.1807, Gerichtsurteil vom 15.7.1807. AN F12 1953 G.

43 Fall 207/208, AN F12 1953 G. Urteil vom 21. Juni 1806.

44 Fall 4, Urteil vom 19.1.1811. Gefängnis unter sechs Monaten. AN F12 1953 G.

Als berufsmäßige Schmuggler eigneten sich besonders diejenigen Berufsgruppen, die schon unter legalen Bedingungen mit dem Transport von großen Warenmengen beschäftigt waren, wie die Rheinschiffer und die Fuhrleute. Der Kölner Schiffsjunge (*garçon batelier*) Balthasar Widdig machte da keine Ausnahme. Er und sein Kollege Rudolf Wiehl wurden am 5.3.1805 gestellt, als sie einen ganzen Ballen Baumwollvelours im Werte von 1200 Francs an Land bringen wollten. Beide jungen Schmuggler wurden freigesprochen, weil die Zollbeamten, wie so oft, einen Formfehler bei der Protokollierung der Angelegenheit machten.[45] Wenig später konnten die Zollbeamten ihr Versagen gutmachen, als ihnen Widdig, zusammen mit dem Schiffsjungen Hubert Hermeling aus Köln, bei einem erneuten Schmuggelversuch in die Arme lief. Beide mußten einige Monate ins Gefängnis.[46]

Der Fuhrmann Heinrich Baum aus Remscheid wurde am 21.1.1804 für schuldig befunden, verschiedene Waren aus dem Rechtsrheinischen nach Köln geschmuggelt zu haben. Er wurde in Abwesenheit zu einer Geld- und Gefängnisstrafe verurteilt. Am 17. Juli 1808 beging er die Unvorsichtigkeit, sich mit 48 kg Eisenwaren im Gespann, die er aus Remscheid einführen wollte, verhaften zu lassen. Das Gericht schickte ihn für ein halbes Jahr ins Gefängnis und ließ ihn eine Geldstrafe bezahlen. Ähnlich gelagert ist die Geschichte des Jacques Houtmann (Hans Hutmann ?) aus Remscheid, der Metallwaren, vor allem Schnellwaagen und Feilen aus Solingen, auf das linke Rheinufer bringen wollte. Auch er wurde erwischt, ins Gefängnis gesteckt, zahlte den dreifachen Wert der Schmuggelware als Geldstrafe und verlor obendrein drei Pferde und einen Wagen. Männer wie Baum und Houtmann waren keine Amateurschmuggler, sondern schossen die erheblichen Investitionen nur dann vor, wenn sich das Risiko kalkulieren ließ.[47]

Mathias Hasseler aus Köln versuchte am 18. April 1807 die Sperrlinie der Zollbeamten zu umgehen, wurde aber entdeckt. Er führte einen ganzen Ballen unterschiedlicher Schmuggelware mit sich, was ihm ein halbes Jahr Gefängnis einbrachte. Kaum entlassen, wurde er am 21. Mai 1808 wieder mit vermischter Schmuggelware gestellt und als Wiederholungstäter für mindestens ein Jahr eingesperrt.[48]

Jean Christian Maus, ein Stoffärber aus Köln, wurde am 7.10.1803 überrascht, als er mit zwei Ballen nicht näher bezeichneten Schmuggelgutes die Grenze überqueren wollte. Nach Verbüßung seiner sechsmonatigen Gefängnisstrafe, die wie üblich durch eine Geldstrafe ergänzt worden war, versuchte Maus am 16.2.1805 50 kg ungefärbten Stoffes ins Land zu bringen, wohl im Auftrag seines Färbereibesitzers. Er bezahlte die erneute Unvorsichtigkeit mit weiteren sechs Monaten Gefängnis.[49]

Die wenigen Beispiele mögen genügen, um einige Punkte zu beleuchten, mit denen die berufsmäßigen wie in geringerem Maße auch die Gelegenheitsschmuggler zu rechnen hatten. Alle hier vorgestellten Schmuggler waren wahrscheinlich

45 Fall 253/254, AN F12 1953 G. Urteil vom 29 Ventôse an 13 (20.3.1805).
46 Fall 227/228, AN F12 1953 G.
47 Baum: Fall 299, Fall 93; Houtmann: Fall 325, AN F12 1953 G.
48 Fall 158; 120, AN F12 1953 G.
49 Fall 308, 248, AN F12 1953 G.

porteurs, aber sie arbeiteten in kleinen Gruppen. Aber selbst dann war die Wahrscheinlichkeit, bestraft zu werden, wenn man sich als Schmuggler auf frischer Tat erwischen ließ, nicht hoch. Selbst wenn die Zollbeamten Namen und Anschrift des Schmugglers ermitteln konnten, war damit noch nicht gesagt, daß es zu einer Verurteilung kam. Große Gruppen wurden von den Zollbeamten in aller Regel nicht gestellt, d. h. die *porteurs* der Großunternehmer konnten nur verhaftet werden, wenn die Zolltruppe von einem Unternehmen Kenntnis bekommen hatte und entsprechend überlegene Truppen am Einsatzort zusammenziehen konnte. Eine Handhabe gegen Großschmuggler ergab sich demnach eher aus gezielten Hausdurchsuchungen, die zwar den Vorteil hatten, das Schmuggelgut ans Tageslicht zu fördern, die Struktur der Großbanden aber unangetastet ließen. Den Schmugglern spielte in die Hände, daß die Gesetze und Verordnungen für eine beweiskräftige Ermittlung sehr kompliziert und unhandlich waren, weshalb Schmuggler, deren Schuld erwiesen war, oft straffrei ausgingen: So wurde die Witwe Gertrude Lützenkirchen aus Köln dabei beobachtet, wie sie im Verlaufe der Durchsuchung ihres Hauses drei Ballen mit Konterbande aus dem Fenster warf. Das Gericht wertete dies nicht als Beleg ihrer Mitwisserschaft, da ihr nicht nachzuweisen war, daß sie ihr Haus wissentlich zum Schmuggeldepot gemacht hatte.[50] Gertrude Nover, die eingestandenermaßen geschmuggelt hatte, konnte nicht bestraft werden, weil in dem von ihr unterzeichneten Vernehmungsprotokoll der Zollbehörde nicht vermerkt war, ob sie eine Quittung für die beschlagnahmte Ware erhalten hatte. Frau Nover mußte wegen dieses Formfehlers lediglich die Kosten des Verfahrens tragen.[51] Der Kölner Fuhrmann Jacob Thutt wurde von Zollbeamten in flagranti beim Kaffeeschmuggel gestellt, flüchtete jedoch unter Zurücklassung seines Pferdes und Wagens. Da deswegen kein ordnungsgemäßer *rapport* zustandekommen konnte (den der Beklagte immer zu unterzeichnen hatte), konnte gegen Thutt auch kein Urteil gefällt werden.[52] Die Schwerfälligkeit des Zollbureaus bei der Sicherstellung der Beweismittel gegen Schmuggler erklärt sich zum Teil aus der Formulierung des Gesetzes vom 28.4.1799, das besagte, daß zur Überführung eines Schmugglers die schriftliche Aussage von zwei Zollbeamten oder anderen Bürgern vorliegen mußte. Auch die Form des dann zu erstellenden Berichts war genau festgelegt. Unter anderem mußte eine genaue Auflistung der sichergestellten Waren beigefügt sein. Dem Verdächtigten war sodann der Bericht zum Lesen zu geben (was ja voraussetzte, daß jeder Verdächtigte lesen konnte), er mußte unterzeichnen und erhielt eine Kopie des Berichtes. In diesen rechtsstaatlichen Bestimmungen waren aber für die Zollbeamten viele Fallstricke eingebaut. Oft konnte ein derartiger Bericht nicht erstellt werden, weil man die Beschaffenheit und Menge der geschmuggelten Waren nicht kannte. Dies konnte vorkommen, wenn eine Gruppe von Schmugglern überrascht wurde, aber nur ein Teil von ihnen verhaftet werden konnte. Ließen sich die Schmuggler nicht mit der Ware in der Hand verhaften, hatten sie also ihre Ballen vorher weggeworfen oder nahmen ihre Kollegen ihr Bündel bei

50 Urteil vom 7 Messidor an 13 26.6.1805, AN F12 1953 G.
51 Fall 237, AN F12 1953 G.
52 Fall 244, AN F12 1953 G.

der Flucht mit, so konnte das zur Ausstellung eines "fehlerhaften" Berichts führen, der dann vor Gericht annulliert wurde. Fehlende Quittungen oder nicht ausgehändigte Kopien des Berichts konnten ebenfalls zur Annullierung des Berichtes führen. Dies war nicht selten der Fall.[53]

Waren Berufsschmuggler abgebrüht genug, konnten sie straffrei ausgehen, obwohl sie ihrer Festnahme physischen Widerstand entgegengesetzt hatten. Dabei kam ihnen zugute, daß Prozesse wegen Widerstandes von dem Verfahren wegen Schmuggels abgetrennt werden konnten. Der in den Akten als Berufsschmuggler bezeichnete und im Zusammenhang mit dem Falle des Balthasar Widdig schon erwähnte Rheinschiffer Rudolf Wiehl aus Köln hatte mit seiner Barke am Kran an der Markmannsgasse in Köln angelegt und wollte durch ein Fenster im Keller eines am Rheinufer gelegenen Hauses Schmuggelware anlanden. Zöllner stellten ihn und seine Komplizen, doch bezog der anwesende Leutnant der Zollbehörde eine ordentliche Tracht Prügel, als er die Schmuggler verhaften lassen wollte. Die vier Angeklagten kamen in dem folgenden Prozeß frei, weil die Zollbeamten im Verlaufe der turbulenten Verhaftung übersehen hatten, für die Anwesenheit von zwei Beamten zu sorgen, die die Beschlagnahme eines 30 kg schweren Bündels mit Stoffen bezeugen konnten. Der als Beweismittel gedachte Rapport wurde für ungültig erklärt, Wiehl und seine Komplizen freigesprochen.[54]

Wer waren nun diese Berufsschmuggler? Einen guten Eindruck von ihrer Zusammensetzung und Arbeitsweise vermitteln die Akten von 1037 Urteilssprüchen in Schmuggelfällen im Arrondissement Köln, die im Zeitraum 1803 bis 1811 vom *Tribunal Correctionel* im Arrondissement Köln mit Sitz in Köln gefunden worden sind. In nur 330 Fällen waren die Angeklagten namentlich bekannt, was noch nicht einmal hieß, daß die Beschuldigten auch während des Prozesses anwesend waren. In mehr als 1000 Fällen war der Zollbehörde nur bekannt, daß geschmuggelt worden war, aber nicht von wem. In diesen Verfahren ging es nur darum, festzustellen, ob die vorgenommene Beschlagnahme von Schmuggelgut rechtens war und ob sie der Staatskasse zugute kam oder nicht. Also selbst im Falle der Entdeckung durch die Zollbehörden entkamen drei von vier gestellten Tätern. Wahrscheinlich war die Erfolgsquote der Zollbeamten noch schlechter, da die Chance der Schmuggler zu entkommen, porportional mit der Größe ihrer Gruppe und dem Grad der Professionalität wuchs.

In fast zwei Dritteln aller vor Gericht gestellten Verdächtigten handelte es sich um Einzeltäter (Tab. 3.1). Das muß nicht heißen, daß dies auch alles Gelegenheitsschmuggler waren, im Gegenteil. Ein Gutteil von ihnen kann *porteur* gewesen, aber von den anderen Schmugglern getrennt worden sein. Die vorliegenden Zahlen sollten besser in eine andere Richtung interpretiert werden, nämlich als Beleg für die schon aufgestellte These vom Erfolg des gutgeplanten Großschmuggels von Banden. Keine Gruppe mit mehr als sechs Teilnehmern wurde von den Zöllnern aufgegriffen, ein

53 Bulletin des Lois, 8e partie, 2e semestre de l'an VII, No. 269 à 312, hier Bulletin No. 273, S. 5-12, Gesetzesnummer 2838, Titel 4, Artikel 1-6.

54 Fälle 254-257, AN F12 1953 G.

klares Indiz für die Unlust oder Unfähigkeit der Zollbehörde, es mit den Großbanden aufzunehmen. Daß es diese gegeben hat, wird ebenfalls aus den Beschlagnahmungsprotokollen des Zolls ersichtlich: Die herrenlos aufgefundenen Mengen von Schmuggelgut, das die Banden zurückließen, wenn sie auf größere Trupps von Zöllnern stießen, geben ein beredtes Zeugnis von der Existenz solcher Banden. In einem Fall führten die rechtzeitig geflüchteten Schmuggler 122 Tabakkarotten, also gebündelten Blattabak, mit sich, in zwei anderen 188 und 150 Karotten Rohtabak.[55] Am 12.1.1808 konnten die erfolglosen Zollfahnder nur die zurückgebliebenen 22 Sack Weizen, 32 Ladungen Zucker, Kaffee und Tabak und 27 Laibe Zucker sicherstellen, die eine größere Bande hatte ins Land bringen wollen. Am 23.2.1808 führten Unbekannte 32 Ballen verschiedener Waren mit sich, die von den *préposés* beschlagnahmt werden konnten. Elf Tage später fanden die wieder zu spät gekommenen Zollbeamten noch 102 Karotten Tabak in einer Barke am Rheinufer vor. Ebenfalls mehr als eine Handvoll Mitglieder muß die Truppe gehabt haben, die am 27. März 1806 versucht hatte, 38 Säcke mit Getreide aus dem Land zu schmuggeln.[56] Relativ klein, obwohl dem organisierten Schmuggel zugehörig, blieben die Banden, die sich der Fuhrleute und ihrer Gespanne bedienten, um vor allem Metallwaren aus dem Wuppertal und dem Solinger Raum nach Frankreich zu bringen. Wegen der großen Transportkapazität eines Pferdegespannes genügten in diesen Fällen ein oder zwei Fuhrleute. Lediglich die Planung und die Verteilung der Konterbande stellten ein größeres organisatorisches Problem dar.[57] Ein weiterer Hinweis auf die Unterschiede zwischen Bandenschmuggel und Klein- oder Gelegenheitsschmuggel ergibt sich aus den Mengen der sichergestellten Waren in den 330 untersuchten Fällen. In 229 von ihnen verfügen wir über genaue Mengenangaben des Schmuggelgutes, d.h. in knapp 70 Prozent aller erfaßten Fälle (Tab. 3.2). Selbst bei diesen Tätern überwog der Großschmuggel. Tabelle 3.2 unterscheidet zwischen Schmuggelware, die sich möglicherweise noch am Körper verstecken ließ bzw. sich in einem unauffälligen Korb mitführen ließ, wie er auch von Frauen noch getragen werden konnte, und solcher Fracht, die die Nacht, eine Bande oder eine Barke bzw. ein Gespann voraussetzten, um bewegt werden zu können. Ballen oder Ladungen von Schmuggelgut konnten nicht mehr unter der Kleidung versteckt werden, ebensowenig Kisten, Säcke oder Lasten, die mehr als zwanzig Kilo wogen. Tabak im Umfang von zehn Karotten kann auch nicht mehr als Kleinschmuggel bezeichnet werden, weshalb er mit unter den Großschmuggel aufgenommen wurde. Die Frage, ob die hier aufgelisteten Mengen vielleicht von mehreren Individuen bewegt wurden, ist methodisch

55 F12 1953 G. Diese Fälle wurden nicht in die Berechnungen miteinbezogen, da die Täter unbekannt blieben.

56 AN F12 1953 G.

57 Für die Hintermänner der schmuggelnden Fuhrleute war es ein Leichtes, auch dann im Hintergrund zu bleiben, wenn sich bei den Behörden der Verdacht erhärtete, daß der festgenommene Kutscher nicht der eigentliche Schmuggler war. So waren der Kutscher Laurent aus Köln und der Kaufmann Hermann Engels aus Köln beide für den Kutschenbesitzer Besançon tätig, der eine Kutsche von Köln nach Aachen verkehren ließ. Besançon erschien nie vor Gericht. Fall 268 und 330. AN F12 1953 G.

ohne Belang, da in diesem Falle genausowenig von Gelegenheitsschmuggel die Rede sein könnte, sondern damit das Kriterium für Bandenschmuggel erfüllt worden ist. Bei der Unterscheidung in Gelegenheitsschmuggel und Banden- bzw. Großschmuggel wird also die Tendenz zur Organisation des Schmuggels noch deutlicher als bei der Analyse der Gruppenstärken, die stärker als dieses Merkmal von den Umständen der Verhaftung abhängig ist. Fast zwei Drittel der vor Gericht Angeklagten gehörten somit zur Gruppe der professionellen Schmuggler.[58]

Die Berufsstruktur der Angeklagten hilft uns, die Gruppe weiter ein- und abzugrenzen. In immerhin 166 Fällen war es entweder möglich, Berufsangaben aus den Protokollen und Dokumenten selbst zu entnehmen oder aus den Protokollen zu erschließen (Tab. 3.3). Die Mehrzahl der der Justiz bekannten Schmuggler stellten die Leute, die mit dem Transport von Waren ihr Brot verdienten, also Rheinschiffer und Fuhrleute. Die einzige wichtige Gruppe von Schmugglern, die nicht Transportarbeiter im weiteren Sinne waren, sind die Tagelöhner, die immerhin fast ein Viertel der erfaßten Personen ausmachten. Es fehlen fast vollständig ehemals zunftpflichtige Handwerker. Für sich allein genommen ist dies noch kein Indiz dafür, daß weite Teile der Unterschichten ihren Lebensunterhalt weitgehend durch Schmuggel zu decken oder aufzubessern suchten. Es gab aber doch offensichtlich Muster, die für die verschiedenen Arten von Schmuggel immer wiederkehrten.[59] Diese Muster lassen sich in unser Schema vom investierenden Großschmuggler, "lohnabhängigen" Träger und sozialtypisch indifferenten Gelegenheitsschmuggler integrieren. Da gab es einerseits die Gruppe der Fuhrleute, die entweder als Besitzer eines oder mehrerer Gespanne oder als Fuhrknechte für die Großschmuggler aktiv waren. Ihre Spezialität war der Import von Metallwaren aus dem Rechtsrheinischen. Oft scheinen sie selbst auch dort ansässig gewesen zu sein. Daneben gab es die Rheinschiffer, entweder als Schiffseigner oder als ihre Knechte (*garçon batelier*), die aus Köln stammen konnten, aber nicht mußten. Sie kümmerten sich um den illegalen Import von Kolonialwaren, allem voran Tabak, Kaffee und Baumwolle und Baumwollfabrikate. Ihre Aufgabe scheint es auch gewesen zu sein, Getreide nach Holland und in die rechtsrheinischen Häfen zu bringen. Eine dritte wichtige Gruppe wurde von den arbeitslosen oder verarmten Tagelöhnern gestellt, deren materielle Existenz durch den Schmuggel aufgebessert wurde. Letzter Gesichtspunkt spielte mit Sicherheit auch für Schiffer eine Rolle, über deren materielle Verschlechterung eingangs schon geschrieben

58 AN F12 1953.

59 Die hier präsentierten Ergebnisse decken sich mit denen, die sich aus der Analyse von 48 Gerichtsurteilen des Zollgerichtes Wesel aus den Monaten Juli bis September 1813 ergeben. 20 der 47 Verurteilten, deren Berufe bekannt sind, gaben an, Tagelöhner/innen zu sein. Rechnet man die drei Landarbeiter dazu, kamen 48.9 % der Verurteilten aus dieser Gruppe. Seltener als im sample der Kölner Schmuggler waren die Rheinschiffer, obwohl sich in Wesel auch für diese reichlich Gelegenheit zum Schmuggel geboten hätte. Die Schiffer aus Wesel (vier von 47 Fällen, entsprechend 8.5 %) waren aber von der Verlegung der Zollgrenze nicht so hart betroffen wie die Kölner, weshalb die wirtschaftliche Notwendigkeit zum Schmuggel geringer zu veranschlagen ist. Unter den Schmuggelwaren stand an oberster Stelle der Beliebtheit auch hier der Tabak (33 Nennungen), weniger beliebt waren Stoffe als Schmuggelware (zehn Nennungen), Kaffee (acht Nennungen) und Schießpulver (vier Nennungen). AN F 7 9937.

wurde. Wenn die Struktur des Schmuggels im DdlR etwa so ausgesehen hat, dann müßte sie eine Entsprechung in der regionalen Herkunft der Schmuggler finden. Aus diesem Grunde wurden die Schmuggler in fünf Gruppen unterteilt: In diejenigen, die aus der Stadt Köln selbst stammten, diejenigen, die aus der näheren Umgebung der Stadt kamen, wobei damit die Orte gemeint sind, die heute zum Stadtgebiet Kölns gehören, die Schmuggler, die aus den Hauptorten des rechten Rheinufers kamen, in denen Metallfertigwaren hergestellt wurden (Remscheid, Solingen und Umgebung), den Holländern und den übrigen (Tab. 3.4).

Die Schmuggler aus Köln oder dem Kölner Umland stellen die größte Gruppe dar. Dabei kamen knapp die Hälfte aller Schmuggler aus der Stadt selbst, und weniger als die Hälfte von ihnen waren Tagelöhner oder Arbeiter (21 von 49). Die Kölner Tagelöhner stellten somit 55.3 Prozent aller Schmuggler, von denen wir Angaben über ihren Beruf haben. Ähnlich verhält es sich bei den Schiffern. 17 Rheinschiffer kamen aus Köln, das sind 43.6 % aller erfaßten Rheinschiffer. Hingegen gab es nur sechs Kutscher und Fuhrleute aus Köln, d.h. 20 % aller erfaßten Fuhrleute und Kutscher gaben Köln als ihren Wohnsitz an. Demgegenüber standen aber sieben Fuhrunternehmer aus Remscheid, zwei aus Solingen und einer sogar aus dem weitentfernten sauerländischen Lüdenscheid, ebenfalls eine Metallstadt wie Remscheid. Diese rechtsrheinischen Fuhrunternehmer und Kutscher transportierten dann auch neben anderer Konterbande vor allem Türbänder, Schlosserarbeiten und Eisen- und Messinggeräte.[60] Für die Rheinschiffer war es hingegen typisch, daß sie den Getreideschmuggel organisierten, wobei die Schiffer aus dem Kölner Umland wohl die Hauptarbeit geleistet haben. So stammten die Getreideschmuggler Jean Klouth, oder Vitus Reith aus Niehl und Worringen, wobei Worringen ein Knotenpunkt des illegalen Getreideexportes auf dem Wasserweg gewesen sein muß, denn aus dieser kleinen Gemeinde stammten sechs namentlich erfaßte Getreideschmuggler. Dies hatte u.a. mit der geographisch günstigen Lage Worringens und der Nähe der Getreide anbauenden Landwirte zu tun.[61] Hauptschmuggelgut der Tagelöhner war der Tabak, einmal, weil er sich relativ einfach zu Fuß transportieren ließ, aber auch, weil die in Köln ansässigen Tabakmanufakturen auf den billigen Rohstoff von außerhalb angewiesen waren. Von 38 gestellten Tagelöhnern hatten 23 Tabak bei sich gehabt, d.h. mehr als 60 %.[62] Interessanterweise wurde der Getreideschmuggel nicht von Bauern durchgeführt, ein weiterer Hinweis darauf, daß die Organisation des Schmuggels weitgehend professionalisiert worden war (Tab. 3.5).

Durch die geographische Orientierung des Schmuggels auf die Tabakmetropole Köln ist die große Bedeutung des Tabakschmuggels verständlich, obwohl sich die

60 Ebda. Es ist anzunehmen, daß unter den Schmuggelwaren, die hier als "Diverse" aufgelistet sind, auch Metallwaren zu finden waren. Zur wirtschaftlichen Bedeutung des Bergischen Landes auch für die linksrheinischen Gebite vergl. Jürgen Reulecke, Nachzügler und Pionier, S. 52 -68.

61 AN F 7 9937.

62 Ebda.

Manufakturbesitzer nach 1798 in großer Zahl von Köln als Standort abwandten und neue Manufakturen in Deutz und Mülheim eröffneten. 1789 hatte es noch 1200 Arbeitsplätze in den Tabakmanufakturen Kölns gegeben, 1810 war die Zahl der in der Tabakverarbeitung beschäftigten Arbeiter auf 800 geschrumpft. Anstelle der 50 Manufakturen des Jahres 1799 wurde 1809 in nur noch 15 Betrieben gearbeitet. Nur die größten Betriebe hatten sich halten können, aber diese waren besonders auf den illegalen Import von Rohtabak aus dem Ausland angewiesen. Es ist wahrscheinlich, daß ein Gutteil der 400 arbeitslos gewordenen Tabakarbeiter im Schmuggel von Rohtabak eingesetzt wurde, wenn auch ein definitiver Beweis für das Zusammenarbeiten der Manufakturbesitzer und der arbeitslosen Tagelöhner nicht erbracht werden kann.[64] Demgegenüber nehmen die anderen Kolonialwaren eine untergeordnete Stellung ein. Möglicherweise ist dies aber eher eine Folge der Erfassungsmethode der Delikte als Widerspiegelung objektiver Verhältnisse. Man darf ja auch nicht vergessen, daß beim Transport mit Pferd und Wagen oder zu Schiff ganz andere Quantitäten umgesetzt werden konnten, als wenn die Ware von Trägern transportiert werden mußte.

Faßt man das bisher Gesagte zusammen, so ergibt sich folgendes Bild des Schmuggels im Arrondissement Köln:

1) Obwohl die vor Gericht gestellten Täter als Einzeltäter in den Gerichtsakten erscheinen, war der im Arrondissement Köln gerichtsnotorische Schmuggel organisiert, d.h. es arbeiteten mehrere Schmuggler zusammen, oft unter Anleitung und auf Rechnung eines Unternehmers. Dies folgt aus den Größen der bei den Schmugglern aufgefundenen Warensortimente.

2) Typische Schmuggler waren Rheinschiffer und Fuhrleute, die über die für den Großschmuggel wichtigen materiellen Voraussetzungen verfügten. Erst an zweiter Stelle ist als Transportmittel der porteur in des Wortes enger Bedeutung zu nennen.

3) Daneben gab es in geringerem Maße die Träger von Schmuggelgut, die die Ware auf ihren Rücken in die Stadt brachten. Diese waren zumeist Tagelöhner und Arbeiter aus Köln und der näheren Umgebung Kölns.

4) Bevorzugte Schmuggelware für die Großschmuggler waren Metallwaren aus den rechtsrheinischen Metallzentren, die auf Gespannen nach Frankreich gelangten, Getreide, das per Schiff exportiert wurde, und Rohtabak, der in den Manufakturen der Stadt Köln benötigt wurde.

5) Schließt man Rheinschiffer und Fuhrknechte mit ein in eine Definition der Unterschichten, so ist die These von der Nebenerwerbstätigkeit Schmuggel belegt.[65]

63 Da ein Schmuggler verschiedene Waren bei sich führen konnte, fehlt bei dieser Aufstellung die Summe. Es ergäben sich bei Addierung aller Nennungen mehr als 100 Prozent.

64 Kermann, Die Manufakturen, S. 492-495.

65 Dieses Ergebnis deckt sich mit Olwen H. Huftons Beobachtungen, was den Schmuggel im Frankreich des Ancien Régime angeht. Hufton, The Poor of Eighteenth-Century France, S. 285 - 303. In Frankreich stellten die journaliers die Masse der Schmuggler. Im übrigen muß davor gewarnt werden, die hier vorgetragenen Ergebnisse überzubewerten. Das Korpus von 330 Gerichtsurteilen, selbst wenn es eine Totalerhebung darstellt, wie in diesem Fall, ist wegen der methodischen Probleme des Erhebungsverfahrens nicht hundertprozentig verläßlich. Auf die

Diese Ergebnisse werden ergänzt durch eine Aufstellung über den "Erfolg" der staatlichen Maßnahmen zur Kontrolle des Schmuggels im Arrondissement Köln. Läßt man die großen Dunkelziffern unbeachtet, so muß die Quote der von einem normalen Gericht erster Instanz bestraften Schmuggler als sehr hoch angesetzt werden (Tab. 3.6). Nur knapp vierzehn Prozent der vor Gericht Gestellten kamen ohne Strafe davon, die meisten Verurteilten erhielten eine empfindliche Geldstrafe (meist den dreifachen Wert der beschlagnahmten Konterbande), und ein Drittel der Beschuldigten mußte eine kürzere Gefängnisstrafe absitzen.[66] Ganz anders nimmt sich die Bilanz der Urteile in Douanensachen aus, die von den zuständigen Friedensrichtern Kölns gesprochen wurden. 42 Gerichtsprotokolle vor den Friedensrichtern der vierten und fünften Sektion der Stadt Köln wurden ausgewertet und analysiert, wobei auch hier nicht von einer Repräsentanz im sozialwissenschaftlichen Sinne gesprochen werden kann. Interessant sind die Urteile der Friedensrichter zum einen, weil sie die Douanenvergehen in dem Teil der Stadt erfassen, wo der Schmuggel am aktivsten betrieben wurde, nämlich in den südlichen Vierteln, die nahe am Rheinhafen lagen, zum anderen, weil die Urteilssprüche, anders als andere Urteile, genauer auf die Tatumstände eingehen. Die Prozesse fanden im Zeitraum des Jahres 1801 bis 1807 statt, und was an ihnen am meisten besticht, ist die Milde des Urteils, mit ein Umstand, der die Pariser Regierung bewogen haben dürfte, Zollgerichtshöfe in den Départements und Zentralzollgerichte wie das in Nancy zu errichten. Friedensrichter waren von der ganzen Anlage ihrer Rechtsprechung her ungeeignet, langjährige Freiheitsstrafen zu verhängen, einmal abgesehen von den Problemen der Ökonomie des Strafens, die mit der massenhaften Einlieferung der Schmuggler in Gefängnissen verbunden gewesen wären.[67] Nicht die Friedensrichter waren für die milden Strafen zu kritisieren, sondern die französische Regierung, weil sie es zuließ, daß in einer Angelegenheit, die ihr so wichtig war wie die Eindämmung des Schmuggels, Gerichte bemüht wurden, die besser geeignet waren, Streitigkeiten zwischen Nachbarn, Erregung öffentlichen Ärgernisses oder die Verletzung der Sonntagsruhe abzuurteilen. In keinem Fall verhängten die Friedensrichter der beiden Sektionen eine höhere Gefängnisstrafe als zwei Tage, selbst da nicht, wo der Angeklagte des Widerstandes

hohe Dunkelziffer von 1:3 bei den Verhaftungen wurde schon hingewiesen. Weit schwerer wiegt die Dunkelziffer zwischen festgestellten verübten Delikten, die mindestens genauso hoch angesetzt werden muß, weshalb auf einen hier vorgestellten Fall neun andere kommen, in denen die Tatumstände im Dunkeln liegen oder die gerichtsstatistisch überhaupt nicht zu Buche schlagen. Bei der Verzerrung zuungunsten der kleinen Schmuggler, die keine Wachen aufstellen und keine Bestechungsgelder an den Zoll zahlen konnten, geht ein großer Teil der nicht erfaßten Delikte auf die Konten des Großschmuggels. Vergl. auch Marie-Helène Bourquin; Emmanuel Hepp, Aspects de la contrebande au XVIIIe siècle, Paris 1969 (Travaux et recherches de la faculté de droit et des sciences économiques de Paris, série 'Sciences historiques' 14). Zur Diskussion der methodischen Probleme eines Verfahrens, dem Gerichtsprotokolle zugrunde liegen, vergl. Hay, War, Dearth and Theft, S. 158- 160.

66 Auch hier gab es Doppelnennungen, d.h. ein Schmuggler konnte zu Geldstrafe und Gefängnis verurteilt werden, weshalb sich als Kolumnensumme wieder mehr als 100 % ergeben.

67 Vergl. Blannings Bemerkungen zum Wert der Friedensrichter zu Beginn der französischen Verwaltung des Rheinlandes. Blanning, The French Revolution, S. 182-185.

gegen die Zöllner überführt werden konnte. Sofern nicht ein Freispruch erging, gab es eine Geldstrafe, die zwischen 200 und 9750 Francs lag. Obwohl es sich bei den Angeklagten vor den Friedensrichtern um den gleichen Täterkreis handelte wie bei den Beschuldigten des *Tribunal Correctionel*, also vorwiegend um porteurs und Berufsschmuggler, waren die verhängten Strafen äußerst moderat. Ein einziger Angeklagter erhielt eine symbolische Gefängnisstrafe, die meisten kamen mit einer Geldstrafe von 500 Francs davon. Von einer polizeilichen Überwachung für den sehr wahrscheinlichen Fall, daß die Strafe nicht gezahlt wurde, ist in keinem der Dokumente die Rede. Im Unterschied zu einigen anderen Serien von juristischen Akten wird hier kein Zweifel darüber gelassen, daß ein Teil der Beschuldigten berufsmäßige porteurs und ihre Auftraggeber gewesen sind. Die wenigen Großschmuggler, die hier vor Gericht kamen, kamen aber glimpflich davon, der Wirt Wilhelm Kuth aus Sinzig, der mit seinem gleichnamigen Sohn 12300 Liter Wein geschmuggelt hatte, ebenso wie der Kölner Hausbesitzer Ferdinand Schleber, der 119 Karotten Tabak, d. h. knapp 150 kg Tabak geschmuggelt hatten.[68]

Da sich unter den Betroffenen schnell herumgesprochen haben wird, daß im Falle einer Verhaftung durch die Zöllner auch in aller Regel mit einer rechtskräftigen Verurteilung zu rechnen war, ist es nicht erstaunlich, daß die Schmuggler es vorzogen, die Schmuggelware zurückzulassen und die eigene Haut zu retten.[69] Dies wäre sicherlich anders gewesen, wenn die Träger und Spediteure der Waren auch gleichzeitig deren Besitzer gewesen wären. Ähnlich mag der in den Akten selten auftauchende Tatbestand des Widerstandes gegen Zöllner zu erklären sein. Zum einen wußten die Schmuggler, daß *opposition* vor einem anderen Gericht geahndet wurde, zum anderen waren die *porteurs* nur wenig geneigt, das Eigentum einer anderen Person zu verteidigen und dabei die eigene Freiheit aufs Spiel zu setzen, wo doch klar war, daß im Falle einer Beschlagnahme die Versicherung für den Schaden aufkommen würde. Andererseits ist es anzunehmen, daß, wo Widerstand geleistet wurde, die Schmuggler zur Selbsthilfe griffen, weil ihr Eigentum, ihre auf eigene Rechnung erstandenen Waren von den Zöllnern weggenommen werden sollten.

Nach 1806 und erneut nach 1810 wurde die Bestrafung von Schmugglern verschärft. Dies dürfte dazu beigetragen haben, daß Angriffe auf Zöllner häufiger vorkamen als früher. Da es schon genügte, in einer Gruppe von Schmugglern ertappt zu werden, um auf die Galeeren zu wandern oder zehn Jahre Zwangsarbeit leisten zu müssen, war die Hemmschwelle zur Gewaltanwendung seitens der Schmuggler sehr niedrig, die sich unter keinen Umständen stellen lassen wollten. Mit der Einrichtung des Zollgendarmeriegerichts in Nancy im Jahre 1810 wurden Bandenschmuggel und Angriffe auf die Zöllner nicht mehr in erster Instanz vor lokalen Gerichten verhandelt, sondern vor ein nicht im Département liegendes Sondergericht gezogen, das für seine drakonischen Strafen bekannt wurde.[70]

68 Urteile des justice de paix der 4. und 5. Sektion der Stadt Köln, 1801 bis 1807, HAStK FV 753/1.

69 Dufraisse, La contrebande, S.525.

70 Ebda.

Der Schuster Jacques Eder, der zusammen mit anderen Kumpanen am 21.5.1811 bei Andernach gestellt wurde, als er mit ihnen 153 kg Tabak aufs linke Ufer bringen wollte, widersetzte sich seiner Festnahme. Er wurde von der *Cour Prévôtale* in Nancy zu zehn Jahren Zwangsarbeit, Brandmarkung und Ausstellung am Kölner Pranger verurteilt.[71] Das gleiche Urteil ereilte Simon Jacobs, einen Knopfmacher aus Oberwinter und Jean Hardt, einen Tagelöhner aus Erpel, die in der Nacht vom 11.5.1811 mit vier anderen Unbekannten 200 kg Tabak nach Frankreich importieren wollten.[72] Brandmarkung und Ausstellung am Pranger wurden in Köln als öffentliche Exekutionen auf einem Marktplatz durchgeführt.[73]

Der aus Deutz stammende Schuster Martin Schaeffer, die Kölner Tagelöhner Antoine Esser und Chrétien Embs beförderten am 24.1.1813 gegen ein Uhr morgens sechs Ballen Baumwolle von Mülheim nach Nippes, heute beides Kölner Vororte. Auch sie wurden gestellt und vom Zollgericht in Nancy zu empfindlichen Strafen verurteilt. Ihre Komplizen, die beiden Kölner Tagelöhner Peter Mons und Leonard Bonn, genannt "Saure Linnartz", konnten sich der Verurteilung durch die Flucht entziehen.[74]

Mehrfach bestraft wurde der schon 1807 polizeinotorische Schmuggler Franz Dahlmeyer oder Dalmeyer, der als Hufschmied vier Kinder zu ernähren hatte und über keinerlei Vermögen verfügte. Dahlmeyer wurde 1812 vom Kölner Tribunal des Douanes zu einer halbjährigen Gefängnisstrafe verurteilt, nach Ableistung seiner Strafe aber vom Zollgericht in Nancy in einer weiteren Schmuggelangelegenheit erneut bestraft. Dahlmeyer wurde durch Entscheid des Polizeiministers vom 19. März 1813 freigelassen, doch einer strengen polizeilichen Überwachung am Heimatort unterstellt.[75]

3.2.3 Die Gelegenheitsschmuggler

Das lokale Zentrum des Schmuggels in Köln war die *porte de Bonn*, also der südliche Teil der Stadt. Dies hing wohl mit den günstigen topographischen Gegebenheiten zusammen, die am Rheinufer bis Rodenkirchen vorlagen. Innerhalb der Stadt war das Gebiet um die St. Severinskirche eine der Gegenden, in der bevorzugt Schmuggelware gehortet wurde. In diesem Gebiet wohnten aber auch recht viele Handwerker, Tagelöhner, Hausarme sowie Manufaktur- und Gelegenheitsarbeiter, also jene Teile der Bevölkerung, die von den wirtschaftlichen Problemen der Zeit deshalb besonders betroffen waren, weil sie den geringsten finanziellen Spielraum

71 HAStK FV 740, Aushang des Gerichtshofs in Nancy vom 22.1.1812).

72 HAStK FV 740, Aushang vom 23.11.1811.

73 HAStK FV 740, Brief des Bürgermeisters an die Polizeikommissare Werner und Schoening vom 21.2.1812. Der Marktplatz war der *marché aux choux*.

74 HAStK FV 740, Aushang vom 20.7.1813. Antoine Esser war höchstwahrscheinlich 1807 schon einmal als Schmuggler aufgefallen und von der Polizei geführt worden. HAStK FV 73.

75 HAStK FV 742, Liste vom 21.4.1812, Brief des Unterpräfekten an Bürgermeister Wittgenstein vom 26.3.1813; HAStK FV 734, Nr. 34;

unter den seßhaften Unterschichtsangehörigen hatten. Dieses Gebiet entsprach verwaltungspolitisch dem ersten Quartier, und in ihm lag die Pfarrei St. Johann Baptist, die eine hohe Konzentration von Hausarmen zu verzeichnen hatte. Besonders arme Straßenzüge waren der Filzengraben, die Severinstraße, der Katharinengraben und die Spielmannsgasse, die allesamt eher ärmliche Bewohner beherbergten. Im südlichen Teil der Stadt lebten auch besonders viele der verarmten Rheinschiffer, schwerpunktmäßig um die Kirche St. Maria Lyskirchen, die "Schifferkirche", wie sie auch heute noch heißt.[76] Besonders häufig konnten die Zöllner hier offenbar die Kleinschmuggler ergreifen, die kleinen Leute, die für eine Karotte Tabak oder ein paar Pfund Zucker auf das rechte Rheinufer gefahren waren und bei der Rückkehr ertappt wurden, weil sie die Schmuggelware am Körper verborgen hatten oder in einem Korb mit sich trugen. So wurde Bartholomäus Ronickel im Juni 1810 aufgegriffen, als er versuchte, einen Krug mit Fischöl an den Zollbeamten vorbeizubringen. Ronickel hatte sich das Schmuggelgut mit einer Kordel zwischen den Beinen festgebunden und fiel wahrscheinlich wegen seines unbeholfenen Gangs auf.[77]

Ludwig Jansen wurde Anfang des Monats Thermidor an 13 (Juli 1805) ertappt, als er zehn Pfund Kaffee in einem angeblich mit Holz gefüllten Korb mit in die Stadt bringen wollte. Jansen konnte flüchten, verlor aber seinen Kaffee an die Zollbehörde.[78]

Ebenfalls zur Gruppe der Kleinschmuggler muß wohl der von den Zöllnern aufgegriffene fliegende Händler Charles Joseph Deutsch gerechnet werden. Der in Köln im Jahre 1775 geborene Deutsch gab als Beruf *fabriquant de tabac à Cologne* an, doch muß diese Bezeichnung als Euphemismus angesehen werden: Deutsch hatte in Heimarbeit Rohtabak weiterverarbeitet. Am 23 Prairial an 12 (12.6.1804) war er im Arrondissement Krefeld ergriffen worden, als er eine kleine Partie Tabak ins Land bringen wollte. Angeblich hatte er auf den Zollvorsteher geschossen. Deutsch widersprach diesem Punkt der Anklage energisch. Bei seiner Vernehmung durch den *magistrat de sureté* in Krefeld gab Deutsch an, seit 23 Monaten von Köln weggegangen zu sein. Als Ursache für seinen Weggang gab er an, daß ihm die Zollbehörde Rohtabak beschlagnahmt habe "(...) und er nach diesem unglücklichen Vorfall nicht weiter (...) als Handelsmann hätte bestehen können." Zunächst habe er für den Tabakfabrikanten Nagelmann in Essen gearbeitet, danach in der Grafschaft Bentheim. Später habe er sein Brot als vagierender Händler verdient.[79]

Zunächst nach 1806, mit der Errichtung der Kontinentalsperre und dann nochmals nach 1810, nach dem Erlaß des Kaiserlichen Dekrets vom 18. Oktober 1810, wurde der Kampf der Zollbehörden gegen den Schmuggel intensiviert. Dies drückte sich vor allem anderen in neuen Repressionsmaßnamen gegen straffällig gewordene Schmuggler und weniger in einer Effizienzsteigerung der Zollüberwachung aus. Eigene Zollgerichtshöfe wurden geschaffen, darunter die auch für das Département

76 Vergl. Kapitel 1. Zur Topographie der Kölner Hausarmut.

77 HAStK FV 736, Brief des Hafenkommissars Nollen an Maire Wittgenstein vom 30.6.1810.

78 HAStK FV 725, Bericht des Hafenkommissars Nollen an den Bürgermeister vom 7 Thermidor an 7 (25.7.1799).

79 HAStK FV 730, Vernehmungsprotokoll vom 10 Prairial an 12 (30.5.1804).

de la Roër zuständige *Cour Prévôtale des Douanes* in Nancy, die 1810 gegründet wurde und dessen Aufgabe darin bestand "(...) de réprimer le crime de contrebande à main armée, le crime d'entrepôt de contrebande."[80] Die von diesem Gericht verhängten Strafen schlossen die Todesstrafe ein, langjährige Zwangsarbeit und Brandmarkung waren aber die normalerweise verhängten Strafen gegen Bandenschmuggler. Gegen die kleinen Schmuggler, die in aller Regel mit einer Geldstrafe und sechs Monaten Gefängnis davonkamen, wurde als flankierende Maßnahme gegen Ende des Empire immer häufiger die polizeiliche Überwachung angeordnet, die wirksam wurde, wenn ein rechtskräftig Verurteilter die gerichtlich festgelegte Kaution nicht zahlen konnte. Dies war aus naheliegenden Gründen vor allem bei Unterschichtsangehörigen der Fall.[81]

Die 1811/12 erstellte Liste der polizeilich zu überwachenden Schmuggler (Tab. 3.7) enthielt aus diesem Grunde nur "kleine Leute". Die Drahtzieher des Schmuggels konnten fast nie verurteilt werden, die *porteurs*, die für sie arbeiteten, wurden in Nancy abgeurteilt, wenn sie in Gruppen gestellt worden waren oder den Zollbeamten Widerstand geleistet hatten, und alle anderen Schmuggler taten sich leichter, sich von der polizeilichen Überwachung durch Stellung einer Kaution loszukaufen.[82]

80 Dufraisse, La contrebande, S. 525. Wie hart im Zollgericht Nancy gestraft wurde, zeigt das Urteil gegen den Schmuggler Frédéric Rochat, dem vorgeworfen wurde, "(...) d'avoir, avec connaissance, facilité l'éxécution d'une entreprise de fraude en marchandises prohibées, commise, en introduisant, le 11 avril 1811, sur le territoire français, onze ballots et deux paquets de divers tissus de coton, réputés de fabrique anglaise (...)" Er wurde verurteilt "(...) à la peine de dix ans de travaux forcés; à être flétri publiquement, sur l'épaule droite, de la marque des lettres V.D.; et à être attaché au carcan, sur la place publique de la ville de Besançon, pour y demeurer exposé aux regards du peuple, pendant une heure, en éxécution des articles 15 du décret impérial du 18 octobre 1810, 22 et 59 du code pénal (...)" HAStK FV 739. Hier liegt eine Rückkehr zur Mentalität des Strafens vor, wie sie von Michel Foucault für die Gesellschaft des Ancien Régime beschrieben wurde. Dies ist ein Hinweis darauf, daß auch von den Behörden der Normenkonflikt zwischen staatlicher Seite und Bevölkerung wahrgenommen wurde, denn man ging wieder dazu über, einen überführten Schmuggler öffentlich zu entehren, um dem Schmuggel damit die Grundlage für seine gesellschaftliche Akzeptanz zu nehmen.

81 Polizeiliche Überwachung hieß, daß der Delinquent nach Verbüßung seiner Strafe keinen Paß erhielt, das Gebiet Frankreichs also nur heimlich verlassen konnte. Die örtlichen Polizeikommissare hatten den Überwachten zu beurteilen. HAStK FV 742.

82 Dufraisse, La contrebande, S. 526. Das Zollgericht in Nancy ging vor allem bei Widerstand gegen Beamte hart mit den Angeklagten ins Gericht. So wurde der Landwirt Jean Martin Kummer aus Dingenheim bei Kaisereck, Dept. Rhin et Moselle, zu einer Strafe von fünf Jahren Zuchthaus (réclusion) und Ausstellen am Pranger in Köln verurteilt. Kummer hatte im Verein mit acht anderen Schmugglern am 9.5.1812 in Bubenheim eine Schlägerei mit Zollbeamten begonnen, in deren Verlauf ein Zöllner verletzt worden war. Plakat des Zollgerichts in Nancy vom 18.3.1813, HAStK FV 740. Wesentlich härter noch bestraft wurde der Tagelöhner Germain Krom aus Freisheim und der Schuster Louis Heintz aus Mülheim im Großherzogtum Berg, die mit acht anderen Unbekannten in der Nacht vom 20.4.1811 versucht hatten, 50 kg Tabak in Ballen und 150 kg Tabak in Karotten, die aus ausländischer Fabrikation stammten, ins DdlR zu schmuggeln. Beide wurden zu zehn Jahren Zwangsarbeit, Brandmarkung ("V.D.") und Ausstellung am Kölner Pranger verurteilt. HAStK FV 740, Aushang des Gerichtshofes in Nancy. Zur Bedeutung von "V.D." Dufraisse, La contrebande, S. 526.

Abgesehen vom Handlungsgehilfen Joseph Aldenbrück, der wohl eher zu den Tätern gehörte, die ihre Tat mit Vorbedacht und Vorsatz vollbrachten, handelte es sich bei diesen Schmugglern um Kleinschmuggler, die eine günstige Gelegenheit benutzten, um etwas billigen Tabak oder ein Pfund Zucker vom rechten Rheinufer mitzubringen. Daß der Hafenarbeiter Wilhelm Deick eine ganze Kiste Zucker an Land bringen wollte, hat eher mit seinem Beruf als mit einem langgefaßten Vorsatz zur Tat zu tun. Erstaunlich ist auch, wie hart gegen Täter vorgegangen wurde, die nur 100 Gramm Tabak geschmuggelt hatten, wie im Falle des Jacques Suerdt. Doch besteht hier die große Wahrscheinlichkeit, daß Jacques Suerdt als Wiederholungstäter bestraft wurde, denn ein Jacques Suerth war schon im Jahre 1807 wegen Schmuggels von der Polizei erfaßt worden.[83] Erstaunlich ist auch das teilweise hohe Alter der Bestraften. Der 50-jährige Rheinschiffer François Bergheim wanderte wegen des Schmuggelns eines Hutes ins Gefängnis. Pierre Hürth, ein 75jähriger Tagelöhner, wurde bestraft, weil er etwas Tabak mitgebracht hatte. Der Bändermacher (*rubannier*) François Bernard, immerhin schon 62 Jahre alt und möglicherweise wegen der in Köln darniederliegenden Seidenfabrikation ohne Einkommen, wurde verhaftet, als er versuchte, im Ausland verarbeiteten Tabak ins DdlR zu schmuggeln. Ebenfalls mit geschmuggeltem Tabak wurde die 56jährige Gärtnerin Margret Hambach gestellt, die nach verbüßter Gefängnisstrafe unter Überwachung gestellt wurde.[84]

Vollständiger als die Liste von 1812 ist die Statistik der polizeibekannten Schmuggler des Arrondissement Köln, die auf Wunsch des Unterpräfekten im Jahre 1807 schon angelegt wurde: Den Polizeibehörden Kölns waren damals 127 Schmuggler namentlich bekannt, d.h. diese Personen waren entweder Zöllnern oder den Polizeikommissaren schon einmal aufgefallen. Hierbei nicht mitgezählt wurden diejenigen Personen, die sich nach Ansicht der Polizei gebessert hatten und dem Schmuggel nicht mehr nachgingen. Der überwiegende Teil (78.8 %) dieser Schmuggler stammte aus der Unterschicht, d.h. war entweder Arbeiter oder besaß keinerlei Vermögen, lebte also von der Hand in den Mund. Neun Schmuggler hatten nach Dafürhalten der zuständigen Polizeikommissare ein mäßiges Vermögen (7.1 %). Ebenfalls neun Schmuggler waren Kaufleute, und nur vier galten als vermögend (3.1 %).[85]

Da die Listen Angaben über die Familienangehörigen der erfaßten Schmuggler enthielten, läßt sich eine Aussage über die Struktur der Familien machen. Ein relativ hoher Teil der Schmuggler war unverheiratet, was mit Sicherheit nicht auf ihr Lebensalter, sondern auf ihre prekäre finanzielle Situation zurückzuführen ist.

83 Liste der von der Polizei erfaßten Schmuggler in Köln, geordnet nach Hausnummern, HAStK FV 734, Nr. 29.

84 Vergleiche Aufstellung, HAStK FV 742.

85 Die Listen wurden kompiliert aus mehreren bruchstückhaften Listen. Bei Mehrfachnennung wurde der betreffende Name nur einmal aufgenommen. Als Vermögens- bzw. Berufsqualifikation wurden genannt: "sans fortune" in 40 Fällen, "point de fortune" in 21 Fällen, "ouvrier" in 22 Fällen, "ne possède rien" in 17 Fällen. "Médiocre" oder "très médiocre" wurde das Vermögen in neun Fällen eingestuft. Neun Schmuggler waren "marchand", viermal wurde das Prädikat "aisé" oder "assez aisé" vergeben. Ein Kaufmann war bankrott gegangen und in vier Fällen fehlte eine Angabe zum Vermögensstand. Liste vom 24.10.1807, HAStK FV 734.

Neunzehn der erfaßten 127 Haushaltsvorstände, also fast fünfzehn Prozent, wurden ausdrücklich als "célibataire" geführt. In 37 Fällen (= 29.1 %) fehlen Hinweise auf Frauen und Kinder. Die übrigen Schmuggler waren Familienväter mit einem oder mehreren Kindern.[86]

Die Schmuggler wohnten fast gleichmäßig über die Stadt verteilt, d.h. daß es keine Wohnbezirke gab, in denen keine Schmuggler lebten. Dennoch ist eine Konzentration von Schmugglern in bestimmten Straßenzügen unübersehbar. So lebten in zehn der 225 Kölner Straßenzüge 52 Schmuggler, d.h. in 4.45 % aller Straßen konzentrierten sich 40.9 % aller erfaßten Schmuggler (Tab. 3.8). Demnach konzentrierten sich die Wohnorte der Schmuggler also im Norden und im Süden des Stadtgebietes, in Straßen, in denen es besonders viele Hausarme gab und die in der Nähe der großen Ausfallstraße lagen, die am Rhein entlang führten. Aber das Bild ist nicht einheitlich: Es gab offenbar keine direkte Korrelation zwischen Hausarmut und Schmuggeltätigkeit. Die ärmsten Straßen Kölns, die Löhrgasse, die Maximinstraße und die Spielmannsgasse, fehlen vollständig in dieser Liste. Wenn es nicht mit der lückenhaften Erhebungsmethode der Polizeikommissare zu tun hat, so kann man daraus nur folgern, daß der normale Hausarme nicht schmuggelte oder daß der Schmuggler keine Almosen annahm. Beide Folgerungen sind nebeneinander möglich. Ein Vergleich der in Kapitel 1. behandelten Armutszeugnisse nach Namen und Wohnort ergab nur in einem einzigen Fall eine zweifelsfreie Identität von einem Bezieher einer Armenunterstützung mit einem späteren Schmuggler: Am 26 Pluviôse an 7 (14.2.1799) erhielt das Ehepaar Bell, wohnhaft in Nr. 734, eine Unterstützung. Der Familienvorstand Christian Bell, wohnhaft ebenfalls in Nr. 734, wurde in der Liste von 1807 als Schmuggler geführt.[87]

86 Insgesamt wurden (einschließlich der Familienangehörigen) in diesen Listen 399 Personen erfaßt. Diese verteilen sich folgendermaßen:

Familiengröße	Anzahl	Summe
Junggesellen	19	19
ohne Angaben	37	37
Familien mit 1 Kind	31	93
Familien mit 2 Kindern	22	88
Familien mit 3 Kindern	12	60
Familien mit 4 Kindern	9	54
Familien mit 5 Kindern	2	14
Familien mit 6 Kindern	3	24
Familien mit 8 Kindern	1	10
	127	399

Quelle: HAStK FV 734.

87 Vergl. Kapitel 1. Das Linkage mußte von Hand durchgeführt werden, da die abweichende Namensgebung von Männern und Frauen keinen automatischen Retrievalalgorithmus erlaubte. Wenn die Quellen lückenhaft waren und in der Zwischenzeit ein Umzug erfolgt war, war es praktisch unmöglich, die Daten von Hausarmen und Schmugglern zu verbinden. HAStK FV 734 und HAStK FV 6727.

Nun stellt sich die geringe Überlappung der Gruppen der Hausarmen und der Schmuggler nicht ganz unerwartet ein. Rekapitulieren wir das Modell der Unterschichten, das hier zugrunde gelegt wurde. Unterschichten unterschieden sich ja nicht nur auf Grund ihrer sozioökonomischen Position, sondern auch auf Grund ihres Lebenszyklus, ihrer Herkunft und ihrer soziopsychischen Disposition. Hausarme, die den Typ des nichtdevianten, seßhaften Unterschichtsangehörigen repräsentierten, lassen sich viel eher über ihr Lebensalter, ihren Gesundheitszustand und ihre familiäre Situation definieren als über ihre Stellung im Produktionsprozeß, in der sie sich von den nichtseßhaften Unterschichten einerseits und den devianten Unterschichten andererseits gar nicht so sehr unterschieden. Schmuggler waren in der Regel junge, gesunde und arbeitsfähige Männer, die noch nicht lange verheiratet waren oder unverheiratet lebten.[88]

Hausarme tendierten demgegenüber stark in die entgegengesetzte Richtung, da unter ihnen ältere, alleinstehende und kranke oder gebrechliche Frauen und Witwen überrepräsentiert waren. Wir brauchen also nicht die Ungenauigkeit der verschiedenen Erhebungen zu bemühen, um zu verstehen, warum beide Gruppen so distinkt waren. Hinzu kommen noch zwei weitere Überlegungen: Die erste betrifft die Chronologie: Ein Mann, der 1799 sechzig Jahre alt war, hätte 1807 das für damalige Verhältnisse schon stattliche Alter von 68 Jahren erreicht. Die Wahrscheinlichkeit, Personen in den beiden Datensätzen wiederzufinden, ist also schon wegen des hohen Durchschnittsalters in der ersten Gruppe sehr gering. Die zweite Überlegung gilt der "Moralität" beider Gruppen. Da für die Hausarmen wichtig war, daß ihnen Pfarrer, Bürgerhauptmann oder Polizeikommissar bescheinigten, daß sie sich ordentlich geführt hatten, nimmt die Wahrscheinlichkeit ab, unter den Schmugglern Empfänger von Armutszeugnissen zu finden. Von den Polizeibeamten, die den Schmugglern mit wenigen Ausnahmen eine schlechte Moralität bescheinigten, zu erwarten, daß diese bekannten Schmugglern ein Armutszeugnis ausgestellt hätten, heißt wohl die Gutmütigkeit der Polizei zu überschätzen. Dies kann auch bei den Pfarrern vorausgesetzt werden. Allenfalls die Bürgerhauptleute, denen man eine gewisse Sympathie für die Schmuggler unterstellen kann, wären dafür in Frage gekommen. Doch ist die Zahl der Armutszeugnisse, die nur von Bürgerhauptleuten unterschrieben wurden, sehr gering.[89]

Waren also die von der Polizei gemeldeten Schmuggler in irgendeiner Weise identisch mit den oben diskutierten Berufsschmugglern ? Das scheint nicht der Fall

88 Von den von 1803 bis 1811 vor das Kölner Gericht gestellten Schmugglern war die überwiegende Mehrheit Männer. Nur 29 von 330 Schmuggelprozessen wurden gegen Frauen geführt. Das entspricht einem Anteil von 8.8 % Frauen unter den Angeklagten. In Wahrheit ist der Anteil weiblicher Schmuggler noch niedriger anzusetzen, weil es sich bei einigen der verhafteten Frauen um die Ehefrauen von festgenommenen Schmugglern handelte, die eher eine Mitwisserfunktion denn einen aktiven Part im Schmuggel übernommen hatten.

89 In der Schmugglerliste von 1807 wurde in einer gesonderten Spalte auch die moralité der Schmuggler verzeichnet. Sie bekamen durch die Bank schlechte Noten, wenn auch die Tendenz zu beobachten ist, Schmugglern, die ihrem Nebenerwerb nicht mehr nachgingen, eine bessere Bewertung zukommen zu lassen. HAStK FV 734.

gewesen zu sein, wie schon ein Vergleich der Berufsstrukturen beider Gruppen zeigt. Bei den *porteurs* überwogen die Angehörigen der Speditionsberufe, die Schiffer, Kutscher und Fuhrknechte. Tagelöhner und Arbeiter waren nur knapp ein Viertel der Beschuldigten gewesen. In der Liste der Kölner Polizeikommissare nehmen die Tagelöhner, Arbeiter und vollkommen Besitzlosen hingegen eine überragende Position ein. Schiffer oder Fuhrleute, sowie die im gewerbsmäßig organisierten Schmuggel so wichtigen Kapitalgeber erscheinen stark unterrepräsentiert, obwohl man ihnen durchaus den Prozeß machte. Das heißt, daß nur wenige der 1807 gemeldeten Schmuggler ihrer Tätigkeit professionell nachgegangen zu sein scheinen. Der hohe Anteil der Arbeiter verweist vielmehr darauf, daß es sich hier um kleine Gelegenheitsschmuggler gehandelt hat, die das Pech hatten, auf frischer Tat gestellt zu werden. Nur in ganz wenigen Fällen tragen die Dokumente Hinweise darauf, daß die Erfaßten porteurs oder Berufsschmuggler waren, wie etwa bei den Brüdern Toussaint, die nach Auskunft des zuständigen Polizeikommissars "(...) Contrebandiers à Cheval (...)" waren und ihr Metier seit fünf Jahren ausübten. Eine Berufsschmugglerin war auch die Frau des Louis Mitton, Sophie Blumings, vom Heumarkt, die zusammen mit den Brüdern Luzzani aus der Lintgasse schmuggelte.[90] Die Tatsache, daß diese kleinen Schmuggler nicht vor das *Tribunal Correctionnel* gestellt wurden, ist verständlich, wenn man bedenkt, daß bis 1814 in leichten Fällen auch die gewählten Friedensrichter der verschiedenen Sektionen in Schmuggelprozessen Recht sprechen durften. Die Kölner Polizei hatte ihre Kenntnis von den Schmugglern nicht aus den Akten des Kriminalgerichtes, sondern griff auf andere Register zurück, weshalb es zur geringen gegenseitigen Durchdringung beider Schmugglergruppen in den Datensätzen kommt.[91]

Um zu falsifizieren, daß die Berufsschmuggler, die in den Prozessprotokollen des *Tribunal Correctionnel*, und diejenigen Schmuggler, die in den Listen der Polizei erfaßt wurden, identisch oder doch weitgehend kongruente Gruppen waren, wurden beide Listen miteinander verbunden. Bis zum 24. 10. 1807, dem Stichtag für die Erstellung der Liste durch die Polizeikommissare, waren 193 der insgesamt 330 Anklagen vor Gericht protokolliert worden. Von diesen stammten laut Aufstellung der Gerichtsbehörde 80 aus Köln selbst. Geht man von diesen 80 verurteilten Kölner Schmugglern als Berechnungsgrundlage aus, so ist der Grad der gegenseitigen Überschneidung der beiden Gruppen vor Gericht gestellter Schmuggler einerseits und der Polizei bekannter Schmuggler andererseits mit sieben Fällen sehr gering.[92]

90 Die Gebrüder Toussaint lebten nicht mehr in Köln, weshalb sie in die Statistik nicht aufgenommen wurden. Ein weiterer Berufsschmuggler war der ebenfalls nicht erfaßte Adolph Wiehl aus dem Katharinengrabengäßchen, der sechs Monate zuvor beim Schmuggeln ums Leben gekommen war. HAStK FV 734. Der Aktenbestand HAStK FV 734 umfaßt mehrere Listen, die zum Teil nicht kongruent sind. Sie sind mit großer Sicherheit nicht vollständig. Die Hast, mit der die Liste erstellt wurde, erklärt die Lückenhaftigkeit der Daten. Den betreffenden Polizeikommissaren blieb zwischen zwei Tagen und einer Woche, um die Liste beim Bürgermeister abzuliefern. Schreiben des Unterpräfekten Klespé an den Maire Wittgenstein vom 24.10.1807, abgeschickt am 26.10.1807. Erste Liste vom 28.10.1807, letzte vom 30.10.1807.

91 HAStK FV 753/1 bis 753/2; FV HAStK FV 756/1 bis 756/40; Gerichtsurteile der *Tribunaux de Paix* in Köln wegen Schmuggels, an 8 bis 1814.

92 Die sieben Fälle von Überschneidungen sind:

Da es sich bei den in den Gerichtsprotokollen erfaßten Schmugglern um Berufsschmuggler gehandelt hatte, sich die hier nun ausgezählte Gruppe aber fast überhaupt nicht mit jener ersten überschnitt, wird man davon auszugehen haben, daß es sich bei der von den Polizeibeamten ermittelten Gruppe um Gelegenheits- und Kleinschmuggler gehandelt hat. Alle anderen entgingen der Wachsamkeit der Polizei, weil sie entweder gar nicht in der Stadt Köln ansässig waren, wie das bei vielen der Hintermänner der Fall war, oder weil die Art, wie der illegale Fluß von Warenströmen von den beiden Rheinufern gesteuert wurde, verhinderte, daß viele der porteurs gestellt werden konnten. Die Klein- und Gelegenheitsschmuggler waren aus der Sicht der Zöllner und der Polizei als der nachgeschalteten Behörde die einfachsten Gegner. Sie waren meist allein, stellten also keine Gefahr dar wie die *porteurs*, die in Gruppen auftraten, und ihre Schmuggelmethoden waren allzu durchsichtig. Trotz des hohen Risikos der Kleinschmuggler hielten diese mit erstaunlicher Hartnäckigkeit am Schmuggel fest. Die Tatsache, daß weite Teile der Unterschichten am Schmuggel beteiligt waren und sich allen Versuchen der Verwaltung und der Justiz widersetzten, den Schmuggel wenn nicht vollkommen abzuschaffen, dann doch auf ein erträgliches Maß zu reduzieren, kann indes nicht nur aus der ökonomischen Notlage der fraudeurs verstanden werden. Wie bei einem anderem Eigentumsdelikt der Unterschichten, dem Holzdiebstahl, fungierte hier kriminelles Handeln als Ausdruck eines Normenkonflikts zwischen den Vertretern der Staatsmacht und Akteuren der Unterschichten.[93]

3.3 Die soziale Legitimation des Schmuggels

Der Verstoß gegen die Zollgesetze wurde von den sozialen Akteuren konträr beurteilt. Für die Zöllner und die Staatsbeamten handelte es sich hier um Verstöße, ja Verbrechen gegen die öffentliche Ordnung, die den wirtschaftspolitischen, fiskalischen und außenpolitischen Zielvorstellungen der Machthaber des Empire entge-

1. François Becker, wohnhaft 3267, kein Vermögen, Fallnummer 109 in AN F12 1953 G, Fallnummer 28 in HASTK FV 734;
2. (Jean) Pierre Fitzenreuter (Filzenreuter), wohnhaft 214, Fallnummern 177 und 59. Fitzenreuter war ein *porteur*, der zusammen mit anderen Schmugglern gefaßt worden war;
3. Der Tagelöhner Jacques Fochem, wohnhaft 3289, ohne Vermögen und mit Frau und zwei Kindern; Fallnummern 215 und 32;
4. Der Arbeiter (*ouvrier, journalier*) Jean Iltgen oder Ildgen, wohnhaft 6325, Fallnummern 18 und 113;
5. Der Tagelöhner Pierre Odendahl, der keinerlei Vermögen hatte und Frau und ein Kind hatte, Fallnummern 19 und 126;
6. Der Kaufmann Edmund Sugg, nach Auskunft der Polizei mit mittelmäßigem Vermögen, wohnhaft Nr. 1694, Fallnummern 303 und 55;
7. Der Tagelöhner Pierre Thelen, wohnhaft 2944, ohne Besitz und mit einem Kind, Fallnummern 4 (und 204, Doppelnennung) und 87. AN F 12 1953 G und HASTK FV 734.

Die erste Fallnummer bezieht sich auf F12 1953 G, die zweite auf HASTK FV 734.

93 Reif (Hg.): Räuber, Volk und Obrigkeit, S. 9. Zum Holzdiebstahl: Josef Mooser, "Furcht bewahrt das Holz." Holzdiebstahl und sozialer Konflikt in der ländlichen Gesellschaft 1800 - 1850 an westfälischen Beispielen, ebda., S. 43-99.

genliefen, ja den Staat insgesamt in Frage zu stellen schienen. Nicht umsonst wurden schon im Konsulat, aber verstärkt gegen Ende der napoleonischen Ära schlichte Schlägereien zwischen Zöllnern und Zivilisten unter die schwer bestrafte Kategorie der "Rebellionen" gerechnet. Beinahe täglich, so beschwerte sich Brigadegeneral Auguste Jacobé im Jahre 1800 bei der Munizipalverwaltung Kölns, komme es in Köln zu Verschwörungen und konterrevolutionären Akten, die von Schmugglern in der Stadt angezettelt worden seien. Würden diese von den Zollbeamten verhaftet, so dauerte es nicht lange, bis die am Hafen arbeitenden Arbeiter den Schmugglern zu Hilfe eilten und sie befreiten. Auch die Bürgergarde, die verpflichtet sei, der Zollbehörde Amtshilfe zu leisten, mache gemeinsame Sache mit den Schmugglern. Der Kommmandent der garde habe im Verlaufe des Aufstandes sogar einen Zollbeamten mit dem Säbel angegriffen.[94]

In ihrer Verschwörungstheorie gingen die Behörden davon aus, daß für die Machenschaften der Schmuggler ausländische Agenten verantwortlich zu machen seien. Verletzungen der verfassungsmäßig garantierten Rechte der Schmuggler wurden deshalb von staatlicher Seite in Kauf genommen. So kam es schon im Verlaufe des Jahres 11 (1802/03) zu Übergriffen des regulären Militärs gegen verschiedene Bürger der Stadt Köln, die des Schmuggels verdächtigt wurden. Ein junger Mann namens Matthias Wiehl wurde bei einer rechtswidrigen Hausdurchsuchung von Soldaten mit dem Bajonett traktiert und beschossen, aber anscheinend nicht schwer verletzt. Der Bürgermeister entließ ihn über die Köpfe der ihn verhaftenden Soldaten hinweg in die Freiheit. Man sieht: Nicht nur die Unterschichten gerieten in Konflikt mit dem Buchstaben des Gesetzes.[95]

Für die Schmuggler und für Teile der Öffentlichkeit stellte der Transport verbotener Waren oder das Umgehen der fälligen Zollgebühren eine Form des Broterwerbs in schlechten Zeiten dar, die sie nicht als Unrecht empfanden. Dafür gibt es keine direkten Beweise in der Form schriftlicher Äußerungen der Schmuggler. Als Beleg für die soziale Akzeptanz des Schmuggels kann man aber die Haltung der Kölner Miliz anführen, über deren Funktion und Geschichte an anderer Stelle schon berichtet wurde. Wichtig für unseren Zusammenhang ist die Tatsache, daß diese Miliz, die seit dem 16. Jahrhundert existierte, mehr war als nur ein Wehrverband. Wie wir gesehen hatten, hatte die Miliz auch zivile Aufgaben ausgeübt und stellte eine kommunalpo-

94 HAStK FV 613.

95 HAStK FV 748, Brief des Bürgermeisters an Brigadegeneral Vernier vom 19 Fructidor an 11 (6.9.1803). Der Normenkonflikt verlief also quer durch die französische Administration. Die Zollverwaltung, die von dem latenten Vorwurf der Ineffizienz dazu verleitet wurde, sich über die Bürgerrechte der Verdächtigten hinwegzusetzen, geriet des öfteren in Konflikt mit der Polizei, einer kommunal organisierten Institution. Vergl. auch HAStK FV 744. Den leitenden Beamten des DdlR war die Übereifrigkeit der mittleren und unteren Verwaltungs- und Militärbehörden bekannt und durchaus unangenehm. Als der Sekretär des Unterpräfekten im Arrondissement Kleve, Hauth, Verhaftungen ohne Festnahmebefehl vornahm, konnte dies nur anläßlich einer überraschend angesetzten Inspektionsreise des Sicherheitsbeamten Hanne entdeckt werden. Hanne beschwerte sich daraufhin beim zuständigen Unterpräfekten Keverberg und beeilte sich, das Vorkommnis mit der Ausstellung der lettres de cachet der Monarchie zu vergleichen, die "(...) ont été un de plus puissant motifs de la révolution (...)" BB 18 697.

litische Institution dar, in der lokale Unterschichten und lokale Eliten gemeinsam organisiert waren. Ein Aufgabengebiet der Miliz neben vielen anderen war die Sozialpolitik gewesen, speziell die Armenfürsorge. In französischer Zeit hatte die Miliz als *garde bourgeoise* weiterbestanden, mit ihren militärischen wie sozialpolitischen Aufgaben. Entsprechend ihrer militärischen Aufgabe wurde sie auf Befehl der französischen Behörden auch eingesetzt, um den Schmuggel in Köln zu bekämpfen. Damit hatte die Verwaltung des DdlR den Bock zum Gärtner gemacht. Die Bürgergarde steckte mit den *porteurs* unter einer Decke, bzw. Teile der unteren Dienstgrade der Miliz arbeiteten mit den porteurs zusammen, während das Offizierscorps der Miliz zum Kreise der Nutznießer des Schmuggels gehörte, weil hier Kaufleute und Unternehmer überrepräsentiert waren. Sehr häufig wurde die Miliz von den Schmugglern zu Hilfe gerufen, wenn es darum ging, die Zollbeamten in Schach zu halten, abzulenken oder schon gefangene Schmuggler wieder zu befreien. So verhaftete in der Nacht vom 22/23.10.1798 eine Patrouille der Bürgergarde zwei Zollbeamte vor dem Haus des Bürgers Heubens. Heubens' Haus gehörte zu den Umschlagplätzen von Schmuggelware in Köln. Es lag sehr günstig über einem der Abwasserkanäle, die sich zum Rhein hin ergossen und die als Einstiegslöcher für die porteurs dienten. Die Bürgergarde hielt die Zöllner bis zum Morgengrauen fest, dann wurden sie ungeschoren wieder freigelassen. Der Verdacht liegt nahe, daß die Verhaftung dem Zwecke dienen sollte, das Herein- oder Hinausbringen von Konterbande abzusichern.[96] Wo Bestechung oder Einschüchterung der Zollpatrouillen nichts fruchtete, griffen die Bürger der Stadt auch zu offener Gewalt. Dabei kam es gelegentlich zu einer Konfrontation der Bürger und der zivilen Behörden der Stadt einerseits mit den Zöllnern und den militärischen Stellen andererseits. Die Trennungslinie lief also mitten durch die Administration, die da, wo sie mit Deutschen besetzt war, die zum großen Teil schon im Ancien Régime Dienst getan hatten, der gegen die Zöllner aufgebrachten Zivilbevölkerung Unterstützung gewährte.

Am 11. Oktober 1798 begaben sich Polizeikommissar Orban und der Kommandant der Bürgergarde Nelles in die Mühlengasse in die Nähe des Zollamtes, wo es zu einer Revolte gegen die Zöllner gekommen war. Eine größere Gruppe von bewaffneten Zollbeamten und regulären Soldaten schickten sich gerade an, die zusammengelaufene Menge anzugreifen, als die beiden Beamten auf der Bildfläche erschienen. Der Aufforderung, sich zu zerstreuen, leisteten die Zöllner keine Folge, ja sie bedrohten sogar die beiden Stadtadministrateure Oestger und Peuchen mit gezogenem Säbel und mit angelegtem Gewehr. Der Tumult wurde ausgelöst durch die Durchsuchung eines Hauses, das einem verdächtigten Schmuggler als Depot gedient haben sollte. Bei der Durchsuchung hatten die Zollbeamten und die zur Verstärkung herangeführten Soldaten der 46. Halbbrigade das Mobiliar kurz und klein geschlagen. Die Bürgergarde wurde alarmiert und entwaffnete einen der Soldaten, der mit dem

96 HAStK FV 613, Brief des Zollkontrolleurs Lebrun vom 2 Brumaire an 7 (23.10.1798) an die Munizipalverwaltung. Die Durchsuchung des Hauses von Heubens (Hausnummer 1169) am 17 Frimaire an 7 (7.12.1798) erbrachte keinerlei Hinweise auf Schmuggel. Ebda., Brief des Douanendirektors Klöcker an die Munizipalverwaltung vom 21 Frimaire an 7 (11.12.1798).

Säbel um sich schlug. Aus der Sicht der Zöllner bekam der Vorfall einen ganz anderen Anstrich: Zollbeamte ertappten am Vormittag des 11.10.1798 zwei Kaffeeschmuggler auf frischer Tat. Beim Versuch, die Schmuggler festzunehmen, erhielten die Schmuggler Unterstützung durch herbeigeeilte Passanten, die den *préposés* den beschlagnahmten Kaffee wieder entwanden und in der Kneipe eines Jean Finger verschwinden ließen. Beim Versuch, die Konterbande sicherzustellen, waren die Zöllner verprügelt worden. Polizei und Bürgergarde steckten nach Ansicht der Zöllner offensichtlich unter einer Decke und hatten die Ausübung der Dienstpflichten der Zöllner vorsätzlich behindert. Die Bevölkerung der Stadt war über den Vorfall sehr aufgebracht und machte sich in Drohungen gegen die Zollbehörde Luft.[97] Eine Woche später kam es zu einer erneuten Konfrontation zwischen Zöllner und Bürgern, bei der die Bürgergarde wiederum auf seiten der Bürger intervenierte.[98]

Auf höherer Ebene und mit wachsender Entfernung vom Tatort nahm das Kölner Ereignis immer bedrohlichere Züge an. Aus den zusammengelaufenen Passanten und Gaffern wurden 1200 Teilnehmer einer Revolte gemacht und der Kriegsminister wies den kommandierenden General in Mainz an, in Köln für Ruhe und Ordnung zu sorgen. Trotz der Maßnahmen des Kölner Platzkommandanten Jacobé sei es zu weiteren Meutereien gekommen. Das Kriegsministerium verlangte die exemplarische Bestrafung der Schuldigen und die Anwendung der Gesetze vom 2.10.1795 und 18.1.1798, die die gesamte Gemeinde zur Rechenschaft zogen, wenn es zu Ausschreitungen gegen die öffentliche Gewalt kam. Regierungskommissar Rudler, der oberste zivile Verwaltungschef der vier rheinischen Départements, schlug einen ähnlich scharfen Ton an und verlangte vom Ziviltribunal in Köln, Anklage zu erheben.[99] Am 14.1 November 1798 erst, also über einen Monat nach den Vorfällen, erstatteten die Stadtverwalter dem aufgebrachten Rudler Bericht. Die Berichte über die Revolte seien übertrieben und die Schwierigkeiten seien durch das Vorgehen der Zöllner selbst verursacht worden, teilten sie ihm mit.[100] In dem Prozeß gegen die Stadt Köln vom Dezember des gleichen Jahres wurde die Stadt zu einer Geldstrafe und zur Zahlung von Schmerzensgeld an die bei der Rebellion verletzten Zöllner verurteilt.[101]

97 HAStK FV 694, Protokolle der Auseinandersetzungen aus der Sicht der beteiligten Bürger und der Zöllner bzw. Soldaten vom 20 Vendémiare an 7. In der Nacht vom 20/21 Vendémiaire (11/12.10.1798) wurden allenthalben Morddrohungen gegen die Zöllner laut: "(...) il fallait qu'ils sortissent pour exterminer les Préposés (...)". Gegen acht Uhr abends wurde das Haus der Witwe Steintz in der Fleischmengergasse (rue de la Boucherie No. 1493), in dem einige Zöllner zur Untermiete wohnten, mit Steinen beworfen. Auf den Zollbeamten Alexandre Lemoin wurde am gleichen Abend ein Mordversuch unternommen, als er auf dem Weg nach Hause nahe dem Martinskloster von Unbekannten attackiert wurde. Ebda., Protokoll des Zollkommissars Lebrun ohne Datum.

98 Ebda., Protokoll des Gardekommandanten Winz und des Caporal Ryndorp vom 28 Vendémiaire an 7 (19.10.1798)

99 Ebda., Schreiben des Kriegsministers an die Mainzer Stelle vom 17 Brumaire an 7 (7.11.1798), Rudler an Regierungskommissar am Ziviltribunal am 13 Brumaire an 7 (3.11.1798).

100 Bericht der administration municipale an Rudler vom 24 Brumaire an 7 (14.11.1798), HAStK FV 694.

101 Urteil vom 26 Frimaire an 7 (16.12.1798), HAStK FV 699. Eine ähnliche Verurteilung einer

Wenig später kam es an den Quais zu einer weiteren Auseinandersetzung zwischen Zöllnern, Soldaten und Bürgern der Stadt. Nach Aussagen von Bewohnern der Stadt sollen aber kurz danach die Zöllner ruhig zugesehen haben, wie größere Mengen von Schmuggelware zur Stadt hereingebracht wurden. Die zusammengelaufene Menschenmenge konnte erst zerstreut werden, als die Truppen des Platzkommandanten Jacobé anrückten. Kurz danach kam es in der Löwengasse zu einer Auseinandersetzung von Soldaten mit der Menge, in deren Verlauf die Soldaten mit Steinen beworfen wurden. Anlaß war die Verhaftung eines Rheinschiffers, den man verdächtigte, geschmuggelt zu haben. Die Menge, darunter "(...) un petit nombre d'homme de la dernière classe (...)", befreite den Festgenommenen.[102]

Geschehnisse dieser Art spielten sich immer wieder ab, wobei sie im Falle Kölns gut dokumentiert sind, schon allein deshalb, weil nach den Unruhen der Jahre nach 1798 der Stadt eine besondere Aufmerksamkeit der Präfektur zuteil wurde. Selten genug jedoch konnten die "Rebellen" von den Zollbeamten dingfest gemacht werden, ein Umstand, der den französischen Stellen bei ihrem verständlichen Versuch, die Ordnung in den annektierten Gebieten herzustellen und diese zu konsolidieren, Kopfzerbrechen bereiten mußte.[103] Schmuggel von großen Mengen Konterbande am hellichten Tag und unter Zusammenrottung einer großen Menge von am Schmuggel nicht beteiligten Einwohnern der Stadt: Über die Sympathie der Bewohner Kölns für die Schmuggler und ihre offen bekundete Ablehnung der Douanenbeamten kann nach diesem Vorkommnis kein Zweifel mehr bestehen.

3.4 Die Zollbeamten

Auf der anderen Seite standen die Zöllner. Ihre Aufgabe war alles andere als einfach. Sie hatten mit der psychologischen Schwierigkeit zu kämpfen, daß die Bevölkerung den Schmugglern mit Sympathie, den Zöllnern aber mit offenkundiger, sich bis zum Haß steigernder Ablehnung gegenübertrat. Schlecht bezahlt und ständig

Gemeinde hatte es im Kanton Kleve schon gegeben. Auszug aus den Protokollen der Zentralverwaltung des DdlR vom 26 Nivôse an 7. HAStK FV 698.

102 Rapport de l'officier M(unici)pal Ad(ministrateu)r du Bureau de police, vom 14 Fructidor an 7 über Vorkommnisse am 13 Fructidor (31.8.1799). HAStK FV 690.

103 Wie sehr bei den Unruhen Berufsschmuggler und Bevölkerung kooperierten, zeigt ein Ausschnitt aus einem Gerichtsprotokoll, das eine der typischen "Rebellionen" der Kölner Bürger beschreibt:"le 27 Germinal an 9 (17.4.1801...) les préposés ont vu des hommes qu'ils connaissent pour être fraudeur de professions et habitans de cette commune jetter (...) des carottes de tabac fabriqué sur le Bastion situé entre les postes de Mulengasse et Neugasse; (...) qu'étant parvenus au haut du dit Bastion, les préposés assistés du Citoyen jean Marie farina (sic) commissaire du port on Saisi vingt des dites carottes y trouvées; qu'étant descendu du dit Bastion emportant les dites vingt Carottes de tabac (...) les préposés y ont trouvé un nombre d'environ cent cinquante personnes de la ville partie fraudeurs et autres armés de massues et au moment où ils méttaient le pied hors de la porte du Bastion, ils ont été assaillis, frap(p)és et terassés par les dits inconnus, et malgré tous (sic) leurs efforts ils n'ont pu conserver que quatre des dites carottes (...)" HAStK FV 753/1, Blatt 105.

überfordert überwachten sie die Grenzen. In Köln mit seinen ausgedehnten Hafenquais taten ganze 20 Zollbeamte Dienst. Sechs Zollbeamte - das entsprach einer Brigade - taten Dienst auf einer Grenzlinie von einer *lieue*, d.h. alle 1600 Meter stand ein einsamer Zöllner. Was das in einer Gemeinde wie Köln mit ihrer kilometerlangen, unübersichtlichen Wasserfront bedeutete, läßt sich leicht ausmalen. Es war ein Ding der Unmöglichkeit, den nächtlichen, illegalen Import von Waren zu verhindern. Die dem Rheine zugewandten Stadtmauern waren gespickt mit Türen und Toren, kleinen Schlupffenstern und Kanalrohren, durch die man ungehindert ins Stadtinnere gelangen konnte.[104] Erschwert wurde die Aufgabe der Zollbeamten in Köln nicht nur durch die topographischen Gegebenheiten, sondern auch durch den Mangel an Personal. Der zuständige Zollinspektor beklagte sich, daß der Schmuggel im Gebiet zwischen der Markmannsgasse und der Rheingasse systematisch durch nächtlich geöffnete Schlupftore betrieben werde. Er hatte nicht genug Beamte, um die gesamte Kaimauer bewachen zu lassen, da er gerade zwei Posten an jedes Stadttor stellen konnte. Von einer Überwachung der Ufer des Rheins konnte da keine Rede mehr sein.[105]

Von Anfang an hatte die Arbeit der Zollbehörden im DdlR unter einem schlechten Stern gestanden. Schon vor der offiziellen Verlegung der Zollgrenze an den Rhein war es zu Unruhen in der Stadt gekommen, als die Zollbeamten gegen Schmuggler vorgehen wollten. Am 25. Dezember 1797 fiel einigen Zollbeamten auf, daß Schmuggler offenbar beabsichtigten, eine Abwasserröhre, die unter den Hafenquais verlief, zu benutzen, um Zucker in die Stadt zu bringen. Ein nahe dem Kanal festgemachtes Boot wurde durchsucht, und drei Fässer Zucker wurden sichergestellt. Da der Schiffseigner keinerlei gültige Lieferpapiere vorweisen konnte, wurden die Ladung und das Schiff beschlagnahmt. Plötzlich sahen sich die Zöllner einer größeren Ansammlung von Menschen gegenüber. Als sich die Zöllner anschickten, die Schmuggelware abzutransportieren, wurden sie von der Gruppe, die etwa 60 Menschen umfaßte, daran gehindert. Maßgeblich bei dieser "Rebellion" waren wieder die Kölner Schifferknechte, die auch die geschmuggelten Zuckersäcke beiseite schafften.[106] Nachdem die Schmuggler ihre Schmuggelware in aller Ruhe auf andere Schiffe verladen hatten, entschwanden sie ungehindert.

Die Stadt Köln wurde wegen dieses Vorkommnisses nach dem Gesetz vom 2. Oktober 1795 zu einer Geldstrafe von 5600 *livres* verurteilt.[107] Die gleiche Summe mußte für die nationale Zollkasse aufgebracht werden.[108]

Am 28. Mai 1798 wurde die Zollgrenze offiziell auf das linke Rheinufer vorgeschoben. Die Bekanntmachung des für die Verlegung der Zollbehörde konstitutiven Beschlusses der Regierung war allerdings so spät erfolgt, daß sich die Regierung veranlaßt gesehen hatte, die vorübergehende Aussetzung der Zollbestimmung für die Hafenstädte des linken Rheinufers bis zum 3. Juli 1798 bekanntzugeben. An diesem

104 Dufraisse, La contrebande, S. 532. Vergl. auch HAStK FV 613.
105 HAStK FV 613.
106 HAStK FV 751, Gerichtsprotokoll vom 12 Ventôse an 7 (2.3.1799).
107 Auszug aus dem Register der Beschlüsse des Regierungs=Kommissärs vom 2 Jour Complémentaire an 6 (18.9.1798), HAStK FV 613.
108 HAStK FV 751.

Tage hatte die Zollverwaltung in den neuen Standorten von Mainz bis Kleve den Dienst angetreten - mit einer Ausnahme. In Köln war gar nichts geschehen. Dort exportierten und importierten Händler weiterhin Waren, die auf der Liste der *marchandises prohibées* standen, ohne von den Zöllnern daran gehindert werden zu können.[109]

> Cologne dont se trouve le seul endroit dans lequel la mesure générale n'en point Executée, Cette Lacune peut produire les Effets les plus dangereux et des abus incalculables (...)[110]

Bei der offenkundigen Unlust der zivilen Verwaltung der Stadt Köln, den Zollbeamten bei der Ausübung ihres Amtes zur Seite zu stehen, wundert es nicht, daß der Schmuggel zu einer Beschäftigung wurde, der bald die ganze Stadt nachzugehen schien. Die Überfahrt über die fliegende Brücke nach Deutz war ohne großen Aufwand zu bewältigen, die Zöllner waren überlastet und konnten nicht alle Einzelpersonen durchsuchen, die vom anderen Rheinufer kamen. Der Ton zwischen den Bewohnern der Stadt und den Zöllnern verschlechterte sich. Offene Gewalt gegen Zöllner war an der Tagesordnung, ja Zöllner wurden im Dienst ermordet.[111]

Es ist allerdings schwierig, aus den Quellen eine objektive Darstellung der Auseinandersetzungen zwischen Zöllnern und Bürgern zu gewinnen. Ein und derselbe Vorgang konnte, je nachdem, wer ihn darstellte, zu vollkommen konträren Schilderungen der Tathergänge führen, so daß in einem Fall die Zöllner, im anderen Falle die (vermeintlichen) Schmuggler die Bösewichter waren. Der glückliche Zufall, daß ein Vorfall, aus zwei entgegengesetzten Aspekten dargestellt, sich in den Akten wiederfand, war leider nicht sehr oft zu verzeichnen. So soll nach Darstellung des Vizedirektors der *jury de l'arrondissement* Blanchard der Zollbeamte Boulanger am 3 Nivôse an 11 am Stadttor nahe beim Buttermarkt in Köln einen wehrlosen alten Mann namens Hubert Schmitz grundlos mit dem Säbel angegriffen und schwer verletzt haben. Blanchard reihte diesen Übergriff ein in die Kette anderer Machtmißbräuche der Zöllner, die die Stimmung der Bevölkerung gegen die Zollbeamten anheizte.[112] Für den beteiligten Zollbeamten hatte sich der Zwischenfall ganz anders angesehen: Zehn Leute hätten wieder einmal eine "Rebellion" gegen die Zollbehörde veranstaltet, in deren Verlauf der Zollbeamte tätlich angegriffen worden sei. Hubert Schmitz sei einer der Unruhestifter gewesen. Er sei beileibe kein Greis, sondern erst 46 Jahre alt.[113] Schmitz sei obendrein nur leicht verletzt worden, fuhr der den Bericht schreibende Zollgeneraldirektor fort. Und er fügte hinzu: "(...) les Employés à

109 HAStK FV 613, Brief des Zollgeneralinspektors Jean Baptiste Colard an die *administrateurs municipaux* Kölns vom 15 Messidor an 6 (3.7.1798).

110 Ebda., Brief Colards an die Stadtverwaltung am 16 Messidor an 6 (4.7.1798).

111 Die Zollbeamten konnten von Glück sprechen, wenn sie nur ins Wasser geworfen oder mit Steinen beworfen wurden. HAStK FV 693, Brief des Hafenkommissars Nollen an den maire vom 17 ____ (?) an 12. Brief des Zolldirektors Gorsars an Bürgermeister Wittgenstein vom 15 Prairial an 13 (4.6.1805). HAStK FV 691. Vergl. auch AN F 7 2269.

112 AN BB 18 695.

113 Schreiben des Zollgeneraldirektors an den Innenminister vom 28 Pluviôse an 11 (17.2.1803), AN BB 18 695.

Cologne sont très fréquemment exposés aux violences des fraudeurs."[114] Am gleichen Tag waren die Zöllner Jansas und Erouard bei der Sicherstellung einer Schubkarre voller Rohtabak auf der Straße von Köln nach Neuß von 50 bis 60 Männern angegriffen und mißhandelt worden.[115]

Andererseits unternahm die Zollbehörde aber auch nichts, um zu einem Einvernehmen mit den Bürgern der Stadt zu kommen. Am 14. März 1801 griffen zwei *préposés* den Bürger Coetter auf offener Straße mit dem Säbel an und verletzten ihn schwer. Gründe für ihr Verhalten gaben sie nicht an.[116] Zöllner, die an der fliegenden Brücke nach Deutz Dienst taten, nutzten ihre Amtsstellung zum Beispiel, um den übersetzenden Frauen in die guten Sitten verletzender Weise nachzustellen.[117]

Ab 1805/1806 häuften sich die Beschwerden über das Vorgehen der Zöllner. Diese wurden beschuldigt, zu grob gegen Bürger vorzugehen. Es gab Fälle, in denen ohne hinreichenden Verdacht oder ohne Gefahr für Leib und Leben der Beamten Gebrauch von der Schußwaffe gemacht worden war, einerseits die Folge böser Erfahrungen der diensttuenden Zollbeamten mit den renitenten und zu Gewalttaten neigenden Bewohnern des DdlR, andererseits die seit 1805 zu beobachtende Tendenz der Behörden, bei gerichtlichen Auseinandersetzungen von Zivilisten mit Zöllnern die Anklage von Beamten vor Zivilgerichten zu unterbinden. Im Einzelfall war für eine Anklageerhebung gegen einen Zollbeamten eine schriftliche Erlaubnis des Innenministeriums vonnöten, die aber in berechtigten Fällen auch gegeben wurde.[118]

Auch die Bürgermiliz gab ihre obstinate Haltung gegenüber der Zollbehörde nicht auf. Die Akten der Kölner Stadtverwaltung aus den Jahren 1799 bis 1801 sind voll von Anweisungen der übergeordneten Behörden, dem Schmuggelproblem zu Leibe zu rücken und die Miliz anzuhalten, bei der Ergreifung der Schmuggler mitzuarbeiten. Am 9. März 1801 ermahnte der Unterpräfekt A. Sybertz den Bürgermeister von Köln, "(...) à exercer une surveillance plus active et à prendre des mesures plus efficaces, pour que les déliquances (?) puissent être saisis en flagrant d'élits (sic) et livrés aux tribunaux pour recevoir la juste punition corporelle et exemplaire."[119] "(...) il y a à Cologne un système de contrebande organisé(e...)" stellte Sybertz fest und bemerkte, daß die *garde bourgeoise* sich trotz wiederholter Aufforderung geweigert hatte, den Zöllnern bei Festnahmen Amtshilfe zu leisten. Sybertz schlug vor, die Wachen der Miliz entlang dem Rheinufer zu verdoppeln und nur *des hommes fermes* für den Wachdienst auszuwählen.[120] Was sollte der Bürgermeister tun, dem natürlich klar war, daß ein Großteil der Einwohner das Treiben der Schmuggler mit Sympathie betrachtete oder selber in die Geschäfte mit den Schmugglern verwickelt

114 AN BB 18 695, ebda.
115 AN BB 18 695, ebda.
116 HAStK FV 692.
117 Das Problem der Leibesvisitationen wurde erst im Jahre 11 (1802/03) gelöst, als verfügt wurde, daß die Frau eines Zollbeamten die Durchsuchungen vornehmen sollte. HAStK FV 689.
118 AN BB 18 697, Brief des Polizeiministers Fouché an Innenministerium vom 18. 9. 1806.
119 HAStK FV 721.
120 Ebda.

war? Er richtete ein Schreiben an den Hafenkommissar Jean Marie Farina und wälzte damit die Verantwortung erst einmal auf diesen ab. Farina sah sich außerstande, die Überwachung des Hafens zu gewährleisten. Ihm stehe nur ein Polizeisergeant zur Verfügung, antwortete Farina. Die Bürgergarde sei unzuverlässig und er selbst, Farina, und seine vier Helfer liefen des öfteren Gefahr, "(...) d'être nous même maltraité dans une foule des gens déterminés."[121]

Am Kölner Rheinhafen gaben sich die Schmuggler am hellichten Tage ein Stelldichein. Nächtliche Operationen, wie sie später die Regel wurden, waren überhaupt nicht erforderlich. Die Überzahl der Schmuggler und die wohlwollende Neutralität der Bürgergarde, gepaart mit der offenen Unterstützung der Schmuggler durch die Bürger reichten vollkommen aus, um im vorhinein festzulegen, wer aus den Scharmützeln mit den Zöllnern als Sieger hervorgehen würde.[122] Der Zolldirektor Gorsar beschrieb die Aktionen der Schmuggler in Köln folgendermaßen:

> (...) leur nombre s'accroît journellement, on y voit des individus de tout sexe et de tout âge se livrer à ce genre de malversation,(...)

Nicht wenige unter ihnen seien bewaffnet und würden die Zollbeamten gewaltsam zurückschlagen. Hauptschmuggelware war der Rohtabak, der sich durch die französischen Zollgesetze sehr verteuert hatte, der aber in den Kölner Manufakturen dringend gebraucht wurde.[123] Nicht genug damit, daß die Schmuggler mit den Zöllnern fast nach Belieben verfahren konnten, wurden es einige Zöllner und Soldaten wohl leid, immer auf der Seite der schlechtbezahlten Verlierer zu stehen, und machten gemeinsame Sache mit den Schmuggelbanden.[124]

Insgesamt finden sich aber in den Akten nur selten Hinweise auf die Ergreifung von Zöllnern, die in Zollvergehen verwickelt waren. Die Gründe dafür sind offensichtlich. Es gab außerhalb des Zolls eigentlich keine Instanz, die diese Institution kontrollierte. Wenn schon alle Zivilisten den Schmuggel als Kavaliersdelikt behandelten, blieb es um so schwerer, integer zu bleiben und sich der Versuchung zu widersetzen, das magere Salär durch die Zusammenarbeit mit Schmugglern aufzubessern. Zöllner drückten also bisweilen ein oder beide Augen zu, oder sie schmuggelten selber, wie der Zolleutnant Pantin Neverick und sein *préposé* Egelen, die beschuldigt wurden, in der Nacht vom 6.7. 1810 Stoffe vom rechten Rheinufer auf das linke gebracht zu haben.[125] Einer der Verpacker an der Grenzstation in Memberg,

121 Ebda., Antwort des Hafenkommissars vom 23 Ventôse an 9 (14.3.1801).

122 So rotteten sich am 27 Germinal an 9 (17.4.1801) Tabakschmuggler im Hafen zusammen, gegen die die Zöllner das Nachsehen hatten. HAStK FV 721, Briefentwurf Polizeikommissars Werner vom 28 Germinal.

123 Ebda., Brief Gorsars vom 27 Germinal an 9 an Bürgermeister (maire provisoire) Herstatt, jenen Bankier, der selber große Profite aus dem Schmuggel gezogen hatte. Der Schmuggel mit Tabak blieb auch in den folgenden Jahren die verbreitetste Form des Schmuggels. Vergl. Brief des Rheinkommissars Nollen an den Bürgermeister vom 16 Thermidor an 10, HAStK FV 722.

124 HAStK FV 723, 5 Nivôse an 11 und HASTK FV 724, Schreiben des Feldpolizeibeamten J. Deutsch vom 6 Thermidor an 13 (25.7.1805).

125 AN BB 18 698.

Bernard Hannette, wurde überführt, am 29.5.1807 zwei Laibe Zucker und drei Pakete Tabak unerlaubterweise ins Land gebracht zu haben.[126] Dabei spielt das materielle Interesse der Zöllner eine Rolle, denn ein einfacher Zöllner verdiente nur 500 Francs im Jahr.[127]

Vergessen werden darf aber auch nicht, daß die Zöllner sich von anderen Funktionären des Staates im Stich gelassen wähnten und in einem harten und gefährlichen Dienst verschlissen wurden. Hinzu kommt, daß die Beamten der Douanes oftmals privat untergebracht wurden, d.h. bei Familien, die selbst schmuggelten. Das konnte leicht dazu führen, daß ein Beamter korrumpiert wurde. Letztlich spielt eine Rolle, daß die Zöllner als Berufsgruppe von jeher zu den Unehrenhaften gehört hatten, also selber Bestandteil der Unterschichten waren. Möglicherweise haben dieser Umstand und die offene Ablehnung der Bevölkerung, die keine Gelegenheit verstreichen ließ, sich einen bösen Spaß mit den Zöllnern zu machen, dazu beigetragen, daß Zöllner die Seite wechselten und selber schmuggelten oder mit den Gesetzesbrechern zusammenarbeiteten.[128]

3.5 Zusammenfassung

Schmuggler wurden eingangs als Teil der Gesellschaft definiert, die einerseits gegen den von den Herrschenden gesetzten Regelkanon verstießen, andererseits aber dadurch nicht per se zu Außenseitern der Gesellschaft wurden, sondern sich der Unterstützung eines weiten Teils der Gesellschaft sicher sein konnten. Das hatte im Falle Kölns und der linksrheinischen Gebiete des Rheinlandes damit zu tun, daß die französischen Zollgesetze die wirtschaftlichen Beziehungen zwischen den Gebieten auf beiden Seiten des Rheines empfindlich störten und den von Kölner und Mainzer Kaufleuten kontrollierten Rheinhandel beeinträchtigten. In Kompensation für die verlorengegangenen Verdienstmöglichkeiten entwickelte sich deshalb der Schmuggel, der für die Schmuggler teilweise ein regelrechter Beruf wurde, teilweise aber nur

126 In diesem Fall ergab sich die kuriose Situation, daß die Zollinspektion beim Innenministerium um die Freigabe des Zollbediensteten für die Anklageerhebung ersuchen mußte. BB 18 697. Von einem weiteren Fall, in dem ein ehemaliger Zöllner als Schmuggler gesucht wurde, wissen wir aus den Akten des Polizeikommissar Wolf. HAStK FV 5058 vom 9 Fructidor an 13 (27.8.1805).

127 Dufraisse, La contrebande, S. 524.

128 Zu den aktivsten Schmugglern gehörte ein gewisser Mertens aus der Severinstraße, seines Zeichens Schnapsbrenner und Kneipenwirt, zu dessen Gruppe zwei ehemalige Zöllner gehörten. Brief des Bürgermeisters an den *Maréchal de logis de la Gendarmerie* vom 7 Thermidor an 13 (26.7.1805); Schreiben des Feldpolizeibeamten J. Deutsch vom 6 Thermidor an 13 und Schreiben an Polizeikommissar Wolf vom gleichen Tage. HAStK FV 724. Die Zollbeamten kamen auch mit allen anderen städtischen Funktionären nicht gut aus. Ihr Pflichteifer brachte ihnen Spott oder Drohungen ein. HAStK FV 727, Schreiben des Hafenkommissars Nollen an Maire vom 26.4.1806. Zur Bezahlung der Zöllner Dufraisse, La contrebande, S. 524. Ein Teil der nach 1794 im Rheinland auftretenden Räuberbanden rekrutierte sich aus ehemaligen Zollbeamten, die an der alten Zollgrenze Dienst getan hatten. Zur Rolle der Zöllner innerhalb der Gruppe der Verfemten und Ausgestoßenen im Köln der frühen Neuzeit: Irsigler, Lassotta, Bettler und Gaukler, S. 11.

den Charakter eines Zubrots hatte. Dieser Schmuggel nahm in einigen Bereichen die Form einer "verdeckten" oder "Gegenökonomie" an, an deren Spitze Großunternehmer standen, die die Schmuggelzüge organisierten. Sie entstammten der Großkaufmannschaft, und als gute Geschäftsleute verringerten sie ihr Geschäftsrisiko durch Versicherungen. Daneben gab es die Gelegenheitsschmuggler, die einen gelegentlichen Besuch auf dem anderen Rheinufer zu einer kleinen Schmuggelaktion nutzten. Sie sind schichtspezifisch nicht einzuordnen. Die dritte Gruppe stellten die Berufsschmuggler im Solde der Großunternehmer, die vorwiegend aus der Gruppe der wirtschaftlich am Rande der Existenzfähigkeit lebenden Menschen stammten, weshalb sie möglicherweise als Teil der Unterschichten zu gelten hatten. Dabei ging die Initiative für die großen Schmuggelzüge auf beiden Seiten der Grenze von den Großunternehmern aus, da nur sie über die nötigen Spezialkenntnisse und die nötige Logistik verfügten, um im großen Stile zu schmuggeln. Die *porteurs* im Solde dieser Schmuggelunternehmer aber waren es, die das Fußvolk des Schmuggels stellten. Oft war der Schmuggel für sie die einzige Möglichkeit, ihre schlechte Einkommenslage zu verbessern. Typisch waren jene Hilfskräfte, die die Schmuggelware von im Kölner Rheinhafen liegenden Schiffen bargen und diese heimlich des nachts an Land brachten. Doch kam es auch vor, daß ehemalige *porteurs* nicht mehr nur auf fremde Rechnung arbeiteten und ihr eigenes "Geschäft" als Kleinschmuggler hochzogen. Die soziale Position der Schmuggler ist demnach nicht eindeutig festzumachen. Das Risiko, von den französischen Zöllnern gestellt und dann auch rechtskräftig verurteilt zu werden, war nicht sehr hoch. Zum einen gestaltete sich die Fahndungsarbeit des Zolls recht schwierig, zum anderen stand zwischen der Festnahme und dem Urteil ein bürokratisch äußerst verwickelter Anklageprozeß, meistens vor einem Geschworenengericht, und nur ein geringer Teil der Festgenommenen wurde vor Gericht auch rechtskräftig verurteilt. Dabei ist die historische Analyse des Schmuggels im DdlR von den gleichen Schwierigkeiten geplagt wie die Ermittlungstätigkeiten des französischen Zolls und der Polizei. Sehr viele Schmuggler bleiben anonym, nur selten sind ihre Namen und ihre Berufe bekannt, ganz zu schweigen von detaillierten Angaben über die Ursache ihrer Straffälligkeit. Dennoch läßt sich sagen, daß die meisten angeklagten Schmuggler Einzeltäter gewesen sind, während die Erfolgsquote des Zolls bei den Gruppentätern wesentlich geringer gewesen ist. Dies ergibt sich aus der Übersicht über die quantitative Zusammensetzung der sichergestellten Schmuggelware, die zu sechzig Prozent von Gruppen geschmuggelt wurde. Die kleinen Schmuggler wurden also gefaßt, während die in Gruppen arbeitenden Großschmuggler relativ häufig den Verlust ihrer Ware riskierten. Dieses Ergebnis wird gestützt durch die Berufsbezeichnungen der angeklagten Schmuggler, die zum überwiegenden Teil Transportarbeiter im weitesten Sinne, also Rheinschiffer oder Fuhrleute waren. Einen verhältnismäßig hohen Anteil stellten auch die Tagelöhner, die zu den Unterschichten gerechnet werden können. Auffällig oft stammten die in Köln gestellten Schmuggler aus der Domstadt selbst, wobei eine Rolle gespielt hat, daß Köln als tabakverarbeitende Stadt und nahe den metallverarbeitenden Zentren des Bergischen Landes mit seinem unübersichtlichen Rheinhafen und seinem großen Warenverkehr geradezu ideale Bedingungen für den organisierten Schmuggel bot.

Die mit dem Schmuggel befaßten Gerichte urteilten sehr unterschiedlich, je nachdem, wie sehr sie vom Tatort des Geschehens entfernt waren. Die Friedensrichter verhängten die mildesten Urteile, gefolgt vom Gericht erster Instanz für das Arrondissement Köln. Die härtesten Urteile stammten von den Gerichten höherer Instanz, allen voran dem Zollgerichtshof in Nancy. Um den nicht nachlassenden Schmuggel nach 1806 in den Griff zu bekommen, zogen die Behörden die Repressionsschraube an. Galeerenstrafen oder Zwangsarbeit wurden bei schweren Fällen immer häufiger, so daß auch die Bereitschaft der Schmuggler, Gewalt anzuwenden, stieg. Damit stieg auch das Risiko für die kleinen Gelegenheitsschmuggler, da die Erfolgsquote der Zollbehörden im Kampf gegen den organisierten Schmuggel unvermindert klein blieb. Um die Kleinschmuggler besser kontrollieren zu können, ging man ab 1810 zunehmend dazu über, diese nach Verbüßung ihrer Strafe unter polizeiliche Überwachung zu stellen. Dank der Überwachungslisten der Kölner Polizei wissen wir, daß der überwiegende Teil der wiederholt polizeilich aufgefallenen Kleinschmuggler vom ökonomischen Status her Unterschichtsangehörige gewesen sind. Diese lebten vorzugsweise in denjenigen Straßen, die wegen ihrer hohen Konzentration von Hausarmen schon im Zusammenhang des ersten Kapitels erwähnt worden sind, ohne daß eine persönliche Verbindung der Schmuggler zu den Hausarmen nachgewiesen werden kann, was angesichts der unterschiedlichen Altersstruktur beider Gruppen kaum erstaunt. Viel wichtiger aber als die Altersstruktur sind die Unterschiede beider Gruppen hinsichtlich ihres Verhältnisses zur Obrigkeit. Hier die Hausarmen, Menschen, die Zeit ihres Lebens finanziell von der Armenfürsorge gelebt und die es gelernt hatten, ihre Interessen durch Zusammenarbeit mit den städtischen Beamten wahrzunehmen. Auf der anderen Seite die Schmuggler, die die Konventionen der offiziellen Ethik in der Praxis zurückwiesen und dabei auf die Unterstützung eines verhältnismäßig großen Teils der Kölner Bürger rechnen konnten: Diese Unterschiede lassen sich weniger durch objektivierbare wirtschaftliche oder soziale Größen erklären als durch individuelle Disposition und Lebensalter. Die Sympathie der Kölner Bürger für die Schmuggelbanden vergrößerte sich in dem Maße, wie die staatlichen Repressionsmaßnahmen sich verschärften. Zur wichtigsten Verbündeten der Schmuggler wurde die Bürgergarde, die sich auf die Seite der Schmuggler stellte und sogar mit Waffengewalt gegen den Zoll vorging. Konsequenterweise begriffen die Bürger die Zollbeamten als ihre Gegner, denen sie mit Häme und Verachtung begegneten. Die chronisch überforderten und unterbezahlten Zöllner reagierten darauf teilweise durch Übergriffe auf die Bevölkerung, teilweise aber wechselten sie auch das Lager und schmuggelten selber. Die Zeit zwischen 1794 und 1814 stellt eine einmalige Periode in der Geschichte des Verhältnisses von Staat und Bürgern dar, da hier ein Teil der Gesellschaft auf Distanz zur Obrigkeit ging und über einen längeren Zeitraum hinweg Gewaltanwendung zur Verteidigung ihres wirtschaftlichen Überlebens guthieß. Mit der Aufhebung der Zollgrenze durch die Räumung des Rheinlandes durch Frankreich fiel diese Form des Widerstandes, dessen Träger vor allem Unterschichtsangehörige waren, fort. Es ist die Aufgabe weitergehender Forschung festzustellen, ob, und unter welcher Form, sich die Traditionslinie des Widerstandes gegen staatliche Politik nach 1814 fortgesetzt hat.

4 DAS BANDENWESEN IN DEN VIER RHEINISCHEN DÉPARTEMENTS VOR UND WÄHREND DER ZEIT DER FRANZÖSISCHEN VERWALTUNG

4.0 Vorbemerkungen

Als letzter der vier hier diskutierten Gruppen wenden wir uns nun den Räuberbanden zu, die im Roërdépartement und den anderen drei rheinischen Départements in französischer Zeit die Reisenden und Vermögenden in Angst und Schrecken versetzten und die Polizeibehörden zu hektischer Aktivität antrieben. Oberflächlich betrachtet trennt die Räuber von den Hausarmen ihre antisoziale, kriminelle Haltung und ihre Nichtseßhaftigkeit. Mit den vagierenden Bettlern verbindet sie das Leben auf der Landstraße, mit den Schmugglern die große kriminelle Energie. Die Räuber waren gleichzeitig Teil des Bodensatzes der Gesellschaft wie bewunderte Antihelden. Zumindest seit den Untersuchungen Eric J. Hobsbawms zu den Sozialrebellen und Banditen wird der Räuber, der zumeist dem ländlichen, nichtseßhaften "Lumpenproletariat" entstammte, als Angehöriger einer devianten Gruppe verstanden, die anders als die rechtlosen Vagierenden, die sich in aller Regel passiv verhielten, aktiv gegen die Organe des Staates vorgingen.

Um die besondere Stellung der Räuberbanden in Beziehung zur Gesellschaft des Ancien Régime zu betonen, soll hier zunächst auf die gesellschaftliche Position jener Gruppen von "Menschen auf der Straße" eingegangen werden, denen die Räuber entstammten.[1] Diese Vagierenden oder Vaganten machten um 1780 in München beispielweise knapp sechs Prozent der Bevölkerung aus.[2]

Vagierende Angehörige der Unterschichten, oftmals durch Erwerbslosigkeit und wirtschaftliche Not zur Wanderschaft gezwungen, sollen einer Berechnung Carsten

1 Eric J. Hobsbawm, Sozialrebellen: Archaische Sozialbewegungen im 19. und 20. Jahrhundert, (erste Auflage Manchester 1959) Gießen 1979 (Texte zu Sozialgeschichte und Alltagsleben); ders., Die Banditen, Frankfurt 1972; Hobsbawm spricht von den Sozialrebellen als den Protagonisten der primitivsten Form des sozialen Protestes und unterstreicht die Unterstützung, die ein Bandit von der Bevölkerung erfahren konnte, wenn sein Handeln als "ehrenhaft" begriffen wurde. Hobsbawm, Sozialrebellen, S. 28, 32. Küther, Menschen auf der Straße; ders., Räuber und Gauner in Deutschland. Die Verbindung des Räubertums mit dem Vagantentum war für die Fachleute des 19. Jahrhunderts evident. "Das Gaunerthum ist aus dem Bettlerthum entstanden." Friedrich Christian Benedikt Avé-Lallemant, Das Deutsche Gaunerthum in seiner social=politischen, literarischen und linguistischen Ausbildung zu seinem heutigen Bestande, 4 Teile in 3 Bänden, Leipzig, 1858-1862, 1. Teil, Bd. 1, S. 13. Ähnlich äußert sich auch der Verfasser der "Actenmäßige(n) Geschichte der Räuberbanden an den beyden Ufern des Rheins", der Sicherheitsbeamte des von Räubern arg heimgesuchten Bezirkes Simmern im Rhein-Mosel-Départment, der unter Verwendung eines Teils der Akten von Chefankläger Anton Keil aus Köln schon 1804 über die Räuberbanden schrieb. B.(i.e. Johann Nikolaus) Becker, Actenmäßige Geschichte der Räuberbanden an den beyden Ufern des Rheins, 2 Teile, Köln 1804, S. 8. Grundlegend auch Reif (Hg.), Räuber, Volk und Obrigkeit.

2 Küther, Menschen auf der Straße, S. 21.

Küthers zufolge fast zehn Prozent der bayerischen Bevölkerung des ausgehenden 18. Jahrhunderts ausgemacht haben.[3] Dabei ist es für unseren Zusammenhang wichtig, daß diese umherziehenden Menschen, überwiegend Männer und einige junge Frauen zwischen 15 und 30 Jahren, in aller Regel kaum noch die Gelegenheit hatten, sich in die Gesellschaft wiedereinzugliedern. Es gab zwar eine Fluktuation zwischen seßhaften und nichtseßhaften Teilen der Unterschichten, aber noch unterhalb der Schichten, die es schafften, zeitweilig zu wandern und zeitweilig Fuß zu fassen, standen diejenigen, die, als Tagelöhner, Handwerksgesellen und fliegende Händler arbeitend, auf Dauer in die Gruppe der Vagierenden abgesunken waren.[4] Zu diesen gehörten auch die "geborenen Vaganten", also jene Menschen, denen die Gemeinden das Heimatrecht verweigerten oder die von den Zünften einer Stadt nicht aufgenommen wurden.[5] Es entwickelten sich typische Vagantenberufe wie Scherenschleifer, Korbflechter oder Wannenflicker, die ein Umherziehen erforderlich machten, da ihr Markt stark beschränkt war. Wer in seinem Beruf als Kolporteur oder Löffelschnitzer nicht genug Auskommen fand, mußte versuchen, seinen Lohn durch Betteln aufzubessern, was diese Menschen in einem irreversiblen Automatismus auf die soziale Stufe von Dieben stellte, jedenfalls in den Augen der Öffentlichkeit.[6] Von hier aus war es nur noch ein kleiner Schritt bis zum Dasein als Landstreicher oder als "Unehrlicher". Die Gruppe der Unehrlichen umfaßte alle Angehörigen der Berufs-, Sozial- und Ethnogruppen (einschließlich der Familienmitglieder), die nicht kriminell im engen Sinne waren, aber doch sozial diskriminiert wurden, wie uneheliche Kinder, Zigeuner, Prostituierte, Scharfrichter, Abdecker, Zöllner, Stadtbüttel und Köhler.[7] Diese unehrlichen Leute heirateten untereinander und hatten guten Kontakt zur kriminellen Szene ihrer Umgebung, da sie in aller Regel am Rande der Städte und Gemeinden siedelten und sich deshalb gezwungenermaßen mit den Banden der Vagierenden arrangierten. Ihre durchgängige Diskriminierung und ihre wirtschaftlich schwache Position, die sie wegen ihrer Gewerbe einnahmen, machte sie anfällig für einen Wechsel in die Gruppe der Banditen.[8]

Die energischsten und brutalsten Teile der Vaganten, die in der zweiten Hälfte des 18. Jahrhunderts immer mehr zu einem sozialen Subsystem wurden, das durch den Druck wirtschaftlicher Not und sozialer Ächtung Kohärenz erlangte, begnügten sich nicht mit einer defensiven Haltung gegenüber der dominanten Gesellschaft,

3 Ebda., S. 23.

4 Ebda., S. 29, 34, 100 f.

5 Küther, Räuber und Gauner, S. 15 f. Grundlegend dazu Werner Danckert, Unehrliche Berufe. Die Verfemten Leute, Bern, München 1963; Karl-Ludwig Ay, Unehrlichkeit, Vagantentum und Bettelwesen in der vorindustriellen Gesellschaft, in: Jahrbuch des Instituts für deutsche Geschichte, Tel-Aviv, 1979, S. 13 -37.

6 Küther, Räuber und Gauner, S. 16; für Frankreich wurde dieser Zusammenhang umfassend untersucht. Hufton, The Poor of Eighteenth - Century France, S. 246-303. Vergl. auch Geremek, Criminalité, vagabondage, pauperisme.

7 Küther, Räuber und Gauner, S. 23.

8 Ebda., S. 23 f. Zu den Unehrlichen in Köln in der frühen Neuzeit: Irsigler, Lassotta, Bettler und Gaukler.

sondern organisierten sich als Illegale mit einer eigenen illegalen Organisation.[9] Räuber und Gauner an ihrer Spitze übten Verbrechen als Beruf aus. Hausierer und Krämer wirkten innerhalb dieses arbeitsteiligen Organisationsschemas als eine Art "Sympathisanten", da sie als "Baldower", d.h. Kundschafter arbeiteten. Landstreicher fungierten als Boten, Wirte als Unterschlupfgeber und Hehler, so daß ein Großteil der vagierenden Bevölkerung miteinbezogen wurde. Der Bandit dieser Jahre verstand sich "(...) eindeutig als Repräsentant des fahrenden Volks und leitete aus den Verfolgungen, denen diese Gruppe ausgesetzt war, das Recht zum Raub und Diebstahl als spezifischer Form des Widerstandes gegen den Staat und die herrschenden sozialen Bedingungen ab."[10]

Die Grundmaxime der Banditen war also die Gegnerschaft zum Staat, zumindest zu seinen Organen, und die gegenseitige Solidarität im Falle, daß ein Mitglied der Organisation von den Staatsorganen aufgegriffen wurde. Das heißt aber nicht, daß Banditen so etwas wie ein politisches Bewußtsein hatten. Ihre gegenseitige Solidarität stand oftmals im Widerspruch zur offenen Rivalität zwischen Teilen einer Bande. Obwohl bei den Banden die Höhe der Beute im Mittelpunkt des Interesses stand, gab es doch auch Sympathie der Banditen für arme Leute, was zu Rückhalt, ja Romantisierung des Räuberwesens unter der armen Bevölkerung der heimgesuchten Landstriche führen konnte. Mitunter verweigerten die kleinen Leute den staatlichen Aktionen gegen die Banditen nicht nur ihre Unterstützung, sondern sabotierten diese sogar. Dabei ist es nicht unbedingt ein Widerspruch, daß die Bewunderung und Sympathie für die Räuber mit einem gewissen Anteil von Furcht vor den Banditen durchsetzt sein konnte. Wer offen mit der Polizei kooperierte, konnte nie ganz sicher sein, daß ihn nicht ein Racheakt der Räuber traf. Der Arm des Gesetzes war sehr kurz, denn die Strafverfolgungsbehörden waren bis ins 19. Jahrhundert hinein kaum in der Lage, der Banden Herr zu werden.

Dies gilt auch für die Bemühungen der Franzosen auf dem linken Ufer des Rheins, das seit 1794 unter französischer Verwaltung stand. Hier gelang es zwar, eine Reihe von Räuberbanden zu zerschlagen und einzelne Mitglieder hinzurichten, weshalb Küthers Urteil über die Effektivität der getroffenen Maßnahmen zu negativ ausfällt.[11] Dennoch ist unverkennbar, daß es auch der straffen französischen Administration nicht auf Anhieb gelang, der Räuberbanden Herr zu werden, zumal mit der Verlegung der Zollgrenze an den Rhein der Schmuggel enormen Auftrieb bekam und die Tendenz zur Bildung krimineller Banden verstärkte.

9 Küther, Räuber und Gauner, S. 29. Ähnlich argumentiert auch Wolfgang Seidenspinner, Hölzerlips und Schwarzer Peter: Zur Raub- und Bandenkriminalität im badisch-hessisch-fränkischen Grenzraum im frühen 19. Jahrhundert, in: Zeitschrift für die Geschichte des Oberrheins 129, 1981, S. 368 - 398, hier S. 369 f.

10 Zitat Küther, Räuber und Gauner, S. 99. Fernand Braudel sah das Banditentum des 16. Jahrhunderts ebenfalls gegen den Staat gerichtet. Fernand Braudel, Misère et banditisme, in: Annales 2 (1947) S. 129-142, hier S. 135. Zum "Baldower" in der Tarnung eines Bettlers Küther, Räuber, Volk und Obrigkeit, in Reif, Volk und Obrigkeit, S. 19.

11 Küther, Räuber und Gauner, S. 111-119. Küther irrt, wenn er schreibt: "Von den großen Chefs der Niederländer wurde tatsächlich nur Fetzer gefaßt, überführt und schließlich hingerichtet." Ebda., S. 123.

Im westdeutschen Bereich wurde vor allem die sogenannte "Große Niederländische Bande" berühmt, u.a. wegen ihrer spektakulären Raubüberfälle. Typisch für sie war das lose organisatorische Netz von relativ seßhaften, in Unterbanden organisierten Mitgliedern, deren operativer Stab aus umherreisenden, im Untergrund lebenden Spitzenleuten bestand, die ihren Standort wechselten, wenn ihnen der Boden unter den Füßen zu heiß wurde. Diese Organisationsform hatte die ältere, zunftähnliche Form der Bande abgelöst, da ein Vorgehen in zahlreichen, für den Einzelfall zusammengestellten "Operationseinheiten" zweckmäßiger war, weil man so dem Zugriff der Polizei besser ausweichen konnte. Dadurch schien der Aktionsradius dieser Banden enorm groß zu sein. Das Prinzip ihrer Beutezüge war der offene, generalstabsmäßig geplante und militärisch durchgeführte, nächtliche Überfall auf ein Dorf. Zwischen 1790 und 1805 machte diese Organisation, deren Name etwas irreführend ist, das gesamte Gebiet zwischen Main und Nordrhein unsicher.[12] Wie die französische Justiz es dennoch schaffte, die Große Niederländische Bande und vor allem die vielen kleinen Banden zumindest in die Defensive zu treiben, und welche Personen dabei eine Rolle spielten, soll hier gezeigt werden.

4.1 Räuberbanden vor 1794

4.1.1 Die Große Siechenbande

Nun waren Räuberbanden aber keineswegs ein Novum in der Geschichte des Rheinlandes gewesen. Während der Kriegsjahre des Spanischen Erbfolgekrieges und der Wirren des Siebenjährigen Krieges hatten Räuberbanden das Land durchstreift und die Polizeibehörden der betroffenen Territorien vor unerhörte Probleme gestellt. Ähnlich viel Aufsehen wie achtzig Jahre später die Große Niederländische Bande erregte zu Beginn des 18. Jahrhunderts die "Große Siechenbande", so genannt, weil ihre Mitglieder fast ausschließlich den Leprosenhäusern um Düsseldorf entstammten. Anders als die Niederländer und ihre Filialbanden hatte sich diese Bande, die 1712 zerschlagen wurde, auf Straßenraub spezialisiert. Ihren Mitgliedern konnten 18 Morde oder Mordversuche bewiesen werden, die im Zeitraum von 1698 bis 1712 begangen worden waren, die meisten zwischen 1706 und 1712. Einzelne Bandenmitglieder hatten entweder Reisenden auf ihrem Weg aufgelauert und sie rücklings erschlagen, oder die Reisenden übernachteten gar im Hause eines der Mitglieder der Siechenbande und wurden dann im Schlaf ermordet. Es folgt aus der Natur dieser

12 Küther, Räuber und Gauner, S. 32-51. Es ist nicht feststellbar, ob die in der niederländischen Bande zusammengefaßten Banden eine Einheit bildeten, die notfalls auch gemeinsam operiert hätte. Vielleicht heißt es die organisatorischen Fähigkeiten dieser Banden zu überschätzen, wenn man ihr einen solchen Status zubilligen will. Sicher ist jedoch, daß die Untergruppierungen der Bande, die Mersener, Brabanter, Krefelder bzw. Neußer Bande, Moselbande u.a. personell untereinander verwoben waren und sich gegenseitig bei größeren Raubzügen assistierten. Auch ist die Befehlsstruktur dieser nach militärischen Prinzipien aufgezogenen Banden unklar, da ein Chef einer Bande durchaus auch als Unterchef einer anderen Bande tätig sein konnte.

Überfälle, daß die erzielten Beuten relativ gering waren. Große Geldbeträge fanden sich kaum bei den Reisenden, und das Wertvollste, was die Opfer bei sich hatten, war die Kleidung, die sie am Körper trugen. Die Bande, die seßhaft war oder aber eine geraume Zeit am gleichen Ort verweilte, konnte sich etwaigen Nachstellungen der Behörden nicht so leicht durch Weggang oder Untertauchen in andere Territorien entziehen wie vagierende Räuberbanden. Sie hatte auch noch nicht die modernere logistische und organisatorische Struktur der großen Niederländischen Bande, die es erlaubte, schnell überlegene Kräfte am Einsatzort zusammenzuziehen. Um die Nachteile zu kompensieren, die sich aus der Seßhaftigkeit ergaben, hatte die Siechenbande aber zwei Vorteile gegenüber anderen Banden aufzuweisen. Die Tarnung als Leprose, die aller Wahrscheinlichkeit nach äußerlich als Aussätzige gekennzeichnet waren, sicherte sie vor unerwünschtem Kontakt zur Außenwelt. Der zweite Vorteil der Bande bestand in ihrer engen familiären Bindung, d. h. die meisten Bandenmitglieder waren miteinander verheiratet, verschwägert oder verwandt. Diese Form der engen familiären Bindung findet sich auch bei anderen Banden des 18. Jahrhunderts, die seßhaft waren oder halb nomadisierten.[13] Die Blutsverwandtschaft sicherte das einzelne Bandenmitglied viel besser vor Verrat als alle Treueschwüre und -rituale. Die bei dem Prozess in Düsseldorf 1712 unter der Folter offenbarten inzestuösen und ehebrecherischen Beziehungen der Bandenmitglieder untereinander wurden vom kurfürstlichen Gericht zwar als Beleg für die äußerste moralische Verkommen- und Verderbtheit der Bande gewertet, doch müssen diese illegitimen Beziehungen innerhalb der Siechenräuber möglicherweise auch im Licht der Notwendigkeit gesehen werden, den Zusammenhalt der Bande zu sichern. Daß die Furcht, die Bande möge bei Verhaftung eines ihrer Mitglieder zusammenbrechen, berechtigt war, zeigt das ganze Verfahren vor dem kurfürstlichen Gericht in Düsseldorf. Innerhalb kürzester Zeit gestanden die verhafteten Bandenmitglieder, teilweise durch alle drei Grade der Folter gesprächig gemacht, ihre Verbrechen und belasteten ihre Familienmitglieder. Die Bande, die z. T. aus "(...) unterm falschen Schein des Aussatzes zu denen Landt=Strassen verkrochene Deserteurs (...)" bestand, war in der Gegend von Ratingen, Pulheim, Wermelskirchen, Eschweiler und Gerresheim aktiv gewesen. Aufgeflogen war das Räubernest, als die Enkel der Familie Schiepers Teilgeständnisse ablegten, um den "(...) auff dem Rade schon (auffgelegten)" Peter Schiepers, ihren 70-jährigen Großvater, zu retten. In den folgenden Verhören, die nach der peinlichen Halsgerichtsordnung der Carolina vorgenommen wurden, kamen folgende Verbrechen zutage:

Martin Pop aus Ratingen gestand unter der Folter, im Sommer 1708 einen reich gekleideten Reisenden unter Beihilfe der Insassen des Ratinger Siechenhauses erstochen zu haben. Andere Siechen hatten einen zweiten Mann, offenbar einen Begleiter des ersten Ermordeten, verfolgt, als er flüchten wollte, und erstachen ihn

13 Hufton, The Poor. In seinem längeren Kapitel über Kriminalität der Armen finden sich höchst aufschlußreiche Bemerkungen über das Bandenwesen. S. 272 f. Die enge verwandtschaftliche Beziehung von Bandenmitgliedern ist ein Phänomen, welches sich auch bei modernen Formen des Banditentums nachweisen läßt. Vergl. Hess über die Mafia. Henner Hess, Mafia: Zentrale Herrschaft und lokale Gegenmacht, Tübingen 1970, S. 9.

ebenfalls. Pops Beuteanteil betrug fünf Reichstaler. Pop war von den ebenfalls gefolterten Mitangeklagten Görd Friederichs und Adam am Aap beschuldigt worden. Er wurde wegen Mordes nach der Ordinatio Criminalis Carolina, Art. 130 und 137 verurteilt, auf das Rad geflochten zu werden. Das Urteil wurde am 22.2.1712 auf der Ratinger Landstraße vollstreckt.

Michael Pop, sein Sohn, wurde ebenfalls peinlich befragt: "Worauf die Folter durch den Scharff=Richter angelegt/ und hat Inquisitus Michael Pop in & post Torturam behalten daß er und sein Vatter Martin Pop/ der Peter Neuhauß/ seine Mutter Susann/ sein Schwager Ruth Feth vor drey Jahren den Menschen negst dem ratinger Siechen-Hauß bey dem Sand-Berg ermorden helffen/ der Ruth Feth sein Schwager die Stich in die Brust versetzet/ denselben mit verstechen und Sand darüber tragen helffen/ (...) der Ruth Feth das Kleyd und er inquisit(us) Michael Pop nur zwey Rthlr. darab profitiret hätte." Michael Pop widerrief einen Teil seiner unter der Folter erpreßten Aussagen, wurde aber ebenfalls zum Tode verurteilt und auf das Rad geflochten.

Peter Neuhauß, ein angeblicher Leproser, der von Görden Friedrichs und Martin Pop belastet worden war, gestand unter der Folter, am Raubmord von 1708 beteiligt gewesen zu sein. Seine Beute betrug zwei Reichstaler. Auch er wurde gerädert. Susanna Pop, Frau des Martin Pop, gestand, Hehlerin der Bande gewesen zu sein, vielen Dieben Unterschlupf gegeben zu haben, vor allem dem bei Wittlar aufgehängten Jan Sonderohr. Sie gestand, daß sie "(...) mit dem Correo Latrone & Desertore Hellerjan lange Frist in Ehebrechlichem Handel versiret/ (...und) anderer confidirter Pupillen Geldere (habe) durchmachen helffen." Susanna Pop wurde gefoltert und gestand unter der Folter, die Leiche eines von der Bande ermordeten Opfers weggeschafft zu haben. Die Geständige wurde mit dem Schwerte hingerichtet und ihr Kopf auf einer Stange aufgespießt.

Adam am Aap wurde von den anderen Räubern zahlreicher Raubüberfälle und Mordtaten bezichtigt. In seinem Garten fand man bei einer Durchsuchung blutgetränkte Kleider und menschliche Gebeine. Während des Verhörs legte man ihm die Daumenschrauben und die Spanischen Stiefel an, und er gestand, mit Theisen Becker einen Mann auf dem Weg von Grafenberg (Stadt Düsseldorf) nach Ratingen erschlagen zu haben. Zusammen mit seinem Schwager Henrich aus Melaten, dem Kölner Leprosenhospiz, hatte er vier Jahre zuvor auf dem Mettmanner Weg einen Kaufmann ausgeplündert und ihm acht Reichstaler abgenommen. Adam am Aap wurde zum Tode auf dem Rade verurteilt, wobei er die Gnade erfuhr, nach dem Zerbrechen der Gebeine den Todesstreich des Henkers zu empfangen. Theis Becker aus Wermelskirchen wurde ebenfalls gerädert.

Peter Schieper wurde wohl zu Recht als "Haupt=Brudermeister" der Bande bezeichnet. Er gestand 18 Raubüberfälle und etliche Morde, den ersten aus dem Jahre 1698. Er erbeutete 20 Reichstaler, als er ein in seinem Haus übernachtendes Opfer im Schlaf erschlug. 1706 tötete er einen zweiten Logiergast und teilte die Beute von 15 Reichstalern mit den Gebrüdern Friedrichs. Die Leiche wurde in einem toten Rheinarm, der Mempelskaule, versenkt und blieb unauffindbar. Einen dritten Mord hatte er mit seinem Sohn Dierich und dem Görd Friedrichs im Winter 1710/11 begangen. Schieper gestand insgesamt die Beteiligung an neun Raubmorden und einem Raubüberfall. Der schon siebzig Jahre alte Schieper konnte nicht hingerichtet werden, weil er nach mehreren Suizidversuchen im Kerker starb. Es ist anzunehmen, daß das Motiv für seinen Selbstmord der Wunsch war, seine Familienmitglieder vor seinen unter der Folter erzwungenen Aussagen zu schützen.

Görden Patt alias Görden Friedrichs gestand zwei Morde und Beihilfe in vier weiteren Fällen. Er wurde wie die anderen exekutiert, doch erließ ihm der Kurfürst die Folter mit glühenden Zangen. Andreas Friedrich, sein 19 Jahre alter Bruder, war zwar körperlich sehr reif, aber zur Tatzeit nicht volljährig. Er war Mitwisser vieler Straftaten seines Bruders, an einem Raubüberfall selbst beteiligt und Mithelfer bei drei Morden. Wegen seiner Jugend wurde er mit dem Schwerte hingerichtet und erst nach dem Tode gerädert.

Dierich Schieper, Sohn des Peter Schieper, war von seinem Sohn Adam belastet worden. Er galt als "Ertz=Mörder". Unter der Folter gestand er mehrere Morde, die er nach Absetzen der Folterinstrumente widerrief. "Item ist der Dierich Schieper recenter dahin vertragen/ daß im Siechenhaus solche gottlose Gemeinsahmung gewesen/ daß auch der Dierich an seiner eigener coinquisiter Schwesteren Christin ein hernach umbbragtes Kind incestuosissime erwecket." Dierich wurde nach seinem Widerruf erneut der Folter unterzogen und gestand sieben Morde. Seine Strafe fiel angesichts seiner Hartnäckigkeit und des unterstellten Inzests besonders grausam aus. Er wurde verurteilt, von glühenden Zangen gezwickt zu werden, anschließend "durch unvernünftige Thier" auf den Richtplatz geschleift und dort lebendig gerädert zu werden.

Christin Schieper, Schwester des Dierich Schieper, hat nach ihren Aussagen bei der Beseitigung mehrerer Leichen assistiert. Sie wurde zweimal gefoltert und gestand Beteiligung an Bandenverbrechen. Ferner gestand sie "(...) mit allerhand auffgehaltenen verdächtigen Gesellen/ signanter mit dem Leonarden Königshoven/ Feldmängens Sohn/ und jüngst erhencktem langen Jan/ in den Büschen Huhrerey getrieben / gestalten dann der Leonard Könisghoven von Polheim selbst gestanden / daß er mit der Christin im Brandenburgischem herumb vagiret." Dem kurfürstlichen Gericht genügt dieses Geständnis noch nicht. In der dritten Tortur gesteht die Räuberin Beihilfe zu den Morden im väterlichen Haus. Doch ist sie trotz mehrfacher Folterung nicht bereit, den Kindsmord an dem angeblich von Dierich gezeugten Kind zu gestehen. Christin Schieper wurde durch das Schwert hingerichtet und anschließend auf das Rad geflochten.

Zum gleichen Verdikt kamen die Richter bei Theis Garding, einem "(...) aus dem Eschweiler Siechenhauß hiehingebrachter inculpirter simulatus leprosus (...)" und Bruder Hellerjans, der 15 Jahre zuvor aus dem Holländischen Regiment desertiert war. Auch er wurde enthauptet, um hinterher durch das Rad öffentlich entehrt zu werden. Sein Bruder Hellerjan alias Jan Garding war ein Komplize des ebenfalls hingerichteten langen Jan und seit 1706 Deserteur aus dem Kurpfälzischen Regiment. Über seine lange Liste von Verbrechen befragt, bekannte er "(...) daß er im Ratinger Siechenhauß schon verheyrathet gewesen/ anbey mit des N. Pops Fraw in Ehebruch gelebet/ und das anjetzo an gedachten Deserteuren Heiderman verheyrathetes Kind

/ vermittels Bewilligung des Manns / gezeuget hätte." Pops Zustimmung in die ehebrecherische Beziehung mit seiner Ehefrau erzwang Hellerjan mit vorgehaltener Pistole. Der "Vulgivagus Adulter" hatte "(...) jederzeit verschiedenes Frawenzimmer caressiret/ also in seiner Unzucht verdamliche Glorie gesuchet / (...)" Man legte ihm die Daumenstöcke und die Beinschrauben an und schließlich gar die Friedelkordt, wahrscheinlich eine Abart der Garotte, um den Kopf. Auf der Streckbank blieb er stumm. Erst als ihm sein Bruder Theis nach erfolgloser Folter zuredete, bekannte er sich zu einem Mord. Hellerjan war der Fahndung bisher dadurch entgangen, daß er einen lateinischen Paß des Magistri Domus Leprosorum extra muros Coloniensis Heinrich Kluxen aus Melaten aufweisen konnte. Hellerjan wurde zur Decollation mit anschließendem Flechten auf das Rad verurteilt.

Alle anderen Bandenmitglieder wurden glimpflich bestraft. Es handelte sich hierbei in erster Linie um die Frauen und Töchter der Bandenmitglieder. Elisabeth Schieper, 19 Jahre alt, bei einigen der Taten also noch strafunmündig, wurde dreimal ausgepeitscht, gebrandmarkt und des Landes verwiesen. Die Frau des Adam am Aap blieb unter der Folter standhaft, wurde aber als Nutznießerin der Raubüberfälle ebenfalls dreimal ausgepeitscht, gebrandmarkt und dimittiert. Das Ehepaar Leonard und Catharina Königshoven, er aus Pulheim, sie Dienstmagd in Düsseldorf, kam ebenfalls mit Prügelstrafen und Relegation davon. Viel Glück im Unglück hatte die Elisabeth Hammermann, die mit Dierich Schieper verheiratet war. Sie war als Witwe sechs Jahre Insassin des Winckelhauser Siechenhauses gewesen, war dann mit Peter Schieper übers Land gezogen und hatte ein Verhältnis mit ihrem späteren Schwiegervater aufgenommen. Trotz ihrer Mitwisserschaft in vielen Fällen wurde sie nur dreimal mit Ruten gestrichen, gebrandmarkt und dimittiert. Anna Maria Pop, die siebzehnjährige Frau des Deserteurs Heiderman und Tochter der exekutierten Susanna Pop, war zwar gefoltert worden, wurde aber letztlich nur des Landes verwiesen. Der ehemalige stadtkölnische Soldat Johann Heidermann, zog nach seiner Desertion im Jahre 1711 ins Ratinger Siechenhaus, obwohl er gesund war. Er kaufte einen falschen Siechenbrief aus dem Kölner Leprosenhaus in Melaten, um nicht entdeckt zu werden. Heiderman wurde gepeitscht, gebrannt und proskribiert. Der schwer belastete Ruth Feth, Schwager Michael Pops war 1710 verstorben, konnte also nicht mehr zur Rechenschaft gezogen werden. Seine Frau, Tochter des Martin Pop, wurde lediglich relegiert. Das Gericht verwies in seiner Schlußbemerkung zu dem Prozeß darauf, daß viele Siechenhäuser zwar nicht unbedingt Räuber, aber doch gesunde Bettler enthielten, die einen falschen Siechenzettel aufweisen konnten.[14]

14 Die Prozessunterlagen wurden 1712 veröffentlicht. Sie finden sich im Historischen Archiv der Stadt Köln (zitiert als HAStK), unerfaßter Bestand der Armenverwaltung: Processus Criminalis, Oder Mehr außführlich= aus überhäufften Prothocollis Inquisitionalibus erstatteten Relationibus, und außgefallenen Urtheilen auff von Ihro Churfürstl. Durchl. zu Pfaltz Herrn Johann=Wilhelmen / alß respective Herztogen zu Gülich und Berg / der zu Düsseldorf gehaltener Inquisition, auch unterm 22. und 23. Februarii 1712. vollstreckter merckwürdig=rechtlicher Execution. (Düsseldorf, 1712, fragmentarisch). Es ist verständlich, daß in Kriegszeiten die Häufigkeit und Brutalität der Bandenverbrechen zunahmen. Nach den Bauernkriegen und dem 30-jährigen Krieg durchzogen große Rotten von ehemaligen Soldaten Deutschland und lebten "vom Land", was sich nicht sehr von der Art unterschied, wie die reguläre Truppe für die

Bei Betrachtung der Siechenbande fällt auf, daß ihre vermeintliche Stärke, der enge Zusammenhalt einer Großfamilie als Rückgrat der Bande, sich auch nachteilig auswirken konnte, wenn ein Mitglied der Bande gefaßt wurde. Zwar war die Gefahr des Verrats und des Einschleusens von Spitzeln in die Organisation bei dieser Bandenform gering anzusetzen, doch brachte es die große Intimität einer solchen Gemeinschaft mit sich, daß jeder alles wußte und bei Anwendung der Folter aussprach. Dennoch ist es erstaunlich, daß einzelne Mitglieder der Bande der Folter in allen Graden widerstanden haben. Ohne die Institution der Folter wäre eine Bande wie die Siechenbande nicht zu überführen gewesen.[15] Um so bemerkenswerter ist es, daß den französischen Behörden der nachrevolutionären Zeit, die ohne die Tortur auskommen mußten, große Erfolge im Kampf gegen das Banditentum vergönnt gewesen sind.

4.1.2 Josef de Vries

Erschwert wurde ein Vorgehen der verschiedenen Behörden im Ancien Régime durch die territoriale Zersplitterung und die Aufgliederung des Reiches in Geltungsbereiche verschiedener Justizsysteme. Dies machte eine konsequente Fahndung und Aburteilung umherziehender Individuen unmöglich. Dies belegt eine Episode aus dem Leben des Räubers Josef de Vries alias Josef van Fessel, der sich in den 1760er Jahren im Rheinland sehr rührig zeigte. Van Fessel kam ursprünglich aus Flandern und hatte sich auf Kirchenraub spezialisiert. Zusammen mit seiner Frau und seinem Kind zog er durchs Rheinland, nachdem er vor 1763 aus dem Gefängnis in Brüssel ausgebrochen war. Durch raschen Wechsel zwischen den Territorien entzog er sich der polizeilichen Nachstellung. 1763 wurde er in Köln verhaftet, konnte aber aus dem städtischen Gefängnis ausbrechen und demonstrierte auf lokaler Ebene, was er vorher schon in größerem Maßstab praktiziert hatte: Er flüchtete in das in Köln gelegene Rekollektenkloster und bat um Hilfe. Das Kloster unterstand nicht der städtischen Gerichtsbarkeit, so daß der Rat der Stadt erst einmal einen Auslieferungsantrag stellen mußte. Das Verfahren dauerte lange und erst am 6.10.1764 erging der Beschluß der erzbischöflichen Kammer, dem bekannten Kirchenräuber Jan van Fessel Asyl in den Mauern des Klosters zu gewähren. Gegen diesen Entscheid war

Versorgung der Soldaten sorgte. Avé-Lallemant, Das Deutsche Gaunerthum, Teil 1, S. 71 f. Zur Funktion der Folter siehe van Dülmen, Theater des Schreckens. Zur Hinrichtungspraxis ders., Das Schauspiel des Todes: Hinrichtungsrituale in der frühen Neuzeit, in: Van Dülmen; Schindler (Hg.), Volkskultur, S. 203 - 245. Edward Peters, Torture, New York 1985 (New Perspectives of the Past). Der Vorwurf der sittlichen und sexuellen Verrohung gehörte so stark zum Cliché des Räubers, daß schwer zu unterscheiden ist, was davon wahr und was Projektion der Autoren von Quellen war. Auch Avé-Lallemant geht in seinem Werk von der sexuellen Promiskuität der Niederländer aus. Ebda., S. 102. Die frühe Kolportageliteratur zum Genre griff dieses Thema begierig auf. Vergl. Elisabeth Guénard, Mme. Brossin de Méré, Les Repaires du Crime, ou Histoires de Brigands Fameux, (...), 3e. edition, Paris 1815, im folgenden zitiert als Guénard.

15 "Without torture the puny police force of the ancien régime would have got nowhere." Hufton, The Poor, S. 283.

der Rat der Stadt machtlos. Was aus van Fessel endlich geworden ist, verschweigt die Quelle, doch wirft sie ein bezeichnendes Licht auf den Grad der Desorganisation der Obrigkeit, die aus administrativen wie politischen Gründen nicht in der Lage war, einen Schwerverbrecher, der sich in der Stadt aufhielt, aus seinem Versteck zu holen. Es wird zu überlegen sein, ob die Vereinheitlichung der Territorien nach 1794 solche Vorkommnisse unmöglich machte.[16]

4.2 Räuber im Rheinland nach 1794

Zunächst einmal hatte das Bandenwesen seit den Koalitionskriegen in einem Maße zugenommen, daß sich die Franzosen nach Besetzung des Rheinlandes gezwungen sahen, Spezialgerichtshöfe einzurichten, die die bestimmter Verbrechen Angeklagten in standrechtlichen Verfahren aburteilten. Die Einrichtung dieser Spezialgerichtshöfe ging auf ein Gesetz vom 7. Februar 1801 zurück. Dort wurde festgelegt, daß die Regierung per Erlaß in solchen Départements Standgerichte einsetzen konnte, in denen ihr das erforderlich erschien. Ein solches *tribunal spécial* bestand aus einem Präsidenten und zwei Berufsrichtern , zwei Laienrichtern sowie drei Offizieren, die mindestens den Rang eines *capitaine* bekleideten. Die Laienrichter und die als Richter fungierenden Offiziere wurden vom ersten Konsul ernannt. Der zuständige Exekutivbeamte, der Regierungskommissar, und der Schreiber des normalen *tribunal criminel* fungierten als Ankläger bzw. Schriftführer des Spezialtribunals. Später wurden Ankläger gesondert eingesetzt. Abgeurteilt werden sollten u.a. solche Delikte, die von *vagabonds et gens sans aveu* begangen worden waren, außerdem Straßenraub und gemeinschaftlicher schwerer Raub. Zunächst gab es keine Möglichkeit der Revision gegen den Urteilsspruch, und die gefällten Todesurteile wurden binnen kürzester Frist vollstreckt. Später mußte der Kassationsgerichtshof in Trier oder in Aachen die Urteile umgehend bestätigen oder verwerfen. Die Todesstrafe war obligatorisch für Straßenraub und gemeinschaftlichen oder nächtlichen Raub. Am 10. September 1801 wurde in Köln ein solches *tribunal spécial* eingesetzt.[17]

16 HAStK, Kriminalakten 76. Zur Bedeutung der territorialen Zerissenheit der Rheinlande für die Bekämpfung der Banden genügt es, sich die Bewertung des Anschlusses der vier rheinischen Départements an Frankreich durch den französischen Sicherheitsbeamten Johann Nikolaus Becker anzusehen: "In dem Merz des Jahres 1798 wurden die vier Départemente organisirt (...) Verschiedene kleine Territorien (...) wurden in ein Ganzes geschmolzen. Die Räuber, die vorher aus einem benachbarten Ländchen in das andere flüchten und so den Verfolgungen der Orts=Obrigkeiten entgehen konnten, hatten von nun an einen harten Stand. Der Verhaftbefehl eines Friedensrichters,(...), ward ausführbar durch das ganze Gebieth der Republik." Becker, Actenmäßige, 2. Teil, S. 186. Auch andere Banden hatten sich die territoriale Zersplitterung zunutze gemacht, um sich der Verfolgung zu entziehen. Vergl. Küther, Räuber, Volk und Obrigkeit, S. 30.

17 Zur Entstehung der Banden in der Folge der Koalitionskriege Becker, Actenmäßige, 1. Teil , S. 3-7. Zu den gesetzlichen Bestimmungen der Spezialtribunale: Beschluß der Konsuln vom 23 Fructidor an 9. Bulletin des Lois de la République Française, 3e Serie, tome deuxieme, No. 46-

Die französischen Behörden hatten zwar den Vorteil, daß das gesamte linke Rheinufer nach 1794 eine verwaltungstechnische Einheit bildete, aber die Verhaftung eines Schwerverbrechers durch die Polizei und seine Verurteilung vor französischen Spezialgerichtshöfen bedeuteten noch nicht, daß den Strafverfolgungsbehörden ein endgültiger Erfolg im Kampf gegen die Banden beschieden war. Die Verfassung des Jahres 8 hatte das Kräfteverhältnis etwas zugunsten der Behörden geändert, indem die Verwaltung gestrafft und Zuständigkeiten genauer geregelt wurden. Generalregierungskommissar Jollivet faßte den Beschluß, "(...) wodurch eine eigene Polizey=Garde errichtet wurde, um bey Tag und Nacht zu streifen, und alles vor den Friedensrichter zu führen, was ohne Paß und festen Wohnsitz herumstreifte. Das Gesetz vom 10. Vendémiare IV. J. (2. Oktober 1795), welches die Gemeinden für alle auf ihrem Gebiet begangene(n) Gewaltthätigkeiten und Räubereyen verantwortlich macht, ward von neuem publicirt. Man legte Militair in jene Dorfschaften, wo die Räuber ihren gewöhnlichen Durchzug hatten (...)" bemerkte der an der Verfolgung des Schinderhannes beteiligte Johann Nikolaus Becker.[18] In einem agrarisch ausgerichteten Land ohne entwickelte Infrastruktur jedoch war es sehr schwer, zu Fahndungserfolgen gegen Räuber zu kommen, die das Terrain kannten und sich in die unwegsamen Wälder zurückziehen konnten, wenn Gefahr drohte. Hinzu kamen die strukturellen Ursachen des Räuberwesens, d. h. Hunger und Unterbeschäftigung, die für reichlichen Nachwuchs bei den Banden sorgten. Schließlich waren die Untersuchungsgefängnisse und Zuchthäuser in den Jahren 1794 bis 1806 so unzureichend gesichert und oftmals so baufällig, daß es einem erfahrenen Kriminellen ein leichtes war, aus ihnen auszubrechen und zu flüchten. Diese Seite der "Ökonomie des Strafens" bedarf einiger Beachtung. Im gesamten Département de la Roër waren funktionstüchtige Gefängnisbauten zu Beginn der französischen Verwaltung die Ausnahme, eine Tatsache, die es nahelegt, den von Michel Foucault geforderten Umschwung im Strafverhalten des Staates für Deutschland in einer späteren Epoche anzusiedeln. In den ehemals deutschen linksrheinischen Gebieten Frankreichs jedenfalls hätte man einen großen Teil der Straftäter überhaupt nicht mit

76, Paris, an IX, hier No. 68, pp. 303-309. Vergl. titres 1 bis 3. Vergl. ebda., tome troisième, Germinal - Complémentaires an IX, No. 77-105, Paris, an X, hier No. 101, S. 351 wg. Einrichtung des Spezialgerichts im Département de la Roër vom 23 Fructidor an 9 (10.9.1801). Vergl. auch Dekret des Ersten Konsuls, Korrespondenz des Generalkommissars Jeanbonet mit dem Innenministerium vom 28 Fructidor an 10 (15.9.1801). AN BB 18 694. Zu den Gründen für die Errichtung der Sondergerichtshöfe gehörte auch das Problem, daß sich die auf unterster Ebene für die Ermittlung zuständigen Friedensrichter der einzelnen Kantone bei ihrer Arbeit behinderten. Banden hatten ein so großes Aktionsfeld, daß der einzelne Friedensrichter vollkommen überfordert war, selbst wenn er seine Pflicht erfüllen wollte, was nicht immer vorausgesetzt werden konnte. Vergl. Schreiben des Regierungskommissars beim Spezialtribunal des Arrondissement Aachen, Vossen, an Innenminister Abrial om 12 Prairial an 9 (1.6.1801). Ebda. In Köln wurde das Spezialtribunal u.a. auch eingerichtet, weil hier die Gewähr gegeben war, daß der Prozeß gegen Schinderhannes ohne ungebührliche Einflußnahme der Öffentlichkeit abgewickelt werden konnte. Es kam allerdings nie zum Prozeß gegen die Bande in Köln. Becker, Actenmäßige, 1. Teil, S.36-38.

18 Ebda., 1. Teil, S. 39 f.

Haftstrafen belegen können, da hierzu die Vollzugsanstalten fehlten. Man war also in gewisser Hinsicht gezwungen, innerhalb des alten Systems der Körperstrafen zu verfahren und die Todesstrafe gegen Räuber zu verhängen, weil die Trennung der Räuber von der Gesellschaft nur durch die finale Lösung am Galgen möglich war. Der Platzkommandant von Koblenz, Charles Senig, beklagte die Situation in den Gefängnissen in einem Schreiben an Innenminister Abrial aus dem Jahre 9. Er führte den Ausbruch eines Teils der Schinderhannesbande aus dem Militärgefängnis in Koblenz auf den schlechten baulichen Zustand dieses Gebäudes zurück.[19]

Aber nicht nur wegen fehlender oder mangelhafter Gefängnisbauten hatten die französischen Behörden Probleme, der Bandenkriminalität Herr zu werden. Die in der Bevölkerung nur sehr wenig verankerten französischen Institutionen und das revolutionäre Rechtssystem, das keine Folter mehr kannte, dafür aber aus der deutschen Bevölkerung gewählte Geschworene einführte, trug zur unzureichenden Schlagkraft der Justiz gegen die Räuber bei. Ein gutes Bild von den Schwierigkeiten der neuen Verwaltung, die Bevölkerung mit der Funktionsweise und den Aufgaben der neuen Rechtsverfassung vetraut zu machen, vermittelt der Bericht des ehemaligen Generalkommissars und Präfekten des Donnersberg-Départements Shée vom 23. Oktober 1799 anläßlich der Eingliederung der vier rheinischen Départements in die Republik. Shée betonte die Notwendigkeit, in den übergeordneten Gerichten geborene Franzosen Recht sprechen zu lassen, ohne die "(...) on n'aurait jamais pû parvenír à assurer dans les tribunaux le triomphe de l'impartialité." Sogar Richter der Zivil- oder Kriminalgerichtshöfe seien nicht frei von Rechtsverdrehungen gewesen, und Shée fuhr fort: "Aussi la plus grande attention a-t-elle toujours été nécessaire pour contenir les juges en général dans les bornes de leurs attributions, ou pour les astreindre à remplir leurs devoirs." [20] Mitunter gelang es erst in der zweiten Instanz, die mit französischen Richtern besetzt war, einen überführten Schwerverbrecher zu verurteilen. Polizeiminister Fouché meinte mit einem Blick auf diese Vorkommnisse, die Rheinländer seien politisch zu unreif, um die neuen Institutionen zu würdigen. Er schlug deshalb die Errichtung eines zusätzlichen Standgerichtes in Mainz vor.[21] In

19 AN BB 18 694 Der schlechte bauliche Zustand der Gefängnisse drückte sich nicht nur in der latenten Ausbruchsgefahr aus, sondern auch in den miserablen sanitären Zuständen einzelner Vollzugsanstalten. Als besonders gesundheitsgefährdend galten die Gefängnisse von Krefeld und Aachen, in denen die Gefangenen schon wegen des beschränkten Raumes in den Zellen dauernd Gefahr liefen, sich gegenseitig anzustecken. F16 550, Briefe des Anklägers am Zollgericht Köln vom 27.1.1812 und des Präfekten Ladoucette vom 8.8.1809 und 30.1.1812 an den Innenminister. Zu den erfolgreichen Ausbrüchen von Gefangenen vergl. Brief des Regierungskommissars am Kölner Kriminalgericht Hebert vom 6 Messidor an 9. AN BB 18 694. Zu Foucaults Begriff der Ökonomie des Strafens siehe Robert; Levy, A Changing Penal Economy.

20 Situation De l'Administration Civile dans les quatre nouveaux Départemen(t)s sur la rive gauche du Rhin, à l'époque du premier Brumaire an 8 (23.10.1799). AN F1E 43.

21 Fouché an die Konsuln am 21 Floréal an 9 (11.5.1801), AN BB 18 694. Die Errichtung der Spezialtribunale war auch das, was der überforderte Platzkommandant in Koblenz, Charles Senig, als Abhilfe gegen die Räuber forderte. Daneben war seiner Meinung nach der Ausbau der Gefängnisse notwendig. Die Spezialtribunale sollten nach seiner Vorstellung die Untersuchungshaft verkürzen und so dafür sorgen, daß Ausbrüche nicht mehr so leicht durchgeführt werden konnten. Die bei den Spezialtribunalen tätigen Juristen sollten deutsch sprechen, damit Zeugen

nicht wenigen Gebieten, vor allem im Saarland, muß das Verhalten der Bevölkerung gegenüber den französischen Beamten als eine Form des Widerstandes gewertet werden, die dem reformatorischen Impetus der Franzosen erhebliche Schwierigkeiten machte, sich zu entfalten. Dabei ist die hier diskutierte Form des Widerstandes scharf zu trennen von der explizit politischen Variante, wie sie erst kürzlich von Timothy W. Blanning dargestellt worden ist.[22] Hier ist jene Form von zivilem Ungehorsam gemeint, die sich in Insubordination und Sabotage der polizeilichen Ermittlungen gegen Räuber wie Schinderhannes äußerte, dessen außerordentlichen Erfolge gegen die Nachstellungen der französischen Polizei und der Militärbehörden nur durch den Rückhalt verständlich sind, den er bei der agrarischen Bevölkerung im Einzugsgebiet seiner Bande hatte.

Wie schwierig es war, die enge Verbindung zwischen den Räubern und dem Umfeld der Bande zu brechen und die Bevölkerung in die Fahndung miteinzubeziehen, zeigt das Beispiel des Dorfes Oberstein im Département Sarre. Am 1. Mai 1801 betraten dort gegen 22 Uhr die Gendarmen Hipolite Thoret, Jean Claude Fournier, Antoine Chalton und *maréchal de logis* Laurent Cler ein Wirtshaus, in dem eine Gruppe von Männern lautstark zechte. Es handelte sich bei dem Wirtshaus um das Haus des Jacob Leiser, der in seinen fünf Schankräumen rund 300 Gäste bewirtete. Diese wurden von den vier Gendarmen aufgefordert, nach Hause zu gehen, weil die gesetzliche Sperrstunde überschritten war. Der größere Teil der Anwesenden verließ daraufhin das Lokal, während eine Gruppe von etwa vierzig Männern blieb und gegenüber den Gendarmen eine drohende Haltung einnahm. Der Wortführer der Gruppe, ein Phillipe Loch, wurde verhaftet, leistete jedoch erbitterten Widerstand, und in dem folgenden Handgemenge zwischen Polizei und Bürgern wurde er befreit. Alle vier Polizisten zogen unverichteter Dinge wieder ab. So weit klingt dies ganz wie die Geschichte einer normalen Wirthausrauferei. Für die französischen Behörden war es aber mehr. Regierungskommissar Ancel berichtete dem Generalkommissar der Regierung in Mainz von den Vorkommnissen in Oberstein und beklagte die grundsätzlich ablehnende Haltung der Bevölkerung gegen die Gendarmerie, die sich in Behinderungen der polizeilichen Arbeit und tätlichen Angriff auf die Beamten ausdrücke.[23]

Die Verhaftung des Phillipe Loch und die folgende Auseinandersetzung mit den Gendarmen war inzwischen vor den zuständigen Friedensrichter gelangt. Als Verteidiger des Angeklagten Loch fungierten die Bürgermeister von Wirschweiler und Niederbrombach aus den benachbarten Kantonen Herstein und Birkenfeld. Aus der

und Angeklagte möglichst direkt vernommen werden konnten. Die Zeugen würden regelmäßig von den brigands eingeschüchtert, so daß es schwer war, Beweismaterial zusammenzubekommen: "Ces brigands réunis à la bande de leur Chef vont éxercer sur (les) témoins la vengeance la plus atroce. Ils (les temoins) périront infailliblement." Senig an Abrial am 9 Frimaire an 10 (20.11.1801).

22 Blanning, The French Revolution. Vergl. die Kritik Jeffry M. Diefendorfs an Blanning in: American Historical Review 90, 1985, S. 158.

23 Schreiben des Regierungskommissars Ancel an Generalkommissar Jollivet vom 12 Thermidor an 9 (31.7.1801), AN BB 18 694.

Einvernahme der Zeugen vor Gericht wurde klar, daß man den Zechern, die sich den Gendarmen widersetzt hatten, mit guten Gründen die Aufforderung zum Totschlag oder den versuchten Totschlag hätte nachweisen können, denn einer von ihnen hatte im Verlauf der Auseinandersetzungen gerufen: "(...) laissez faire nous aurons bientôt fini avec les quatre Gendarmes! (!)"[24] Im Prozeß konnte die Verteidigung dann allerdings Scharen von Zeugen vorladen lassen, die die Protokolle der vier Gendarme Lügen straften und Dinge behaupteten, die so nie vorgefallen sein konnten. Die Angeklagten wurden freigesprochen, die Gendarmen vom Dienst suspendiert und gegen sie Verfahren wegen Urkundenfälschung eingeleitet.

Ähnlich war es den Gendarmen Le Cavelier und Adam der Gendarmerieeinheit von General Wirion ergangen, denen die erste Verhaftung des Schinderhannes gelungen war. Sie wurden wenig später von den Anklagegeschworenen des Ortes Birkenfeld der vorsätzlichen schweren Körperverletzung im Amt beschuldigt, wurden aber von diesem Vorwurf freigesprochen. Das Zusammenhalten der Dorfbewohner gegen die Ordnungshüter fügt sich in eine lange Kette von ähnlichen Vorfällen in der Gegend von Kusel, Meisenheim, Staudernheim und Birkenfeld. Dieses Gebiet war das Hauptbetätigungsfeld des Schinderhannes alias Hannes Pickler oder Bückler, der sich eines sehr starken Rückhaltes bei der bäuerlichen Bevölkerung erfreuen konnte, weil er fast ausschließlich gegen Juden vorging und ein Teil seiner Beute zudem zurückfloß in die Hände der örtlichen Bevölkerung.[25] Schinderhannes, der trotz seines nach außen zur Schau getragenen Antisemitismus mit den jüdischen Räubern in Neuwied in Verbindung stand, war in Mühlen bei Rastatt geboren. Sein Vater war ein armer Feldhüter und Tagelöhner. Als Junge diente Schinderhannes bei einem Scharfrichter aus Bärenbach, lief dort aber nach einem Diebstahl davon und betätigte sich zunächst als Pferdedieb. Nach seiner Verhaftung und dem Ausbruch aus dem Gefängnis von Simmern verlegte sich Schinderhannes auf den Straßenraub, wobei er als seine Opfer auch Nichtjuden auswählte. Wenig später entdeckte er die Strategie des offenen nächtlichen Überfalls auf die Häuser von wohlhabenden Landbewohnern. Bei der Schwäche seiner Bande, die bei Einsätzen selten stärker als zehn Mann war, war er aber darauf angewiesen, einen Opferkreis auszuwählen, der gesellschaftlich isoliert war. Hierzu eigneten sich die von den Bauern gehaßten Juden besonders.[26] Als Schinderhannes im Verlauf der Fahndung in den Wäldern von

24 Ebda.

25 "C'est de la Gendarmerie Nationale de qui je veux parler, de ce corps moral et respectable qui a rendu tant de Services importants a la chose publique, depuis qu'un brigand nomme Pickler dit Schinderhannes ap(p)aru (!) dans ces contrées pour porter la terreur et la désolation parmi la Secte judaique contre laquelle il excerce particuliérement ses crimes." Ebda. Zur Episode der Gendarmen Adam und Le Cavelier: Becker, Actenmäßige, 1. Teil, S. 13-15.

26 Avé-Lallemant, Das Deutsche Gaunerthum, Bd.1., S.107, Anm. 1; Becker, Actenmäßige, 1. Teil, S. 17-24. Zur Forschungslage zu Schinderhannes Edmund Nacken, Räuber oder Rebell? Schinderhannes, wie er wirklich war, Simmern 1961. Ders., Die wahre Geschichte des Johann Wilhelm Bückler, nachmals bekannt geworden als Räuberhauptmann Schinderhannes nach den Mainzer Voruntersuchungsakten und anderen Quellen (...), Mainz 1968. Eine ausführliche und fundierte Kritik der Arbeiten Nackens findet sich beim Familienkundler Walter Petto, Stand der Schinderhannes-Forschung 1973: Eine kritische Wertung ihrer Ergebnisse in den letzten zwanzig

Herstein gesehen wurde, weigerten sich die in der Nähe auf ihren Feldern arbeitenden Bauern auszusagen, was sie gesehen hatten. Die Polizei solle aufhören, den Schinderhannes zu verfolgen, denn der sei ein guter Mensch.[27]

Am Vortage, dem 29. Juli 1801, hatten Schinderhannes und seine Bande das Haus des Juden Hertz Mayer in Olmet überfallen. Das Haus war gegen 23 Uhr gestürmt worden und wurde in den folgenden drei Stunden systematisch leergeräumt, was beweist, wie sicher sich die Bande fühlte. Von der Bevölkerung des Dorfes jedenfalls drohte keine Gefahr, obwohl sechs Räubern knapp 400 Dorfbewohner, von denen viele Jagdwaffen zuhause hatten, gegenüberstanden. Die Dorfbewohner, die sich während des Überfalls im Gemeindehaus eingeschlossen hatten, gaben zu Protokoll, sie hätten nicht eingegriffen, weil sie die ganze Angelegenheit nichts angegangen habe.[28]

Es war also nicht Angst, die die Dörfler daran hinderte einzugreifen, sondern es ging hier um einen von der gesamten Dorfgemeinschaft stillschweigend gutgeheißenen Pogrom. Diese Erkenntnis wird gestützt durch den Eilbrief, den Staatsrat und Generalkommissar Jollivet dem Innenminister Abrial am 19. Juli 1801 aus Köln schickte. Jollivet faßte die Situation folgendermaßen zusammen:

> départements du mont tonnère, de la Sarre et de Rhin et Moselle, dans le voisinage de birkenfels et Fodernheim, département de la Sarre, Simmern, Kirn et Kreutznach, département de Rhin et tonnère, pays de forêts et dont les habitans sont à demi- sauvages, une bande de Voleurs ayant à sa tête un nommé Jean Pickler dit Schinderhannes. Ce chef de brigands, Jeune, dans toute force de l'âge et dont la conduite est pleine d'intelligence, d'adresse et de sagacité, est parvenu à se faire protéger par les habitans Catholique et protestant(s) qui sont les plus nombreux, au moyen de ce que 1er. ses vols ne se dirigent que contre les individus du Culte Judaique, 2e. il s'interdit, autant que possible, toute effusion de sang, 3e. une grande partie du produit de ses brigandages est distribuée en prêts (...) au profit de plus néccessiteux d'entre les habitans catholiques ou protestants, 4e. on sait qu'il fait Justice Rigoureuse non seulement de ceux de ses complices qui s'écartent du plan de conduite, mais encore de toute autre association de voleurs qui voudroient (...) exercer leur art indépendamment de sa direction.[29]

Es ist müßig, darüber zu spekulieren, ob die Strategie Hans Picklers alias Schinderhannes das Ergebnis echten Sozialrebellentums war, das einen kräftigen Schuß antisemitischer Vorstellungen enthielt, oder ob sie Ausfluß der operativen Schwäche

Jahren, in: Mitteilungen der westdeutschen Gesellschaft für Familienkunde 26, 1973/74, S. 94 - 99. Petto kritisiert zu Recht, daß Nacken alle Forschungsergebnisse unbeachtet gelassen und als alleinige Quelle die Mainzer Gerichtsakten verwertet hat. Hinzu kommt die für den wissenschaftlichen Wert der Studie sehr abträgliche Eigenschaft Nackens, Vorgänge in Dialogform zu rekonstruieren, für die es in dieser Form keine Belege gibt. Ebda. S. 98. Zur antijüdischen Haltung Schinderhannes' vergl. auch "Bemerkungen eines Ungenannten über Johannes Pickler und seine Bande", abgedruckt bei Kurt Becker, Schinderhannes und kein Ende (Bisher unbekanntes Material aus dem Staatsarchiv Koblenz), in: Mitteilungen des Vereins für die Heimatkunde im Landkreis Birkenfeld und der Heimatfreunde Oberstein 28, 1965, S. 59 - 66, hier S. 62.

27 AN BB 18 694.

28 Bericht Regierungskommissars Ancel an Generalkommissar Jollivet vom 12 Thermidor an 9 (31.7.1801). Ebda.

29 Jollivet an Abrial vom 30 Messidor an 9, ebda.

dieser Bande war, die aus nur acht bis elf aktiven Räubern bestanden zu haben scheint.[30]

Im Roërdépartement gab es zur gleichen Zeit mehrere Banden, denen allerdings die Gloriole des Sozialbanditentums vollkommen abging. Es handelte sich hier um Banden, die wohl zur Großen Niederländischen Bande gehörten und die sowohl den Straßenraub als auch den Schmuggel systematisch betrieben. Anders als Schinderhannes, der sich in seinen Sympathisantenkreisen bewegte wie der Fisch im Wasser, hatten diese Banden den Vorteil, sich den Nachstellungen der französischen Ordnungskräfte zunächst durch den Wechsel auf das rechte Rheinufer entziehen zu können. Hier gründete sich der Rückhalt unter der Bevölkerung weniger auf die Rudimente einer Ideologie, wie man sie vielleicht Schinderhannes konzedieren könnte, als auf die finanziellen Vorteile, die die Bewohner des rechten Rheinufers aus dem Schmuggel der Banden zogen.[31] Ein gewisses Element von Rache scheint bei den Motiven der Schmuggler möglicherweise eine Rolle gespielt zu haben, denn die Täter waren meisten *Belges* und kamen aus dem Kreis der durch die Verlegung der Grenze arbeitslos gewordenen Zöllner. Generalkommissar Jollivet machte sich in seinem Schreiben an den Innenminister wie auch Polizeiminister Fouché deshalb dafür stark, ein zweites Standgericht zusätzlich zu dem Kölner in Mainz einzurichten, was dann im Juni 1802 auch tatsächlich geschah.[32] Dieses Mainzer Standgericht in Bandensachen war für die Départements Mont-Tonnière und Sarre, während Köln von nun an nur für die Départements Roër und Rhin et Moselle zuständig war.[33]

4.3 Die Rolle Anton Keils im Kampf gegen die Raubkriminalität

Der wichtigste Widersacher der Banden im Rheinland war der Chefankläger am Spezialgerichtshof in Köln, Anton Keil. Keil, der aus Würzburg stammte, war zunächst unter Regierungskommissar Rudler in den vier neuen Départements zuständig gewesen für Kunst und Wissenschaft, d.h. ihm hatte vor allem die Durchsicht der Bibliotheksbestände der eroberten Rheinlande oblegen. Danach war er Richter des Gerichtshofes für das Département Rhin et Moselle geworden, um schließlich den Posten des Staatsanwaltes am Kölner Standgericht einzunehmen. [34] Carsten Küther

30 Ebda. Im Prozeß gegen Schinderhannes im Herbst 1803 gab es 41 Angeklagte. Schinderhannes wurde mit 19 seiner Untergebenen zum Tode verurteilt und am 21.11.1803 guillotiniert. 21 Angeklagte erhielten Kettenstrafe bzw. Zuchthaus. Die hohe Zahl der Angeklagten erklärt sich daraus, daß Mitwissern und Komplizen der eigentlichen Bande in diesem Verfahren auch der Prozess gemacht wurde. Avé-Lallemant, Das Deutsche Gaunerthum, Teil 1, S. 104.

31 AN BB 18 694.

32 Ebda.

33 Dekret des Ersten Konsuls vom 22 Prairial an 10 (11.6.1802), Korrespondenz des Generalkommissars Jeanbonet mit dem Innenministerium vom 28 Fructidor an 10 (15.9.1802). Ebda.

34 AN F1E41. Anton Keil verfaßte u.a. das "Handbuch für Maire und Adjunkten, für Polizey-Commissare, Gemeinderäthe, Einnehmer und Verteiler der Steuern, Spital- und Armenverwalter, Pfarrer, Kirchenräthe und Kirchmeister, Feld- und Forsthüther und Geschäftsmänner", 2 Teile (Köln, 1814, 3. Auflage).

weist nicht zu Unrecht darauf hin, daß es "(...) der Tatkraft des öffentlichen Anklägers Keil im Roër-Département zu verdanken war (...)", daß Räuberhauptmann Fetzer verhaftet und verurteilt werden konnte.[35] Einer der bekanntesten Räuber neben dem Schinderhannes, zeichnete sich der "Fetzer", der in Wirklichkeit Mathieu (auch Antoine) Weber hieß, durch ungewöhnliche Brutalität und Intelligenz aus. Fetzer selbst gab anläßlich seiner Verhaftung zu, 181 Diebstähle oder Raubüberfälle begangen zu haben. Es gilt als sicher, daß er seine Ehefrau im Jahre 6 in Neuß umgebracht hat. Fetzer, nach dem mehr als vier Jahre gesucht worden war, wurde in Bergen in Hessen-Kassel festgenommen und an das Spezialtribunal nach Köln ausgeliefert. Im Februar 1803 wurde er aufgehängt.[36] Ohne Keils verbissenen Eifer und seine große persönliche Einsatzfreude, die auch nicht vor Aufklärungskampagnen und Polizeieinsätzen in den nicht zu Frankreich gehörenden Territorien Halt machte, wäre das Bandenwesen im Rheinland nicht so relativ schnell zu kontrollieren gewesen.[37] Keil gelang eine Reihe von spektakulären Fahndungserfolgen, die im Zusammenhang mit den verhängten drakonischen Strafen wenn nicht zum Rückgang der Bandenkriminalität, dann doch zu ihrer Verdrängung vom linken Rheinufer führten.

Keils Bemühungen führten u.a. auch zur Verhaftung des renommierten Räubers Augustin Overtüsch, der aus Brügge stammte und zu den wichtigsten Köpfen der Krefelder bzw. Neußer und der Neuwieder Bande, zweier Filialbanden der Großen Niederländischen Bande, gehört hatte.[38] Es ist erwiesen, daß Overtüsch , den man auch den Holländer nannte, in enger Zusammenarbeit mit dem gefürchteten Carl Heckmann, alias Karl oder Kerl und dem schon erwähnten Fetzer Raubzüge unternommen hatte. Overtüsch war schon von den preußischen Behörden zu lebenslanger Haft in Wesel verurteilt worden, brach aber dort aus und wurde von Keil im Januar 1800 wieder gefaßt. Nachdem Overtüsch wieder in Wesel eingeliefert worden war, entkam er erneut, konnte aber Ende Oktober 1800 in Deutz auf dem rechten Rheinufer verhaftet werden. Overtüsch wurden zahlreiche Straftaten u.a. auch der Raubüberfall auf Bürger Ackens in Eupen im Germinal an 6 (März/April 1798) vorgeworfen, bei dem Overtüsch 60.000 Francs erbeutet hatte. Bekannt wurde Overtüschs Unterschlupf in Deutz durch die Verhaftung des ebenfalls bekannten Räubers Hessel, genannt das Studentchen. Dieser Hessel war einer der Stellvertreter des Holländer und stand mit Overtüsch über einen weiblichen Kurier in Verbindung. Sowohl Hessel wie auch seine Verbindungsfrau zu Overtüsch wurden in Köln von Keils Polizisten verhaftet. Im Verhör gab die Kurierin, die einen Brief Overtüschs an Hessel mit sich führte, am 31.10.1800 preis, wo sich der Holländer in Deutz aufhielt. Dort wurde er noch in der Nacht von Keils Leuten festgenommen.[39] Overtüsch legte ein umfassen-

35 Küther, Räuber und Gauner, S. 123.

36 AN BB 18 694, Bericht Keils an Innenminister vom 26 Brumaire an 9 (17.11.1800). Bericht Keils an Innenminister vom 14 Messidor an 10 (3.7.1802) und Todesurteil mit Vollstreckungsbescheid vom 30 Pluviôse an 11 (19.2.1803), ebda.

37 Küther, Räuber und Gauner, S. 51.

38 Becker, Actenmäßige, 2. Teil, S. 180-182, S. 205-208.

39 Keils Bericht an den Innenminister vom 10 Brumaire an 9 (1.11.1800), AN BB 18 694.

des Geständnis ab. Er gab zu, Komplize des Heckmann und anderer Räuber gewesen zu sein. Er gestand ebenfalls, an einem Raubüberfall in Neau/Limburg im Vorjahr beteiligt gewesen zu sein. Die Bande hatte aus 18 bis 20 Mitgliedern bestanden, und Keil drückte seine Verwunderung über die Zusammensetzung der Bande aus, indem er schrieb "(...) Toute la bande étant Composée de juifs, que je n'avais jamais vu avant cet événement (...)"[40] Der Überfall in Neau mußte mit Kaltblütigkeit ausgeführt werden, da den Räubern die Unterstützung bei der Bevölkerung fehlte. So wurden denn möglichst viele Schußwaffen während des Überfalls abgefeuert, um die Einwohner des Ortes glauben zu machen, "(...) nous étions une troupe de militaires (...)." Overtüschs Leben endete wenig später in Lüttich unter dem Fallbeil.[41]

Neben der Festnahme des Overtüsch konnte Keil dem Innenminister die Wiederverhaftung des Räubers Hermann Heckes, genannt Ussem oder Manes, melden, der aus dem Gefängnis in Goch ausgebrochen war. Ebenfalls erfolgreich war Keil bei der Bande, die in der Nacht vom 20/21.5.1800 mit 30 bis 40 schwerbewaffneten Mitgliedern den Wirt Niesen in Dudling bei Gemünd überfallen hatten. Die überaus brutal zu Werke gehenden Täter mißhandelten alle, die sie im Hause antrafen, darunter auch den Notar Bucken, verletzten mehrere Personen und töteten den Sohn Niesens. Sie nahmen alles Bargeld und alle im Haus befindlichen Wertsachen mit. Bevor sie sich zurückzogen, legten sie noch Feuer, so daß das Haus vollständig niederbrannte. Keil konnte fünf der Tat dringend verdächtige Personen festnehmen, und zwei von ihnen wurden zum Tode verurteilt und hingerichtet. Die anderen mutmaßlichen Räuber wurden den Tatzeugen gegenübergestellt, "(...) mais les témoins ne les ont point reconnus de Crainte d'être assassinés par leur complices (...)", wie Keil vermutete.[42]

Keil vermochte es auch, sich Einblicke in die Struktur und Logistik der Großen Niederländischen Bande zu verschaffen. Diese Bande, die ursprünglich aus 50 bis 60 Mitgliedern bestand, die aber im Brumaire des Jahres 9 auf 150 Mitglieder angewachsen gewesen sein soll, war in verschiedene Unterabteilungen gegliedert, mit Chefs und Unterchefs. Sie war wegen ihrer beweglichen Organisationsstruktur, ihres großen Einzugsgebietes und ihres gut funktionierenden Nachrichtendienstes weitaus gefährlicher als die Schinderhannesbande. Die Bande ging zurück auf einen Kern von holländischen Juden, die von Abraham Picard und den Brüdern Bosbeck geführt wurden. Aus der usprünglichen Bande um Franz und Jan Bosbeck entstand dann die Mersische Bande, so genannt nach dem Unterschlupf der Bande im Orte Meersen auf dem rechten Maasufer. Einer ihrer Führer war der schon erwähnte Damian Hessel,

40 Schriftliches Geständnis des Overtüsch, beigelegt im Schreiben Keils an den Innenminister vom 10 Nivôse an 10 (31.12.1801), ebda. Rein jüdische Banden waren nicht ungewöhnlich. Küther spricht davon, daß bei den jüdischen Banden das antisoziale Element weit stärker ausgeprägt gewesen sei als bei den anderen Banden. Küther, Räuber und Banditen, S. 101. Zur Rolle der Juden in den Räuberbanden Rohrbacher, Räuberbanden, in: Bohnke-Kollwitz et al. (Hg.), Köln und das rheinische Judentum, S. 117-124.

41 Avé-Lallemant, Das Deutsche Gaunerthum, 1. Teil, S. 105, Anm. 1.

42 Zu Overtüsch: Bericht Keils an den Innenminister vom 19 Floréal an 9 (9.5.1801), AN BB 18 694; Der Überfall auf den Wirt Niessen: Keil am 24 Floréal an 8 (14.5.1800).

das Studentchen. Zu den Nachfolgeorganisationen der Niederländer gehörten ebenfalls die Solinger Bande des Carl Heckmann und die Neuwieder Bande, in der wir Hessel, Overtüsch und Heckmann wiederfinden werden. Möglicherweise waren die verschiedenen Banden, die hier aufgezählt wurden, nichts anderes als die jeweils verfügbare Konfiguration der Niederländer an verschiedenen Orten.[43] Die einzelnen Gruppen der Gesamtbande standen untereinander in lockerer Verbindung, was für größere Aktionen wie Gefangenenbefreiungen wichtig war. Briefe und Kassiber wurden vor allem von Frauen und Mädchen transportiert oder von Bandenmitgliedern, die sich als ambulante Händler oder Kolporteure ausgaben. Zentren der Bande waren der Krefelder Raum, Aachen und Zülpich auf dem linken Rheinufer, nach dem Ausweichen der Bande ins Rechtsrheinische dann Düsseldorf, Elberfeld, Solingen, Mülheim/Ruhr, die heutigen Kölner Stadtteile Nippes, Deutz und Porz sowie Bendorf und Neuwied.[44] Raubzüge wurden in Zugstärke von 25 bis 30 Mann unternommen, was die Vorteile der guten Beweglichkeit mit denen der Überzahl kombinierte. Zu den großen Erfolgen der Bande zählte der Überfall auf die Postkutsche von Elberfeld am 6 Brumaire an 8 (28.10.1799), bei dem die Beute über 40.000 Francs betragen hatte. Die von Keil ermittelte Namensliste enthielt 110 Namen von Bandenmitgliedern und ihren Familienangehörigen.[45]

Einer der Chefs der Bande, Kerl oder Carl, von seinen Anhängern der Unvergleichbare genannt, muß neben Fetzer und Schinderhannes als eine der großen Räuberfiguren des ausgehenden 18. Jahrhunderts betrachtet werden. Karl, der aus Mülheim an der Ruhr stammte, hieß mit bürgerlichem Namen Jean Charles Heckmann.[46] Er war schon von der preußischen Justiz zu lebenslanger Haft verurteilt worden und hatte seine Strafe in der Festung Wesel antreten müssen. Von dort war

43 Die Struktur der Bande ist in extenso bei Becker, Actenmäßige, Teil 2 beschrieben. Das gilt auch für die Details der zahlreichen Verbrechen, die den Banden zugeschrieben wurden.

44 Ebda., Teil 2, S. 188 f.

45 Unter den in der Liste Aufgeführten befinden sich etliche , die jüdische Namen hatten, wie Levi Samson, Herzhammel oder Herzkirsch sowie der schon erwähnte Oberdusch (= Overtüsch). Mit auf der Liste steht auch Kerl oder Carl (Heckmann), der der Chef des Neuwieder Teils der Bande war. AN BB 18 694, Bericht Keils an Innenminister vom 26 Brumaire an 9 (17.11.1800). Weber, alias Fetzer, hatte es anscheinend geschafft, sich der Mitarbeit des öffentlichen Strafverteidigers am Krefelder Gericht, des Juden Jacques Schwabe, zu versichern. Dieser Schwabe, der nie ein juristisches Studium absolviert hatte, soll sogar an dem Überfall auf die Postkutsche in Elberfeld teilgenommen haben, an der auch Overtüsch beteiligt gewesen war. Schwabe konnte die Teilnahme am Überfall jedoch nie nachgewiesen werden. Er wurde allerdings auch nie rehabilitiert, sondern mußte seinen Dienst am Krefelder Gericht quittieren und Frankreich verlassen. Bericht des Krefelder Gerichtspräsidenten Knappers ans Innenministerium vom 8 Ventôse an 12 (28.2.1804). Bericht des Regierungskommissars beim Ziviltribunal Köln vom 20 Frimaire an 12 (12.12.1803) an seinen Kollegen in Krefeld. AN BB 18 695 Brief Schwabes an Regierungskommissar Hanne in Aachen vom 8 Frimaire an 14 (29.11.1805) und Gesuch Schwabes um Rehabilitation beim Innenminister vom 23.4.1806. AN BB 18 696. Vergl. auch Becker, Actenmäßige, 2. Teil, S. 252. Becker berichtet von Schwabe, den er allerdings nicht namentlich nennt, sondern nur mit "S**" umschreibt, er habe Beuteanteile der Fetzerbande unterschlagen, weshalb er von Fetzer, Knips und Michel Schiefer belastet worden sei.

46 Bericht Keils an den Innenminister vom 13 Germinal an 9 (3.4.1801) , AN BB 694. Heckmann

er im Brumaire des Jahres 8 (Oktober/November 1799) ausgebrochen und untergetaucht. Carl war tollkühn genug, mit seiner Bande das Haus des Regierungskommissars der Kantonsverwaltung Dormagen in Fühlingen in der Nacht vom 26 auf den 27 Ventôse an 10 (17/18.3.1802) zu überfallen. Zahlreiche andere Überfälle wurden ihm zur Last gelegt. Am 25. März 1802 konnte er aufgegriffen werden und wurde im Frankenturm in Köln eingesperrt, dem einzigen Kölner Gefängnis, das als ausbruchssicher galt. Hier war ein Durchbruch durch baufällige Mauern oder durch dünne Decken wie in anderen Gefängnissen nicht zu befürchten. Carl gelang dennoch die Flucht, weil er es schaffte, den Wächter zu überwältigen und umzubringen. Von der Flucht des Räubers in Kenntnis gesetzt, begab sich Keil unmittelbar zum Frankenturm. Der Concièrge des Frankenturms war unauffindbar. Die Tür zu Carls Zelle war verschlossen, und als man sie aufbrach, bot sich folgendes Bild:

> (...) quelle Scène d'horreur! Je trouve le Concièrge garrotté aux mains & Pieds baigné dans son sang, étendu mort sur le lit qu'avait occupé le Brigand ayant le cou violement serré à trois tours avec une corde & la tête fracassée avec une Cauche, Le Monstre! [47]

Nach dem Mord am Schließer des Frankenturms hatte sich Carl nach Nippes abgesetzt und wich von dort, als Bauer verkleidet, auf das rechte Rheinufer aus. Keil, der über ein gut ausgebautes Netz von Spitzeln verfügte, hatte schon vor der Flucht Carl Heckmanns einen Mann auf diesen angesetzt, den er allerdings verdächtigte, die Flucht Heckmanns aus Köln begünstigt zu haben. Keil ließ den Spitzel verhaften und setzte dem trotz scharfer Verhöre auf seiner Unschuld bestehenden Mann so zu, daß dieser versprach, die Scharte auszuwetzen. Der Spitzel wurde freigelassen und nahm Carls Fährte wieder auf. Wenig später wußte er zu berichten, daß der Gesuchte in Neuwied aufgetaucht sei. Keil war Neuwied schon länger als rechte Räuberhöhle bekannt, und er plante bald eine großangelegte Polizeiaktion gegen den Unterschlupf der Räuber in dieser Stadt.[48] Die Neuwieder Polizei stand vor dem großen Problem, ein liberales Fremdenrecht, in dem der Paßzwang nicht sehr rigide angewandt wurde, mit ihren Aufgaben als Ordnungsmacht vereinbaren zu müssen. Daneben arbeiteten

gehörte mit Schinderhannes zu den Räuberfiguren, die schon sehr früh durch Kolportageliteratur immortalisiert wurden. Vergl. die 1815 in dritter Auflage erschienene Schrift der Elisabeth Guénard, Les Repaires du Crime. Darin findet sich u.a. eine (erfundene) Geschichte von Heckmann und der Tochter eines französischen Beamten mit dem Titel "Charles et Célestine", die schildert, wie die junge Célestine sich in den Heckmann verliebt, von Räubern entführt wird, nach deren Verhaftung und Hinrichtung aber wahnsinnig wird. Zu den literarischen Vorbildern dieser Art von Literatur Hans-Jürgen Luesebrink, Kriminalität und Literatur im Frankreich des 18. Jahrhunderts: Literarische Formen, soziale Funktionen und Wissenskonstituenten von Kriminalitätsdarstellung im Zeitalter der Aufklärung, München, Wien 1983 (Ancien Régime. Aufklärung und Revolution 8), bes. S. 167 - 172.

47 Keil ans Innenministerium am 15 Germinal an 9 (5.4.1801). Im Ministerium war man wegen der anhaltenden Serie von Bandenverbrechen besorgt. Am 14 Germinal an 9 (4.4.1801), also am Vortage von Heckmanns Ausbruch aus dem Frankenturm in Köln, hatte der Minister Keil noch einmal eindrücklich ermahnt. Ebda.

48 Bericht Keils vom 23 Germinal an 9 (13.4.1801), ebda.

einzelne Polizisten eng mit den Räubern zusammen und warnten diese, wenn Gefahr drohte. Etwa ab dem Herbst 1797 hatten sich deshalb Teile der Krefelder, Essener und anderer Banden nach Neuwied abgesetzt. Gelungene Ausbrüche von Briganten aus dem Weseler Gefängnis im Januar und Juli 1801 verstärkten die Neuwieder Niederlassung.

Zum Glück für Keil und die anderen Fahnder gelang es, der überregionalen Organisation der Räuber so etwas wie eine Zusammenarbeit der verschiedenen Polizeibehörden der betroffenen Territorien entgegenzusetzen. Dies mag mit durch die von Keil unternommenen Informationsreisen herbeigeführt worden sein. Jedenfalls traten am 28.1.1801 Regierungsdeputierte der verschiedenen Territorien auf Einladung Kurtriers in Wetzlar zusammen. Beteiligt waren auch Frankreich durch Generalkommissar J. Jeanbon-St. André und Preußen, das noch einen Schritt weiter ging und am 9.11.1801 eine neue Militär- und Zivilsicherheitskommission in Bockum einsetzte. Die Wetzlarer Konvention vom 28.1.1801 regelte die Kooperation der Anliegerstaaten im Kampf gegen die Briganten, weshalb Keil im Frühjahr 1801 endlich gegen die Banden in Neuwied vorgehen konnte.[49] Anton Keil wollte die Polizeiaktion vor Ort leiten und vorher mit der Neuwieder Regierung Kontakt aufnehmen, um die korrupte örtliche Polizei aus der Aktion herauszuhalten.[50]

Er machte sich deshalb am 10. April 1801 in Begleitung zweier zuverlässiger Kölner Polizeikommissare auf den Weg nach Neuwied und hielt eine Unterredung mit dem nassauischen Geheimrat M. Bennet, um sicherzustellen, daß die Neuwieder Polizei nicht hinzugezogen oder informiert wurde. Dies wurde ihm zugesichert. Am Abend des folgenden Tages gegen 21 Uhr wurden die beiden Unterschlüpfe der Räuber von französischen Polizeikräften umstellt und durchsucht. In einem der beiden Häuser fanden sich fünf Räuber, u.a. Picard und Wennemacher, von dem noch die Rede sein wird, sowie der "(...) premier agent de la Police (...)" von Neuwied. Fetzer und Adolph Weyers konnten fliehen. Im zweiten Haus trafen die Fahnder einen verwundeten Räuber sowie etliche Frauen an, wohl die Frauen und Lebensgefährtinnen der Räuber. Carl - nach Zeugenaussagen noch wenige Minuten vor der Polizeiaktion in den Häusern gesehen - war nicht unter den Verhafteten. Er war gewarnt worden und konnte flüchten. Doch damit nicht genug, noch am gleichen Abend versuchten Teile der Bande, ihre verhafteten Kameraden in einem offenen Scharmützel mit der Polizei zu befreien, wobei mehrere Beamte durch Schüsse verletzt wurden. Keil gelang es, die Identität der Verhafteten zu ermitteln, weshalb sie mitgenommen wurden, um in Köln abgeurteilt zu werden. In Andernach erwartete Keil eine Brigade der Gendarmerie, die den Geleitschutz übernahm und bei Hausdurchsuchungen in Bendorf und Ermittlungen in Breisich (Dept. Rhin et Moselle) assistierte. Keil fand heraus, daß sein Widersacher Carl nach Linz geflohen war, und setzte zwei Polizeiagenten auf seine Spur, um mit den Gendarmen und seinen Gefangenen nach Köln zurückzukehren.[51]

49 Avé-Lallemant, Das Deutsche Gaunerthum, 1. Teil, S. 109, Anm. 1; Becker, Actenmäßige, 1. Teil, S. 49 f., Anmerkung.

50 Keil an Innenminister, 23 Germinal an 9 (23.4.1801), AN BB 18 694.

51 Bericht Keils ans Innenministerium vom 23 Germinal an 9 (18.4.1801), ebda. Becker, Actenmä-

Der rührige französische Beamte konnte nicht den Triumph genießen, Carl Heckmann selbst zu verhaften. Aus allem, was aus den französischen Akten hervorgeht, ist zu schließen, daß Carl und Adolph Weyers nach einem Raubüberfall in Aglasterhausen bei Mannheim aufgegriffen, aber nicht erkannt wurden und im Mannheimer Gefängnis einsaßen. Offenbar hielt Heckmann es für opportun, seine Fänger über seine Identität im Unklaren zu lassen und vorerst keinen Ausbruchsversuch zu machen, um Gras über die ganze Angelegenheit wachsen zu lassen. Weyers, der bei ihm war, hatte sich in Polizeikreisen einen Namen gemacht als Chef einer Bande von 22 Mann auf dem Rechtsrheinischen, die das Haus eines preußischen Offiziers überfallen hatte. Bei der anschließenden Großfahndung, bei der eine Division der regulären französischen Armee eingesetzt wurde und bei der die Bauern des Umlandes tatkräftig als Suchtrupps mithalfen, konnten 20 der Räuber gefaßt werden, unter ihnen Adolph Weyers. Weyers wurde, da die Tat auf preußischem Gebiet begangen worden war, von einem milden preußischen Gericht zu lebenslanger Haftstrafe verurteilt und in Wesel eingekerkert. Er verbüßte dort nur eineinhalb Jahre seiner Strafe, weil er entwich und seine Raubzüge wieder aufnahm.[52]

Carls und Weyers Verhängnis war es, daß die von Keil beauftragten zwei Polizeibeamten die Spur Carls nach seiner Flucht aufgenommen hatten, die sie über Linz nach Mannheim führte, wo beide im Gefängnis identifiziert werden konnten und nach Köln überstellt wurden.[53] Am 20. April 1802 wurde Carl Heckmann zum Tode verurteilt. Er bestieg das Schafott nicht ohne vorher die Planung und Ausführung von 50 Raubüberfällen gestanden zu haben. Vor seinem Tode zeigte er Reue und verriet Keil einen Teil seiner Komplizen, u.a. Jean Kirsch und Christine Gusgen, die beide zu 24 Jahren Zwangsarbeit bzw. Zuchthaus verurteilt werden konnten.[54] Sowohl Weyers, der flüchten konnte und im Jahre 1804 immer noch auf freiem Fuße war, wie auch Heckmann sagten auch über ihre Verbindung zu Schinderhannes aus und unterrichteten Keil über Schinderhannes' Verbleib auf dem rechten Rheinufer.[55]

Die Geschichte der Fahndung nach Heckmann und seiner Bande zeigt, wie schwer sich die französische Verwaltung mit der Verfolgung der Bandenkriminalität tat. Der Einsatz regulären Militärs und länderübergreifende Polizeiaktionen erst machten es möglich, eine gut organisierte Bande zu zerschlagen. Auf der anderen Seite ist dieser Fall auch ein beredtes Zeugnis für die Leistungen Keils, die sich nicht nur auf Fahndung und Festnahme beschränkten, sondern sich auch im Geschick offenbarten, schon verhafteten Räubern im Verhör weitere wichtige Informationen

ßige, S. 345 - 353. Obwohl Neuwied nach der spektakulären Säuberungsaktion des Chefanklägers Keil vom Germinal an 9 (März/April 1801) als Räuberunterschlupf ausgespielt gehabt haben sollte, diente es versprengten Räubern nach wie vor als Domizil. So wurde am 27 Fructidor an 13 (14.9.1805) ein Räuber namens Guillaume Traac in Köln von Polzeikommissar Werner verhaftet, der in Neuwied lebte und einen Paß aus Kassel vom 8. Juni 1805 mit sich führte. HAStK FV 5058, Brief Werners.

52 Brief Keils an das Innenministerium vom 2 Frimaire an 10, AN BB 18 694.

53 Ders. am 20 Brumaire an 10 (11.11.1801), ebda.

54 Ders. am 2 Floréal an 10 (22.4.1802), ebda.

55 Keil an das Innenministerium vom 2 Frimaire an 10 (23.11.1801), ebda. Becker, Actenmäßige, 2. Teil, S. 91; 205 f.

zu entlocken. Diese Fähigkeit war vor allem von Nutzen, wenn es sich um Banden handelte, die gut zusammenhielten, oder bei Bandenmitgliedern, bei denen die gängige Verhörtaktik versagte. Der Chefankläger sorgte bei seinen Verhören für eine positive, ja beinahe gemütliche Atmosphäre. Er vernahm die Gefangenen in Wohnräumen und stellte Wein bereit. Ein Großteil der Gefangenen, die hartgesottene und brutale Verbrecher waren, faßte Zutrauen zu Keil und enthüllte für ihn interessante Details. Keil machte es sich zunutze, daß die verhafteten Räuber angesichts der sicheren Todesstrafe doch Gewissensbisse überkamen. Der herbeigeeilte Priester konnte die verstockten Sünder mitunter davon überzeugen, daß es besser sei, sich die Seele auch gegenüber den weltlichen Autoritäten zu erleichtern und auszusagen. Dies verfing aber nicht bei Michel Meyer, einem jüdischen Räuber, Händler und Metzger von Beruf, der Keil nach einem mißlungenen Überfall ins Netz gegangen war: In der Nacht vom 16./17. Juni 1801 war ein Anschlag auf das Haus des Antoine Hannes in Limburg bei Viersen unternommen worden. Antoine Hannes ließ sich jedoch von den Räubern nicht einschüchtern. Er und seine beiden erwachsenen Söhne leisteten erbitterten Widerstand, obwohl die Täter zu sechst und schwer bewaffnet waren. In dem mehr als fünfzehn Minuten dauernden Kampf Mann gegen Mann erschoß ein Sohn des Überfallenen einen Räuber namens Antoine Hauser. Obwohl die Täter das Haus zu Beginn ihres Überfalls vorsichtshalber angezündet hatten, konnten sie sich nicht durchsetzen. Hannes und seine Söhne behielten die Übersicht und konnten sie in die Flucht schlagen, wobei sie Michel Meyer verletzten. Dieser blieb auf der überhasteten Flucht in einem Fenstergitter des Hauses stecken und wurde verhaftet. Unter den flüchtigen brigands waren auch ein Jean, von Beruf *colporteur* aus Korschenbroich und ein Guillaume aus Schiefbahn.[56] Der gefaßte Michel Meyer wurde Anfang September 1801 zum Tode verurteilt. Alle Versuche, ihn zum Verrat seiner Komplizen zu bewegen, blieben erfolglos. Keil hatte die rettende Idee: "Ce Michel Meyer est juif & j'ai cru par cette raison devoir me Servir d'un homme de sa Religion pour connoitre ses complices."[57] Der hinzugezogene Glaubensbruder Meyers, wahrscheinlich ein Kölner Rabbi, entlockte dem Räuber die Informationen, die Keil benötigte.[58]

Daß die Arbeit der Behörden im Zusammenhang mit den Banden nicht ganz ungefährlich war, zeigt die Fahndung nach Henry Muhr, einem ebenfalls berüchtigten Hauptmann, der vom Kölner Tribunal am 26. März 1802 zum Tode verurteilt wurde. Er hatte mit seiner Bande, die nicht zur Großen Niederländischen Bande

56 "le village de Corschenbroich renferme depuis dix ans un assez nombre de gens sans aveu qui ne paroissent vivre que de vols, les brigands Busch & Nolden, condamnés à la peine de Mort le 15 floréal der (5.5.1800,...) étoient domiciliés dans cette commune." Bericht Keils vom 7 Messidor an 9 (26.6.1801), AN BB 18 694. Michel Meyer ging gegen sein Todesurteil vor dem Spezialtribunal in Revision, wurde aber abgewiesen und hingerichtet. HAStK FV 841. Zu Keils Verhörmethoden vergl. Becker, Actenmäßige, 2. Teil, S.260.

57 Keil an Innenminister vom 16 Fructidor an 9 (3.9.1801), AN BB 18 694.

58 Meyer verriet seine Komplizen Jean Overlaender, seinen Schwager, der nicht weit weg von Overlaender lebte, den Schwager eines Wirts, der sein Wirthaus zwischen Neustrass und Gladbach hatte, und einen weiteren Ungenannten. Ebda.

gehörte, vor allem in der Gegend von Düren Angst und Schrecken verbreitet. Muhr war, ähnlich wie Weyers und Carl, ein Ausbruchsspezialist und war den Behörden während des Ancien Régime mehrfach entwischt. Selbst unter französischer Herrschaft gelang es ihm - schon gefangen - noch zweimal zu entkommen.[59] Muhr versteckte sich mit fünf Komplizen im Wald von Grossenhau und lebte dort von gestohlenem Vieh. Die Bande war dort wegen der ungünstigen Geländeverhältnisse nicht aufzustöbern, so daß Keil verschiedentlich den Einsatz von Gendarmerie und eines Husarenregiments erwog. Erst als Muhr beim Versuch, seine Frau in der Nähe des Waldes zu besuchen, gesehen wurde, wurde er gefaßt. Das Haus Muhrs wurde von Gendarmen umstellt. Der *brigadier* Housson erwarb sich bei der Festnahme Muhrs besondere Verdienste, als er, obwohl durch einen Pistolenschuß und einen Messerstich Muhrs verletzt, die Verfolgung des flüchtenden Räubers aufnahm und ihn überwältigte.[60]

Von Keils Leuten ergriffen und dann abgeurteilt wurde auch die Bande des zur Neuwieder Bande gehörigen Räubers Pierre Joseph Wennemacher, der den Fehler beging, sich zu sehr von seinem sozialen Umfeld zu isolieren und bei der Auswahl seiner Opfer zu wenig zu differenzieren. Wennemacher und seine etwa 25 Mann starke Bande, zu der auch die seinerzeit berüchtigten Räuber Henri Dols und Jean Weyers gehörten, machten den Ort Sittard und das Arrondissement Köln unsicher. Wennemacher, der sein Diebesgut auf dem rechten Rheinufer lagerte, weil es dort vor dem Zugriff der französischen Behörden recht sicher war, wurde einmal verhaftet, konnte aber, wie so viele vor und nach ihm, entkommen. Nachdem die Bauern des Ortes Morken von der Verhaftung der Bande erfahren hatten, machten sie ihrer Wut auf die Räuber Luft und zerstörten zwei Häuser, die der Bande als Unterkunft gedient hatten, bis auf die Grundmauern. Die Besitzer der Häuser, zwei Komplizen Wennemachers, die nicht verhaftet worden waren, gingen weder juristisch noch anders gegen die an der Zerstörung beteiligten Bauern vor, was wohl nicht nur von Chefankläger Keil als Eingeständnis ihrer Schuld gewertet wurde. Wer von Wennemachers Bande nicht ergriffen worden war, zog sich in den Wald von Buchholz zurück. Der Bande Wennemachers wurde u.a. ein bewaffneter Überfall auf den Wagen des Händlers Hompesch auf der Straße von Aachen nach Jülich vorgeworfen, und zwar am 12. August 1801. Hompesch war bei diesem Überfall um Waren im Werte von 8000 Francs erleichtert worden.[61] Es dauerte bis zum Jahre 10, bis der Rest

59 "Depuis l'organisation des quatre nouveaux départements il a été arreté à Duren pour trois vols avec effraction par les soins du Citoyen Braun, agent municipal, il s'est échappé de la tour de Duren & pour se venger du fonctionnaire qui l'avoit fait saisir il s'est introduit nuitament dans la Maison du Citoyen Braun & a laché sur lui un coup de fusil chargé de sept balles; heureusement ce magistrat n'en a pas été atteint; depuis cette époque il a toujours fait parti de la bande de brigands qui désolait ces contrées, il a été arrêté, il y a six Mois dans les environs de Bonn, département de Rhin & Mozelle (!), et il s'est échappé de la Maison d'arrêt de ladite Ville dans la Nuit du 26 au 27 prairial (15/16.6.1801) dernier." Berichte Keils vom 6 Germinal an 10 und 11 Thermidor an 11 (27.3.1802; 30.7.1803), ebda.

60 Bericht vom 11 Thermidor an 11 (30.7.1803), ebda.

61 Bericht Keils an Innenminister vom 8 Fructidor an 9 (26.8.1801), AN BB 18 694; Wennemacher, Jean Joachim Oberländer, Henry und Leonard Dols konnten in der Nacht vom 7 auf den 8 Nivôse

der Bande aufgegriffen und ihr insgesamt der Prozeß gemacht werden konnte. Die von Keil verfaßte Anklageschrift warf den Räubern außer dem Straßenraub auf den Kaufmann Hompesch acht Raubüberfälle auf einzeln stehende Häuser vor, wovon aber nur zwei nachzuweisen waren. Für den Raubüberfall auf das Haus des Bürgers Feis in Hilensberg in der Nacht vom 30 Brumaire auf den 1 Frimaire an 9 (21./22.11.1800) wurden Jean Guillaume Meyers, Spinner aus Genbeck (Dept. Meuse Inférieure) und Henri Dols sen. aus Kleindunrath (Dept. Meuse Inférieure) sowie der aus Aachen stammende Metzger Jean Weyers zum Tode verurteilt.[62] Alle Verurteilten wurden am Tage des Urteilsspruchs um vier Uhr nachmittags öffentlich hingerichtet. Henri Dols wurden "(...)des vols sans Nombre (...)" zur Last gelegt, wobei ein Gutteil seiner Verbrechen im Département Meuse Inferieure begangen worden sein soll.[63] „L'ancienne justice du pays l'avoit dix fois mis en Etat d'arrestation, mais elle n'a jamais pu réussir à se procurer des preuves suffisantes contre lui, les Notes que m'avoit fourni à son Beckers m'ont mis à même de le poursuivre avec succès."[64]

Dols war - schon einmal von der französischen Polizei arretiert - in der Nacht vom 29./30.12.1800 aus dem Gefängnis in Köln ausgebrochen, konnte aber von accusateur public Keil wieder auf dem rechten Rheinufer aufgestöbert werden, wobei sich Keil des von ihm aufgebauten Spitzelsystems zu bedienen wußte. Jean Weyers war schon von den Behörden des Ancien Régime zum Tode verurteilt worden, von den ahnungslosen Franzosen aber 1794 zu lebenslanger Haft begnadigt worden, ein Umstand, der Keil sicher nicht mit reiner Freude erfüllt haben dürfte. Weyers brach dann aus dem Gefängnis aus und schloß sich der Bande Wennemachers an. Der Überfall auf den Wagen des Kaufmanns Hompesch weist die Täter als Angehörige einer skrupellosen Bande aus, denn die Überfallenen wurden mit Schußwaffen bedroht und gewürgt. An dem Überfall waren mindestens 23 Personen beteiligt. Der koordinierte Einsatz der Staatsanwaltschaft, des Friedensrichters in Flittard und der Gendarmerie Nationale erst machte die Ergreifung der Bande möglich. Neben den Todesstrafen gegen Henri Dols sen. und Jean Weyers wurden Joseph Burman, Nicolas Chargéré, André Delwey und Joseph Schwartz zu 24 Jahren Kettenstrafe verurteilt. Die drei beteiligten Frauen Madelaine Gerards, Elisabeth Wirtz und Anne Gertrude Jacobs erhielten eine Freiheitsstrafe von 24 Jahren. Der Sohn Henri Dols', Henri Dols jun., erhielt 20 Jahre Gefängnis, Jean Meyers wurde in eine maison de correction eingeschlossen, bis er das Alter von 18 Jahren erreicht haben sollte. Der ebenfalls minderjährige Leonard Dols sollte bis zum Alter von sechzehn Jahren ebenfalls in einem Erziehungsheim aufgezogen werden. Der Verurteilte André Delwey, wohl einer der Hausbesitzer in Morken, "(...) servoit depuis long-tem(p)s de répaire aux brigands, & il conste même, qu'il a participé à plusieurs Vols très-importans."[65]

an 10 (28./29.12.1801)aus dem Kölner Gefängnis entkommen. Henry Dols wurde schon am 12 Ventôse (3.3.1802) mitsamt seiner Frau in Deutz verhaftet. Bericht Keils an den Innenminister vom 12 Ventôse an 10, AN BB 18 694.

62 Prozeßprotokoll vom 13 Floréal an 10 (3.5.1802) vor dem Spezialtribunal in Köln, ebda.

63 Ebda.

64 Ebda.

65 Protokoll Keils an den Innenminister vom 13 Floréal an 10 (3.5.1802), ebda.

Zehn Bandenmitglieder mußten aus Mangel an Beweisen freigesprochen werden, unter ihnen Marie Agnes Dols und der greise Winand Dols, der Vater des Henri Dols sen. "Ce dernier individu (Winand Dols) a été presque pendant toute sa vie en prison pour Vol. "[66] Als Verbindungsmann zu einer Bande aus dem Aachener Raum hatte anscheinend der freigesprochene Bernard Schwartz, ein aktenkundiger Falschmünzer, gedient. Der Chef Wennemacher selbst setzte sich nach seiner Flucht aus dem Kölner Gefängnis nach Holland ab, wo er ergriffen und am 25.10.1802 in Breda aufgehängt wurde.[67]

Wichtig an dieser Bande ist, daß es den Räubern offensichtlich nicht mehr gelang, ihr Umfeld durch soziale Integration wie bei Schinderhannes oder durch Terror der Zivilbevölkerung zur Mitarbeit oder zur stillschweigenden Duldung zu bewegen, was die Zerstörung der Unterschlüpfe durch die erbosten Bauern und der Verrat der Bande durch Bernardine Beckers beweisen.

4.4 Räuber und ihr Verhältnis zum Staat

In einigen Fällen, in denen Keil ermittelte oder die Anklage führte, kann die anfangs diskutierte Zugehörigkeit der Angeklagten zum vierten Stand nachgewiesen werden. Die methodische Schwierigkeit eines solchen Nachweises liegt zum einen an der Spärlichkeit des Aktenmaterials, wenn es um die Berufe der Angeklagten geht, zum anderen spielt dabei eine Rolle, daß nicht genau zu klären ist, wann ein Räuber lediglich aus Tarnungszwecken als ambulanter Händler auftrat oder ob er tatsächlich, vielleicht im früheren Beruf, einmal Händler gewesen war. Bei der Räuberbande, die vorwiegend aus "Belgiern" bestanden hatte, war schon daraufhingewiesen worden, daß sich diese zum großen Teil aus ehemaligen Zöllnern zusammensetzte, also Menschen, die Küther zu den "Unehrenhaften" gerechnet hatte. Wir wissen, daß Schinderhannes aus einer Unterschichtfamilie stammte und durch seine Tätigkeit für den Scharfrichter selber mit dem Stigma des Unehrenhaften belegt worden war. Heckmann handelte wie viele seiner Bande mit Kurzwaren. Von Fetzer wissen wir, daß er desertiert war, eine gerade klassische Vorbereitung auf die Karriere eines Briganten.[68] Bei der Räuberbande aus Korschenbroich hatte Keil selbst darauf hingewiesen, daß in ihr eine Reihe von *gens sans aveu* tätig gewesen waren, ja, das ganze Umfeld der Bande soll aus solchen Vaganten bestanden haben. In einem weiteren Fall, einer Bande aus dem Krefelder Raum, sind uns die Namen und Berufe der Räuber bekannt: In der Nacht des 17 auf den 18 Floréal an 9 (7./8.5.1801) hatten Jean Guillaume Goertz, 21 Jahre, *ouvrier en Soie* aus Oppum, Michel Meyer, 19 Jahre, *musicien & marchand de fayence* aus Gilgenbroich, Joseph Nusbaum, 21 Jahre, *travailleur dans les Mines de Charbons à Bardenberg*, Joseph Simon, 22 Jahre, *colporteur* aus Aachen, Anne Catherine Brucksteigen, 19 Jahre alt und die 54-jährige

66 Ebda.
67 Ebda. Zu Wennemachers Verbleib: Becker, Actenmäßige, 2. Teil, S. 379.
68 Ebda., 2. Teil, S. 145.

Witwe Marie Deckers, beide fileuse aus St. Antoine (St. Tönnis?), das Einzelgehöft des Bauern Breimes bei Old im Arrondissement Krefeld überfallen und ausgeraubt. Sie wurden im Wald von St. Antoine nur unweit des Tatortes aufgegriffen und zu 24 Jahren Zwangsarbeit bzw. 24 Jahren Zuchthaus verurteilt.[69]

Hier also ist eine Herkunft der Räuber aus den Schichten der "Handarbeiter" direkt nachweisbar. Vermutlich waren jedoch die Mitglieder dieser Bande bisher nicht strafrechtlich auffällig gewesen (was ihnen ein mildes Urteil verschaffte). Ungewöhnlich ist jedenfalls die aktive Teilnahme zweier Frauen, die zudem aus der für Räuber nicht typischen Berufsgruppe der Textilarbeiterinnen kamen.

In den Gesamtbereich der Bandenkriminalität gehörten auch alle Täter, deren Überfälle weniger gegen Privatpersonen gerichtet waren als direkt gegen den Staat, besonders die Zollbehörde. Von Schmugglern im engen Sinne war an anderer Stelle schon die Rede gewesen. Was im Kontext von Räuberbanden interessiert, sind die Banden, die unter Waffengewalt, mitunter die offene Schlacht mit den Zöllnern suchend, ihren Weg über die Grenzen erzwangen. Es ist klar, daß diese Gruppen von Struktur und Logistik her eher mit den klassischen Räuberbanden zu vergleichen sind als die Schmuggler, die in aller Regel versuchten, heimlich kleinere Mengen verbotener Waren zu importieren oder aus dem Land herauszubringen. Ankläger Keil jedenfalls machte zwischen dem nächtlichen brigand und dem gewaltsamen Schmuggler keinen Unterschied, und auch Generalkommissar Jollivet hatte in seiner Denkschrift über die Spezialgerichtshöfe vom 30 Messidor an 9 (19.7.1801) darauf hingewiesen, wie eng die Verbindung von brigandage und fraude sei. Jollivet hatte anläßlich seiner Bemerkungen zu den Räuberbanden darauf gedrängt, daß Schmuggler unbedingt vor den Spezialtribunalen abgeurteilt werden sollten, da nur so die Räuberbanden unterdrückt werden könnten.[70] Erleichtert wird der Vergleich der Schmuggelbanden mit den herkömmlichen Räubern auch noch durch die Tatsache, daß bei den Schmugglern des gewaltsamen Typs die Bevölkerung nicht etwa die Zöllner unterstützte, sondern sehr oft die ganze Sympathie der Einwohner der betreffenden Landstriche bei den Schmugglern war. Dies erinnert an die Schinderhannesbande.

Trotz der Anstrengungen des Sondergerichtshofes waren solche Banden auch im Jahre 10 noch recht häufig anzutreffen. Einige von ihnen brachten ausschließlich englische Waren ins Land. Eine dieser Banden trieb sich im Dreieck zwischen Dormagen, Neuß und Krefeld herum. Accusateur Public Keil fragte besorgt beim Innenminister an, wie er sich im Falle einer Bande verhalten sollte, die in der Gegend um Neuß, Dormagen und Krefeld zu Pferd schmuggelte und die Zöllner dabei fortgesetzt angriff.[71]

69 Bericht Keils als *accusateur public* am Kriminaltribunal von Köln vom 21 Thermidor an 9 (9.8.1801), AN BB 18 694. Die Namensidentität des Michel Meyer in dieser Bande mit dem jüdischen Räuber Meyer ist akzidentell. Die verurteilten Räuber legten Revision gegen das erste Urteil ein, wurden aber abgewiesen. HAStK FV 841.

70 Jollivet an Innenminister Abrial, 30 Messidor an 9 (19.7.1801), Vermerk: "Pressé". AN BB 18 694.

71 Anfrage Keils beim Innenminister, 9 Nivôse an 10 (30.12.1801), ebda.

Die Arbeit der Justiz wurde in derartigen Fällen oft durch den Umstand erschwert, daß die Schmuggler sich - entgegen der Meinung des Polizeiministers Fouché - sehr reif erwiesen für die neuen Institutionen der französischen Verfassung, da sie ihre Rechte genau zu kennen schienen und regelmäßig gegen die Beschlagnahme des Schmuggelgutes Rechtsbeschwerde einlegten, was zur Anklageerhebung gegen die beteiligten Zollbeamten wegen Urkundenfälschung führte. Dabei komme den Schmugglern entgegen, daß die Richter die himmelschreienden Zustände in den örtlichen Gefängnissen kannten und ohne zwingenden Grund niemanden zu einer Haftstrafe verurteilten.[72] Keil hatte Anlaß zur Verbitterung, denn eine der Banden war auf frischer Tat gestellt worden, als sie dabei waren, 71 Bündel englischer Waren auf Pferdegespannen bei Hohenbudberg am Rhein ins Land zu bringen. Die Schmuggler entkamen, konnten die Waren noch auf vier Gespanne umladen, die dann allerdings auf dem Weg nach Hüls von den Zöllnern gestellt und beschlagnahmt werden konnten. Die verhafteten Kutscher fochten die von ihnen unterzeichneten Protokolle des Zolls an und bezichtigten die Zöllner der Urkundenfälschung. Keil, dessen Rechtsempfinden durch derartige Prozeduren getroffen wurde, wollte bei seiner Demarche im Ministerium wissen, ob derartige Verfahren zuzulassen seien. Zu seiner großen Unzufriedenheit mußte das Innenministerium ihm mitteilen, daß Anklagen gegen Zöllner wie im beschriebenen Falle zulässig waren.[73]

Für die Behörden unangenehm, weil die Sympathie der Bürger für Verbrecher offenlegend, war der Überfall von mindestens zwölf Schmugglern auf den Zolleinnehmer von Venray an der holländischen Grenze: Am 14. November 1801 brachen Räuber in großer Zahl die Türe der Zollverwaltung in Venray auf, mißhandelten den Zolleinnehmer und nahmen 26 Ballen Ware mit, die die Zöllner zuvor beschlagnahmt hatten.[74] Der Zolldirektor in Kleve bemerkte zu diesem Vorgang, das Zollbüro befinde sich mitten im Ort, es habe in Venray eine Bürgergarde gegeben, die auch zur Bewachung des Zollpostens herangezogen worden sei, sich aber seltsamerweise um vier Uhr morgens zurückgezogen habe. Der Zolleinnehmer hatte daraufhin den Bürgermeister mehrfach vergeblich aufgefordert, die Wachen wenigstens bis fünf Uhr auf ihren Posten zu belassen. Kurz nach dem Abzug der Garde hätten die Schmuggler zugeschlagen.[75] Durch den Lärm der Banditen alarmiert, griffen herbeigeeilte Zollbeamte ein und eröffneten das Feuer auf die Räuber. Diese ergriffen die Flucht. Während der ganzen Zeit griff die Garde nicht ein, und die Bewohner des Ortes verschanzten sich in ihren Häusern.[76] Der Bürgermeister erschien erst um fünf Uhr auf der Bildfläche, also eine Stunde nach dem Überfall, und verschwand sehr schnell wieder, als man ihm Vorhaltungen wegen seiner Sorglosigkeit machte. Die

72 Ebda.

73 Keil an Innenminister am 9 Nivôse an 10; Antwort vom 12 Germinal an 10 (30.12.1801; 2.4.1802); ebda.

74 Korrespondenz des Finanzministeriums mit dem Innenministerium vom 18 Frimaire an 10 (9.12.1801). Protokoll des überfallenen *receveur* De la Haye vom 23 Brumaire an 10 (14.11.1801). AN BB 18 694.

75 Bericht des Generalzolldirektors von Kleve vom 5 Frimaire an 10 (26.11.1801), ebda.

76 Ebda.

Annahme des Zolldirektors, die Tat sei unter Beteiligung der Einwohner Venrays verübt worden, entbehrt nicht einer gewissen Plausibilität.[77] Die Täter hatten sich die Gesichter geschwärzt, möglicherweise, weil einige von ihnen als Bürger der Stadt hätten erkannt werden können. Zudem stammte der bei dem Überfall auf den Zolleinnehmer verwendete sieben Fuß lange, eichene Rammbock aus Venray. Die Gemeinde Venray war schon des öfteren im Zusammenhang mit Schmuggel aufgefallen, wobei bei einem Überfall von Schmugglern auf das Zollbureau am 13. Oktober 1798 ein Zöllner getötet worden war.[78]

In den gleichen Kontext gehört der Fall des Mathis Deuben aus Niederkassel, der als Rheinschiffer schon wegen seines Berufes mit großer Wahrscheinlichkeit Schmuggler geworden war. Mathis Deuben war aber nicht einfach Schmuggler, um sich privat zu bereichern, sondern er führte dabei eine Art Privatkrieg gegen den französischen Staat. 1814, beim Vorrücken der alliierten Armeen auf Frankreich, wurde er, nachdem er wegen seiner aufrührerischen Haltung (*propos séditieux*) verhaftet worden war, ins Landesinnere von Frankreich verlegt. Bezichtigt wurde er, mit vierzig Räubern das Haus der Zollbehörde in Oberkassel demoliert zu haben.[79] Auch hier also gab es eine Verbindung von Schmuggel, Raubüberfällen und einer starken Ablehnung der öffentlichen Gewalt, die von den Franzosen als "dangereux sous les conditions" eingestuft wurde.[80] Ganz unverkennbar fand nach 1806 eine beobachtbare Abnahme der großen Bandenkriminalität statt, doch konnte das Banditentum nicht ganz unterdrückt werden. Die Gründe dafür waren vielfältig. Zum einen verschwanden die Räuberbanden durch einen statistischen Trick, da die Statistiken das Delikt Raubüberfälle in "Angriffe auf Landstaßen", "Überfälle auf Postkutschen" und "Rebellionen" sowie "Schmuggel" und "Diebstahl" aufsplitterten. Einige der so erfaßten Delikte wären aber mit großer Wahrscheinlichkeit unter dem Begriff "Raub" zusammenzufassen gewesen. Zum anderen ist vom funktionalen Ersatz des Raubes durch den Bandenschmuggel schon die Rede gewesen. Zum dritten verschob sich das Erscheinungsbild des Raubes. An die Stelle quasimilitärisch durchgeführter, offener Raubüberfälle trat der kleine Straßenraub, wie ihn hundert Jahre zuvor schon die Siechenbande praktiziert hatte. Diese Räuber waren auf das Niveau ganz simpler Strauchdiebe oder Buschklepper herabgesunken und zogen, nach leichter Beute Ausschau haltend, über die Straßen.

Ein zweisprachiger Anschlag der Präfektur des Roër-Département vom 22. November 1802 beweist, wie unsicher damals die Straßen waren. Er warnt die Bürger vor "Intriganten", "(...) die Städte und Dörfer durchstreichen, (und) die Bürger (...)

77 Ebda.

78 Ebda. Mit in diesen Zusammenhang gehört auch die Kooperation der Bürger von Venray gegen die Zahlung des Octroi am 5.4.1807. Bei den Unruhen, von der französischen Kriminalstatistik etwas übertrieben als Rebellion bezeichnet, wurden 18 Einwohner der Stadt vorübergehend festgenommen und verhört. AN F7 2263. Zur Bedeutung des Schmuggels für das Einkommen der Unterschichten Dufraisse, La contrebande, S. 534. Zum Zoll allgemein : Jean Clinquart, L'administration des douanes sous le Consulat et l'Empire (1800-1815), Paris 1979.

79 AN F7 8390.

80 AN F7 8390.

herumführen (...)." Die Bevölkerung wurde aufgefordert, unverzüglich Meldung zu erstatten, wenn solche Gruppen auftauchten. Gleichzeitig unternahm man Anstrengungen, um den Schutz der Gemeinden zu verbessern. In Köln beispielsweise wurde vorgeschlagen, die Bürgermiliz auszubauen, der zwar theoretisch alle männlichen Bürger angehörten, bei der in der Praxis aber nur 40 Männer Dienst taten, verstärkt durch sechzehn weitere, die nur als Nachtwache fungierten.[81]

Auch im folgenden Jahre gingen die Überfälle im Département de la Roër weiter: Am 4. Juni 1803 wurde der Wirt Jean Lebens aus Simbricht bei Sittard auf dem Weg von Simbricht nach Born überfallen und niedergestochen. Die beiden Räuber konnten gefaßt werden.[82] Am 4. Mai konnte die Gendarmerie Nationale im Wald von Gommelshoven acht Räuber festnehmen.[83] Am 23. September 1803 wurde der ehemalige pfälzische Soldat Gerard Ruthen hingerichtet, der an einem Raubüberfall auf den Theodore Houben aus Erpen in der Nacht vom 28 auf den 29 Germinal an 11 (18./19.4.1803) beteiligt gewesen war.[84] Ein ganzer Familienverband von Räubern konnte im gleichen Jahr dingfest gemacht werden, als die Bande des Henri Malnes aufgegriffen wurde. Zu seiner Bande gehörten Anne Fischer, "(...) sa femme (...)", sein Schwager Guillaume Jansen, der mit der Schwester der Anne Fischer, Catherine Fischer verheiratet war und die ebenfalls zur Bande gehörte. Neben diesen vier Personen gab es noch drei weitere Bandenmitglieder, nämlich Jean und Arnaud Guilgans (Gilgens?), sowie Henri Massen. Die Angeklagten hatten nach Auffassung der Polizei in der Nacht vom 25./26.2.1803 das Haus des Bauern Georg Kilkartz in Scherberg bei Würselen ausgeraubt. Anne Fischer, die Frau des Henri Malnes, hatte zwei Tage vorher das Gehöft des Bauern Kilkartz ausbaldowert.[85]

Auch 1804 gab es vereinzelt noch Räuberbanden zwischen Köln und Aachen. In der Nacht vom 9./10.3.1804 begingen sechs Räuber einen Einbruchdiebstahl in Leuth bei Krefeld. Sie knebelten ihre beiden Opfer, Henry Duchers und seinen Untermieter Gérard Wilensen. Das gesamte Mobiliar wurde von den Räubern fortgeschleppt. In der folgenden Nacht wiederholten die sechs Täter ihre Tat beim Kaufmann Pierre Elsen im gleichen Ort! Dabei wurde ein Mitglied der Briganten festgenommen. Die fünf anderen konnten kurz darauf in einem Wald bei Krefeld aufgespürt und verhaftet werden.[86]

81 Anschlag des Präfekten des DdlR vom 1 Frimaire an 11 (22.11.1802) und Brief des Unterpräfekten des DdlR an den Präfekten vom 19 Frimaire an XI (10.12.1802), HAStK FV 5056. Seidenspinner irrt, wenn er behauptet, nach 1803 habe die organisierte Bandenkriminalität in den Gebieten links des Rheins aufgehört zu existieren. Seidenspinner, Hölzerlips und Schwarzer Peter, S. 376.

82 AN BB 18 695.

83 Ebda.

84 Ebda.

85 Ebda.

86 Ebda.

4.5 Raubkriminalität nach 1803

Daß die Situation im Département de la Roër im Jahre 12 (1803/04) noch nicht so beruhigt war, wie dies das Innenministerium und die örtlichen Justizbehörden sich gewünscht hätten, zeigt auch die Zahl von 32 Todesurteilen, die im zweiten Halbjahr des Jahres 11 und im Jahre 12 verhängt worden waren. Der Präsident des Kriminaltribunals in Aachen, Meller, begründete in einem Schreiben an Napoleon vom 7. September 1804 die Härte des Sondergerichtshofes mit der anhaltenden Bedrohung des Staats durch die "Schwäche" der Geschworenengerichte. Die Banden im DdlR hingegen seien so gut wie aufgelöst.[87] Dieser Einschätzung widerspricht die Tatsache, daß von 27 Todesurteilen, die vom Spezialgerichtshof verkündet worden waren, 17 offenbar gegen Täter verhängt worden waren, die kollektiv gearbeitet und teilweise Waffen getragen hatten oder als Wegelagerer aufgegriffen worden waren. Eine Fraktionierung der Großbanden und ein Niedergang der intellektuellen Qualität des Räubertums waren aber in keinem Fall einem Ende des Räubertums gleichzusetzen, wenn auch die unmittelbare Gefahr, die von den Großbanden ausging, im Jahre 12 gebannt schien.[88]

Am 18.5. 1806 konnten im Roërdépartement weitere acht Räuber verhaftet werden.[89] Die seit Februar 1805 vorliegenden Kriminalstatistiken des Roërdépartements verzeichneten jedoch eine allmähliche Abnahme der reinen Bandenkriminalität und ihren Ersatz durch den gemeinschaftlich begangenen Schmuggel.[90] Mit der inneren Stabilisierung des Empire nach 1806 scheint auch die innere Sicherheit zugenommen zu haben, denn in den Statistiken der *police générale* fehlt für 1807 jeder Hinweis auf kriminell aktive Briganten. Ab 1808 steigt die Zahl der Bandenverbrechen aber wieder leicht an, wie die Urteile der Kriminal- und Spezialgerichtshöfe im Département de la Roër zwischen 1808 und 1810 zeigen. Möglicherweise hatte diese Zunahme keine realen Ursachen, sondern existierte nur in den Köpfen der Polizeibeamten. Gänzlich unbegründet war die paranoide Vorstellung der Verwaltung des Département de la Roër jedenfalls nicht, die Rheinlande könnten wieder zu einem Schauplatz des Bandenverbrechens werden. So wurde am 12.12.1808 der Feldwächter Johann Schmitz aus Solingen wegen schweren Raubs zum Tode verurteilt. Schmitz, wohl Mitglied einer Bande, konnte zu den Umständen seiner Tat aber nicht befragt werden, da er sich der Hinrichtung durch die Flucht entzog. Der 33-jährige Franz Lionnet, ohne Wohnort, und die 30-jährige Anna Charbonniere aus Moulins in Frankreich erhielten am 31.7.1808 wegen gemeinsamen nächtlichen Einbruchs die Höchststrafe von zwölf Jahren Ketten. Am 30.10.1809 verurteilte das Spezialtribunal eine Bettlerbande, die bewaffnet Almosen eintrieb, zu einer Gefängnisstrafe von ein bis zwei Jahren, wohl deshalb, weil man der Bande nur *vagabondage* in Verbindung

87 AN BB 18 696.

88 Ebda.

89 Registre des Arrestations, Assassinats (...), AN F7 2261.

90 Am 10. März 1805 wurden "(...) 5 Juifs voleurs (...)" festgenommen, und der Verdacht liegt nahe, daß es sich dabei um Räuber gehandelt hat, denn zu fünft waren normale Einbrecher oder Hausdiebe nur sehr selten unterwegs. Ebda.

mit Bettelei nachweisen konnte. Ganz ähnlich verfuhr das Spezialtribunal mit der Bande, die von Bartholomäus Dusterwald und Jakob Klein geführt wurde. Der 22jährige Dusterwald, aus Deutz auf dem rechten Rheinufer stammend, sein gleichaltriger Komplize Jakob Klein und der erst sechzehnjährige Leineweber Josef Paffrath aus Plittersdorf bei Bonn waren die einzigen Mitglieder der Bande, die eine Haft von 18 Jahren antreten mußten, obwohl die Gruppe von acht Personen des nächtlichen bewaffneten Raubüberfalls angeklagt wurde. Die übrigen Räuber erhielten milde Haftstrafen von bis zu zwei Jahren, weil ihnen lediglich Landstreicherei und Bettelei nachgewiesen werden konnte.[91]

Die französischen Behörden begnügten sich aber nicht damit, eine Statistik der angezeigten Delikte zu führen, sondern sie sondierten auch die Ursachen für das Wiederansteigen der Bandenkriminalität. In den Registern des Jahres 1808 finden sich folgende Vermerke über eine Bande, die im Winter 1807/08 aktiv war und zwischen dem 1. und dem 20. Januar 1808 12 bis 15 Straftaten verübt hatte. Unter dem Datum des 20. Januar vermerkt die Statistik: "7 voleurs arrêtés, dont 2 juifs étrangers;", fünf Tage später, "(...) 24 voleurs, de cette Bande, ont été arrêtés (...)". Am 2. Februar 1808 bemerkt der Autor der Quelle: "59 voleurs sont dans les prisons que la Misère avait attirés sur la rive gauche." Läßt sich daraus der Schluß ziehen, vom rechten Rheinufer ins Département gekommene Vagabunden seien für das Ansteigen der Bandenkriminalität verantwortlich zu machen? Wichtig ist nach 1810 in diesem Zusammenhang die Zunahme der Deserteure, deren einzige Chance, nicht ergriffen zu werden, darin lag, sich auf dem Land zu verstecken.[92]

Im November 1809 wurde einer Räuberbande vor dem Spezialtribunal in Aachen der Prozeß gemacht. Der Vorwurf der Anklageschrift lautete auf "(...) plusieurs vols commis à l'aide d'Effraction aux Clôtures Extérieures des habitations de Campagne (...)", ein Verbrechen, auf dem nach dem *Code Pénal* mindestens acht Jahre Zwangsarbeit standen, wobei für die Erbrechung der Türen und den Überfall mehrerer Täter noch einmal je zwei Jahre hinzukamen, in diesem Fall also zwölf Jahre Zwangsarbeit.[93] Angeklagt wurden Henri Martin aus Nettesheim, 29 Jahre alt, von Beruf Schmelzereiarbeiter (fondeur), früher Hausdiener in Kirchhoff, "(...) aujourd'huy sans domicile (...)." Sein Komplize war Jean Thielmann, ursprünglich Schreiner aus Heidelberg, jetzt in Reydorff wohnhaft. Ebenfalls zur Bande gehörte der 29-jährige Jean Dross, genannt Zimmermann, aus Schliekum. Dross, ehemals Hausdiener wie Martin, war jetzt ohne Beruf und festen Wohnsitz. Weiterhin wurden angeklagt der 46-jährige Wirt Henri Stephen, genannt Siebenhoudern, wohnhaft in Mehren, Godfrey Stepgen, 38 Jahre alt und Posamentierer, seit langer Zeit ohne Einkommen und

91 Urteil vom 9.12.1809, HAStK FV 937.

92 Registre des Assassinats (...), AN F7 2264. Die für Frankreich wohlbegründete Auffassung, das Ansteigen der Bandenkriminalität korrespondiere mit der ökonomischen Krisenentwicklung, vertritt Jean Tulard in seinem Artikel. Jean Tulard, Quelques aspects du brigandage sous l'Empire d'après les registres du ministère de la police générale, in: Revue de l'Institut Napoléon 98, janvier 1966, S. 30-36, hier S. 35.

93 Code Pénal, zweiter Teil, Art. 6 - 8, 13, 14 zitiert in HAStK FV 937, ebenso Gerichtsprotokoll dieses Falls.

Wohnsitz, der Tabakarbeiter Michel Hirsch, 34 Jahre alt, ebenfalls ohne festen Wohnsitz. Zur Bande gehörten auch zwei Frauen, nämlich Sybille Kirfels, 24 Jahre alt, ohne Beruf und Wohnort, wobei sie eingestand, "(...) quelque fois à Cologne (...)" gelebt zu haben, und Anne Marie Busdorff, 22 Jahre alt und wie Kirfels ohne Beruf und Wohnort. Die Räuber kamen meist aus Berufen, in denen es schwer geworden war, ein Auskommen zu finden, wie Posamentierer oder Tabakarbeiter. Daß diese Räuber verarmte Landbewohner der Region gewesen sein müssen, bestätigt sich durch die Liste der Beute dieser Bande: In der Nacht zum 13.3.1807 hatte sie, nachdem sie sich mit Hilfe einer gestohlenen Leiter Zutritt in ein Haus im Kanton Neuß verschafft hatte, ein Federbett, eine Wolldecke und verschiedene Kleider sowie Kissen entwendet. Sieben Monate später, in der Nacht zum 26.10.1807 war die Bande in das Haus der Witwe Gertrude Froitzheim in Nettesheim eingebrochen, wo sie wieder ein Federbett, vier Querkissen, eine Wolldecke, ein Nachthemd und verschiedene Kleidungsstücke, u.a. auch Schuhe entwendeten. In einem dritten Anklagepunkt wurde der Bande ein Kirchenraub in Pesch bei Dormagen zur Last gelegt, sowie der nächtliche Einbruch ins Haus des Wirts Peter Putz in Auwald bei Solingen. Die Bande war ergriffen worden, als einige ihrer Mitglieder das Diebesgut loszuschlagen versuchten. Dem Umstand, daß kein Mitglied der Bande in flagranti ertappt wurde, verdankt die Bande wohl, daß sie nicht summarisch zum Tode verurteilt wurde. Obwohl anscheinend keine Personen zu Schaden gekommen waren und obwohl, abgesehen vom Kirchenraub der Bande, nur Kleidungsstücke und ein Brennkolben aus Kupfer entwendet worden waren, verlangte der Staatsanwalt die Todesstrafe für Martin, Drost, Thielmann und Stepgen. Die anderen Räuber sollten sechzehn Jahre Kerker bekommen. Der Gerichtshof schloß sich dieser Forderung nicht an, ließ die Anklage wegen Raubs fallen und verurteilte Martin, Drost und Thielmann und die Busdorff zu sechzehn Jahren Kettenstrafe. Nachgewiesen wurde ihnen nur Beteiligung an einigen Diebstählen und Hehlerei.[94]

Am 17. August 1809 hielten mehrere "Vagabunden" eine Postkutsche an, wohl in der Absicht, sie zu berauben. Zwölf von ihnen konnten am 31.8.1809 als verhaftet gemeldet werden.[95]

Diese wenigen Beispiele aus den Jahren bis 1809 beweisen hinreichend, daß die Einschätzung der französischen Behörden im fernen Paris nicht richtig war. "Il n'y a point de Brigandage" hatte der lakonisch kurze Jahresbericht der Polizei für 1809 in Hinblick auf das Département de la Roër gelautet.[96] Richtig ist vielmehr, daß die große Bandenkriminalität durch die kleine abgelöst worden war, daß kleinere Gruppen von Umherziehenden kleinere Überfälle mit geringerer Beute machten. Die Fahndungserfolge der französischen Polizei scheinen jedenfalls hingereicht zu haben, um größere Banden aus dem Gebiet zu vertreiben, dem die Polizei ihre größte

94 HAStK FV 937, Urteil des Spezialgerichts in Aachen vom 9.11.1808.

95 AN F7 2265. Wegen des summarischen Charakters der Quelle, die eine Aufstellung aller in Frankreich begangenen Delikte darstellt, ist es unmöglich, den Ort und die Umstände der Überfälle anzugeben.

96 Situation des départements, hier: Roër, AN F7 8390, im Findbuch falsch als AN F7 3390 angegeben: Compte politique du trimestre de Juillet 1809.

Aufmerksamkeit gewidmet hatte: Im Herbst 1810 wurde von den aufgescheuchten Behörden des Département Haut-Rhin behauptet, eine Bande von 600 Räubern schicke sich an, von Norden kommend, d.h. aus den vier rheinischen Départements, in die Schweiz einzusickern. Obwohl die Zahl von 600 Räubern stark übertrieben gewesen zu sein scheint, ist die Tatsache, daß sich größere Kontingente von Räubern in südliche Richtung absetzten, doch wohl ein Indiz dafür, daß den gutorganisierten Großbanden - wenn es sie noch gab - in den rheinischen Départements der Boden unter den Füßen zu heiß wurde. Die Polizei im Département Haut-Rhin jedenfalls ließ die Chance, diese Bande aufzulösen, ungenutzt verstreichen und konnte nur 30 vermeintlicher Räuber habhaft werden.[97]

Vagabunden und Räuber machten auch im Laufe des Jahres 1810 die Gegend um Köln wieder unsicher. Sie stammten aus dem Gebiet des Département Mont-Tonnère, also aus dem Landstrich, in dem Schinderhannes gewirkt hatte, und waren dort verhaftet worden. Mehrere von ihnen konnten flüchten und setzten sich ins Département de la Roër ab. Wahrscheinlich handelte es sich bei den Angehörigen dieser Bande um Juden, denn der Bürgermeister der Stadt wies die Polizeikommissare des Kantons in einem Zirkular an: "(...) de prendre les mésures les plus efficaces pour faire arrêter toutes les personnes sans aveu et notamment les juifs qui ne pourraient justifier régulièrement de leur état civil (...)".[98] Unterpräfekt Klespé stimmte ein in den Kanon von der Gefährlichkeit der Vaganten und teilte dem Bürgermeister seinerseits im Oktober 1810 mit, ein Teil der im Département Donnersberg verhafteten Räuber sei entkommen. Die Zahl der Überfälle, Diebstähle und Brandstiftungen sei im Steigen begriffen und allerhöchste Wachsamkeit sei deshalb geboten.[99] Wieviel von dieser Befürchtung auf Beobachtungen von realen Vorgängen basierte und wieviel Ergebnis einer behördlich geförderten Hysterie war, läßt sich mit Sicherheit nicht sagen. Deutlich wurde jedenfalls durch die wiederholten Warnungen speziell vor jüdischen Vagabunden und vor Holländern, daß man ein Wiederaufleben der niederländischen Bande für möglich hielt. Besonders Unterpräfekt Klespé war geradezu besessen von der Idee, die jüdisch-holländische Bande könne wiedererstehen. In seinen häufigen Schreiben an den maire "(...) de la bonne Ville de Cologne (...)" warnte er diesen vor den Gruppen von Vagabunden und Deserteuren, die in den niederländischen Raum flüchten wollten und sich zur Zeit im Arrondissement Köln aufhielten.[100]

Deserteure durchzogen das Land, Leute, die keine Bleibe hatten und keine feste Arbeit annehmen konnten, die immer auf der Hut vor dem Bürgermeister des Dorfes sein mußten, durch das sie kamen, oder vor den Patrouillen der Gendarmerie. Was anderes blieb ihnen als Betteln und Wegelagerei? Desertion war eine Folge der Kriege, und deshalb nahm sie auch nach 1812 im Département de la Roër sprunghaft zu. So ist im *Registre des principaux délits* des Jahres 1813 vermerkt: "Roër et Lippe.

97 AN F7 2266, Eintrag vom 20.12.1810.
98 Rundschreiben des Kölner maire an die Polizeikommissare vom 15.1.1810.
99 Brief Klespés an Bürgermeister Kölns vom 20.10.1810, HAStK FV 5059.
100 Brief Klespés vom 25.11.1813, HAStK FV 5059.

Il règne beaucoup de désertion parmi les Soldats qui faisaient partie des Cohortes."[101] Und nur wenig später: "Roër. 98 Conscrits de 1814 ont deserté entre Maastricht et Cologne."[102] Bis zum Mai des Jahres 1813 griff allein der Bürgermeister des Ortes Geilenkirchen 31 Deserteure in seiner Gemeinde auf, die über Land gezogen waren.[103] Es waren nicht nur die Auflösungserscheinungen der napoleonischen Herrschaft und die Furcht junger Männer, in den Feldzügen der Jahre 1813 und 1814 doch noch als Soldaten dienen zu müssen, die Menschen in dieser Zeit auf die Straße trieb. Hinzu kamen die sich rapide verschlechternden ökonomischen Verhältnisse, die als Krise von 1810 bis 1812 in die Literatur eingegangen sind.[104] Selbst die Ministerialbürokratie in Paris sah ein, daß die Aufstände anläßlich von Konskriptionen in Köln, Solingen und Münster im Jahre 1813 nicht das Werk preußischer Agenten waren. "La cause des troubles ne doit être attribuée qu'à la Stagnation du Commerce et au désespoir des Ouvriers."[105]

4.6 Neue Anstrengungen, die Räuberbanden zu vernichten

Ab 1811 gingen die Behörden des Départements in zentral geplanten Aktionen gegen die Vagabunden vor. Gendarmerie, lokale Polizei, Zoll und Forstbehörden wurden von Präfekt Ladoucette persönlich koordiniert, "(...) pour arrêter les vagabonds et les gens sans aveu (...)" und diese im Herbst 1811 in einem gemeinsamen Schlag dingfest zu machen.[106] Warum man gegen dieses fahrende Volk vorging, wird aus einem Schreiben des Unterpräfekten des Arrondissement Köln an den Bürgermeister dieser Stadt vom Jahre 1812 deutlich:

101 22.1.1813, AN F7 2269. Zur Desertion auf dem linken Rheinufer Roger Dufraisse, Les populations de la rive gauche du Rhin et le service militaire à la fin de l'Ancien Régime et à l'Époque Révolutionnaire, in: Revue Historique 88, 1964, S. 103-140, bes. S. 133-140.

102 Ebda., 6.4.1813.

103 Ebda., 10.5.1813.

104 Zur Wirtschaftskrise von 1810-1812 Braudel; Labrousse (Hg.), Histoire économique Bd.3, S. 78 f., 91 - 93. Nach Jean Bouvier war die Krise von 1810/12 eine Krise vom type premier Empire, in der Deflation und Kriegswirtschaft sich überlagerten. Jean Bouvier, A Propos de la crise dite de 1805: les crises économiques sous l'Empire, in: Revue d'Histoire Moderne et Contemporaine 17 (1970) S. 506-513, hier S. 512 f. Zur vorindustriellen Krise Andrew B. Appleby, Grain Prices and Subsistence Crises in England and France, 1590 - 1740, in: Journal of English History 39, 1979, S. 865 - 887. Zum Zusammenhang von Wirtschaftskrise und Kriminalität die grundlegende Studie von Blasius, Bürgerliche Gesellschaft, S. 31-38. Für England: Douglas Hay; Peter Linebaugh (et al.), Albion's Fatal Tree. Crime and Society in Eighteenth-Century England, London 1975. Neueren Datums ist Rudé, Criminal and Victim. Zum Problem der quantitativen Erfassung von Kriminalität V.A.C. Gatrell; T.B. Hadden, Criminal Statistics and Their Interpretation, in: E. A. Wrigley (Hg.), Nineteenth Century Society: Essays in the Use of Quantitative Methods for the Use of Social Data, Cambridge 1972, S. 336 - 396.

105 AN F7 2269, 12.2.1813.

106 Generaljagd zur Aufsuchung von Deserteurs, Conscrits, Refractaires, Vagabonden und gewerblosen Individuen, HAStK FV 3057.

Je veux parler des musiciens ambulans, des marchands colporteurs, des Danseurs de cordes, des émouleurs, des conducteurs d'animaux sauvages, des marchands de poterie et de fayence (...,Hervorhebung im Original) Ces individus qui n'ont que des moyens précaires d'existence et qui le plus souvent n'empruntent la qualité qu'ils en donnent que pour mieux échapper à la vigilance de la police, inspirent la terreur et l'effroi partout où ils passent.(...) La plupart d'entre eux ont appartenu aux bandes des voleurs qui ont désolé le bord du rhin.

Fahrendem Volk dieser Art wurde von Unterpräfekt Klespé befohlen, an seinen Wohnort zurückzukehren. Sollte der Paß dieser Personen den leisesten Zweifel an seiner Gültigkeit oder Echtheit aufweisen, sollten die Vagierenden verhaftet werden.[107] Der Teilerfolg der Behörden im Kampf gegen die territorienübergreifenden Banden ist wohl zum Teil aus der relativ effektiven Ermittlungsarbeit der Polizei zu erklären, zum anderen Teil aus den harten Strafen, die die Sondergerichte verhängten. In der Regel wurden in einer frühen Version des Konzepts der "kriminellen Vereinigung" die Komplizen und Mitwisser von Räubern zu den gleichen Strafen verurteilt wie die Haupttäter, und das bedeutete gewöhnlich den Tod durch Erhängen auch für Mitläufer und Mitwisser.[108]

Wir wissen, daß die Todesstrafe, die nach der Bestätigung des Urteils der Spezialtribunale durch die übergeordnete Instanz in aller Regel schnellstens vollstreckt wurde, eine außerordentliche Wirkung auf die Verurteilten und wahrscheinlich auch auf die kriminelle Szene hatte. In einigen Fällen , wie auch in dem von Chefankläger Keil geschilderten Fall zweier Räuber, die ein Wirthaus bei Weiden geplündert hatten, war die Wirkung der Urteilsverkündung im wahrsten Sinne des Wortes "umwerfend", denn die Räuber fielen nach der Urteilsverkündung in Ohnmacht, was den Eindruck des Urteils auf die anwesenden Zuschauer beträchtlich verstärkte.[109]

Die zeitweiligen Erfolge der französischen Behörden im Rheinland gegen die Räuberbanden sind als Ergebnisse einer Verdrängungspolitik zu werten, die die kriminell aktivsten und für den Staat gefährlichsten Banden in die umliegenden, nicht direkt unter französischer Verwaltung stehenden Territorien abdrängte. Neben die-

107 23.6.1812, HAStK FV 5056 und HAStK FV 5057.

108 Chefankläger Keil erkundigte sich in dieser Angelegenheit nachdrücklich beim Innenministerium. Er wollte wissen, ob es richtig sei, auch die Mitwisser von Räubern zum Tode zu verurteilen. Es wurde ihm bestätigt, daß auch "(...) les personnes réputées complices d'un vol d'après les trois premiers articles du titre précité doivent être puni de mort lorsqu'il a été commis dans les Campagnes & dans les habitations & Bâtimens de campagne, & qu'il y ait eu effraction faite aux Murs de Clôture, ou tôits de maisons, portes & fenêtres extérieures ou que le Crime ait été commis avec port d'armes et par une réunion de deux personnes au Moins." Brief Keils an das Innenministerium vom 29 Nivôse an 10 und Antwort des Ministeriums vom 12 Ventôse an 10 (19.1.1802; 3.3.1802), AN BB 18 694. Der Einschätzung Blannings, die französischen Behörden hätten keinen Erfolg im Kampf gegen das Räuberwesen gehabt, ist nicht zuzustimmen. Seine falsche Beurteilung entspringt den methodischen Problemen eines relativ kurzen Untersuchungszeitraums (bis 1802) und einer grundsätzlich anti-französischen Haltung, die auch von Jeffry M. Diefendorf schon attackiert wurde. Ohne die französischen Koordination in der Fahndung und die konstante Ermittlungsarbeit von Beamten wie Keil wären Räuber wie Fetzer und Schinderhannes nicht festgenommen worden. Blanning, The Revolution, S. 289 f.

109 Bericht Keils an das Innenministerium vom 1 Germinal an 10, ebda.

sem temporären Trend gab es eine säkulare Entwicklung zu verzeichnen, die Carsten Küther folgendermaßen zusammenfaßt:

Je weiter das neunzehnte Jahrhundert fortschritt, desto deutlicher ließ sich ein Niedergang hinsichtlich der 'Qualität' der räuberischen Unternehmungen, ihrer 'Klasse', der Waghalsigkeit und Intelligenz, die ein Vorgehen kennzeichneten, feststellen. Die politischen Änderungen, die Bereinigung der europäischen Landkarte, die strukturelle Modernisierung der Staaten, damit auch der Polizeibehörden, verhinderten das Entstehen neuer, großer, gefährlicher Banden.[110]

4.7 Zusammenfassung

Das Räuberwesen des ausgehenden 18. Jahrhunderts kann nur auf dem Hintergrund der Vaganz weiter Teile der ländlichen Bevölkerung verstanden werden. Die Vagierenden, denen die Wiedereingliederung in die Gesellschaft praktisch unmöglich gemacht wurde, setzten sich aus verschiedenen Herkunftsgruppen zusammen, doch spielten eine wichtige Rolle die "geborenen" Vaganten und "unehrlichen Leute", deren soziale Randstellung sich vererbte. Dieses Umfeld gebar das Räubertum, insofern als die skrupellosesten und intelligentesten Mitglieder dieser Gruppen zu bandenmäßig organisierten Berufskriminellen wurden. Dieses Umfeld unterstützte aber die Räuber auch durch logistische und nachrichtliche Zuarbeit. Dabei beraubten die Banden zwar in erster Linie die Besitzenden, doch vollzog sich die eigentliche Auseinandersetzung zwischen den Vertretern des Staats und den Räubern. Die Räuber konnten bei geschickter Ausnutzung der sozialen Gegensätze auf dem Land mit der Unterstützung der ländlichen Unterschichten rechnen. Im Roërdépartement wie in den anderen rheinischen Départements des französischen Reiches wurde die Tendenz zur kriminellen Bandenbildung zudem durch die schon besprochene Schmuggelaktivität weiter Teile der Bevölkerung verstärkt. Dabei waren Räuberbanden im Rheinland schon öfter aufgetreten. Berühmte Vorläuferin der Banden der französischen Zeit war die Siechenbande gewesen, die sich Anfang des 18. Jahrhunderts auf Straßenraub spezialisiert hatte. Anders als ihre Nachfolgerinnen setzte sich diese Bande aus relativ seßhaften Mitgliedern zusammen, eine Eigenschaft, die das Abtauchen der Bandenmitglieder nach der Tat erschwerte, aber durch die Vorteile der engen familiären Verknüpfung der Bandenmitglieder und ihrer Tarnung als Leprose wieder wettgemacht wurde. Die große familiäre Solidarität der Bandenmitglieder konnte überhaupt nur durch die Folter gebrochen werden. Erschwert wurde das Vorgehen der Behörden gegen derartige Banden im Ancien Régime durch die territoriale Zersplitterung und die mangelhafte Organisation der Polizeibehörden. Hier lag eine Möglichkeit der Verbesserung der Fahndungsarbeit der Polizei. Nach 1794 bestand erstmalig die Möglichkeit, die Ermittlungen und

110 Küther, Räuber und Gauner, S. 51. Zu einer ähnlichen Auffassung war schon Mitte des 19. Jh. Avé-Lallemant gekommen, der als Grund für den Niedergang der Räuberbanden das Erstarken der Polizei sah. Avé-Lallemant, Das Deutsche Gaunerthum, 1. Teil, S. 87, Anm. 2.

Festnahmen der Polizei in einem größeren Gebiet zu koordinieren und damit der großen Beweglichkeit der Räuberbanden Rechnung zu tragen. Gleichzeitig aber hatte die Raubkriminalität in den linksrheinischen Gebieten in einem Maße zugenommen, daß die französischen Behörden dazu übergingen, Spezialgerichtshöfe einzusetzen, die sich ausschließlich mit der Bandenkriminalität beschäftigten und unter Umgehung der Revision Todesurteile verhängen konnten. Dieses Mittel der Bekämpfung der Raubbanden wurde erforderlich, weil eine wirksame Bestrafung der Räuber ohne ein funktionierendes Gefängniswesen zum einen unmöglich war, zum anderen - nach dem Wegfall der Folter - der kriminalistische Nachweis der Täterschaft einer Person recht schwierig war und der Weg zu einer "Besserung" der Kriminellen nicht beschritten wurde. Die eigentlich zuständigen Ermittlungsbehörden aber, die mit deutschen Beamten besetzt waren, standen im Ruf, mit den Räubern zu kollaborieren, oder arbeiteten tatsächlich mit ihnen zusammen. Nachweislich gut funktionierte diese Zusammenarbeit der Bevölkerung im Einzugsgebiet der Schinderhannesbande, die klug genug war, sich der antisemitischen Haltung der Bauern zu bedienen und fast ausschließlich Juden zu überfallen. Dies gab ihren Aktionen den glorifizierenden Anschein des Sozialbanditentums, ohne daß hier nachgeprüft werden konnte, ob dieses Verhalten nicht nur Ausdruck der operativen Schwäche der zahlenmmäßig sehr kleinen Schinderhannesbande war. Im Roërdépartement gab es etwa zur gleichen Zeit mehrere große Räuberbanden, die das rechte Rheinufer als Rückzugs- und Bereitstellungsraum nutzen konnten, sich dort also vor dem Zugriff der französischen Behörden sicher wußten. Diese reagierten auf die Raubzüge der Banden durch Errichtung eines zweiten Spezialgerichtshofes in Köln, nachdem wenig zuvor in Mainz ein solches Standgericht eingesetzt worden war. Wenn ein Mann verdient, im Kampf gegen die rheinischen Banden besonders hervorgehoben zu werden, so war dies Anton Keil, der Ankläger dieses Kölner Standgerichts war und der die Bandenmitglieder mit außerordentlichem Einsatz, großer Beweglichkeit und nicht nachlassender Zähigkeit verfolgte. Dabei überwand er auch die Schwierigkeiten, die sich aus dem Einsatz gegen die Standorte der Banden auf dem rechten Rheinufer ergaben. Diese hatten als strategische Variante den nächtlichen, militärisch organisierten Überfall auf alleinstehende Gehöfte oder kleine Dörfer fortentwickelt, der die Gegenwehr der Betroffenen unwahrscheinlich machte oder doch sehr in ihrer Wirksamkeit beschränkte. Besonders aktiv war in den Jahren um die Jahrhundertwende die sogenannte Große Niederländische Bande, die ein dezentrales Organisationsschema aufwies und von lokalen Chefs kommandiert wurde. Bei größeren Unternehmungen der Bande wurden die lokalen Kontigente kurzfristig zusammengezogen, und so erreichte man eine große operative Schlagkraft, ohne die Nachteile des auffälligen dauerhaften Zusammenlebens der Bandennmitglieder in Kauf zu nehmen. Erst der Einsatz regulären Militärs und die länder- und grenzenübergreifende Fahndung nach den Mitgliedern dieser Banden brachte den erwünschten Erfolg der französischen Justizbehörden. Anton Keil bewies zudem großes psychologisches Geschick, weil es ihm gelang, den schon verurteilten Räubern vor dem Gang zum Schafott Einzelheiten über ihre Raubzüge zu entlocken, so daß weitere Bandenmitglieder ins Netz der Polizei gingen. Hier wird die funktionale Äquivalenz der

Todesstrafe zur Folter im Ancien Régime recht deutlich. Der Nachweis der Zugehörigkeit der Räuber zu den ökonomischen Unterschichten gestaltete sich aus methodischen Gründen und wegen der Knappheit des verfügbaren Quellenmaterials recht schwierig. Einige von ihnen gehörten zweifelsfrei zur Gruppe der "Unehrenhaften", einige entstammten der Gruppe der Nichtseßhaften. Interessanterweise waren auch einige Räuber ganz normalen Berufen nachgegangen. Einen Sonderfall der Raubkriminalität stellten jene Banden dar, die schmuggelten oder in Bandenstärke die Zollkontore angriffen und ausplünderten.

Anders als viele Räuberbanden konnten diese Banden auf die Unterstützung der Zivilbevölkerung rechnen, die den Zollbeamten nicht gewogen war. Nach Zerschlagung der großen Banden spielte die Raubkriminalität eine Zeitlang eine untergeordnete Rolle. Kleine Straßenüberfälle gehörten zur Tagesordnung, aber ab 1805, verbunden mit der inneren Stabilisierung des napoleonischen Reiches, scheint auch diese Form der Kriminalität abgenommen zu haben. Ab 1810 ist dann ein leichtes Ansteigen der Raubkriminalität nachzuweisen, wohl ein Ergebnis der sich verschärfenden Einzugspraxis der französischen Armee, der sich einige Männer durch Desertion von der Fahne entzogen. Diese hatten als Alternative zur Armee nur die Illegalität des Lebens auf der Landstraße, und einige von ihnen verdienten sich den Lebensunterhalt als Räuber. Hinzu kamen die wirtschaftlichen Schwierigkeiten der kleinen Leute, die durch die Krise von 1810/12 schwer getroffen worden waren. Einige von ihnen zogen als Vagabunden übers Land und stellten ein Kaderreservoir für den wieder zunehmenden Straßenraub dar. Insgesamt konnte die Polizei im Kampf gegen die Räuber gute Erfolge erzielen, wenn auch die mittelfristigen Erfolge das Ergebnis einer Verdrängunsgpolitik der Raubkriminalität und die endgültige Austrocknung der Banden das Ergebnis säkularer Verschiebungen waren. In einem strukturell modernisierten Staat, der auch gegen die Vaganten auf den Landstraßen immer effizienter vorgehen konnte, war kein Platz mehr für Räuber. An die Stelle der asozialen Verweigerung der Räuber als Teils des "Pöbels" trat die politische Organisation des "Proletariats", die das Widerstandspotential der Unterschichten auf ganz andere Weise kanalisieren konnte.

5 ERGEBNISSE

Die zu Beginn dieser Untersuchung formulierten Fragen führten zu mehreren Ergebnissen, ohne daß eine abschließende Beurteilung des gesamten Komplexes Unterschichten möglich ist. Dennoch hat die intensive Längsschnittuntersuchung der Unterschichten in zwei Bereichen Erkenntnisse erbracht, die über den engen Rahmen des ausgehenden 18. und frühen 19. Jahrhunderts hinausgehen und für die Geschichte der Unterschichten Ausgangspunkt für weitere Untersuchungen sein könnten. Der eine Bereich bezieht sich auf die soziale Kohärenz der Gruppen, die eingangs als Unterschichten gefaßt worden waren. Dabei war nicht in Frage gestellt worden, daß sich die wirtschaftliche Lage der Unterschichten sehr ähnelte. Die ökonomische Randständigkeit dieser Gruppen wurde vielmehr als Grundvoraussetzung ihres Daseins formuliert. Doch wurde zum einen deutlich, daß - zumindest für die hier untersuchte Periode - ein Zusammenfassen der devianten Randgruppen der Gesellschaft und der lediglich wirtschaftlich schlecht gestellten Unterschichten unzulässig ist. Die heuristisch vorgenommene Trennung der Unterschichten in Vagierende und Seßhafte einerseits und deviante und sich gesellschaftlich konform verhaltende Menschen machte deutlich, daß sich die untersuchten Gruppen in ihrem Alltagsleben, ihrer rechtlichen Position, im Grad der Integration in die Gesellschaft und der Selbständigkeit innerhalb dieser doch sehr unterschieden.

Ebenso groß waren die Unterschiede in Hinblick auf die psychische Disposition und die Stellung innerhalb des menschlichen Lebenszyklus. Als Gemeinsamkeit blieb den Unterschichten nur die ökonomische Randexistenz und die Geringschätzung durch die höher eingestuften Gesellschaftsschichten und -gruppen, zu wenig, um eine Zusammenfassung unter einem Begriff zu rechtfertigen, der explikatorische Kraft haben könnte. Der operationalisierende Ansatz, Unterschichten zu unterteilen nach dem Grad ihrer Seßhaftigkeit und ihrer Bereitschaft, gegen gesellschaftliche Normen zu verstoßen, zeigte, daß jedes dieser Kriterien für sich genommen auch keine Bestimmung der Unterschichten zuläßt. Bei der Betrachtung der Kölner Hausarmen war zunächst aufgefallen, daß diese in vorfranzösischer Zeit in sozialer Harmonie mit dem Rest der Kölner Bevölkerung lebten. Die Versorgung der Armen war nicht nur eine ethisch-moralische Pflicht, sondern wurde auch als eine praktische Angelegenheit der gesamten Bevölkerung der Stadt verstanden. Jeder Mann und jede Frau konnte ein Armutszeugnis ausstellen, und sehr viele taten dies auch noch in französischer Zeit. Darüberhinaus waren die Verbindungen der Hausarmen zu den Organen der Stadtverwaltung sehr eng. In dem Maße, wie sich die französische Herrschaft im Rheinland festigte, veränderte sich das Verhältnis von Hausarmen und Verwaltung. Neben den stärker bürokratisch ausgebildeten Verwaltungsorganen sorgte vor allem die Ablösung der hergebrachten Vorstellungen von Armut dafür, daß die Hausarmen es schwerer hatten. Arme wurden unterteilt in "wahre" und "starke", d.h. implizit "falsche" Arme, wobei als einziges Kriterium der Beurteilung die angenommene Arbeitsfähigkeit des Armen Geltung fand. Die Hausarmen verloren durch staatliche Intervention das geringe Maß an wirtschaftlicher und administrativer Unabhängigkeit, dessen sie sich vor 1794 erfreut hatten. Sie mußten sich jetzt einer straffen Kontrolle ihrer individuellen Lebensverhältnisse durch städtische und staatliche Beamte unterwerfen, wo sie vorher relativ unbehelligt von staatlicher Intervention in einem Netzwerk enger persönlicher Beziehungen hatten leben können. In einer Zeit, in der man Armut mehr und mehr in direktem Zusammenhang mit dem Begriff der Arbeit sah, ja sie als Folge mangelnder Arbeitsbereitschaft der Betroffenen begriff, änderte sich das Verhalten gegenüber den Armen. Die selbstverständliche Hilfe, die den Armen früher zugekommen war, weil sie als Arme in der christlichen Gemeinschaft einen angestammten, wenn auch sehr niedrigen Platz zugewiesen bekommen hatten, wurde zunehmend an Bedingungen geknüpft. Die Erfüllung dieser Bedingungen (Fleiß, Ehrsamkeit, Rationalität) wurde von den Eliten und dem Gesetzgeber nach 1794 als Erziehungsziel einer ganzen Gesellschaftsschicht verstanden. Dabei kam dem Gesetzgeber entgegen, daß erstmalig die wirtschaftlichen Voraussetzungen dafür bestanden, dieses Erziehungsziel auch zu erreichen. Dies gilt für die Verwertbarkeit menschlicher Arbeitskraft, die durch die Aufhebung der Zünfte und die Gewerbefreiheit nicht länger den Regeln der spätfeudalen Gesellschaftsstruktur unterworfen war, aber auch für die Aufhebung des Kircheneigentums, da jedwede Versuche, die Armen zur Arbeit zu zwingen, durch die fortgesetzte Ausgabe von Almosen durch die Kirche zumindest für eine gewisse Zeit unterlaufen worden wären. Die Übernahme der rheinischen Gebiete durch Frankreich hatte zudem dazu geführt, daß die Zersplitterung des Rheinlandes in viele kleine Gemeinden, die zu unterschiedlichen Territorien mit unterschiedlicher Sozialpolitik gehörten, abgelöst wurde durch ein einheitliches Verwaltungsgebiet, in dem der Einfluß lokaler Größen zugunsten der zentralen Gewalt zurückging. Gesetze und Verfügungen ergingen jetzt für alle Gemeinden und Territorien gleichzeitig und gleichmäßig; ihre Erfüllung unterlag der Kontrolle durch die Verwaltung und durch einen Herrschaftsapparat, der zunehmend effektiver und durchgreifender funktionierte.

Nur so gelang in weniger als 20 Jahren die Umgestaltung eines Gemeinwesens wie der Stadt Köln von einer stagnierenden Handelsstadt mit einer verkrusteten politischen Struktur, die ihre Armen mit einem wohlwollenden Paternalismus behandelt hatte, zu einer Stadt, die nicht nur ökonomisch auflebte, sondern deren Verwaltung auch den Anforderungen des 19. Jahrhunderts angepaßt werden konnte. Auch die Armen der Stadt hatten diesen schnellen Wechsel zu durchlaufen. Wo Schlendrian, Laissez-Faire und Großzügigkeit die Versorgung der Hausarmen bestimmt hatten, herrschten nach 1794, aber besonders nach 1806, zunehmend Effektivitätsdenken, Disziplin und Sparsamkeit. Der "Fortschritt" zeigte den Kölner Armen seinen Januskopf besonders schnell. Das Kompetenzgewirr in der Verwaltung und die irrationale Verteilung des Vermögens der Kölner Armenstiftungen wurden beendet, und zum erstenmal konnte man sich einen genauen Überblick über Zahl und soziale Zusammensetzung der Kölner Armen machen. So mancher Arme, der vor 1794 stillschweigend sein Gnadenbrot erhalten hatte, sollte nach diesem Datum keine

Unterstützung mehr erhalten. Bei den Versuchen, die Zahl der Unterstützungsempfänger zu kürzen, mußten die kommunalen und Präfekturbeamten aber schnell die Erfahrung machen, daß weitaus der größte Teil der Betroffenen "wahre Arme" auch im Sinne einer engen Auslegung dieses Begriffes waren, da sie entweder zu krank oder zu alt waren, um zu arbeiten. Armut war Ende des 18. Jahrhunderts in Köln zum einen ein fast "natürlicher" Zustand, der mit zunehmendem Alter derjenigen, die über keinerlei Rücklagen verfügten, fast notwendig eintrat. Zu diesen Armen kamen jene, die bei makroökonomischen Krisen des alten Typs unter die Hungergrenze rutschten. Ihre Zahl hatte sich im 18. Jahrhundert stark vergrößert. Erst allmählich wandelte sich die Struktur der Armut. Mehr und mehr bestimmte jetzt ein neuer Typus ihr Bild, für den die konjunkturellen Schwankungen des neuen Zeitalters bestimmend wurden. Aus den "pauperes" wurden endgültig "proletarii".

Schon vor 1794 hatte sich die Stellung der vagierenden Armen von der der Hausarmen grundsätzlich unterschieden, gleichgültig ob sie als Insassen eines Hospizes vorübergehend Unterschlupf fanden, oder ob sie dauernd auf der Straße lebten. In Köln als Freier Reichs- und fast ausschließlich katholischer Stadt genossen die umherziehenden Armen ein etwas erträglicheres Leben als anderswo, weil sich hier die Vorstellungen von der Armut als Nachfolge Christi hatten halten können. Zwar waren unzählige Gesetze und Erlasse zur Unterdrückung des Bettelns erlassen worden, doch zögerte man, diese in ihrer ganzen Härte auch anzuwenden. Einen ersten Ansatz, das Bettlerproblem zu lösen, sahen die Stadtväter im Armenhaus von 1696, das in Anlehnung an Amsterdamer Vorbilder gegründet worden war. Hiermit knüpfte man auch in Köln an jene Vorstellungen an, die die Bettelei durch Erziehung zur Arbeit bekämpfen wollten. Äußerlich einer religiösen Anstalt ähnlich, vollzog sich hier hinter der Fassade eines konventsähnlichen Hauses die Umerziehung der Bettler zu disziplinierten Arbeitern. Gleichzeitig wies man in Köln vermehrt fremde Bettler aus. Das Experiment des Armenhauses mußte jedoch schon 1700 de facto abgebrochen werden, und man ging zurück zur Almosenvergabe wie vor 1696. Anders als gegen Ende des 17. Jahrhunderts lebten gegen Ende des 18. Jahrhunderts vorwiegend Arme und Invaliden im Armenhaus. Die ihm ursprünglich zugedachte Funktion, starke Bettler zur Arbeit zu erziehen, ließ sich so nicht verwirklichen. Der erste Versuch der Disziplinierung der starken Bettler war damit schon früh gescheitert. Ausgelöst durch die wirtschaftlichen Probleme der Stadt zu Beginn des letzten Drittels des 18. Jahrhunderts begann man in Köln erneut über die Frage nachzudenken, wie man der Bettler Herr werden könne. Das neue Zucht- und Arbeitshaus trennte zwischen arbeitsfähigen Armen und Züchtlingen im engeren Sinne, wobei unter dieser Rubrik alle jene gefaßt werden konnten, die gegen herrschende moralische Vorstellungen verstoßen hatten, aber auch ungezogene Kinder und Jugendliche. Ähnlich wie im Kölner Armenhaus wurden die Insassen des Zuchthauses gut ernährt. In französischer Zeit beherbergte das Zucht- und Arbeitshaus fast nur noch Jugendliche und junge Männer, die in der dem Zuchthaus angeschlossenen Wollfabrik angestellt waren. Es ist jedoch unverkennbar, daß das Zucht- und Arbeitshaus nicht in erster Linie ein Ersatz für die defunkten Armenhospizien war, sondern vor allem als Korrektionsanstalt vorwiegend jugendliche Insassen zur Arbeit erziehen sollte.

Aus wirtschaftlichen Gründen wurde dann die weitgehende Freizügigkeit der Insassen abgeschafft, denn wie auch in anderen Zuchthäusern ergab sich aus dem pädagogischen Bestreben, die Insassen zu bessern, und bei dem verständlichen Wunsch des Ökonomen der Anstalt, Gewinn zu machen, ein Widerspruch. Dieser Umstand verweist auf die allmähliche praktische Ausgrenzung der Armen aus der Gesellschaft und ihre Subsumtion unter die Unterschichten.

Bei dieser Ausgrenzung spielte die Entwicklung eines Gefängniswesens eine nicht zu unterschätzende Rolle, weil erst mit der Entwicklung des Gefängnisses als Ersatz für die Bestrafung der Kriminellen mit Körperstrafen eine Kategorie von Menschen geschaffen wurde, die noch unterhalb der Armen anzusiedeln war. Das Gefängnis schuf einen gesellschaftlichen Raum, der das weitere soziale Absteigen der Armen ermöglichte und so schon wegen seines Drohpotentials als Sanktionsmittel gegen Arme anzusehen war. Gemeinsam waren den Zucht- und Arbeitshäusern und den Gefängnissen der Korrektionsgedanke und zwei Elemente des Vollzugs: die Arbeit und der Wegschluß der Delinquenten. Im Rheinland waren Gefängnisse zum Zwecke des Strafvollzugs die Ausnahme geblieben, so daß es die Aufgabe der französischen Verwaltung des Département de la Roër wurde, den Aufbau des Gefängnissystems zu beginnen. Hier hatte sich der Korrektionsgedanke auch in Planung und Durchführung der Gefängnisbauten durchgesetzt. In der gleichen Zeit verlief die Umstellung der französischen Sozialpolitik in Hinblick auf das Bettelwesen. Vor 1794 waren alle Versuche, die Bettelei einzudämmen, gescheitert. Im 18. Jahrhundert war man zwar dazu übergegangen, die heimischen Bettler zu registrieren, aber wirklich verfolgt wurden nur die auswärtigen. Der Kölner Rat hätte auch nicht anders verfahren können, denn wie die Analyse der Bettlerlisten von 1794 zeigte, waren die erfaßten Bettler in der Regel über 60 Jahre alt oder aus anderen Gründen nicht mehr arbeitsfähig. Wo Bettler arbeitsfähig waren, gingen sie auch meist einer Arbeit nach, die aber nicht genug zum Leben abwarf. Arbeitsscheue, auf Kosten der Gesellschaft lebende Bettler ließen sich in diesen Listen jedenfalls nicht ausfindig machen. Die französische Bettlerpolitik unterschied sich von der reichsstädtischen Praxis vor allem durch ihr härteres Durchgreifen gegen vagierende Bettler und den allgemeinen Paßzwang. Wirklich durchgesetzt werden konnte die neue Praxis aber erst, nachdem der Staat auch die dafür nötigen Sanktionsmittel wie Bettler- oder Zuchthäuser im großen Stil bereitstellte. Erst nach der Gründung des Dépôt de Mendicité in Brauweiler bei Köln wurde das Betteln im gesamten Département verboten, und erst jetzt konnten Bettler auch bestraft werden, indem man sie in das Bettlerdepot einlieferte. Im Dépôt herrschte Arbeitspflicht, wobei auch hier tendenziell der Widerspruch zwischen möglichst schneller Integration der Bettler in die Gesellschaft und möglichst hoher wirtschaftlicher Autarkie des Dépôts auftrat. In Brauweiler saßen vor allem jugendliche Bettler ein, die im Umfeld ihrer Heimatgemeinden beim Betteln aufgegriffen worden waren. Das Dépôt konnte demnach seine Aufgabe, die landfahrenden Bettler umzuerziehen, nicht erfüllen, da es in erster Linie als Auffangbecken für seßhafte Bettler diente, die von ihren Gemeinden nicht mehr versorgt wurden. Dennoch versuchten die französischen Behörden gegen Ende des napoleonischen Reiches die Landstraßen von fahrenden Bettlern freizuhalten, was teilweise Ausdruck der beginnenden Agonie des napoleonischen Systems, teilweise aber Reaktion auf die zunehmende Durchsetzung des Roërdépartement mit zugewanderten Bettlern war. Nach 1814 wurden die französischen Ansätze zwar weitergeführt, erhielten aber doch im Lichte der preußischen Politik eine etwas andere Tönung. Ab 1823 wurden nur noch vorbestrafte Bettler im Dépôt aufgenommen, wodurch das von den Franzosen sorgsam respektierte Prinzip der Trennung von Bettlern und Kriminellen durchlöchert wurde, wenn auch am Ziel der sozialen Integration der Bettler durch Arbeit festgehalten wurde. Erstmalig konnte auch nachgewiesen werden, daß die Ernährung der Gefangenen benutzt wurde, um diese zu disziplinieren, wenngleich die normale Ernährung der Detinierten gut genannt zu werden verdient. Daneben entwickelten die preußischen Stellen ein abgestuftes System von Strafen und Disziplinierungsmaßnahmen, die über den bloßen Essensentzug hinausgingen. Dazu gehörten der paramilitärische Drill der Knaben und die Dunkelhaft.

Was die Frage nach den Unterschieden und Gemeinsamkeiten zwischen Hausarmen und vagierenden Bettlern angeht, so kann man davon ausgehen, daß sich die Hausarmen in zwei wichtigen Punkten von den Vaganten unterschieden: Sie waren im Schnitt wesentlich älter, und sie hatten ihr positives Verhältnis zur Obrigkeit in einer Weise verinnerlicht, die es ihnen unnötig erscheinen ließ, sich über die aufgestellten Regeln hinwegzusetzen. Dies war bis zum Ende der französischen Zeit auch gar nicht nötig gewesen, da die Stadt und später der Staat in gewissem Rahmen für die Hausarmen sorgte. Die vagierenden und später auch die seßhaften Bettler, denen einen Mangel an Arbeitswilligkeit nachzuweisen uns nicht gelungen ist, entstammten einer ganz anderen Generation. Das alte, ehedem funktionierende Fürsorgesystem der Städte kannten sie nicht. Viele von ihnen waren nach 1794 geboren und hatten die sozialen Umschichtungen in der Folge der Französischen Revolution schon am eigenen Leibe erfahren. Sie waren großgeworden mit der Erfahrung, daß sie unerwünscht, ja illegal waren und daß es Gesetze und Institutionen gab, die sie von der Landstraße herunterholten und wegschlossen, um sie zu arbeitsamen Bürgern zu erziehen. Die typenbildende Kategorie der Vaganz der Armen unterscheidet somit zu Beginn des 19. Jahrhunderts nicht mehr wesensmäßig verschiedene Gruppen der Unterschichten, sondern stellt sich bei näherer Betrachtung als generationsbedingte Kategorie heraus. Wer vor 1794 noch auf die Hilfe seiner Mitbürger hatte rechnen können, sah sich 1814 den Betteljagden der zentralen Verwaltung auf den Landstraßen ausgesetzt, während die Tore der Stadt für ihn verschlossen blieben.

Die beiden anderen untersuchten Gruppen lassen sich nach dem bisher Gesagten nur bedingt zu den Unterschichten rechnen. Die Schmuggler, eine ökonomisch sehr diffuse Gruppe, die im Rheinland nach 1814 keine Lebensgrundlage mehr vorfand, unterschieden sich von den Hausarmen hinsichtlich ihrer Bereitschaft, sich gegen den Staat in einem bestimmten Bereich aufzulehnen. Dies hatten sie mit der letzten Gruppe, den Räubern gemeinsam. Anders als diese aber führten sie eine Doppelexistenz, hatten einen Beruf, waren seßhaft oder doch zumindest in die Gesellschaft integriert. Insofern kann man von ihnen auch nicht als einer Randgruppe sprechen. Es ist vielmehr so, daß im Rahmen einer Gegenökonomie, in die Unternehmer,

Zwischenhändler, Versicherer und Hilfskräfte sowie Gelegenheitsschmuggler verwickelt waren, die Hilfskräfte, die porteurs in der Regel Unterschichtsangehörige waren. Sie zählten zu jenen sozialen Gruppen, die "von der Hand in den Mund lebten". Dabei erfreuten sich die Schmuggler der Unterstützung, ja der aktiven Hilfe weiter Teile der Bevölkerung. Auch das ist ein Hinweis darauf, daß sie nicht als Randgruppen zu verstehen sind. Anders als die Hausarmen verfügten die Schmuggler über ein klares Feindbild. Ihre Gegner waren die Zöllner, eine Berufsgruppe, die ökonomisch von den Unterschichten nicht allzuweit entfernt war und die als "unehrenhaft" galt. Hier war es ein Leichtes, bereits vorhandene Geringschätzung in offene Antipathie zu steigern. Das mag auch daran gelegen haben, daß die Fahnder des Zolls sich sehr gern mit den Klein- und Gelegenheitsschmugglern anlegten, während die Großschmuggler, die selbst nicht aktiv ins Geschehen verwickelt waren, ungeschoren davonkamen. Der Zoll hatte einen schweren Stand, nicht nur wegen der Zusammenarbeit von Bevölkerung und Schmugglern, die bisweilen den Charakter von Revolten annehmen konnte. Bei der Hartnäckigkeit, mit der gerade Schmuggler aus dem Kölner Raum agierten, hat möglicherweise die Vorstellung eine Rolle gespielt, daß durch die Franzosen geltendes "altes Recht" beseitigt worden war, als die Stadt nach 1798 ihrer Handelsprivilegien beraubt wurde. Die Hauptursache aber war die Lösung der Stadt von den altgewohnten Handelsbeziehungen und die daraus entstehende Arbeitslosigkeit ganzer Gruppen. Organisatorisch waren die Schmuggler den Zöllnern überlegen, und die Gerichte, die die Schmuggler verurteilen sollten, waren ineffektiv, sei es aus Unfähigkeit oder weil in den lokalen Gerichten sehr auf die Beachtung des vom Gesetz vorgegebenen Beweisverfahrens geachtet wurde. Der einzige Ausweg für den Staat war das Anziehen der Repressionsschraube. Schmuggel wurde schwerer bestraft, die Fälle wurden außerhalb des DdlR verhandelt, und Militär wurde zur Fahndungsarbeit des Zolls unterstützend herangezogen. Kleinschmuggler wurden ab 1810 unter polizeiliche Aufsicht gestellt, ein Verfahren, das die Gefängnisse leeren half, aber einen gravierenden Eingriff in die Freiheit der betroffenen Schmuggler darstellte. Mit diesen Maßnahmen stieg die Bereitschaft der Schmuggler, ihrerseits Gewalt anzuwenden, und die der Kölner, gegen die Zöllner Partei zu ergreifen. Die Eskalation der gegenseitigen Gewaltanwendung ging so weit, daß einzelne Schmugglerbanden, die außerhalb der großen Siedlungszentren operierten, von Vorgehensweise und Brutalität her durchaus mit den gleichzeitig auftretenden großen Räuberbanden verglichen werden können, wobei sie auch hier auf die Solidarität eines Teils der Bevölkerung rechnen konnten. Dies mag daran liegen, daß durch diese Form der Kriminalität keine Individuen, sondern der Staat geschädigt wurde. Teile der Unterschichten waren zu dieser Zeit in der Lage gewesen, Formen des Protestes zu entwickeln, die abgestuft und beschränkt auf bestimmte Bereiche, den Maßnahmen der Herrschenden entgegengesetzt werden konnten. Es ist die Aufgabe weitergehender Forschung festzustellen, was aus dem Widerstandspotential wurde, das sich hier zwischen 1798 und 1814 akkumuliert hat. Die Tatsache der bloßen Devianz ist als Erklärungsansatz für die Zugehörigkeit zu den Unterschichten jedenfalls nicht ausreichend gewesen, wie das Beispiel der Schmuggler zeigt. Ähnliches könnte man auch von den im Untersuchungsansatz schon ausgeschlossenen Holzdieben sagen, die ja auch ein von der Obrigkeit aufgestelltes Regelsystem verletzten, ohne deswegen gesellschaftlich diskriminiert zu werden.

Gänzlich anders nimmt sich aus, was wir über die rheinischen Räuberbanden dieser Zeit sagen können. Sie gehörten eindeutig zu den Randgruppen der zeitgenössischen Gesellschaft, sind aber, da sie, von ihrer Genese her gesehen, zu den vaganten Gruppen gehörten, von Teilen der Forschung den Unterschichten zugerechnet worden. Viel mehr als am unteren Ende der Gesellschaft lebten die Räuber außerhalb dieser, in einem Bereich, der einer weißen Stelle auf einer Landkarte glich. Ihre Stellung ist schichtspezifisch nicht genau zu definieren, obwohl große Teile von ihnen aus den ländlichen Unterschichten stammten. Wenn gesagt worden ist, daß der eigentliche Gegner der Räuber der Staat war, dann wird auch klar, warum sich die Auseinandersetzungen in dem Moment verschärfen, wo dieser Staat sich modernisiert, sich neue Funktionsbereiche erschließt, zum Organisator der Infrastruktur wird und versucht, sein Gewaltmonopol zu errichten. Ein schwacher Staat, der territorial nicht geschlossen war und dem alle Mittel fehlten, die Räuber in den eigenen Grenzen zu verfolgen, stellte keinen gleichwertigen Gegner für sie dar. Insofern veränderte sich die Stellung der Räuber mit der Ausbildung des modernen Staates dramatisch. Andererseits hatte die Reform des Strafsystems, unabhängig davon, ob sie ein direktes Ergebnis der Französischen Revolution gewesen war oder nicht, dazu geführt, daß dem Staat die althergebrachten Mittel der Ermittlung und Verfolgung von Straftaten aus der Hand genommen worden waren. Die hochnotpeinliche Befragung stand nicht mehr zur Verfügung. Die Polizei und die Gerichtsorgane mußten neue Formen der Ermittlung entwickeln, wozu die Koordination von überregionalen Polizeiaktionen und eine psychologisch durchdachte Verhörtaktik gehörten. Als zusätzliches Mittel standen dem Staat die Sondergerichtshöfe zur Verfügung, eine Reaktion auf die obstinate Haltung eines Teils der deutschen Behörden beim Kampf gegen die Räuber und auf die anhaltenden Schwierigkeiten beim Aufbau eines Justizvollzugssystems. Ein höherer Grad von Organisiertheit auf staatlicher Seite erforderte die organisatorische Straffung auf seiten der Räuber, die nicht mehr als Einzeltäter über Land ziehen konnten, wie einst der Kirchenräuber van Fessel. Um die operative Stärke der einzelnen Bande zu erhöhen, schlossen sich die Räuber zu kleinen Gruppen mit Unterführern zusammen, die über ein ausgeklügeltes Nachrichtensystem, in dem vagierende Angehörige der Unterschichten eine wichtige Rolle spielten, untereinander Verbindung hielten und für die Aktionen der Banden zusammengeholt wurden. Dadurch standen dann für einen kurzen Zeitraum überlegene Kräfte zur Verfügung, die sich besonders gut zu nächtlichen Überfällen auf Dörfer oder einzelne Gehöfte nutzen ließen. Die zahlenmäßige Überlegenheit der Banden sicherte ihnen den Erfolg, da mit Gegenwehr nur in seltenen Fällen zu rechnen war. Bis reguläres Militär am Schauplatz des Geschehens war, hatte sich die Bande in ihre einzelnen Kontingente aufgesplittert und war untergetaucht. Die Schwäche dieses Systems lag in der Notwendigkeit einer relativ großen Zahl an Boten, Baldowern und Stabspersonal. Konnten diese Personen abgefangen werden oder wurden sie durch Polizeispitzel aufgestöbert, so waren sie gegen Zusicherung der Strafmilderung angesichts der drohenden Exekution am Galgen oft zu Aussagen bereit. Hier hatten die alten Banden oft besser zusammengehalten, da bei ihnen der Kreis der Täter im engeren Sinne und der der Mitwisser tendenziell identisch gewesen war. Wo die operative Stärke einer Bande nicht ausreichte, um sich mit den Staatsorganen in den offenen Konflikt zu begeben, konnten Banden, wie die des Schinderhannes, die sozialen Spannungen zu ihren Gunsten nutzen, indem sie ihre Opfer aus der Gruppe der Juden wählten und die antijüdische Stimmung der ländlichen unterbürgerlichen Bevölkerung benutzten, um sich den Anstrich von Sozialrebellen zu geben. Zum Erfolg gegen die großen Banden im DdlR haben neben den Sondergerichtshöfen und dem Einsatz von Spitzeln aber vor allem die Möglichkeiten beigetragen, die in der länderübergreifenden Fahndung lagen. So wurden den Banden die Möglichkeiten genommen, sich auf das rechte Rheinufer zurückzuziehen. Das gesamte Territorium Frankreichs, das traditionell mit dem Rheinland kulturell verbundene Brabant und die Niederlande wurden so zum Geltungsbereich eines Rechts, und als die rechtsrheinischen Territorien Amtshilfe leisteten, auch zu einem Bereich, in dem koordiniert gefahndet werden konnte. Das aber wäre nicht möglich gewesen ohne das Engagement von Polizisten und Justizbeamten, die über das übliche Maß der Pflichterfüllung hinaus versuchten, dem Staat zu dienen. Eine Zugehörigkeit der gefaßten Räuber zu den ökonomischen Unterschichten ließ sich nicht durchgängig feststellen, auch wenn einige von ihnen zweifelsfrei zur Gruppe der "Unehrenhaften" gehörten. Sie alle waren per definitionem Vaganten, doch hatte eine Minderheit von ihnen "normale" Berufe ausgeübt, bevor sie zu Berufskriminellen geworden waren. Eine Mittelstellung nehmen die Schmuggelbanden ein, die Zollkontore überfielen. Sie ähneln in Logistik und Vorgehensweise sehr den Räuberbanden, doch wird man annehmen dürfen, daß sie von ihrem Sozialstatus her den Schmugglern ähnlicher waren, also Mitglieder aus verschiedenen gesellschaftlichen Gruppen hatten, die seßhaft waren und möglicherweise einem Beruf nachgingen. Nach Zerschlagung der großen Banden spielte die Bandenkriminalität, abgesehen von kleineren Vorfällen, keine wichtige Rolle mehr. Die Stabilisierung des französischen Reiches, die wirtschaftliche Konsolidierung und die zunehmende Organisierung der Gesellschaft begrenzten die Entfaltung dieses Typs von Randgruppen. Ab etwa 1810 kam es dann in Verbindung mit der rigideren Ziehung von jungen Männern zum Militär und deren zunehmender Fahnenflucht zu einem erneuten Aufleben der Bandenkriminalität. Dennoch war die Zeit der Räuber vorbei. Eine Gesellschaft, die sich in der Zukunft zunehmend durch Klassengegensätzen definierte, verlagerte die sozialen Kämpfe immer stärker aus dem staatlichen Bereich hinein in die Sphäre der Warenproduktion. Menschen, die nicht im engen Sinne produzierten, egal ob sie Hausarme oder Räuber waren, hatten in diesem System wenig Platz. Die Räuber als am schwierigsten zu integrierende Gruppe mußten als erste gehen. Den Bogen zu dem hier verfolgten Ansatz zurückschlagend, muß man konstatieren, daß zur Wahrnehmung eines Menschen als Unterschichtsangehöriger zu Beginn des 19. Jahrhunderts offenbar mindestens zwei Bedingungen erfüllt sein mußten: Er mußte entweder deviant und vagierend (Räuber) oder arm und vagierend (Bettler) sein oder aber er mußte arm und deviant (Hausarmer) sein, wobei die Hausarmen erst im Laufe des ausgehenden 18. Jahrhunderts durch Ausgrenzung zur Regelverletzung gezwungen wurden.

6 QUELLEN- UND LITERATURVERZEICHNIS

6.1 Archivmaterial

Bibliothèque de Rouen:
Fonds Coquebert de Montbret.

Archives Nationales, Paris (AN):
AD I.
AD XIV.
BB 18.
F 1.
F 7.
F 9.
F 11.
F 12.
F 13.
F 14.
F 15.
F 16.
F 20.

Historisches Archiv der Stadt Köln (HAStK):
Armenverwaltung, Zucht- und Arbeitshaus,
Armenverwaltung, Bestand 53.
Armenverwaltung, Bestand 400.
Armenverwaltung, Armenhaus.
Armenverwaltung, unerfaßte Bestände.
Nachlaß Klespé, Abteilung 1134.
Verfassung und Verwaltung, Sonderreihe Häuser- und Steuerlisten.
Verfassung und Verwaltung, Militaria.
Kriminalakten.
Ratsedikte.
Französische Verwaltung.

6.2 Gedruckte Quellen

Deutsche Akademie der Wissenschaften zu Berlin (Hg.): Georg Forsters Werke. Sämtliche Schriften, Tagebücher, Briefe. Bd. 9: Ansichten vom Niederrhein, von Brabant, Flandern, Holland, England und Frankreich im April, Mai und Junius 1790, (Berlin, 1791), Berlin, DDR 1958.
Annuaire du département de la Roer, pour l'année 1810, Aachen 1809.
Annuaire du département de la Roer, pour l'année 1811, Aachen 1810.
(Anonymus), Processus Criminalis, Oder Mehr außführlich= aus überhäufften Prothockllis Inquisitionalibus erstatteten Relationibus, und außgefallenen Urtheilen auff von Ihro Churfürtsl. Durchl.

zu Pfaltz Herrn Johann=Wilhelmen/ alß respective Herztogen zu Gülich und Berg/ der zu Düsseldorf gehaltener Inquisition, auch unterm 22. und 23. Februarii 1712. vollstreckter merckwürdig=rechtlicher Execution. (Düsseldorf, 1712).

(Anonymus), Vollständiges Handbuch für Maire und Adjuncten, für Polcey=Commissare, Municipal=Räthe, Contributionsvertheiler, Forst= und Feldwächter, Zweyte Abtheilung, Köln (1800 ?).

B. (Johann Nicolaus) Becker, Actenmäßige Geschichte der Räuberbanden an den beyden Ufern des Rheins, 2 Theile, Köln 1804.

August Christian Borheck (Hg.), Archiv für die Geschichte, Erdbeschreibung, Statskunde und Alterthümer der Deutschen Nieder=Rheinlande, Elberfeld 1800.

Bulletin des Lois, Lois et Actes du Gouvernement, tome quatrième, Aout à Octobre 1791, Paris, Neudruck Paris 1834.

Bulletin des Lois de la République Française, quatre séries, 3e série (9 Bände), Paris 1800 bis 1804; 4e série (20 Bände), Paris 1805 bis 1814.

Erneuerte Armen=Ordnung der Stadt Köln. Mit Genehmigung der Königlichen Regierung bekannt gemacht im Juni 1816, (Köln 1816).

Johann Arnold von Franz, Gedanken zur Aufnahme und Beförderung der Handelung und der damit in Verbindung stehenden Gewerben in den kurkölnischen Landen, Köln 1786.

David Hansemann, Preußen und Frankreich. Staats-wirthschaftlich und politisch, unter vorzüglicher Berücksichtigung der Rheinprovinz (...), Leipzig 1834, Neudruck Leipzig 1975.

Joseph Hansen (Hg.), Quellen zur Geschichte des Rheinlandes im Zeitalter der Französischen Revolution 1780 - 1801, 4 Bände, Bonn 1931 - 1938 (Publikationen der Gesellschaft für Rheinische Geschichtskunde).

Justus Hashagen, Die Akten der französischen Verwaltung der Stadt Köln (1794 - 1814), in: Mitteilungen aus dem Stadtarchiv von Köln 34, 1912, S. 1 - 110.

Anton Keil, Handbuch für Maire und Adjunkten, für Polizey-Commissaire, Gemeinderäthe, Einnehmer uns Verteiler der Steuern, Spital- und Armenverwalter, Pfarrer, Kirchenräthe und Kirchmeister, Feld- und Forsthüther und

Geschäftsmänner, 2 Teile, 3. Auflage, Köln 1814.

Jean Charles François de Ladoucette, Voyage fait en 1813 et 1814 dans le pays entre Meuse et Rhin, suivi de notes, avec une carte géographique, Paris, Aachen 1818.

F. U. Lottner, Sammlung der für die Königlich-Preußischen Rheinprovinz seit dem Jahre 1813 hinsichtlich der Rechts= und Gerichtsverfassung ergangenen Gesetze, Verordnungen, Ministerial=Rescripte..., 2 Bände, Berlin 1834.

Johann Jacobi Meyer, Vollständige Vergleichs-Tabellen der ehemals im Ruhr-Departement und noch in den angränzenden Ländern gebräuchlichen Münzen, Maaßen und Gewichte, Theil I und II, Cöln 1804.

(H. B.) Ristelhueber, Historisch=statistische Beschreibung des Land=Arbeitshauses zu Brauweiler von dem Direktor desselben, Hofrath Ristelhueber,(...), Köln 1818.

Johann Nepomuk von Schwerz, Beschreibung der Landwirthschaft in Westfalen und Rheinpreußen. Mit einem Anhang über den Weinbau in Rheinpreußen, Stuttgart 1836, Faksimileneuauflage Münster, o.J.

Verzeichnus der Stadt-Kölnischen Einwohner, nebst Bemerkung (...) Kölln 1797.

Johann Heinrich Zedler, Grosses Universal Lexicon Aller Wissenschaften und Künste (...), 64 Bände, 4 Supplementbände, Leipzig 1732 - 1752, hier 12. Band, Leipzig 1735, S. 433, Artikel "Handarbeit".

6.3 Benutzte Sekundärliteratur

André Abbiateci; François Billacois et al., Crimes et criminalité en France sous l'Ancien Régime 17e - 18e siècles, Paris 1971 (Cahiers des Annales 33).

Wilhelm Abel, Agrarkrisen und Agrarkonjunktur: Eine Geschichte der Land- und Ernährungswirtschaft Mitteleuropas seit dem hohen Mittelalter, Hamburg, Berlin 1978.
Ders., Massenarmut und Hungerkrisen im vorindustriellen Europa, Hamburg, Berlin 1974.
Ders., Der Pauperismus in Deutschland am Vorabend der industriellen Revolution, Hannover 1970.
Gerhard Adelmann, Die ländlichen Textilgewerbe des Rheinlandes vor der Industrialisierung, in: Rheinische Vierteljahresblätter 43, 1979, S. 260 - 288.
(AHF), The Transformation of Political Culture in Late Eighteenth-Century England and Germany, Konferenz des Deutschen Historischen Instituts London vom 10. - 13. Dezember 1986 in Bad Homburg, in: Arbeitsgemeinschaft außeruniversitärer Forschungseinrichtungen in der Bundesrepublik Deutschland e. V., AHF-Information Nr. 30 vom 14.8.1987
Jens Alber, Vom Armenhaus zum Wohlfahrtsstaat: Analysen zur Entwicklung der Sozialversicherung in Westeuropa, Frankfurt, New York 1982.
Erich Angermann; Marie-Luise Frings (Hg.), Oceans Apart: Comparing Germany and the United States. Studies in Commemoration of the 150th Anniversary of the Birth of Carl Schurz, Stuttgart 1981.
Erich Angermann, Robert von Mohl, 1799 - 1875: Leben und Werk eines altliberalen Staatsgelehrten, Neuwied 1962 (Politica, Abhandlungen und Texte zur politischen Wissenschaft, Bd. 8).
Andrew B. Appleby, Grain Prices and Subsistence Crises in England and France, 1590 - 1740, in: Journal of English History 39, 1979, S. 865 - 887.
André Armengaud: Mariages et naissances sous le Consulat et l'Empire, in: Revue d'Histoire Contemporaine 17, 1972, S. 373-389.
Jacques Aubert; Michel Eude et al., L'Etat et sa Police en France (1789-1914), Genève 1979 (Centre des Recherches d'Histoire et de Philologie de la IVe Section de l'Ecole des Hautes Études; Hautes Études Médiévales et Modernes 33)
Friedrich Christian Benedikt Avé-Lallament, Das Deutsche Gaunerthum in seiner social=politischen, literarischen und linguistischen Ausbildung zu seinem heutigen Bestande, 4 Teile in 3 Bänden, Leipzig 1858 - 1862.
Karl-Ludwig Ay, Unehrlichkeit, Vagantentum und Bettelwesen in der vorindustriellen Gesellschaft, in: Jahrbuch des Instituts für deutsche Geschichte, Tel-Aviv, 1979, S. 13 -37.
Pierre Ayçoberry, Cologne entre Napoléon et Bismarck: La croissance d'une ville rhénane, Paris 1981.
Ders., Histoire sociale de la ville de Cologne (1815-1875), 2 Bände, Lille 1980 (Thèse der Universität Paris I, 30.4.1977).
Max Bär, Die Behördenverfassung der Rheinprovinz seit 1815, Bonn 1919 (Publikationen der Gesellschaft für Rheinische Geschichtskunde 35).
Raymond Barraine, Dictionnaire de droit, Paris 1967 (3. Auflage).
J. M. Beattie, Crime and Courts in England, 1660-1800, Oxford 1986.
Kurt Becker, Schinderhannes und kein Ende (Bisher unbekanntes Material aus dem Staatsarchiv Koblenz) in: Mitteilungen des Vereins für Heimatkunde im Landkreis Birkenfeld und der Heimatfreunde Oberstein 28, 1965, S.59 - 66.
Barbara Becker-Jàkli, Die Protestanten in Köln: Die Entwicklung einer religiösen Minderheit von der Mitte des 18. bis zur Mitte des 19. Jahrhunderts, Köln 1983. (Schriftenreihe des Vereins für Rheinische Kirchengeschichte 75).
Annemarie Beckmann-Schaak, Beiträge zur Wirtschaftsgeschichte der Stadt Köln während der Franzosenzeit unter besonderer Berücksichtigung der Industrialisierung, Diss. Köln 1951.
A. L. Beier, Masterless Men: The Vagrancy Problem in England, 1560-1640, London, New York 1985.
Martin Bennhold, Diebstahls- und Wirtschaftskriminalität: Ein Beitrag zur Kritik eines mit politisch-kritischem Anspruch auftretenden Labeling-Approach, in: Kriminologisches Journal 5, 1973, S. 161 - 180.
Helmut Berding, Napoleonische Herrschafts- und Gesellschaftspolitik im Königreich Westfalen 1807 - 1813, Göttingen 1973 (Kritische Studien zur Geschichtswissenschaft 7).

Ders., Le Royaume de Westphalie: Etat - Modèle, in: Francia 10, 1982, S. 345 - 358.
Ders., Die Reform des Zollwesens in Deutschland unter dem Einfluß der napoleonischen Herrschaft, in: Geschichte und Gesellschaft 6, S. 523 - 537.
Ders.(Hg.), Soziale Unruhen in Deutschland während der Französischen Revolution, Göttingen 1988 (Geschichte und Gesellschaft, Sonderheft 12)
Thomas Berger, Die konstante Repression. Zur Geschichte des Strafvollzugs in Preußen nach 1850, Frankfurt 1974.
Ders., Die konstante Repression. Überlegungen zur Geschichte des Strafvollzugs am Beispiel Preußens (1850-1881), in: Kriminologisches Journal 1973, V, S. 260-269.
Louis Bergeron, Problèmes économiques de la France Napoléonienne in: Revue d'Histoire Moderne et Contemporaine 17, 1970, S. 467-505.
Ders., L'épisode napoléonien. Aspects intérieures, 1799 -1815, Paris 1972 (Nouvelle histoire de la France contemporaine 4).
Heinrich Best; Wilhelm H. Schröder, Basiscurriculum für eine quantitative historische Sozialforschung: Vorschläge für eine Einführungsveranstaltung am Beispiel des ZentrumHerbstseminars,in: Historical Social Research 17, 1981, S. 3 - 50
H. Bettenhäuser, Räuber- und Gaunerbanden in Hessen. Ein Beitrag zum Versuch einer historischen Kriminologie Hessens, in: Zeitschrift für den Verein für hessische Geschichte und Landeskunde 75/76, 1964/65, S. 275-349.
Reinhold Billstein (Hg.), Das andere Köln: Demokratische Traditionen seit der Französischen Revolution, Köln 1979 (Kleine Bibliothek 169).
Jean-Noël Biraben, La statistique sous le consulat et l'empire, in: Revue d'histoire moderne et contemporaine 17, 1970, S. 359 - 372.
Timothy C.W. Blanning, The French Revolution in Germany: Occupation and Resistance in the Rhineland, 1792-1802, New York, 1983, repr. New York, 1986.
Dirk Blasius, Bürgerliche Gesellschaft und Kriminalität. Zur Sozialgeschichte Preußens im Vormärz, Göttingen 1976 (Kritische Studien zur Geschichtswissenschaft 22).
Ingomar Bog et al. (Hg.), Wirtschaftliche und soziale Strukturen im saekularen Wandel. Festschrift für Wilhelm Abel zum 70. Geburtstag, 3 Bände, Hannover 1974 (Schriftenreihe für ländliche Sozialfragen 70).
Ingomar Bog, Über Arme und Armenfürsorge in Oberdeutschland und in der Eidgenossenschaft im 15. und 16. Jahrhundert, in: Jahrbuch für fränkische Landesforschung 34/35, 1974/75, S. 983-1002.
Paul Bohannan, Rethinking Culture: A Project for Current Anthropologists, in: Current Anthropology, 14, No.4, 1973, S. 357 - 372, S. 358.
Jutta Bohnke-Kollwitz et al.: Köln und das rheinische Judentum, Festschrift Germania Judaica 1959-1984, Köln 1984.
Maurice Bordes, Sur le bagne de Toulon au XVIIIe siècle, in: Information historique 49, 1987, S. 13-22.
Marie-Helène Bourquin; Emmanuel Hepp, Aspects de la contrebande au XVIIIe siècle, Paris 1969 (Travaux et recherches de la faculté de droit et des sciences économiques de Paris, série 'Sciences historiques' 14).
Jean Bouvier, A propos de la crise dite de 1805: les crises économiques sous l'Empire, in: Revue d'histoire moderne et contemporaine 17, 1970, S. 506 - 513.
George R. Boyer, The Old Poor Law and the Agricultural Labor Market in Southern England: An Empirical Analysis, in: Journal of Economic History 46, 1986, S. 113 -135.
Ders., The Poor Law, Migration and Economic Growth, in: Journal of Economic History 46, 1986, S. 419 - 430.
Max Braubach, Maria Theresias jüngster Sohn Max Franz: Letzter Kurfürst von Köln und Fürstbischof von Münster, Wien, München 1961.
Fernand Braudel; Ernest Labrousse, Histoire économique et sociale de la France. Bd. 3: L'avènement de l'ère industrielle (1789 -années 1880), premier volume, Paris 1976.

Fernand Braudel, Misère et banditisme, in: Annales 2, 1947, S. 129 - 142.
Klemens Bremer, Kölns rechtsrheinische Großindustrie von ihren Anfängen bis zur Gegenwart, Diss. Köln 1934.
Bremer Forschungsprojekt, Zur Geschichtsschreibung zweiter Kultur, in: Gulliver: Deutsch-Englische Jahrbücher, Bd. 9: Zweite Kultur in England, Irland, Schottland, USA (Argument-Sonderband 65), Berlin 1981, S. 9 - 40.
Ursula Brügmann, Die öffentliche Armenpflege der Stadt Hannover in den Jahren 1700 - 1824, in: Hannoversche Gerschichtsblätter N.F., 1970, S. 89-146.
Otto Brunner; Werner Conze; Reinhart Koselleck (Hg.), Geschichtliche Grundbegriffe: Historisches Lexikon zur politisch-sozialen Sprache in Deutschland, bisher fünf Bände, Stuttgart 1972 - 1984. Verwendete Artikel: "Arbeit" (Werner Conze, Band 1, S. 216 - 242); "Aufklärung" (Horst Stuke, Band 1, S. 243 - 343); "Proletariat" (Werner Conze, Band 5, S. 27 - 68); "Regierung, Regime, Obrigkeit" (Volker Sellin, Band 5, S. 361 - 422).
Richard Büttner, Die Säkularisation der Kölner geistlichen Institutionen. Wirtschaftliche und soziale Bedeutung und Auswirkungen (Schriften zur rheinisch-westfälischen Wirtschaftsgeschichte 23), Köln, 1971.
Rondo Cameron, La France et le développement économique de l'Europe (1800 - 1914), Paris 1971, erste englische Auflage Princeton N.J. 1961.
Ders., Economic Relations of France with Central and Eastern Europe 1800 - 1914, in: Journal of European Economic History 10, 1981, S. 537-552.
Louis Chevalier, Classes laborieuses et classes dangereuses à Paris pendant la première moitié du XIXe siècle, Paris 1978, erste Auflage Paris 1958.
Gordon D. Clack, The Politics of the Appointment and Dismissal of the Prefectorial Corps under the Consulate and Empire: The Example of the Department of Mont-Tonnere, in: Francia 11, 1983, S. 475 - 494.
Paul Clemen (Hg.), Die Kunstdenkmäler der Stadt Köln, Ergänzungsband, 7. Bd., 3. Abt., Düsseldorf 1937, bearbeitet von Hans Vogts, Ludwig Arntz, Heinrich Neu, Düsseldorf 1980.(Die Kunstdenkmäler der Rheinprovinz 7, III. Abteilung).
Jean Clinquart, L'administration des douanes sous le Consulat et l'Empire (1800-1815), Paris 1979.
Hans-Diedrich Cremer et al., Die große GU-Nährwert-Tabelle , München 1978, 2. Auflage München 1986.
Richard C. Cobb, The Police and the People: French Popular Protest 1789 - 1820, London, Oxford, New York 1970, 2. Auflage 1972.
Peter J. Coleman, Debtors and Creditors in America: Insolvency, Imprisonment for Debt, and Bankruptcy, 1607-1900, Madison, Wisc. 1974.
Werner Conze; Ulrich Engelhardt (Hg.), Arbeiterexistenz im 19. Jahrhundert: Lebensstandard und Lebensgestaltung deutscher Arbeiter und Handwerker, Stuttgart 1981 (Industrielle Welt 33).
Werner Conze, Vom "Pöbel" zum "Proletariat": Sozialgeschichtliche Voraussetzungen für den Sozialismus in Deutschland, in: Hans-Ulrich Wehler (Hg.): Moderne deutsche Sozialgeschichte, Köln 1973, fünfte Auflage Köln 1976, S. 111 - 136. (Neuauflage des Aufsatzes in der Vierteljahresschrift für Sozial- und Wirtschaftsgeschichte 41, 1954).
Werner Danckert, Unehrliche Leute: Die verfemten Berufe, Bern, München 1963.
Jacques Darmon, Bertillon, le fondateur de la police scientifique, in: Histoire 105, 1987, S. 42-49.
Jacques Depauw, Pauvres, pauvres mendiants, valides ou vagabonds ? Les hésitations de la législation royale, in: Revue d'histoire moderne et contemporaine 21, 1974, S. 401 - 418.
Robert Devleeshouwer, Le Consulat et l'Empire: Période de "Take-Off" pour l'économie Belge, in: Révue d'histoire moderne et contemporaine 17, 1970, S. 610 - 619.
Jeffry M. Diefendorf, Businessmen and Politics in the Rhineland, 1789-1834, Princeton, N.J. 1980.
Ders., Rezensionsartikel zu Timothy C.W. Blanning, The French Revolution in Germany, in: American Historical Review 90, 1985, S. 158.
François G. Dreyfus, Sociétés et mentalités à Mayence dans la seconde moitié du XVIIIe siècle, Paris 1968.

Detlef Duda, Die Hamburger Armenfürsorge im 18. und 19. Jahrhundert. Eine soziologisch-historische Untersuchung, Weinheim, Basel 1982.

Richard van Dülmen, Theater des Schreckens: Gerichtspraxis und Strafrituale in der frühen Neuzeit, München 1985.

Ders.; Norbert Schindler (Hg.), Volkskultur: Zur Wiederentdeckung des vergessenen Alltags (16. - 20. Jahrhundert), Frankfurt 1984.

Roger Dufraisse: La contrebande dans les départements réunis de la rive gauche du Rhin à l'époque napoléonienne, in: Francia 1, 1973, S. 508-536.

Ders., La crise économique de 1810-1812 en pays annexés: L'exemple de la rive gauche du Rhin, in: Francia 6, 1978, S. 407-440.

Ders., Blocus et système continental. La politique économique de Napoléon: Etat de travaux, in: Revue de l'Institut Napoléon 98, 1966, S. 65 - 78.

Ders., La politique douanière de Napoléon 1er, in: Revue de l'Institut Napoléon 130, 1974, S. 3 - 26.

Ders., Das napoleonische Deutschland. Stand und Probleme der Forschung unter besonderer Berücksichtigung der linksrheinischen Gebiete, in: Geschichte und Gesellschaft 6, 1980, S. 467 - 483.

Ders., Les notables de la rive gauche du Rhin à l'époque napoléonienne, in: Revue d'histoire moderne et contemporaine 17, 1970, S. 758 - 776.

Ders., Les populations de la rive gauche du Rhin et le service militaire à la fin de l'Ancien Régime et à l'epoque Révolutionnaire, in: Revue historique 231, 1964, S. 125 ff.

Jacques Dupaquier, Problèmes démographiques de la France napoléonienne, in: Revue d'histoire moderne et contemporaine 17, 1970, S. 339 - 358.

Ellen Dwyer, Homes for the Mad: Life inside two Nineteenth-Century Asylums, New Brunswick, London 1987.

Dietrich Ebeling; Franz Irsigler: Getreideumsatz, Getreide-und Brotpreise in Köln 1368 - 1797, 2 Teile, Köln, Wien 1977 (Mitteilungen aus dem Stadtarchiv von Köln, Heft 65 und 66).

Dietrich Ebeling, Lebenshaltungskosten und soziale Lage in Köln im 18. Jahrhundert. Diss. Bielefeld, 1982.

Ders., Eigentumsverhältnisse, Einkommensverhältnisse und Wohnverhältnisse in Köln am Ende des 18. Jahrhunderts, in: Geschichte in Köln 15, 1984, S. 64 - 83.

Ders., Bürgertum und Pöbel: Wirtschaft und Gesellschaft Kölns im 18. Jahrhundert, Köln, Wien 1987 (Städteforschung. Veröffentlichungen des Instituts für vergleichende Städteforschung in Münster, Reihe A, 26, hg. von Heinz Stoob).

Norbert Elias, Über den Prozeß der Zivilisation: Soziogenetische und psychogenetische Untersuchungen, 2 Bde., Frankfurt 1980 (7. Aufl.) (Suhrkamp Taschenbuch Wissenschaft 158 und 159).

Barbara Elkeles, Medicus und Medikaster: Zum Konflikt zwischen akademischer und "empirischer" Medizin im 17. und 18. Jahrhundert, in: Medizinhistorisches Journal 22, 1987, S. 197-211.

Peter Endres, Die französische Prozeßrechtslehre vom Code de procédure civile (1806) bis zum beginnenden 20. Jahrhundert, Tübingen 1985.

Rudolf Endres, Das Armenproblem im Zeitalter des Absolutismus, in: Jahrbuch für fränkische Landesforschung 34/35, 1974/75, S. 1003 - 1020.

Friedrich Engels, The Condition of the Working Class in England, London 1969 (Erste deutsche Auflage Leipzig 1845, erste englische autorisierte Auflage New York 1887.

Charles Engrand, Paupérisme et condition ouvrière dans la seconde moitié du XVIIIe siècle: L'exemple Amiénois, in: Revue d'histoire moderne et contemporaine 29, 1982, S. 376 -410.

Elisabeth Fehrenbach, Verfassungs- und sozialpolitische Reformprojekte in Deutschland unter dem Einfluß des napoleonischen Frankreich, in: Historische Zeitschrift 228, 1979, S. 288 - 316.

Dies., Traditionelle Gesellschaft und revolutionäres Recht: Die Einführung des Code Napoléon in den Rheinbundstaaten, Göttingen 1974 (Kritische Studien zur Geschichtswissenschaft 13).

Dies., Vom Ancien Régime zum Wiener Kongreß, München, Wien 1981 (Oldenbourg Grundriß der Geschichte 12).

Wilfried Paul Feldenkirchen, Aspekte der Bevölkerungs- und Sozialstruktur der Stadt Köln in der französischen Zeit,in: Rheinische Vietelsjahresblätter 44, 1980, S. 182 - 227.

Ders., Der Handel Kölns im 18. Jahrhundert (1700 - 1814), Diss. Bonn 1974.

Norbert Finzsch, Das "Zuchthaus" in Brauweiler und die französische Verwaltung des Rheinlandes von 1794 bis 1814, in: Pulheimer Beiträge zur Geschichte und Heimatkunde 10, 1986, S. 108 - 122.

Ders., REVKAL - A Program for Historians of the French Revolution, in: Historical Social Research 14, 1989, S. 126-127.

Wolfram Fischer, Armut in der Geschichte: Erscheinungsformen und Lösungsversuche der "Sozialen Frage" in Europa seit dem Mittelalter, Göttingen 1982 (Kleine Vandenhoeck-Reihe 1476).

Roderick Floud, An Introduction to Quantitative Methods for Historians, London 1973.

Alan Forrest, The French Revolution and the Poor, Oxford, New York 1981.

Michel Foucault, Überwachen und Strafen: Die Geburt des Gefängnisses, Frankfurt 1979 (3. Aufl.), erste französische Auflage Paris 1975.

Etienne François, Unterschichten und Armut in rheinischen Residenzstädten des 18. Jahrhunderts, in: VSWG 62, 1975, S. 433 - 464.

Ders., Koblenz im 18. Jahrhundert: Zur Sozial- und Bevölkerungsstruktur einer deutschen Residenzstadt, Göttingen 1982.

Ders., Die Volksbildung am Mittelrhein im ausgehenden 18. Jahrhundert. Eine Untersuchung über den vermeintlichen "Bildungsrückstand" der katholischen Bevölkerung im Ancien Régime, in: Jahrbuch für westdeutsche Landesgeschichte 1977, Koblenz 1977, S. 277-304.

Günter Franz, Geschichte des deutschen Bauernstandes vom frühen Mittelalter bis zum 19. Jahrhundert, Stuttgart 1970.

Ute Frevert, Krankheit als politisches Problem, 1770-1880: Soziale Unterschichten in Preußen zwischen medizinischer Polizei und staatlicher Sozialversicherung, Göttingen 1984 (Kritische Studien zur Geschichtswissenschaft 62).

Jürgen Friedrichs, Methoden der empirischen Sozialforschung, Reinbek bei Hamburg 1973 (rororo studium: Sozialwissenschaft).

François Furet, Pour une définition des classes inferieures à l'époque moderne, in: Annales 18, 1963, S. 459 - 474.

Ders., Die Volksbildung am Mittelrhein im ausgehenden 18. Jahrhundert. Eine Untersuchung über den vermeintlichen "Bildungsrückstand" der katholischen Bevölkerung Deutschlands in Ancien Régime, in: Jahrbuch für westdeutsche Landesgeschichte 3, 1977, S. 277-304.

Bronislaw Geremek, Criminalité, vagabondage, pauperisme: La marginalité à l'aube des temps modernes in: Revue d'histoire moderne et contemporaine 21, 1974, S. 337 - 375.

Ders., Geschichte der Armut: Elend und Barmherzigkeit in Europa, München, Zürich 1988.

Aus Geschichte und Landeskunde. Forschungen und Darstellungen. Franz Steinbach zum 65. Geburtstag, Bonn 1960.

Bertrand Gille, Les sources statistiques de l'histoire de France, des enquêtes du XVIIe siècle à 1870, Genf, Paris 1964.

Jacques Godechot, Les institutions de la France sous la révolution et l'empire, Paris 1968 (2. erw. Auflage) (Histoire des institutions).

Eberhard Gothein, Die Stadt Cöln im ersten Jahrhundert unter Preußischer Herrschaft. 1815 bis 1915, 2 Bände, Cöln 1916. Band 1,1: Verfassungs- und Wirtschaftsgeschichte der Stadt Cöln vom Untergang der Reichsfreiheit bis zur Errichtung des Deutschen Reiches.

Antonio Gramsci, Marxismus und Literatur: Ideologie, Alltag, Literatur, Hamburg 1983 (hg. von Sabine Kebir).

Ina Maria Greverus, Kultur und Alltagswelt: Eine Einführung in Fragen der Kulturanthropologie, München 1978 (Beck'sche Schwarze Reihe 182).

Joseph Greving, Steuerlisten des Kirchspiels St. Kolumba in Köln vom 13. bis 16. Jahrhundert, in: Mitteilungen des Stadtarchivs von Köln 30, Köln 1900.

Jacob Grimm, Deutsches Wörterbuch, 16 Bände, Leipzig 1854 -1922, 4. Bd., Leipzig 1877, S. 363, Artikel "Handarbeit".

Bernhard Groethuysen, Die Entstehung der bürgerlichen Welt-und Lebensanschauung in Frankreich, 2 Bände, Band 1: Das Bürgertum und die katholische Weltanschauung, Band 2: Die Soziallehren der katholischen Kirche und das Bürgertum, erste Auflage Halle a. d. S. 1927, Nachdruck Frankfurt 1978 (Suhrkamp Taschenbücher Wissenschaft 256)

Elisabeth Guénard (Mme. Brossin de Méré), Les Repaires du Crime, ou Histoires de Brigands Fameux, (...), 3. Auflage, Paris 1815.

Jean-Pierre Gutton, La societé et les pauvres: L'exemple de la generalité de Lyon 1534-1789, Paris 1971.

Nicole Haesenne-Peremans, Les pauvres et le pouvoir: Assistance et Répression au pays de Liège (1685- 1830), Kortrijk-Heule 1983 (Anciens Pays et Assemblées d'Etats 81).

Frithjof Hager, Denkbilder zerreissen: Die Kunst, der Soziologie zu widersprechen, Gießen 1985.

Joseph Hansen, Die Rheinprovinz 1815 - 1915, 2 Bände, Bonn 1917.

Marvin Harris, Cultural Materialism: The Struggle for a Science of Culture, New York 1979, S.47.

Ders., Culture, People, Nature: An Introduction to General Anthropology, New York 1975, 2. Auflage (1. Auflage New York 1971), S. 144 f.

Heinz Hartmann (Hg.), Moderne amerikanische Soziologie: Neuere Beiträge zur soziologischen Theorie. Stuttgart 1967 (2. Auflage) (dtv - Wissenschaftliche Reihe).

Richard Harvey, English Poverty and God's Providence, 1675 - 1725, in: The Historian 41, 1979, S. 499-512.

Wolfgang Fritz Haug; Kaspar Maase (Hg.), Materialistische Kulturtheorie und Alltagskultur, Berlin 1980 (Argument-Sonderband 47).

Heiko Haumann (Hg.), Arbeiteralltag in Stadt und Land: Neue Wege der Geschichtsschreibung, Berlin 1982 (Argument-Sonderband 94).

Douglas Hay, War, Dearth and Theft in the Eighteenth Century: The Record of the English Courts, in: Past & Present, No. 95, 1982, S. 117-160.

Douglas Hay; Peter Linebaugh (et al.), Albion's Fatal Tree. Crime and Society in Eighteenth-Century England, London 1975.

Eduard Hegel, Rechtsstellung und Tätigkeitsbereich eines Kölner Stadtpfarrers im 17. und 18. Jahrhundert, in: Annalen des Historischen Vereins für den Niederrhein 155/156, 1954, S. 286 - 304.

Toni Heinzen, Zunftkämpfe, Zunftherrschaft und Wehrverfassung in Köln: Ein Beitrag zum Thema "Zünfte und Wehrverfassung", Köln 1939 (Veröffentlichungen des Kölnischen Geschichtsvereins 16)

Friedrich-Wilhelm Henning, Wirtschafts- und Sozialgeschichte, 3 Bände, Paderborn 1973, 3. Auflage 1976.

Ulrich Herrmann (Hg.): "Das pädagogische Jahrhundert". Volksaufklärung und Erziehung zur Armut im 18. Jahrhundert in Deutschland, Weinheim, Basel 1981 (Geschichte des Erziehungs- und Bildungswesens in Deutschland, Bd. 1).

Henner Hess, Mafia: Zentrale Herrschaft und lokale Gegenmacht, Tübingen 1970.

Patrice Higonnet, Class, Ideology, and the Right of Nobles during the French Revolution, New York 1981.

Gertrude Himmelfarb, The Idea of Poverty: England in the Early Industrial Age, New York 1984.

Dies., Victorian Minds: Essays on Nineteenth-Century Intellectuals, London 1968, erste Aufl. 1952.

Otto Hintze, Staat und Verfassung: Gesammelte Abhandlungen zur Allgemeinen Verfassungsgeschichte, herausgegeben von Gerhard Oestreich, Göttingen 1962 (2. Aufl.).

Eric J. Hobsbawm, Sozialrebellen: Archaische Sozialbewegungen im 19. und 20. Jahrhundert, Gießen 1979 (erste Auflage Manchester 1959), (Texte zu Sozialgeschichte und Alltagsleben).

Ders., Die Banditen, 3. Auflage Gießen 1979, (erste und zweite deutsche Auflage Neuwied 1971, Frankfurt 1972).

Paul Holt, Die Bürgermusterung in Köln vom Jahre 1583, in: Beiträge zur Kölnischen Geschichte/ Sprache/ Eigenart, 2. Band, Heft 10 und 11, 1917, S. 228- 241.
Ders., Die militärische Einteilung der Reichsstadt Köln von 1583 - 1794, in: Jahrbuch des Kölnischen Geschichtsvereins 8/9, Köln 1927, S. 135 - 181.
Irmgard Huberti, Das Armenwesen der Stadt Trier vom Ausgang der kurfürstlichen Zeit bis zum Ende der französischen Herrschaft 1768 - 1814, Berlin 1935 (Arbeiten aus dem Forschungsinstitut für Fürsorgewesen in Frankfurt a. M., 7).
Olwen H. Hufton, The Poor of Eighteenth-Century France 1750 - 1789, Oxford 1974.
Michael Ignatieff, A Just Measure of Pain: The Penitentiary in the Industrial Revolution, 1750-1850, London, Basingstoke 1978.
Franz Irsigler, Bettler, Dirnen und Henker im spätmittelalterlichen und frühneuzeitlichen Köln. Zur Analyse sozialer Randgruppen, in: Geschichte in Köln, Heft 7, 1980, S. 32-64.
Franz Irsigler; Arnold Lassotta, Bettler und Gaukler. Dirnen und Henker. Randgruppen und Außenseiter in Köln 1300 - 1600 (Aus der Kölner Stadtgeschichte), Köln 1984.
Franz Irsigler, Herrschaftsgebiete im Jahre 1789, in: Geschichtlicher Atlas der Rheinlande Beiheft V/ 1, Köln 1982.
Colin Jones, Charity and 'Bienfaisance': The Treatment of the Poor in the Montpellier Region, 1715 - 1815, New York 1982.
Robert Jütte, Obrigkeitliche Armenfürsorge in Deutschen Reichsstädten der frühen Neuzeit: Städtisches Armenwesen in Frankfurt am Main und Köln (Kölner Historische Abh. 31), Köln, Wien 1984.
Ders., Parochialverbände als Träger städtischer Armenfürsorge: Die "Armenbretter" der Stadt Köln in der frühen Neuzeit, in: Geschichte in Köln, Heft 12, 1982, S. 27-49.
Ders., Poor Relief and Social Discipline in Sixteenth-Century Europe, in: European Studies Review 11, 1981, S. 25 - 52.
Ders., Die medizinische Versorgung einer Stadt im 16. und 17. Jahrhundert am Beispiel der Reichsstadt Köln, in: Medizinhistorisches Journal 22, 1987, S. 173-184.
Ludwig Käss, Die Organisation der allgemeinen Staatsverwaltung auf dem linken Rheinufer durch die Franzosen während der Besetzung 1792 bis zum Frieden von Lunéville (1801), Diss. Gießen 1929.
Edmund Kahlenborn, Die Neuumschreibungen der Pfarreien im Roerdepartement unter der Herrschaft Napoleons I, in: Annalen des Historischen Vereins für den Niederrhein, Heft 91, Köln 1911, S. 25 - 62.
Karl Heinrich Kaufhold; Jürgen Schneider (Hg.), Geschichtswissenschaft und elektronische Datenverarbeitung, Wiesbaden 1988 (Beiträge zur Wirtschafts- und Sozialgeschichte Bd. 36)
Hermann Kellenbenz (Hg.), Zwei Jahrtausende Kölner Wirtschaft, 2 Bde.,Köln 1975.
Wolfgang Keller, "Geschrey, Tumult und Auffruhr": Zu den Protestaktionen Kölner Schlossergesellen im 18. Jahrhundert, Staatsexamensarbeit an der Universität Konstanz 1986.
Joachim Kermann, Die Manufakturen im Rheinland, 1750 - 1833 (Rheinisches Archiv 82), Bonn 1972.
Hermann Keußen, Topographie der Stadt Köln im Mittelalter, 2 Bde., Bonn 1910.
Jürgen Kocka, Lohnarbeit und Klassenbildung. Arbeiter und Arbeiterbewegung in Deutschland 1800 - 1875. Berlin, Bonn 1983.
René König; Axel Schmalfuß (Hg.), Kulturanthropologie, Düsseldorf, Wien 1972.
Hans Peter Korsch, Das materielle Strafrecht der Stadt Köln vom Ausgang des Mittelalters bis in die Neuzeit, Köln 1958 (Veröffentlichungen des Kölnischen Geschichtsvereins 20).
Reinhart Koselleck, Das 18. Jahrhundert als Beginn der Neuzeit, in: Reinhart Herzog; Reinhart Koselleck (Hg.), Epochenschwelle und Epochenbewußtsein, München 1987 (Poetik und Hermeneutik 12).
Antje Kraus, Die Unterschichten Hamburgs in der ersten Hälfte des 19. Jahrhunderts: Entstehung, Struktur und Lebensverhältnisse, Stuttgart 1965 (Sozialwissenschaftliche Studien 9).
Klaus Kröll, Das Phänomen Armut (Wandlungen des Begriffs im Zeitablauf unter besonderer

Berücksichtigung mittelalterlicher Armenpflegemaßnahmen im Vergleich zu heute), Diss. Köln, 1973.

Jürgen Kuczynski, Geschichte des Alltags des Deutschen Volkes, Studien 2: 1650 - 1810, 5 Bde., hier Bd. 2: 1650 -1810, Köln 1981.

Carsten Küther, Menschen auf der Straße: Vagierende Unterschichten in Bayern, Franken und Schwaben in der zweiten Hälfte des 18. Jahrhunderts, Göttingen 1983 (Kritische Studien zur Geschichtswissenschaft 56).

Ders., Räuber und Gauner in Deutschland: Das organisierte Bandenwesen im 18. und frühen 19. Jahrhundert, Göttingen 1976 (Kritische Studien zur Geschichtswissenschaft 20).

Bruno Kuske, Die städtischen Handels- und Verkehrsarbeiter und die Anfänge städtischer Sozialpolitik in Köln bis zum Ende des 18. Jahrhunderts (Kölner Studien zum Staats- und Wirtschaftsleben 8), Bonn 1914.

Martin Kutz, Deutschlands Außenhandel von der Französischen Revolution bis zur Gründung des Zollvereins. Eine statistische Strukturuntersuchung zur vorindustriellen Zeit, in: VSWG, Beiheft 61, Wiesbaden 1974, S. 58-129.

Ernest Labrousse et al., Le prix du froment en France au temps de la monnaie stable, 1726 - 1913, Paris 1970.

Arnold Lassotta, Formen der Armut im späten Mittelalter und zu Beginn der Neuzeit: Untersuchungen vornehmlich an Kölner Quellen des 14. bis 17. Jahrhunderts, Diss. Freiburg 1983, 4 Bde.

Ders., Pilger in Köln: Das Hospital zum Ipperwald und seine Passantenliste aus dem Jahre 1770 - 1790. Ein Beitrag zum Wohlfahrtswesen am Ende des Alten Reiches, in: Die Heiligen Drei Könige - Darstellung und Verehrung (Ausstellungskatalog), Köln 1982.

Marcel Le Clere, Prisons et bagnes en France du Directoire aux Cent Jours,in: Revue de l'Institut Napoléon 1974, Nr. 130, S. 33-43.

Georges Lefebvre, Napoléon, Paris 1965 (fünfte Auflage, erste Auflage Paris 1936), (Peuples et Civilisations: Histoire générale).

David Levinson; Martin J. Malone, Toward Explaining Human Culture: A Critical Review of the Findings of Worldwide Cross-Cultural Research, New Haven, Conn., 1980

Catharina Lis; Hugo Soly, Poverty and Capitalism in Pre-Industrial Europe, Hassocks 1979 (Pre-Industrial Europe 1350 - 1850, hg. von Geoffrey Parker).

Clemens Graf von Looz-Corswarem, Das Finanzwesen der Stadt Köln im 18. Jahrhundert: Beitrag zur Verwaltungsgeschichte einer Reichsstadt (Veröffentlichungen des Kölnischen Geschichtsvereins e.V., No. 34, hrsg. von Hans Blum), Köln 1978.

Alf Lüdtke, "Gemeinwohl", Polizei und "Festungspraxis": Staatliche Gewaltsamkeit und innere Verwaltung in Preußen, 1815-1850, Göttingen 1982 (Veröffentlichungen des Max-Planck-Instituts für Geschichte 73).

Hans-Jürgen Luesebrink, Kriminalität und Literatur im Frankreich des 18. Jahrhunderts: Literarische Formen, soziale Funktionen und Wissenskonstituenten von Kriminalitätsdarstellungen im Zeitalter der Aufklärung, München, Wien 1983 (Ancien Régime. Aufklärung und Revolution 8).

Mary MacKinnon, English Poor Law Policy and the Crusade against Outrelief, in: The Journal of Economic History 47, 1987, S. 603 - 625.

Wolfgang Mager, Frankreich vom Ancien Régime zur Moderne: Wirtschafts-, Gesellschafts- und politische Institutionengeschichte, 1630 - 1830, Stuttgart, Berlin, Köln, Mainz 1980.

Wilhelm Mangeot, Die öffentliche Armenpflege, deren Entwicklung und gegenwärtige Gestaltung in der Stadt Köln. Zwei Vorträge gehalten im Stadtkölnischen Beamten-Verein von W. Mangeot;.... Köln 1896.

Walter Markov; Albert M. Soboul, 1789: Die Große Revolution der Franzosen, Köln 1977 (Kleine Bibliothek 100).

Erich Maschke; Jürgen Sydow (Hg.), Gesellschaftliche Unterschichten in den südwestdeutschen Städten, Stuttgart 1967 (Veröffentlichungen der Kommission für geschichtliche Landeskunde in Baden-Württemberg, Reihe B, 41).

Randall McGowen, The Body and Punishment in Eighteenth-Century England, in: Journal of Modern History 59, 1987, S. 651-679.
Karl H. Metz, Staatsraison und Menschenfreundlichkeit: Formen und Wandlungen der Armenpflege im Ancien Regime Frankreichs, Deutschlands und Großbritanniens, in: VSWG 72, 1985, S. 1-26.
Lisgret Militzer-Schwenger, Armenerziehung durch Arbeit: Eine Untersuchung am Beispiel des Württembergischen Schwarzwaldkreises 1806 - 1914, Tübingen 1979.
Herbert Milz, Das Kölner Großgewerbe von 1750 - 1835, Köln 1962 (Schriften zur rheinisch-westfälischen Wirtschaftsgeschichte 7).
Hansgeorg Molitor, Vom Untertan zum Administré: Studien zur französischen Herrschaft und zum Verhalten der Bevölkerung im Rhein-Mosel-Raum von den Revolutionskriegen bis zum Ende der Napoleonischen Zeit, Wiesbaden 1980 (Veröffentlichungen des Instituts für Europäische Geschichte 99).
Michel Mollat (Hg.), Études sur l'histoire de la pauvreté (Moyen Age - XVIe siècle) 2 Bde., Paris 1974 (Publications de la Sorbonne).
Ders: Die Armen im Mittelalter, München 1984.
Hans Mommsen; Winfried Schulze (Hg.), Vom Elend der Handarbeit: Probleme historischer Unterschichtsforschung, Stuttgart 1981 (Geschichte und Gesellschaft. Bochumer Historische Studien 24).
Heinz Monz, Die Bevölkerungsstruktur einer mitteleuropäischen Stadt und ihrer Region im Jahre 1802 im Vergleich zu den Jahren 1961/64, in: Archiv für Sozialgeschichte, 5. Bd., Hannover 1965, S. 147 - 191.
Josef Mooser, Ländliche Klassengesellschaft, 1770 - 1848: Bauern und Unterschichten, Landwirtschaft und Gewerbe im östlichen Westfalen, Göttingen 1984 (Kritische Studien zur Geschichtswissenschaft 64).
Hans Mottek, Wirtschaftsgeschichte Deutschlands: Ein Grundriß, 3 Bde., Bd. 1: Von den Anfängen bis zur Französischen Revolution, Berlin (DDR) 1973; Bd. 2: Von der Zeit der Französischen Revolution bis zur Zeit der Bismarckschen Reichsgründung, Berlin (DDR) 1976.
Alfred Müller-Armack, Genealogie der Wirtschaftsstile: Die geistesgeschichtlichen Ursprünge des Staats- und Wirtschaftsformen bis zum Ausgang des 18. Jahrhunderts, Stuttgart 1944.
Edmund Nacken, Die wahre Geschichte des Johann Wilhelm Bückler, nachmals bekannt geworden als Räuberhauptmann Schinderhannes nach Mainzer Voruntersuchungsakten und anderen Quellen, Mainz 1968.
Ders., Räuber oder Rebell? Schinderhannes, wie er wirklich war, Simmern 1961.
Friedhelm Neidhardt; Mario Rainer Lepsius; Johannes Weiss (Hg.), Kultur und Gesellschaft: René König, dem Begründer der Sonderhefte zum 80. Geburtstag gewidmet, Köln 1986 (Kölner Zeitschrift für Soziologie und Sozialpsychologie, Sonderheft 27).
Ingrid Nicolini, Die politische Führungsschicht in der Stadt Köln gegen Ende der reichsstädtischen Zeit, Köln, Wien 1979 (Dissertationen zur neueren Geschichte 7).
Josef Niessen, Geschichtlicher Handatlas der deutschen Länder am Rhein (Mittel- und Niederrhein), Köln 1946.
Thomas Nipperdey, Deutsche Geschichte, 1800 - 1866: Bürgerwelt und starker Staat, München 1983.
Nordrhein-Westfälisches Hauptstaatsarchiv Düsseldorf et al. (Hg.), Kurköln: Land unter dem Krummstab: Essays und Dokumente, Kevelaer 1985. (Veröffentlichungen der staatlichen Archive des Landes Nordrhein-Westfalen, Reihe C, Quellen und Forschungen, Bd. 22)
Patricia O'Brien, Correction ou châtiment: Histoire des prisons en France au XIXe siècle, Paris 1988.
Geoffrey W. Oxley, Poor Relief in England and Wales 1601 -1834, London, Vancouver 1974.
Jean-Claude Perrot, L'age d'or de la statistique française an IV - 1804, Paris 1977 (Société des Etudes Robbespierristes).
Michelle Perrot (Hg.), L'impossible prison. Recherches sur le système pénitantiaire au XIXe siècle réunies par Michelle Perrot. Débat avec Michel Foucault. Paris 1980 (L'Univers Historique).

Edward Peters, Torture, New York 1985 (New Perspectives on the Past).

Walter Petto, Stand der Schinderhannes-Forschung, in: Mitteilungen der westdeutschen Gesellschaft für Familienkunde 26, 1973, S. 94 - 99.

Jacques G. Petit (Hg.), La prison, le bagne et l'histoire, Genève 1984 (Collection Déviance et Société).

Sidney Pollard (Hg.), Region und Industrialisierung: Studien zur Rolle der Region in der Wirtschaftsgeschichte der letzten zwei Jahrhunderte, Göttingen 1980 (Kritische Studien zur Geschichtswissenschaft 42).

Jérémy Popkin, Recent West German Work on the French Revolution, in: Journal of Modern History 58, 1987, S. 737-750.

Jutta Prieur, Gerhard Aymany (Hg.), Handgezeichnete Karten im Stadtarchiv Wesel, mit einem Beitrag von Isabella Benninghoff-Lühl, Wesel 1987.

Detlev Puls (Hg.), Wahrnehmungsformen und Protestverhalten: Studien zur Lage der Unterschichten im 18. und 19. Jahrhundert, Frankfurt 1979.

Stephanie Reekers, Die Manufakturen in den Zucht- und Fabrikhäusern in Westfalen im 18. Jahrhundert, in: Westfälische Forschungen 31, 1981, S. 34 - 72.

Heinz Reif (Hg.), Räuber, Volk und Obrigkeit: Studien zur Geschichte der Kriminalität in Deutschland seit dem 18. Jahrhundert, Frankfurt 1984 (Suhrkamp Wissenschaft 453).

Friedrich Freiherr von Reitzenstein, Die Armengesetzgebung Frankreichs in den Grundzügen ihrer historischen Entwicklung, Leipzig 1886.

Thomas Riis, (Hg.): Aspects of Poverty in Early Modern Europe, Alphen 1981 (Publications of the European University Institute 10).

Phillippe Robert; René Levy, A Changing Penal Economy in French Society: In Search of a Historical View, in: Historical Social Research 37, 1986, S. 17-38.

Catherine Rollet, L'effet des crises économiques du début du XIXe siècle sur la population, in: Revue d'histoire moderne et contemporaine 17, 1970, S. 391 - 410.

Robert Roth, Pratiques pénitentiaires et théorie sociale: L'exemple de la prison de Genève (1825-1862), Genf 1981 (Travaux de droit, d'économie, de sociologie et de sciences politiques, No. 127)

David J. Rothman, The Discovery of the Asylum: Social Order and Disorder in the New Republic, Boston, Toronto 1971.

Heinrich Rubner, Deutsche Unterschichten im 18. Jahrhundert, in: Zeitschrift für Stadtgeschichte, Stadtsoziologie und Denkmalspflege 1, 1974, S. 49 - 59.

George Rudé, Criminal and Victim. Crime and Society in Early Nineteenth-Century England, Oxford 1985.

Christoph Sachße; Florian Tennstedt, Geschichte der Armenfürsorge in Deutschland: Vom Spätmittelalter bis zum 1. Weltkrieg. Stuttgart, Berlin, Köln, Mainz, 1980.

Christoph Sachße; Florian Tennstedt (Hg.), Soziale Sicherheit und soziale Disziplinierung: Beiträge zu einer historischen Theorie der Sozialpolitik, Frankfurt 1986.

Wolfram Schädler, Veränderungen der Armenpflege in Deutschland durch die Aufklärung unter besonderer Berücksichtigung der Entwicklung in der Landgrafschaft Hessen-Kassel, Diss. Marburg, 1980.

Ralf Schaumann, Technik und technischer Fortschritt im Industrialisierungsprozeß: Dargestellt am Beispiel der Papier-, Zucker- und chemischen Industrie der nördlichen Rheinlande (1800 - 1875), Bonn 1977 (Rheinisches Archiv 101).

Jürgen Heinz Schawacht, Schiffahrt und Güterverkehr zwischen den Häfen des deutschen Niederrheins (insbesondere Köln) und Rotterdam vom Ende des 18. bis zur Mitte des 19. Jahrhunderts (1794 - 1850/51), Köln 1973 (Schriften zur rheinisch-westfälischen Wirtschaftsgeschichte 26).

Wolfgang Schieder und Alfred Kube, Säkularisation und Mediatisierung: Die Veräußerung der Nationalgüter im Rhein-Mosel-Departement, 1803-1813 (Forschungen zur Deutschen Sozialgeschichte, Bd. 4), Boppard a. R., 1987.

Heinz Schilling, Herman Diederiks (Hg.), Bürgerliche Eliten in den Niederlanden und in Nordwestdeutschland. Studien zur Sozialgeschichte des europäischen Bürgertums im Mittelalter und in der

Neuzeit, Köln, Wien 1985, S. 421 - 444. (Städteforschung. Veröffentlichungen des Instituts für vergleichende Städtegeschichte in Münster, Reihe A, 23, hg. von Heinz Stoob)

Thomas J. Schlereth, Historians and Material Culture, in: OAH Newsletter 13, No.4, November 1985, S. 3 - 5.

Helmuth Schlue, Die Geschichte des Bonner Zuchthauses und des Bonner Arbeitshauses, Diss. Bonn 1957.

Wolfgang Schmale, Entchristianisierung, Revolution und Verfassung: Zur Mentalitätsgeschichte der Verfassung in Frankreich, 1715-1794, Berlin 1988 (Historische Forschungen 37)

Charles Schmidt, Le Grand-Duché de Berg (1806-1813): Étude sur la domination française en Allemagne sous Napoléon Ier, Paris 1905.

Eberhard Schmidt, Einführung in die Geschichte der deutschen Strafrechtspflege (Jurisprudenz in Einzeldarstellungen, Bd. 1), Göttingen 1965 (3. Aufl., 1. Auflage Göttingen 1947).

Rudolf Schmidt (Hg.), Die Kartenaufnahme der Rheinlande durch Tranchot und v. Müffling 1801 - 1828, 2 Bände. 1. Band: Rudolf Schmidt, Geschichte des Kartenwerkes und vermessungstechnische Arbeiten, Köln, Bonn 1973. 2. Band.: Heinrich Müller-Miny, Das Gelände. Eine quellenkritische Untersuchung des Kartenwerkes, Köln, Bonn 1975 (Publikationen der Gesellschaft für Rheinische Geschichtskunde 12).

Franz Schnabel, Deutsche Geschichte im neunzehnten Jahrhundert, 4 Bände, erste Auflage Freiburg i. Br. 1927 -1937, Nachdruck München 1987.

Ernst Schubert, Arme Leute, Bettler und Gauner im Franken des 18. Jahrhunderts, Neustadt a.d. Aisch 1983 (Veröffentlichungen der Gesellschaft für fränkische Geschichte, Reihe 9, 26).

Hans Schubert, Die geheime Sendung des Generals Lagrange an den Rhein im Jahre 1803, in: Annalen des Historischen Vereins für den Niederrhein, Heft 132, 1938, S. 64 - 84.

Werner Schubert, Französisches Recht in Deutschland zu Beginn des 19. Jahrhunderts: Zivilrecht, Gerichtsverfassungsrecht und Zivilprozeßrecht, Köln 1977.

Aloys Schulte (Hg.), Tausend Jahre deutscher Geschichte und deutscher Kultur am Rhein, Düsseldorf 1925.

Fritz Schulte, Die Entwickling der gewerblichen Wirtschaft in Rheinland- Westfalen im 18. Jahrhundert, Köln 1959.

Marieluise Schultheis-Friebe, Die französische Wirtschaftspolitik im Roer- Departement 1792 - 1814, Diss. Bonn 1967.

Günther Schulz, Arme, Armenwesen, Arbeitskräfte am Beginn der Industrialisierung, in: Internationale wissenschatliche Korrespondenz zur Geschichte der deutschen Arbeiterbewegung 20, 1984, S. 373 - 381.

Rudolf Schwander, Die Armenpolitik Frankreichs während der Großen Revolution und die Weiterentwicklung der französischen Armengesetzgebung bis zur Gegenwart, Straßburg 1904.

Johann Schwarz, Das Armenwesen der Stadt Köln vom Ende des 18. Jahrhunderts bis 1918. Ein Beitrag zur westdeutschen Wirtschafts- und Sozialgeschichte, Köln 1922.

Wolfgang Seidenspinner, Hölzerlips und Schwarzer Peter: Zur Raub- und Bandenkriminalität im badisch-hessisch-fränkischen Grenzraum im frühen 19. Jahrhundert, in: Zeitschrift für die Geschichte des Oberrheins 129, 1981, S. 368 - 398.

Ders., Herrenloses Gesindel: Armut und vagierende Unterschichten im 18. Jahrhundert, in: Zeitschrift für die Geschichte des Oberrheins 133, 1985, S. 381 - 386.

Helmut Seiffert, Einführung in die Wissenschaftstheorie, 3 Bde., hier Bd. 2: Geisteswissenschaftliche Methoden: Phänomenologie - Hermeneutik und historische Methode -Dialektik, erste Auflage München 1970, achte überarbeitete und erweiterte Auflage München 1983 (Beck'sche Schwarze Reihe 61).

Billy G. Smith, Poverty and Economic Marginality in Eighteenth-Century America, in: Proceedings of the American Philosophical Society 132, 1988, S. 85 - 118

K.D.M. Snell, Annals of the Labouring Poor: Social Change and Agrarian England, 1660 - 1900, Cambridge, London, New York, New Rochelle, Melbourne, Sydney 1985 (Cambridge Studies in Population, Economy and Society in Past Time 2).

Marlene Sothmann, Das Armen-, Arbeits-, Zucht- und Werkhaus in Nürnberg bis 1806 (Nürnberger Werkstücke zur Stadt- und Landesgeschichte, Bd. 2), Nürnberg 1970.

Pieter Spierenburg (Hg.): The Emergence of Carceral Institutions. Prisons, Galleys and Lunatic Asylums 1550 - 1900) Rotterdam 1984 (Centrum voor Maatschappijgeschiedenis, Bd. 12).

Pieter Spierenburg, The Spectacle of Suffering: Executions and the Evolution of Repression, Cambridge 1984.

Ders., Deviance and Repression in the Netherlands. Historical Evidence and Contemporary Problems, in: QUANTUM, Nr. 37, 1986, S. 4 - 16.

Ders., From Amsterdam to Auburn. An Explanation for the Rise of the Prison in Seventeenth-Century Holland and Nineteenth-Century America, in: Journal of Social History, Spring 1980, Nr. 20, S. 439-461.

Ernst Stahl, Die Kölner Rheinschiffahrt zur Zeit der französischen Herrschaft, Diss. Köln 1924.

Philip John Stead, The Police of France, New York 1983.

Hannes Stekl, Österreichs Zucht- und Arbeitshäuser 1671 - 1920. Institutionen zwischen Fürsorge und Strafvollzug, München 1978 (Sozial- und Wirtschaftshistorische Studien, hg. von Alfred Hoffmann und Michael Mitterauer, Bd. 12).

Studiengruppe "Theorie der Geschichte" (Hg.), Theorie der Geschichte: Beiträge zur Historik, 3 Bde., hier Bd. 3: Theorie und Erzählung in der Geschichte (hg. von Jürgen Kocka; Thomas Nipperdey), München 1979 (dtv-Wissenschaft 4342).

Klaus Tenfelde (Hg.), Arbeiter und Arbeiterbewegung im Vergleich: Berichte zur internationalen historischen Forschung, München 1986 (Historische Zeitschrift, Sonderheft 15).

Florian Tennstedt, Sozialgeschichte der Sozialpolitik in Deutschland vom 18. Jahrhundert bis zum Ersten Weltkrieg, Göttingen 1981.

Hans J. Teuteberg; Günter Wiegelmann, Der Wandel der Nahrungsgewohnheiten unter dem Einfluß der Industrialisierung, Göttingen 1972 (Studien zum Wandel von Gesellschaft und Bildung im 19. Jahrhundert, Bd. 3).

Manfred Thaller, Numerische Datenverarbeitung für Historiker: Eine praxisorientierte Einführung in die quantitative Arbeitsmethode und in SPSS (Statistical Package for the Social Sciences), Wien, Köln, 1982 (Ludwig - Boltzmann - Institut für Historische Sozialwissenschaft, Materialien zur historischen Sozialwissenschaft 1).

Edward P. Thompson, Rough Music: Le charivari anglais, in: Annales 27, 1972, S. 285 - 312.

Ingeborg Titz-Matuszak, Mobilität der Armut - Das Almosenwesen im 17. und 18. Jahrhundert im südniedersächsischen Raum, in: Plesse-Archiv Heft 24, 1988, S. 9 - 338.

Jean Tulard, Quelques aspects du brigandage sous l'Empire d'après les registres du Ministère de la Police Générale, in: Revue de l'institut Napoléon 98, 1966, S. 30 - 36.

Ders., Problèmes sociaux de la France impériale, in: Revue d'histoire moderne et contemporaine 17, 1970, S. 639 - 663.

Fritz Verdenhalven (Comp.), Alte Maße, Münzen und Gewichte aus dem deutschen Sprachgebiet, Neustadt a.d. Aisch 1968.

Rudolf Vierhaus; Manfred Botzenhart (Hg.), Dauer und Wandel der Geschichte: Aspekte europäischer Vergangenheit, Festgabe für Kurt von Raumer zum 15. Dezember 1965, Münster 1966 (Neue Münstersche Beiträge zur Geschichtsforschung, Bd. 9).

Jürgen Voss (Hg.), Deutschland und die Französische Revolution: 17. Deutsch-französisches Historikercolloquium des Deutschen Historischen Instituts Paris, (Francia Beihefte 12), München 1983.

Michel Vovelle, Religion et révolution. De la déchristianisation de l'an II, Paris 1976 (Le temps et les hommes).

Mathias Wankell, Beiträge zur Wirtschaftsgeschichte der freien Reichsstadt Köln im 18. Jahrhundert unter besonderer Berücksichtigung der Industrialisierung, Diss. Köln 1948.

Dieter Weber, Zucht- und Arbeitshäuser am Niederrhein im 18. Jahrhundert, in: Düsseldorfer Jahrbuch: Beiträge zur Geschichte des Niederrheins, Bd. 60, 1986, S.78-96.

Wolfgang Weber, Kriminalität, öffentliche Sicherheit und Industrialisierung in der ersten Hälfte des 19. Jahrhunderts: Bemerkungen zur Entwicklung in Augsburg, in: Die Alte Stadt 12, 1985, S. 251 - 275.

Hans-Ulrich Wehler, Deutsche Gesellschaftsgeschichte , 4 Bände, München 1987 ff., hier Band 1: Vom Feudalismus des Alten Reiches bis zur defensiven Modernisierung der Reformära: 1700 - 1815, München 1987.

Georg Weingärtner, Zur Geschichte der Kölner Zunftunruhen am Ende des 18. Jahrhunderts: Geschichte der bürgerlichen Deputatschaft, Diss. Münster 1913.

Uwe Westfehling (Hg.), Der erste Kölner Stadtführer aus dem Jahre 1828, Köln 1982.

Otto Winckelmann, Über die ältesten Armenordnungen der Reformationszeit (1522- 1525) in: Historische Vierteljahresschrift 17, 1914/15, S. 187 - 228 ; S. 362 -400.

Edward A. Whitcomb, Napoleon's Prefects, in: American Historical Review 79, 1974, S. 1089 - 1118.

Karel Williams, From Pauperism to Poverty, London 1981.

O. Winkelmann, Die ältesten Armenordnungen der Reformationszeit (1522-1525), in: Historische Vierteljahresschrift 15, 1914, S. 187-228, 361-400.

Petra Witting, Die Situation der Armen im mittleren Drittel des 19. Jahrhunderts. Dargestellt am Beispiel Kölns, in : Jahrbuch des Kölnischen Geschichtsvereins 57, Köln 1986, S.75 - 146.

Reinhard Wittram, Das Interesse an der Geschichte: Zwölf Vorlesungen über Fragen des zeitgenössischen Geschichtsverständnisses, erste Auflage Göttingen 1958, zweite Auflage Göttingen 1963 (Kleine Vandenhoeck-Reihe 59/60/61).

Victor von Woikowsky-Biedau, Das Armenwesen des mittelalterlichen Köln in seiner Beziehung zur wirtschaftlichen und politischen Geschichte der Stadt, Diss. Breslau 1891.

Josef Wolffram; Adolf Klein (Hg.), Recht und Rechtspflege in den Rheinlanden: Festschrift zum 150jährigen Bestehen des Oberlandesgerichts Köln, Köln 1969.

Stuart Woolf, The Poor in Western Europe in the Eighteenth and Nineteenth Centuries, New York 1986.

Gordon Wright, Between the Guillotine and Liberty: Two Centuries of the Crime Problem in France, New York, Oxford 1983.

E. A. Wrigley (Hg.), Nineteenth-Century Society: Essays in the Use of Quantitative Methods for the Study of Social Data, London 1972.

Wolfgang Zapf (Hg.), Theorien des sozialen Wandels, 4. Auflage, Königstein/Ts., 1979 (Neue wissenschaftliche Bibliothek 31).

Howard Zehr, Crime and the Development of Modern Society: Patterns of Crminality in Nineteenth Century Germany and France, Totowa N.J. 1976.

Wolfgang Zorn, Die wirtschaftliche Struktur der Rheinprovinz um 1820, in : Vierteljahresschrift für Sozial- und Wirtschaftsgeschichte 54, 1967, S. 289 -324; Nachtrag S. 477 - 480.

Hartmut Zwahr, Das deutsche Stadtadreßbuch als orts- und sozialgeschichtliche Quelle, in: Jahrbuch für Regionalgeschichte 3, 1968, S. 204 - 229.

7 ANHANG

7.1 Tabellen zum Kapitel 1

Tabelle 1.1 : Vergleich der AZ von Pfarrern und von weltlichen Institutionen

Variablen	bereinigt. Datensatz		AZ von Pfarrern mit moral. Wertg.		AZ von Brgrhptm. und Polizeikomm.	
	N	%	N	%	N	%
Anzahl AZ	1406	100.0	123	100.0	446	100.0
Armer ist Autor	205	14.6	0	0.0	481	0.8
AZ der Polizei	800	56.9	67	54.5	446	100.0
AZ des Brgrhptm.	752	53.5	55	44.7	446	100.0
AZ des Pfarrers	298	21.2	123	100.0	50	11.2
AZ der Nachbarn	656	46.7	48	39.0	234	52.5
"wahrer Armer"	141	10.0	54	43.9	34	7.6
"moral. Leben"	198	14.1	123	100.0	48	10.8
"arm"	706	50.2	26	21.1	249	55.8
"Kann s. Brot n. verd."	425	30.3	15	12.2	153	34.3
"alt"	465	33.1	29	23.6	154	34.5
Alter in J.	71.8	——	72.4	——	72.9	——
"krank"	520	37.0	23	18.7	172	38.6
"keine Arbeit"	105	7.5	2	1.6	32	7.2
"Kinder"	419	29.8	22	17.9	115	25.8
"Verlust d. Eink."	44	3.1	1	0.8	9	2.0
"Eink. zu klein"	78	5.6	3	2.4	25	5.6
Familiengröße	2.53	——	1.89	——	2.15	——
Männer:Frauen	46:54	——	52:48	——	47:53	——
verwitwet	495	35.2	45	36.6	160	35.9
Unterstützg. in FF	3.12	——	2.30	——	2.74	

Quelle: ARMUT2, S.26 - 58; SELECT1. S. 456 - 491; SELECT2. S. 86 - 128.

Tabelle 1.2: Übersicht der Ergebnisse der Randauszählung aus der Grundgesamtheit der Kölner Armutszeugnisse und ausgewählter Untergruppen

Name der Untergruppe bzw. des ausgewerteten Datensatzes						
Variablen	bereinigt.	%	moralische Argumentation	%	moralische Argumentation durch Pfarrer	%
Anzahl AZ	1406	100.0	198	100.0	123	100.0
Armer ist Autor	205	14.6	6	3.0	0	0.0
Schriftlichkeit	76	5.4	0	0.0	0	0.0
AZ des Pfarrers	298	21.2	123	62.1	123	100.0
AZ des Arztes	27	1.9	1	0.5	1	0.8
AZ anderer Zeugen (b)	306	21.5	51	25.8	22	17.9
AZ der Nachbarn	656	46.7	99	50.0	48	39.0
"wahrer Armer"	141	10.0	57	28.8	54	43.9
"moralisches Leben"	198	14.1	198	100.0	123	100.0
"arm"	706	50.2	56	28.3	26	21.1
"kann Brot nit verdienen"	425	30.3	42	21.2	15	12.2
"alt"	465	33.1	56	28.3	29	23.6
"krank"	520	37.0	48	24.2	23	18.7
"keine Arbeit"	105	7.5	9	4.5	2	1.6
"Kinder"	419	29.8	41	20.7	22	17.9
"Verlust des Einkommens	44	3.1	3	1.5	1	0.8
"Einkommen zu klein"	78	5.6	7	3.5	3	2.4
N + Familie	3132	——	385	——	233	——
Größe der Familie	2.53	——	1.83	——	1.60	——
Mann:Frau	46:54	——	50:50	——	48:52	——
verwitwet	495	35.2	74	37.4	45	36.6
Höhe d. Unterstützung	3.12	——	2.83	——	2.29	——
M Straße	121	——	189	——	189	——

M = Modus; Die Zeiltenbezeichnungen in Anführungszeichen bezeichnen Typen von Aussagen, die sich in den AZ wiederfinden. Mehrere Aussagen dieser Art können in einem AZ vorkommen. Prozentangaben in relativen Werten.

Tabelle 1.3: Vergleich der Grundgesamtheit der Kölner Hausarmen und der Armen über 59 Jahre

	Name des ausgewerteten Datensatzes			
Variablen	bereinigt. Datensatz ARMUT2	%	Alter > 59 J.	%
Anzahl AZ	1406	100.0	338	100.0
Armer ist Autor	205	14.6	47	13.9
Schriftlichkeit	76	5.4	15	4.4
AZ der Polizei	800	56.9	199	58.9
M Polizeikommissar (a)	1	——	3	——
AZ des Bürgerhauptmann	752	53.5	185	54.0
M Bürgerhauptmann	773	——	2704	——
AZ des Pfarrers	298	21.2	62	18.3
M Pfarrer	9	——	9	——
AZ des Arztes	27	1.9	1	0.3
AZ anderer Zeugen (b)	306	21.5	86	25.4
AZ der Nachbarn	656	46.7	194	57.4
"wahrer Armer"	141	10.0	22	6.5
"moralisches Leben"	198	14.1	45	13.3
"arm"	706	50.2	163	48.2
"kann Brot nit verdienen"	425	30.3	149	34.5
"alt"	465	33.1	338	100.0
Alter i. J.	71.8	——	75.0	——
"krank"	520	37.0	178	52.7
M Krankheit	1	——	1	——
"keine Arbeit"	105	7.5	7	2.1
"Kinder"	419	29.8	31	9.2
"Verlust des Einkommens"	44	3.1	9	2.7
"Einkommen zu klein"	78	5.6	1	0.3
N + Familie	3132	——	483	——
Größe der Familie	2.53	——	1.56	——
Mann:Frau	46:54	——	36:64	——
verwitwet	495	35.2	152	45.0
M Beruf	1	——	2	——
Höhe d. Unterstützung	3.12	——	3.25	——
Naturalunterstützung	41	2.9	6	1.8
M Straße	121	——	121	——

M = Modus ; Prozentangaben in relativen Werten.

Tabelle 1.4: Vergleich der Gesamtgruppe der Armen mit den kranken Hausarmen Kölns

	Gesamtgruppe		Kranke	
Variablen	bereinigt. Datensatz ARMUT2	entspr. Prozent	kranke Arme	entspr. Prozent
Anzahl AZ	1406	100.0	520	100.0
Armer ist Autor	205	14.6	77	14.8
Schriftlichkeit	76	5.4	31	6.0
AZ der Polizei	800	56.9	316	60.8
AZ des Bürgerhauptmanns	752	53.5	263	50.6
AZ des Pfarrer	298	21.2	108	20.8
AZ des Arztes	27	1.9	18	3.5
AZ anderer Zeugen (b)	306	21.5	124	23.8
AZ der Nachbarn	656	46.7	272	52.3
"wahrer Armer"	141	10.0	35	6.7
"moralisches Leben"	198	14.1	48	9.2
"arm"	706	50.2	217	41.3
"Kann Brot nit verdienen"	425	30.3	228	43.8
"alt"	465	33.1	232	44.6
Alter i. J.	71.8	——	71.9	——
"krank"	520	37.0	520	100.0
"keine Arbeit"	105	7.5	23	4.4
"Kinder"	419	29.8	117	22.5
"Verlust des Einkommens"	44	3.1	11	2.1
"Einkommen zu klein"	78	5.6	11	2.1
N + Familie	3132	——	1027	——
Größe der Familie	2.53	——	1.98	——
Mann:Frau	46:54	——	43:57	——
verwitwet	495	35.2	164	31.5
Höhe d. Unterstützung	3.12	——	3.52	——
Naturalunterstützung	41	2.9	10	1.9

QUELLE: SELECT2, S.3 - 46.

Tabelle 1.5: Berufe Kölner Hausarmer und ihre Verteilung nach Quartieren

Quartier	Häufigste Nennungen	N
1. Quartier	Schiffer (8) Schneider (5) Handarbeit (5)	39
2. Quartier	Tagelöhner (5) Schneider (3) Schiffer (2)	18
3. Quartier	Schreiner (1)	1
4. Quartier	Handarbeit (9) Schneider (7) Tagelöhner (6)	45
5. Quartier	Tagelöhner (9) Handarbeit (5) Schneider (4)	32
6. Quartier	Textilarbeiter (26) Tagelöhner (17) Schuster (8)	84
7. Quartier	Handarbeit (5) Soldat (3) Textilarbeiter (3)	24
8. Quartier	Textilarbeiter (9) Handarbeit (7) Tagelöhner (4)	34

Erfaßt wurden die drei häufigsten Nennungen jedes Quartiers. In Klammern die Anzahl der Beobachtungen. N = Gesamtzahl aller Berufsangaben. QUELLE: SELECT1, S. 37, 76, 115, 156, 196, 238, 278, 318.

Tabelle 1.6: Berufe Kölner Hausarmer (N = 293 = 100 %)

Berufsbezeichnung	N	Entspr. %	Code
Tagelöhner	48	16.4	1
Textilarbeiter	47	16.0	2
"Handarbeit"	45	15.4	15
Schneider	22	7.5	10
Soldaten	14	4.8	7
Schuster	13	4.4	8
Schiffer	13	4.4	11
	202	68.9	

QUELLE: ARMUT2, S. 57, Variable PROFESS

Tabelle 1.7: Verteilung der AZ auf acht Wohnquartiere

Bezeichnung	Häufigkeitabs.	Prozent	relative Prozent	kumulierte Prozent
1. Quartier	216	15.4	16.5	16.5
2. Quartier	94	6.7	7.2	23.5
3. Quartier	18	1.3	1.4	25.0
4. Quartier	174	12.4	13.3	38.3
5. Quartier	169	12.0	12.9	51.2
6. Quartier	334	23.8	25.5	76.7
7. Quartier	159	11.3	12.1	88.8
8. Quartier	147	10.5	11.2	100.0
k. A.	95	6.8	k.A.	
	1406	100.0	100.0	

Quelle: Armut2; HAStK FV 6727; Adr.-Buch 1779.

Tabelle 1.8: Hausarme der acht Quartiere im Vergleich, hier 1. und 2. Quartier

Variablen	bereinigt. Datensatz N	Prozent %	1. Quartier (1 - 980) N	%	2.Quartier (981 - 1739) N	%
Anzahl AZ	1406	100.0	216	100.0	94	100.0
Häuser	7404	——	980	——	759	——
N + Familie	3132	——	442	——	196	——
Familiengröße	2.53	——	2.05	——	2.09	——
Arme/Haus	42	——	45	——	26	——
AZ des Bürgerhauptmann	752	53.5	130	60.2	34	36.2
AZ des Pfarrers	298	21.2	85	39.4	8	8.5
AZ des Arztes	27	1.9	0	0.0	0	0.0
AZ der Nachbarn	656	46.7	73	33.8	36	38.3
"wahrer Armer"	141	10.0	53	24.5	4	4.3
"moralisches Leben"	198	14.1	81	37.5	9	9.6
"arm"	706	50.2	112	51.9	61	64.9
"kann sein Brot nit verdienen"	425	30.3	44	20.4	33	35.1
"alt"	465	33.1	46	21.3	41	43.6
Alter i. J.	71.8	——	72.6	——	71.9	——
"krank"	520	37.0	51	23.6	26	27.7
"keine Arbeit"	105	7.5	10	4.6	1	1.1
"Kinder"	419	29.8	45	20.8	25	26.6
"Verlust des Einkommens"	44	3.1	10	4.6	4	4.3
"Einkommen zu gering"	78	5.6	0	0.0	6	6.4
Mann:Frau	46:54	——	44:56	——	43:57	——
verwitwet	495	35.2	72	33.3	37	39.4
Höhe d. Unterstützung	3.12	——	2.72	——	3.63	——

Tabelle 1.9: Hausarme der acht Quartiere im Vergleich, hier 3. bis 5. Quartier

Variablen	3.Quartier (1740-2106)		4.Quartier (2107-3184)		5.Quartier (3185-4189)	
	N	%	N	%	N	%
Anzahl AZ	18	100.0	174	100.0	169	100.0
Häuser	367	——	1078	——	1005	——
Gesamtzahl Arme	54	——	434	——	374	——
Familiengröße	3.0	——	2.49	——	2.21	——
Arme/Haus	15	——	40	——	37	——
AZ der Polizei	3	16.7	111	63.8	111	65.7
Zeugnis d. Hauptm.	7	38.9	117	67.2	97	57.4
AZ des Pfarrers	9	50.0	11	6.3	24	14.2
AZ des Arztes	0	0.0	4	2.3	6	3.6
AZ der Nachbarn	8	44.4	111	63.8	74	43.8
"Wahrer Armer"	2	11.1	8	4.6	13	7.7
"Moralischer Lebenswandel"	0	0.0	16	9.2	20	11.8
"Arm"	12	66.7	73	42.0	75	44.4
"Kann s. Brot n. verd."	4	22.2	59	33.9	64	37.9
"Alt"	8	44.4	58	33.3	50	29.6
Durchschnittsalter	78.0	——	76.2	——	71.3	——
"Krank"	7	38.9	68	39.1	75	44.4
"Keine Arbeit"	1	5.6	16	9.2	20	11.8
"Kinder"	8	44.4	58	33.3	49	29.0
"Verlust d. Einkommens"	0	0.0	7	4.0	6	3.6
"Einkommen zu klein"	0	0.0	17	9.8	8	4.7
Mann:Frau	33:67	——	46:54	——	40:60	——
verwitwet	10	55.6	70	40.3	52	30.8
durchschn. Unterstützung	4.59	——	3.52	——	2.97	——

Tabelle 1.10: Hausarme der acht Quartiere im Vergleich, hier 6. bis 8. Quartier

Variablen	6.Quartier (4190-5343)		7.Quartier (5344-6445)		8.Quartier (6446-7404)	
	N	%	N	%	N	%
Anzahl AZ	334	100.0	159	100.0	147	——
Häuser	1154	——	1102	——	959	——
Gesamtzahl Arme	718	——	345	——	371	——
Familiengröße	2.15	——	2.17	——	2.52	——
Arme/Haus	62	——	31	——	39	——
AZ der Polizei	185	55.4	80	50.3	96	65.3
AZ d. Hauptm.	171	51.2	101	63.5	72	49.0
AZ des Pfarrers	78	23.4	22	13.8	23	15.6
AZ des Arztes	7	2.1	6	3.8	1	0.7
AZ der Nachbarn	158	47.3	76	47.8	71	48.3
"Wahrer Armer"	23	6.9	9	5.7	17	11.6
"Moralischer Lebenswandel"	22	6.6	13	8.2	15	10.2
"Arm"	179	53.6	83	52.2	64	43.5
"Kann s. Brot n. verd."	94	28.1	53	33.3	53	36.1
"Alt"	123	36.8	58	36.5	62	42.2
Durchschnittsalter	72.4	——	71.3	——	68.5	——
"Krank"	137	41.0	60	25.1	62	42.2
M Krankheit	1	——	3	——	1	——
"Keine Arbeit"	32	9.6	11	6.9	3	2.0
"Kinder"	102	30.5	46	28.9	56	38.1
"Verlust d. Einkommens"	7	2.1	5	3.1	1	0.7
"Einkommen zu klein"	27	8.1	8	5.0	9	6.1
Mann:Frau	43:57	——	48:52	——	46:54	——
M Beruf	2	——	15	——	2	——
verwitwet	126	37.7	48	30.2	48	32.7
durchschn. Unterstützung	2.91	——	3.26	——	3.27	——

M=Modus

Tabelle 1.11: Konzentration von AZ in sieben Straßen

Name der Straße	Code	N der AZ	Häuser/ Straße	Belegung AZ / Haus	Durchschn. Hauswert
Spielmannsgasse	189	36	67	54	587
Maximinstraße	140	37	109	34	k.A.
Minoritenstraße	141	31	49	63	2808
Mariengartengasse	130	33	38	87	655
Löhrgasse	121	57	97	59	346
Kattenbug	96	31	34	91	546
An St. Apern	7	34	37	47	629

QUELLE: Feldenkirchen, Aspekte; HAStK FV 6727.

Tabelle 1.12: Verzeichnis der geistlichen Institutionen des Jahres 1810, die Arme beherbergten

NAME	HAUSNR.	ANZAHL DER INSASSEN
Madeleine	3528	6
Marie	1757	17
Toussaints	3088 1/2	12
Heribert	3788	11
Brigide	3088 1/2	16
Agnèse	4790	11
Croix	4198	7
Quirin	7230	5
Reymond	3703	4
Petit Esprit	2859	8
Lyskirchen	3732	9
Pierre	4470	4
Klein Karthaus	3734	9
George	6945	7
Spies	3710	6
Hubert	4464	7
Coq rue St. Cécile	5704	7
Silvestre	2304 1/2	10
Weisse (Frauen)	3239	4
Löschhaus	4985	5
Croix noire	4454	10
Miroir (?)	5070	5
Petit miroir	4606	6
Etoile	4259	6
Oedenkoven	4645	12
Lechenich	4561	8
Cerf	4291	11
Aubin	1851	4
Weselputz (?)	2208	7
Coq rue Engasse	4480	9
Witschgasse	178	5
Coq rue Engasse	3719	9
St Jean	387	6
SUMME		263

QUELLE: "Etat nominatif des pauvres existants dans les Maisons Conventuelles" vom 3.7.1810. HAStK FV 6740.

Tabelle 1.13: Aufstellung der Hausarmen von 1810 (sechs von 20 Gemeinden)

GEMEINDE	N FAMILIEN	ERFASSTE ARME
ALBAN	16	
ANDREAS	93	
APOSTELN	93	185
DOM	82	
GEREON	95	
GROSS ST. MARTIN	43	
JAKOB	221	
JOHANN BAPTIST	185	
KOLUMBA	91	210
KUNIBERT	94	236
KUPFERGASSE	110	141
MARIA HIMMELFAHRT	98	
MARIA IM KAPITOL	125	
MARIA LYSKIRCHEN	27	43
MARIA SCHNURGASSE	22	
MAURITIUS	134	353
PANTALEON	134	
PETER	116	
SEVERIN	129	
URSULA	83	
GESAMTZAHL FAMILIEN	1991	N ARME 1168

QUELLE: HAStK FV 6740

Tabelle 1.14: Das Gesamtsample der Kölner Hausarmen von 1810

	Alle Listen	Stichprobe	%
Hausarme Familien	1991	549	27.6
Betroffene Individuen	4434 (a)	1168	26.3
davon mit Geschlechtsbez.		433	100.0
Männliche Haushaltsvorstände		163	37.6
Weibliche Haushaltsvorstände		270	62.4
davon mit Angabe des Familienstandes		275	100.0
Witwen/Witwer		173	62.9
Verheiratet		101	36.7
Verlassen		1	.4
Durchschnittliche Familiengröße		2.13	
Varianz d. Familiengröße		2.83	
Standardabweichung		1.68	

(a) geschätzt; QUELLE HAStK FV 6740: Summen der Listen von St. Aposteln, Kolumba einschl. Kupfergasse, Kunibert, Lyskirchen und Mauritius.

Tabelle 1.15: Durchschnittliche monatliche Preise für ein Kilogramm Roggenbrot in Köln in Centimes

MONAT	JAHR	BROTPREIS/KG	WOCHENRATION FÜR 4 PERS.(kg)
1	1812	16,25	9.23
2	1812	24,75	6.06
3	1812	19	7.89
4	1812	22,25	6.74
5	1812	23	6.52
6	1812	19	7.89
7	1812	18,50	8.11
8	1812	18,13	8.27
9	1812	18,13	8.27
10	1812	18,75	8.00
11	1812	19,75	7.59
12	1812	19,50	7.69
1	1813	18,75	8.00
2	1813	15,63	9.60
3	1813	17	8.82
4	1813	17,50	8.75
5	1813	16,72	8.97
6	1813	18,50	8.11
7	1813	17,50	8.82
8	1813	16	9.38
9	1813	14,38	10.43
10	1813	14,38	10.43
11	1813	14,38	10.43
Durchschnitt		18,16	8.26

QUELLE: AN F11 849; AN F11 951.

Tabelle 1.16: Verteilung Kölner Hausarmer in 20 Kölner Pfarrgemeinden im Jahre 1816

Gemeinde	N Hausarmer	in Prozent
Alban	95	88
Andreas	287	2.66
Aposteln	839	7.78
Dom	407	3.77
Gereon	759	7.04
Jakob	864	8.01
Jesuiten	360	3.34
Johann	865	8.02
Kolumba	326	3.02
Kunibert	364	3.38
Kupfergasse	801	7.43
Lyskirchen	70	65
Maria im Kapitol	148	1.38
Martin	249	2.31
Mauritius	1263	11.71
Pantaleon	586	5.43
Peter	1139	10.56
Severin	721	6.69
Ursula	640	5.94
Summe	10783	100.00

QUELLE: HAStK Armenverwaltung, Bestand 400, Abt. VIII, 4D4.

Tabelle 1.17: Die elf ärmsten Straßen Kölns im Jahre 1816

Straßenname	Nr.	Pfarrei	N Hausarmer
Gr. Griechenmarkt	106	Kupfergasse, Pantaleon Peter, Jakob	601
Mühlengasse	143	Mauritius	559
Löhrgasse	121	Peter	460
Spielmannsgasse	189	Johann	269
Großer Brand	93	Dom, Peter	241
Maximinstraße	140	Jesuiten	227
Huhnsgasse	85	Mauritius, Jakob	225
Kronenbüschel	29	Jakob, Peter	222
Apernstraße	7	Gereon	218
Perlengraben	152	Jakob	176
Peterspfuhl	156	Peter, Mauritius	175
		Summe	3373

Quelle: HAStK Armenverwaltung, Bestand 400, Nr. VIII, 4D4.

Tabelle 1.18: Die elf ärmsten Straßen Kölns im Jahre 1816 und ihre Belegungsdichte (Arme/Haus)

Straßenname	Nr.	N Hausarmer	N Haus	Arme/Haus
Gr. Griechenmarkt	106	601	93	6.5
Mühlengasse	143	559	41	13.6
Löhrgasse	121	460	97	4.7
Spielmannsgasse	189	269	67	4.0
Großer Brand	93	241	k.A.	—
Maximinstraße	140	227	109	2.1
Huhnsgasse	85	225	48	4.7
Kronenbüschel	29	222	55	4.0
Apernstraße	7	218	73	3.0
Perlengraben	152	176	94	1.9
Peterspfuhl	156	175	36	.9

Quelle: HAStK Armenverwaltung, Bestand 400, Nr. VIII, 4D4.

Tabelle 1.19: Straßen mit besonders geringer Konzentration von Hausarmen, 1800 und 1816

Straßenname	Code	Hauswert	N Arme 1816	Arme/Haus
Büttengasse	24	1588	0	
Bürgerstraße	31	1165	25	1.19
Cäcilienstraße	34	2569	0	
Apostelnkloster	8	1558	5	.22
V.,d. Augustinern	10	3694	0	
Gülichsplatz	73	3150	0	
Bechergasse	14	1241	0	
Lohplatz/markt	118	1940	18	1.80
Blumengasse	18	1756	21	5.25
Bolzengasse	20	1781	0	
Auf der Brock	23	5153	0	
A.d. Carmelitern	35	4583	0	
Rothgerberbach	56	1833	11	.21
Fettenhennen	57	3341	0	
Güldenwagen	72	1540	0	
Hahnenstraße	74	1573	7	14
Kriegpforte	107	1300	0	
Lindgasse	116	1744	42	1.35
Domkloster	44	3754	0	

Quelle: Feldenkirchen, Aspekte; ARMUT2, S. 60 f.; HAStK Armenverwaltung, Bestand 400, Nr. VIII, 4D4.

Tabelle 1.20: Verhältnis Erwachsene - Kinder im Jahre 1816

Bezeichnung	N	Prozent
Gesamtzahl der Armen	10783	100.00
Angaben über Alter bei	5723	53.07
(fehlende Daten)	5050	46.93
davon		
Kinder (1-12 Jahre)	1743	69.54
Erwachsene (über 12 Jahre)	3980	30.46
Verteilung Kinder-Erwachsene in der Gesamtgruppe		
Erwachsene	7498	69.54
Kinder	3285	30.54
	10783	100.00

Quelle: HAStK Armenverwaltung, Bestand 400, Nr. 8, 4D4.

Tabelle 1.21: Häufigste Wohnorte von Hausarmen, die älter als 59 Jahre alte waren (1799/1800)

Strasse	Code	N Armutszeugnisse
Goldgasse	69	9
Kattenbug	96	9
Löhrgasse	121	26
Mariengartengasse	130	12
Maximinstraße	140	13
Perlenpfuhl	154	8
Weberstraße	213	8
		86

Quelle: HAStK FV 6727

Tabelle 1.22: Wohnorte von armen Familien mit mehr als drei Mitgliedern (1799/1800)

Straße	Code	N Armutszeugnisse
Kupfergasse	108	6
Löhrgasse	121	9
Maximinstraße	140	9
Minoritenstraße	141	7
Nächelskaul	145	5
Wallgasse	211	6
		42

Quelle: HAStK FV 6727.

Tabelle 1.23: Straßen mit hoher Konzentration von Kindern, 1816

Straße	Code	Erw.	Kinder	N Arme	E./K.
TRANKGASSE	205	3	5	8	,60
GROSS ST. MARTIN	59	2	3	5	,67
TURM, AM	10	14	24		,71
PETERSPOHL	156	53	69	122	,77
LOHMARKT	118	8	10	18	,80
BLUEMCHENGASSE	18	10	11	21	,91
KLAPPERGASSE	99	3	3	6	1
MARGARETENKLOSTER	126	3	3	6	1
HOHE STRASSE		3	3	6	1
BUERGERSTRASSE	31	13	12	25	1,08
BUTTERMARKT	27	23	19	42	1,21
LINDGASSE	116	23	19	42	1,21
JOHANNISSTRASSE	90	11	9	20	1,22
GR. SPORGASSE	191	11	9	20	1,22
KOSTGASSE	101	32	26	58	1,23
JOHANNISSTRASSE	90	16	12	28	1,33
EIGELSTEIN	51	11	8	19	1,38
MAURITIUSSTEINWEG	139	21	15	36	1,40
HOLZMARKT	83	29	20	49	1,45
ROEMERGASSE	170	29	20	49	1,45
GRIECHENMARKT	106	67	45	112	1,49
MACHABÄER	123	21	14	35	1,50
FISCHMENGERBRAND	60	31	20	51	1,55
ALTE MAUER	137	11	7	18	1,57
MUEHLENGASSE	143	11	7	18	1,57
SACK	172	19	12	31	1,58
FOLLERSTRASSE	62	43	27	70	1,59
BLAUBACH	16	32	20	52	1,60
BACH	11	5	3	8	1,67
SEIDENMACHER	5	3	8		1,67
HOVERGASSE	82	37	22	59	1,68

Tabelle 1.23 (Fortsetzung)

Straße	Code	Erw.	Kinder	N Arme	E./K.
FEHLBACH	56	7	4	11	1,75
SEVERINSTRASSE	186	7	4	11	1,75
KLOSTERGASSE	7	4	11		1,75
HUNDSGASSE	85	72	41	113	1,76
GROSSER KRIEGSMARKT	106	72	41	113	1,76
KRONENBUESCHEL	29	37	20	57	1,85
PERLENGRABEN	152	49	26	75	1,88
WALL	19	10	29		1,90
BUTTERMARKT	27	21	11	32	1,91
BUESCHEL	29	75	38	113	1,97
GROSSER KRIEGSMARKT	106	77	39	116	1,97
		1039	708	1743	

Quelle: HAStK Armenverwaltung, Bestand 400, Nr. VIII, 4D4.

7.2 Tabellen zum Kapitel 2

Tab. 2.1 Einnahmen des Kölner Arbeitshauses 1795 in Rtl.

Herkunft	gezahlt	beansprucht
Freitagsrentkammer	-----	804"14"08
Mittwochsrentkammer	90"50"	-----
Aus der Stiftung Monschau	-----	19"40"
Zinsen aus Kapital	301"	-----
Aus Privatkapital	1574"17"08	1140"20"04
Zinshäuser	130"48"04	46"12"
Weingarten und Ackerland	13"28"	135"70"
Außerordentliche Einnahmen	110"12"	3419"13"04
Summe	2219"41"	5565"10"04

Quelle: HAStK Armenverwaltung, Armenhaus 59.

Tabelle 2.2 Ausgaben des Armenhauses im Jahre 1795

Posten	Summe
Gehälter und Pachten	367"28"
Für die Kirche	95"62"04
Lebensmittel	3968"69"08
"Lernwesen" und Nebensachen	1410"71"
	5842"71"

Quelle: HAStK Armenverwaltung, Armenhaus 59.

Tabelle 2.3: Lebensmittelverbrauch des Kölner Armenhauses im Jahre 1795

Bezeichnung	Menge	in kg	kcal/Tag	%
Roggen	238 Malter	25704	1332	58.3
Hafer	46 Malter	2898	175	7.7
Gerste	57 Malter	5985	338	14.8
Erbsen	4 Malter	525	30	1.3
Hirse	30 Pfund	14	1	.0
Kartoffeln	1 Sack	50	1	.0
Weizen	6 Malter	702	37	1.6
Fleisch	5713 Pfund	2672	89	3.9
Butter	3859 Pfund	1805	226	9.9
Fett	220 Pfund	103	14	.6
Käse	300 Pfund	140	9	.4
Stockfisch	80 Pfund	37	2	.1
Bier (/Person)	12.5 Maß	22.28 ltr.	26	1.1
Wein (/Person)	1 Maß	1.78 ltr.	3	.1
			2283	99.8

Quelle: HAStK Armenverwaltung, Armenhaus 59 (52).

Tabelle 2.4: Verbrauch an Lebensmitteln im Zucht- und Arbeitshaus im Jahre 1770

in Pfund	Menge	in kg	= Kcal/Pers.	%
Fleisch (Pfd.)	11237.75	5255.90	288	13.8 %
Getreide (Malter)	135.50	14634.00	1251	60.0 %
Butter/Fett (kg)	2547.25	1191.35	246	11.8 %
Gemüse (geschätzt)			300	14.4 %
			2085	100.0 %

Quelle: HAStK Armenverwaltung (unerfaßt), ZUAH III, B42.

Tabelle 2.5 : Mittel des Zucht- und Arbeitshauses laut Aufstellung aus dem Jahre 7 (1798/99)

Herkunft	Betrag	verfügbar
Naturalien (Getreide)	2365.60 FF	beschränkt
Mieteinnahmen	2489.44 FF	teilweise
Grundsteuereinnahme	243.90 FF	
	5104.94 FF	
Kapitaleinnahmen von der		
Stadt (Offizialdiäten)	3224.90 FF	nein
Domkapitel	25.80 FF	nein
von Privatpersonen (Zinsen)	1791.55 FF	ja
	5042.25 FF	

Quelle: HAStK FV 6828 (109).

Tabelle 2.6. Liste des Monatsbedarfs für 46 Personen laut Anforderung des Ökonoms Fischer im Jahre 1800

Bezeichnung	Menge	/Person	Kcal	Protein/Tag
Butter	42.09 kg	915 gr	6900	0.21
Erbsen	65.60 kg	1427 gr	4049	10.94
Gerste	23.39 kg	508 gr	1728	1.86
Bier	525 Liter	11.4 Liter	4908	0.82
Fleisch	74.83 kg	1627 gr	3254	8.14
Weizen	19.50 kg	423 gr	1361	1.61
Roggen	18.00 kg	391 gr	1221	1.46
Brot			55500	65.00
			78921	90.04

Tägliches Kalorienangebot: 2630.7 Kcal bei 30 Tagen/Monat

Quelle: HAStK FV 6828

Tabelle 2.7: Die Belegschaft des Zucht- und Arbeitshauses im Jahre 1800

Nr.	Nachname	Vorname	Alter	Arbeit im ZuAh
8	BOURSCHEID	PAUL	15	WOLLFABRIK
9	BOURSCHEID	JOSEPH	13	WOLLFABRIK
30	BOUSSEL	WILHELM	16	WOLLFABRIK
17	BRASSEL	WINAND	13	WOLLFABRIK
33	BUECHSENSCHMID	NICOLAUS		FABRIKMEISTER
32	BUNTESCHU	GODFRID		ANGESTELLTER
37	DOHM	STEFAN		GAERTNER
1	DUENWALD	GEORG	32	WOLLFABRIK
14	ELFEN	JOAN	37	WOLLFABRIK
12	FELTEN	JOAN	13	WOLLFABRIK
40	FISCHER	PETER		OEKONOM
28	FROHN	ANTON	16	WOLLFABRIK
41	FROMM	JOSEPH	16	
23	HERMAN	LUDOVICUS	13	WOLLFABRIK
5	HESS	JOAN	17	WOLLFABRIK
4	KAMP	REINER	18	WOLLFABRIK
16	KAUFFMAN	SEVERIN	11	WOLLFABRIK
6	KOCH	JOAN	14	WOLLFABRIK
38	KOENGEN	GERTRUD		VIEHMAGD
18	KRAUTHAUSEN	HERM. JOS.	10	WOLLFABRIK
3	LEBLAR	PETER	27	WOLLFABRIK
39	LUMMERZHEIM	GERTRUD		KUECHMAGD
29	MASSAN	HERMANN	14	WOLLFABRIK
46	MENGRASS	CLARA		ANGESTELLTE
7	MUELLER	HUBERTUS	13	WOLLFABRIK
2	MUENSTER	FERDINAND	19	WOLLFABRIK
45	MUNGS	ANNA CATHARINA		ANGESTELLTE
42	RADEMACHER	PETER JOSEPH	16	
44	RANG	PETER		ANGESTELLTER
13	REUCHSTETTEN	ANTON	11	WOLLFABRIK
19	RHAME	ARNOLD	9	WOLLFABRIK
43	RÖSER	LEOPOLD	14	
24	SCHAEDLING	JOAN	30	WOLLFABRIK
11	SINNIG	PETER	22	WOLLFABRIK
35	STEIN	MATHIAS		WEBERGESELLE
27	STRIERATH	PETER	14	WOLLFABRIK
21	TILDEN	MATHIAS	13	WOLLFABRIK
22	TILDEN	JOAN	16	WOLLFABRIK
31	VOGEL	PETER	16	WOLLFABRIK
15	WEINREISS	WILHELM	10	WOLLFABRIK
10	WESTERHAUSEN	ENGELBERT	13	WOLLFABRIK
20	WEYER	FRANZ JOS.	11	WOLLFABRIK
25	WIENER	CARL	19	WOLLFABRIK
26	WIENER	ANTON	17	WOLLFABRIK
36	ZENS	BERNARD		
34	ZISTIG	MATHIAS		WEBERGESELLE

Quelle: HAStK Armenverw. ZUAH Nr. 76/56

Tabelle 2.8: Kölner Straßenbettler im April 1794

Bezeichnung	N	%
Gesamtzahl aus acht Fahnen	122	100.0
davon Männer	82	67.2
davon Frauen	40	32.8
	122	
Familienstand		
verheiratet	61	50.0
verwitwet	43	35.2
verlassen, alleinstehend oder unklar	18	14.8
	122	100.0
Berufe (75 Fälle)		
Bettler	27	
Tagelöhner	10	
Wollspinner	7	
Handlanger	5	
Arbeiter	3	
Durchschnittsalter	59.3 Jahre	Stdabw. 14.2
Durchschnittsalter Männer	59.2 Jahre	Stdabw. 14.0
Durchschnittsalter Frauen	59.5 Jahre	Stdabw. 14.7
Krankheiten (39 Angaben)		
entkräftet	11	
blind	8	
gebrechlich	5	
lahm	3	
	27	
Geburtsorte (122 Angaben)	**N**	**%**
Köln	95	77.9
nähere Umgebung Kölns	10	8.2
	105	86.1

Quelle:HAStK Militaria 48.

Tabelle 2.9: Liste der im Atelier de Charité zu Unrecht einsitzenden Armen

Name	Alter	Krankheit	Beruf
Jean Froitzheim	61	blind	Bettler Jean
Gartzheim	61	gelähmt	Bettler
Frederique Lamotte	65	"krank"	Tischler
Jean Breuer	56	"krank"	Schneider
Theodor Breuer	13	Geschwüre	Arbeiter (a)
Joseph Palm	10	Geschwür	Arbeiter (a)
George Peschenaer	8	"Gicht"	
Adam Armbach	53	fußkrank	
Jean Malhion	64	fußkrank	
Jacques Schmitz	77	"krank"	Bettler
Bernard Dörner	73	"krank"	
Roland (!)		wahnsinnig	
Paul Brass	49	Wassersucht	Bettler
Antonie Bless	12	Hernie	
Ferdinand Hemker	63	"krank"	
Joseph Schmitz	68	"krank"	Bettler
Sibille Kloth	62	unfähig	Bettlerin
Witwe Weidrath	109 (!)	schwachsinnig	
Cecile Schuller	64	gelähmt	
Elisabeth Jung	66	fußkrank	
Marguerite Adelers	30	gelähmt	Bettlerin

(a) Arbeiter im Atelier de Charité. Quelle: HAStK FV 6733.

Tabelle 2.10: Lebensmittelverbrauch im Kölner Atelier de Charité im 4. Trimester 1807

Bezeichnung	Menge	Kcal/Person	Protein
Schwarzbrot	7318 kg	807	25.8
Weißbrot	2443 kg	326	9.5
Mehl	469 kg	84	2.8
Gerste	838 kg	147	4.8
Erbsen	740 kg	133	8.8
Kartoffeln	2219 kg	83	2.3
Hirse	213.5 kg	40	1.2
Rindfleisch	595.5 kg	62	6.2
Butter	337.5 kg	132	0.1
Fett	16.9 kg	7	0.0
Essig	175.5 ltr		
Milch	483 ltr	11	0.8
Bier	12024 ltr	268	3.1
Reis	14 kg	2	0.1
Summe		2102	65.5

Quelle: HAStK FV 6835.

Tabelle 2.11 Aufwendungen des Armendepots in Brauweiler im Jahr 1811

Position	absolut (F)	in Prozent
Getreide und Mehl	19336.97	27.65
Material der Werkstatt	14225.99	20.34
Gehälter	12696.18	18.15
Fleisch und Fett	6745.41	9.64
Gemüse	4418.60	6.32
Unterhalt der Gebäude	3590.35	5.13
Licht und Heizung	2743.10	3.92
Bier und Schnaps	2671.15	3.82
Salz, Öl, Seife	1907.13	2.73
Medikamente	1179.14	1.69
Barbier	233.43	0.33
Kleidung	195.80	0.28
	69943.25	100.00

Quelle: AN F16 542.

Tabelle 2.12: An das Betteldepot gelieferte Nahrungsmittel (Rechnungen von 1812)

Bezeichnung	Menge	Prokopfverbrauch	Kcal	Protein (g)
Roggenmehl	62246 kg	98.8 kg	307579	7410
Roggen	4782.8 kg	7.6 kg	23712	851
Weizenmehl	31747 kg	50.5 kg	163115	5353
Weizen	14257.8 kg	22.4 kg	71904	2554
Hafer	4496 kg	7.1 kg	2584	894
Rindfleisch	20055 kg	31.8 kg	63600	6360
Butter und Fett	674.3 kg	1.1 kg	8394	55
Salz	4886 kg	7.8 kg	——	——
Wein	3925 ltr	6.2 ltr	4588	6
Bier	40401 ltr	64.1 ltr	26922	321
Schnaps	133 ltr	0.2 ltr	234	——
Kartoffeln	6157.5 kg	73.3 kg	52776	1466
Erbsen	13968 ltr	22.2 ltr	61627	4340
Linsen	4789.6 ltr	7.6 ltr	20124	1518
weiße Bohnen	1377.3 ltr	2.2 ltr	5737	411
		Summe	812796	31539

(entsprechend 2220 Kcal und 86 Gramm Protein/Person und Tag)
Quelle: AN F16 543

Tabelle 2.13: Insassen des Bettlerhauses in Brauweiler 1811 bis 1813

Bezeichnung	N Fälle	in %
Insassen	888	100.0
Männer	491	55.3
Frauen	383	43.1
keine Angabe	14	1.6
arbeitsfähig	693	78.0
arbeitsunfähig	180	20.3
ohne Angabe	15	1.7
Altersangabe	**Jahre**	
Durchschnittsalter	29.9 Jahre	
Modus Alter	12 Jahre	
Median Alter	18.5 Jahre	
Schiefe nach Pearson	.726	

Quelle: AN F16 537

Tabelle 2.14 Invalide Insassen des Betteldepots

Bezeichnung	N	%
Invalide	180	20.3
davon Männer	98	54.4
davon Frauen	82	45.6
Gruppe	**Durchschnittsalter**	
Invalide	61.37 Jahre	
davon Männer	62.41 Jahre	
davon Frauen	60.13 Jahre	

Quelle: AN F16 537.

Tabelle 2.15: Vaganz der einsitzenden Bettler

Bezeichnung	N	%
Gesamtgruppe:		
Geburtsort und Wohnort identisch	657	74.0
Geburtsort und Wohnort unterschiedlich	217	27.4
fehlende Angaben	14	1.6
	888	100.1
Invalide:		
Geburtsort und Wohnort identisch	126	70.0
Geburtsort und Wohnort unterschiedlich	54	30.0
	180	100.0

Quelle: AN F16 537.

Tabelle 2.16: Vaganz nach Geschlechtern

Bezeichnung	N	%
Geburtsort und Wohnort identisch	671	75.6
Geburtsort und Wohnort unterschiedlich	217	24.4
	888	100.0
von den Vagierenden		
Männer	126	58.1
Frauen	91	41.9
	217	100.0
Von den bodenständigen Bettlern		
Männer	375	55.9
Frauen	296	44.1
	671	100.0

Quelle: AN F16 537.

Tabelle 2.17: Wanderungsbewegungen von vagierenden Bettlern im Département de la Roër

Bezeichnung	N	%
Wanderungsvorgänge gemessen an Anzahl der Bettler	217	24.4
nach Aachen	15	6.9
nach Kleve	8	3.7
nach Köln	86	39.6
nach Krefeld	5	2.3
ohne Wohnort	7	3.2
	121	55.7
andere	96	44.2
	217	99.9

Quelle: AN F16 537.

Tabelle 2.18: Bettler ohne Beruf im Dépot de Mendicité

Bezeichnung	N	%
ohne Beruf	231 von 888	26.0
davon ortsansässig	153	66.2
davon nicht ansässig	78	33.8
	231	100.0
davon arbeitsfähig	158	68.4
nicht arbeitsfähige Bettler	73	31.6
	231	100.0
Anteil Bettler unter 14 Jahren an allen arbeitsfähigen Bettlern	138 von 158	87.3
Männer	128	55.4
Frauen	103	44.6
	231	100.0
Durchschnittsalter in Jahren	25.69	
Standardabweichung	26.88	

Tabelle 2.18 (Fortsetzung)

Bezeichnung	N	%
Unter 14 Jahre alt	140	60.6
14 bis 59 Jahre alt	42	18.2
Über 59 Jahre alt	49	21.2
	231	100.0

Quelle: AN F16 537.

Tabelle 2.19: Spinner und Spinnerinnen im Dépot de Mendicité in Brauweiler

Bezeichnung	N	%	aus Köln	%
Spinner/innen	351	39.5	159	45.3
davon Männer	169	48.1	76	47.8
davon Frauen	182	51.9	83	52.2
	351	100.0	159	100.0
Alter in Jahren	22.01			
Standardabweichung	15.84			

Quelle: AN F16 537.

Tabelle 2.20: Übrige Berufe von Bettlern in Brauweiler

Bezeichnung	N	%	aus Köln	%
Schneider/in	36	4.0	22	61.1
Tagelöhner/in	47	5.3	15	31.9
Stricker/in	33	3.7	28	90.3
Spitzenklöpplerin	34	3.8	34	100.0
Weber	29	3.3	23	79.3
Summe	179	20.	122	68.2

Quelle: AN F16 537. Aus Köln meint Wohnort Köln.

Tabelle 2.20 nennt nur die fünf wichtigsten Berufsgruppen nach den Spinnern.

Tabelle 2.21: Berufe vagierender und seßhafter Bettler

Gesamtgruppe		%	Vagierende	%	Seßhafte	%
N	888	100.0	217	100.0	671	100.0
Spinner	351	39.5	74	34.1	277	41.3
Schneider	36	4.0	10	4.6	26	3.9
Tagelöhner	47	5.3	14	6.5	27	4.0
Stricker	33	3.7	8	3.7	26	3.9
Spitzenkl.	34	3.8	1	0.5	33	4.9
Weber	29	3.3	8	3.7	21	3.1
ohne	231	26.0	65	20.0	166	24.7
Summe	761	85.6	180	73.1	576	85.8

Quelle: AN F16 537.

Tabelle 2.22 : Entwicklung der Insassenzahlen im Bettlerdepot in Brauweiler, 1811 bis 1824

DATUM	BESTAND	ZUGANG	ABGANG	DAVON DURCH TOD	=% BESTAND
1811	0	639	131	51	10,04
1812	508	334	204	82	12,85
1813	638	232	318	56	10,14
1814	552	71	367	26	10,16
1815	256	292	99	18	4,01
1816	449	405	236	45	7,28
1817	618	488	462	64	9,94
1818	644	425	417	94	14,42
1819	652	393	391	42	6,42
1820	654	56	381	52	15,81
1821	329	428	240	27	5,22
1822	517	237	209	16	2,94
1823	545	266	371	28	6,36
1824	440	236	263	27	
Durch-schnitt	453,47	321,57	292,07	44,86	9,89

Stichtag ist der 1. Januar jeden Jahres. Quelle: Ristelhueber, Historisch=statistische Beschreibung, S. 54.

Tabelle 2.23: Verpflegung eines gesunden Erwachsenen im Bettlerdepot von Brauweiler, 1826

Bezeichnung	Mengenangabe	entspr.	Kcal	Protein
Schwarzbrot	1 Pfd. 22 Loth,	789 gr.	1704	59.2
Kartoffeln	1 Pfd.	468 gr.	337	8.9
Gemüse	2 Pfd. (50 kcal)	935 gr.	467	18.7
Weizenmehl	2 Loth	29 gr.	101	3.0
Fett	1 Loth, 2 Quint.	20 gr.	160	0.1
Erbsen, trocken	12 Loth	175 gr.	607	40.3
			3376	130.2

Quelle: Ristelhueber, Historisch=Statistische Beschreibung, S. 154 f.

Tabelle 2.24: Tagesordnung der Anstalt in Brauweiler

Werktage	
Aufstehen	4.00 Uhr
Beginn der Arbeit	5.30 Uhr
Ende der Arbeitseinheit	7.00 Uhr
Frühstück	7.00 Uhr
Wiederbeginn von Arbeit bzw. Schule für Schulpflichtige	7.30 Uhr
Mittagessen	12.00 Uhr
Wiederbeginn von Arbeit oder Schule	13.00 Uhr
Freizeit	19.00 Uhr
Abendessen	20.00 Uhr
Bettruhe	20.30 Uhr

Quelle: Ristelhueber, Historisch=Statistische Beschreibung, S. 91.

7.3 Tabellen zum Kapitel 3

Tabelle 3.1: Aufstellung über Komplizenschaft von 330 vor das Kölner Gericht (Tribunal Correctionnel) gestellten Schmugglern der Jahre 1802 bis 1811:

	Fälle	zusammen
Einzeltäter	222	222
Gruppentäter:		
davon Zweiergruppen	28	56
Dreiergruppen	7	21
Vierergruppen	4	16
Fünfergruppen	3	15
mehr als ein Täter	42	108
		330

Quelle: AN F12 1953 G.

Tabelle 3.2: Mengenbezeichnungen der sichergestellten Schmuggelware, 1803-1811

	N	%
Angabe von Mengen	229	100.0
davon in Kleinpackungen	85	37.1
in Großpackungen	144	62.9
davon in Ballen	47	20.5
in Mengen > 20 kg	42	18.3
in Säcken	21	9.2
in Mengen > 10 Karotten	10	4.4
in Kisten	9	3.9
in Ladungen	7	3.1
andere Großpackungen	8	3.5
	144	62.9

Quelle: AN F12 1953 G.

Tabelle 3.3: Berufsbezeichnungen der wegen Schmuggels angeklagten Personen, 1803 bis 1811

	N	in Prozent
Anzahl der Fälle	330	100.0
mit Berufsbezeichnung	166	50.3
davon Schiffer/innen	39	23.5
Tagelöhner	38	22.9
Fuhrleute	21	12.7
Kutscher	9	5.4
Bauern	7	4.2
Wirte/Schankwirte/innen	7	4.2
	121	72.9

Quelle: AN F12 1953 G.

Tabelle 3.4: Wohnorte der erfaßten Schmuggler, 1803 bis 1811:

davon aus Köln	139	43.0
aus der Umgebung Kölns	49	15.2
aus Remscheid und Solingen	15	4.6
aus Holland	5	1.5
andere	115	36.6
	323	99.9

Quelle: AN F 12 1953 G.

Tabelle 3.5: Aufstellung der beschlagnahmten Schmuggelware

	N	%
Angabe der Schmuggelware	307	93.0
davon "diverse"	70	22.8
Tabak	84	27.4
Salz	31	10.1
Kaffee	25	8.1
Zucker	24	7.8
Metallfabrikate	19	6.1
Baumwolle/Stoffe	18	5.9
	271	88.2

Quelle: AN F12 1953 G, vergl. Anmerkung (63)

Tabelle 3.6: Verhängte Strafen des Tribunal Correctionnel (Arr. Köln) in Schmuggelsachen, 1803-1811

Urteile	329	99.7
davon Freisprüche	45	13.7
Gefängnis mehr als 6 Monate	36	10.9
Gefängnis 6 Monate und darunter	111	33.7
Geldstrafen	223	67.8
Verfahrensfehler	5	1.5
Absenz, kein Urteil	17	5.2

Quelle: AN F12 1953 G.

Tabelle 3.7: Aufstellung der im Jahre 1812 unter polizeiliche Aufsicht gestellten Schmuggler in Köln

NACHNAME	VORNAME	ALTER	BERUF	SCHMUGGELWARE	STRAFE
ALDENBRÜCK	JOSEPH	28	HANDLUNGS-GEHILFE	EIN BALLEN BAUMWOLLE	CAFPS
BERGHEIM	FRANCOIS	50	SCHIFFER	HUT	CAFPS
BERNARD	FRANCOIS	62	BÄNDERMACHER	TABAK	CAFPS
BROICH	FILLE	31	STRICKERIN	TABAK	CAFPS
CHRIST	MATTHIAS	20	MESSERSCHMIED	STAHLWAREN	CAFPS
DALMEYER	FRANCOIS	41	HUFSCHMIED	TABAK	CAFPS
DEICK	GUILLEAUME	40	HAFENARBEITER	EINE KISTE ZUCKER	CAFPS
DEUTZ	JEAN	19	STRICKER	TABAK	CAFPS
DEUTZ	JEAN	19	TAGELÖHNER	TABAK	CAFPS
FLEURISSE	GASPARD	53	SCHIFFER	DIVERSE	CAFPS
HACKENBROICH	JEAN	26	TAGELÖHNER	EIN KG ZUCKER	CAFPS
HAMBACH	MARGUERITE	56	GÄRTNERTIN	TABAK	CAFPS
HAMBLOCH	MELCHIOR	19	TAGELÖHNER	TABAK	CAFPS
HARUS	AGNES	22	GÄRTNERIN	TABAK	CAFPS
HÜRTH	PIERRE	75	TAGELÖHNER	TABAK	CAFPS
LOBS	BEATRIX	36		TABAK	CAFPS
MÜLLER		37	TAGELÖHNER	TABAK	CAFPS
MÜNCHS	CHRISTINE	48	OBSTHÄNDLERIN	TABAK	CAFPS
PESCH	ELISABETH	36	STRICKERIN	STAHLWAREN	CAFPS
PHILLIPP	HENRI	47	MAURER	EIN KG TABAK	CAFPS
SCHNEIDER	GERTRUDE	28	KLÖPPLERIN	TABAK	CPS
SCHOLL	HENRI	21	BARBIER	TABAK	CPS
SCHWEDEN	CHARLES	43	TRÖDLER	TABAK	CAFPS
STEINDT	PETRONELLE	39	TAGELÖHNERIN	TABAK	CAFPS
SUERDT	JACQUES	32	ARBEITER	HUNDERT GR TABAK	CAFPS
TUNESEN	JEAN JOSEPH	43	GERBER	DIVERSE	CAFPS
WINZER	JOSEF			PENDEL, STOFF, HUT	CAFS

Quelle: HAStK FV 742. C=Beschlagnahme, A=Geldstrafe, F=Kosten des Verfahrens, P=Gefängnis, S=Überwachung.

Tabelle 3.8: Anzahl von Schmugglern in den zehn dichtestbelegten Straßen

Name	Nr.	N Schmuggler	N AZ
Unter Krahnenbäumen	102	9	14
Severinstraße	186	7	7
Wallgasse	211	6	16
Eigelsteinwall	52	5	3
Dreckgasse	45	5	1
Eigelstein	51	4	11
Am Bollwerk	19	4	7
Alter Markt	133	4	2
Weyerstraße	218	4	4
Weidengasse	215	4	1
		52	66

Nr. = Nummer der Straße, AZ = Armutszeugnisse.
Quelle: HAStK FV 734 und FV 6727.